고시넷

응용수리
만점 위드 류준상

기초에서 완성까지
모든유형 단기공략 경이로운 빠른풀이

- 응용수리 23개 유형 기초이론에서 고난도 문제까지
- 핵심체크와 예제문제 → 유형공략문제 → 심화문제 → 실전모의고사

동영상 강의 **류준상**교수의 **실전비법** 강의

(주)고시넷

KB036980

정오표 및 학습 질의 안내

정오표 확인 방법

고시넷은 오류 없는 책을 만들기 위해 최선을 다합니다. 그러나 편집 과정에서 미처 잡지 못한 실수가 뒤늦게 나오는 경우가 있습니다. 고시넷은 이런 잘못을 바로잡기 위해 정오표를 실시간으로 제공합니다. 감사하는 마음으로 끝까지 책임을 다하겠습니다.

| 고시넷 홈페이지 접속 | 〉 | 고시넷 출판-커뮤니티 | 〉 | 정오표 |

🌐 www.gosinet.co.kr

모바일폰에서 QR코드로 실시간 정오표를 확인할 수 있습니다.

학습 질의 안내

학습과 교재선택 관련 문의를 받습니다. 적절한 교재선택에 관한 조언이나 고시넷 교재 학습 중 의문 사항은 아래 주소로 메일을 주시면 성실히 답변드리겠습니다.

이메일주소 ✉ passgosi2004@hanmail.net

CONTENTS 차례

책속의 책 | 정답과 해설

구성과 활용

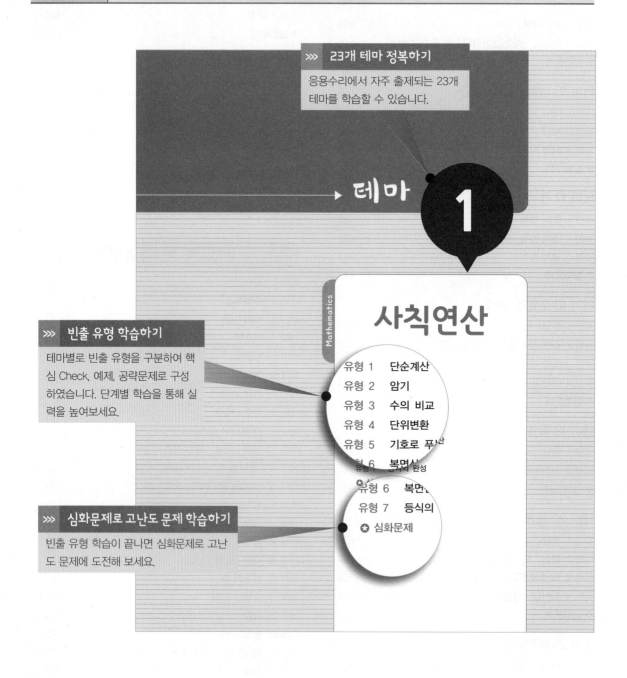

>>> **23개 테마 정복하기**

응용수리에서 자주 출제되는 23개
테마를 학습할 수 있습니다.

▶ 테마 **1**

Mathematics

사칙연산

유형 1 단순계산
유형 2 암기
유형 3 수의 비교
유형 4 단위변환
유형 5 기호로 푸는
유형 6 복면산 완성
유형 6 복면산
유형 7 등식의
★ 심화문제

>>> **빈출 유형 학습하기**

테마별로 빈출 유형을 구분하여 핵
심 Check, 예제, 공략문제로 구성
하였습니다. 단계별 학습을 통해 실
력을 높여보세요.

>>> **심화문제로 고난도 문제 학습하기**

빈출 유형 학습이 끝나면 심화문제로 고난
도 문제에 도전해 보세요.

STEP 2 | 빈출 유형의 필수 이론만 쏙쏙!

유형 **4** **원리합계** 테마 15. 금액

>>> **공식 암기하기**

응용수리 학습에 있어서 반드시 알아두어야 할 공식을 정리하였습니다. 예시를 통해 공식을 빠르게 이해해 보세요.

핵심 Check

1 정기예금

(1) 단리 : 원금에 ~를 붙이는 방식이다.

$$S = A(1+rn)$$

S : 원리합계, A : 원금, r : 연이율, n : 기간

예 원금 ~원, 연 10% 단리

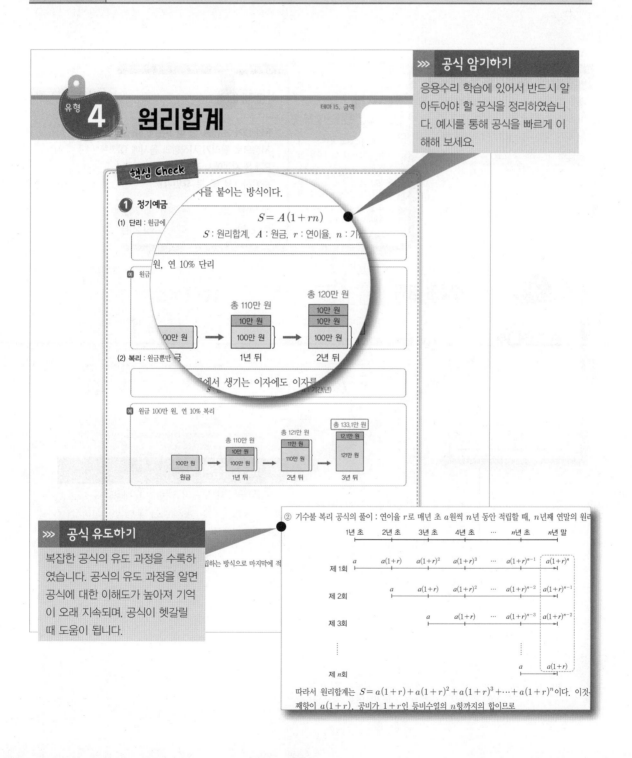

총 110만 원 10만 원 100만 원 → 1년 뒤

총 120만 원 10만 원 10만 원 100만 원 2년 뒤

(2) 복리 : 원금뿐만 ~금 ~에서 생기는 이자에도 이자를 ~ 기간(년)

예 원금 100만 원, 연 10% 복리

100만 원 원금 → 총 110만 원 10만 원 100만 원 1년 뒤 → 총 121만 원 11만 원 110만 원 2년 뒤 → 총 133.1만 원 12.1만 원 121만 원 3년 뒤

>>> **공식 유도하기**

복잡한 공식의 유도 과정을 수록하였습니다. 공식의 유도 과정을 알면 공식에 대한 이해도가 높아져 기억이 오래 지속되며, 공식이 헷갈릴 때 도움이 됩니다.

② 기수불 복리 공식의 풀이 : 연이율 r로 매년 초 a원씩 n년 동안 적립할 때, n년째 연말의 원리

	1년 초	2년 초	3년 초	4년 초	…	n년 초	n년 말
제 1회	a	$a(1+r)$	$a(1+r)^2$	$a(1+r)^3$	…	$a(1+r)^{n-1}$	$a(1+r)^n$
제 2회		a	$a(1+r)$	$a(1+r)^2$	…	$a(1+r)^{n-2}$	$a(1+r)^{n-1}$
제 3회			a	$a(1+r)$	…	$a(1+r)^{n-3}$	$a(1+r)^{n-2}$
⋮						⋮	
제 n회						a	$a(1+r)$

~합하는 방식으로 마지막에 적

따라서 원리합계는 $S = a(1+r) + a(1+r)^2 + a(1+r)^3 + \cdots + a(1+r)^n$이다. 이것~ ~째항이 $a(1+r)$, 공비가 $1+r$인 등비수열의 n항까지의 합이므로

구성과 활용

예제와 공략문제로 이론 점검 및 기초 다지기!

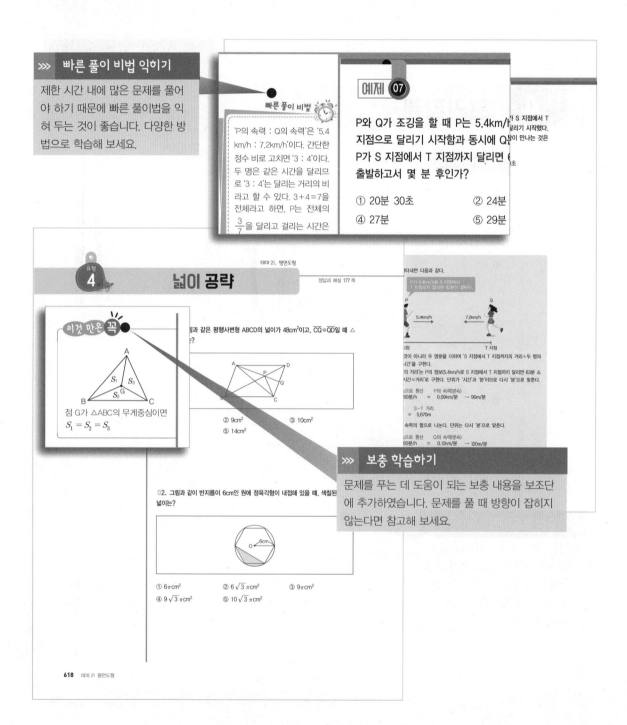

≫ 빠른 풀이 비법 익히기

제한 시간 내에 많은 문제를 풀어야 하기 때문에 빠른 풀이법을 익혀 두는 것이 좋습니다. 다양한 방법으로 학습해 보세요.

빠른 풀이 비법

'P의 속력 : Q의 속력'은 '5.4 km/h : 7.2km/h'이다. 간단한 정수 비로 고치면 '3 : 4'이다. 두 명은 같은 시간을 달리므로 '3 : 4'는 달리는 거리의 비라고 할 수 있다. 3+4=7을 전체라고 하면, P는 전체의 $\frac{3}{7}$을 달리고 걸리는 시간은

예제 07

P와 Q가 조깅을 할 때 P는 5.4km/h 지점으로 달리기 시작함과 동시에 Q P가 S 지점에서 T 지점까지 달리면 Q 출발하고서 몇 분 후인가?

① 20분 30초   ② 24분
④ 27분   ⑤ 29분

유형 **4**   테마 21. 평면도형

넓이 공략

정답과 해설 177쪽

이것만은 꼭

점 G가 △ABC의 무게중심이면
$S_1 = S_2 = S_3$

...일과 같은 평행사변형 ABCD의 넓이가 48cm²이고, $\overline{CQ}=\overline{QD}$일 때 △ ...?

② 9cm²   ③ 10cm²
⑤ 14cm²

02. 그림과 같이 반지름이 6cm인 원에 정육각형이 내접해 있을 때, 색칠된 넓이는?

① 6πcm²   ② $6\sqrt{3}$πcm²   ③ 9πcm²
④ $9\sqrt{3}$πcm²   ⑤ $10\sqrt{3}$πcm²

≫ 보충 학습하기

문제를 푸는 데 도움이 되는 보충 내용을 보조단에 추가하였습니다. 문제를 풀 때 방향이 잡히지 않는다면 참고해 보세요.

STEP 4 심화문제 및 실전모의고사로 마무리!

>>> 심화문제 풀어보기

유형별 기초학습이 끝난 후 유형이 혼합된 문제,
고난도 문제를 풀어볼 수 있도록 심화문제를 수
록하였습니다. 심화문제를 통해 고득점을 노려
보세요.

테마 22 ● 심화문제

정답과 해설 193쪽

01
다음 입체도형의 높이는 몇 cm인가?

5cm 〈정면에서 본 모양〉

6cm 〈위에서 본 모양〉

03
A 씨는 막대 아이스크림을 만들기 위해 아이스크림
틀을 구매했다. 다음 그림과 같이 아이스크림 틀은
높이가 8cm이고 밑면의 가로, 세로의 길이가 각각
$3\sqrt{3}$ cm, 3cm인 직육면체이다. 막대를 어느 방향에
서 넣고, 어느 정도까지 넣는지와 상관없이 최소한 손
잡이가 2cm는 남는 막대를 구매하려고 한다. 구매할
막대는 최소 몇 cm이어야 하는가?

8cm
3cm
$3\sqrt{3}$cm

① 10cm   ② 11cm   ③ 12cm
④ 13cm   ⑤ 14cm

04
그림과 같이 지름 1m, 길이 10m인 원기둥 형태의 막
대에 로프를 3바퀴 두를 때 로프 길이의 최솟값은 약
면 m인기?(단, π=3으로 계산한다.)

고시넷

응용수리

문항수 30문항

1회 실전모의고사 ●

정답과 해설 201쪽

>>> 실전모의고사로 실전 연습하기

실전 준비가 가능하도록 실전모의고사 3회분을
수록하였습니다. 학습한 내용을 최종 점검하고 부
족한 부분을 체크해 보세요.

[01 ~ 02] 다음 식을 계산하시오.

01

| 31,415＋12,469－24,941 |

① 17,884   ② 17,953   ③ 18,874
④ 18,943   ⑤ 19,243

02

| 19.1×2.9 |

① 55.39   ② 56.42   ③ 57.77
④ 58.94   ⑤ 59.19

**[03 ~ 05] 다음 숫자들의 배열 규칙을 찾아 '?'에 들
어갈 알맞은 숫자를 고르시오.**

03

| 36 3 6   44 7 4   32 5 (?) |

① 3   ② 5   ③ 6
④ 7   ⑤ 8

04

| 1 | 6 | −7 | 18 | −23 | 38 | (?) |

① −41   ② −47   ③ −53
④ −69   ⑤ −70

05

5	27	22
4	8	14
3	1	8
7	125	(?)

① 40   ② 42   ③ 44
④ 46   ⑤ 48

06
어떤 학급에 남학생 20명, 여학생 10명이 있다. 이 학
급 전체의 수학 평균은 72점이고 여학생의 수학 평균
은 78점일 때 남학생의 수학 평균은 몇 점인가?

① 58점   ② 62점   ③ 65점
④ 69점   ⑤ 70점

응용수리 한눈에 보기

📄 NCS 직업기초능력평가 출제유형 분석

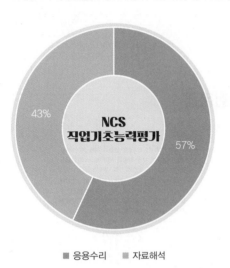

■ 응용수리 ■ 자료해석

NCS 직업기초능력평가의 수리능력은 기초연산능력, 기초통계능력, 도표분석능력, 도표작성능력으로 구성되어 있다. 기업마다 차이는 있지만 일반적으로 자료해석에 비해 응용수리의 출제 비중이 높은 편이다. 그러므로 고득점을 위해서는 응용수리의 학습이 필수적이다. 응용수리는 출제되는 범위가 넓기 때문에 공식을 알고 빠르게 문제에 적용하는 능력이 요구된다. NCS 직업기초능력평가에서는 주로 수적추리, 방정식, 부등식, 약수·배수, 거리·속력·시간, 일률, 금액, 경우의 수, 확률, 평균 등의 문제가 출제되므로 이에 대한 반복 학습을 통해 계산 시간을 단축하는 연습이 필요하다. 또한 출제 빈도수가 낮은 농도, 시차, 도형 계산 등의 문제가 출제되었을 때를 대비하기 위해 다양한 문제를 학습하고 공식을 알아두어야 한다.

📄 NCS 직업기초능력평가 출제율

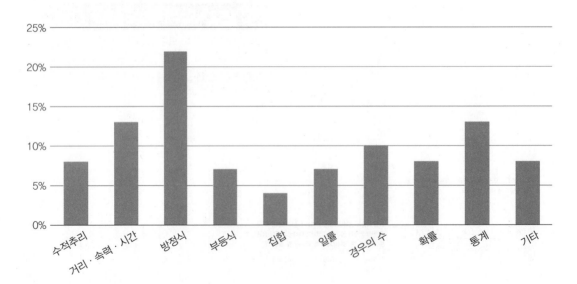

직무적성검사 출제유형 분석

■ 응용수리   ■ 자료해석

직무적성검사의 수리능력은 수추리능력, 수리계산력, 자료해석능력으로 구성되어 있다. NCS 직업기초능력평가와 마찬가지로 기업마다 차이는 있지만 응용수리의 출제 비중이 더 높은 편이다. 단순 사칙연산, 수열, 대소 비교, 수적추리, 방정식, 농도, 나무 심기, 평면도형, 입체도형 등의 문제가 출제되며, NCS 직업기초능력평가에 비해 계산이 쉽고 단순한 문제들로 구성되지만 짧은 시간에 많은 문제를 풀어야 한다. 따라서 다양한 문제의 공식을 알아 두고 문제에 적용하는 속도를 높이며 실수를 줄이는 연습이 필요하다. 또한, KT그룹은 응용수리력과 수추리력, 롯데그룹은 자료해석과 수리공간 등과 같이 기업별로 출제 경향이 다르기 때문에 경향을 파악하여 학습하는 것이 좋다.

직무적성검사 출제율

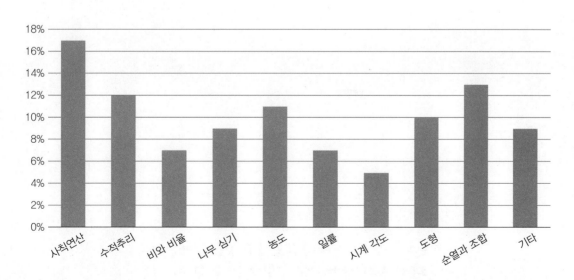

Memo

미래를 창조하기에 꿈만큼 좋은 것은 없다.
오늘의 유토피아가 내일 현실이 될 수 있다.

There is nothing like dream to create the future.
Utopia today, flesh and blood tomorrow.
빅토르 위고 Victor Hugo

테마

1

Mathematics

사칙연산

유형 1 단순계산

핵심 Check

1 사칙연산

(1) 수에 관한 덧셈(+), 뺄셈(−), 곱셈(×), 나눗셈(÷) 네 종류의 계산법으로 사칙계산이라고도 한다.

(2) 연산법칙

구분	덧셈	곱셈
교환법칙	$a+b=b+a$	$a \times b = b \times a$
결합법칙	$a+(b+c)=(a+b)+c$	$a \times (b \times c) = (a \times b) \times c$
분배법칙	$(a+b) \times c = a \times c + b \times c$	

(3) 덧셈과 뺄셈, 곱셈과 나눗셈의 관계

　① 뺄셈은 덧셈의 역연산

　　$a+b=c$일 경우, $a=c-b$, $b=c-a$가 성립한다.

　② 나눗셈은 곱셈의 역연산

　　$a \times b = c$일 경우, $a=c \div b$(단, $b \neq 0$), $b=c \div a$(단, $a \neq 0$)가 성립한다.

(4) 계산 순서

> 괄호가 있는 식은 괄호 안을 먼저 계산한다.
> 이때, 괄호는 ( ), { }, [ ]의 순서로 푼다.

> 곱셈과 나눗셈을 계산한다.

> 덧셈과 뺄셈을 계산한다.

　※ 만약 동순위 연산이 2개 이상이면 계산은 왼쪽에서 오른쪽 순서대로 한다.

(5) 사칙연산이 가능한 수의 범위

　수의 범위를 복소수·실수 또는 유리수 전체로 할 때는 0으로 나누는 나눗셈만을 제외한다면 사칙연산이 항상 가능하다. 그러나 정수의 범위에서는 나눗셈이 언제나 가능한 것은 아니며, 자연수의 범위에서도 뺄셈과 나눗셈이 언제나 가능한 것은 아니다.

(6) 검산

연산의 결과를 확인하는 과정으로 검산방법에는 역연산과 구거법이 있다.

역연산	• 덧셈은 뺄셈으로, 뺄셈은 덧셈으로, 곱셈은 나눗셈으로, 나눗셈은 곱셈으로 확인하는 방법 • 본래의 풀이와 반대로 연산을 해가면서 본래의 답이 맞는지를 확인한다.
구거법 (九去法)	• 어떠한 정수의 각 자릿수의 합을 9로 나눈 나머지는 원래의 수를 9로 나눈 나머지와 같다는 성질을 이용하는 방법 • 각 수를 9로 나눈 나머지만 계산해서 좌변과 우변의 9로 나눈 나머지가 같은지만 확인하는 방법

❷ 곱셈 요령

(1) (두 자리 수)×(두 자리 수)

① 같은 자릿수끼리 곱한다.

$$
\begin{array}{r}
3\ \ 6 \\
\times\ \ 5\ \ 4 \\
\hline
15\ \ 24
\end{array}
$$

② 대각선으로 각각 곱한다.

$$
\begin{array}{r}
1524 \\
12\ \ \\
30\ \ \ \
\end{array}
$$

※ 3×4가 실제로는 30×4이므로 1200이다. 따라서 1을 백의 자리, 2를 십의 자리에 맞춰 적는다.
※ 5×6이 실제로는 50×60이므로 3000이다. 따라서 3을 백의 자리, 0을 십의 자리에 맞춰 적는다.

③ 모두 더한다.

$$
\begin{array}{r}
3\ \ 6 \\
\times\ \ 5\ \ 4 \\
\hline
1524 \\
12\ \ \\
30\ \ \ \\
\hline
1944
\end{array}
$$

(2) 십의 자리 숫자가 같고, 일의 자리 숫자의 합이 10인 두 수의 곱

두 수를 각각 $10m+a$, $10m+b$라 하면 $a+b=10$이므로

$$
\begin{aligned}
(10m+a)(10m+b) &= 100m^2 + 10m(a+b) + ab \\
&= 100m^2 + 100m + ab \\
&= 100m(m+1) + ab
\end{aligned}
$$

$$m\,a \times m\,b = \boxed{}\boxed{}\boxed{}\boxed{}$$

$\underbrace{\qquad}_{m(m+1)}$ $\overbrace{}^{ab}$

> **예**
> • 23×27
> $2 \times 3 = 6$, $3 \times 7 = 21$이므로 621이다.
>
> • 39×31
> $3 \times 4 = 12$, $9 \times 1 = 9$이므로 1,209이다.

(3) 일의 자리 숫자가 같고, 십의 자리 숫자의 합이 10인 두 수의 곱

두 수를 각각 $10a+m$, $10b+m$이라 하면 $a+b=10$이므로

$$(10a+m)(10b+m) = 100ab + 10m(a+b) + m^2$$
$$= 100ab + 100m + m^2$$
$$= 100(ab+m) + m^2$$

$$a\,m \times b\,m = \boxed{}\boxed{}\boxed{}\boxed{}$$

$\underbrace{\qquad}_{ab+m}$ $\overbrace{}^{m^2}$

> **예**
> • 32×72
> $3 \times 7 + 2 = 23$, $2^2 = 4$이므로 2,304이다.
>
> • 93×13
> $9 \times 1 + 3 = 12$, $3^2 = 9$이므로 1,209이다.

(4) 십의 자리 숫자가 같은 두 수의 곱

두 수를 각각 $10m+a$, $10m+b$라 하면

$$(10m+a)(10m+b) = 100m^2 + 10m(a+b) + ab = (10m+a+b) \times 10m + ab$$

> **예**
> • $32 \times 37 = (32+7) \times 30 + 2 \times 7 = 1,184$
> • $54 \times 59 = (54+9) \times 50 + 4 \times 9 = 3,186$

(5) 비슷한 두 수의 곱

① 106×93 　⑩⓪을 기준으로
　　$106 = 100 \boxed{+6}$
　　$93 = 100 \boxed{-7}$

$6 \times (-7) = -42$

$\begin{array}{r} 106 \ \boxed{+6} \\ \times \quad 93 \ \boxed{-7} \\ \hline 99 \ \ -42 \end{array}$ $106 - 7 = 99$

$\Rightarrow 99 \times ⑩⓪ - 42 = 9,858$

② 34×47　　㊵을 기준으로
　　$34 = 40 \boxed{-6}$
　　$47 = 40 \boxed{+7}$

$(-6) \times 7 = -42$

$\begin{array}{r} 34 \ \boxed{-6} \\ \times \quad 47 \ \boxed{+7} \\ \hline 41 \ \ -42 \end{array}$ $34 + 7 = 41$

$\Rightarrow 41 \times ㊵ - 42 = 1,598$

③ 부분분수 공식

$$\frac{1}{AB} = \frac{1}{B-A}\left(\frac{1}{A} - \frac{1}{B}\right) \text{ (단, } A \neq B, \ A \neq 0, \ B \neq 0)$$

④ 제곱근

(1) 어떤 수 x를 제곱하여 a가 되었을 때, x를 a의 제곱근이라 한다.

$$x^2 = a \Leftrightarrow x = \pm\sqrt{a} \text{ (단, } a \geq 0)$$

(2) 제곱근의 연산

$a > 0, \ b > 0$일 때

- $m\sqrt{a} + n\sqrt{a} = (m+n)\sqrt{a}$
- $\sqrt{a}\sqrt{b} = \sqrt{ab}$
- $\dfrac{\sqrt{a}}{\sqrt{b}} = \sqrt{\dfrac{a}{b}}$

- $m\sqrt{a} - n\sqrt{a} = (m-n)\sqrt{a}$
- $\sqrt{a^2 b} = a\sqrt{b}$

(3) 분모의 유리화

분수의 분모가 근호를 포함한 무리수일 때 분모, 분자에 0이 아닌 같은 수를 곱하여 분모를 유리수로 고치는 것이다.

$a > 0, \ b > 0$일 때

- $\dfrac{a}{\sqrt{b}} = \dfrac{a\sqrt{b}}{\sqrt{b}\sqrt{b}} = \dfrac{a\sqrt{b}}{b}$

- $\dfrac{\sqrt{a}}{\sqrt{b}} = \dfrac{\sqrt{a}\sqrt{b}}{\sqrt{b}\sqrt{b}} = \dfrac{\sqrt{ab}}{b}$

- $\dfrac{1}{\sqrt{a}+\sqrt{b}} = \dfrac{\sqrt{a}-\sqrt{b}}{(\sqrt{a}+\sqrt{b})(\sqrt{a}-\sqrt{b})} = \dfrac{\sqrt{a}-\sqrt{b}}{a-b}$ (단, $a \neq b$)

- $\dfrac{1}{\sqrt{a}-\sqrt{b}} = \dfrac{\sqrt{a}+\sqrt{b}}{(\sqrt{a}-\sqrt{b})(\sqrt{a}+\sqrt{b})} = \dfrac{\sqrt{a}+\sqrt{b}}{a-b}$ (단, $a \neq b$)

다음 식을 계산하시오.

01.

$$159 + 84$$

① 13   ② 33   ③ 133
④ 243   ⑤ 843

02.

$$78 - 37$$

① 23   ② 41   ③ 63
④ 71   ⑤ 131

03.

$$62 \times 5 \times 0.02$$

① 1.22   ② 6.2   ③ 12.2
④ 162   ⑤ 324

04.

1.7×0.4

① 0.68   ② 2.8   ③ 6.8

④ 68   ⑤ 168

01

| 정답 | ④

| 해설 | $159+84 \rightarrow 160+80=240$
따라서 가까운 답인 ④를 선택한다.

02

| 정답 | ②

| 해설 | $78-37 \rightarrow 80-40=40$
따라서 가까운 답인 ②를 선택한다.

03

| 정답 | ②

| 해설 | $62 \times 5 \times 0.02 \rightarrow 60 \times 5 \times 2 = 600$
$\downarrow$
6
따라서 가까운 답인 ②를 선택한다.

04

| 정답 | ①

| 해설 | $1.7 \times 0.4 \rightarrow 2 \times 0.4 = 0.8$
따라서 가까운 답인 ①을 선택한다.

예제 05 ~ 08

다음 식을 계산하시오.

05.

0.4÷0.02

① 0.02   ② 0.2   ③ 20

④ 200   ⑤ 2,000

빠른 풀이 비법

선택지의 소수점 아래 수치가 다를 경우, 소수 부분만 계산하여 빠르게 답을 구할 수 있다.

06.

5.13+23.4+9.8

① 36.8   ② 38.33   ③ 48.93

④ 62.93   ⑤ 566

07.

2,685+32+152

① 59   ② 764   ③ 989

④ 2,869   ⑤ 2,964

08.

$$6.12 + 7.25 - 1.65$$

① 10.45 　　② 11.72 　　③ 12.47
④ 13.34 　　⑤ 14.42

05

| 정답 | ③

| 해설 | 소수점을 이동하여 계산한다(100을 곱한 뒤 계산하는 것도 동일한 방법이다).
$0.4 \div 0.02 \rightarrow 40 \div 2 = 20$

06

| 정답 | ②

| 해설 | 소수의 덧셈은 주어진 수치의 소수점 이하 자릿수에 주목해야 한다.
$5.13 + 23.4 + 9.8 \rightarrow 5 + 23 + 10 = 38$
따라서 가까운 답인 ②를 선택한다.

07

| 정답 | ④

| 해설 | 수치의 끝을 계산하기 좋도록 만들어 주는 식이 있는 경우, 그 식부터 먼저 계산한다. 일의 자리를 계산해 봄에 따라 ②, ⑤가 정답이 아님을 확인할 수 있다.
$2,685 + 32 + 152 \rightarrow 2,700 + 200 = 2,900$
따라서 가까운 답인 ④를 선택한다.

08

| 정답 | ②

| 해설 | $6.12 + 7.25 - 1.65 = 13.37 - 1.65 = 11.72$

예제 09 ~ 12

다음 식을 계산하시오.

09.

$$54.214-49.417+1.542$$

① 6.339   ② 6.735   ③ 7.341
④ 7.832   ⑤ 8.124

10.

$$3.5+3.09\times2.1\div0.24$$

① 25.75   ② 28.375   ③ 30.5375
④ 45.0625   ⑤ 47.4765

11.

$$4\frac{6}{11}\times\frac{11}{15}$$

① $\frac{5}{3}$ ② $\frac{8}{3}$ ③ $\frac{10}{3}$
④ $\frac{13}{3}$ ⑤ $\frac{16}{3}$

12.

$$\left(\frac{3}{5} - \frac{2}{7} \right) \times \frac{7}{11}$$

① $\frac{1}{11}$　　　　② $\frac{1}{5}$　　　　③ $\frac{9}{35}$

④ $\frac{11}{35}$　　　　⑤ $\frac{10}{77}$

09

| 정답 | ①

| 해설 | $54.214 - 49.417 + 1.542 = 4.797 + 1.542 = 6.339$

10

| 정답 | ③

| 해설 | $3.5 + 3.09 \times 2.1 \div 0.24 = 3.5 + 27.0375 = 30.5375$

11

| 정답 | ③

| 해설 | $4\frac{6}{11} \times \frac{11}{15} = \frac{50}{11} \times \frac{11}{15} = \frac{10}{3}$

12

| 정답 | ②

| 해설 | $\left(\frac{3}{5} - \frac{2}{7} \right) \times \frac{7}{11} = \left(\frac{21}{35} - \frac{10}{35} \right) \times \frac{7}{11} = \frac{11}{35} \times \frac{7}{11} = \frac{1}{5}$

예제 13 ~ 16

다음 식을 계산하시오.

13.

$$\sqrt{2} \times 2\sqrt{2}$$

① 2   ② 4   ③ 8
④ 16   ⑤ 32

14.

$$\sqrt{50} + \sqrt{2}$$

① $3\sqrt{2}$ ② $5\sqrt{2}$ ③ $6\sqrt{2}$
④ 10   ⑤ $10\sqrt{10}$

> **학습 TIP**
>
> 다음과 같이 해결하는 방법도 있다.
> $42 \times 48 = (50-8) \times (50-2)$
> $= 2,500 - 400 - 100 + 16$
> $= 2,016$

15.

$$42 \times 48$$

① 1,896   ② 1,926   ③ 1,956
④ 1,986   ⑤ 2,016

16.

104×99

① 10,196　　　　② 10,246　　　　③ 10,296

④ 10,346　　　　⑤ 10,396

13

| 정답 | ②

| 해설 | $\sqrt{2} \times 2\sqrt{2} = 2 \times (\sqrt{2})^2 = 4$

14

| 정답 | ③

| 해설 | $\sqrt{50} + \sqrt{2} = \sqrt{5^2 \times 2} + \sqrt{2} = 5\sqrt{2} + \sqrt{2} = 6\sqrt{2}$

15

| 정답 | ⑤

| 해설 | 십의 자리 숫자가 같고, 일의 자리 숫자의 합이 10인 두 수의 곱이다.
4×5=20, 2×8=16이므로 2,016이다.

16

| 정답 | ③

| 해설 | ⑩⑩을 기준으로 104=100 ⊞4 , 99=100 ⊟1 이므로

$$4 \times (-1) = -4$$

104 ⊞4
× 99 ⊟1　　　104−1=103
103 −4

⇒ 103×⑩⑩−4=10,296

단순계산 공략

정답과 해설 2쪽

[01 ~ 30] 다음 식을 계산하시오.

01.

4,835+2,156

① 1,526   ② 4,926   ③ 6,471

④ 6,991   ⑤ 7,651

02.

631−154

① 37   ② 94   ③ 477

④ 587   ⑤ 787

빠른 풀이 비법 🕐

> 선택지 간 차이가 크므로 정수 부분만 계산하거나 소수 부분만 계산해서 답을 선택한다.

03.

53.2−39.316

① −8.9   ② −0.76   ③ 11.768

④ 13.884   ⑤ 89

04.

152×115

① 17,280   ② 17,328   ③ 17,480

④ 17,628   ⑤ 17,828

05.

$84 \div 8 \times 2.24$

① 23.52   ② 23.84   ③ 24.19

④ 24.62   ⑤ 24.84

06.

0.07×0.035

① 0.00124   ② 0.00221   ③ 0.00232

④ 0.00245   ⑤ 0.00276

⏰ **빠른 풀이 비법**

7×5=35이므로 5로 끝나는
선택지를 답으로 선택한다.

07.

$79 + 14 \times 23 - 95$

① 306   ② 845   ③ 1,483

④ 2,044   ⑤ 3,216

08.

$$45 \times 56$$

① 1,940   ② 2,375   ③ 2,520
④ 3,105   ⑤ 4,250

09.

$$5.5 + 35 \times 35$$

① 1,237.7   ② 1,230.5   ③ 1,135.5
④ 1,100.5   ⑤ 1,086.5

10.

$$684 \div 20$$

① 3.24   ② 34.2   ③ 56
④ 342   ⑤ 862

> ▶ 학습 TIP ◀
>
> $3,400 \div 68 = x$ 라 하면 $68x = 3,400$이므로 x는 0 또는 5로 끝나야 한다.

11.

$$3,400 \div 68$$

① 50   ② 78.9   ③ 219
④ 429   ⑤ 789

12.

$$0.008 \div 0.0004$$

① 0.002   ② 0.02   ③ 0.2
④ 2   ⑤ 20

13.

$$1.8 + 0.008 + 0.9$$

① 2.6   ② 2.708   ③ 3.708
④ 17   ⑤ 27.8

14.

$$665 + 6,545 + 65$$

① 6,595   ② 7,275   ③ 7,895
④ 8,495   ⑤ 11,565

15.

$$13.22 + 154.22 + 21.79$$

① 78.23   ② 189.23   ③ 690.53
④ 960   ⑤ 1,925

학습 TIP

$a+b+c$를 계산함에 있어, 선택지 간 차이가 크고 c가 a, b에 비해 현저히 작을 경우 $a+b$로 계산해도 무방하다.

16.

$$7,741-521-13$$

① 727　　　　　② 2,767　　　　　③ 5,417

④ 6,627　　　　　⑤ 7,207

17.

$$676-3.8-225$$

① 86.2　　　　　② 166.2　　　　　③ 447.2

④ 497.2　　　　　⑤ 1,147.2

18.

$$41,778-38,533-163$$

① 32　　　　　② 2,542　　　　　③ 3,082

④ 12,900　　　　　⑤ 82,500

19.

$$1,455+715+258+39$$

① 367　　　　　② 2,467　　　　　③ 7,467

④ 12,257　　　　　⑤ 18,267

20.

$$85-14\times4+35$$

① 64　　　　　② 91　　　　　③ 319

④ 320　　　　　⑤ 344

21.

$$480\times10^{-2}$$

① −48,000　　　② −48　　　　③ 4.8

④ 48　　　　　⑤ 4,800

이것 만은 꼭

지수법칙

$a>0,\ b>0$이고 $m,\ n$이 임의의 실수일 때

• $a^m\times a^n=a^{m+n}$

• $a^m\div a^n=a^{m-n}$

• $(a^m)^n=a^{mn}$

• $(ab)^m=a^mb^m$

• $\left(\dfrac{a}{b}\right)^m=\dfrac{a^m}{b^m}$ (단, $b\neq0$)

• $a^0=1$

• $a^{-n}=\dfrac{1}{a^n}$ (단, $a\neq0$)

22.

$$30.14\div(-2.2)+3.5$$

① −17.2　　　　② −10.2　　　③ 10.2

④ 17.2　　　　　⑤ 19.2

23.

$$39+765\div17-25$$

① 47　　　　　② 49　　　　　③ 54

④ 57　　　　　⑤ 59

24.

$$\frac{44}{3} \div \frac{4}{9}$$

① 30   ② 33   ③ $\frac{129}{4}$

④ $\frac{11}{27}$ ⑤ $\frac{176}{27}$

25.

$$3\sqrt{8} + \sqrt{18}$$

① $9\sqrt{2}$ ② $11\sqrt{2}$ ③ $13\sqrt{5}$

④ $15\sqrt{2}$ ⑤ $17\sqrt{5}$

26.

$$37 \times 77$$

① 2,329   ② 2,549   ③ 2,669

④ 2,849   ⑤ 2,979

27.

$$94 \times 98$$

① 8,742   ② 8,992   ③ 9,082

④ 9,162   ⑤ 9,212

28.

$$7\frac{2}{3}+\frac{5}{9}\times3\frac{3}{10}$$

① $8\frac{1}{6}$ ② $8\frac{1}{2}$ ③ $9\frac{1}{6}$

④ $9\frac{1}{2}$ ⑤ $10\frac{1}{6}$

29.

$$\frac{2}{\sqrt{3}+1}-\sqrt{3}$$

① $-2\sqrt{3}$ ② -1 ③ 0

④ 1 ⑤ $2\sqrt{3}$

해결 전략

1단계
분수의 분모를 유리수로 고친다(분모의 유리화).

↓

2단계
식을 정리하여 간단히 한다.

30.

$$\frac{5}{6}\div\frac{2}{3}\times\frac{8}{9}$$

① $\frac{1}{9}$ ② $\frac{7}{9}$ ③ $1\frac{1}{9}$

④ $1\frac{7}{9}$ ⑤ $1\frac{8}{9}$

유형 2 암기

핵심 Check

① 분수 ↔ 소수

- $\frac{1}{2}=0.5$
- $\frac{1}{3}=0.33\cdots$
- $\frac{1}{4}=0.25$
- $\frac{1}{5}=0.2$
- $\frac{1}{6}=0.166\cdots$
- $\frac{1}{7}=0.142\cdots$
- $\frac{1}{8}=0.125$
- $\frac{1}{9}=0.111\cdots$

② 제곱수

- $11^2=121$
- $12^2=144$
- $13^2=169$
- $14^2=196$
- $15^2=225$
- $16^2=256$
- $17^2=289$
- $18^2=324$
- $19^2=361$
- $25^2=625$
- $35^2=1,225$

③ 거듭제곱

(1) 2의 거듭제곱
- $2^1=2$
- $2^2=4$
- $2^3=8$
- $2^4=16$
- $2^5=32$
- $2^6=64$
- $2^7=128$
- $2^8=256$
- $2^9=512$
- $2^{10}=1,024$

(2) 3의 거듭제곱
- $3^1=3$
- $3^2=9$
- $3^3=27$
- $3^4=81$
- $3^5=243$

(3) 5의 거듭제곱
- $5^1=5$
- $5^2=25$
- $5^3=125$
- $5^4=625$

④ 무리수

- $\sqrt{2}=1.414\cdots$
- $\sqrt{3}=1.732\cdots$
- $\sqrt{5}=2.236\cdots$

예제 01 ~ 02

다음 식을 계산하시오.

01.

$$(29-16)^2+5^2$$

① 146　　　　② 169　　　　③ 194

④ 221　　　　⑤ 256

02.

$$7^2+2(9-6)^2$$

① 67　　　　② 87　　　　③ 97

④ 107　　　　⑤ 117

해결 전략

1단계
괄호 안을 먼저 계산한다.

↓

2단계
거듭제곱을 계산한다.

↓

3단계
정리하여 간단히 한다.

01

| 정답 | ③

| 해설 | $(29-16)^2+5^2=13^2+25=194$

02

| 정답 | ①

| 해설 | $7^2+2(9-6)^2=49+2(3)^2=49+2\times9=49+18=67$

예제 **03 ~ 06**

다음 식을 계산하시오.

학습 TIP

$a^m \times b^m = (a \times b)^m$

03.

$$2^3 \times 5^3 \times 7$$

① 630   ② 840   ③ 1,400
④ 5,250   ⑤ 7,000

04.

$$\sqrt{243} \times \sqrt{3}$$

① 9   ② 12   ③ 18
④ 27   ⑤ 32

05.

$$4 \times 8^3 \div 16$$

① 64   ② 80   ③ 128
④ 160   ⑤ 256

06.

$$\frac{1}{2} + \frac{1}{4} + \frac{1}{5}$$

① 0.75　　　　　　② 0.85　　　　　　③ 0.9

④ 0.95　　　　　　⑤ 1.05

03

| 정답 | ⑤

| 해설 | $2^3 \times 5^3 \times 7 = (2 \times 5)^3 \times 7 = 10^3 \times 7 = 7,000$

04

| 정답 | ④

| 해설 | $\sqrt{243} \times \sqrt{3} = \sqrt{3^5} \times \sqrt{3} = \sqrt{3^6} = 3^3 = 27$

05

| 정답 | ③

| 해설 | $4 \times 8^3 \div 16 = 2^2 \times 2^9 \div 2^4 = 2^{2+9-4} = 2^7 = 128$

06

| 정답 | ④

| 해설 | $\frac{1}{2} + \frac{1}{4} + \frac{1}{5} = 0.5 + 0.25 + 0.2 = 0.95$

유형 2

암기 공략

[01 ~ 07] 다음 식을 계산하시오.

01.

$$\sqrt{289} \times \sqrt{121}$$

① 154   ② 165   ③ 176
④ 187   ⑤ 198

02.

$$19^2 + 2^7$$

① 489   ② 491   ③ 493
④ 495   ⑤ 497

03.

$$35^2 - 5^4$$

① 550   ② 575   ③ 600
④ 625   ⑤ 650

04.

$$\sqrt{2} + \sqrt{3}$$
(소수점 아래 둘째 자리에서 반올림)

① 3.0   ② 3.1   ③ 3.2
④ 3.3   ⑤ 3.4

05.

$$2^5 + 2^6 + 2^7 + 2^8$$

① 240   ② 320   ③ 400
④ 480   ⑤ 960

06.

$$5^4 + 17^2$$

① 304   ② 414   ③ 644
④ 914   ⑤ 1,024

07.

$$2^5 \times 3^2 \times 5^6$$

① 180,000   ② 900,000   ③ 1,800,000
④ 2,250,000   ⑤ 4,500,000

유형 3 수의 비교

핵심 Check

① 덧셈의 비교

(1) 숫자 각각의 대소를 비교한다.

예

$$1,865 > 1,859$$

$$327 + 1,865 \;\boxed{}\; 321 + 1,859$$

$$327 > 321$$

$$1,258 > 1,226$$

$$264 + 1,258 \;\boxed{}\; 1,226 + 260$$

$$264 > 260$$

숫자 각각의 대소를 비교했을 때 좌변이 더 큰 수이므로 계산 결과도 좌변이 더 크다.

(2) 숫자 각각의 증감을 비교한다.

예

$$-16$$

$$327 + 1,865 \;\boxed{}\; 309 + 1,881$$

$$+18$$

숫자 각각의 증감을 비교했을 때 $18 - 16 = 2$이므로 계산 결과는 좌변이 더 크다.

② 뺄셈의 비교

(1) 빼어지는 수와 빼는 수의 증감을 파악한다.

예

감소

$$1,865 - 327 \;\boxed{}\; 1,871 - 325$$

증가

빼어지는 수($1,865$와 $1,871$)는 증가, 빼는 수(327과 325)는 감소했으므로 계산 결과는 우변이 더 크다.

(2) 숫자 각각의 증감을 비교한다.

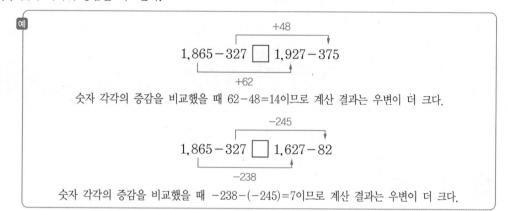

예

$$1,865 - 327 \ \square \ 1,927 - 375$$

+48

+62

숫자 각각의 증감을 비교했을 때 $62-48=14$이므로 계산 결과는 우변이 더 크다.

$$1,865 - 327 \ \square \ 1,627 - 82$$

−245

−238

숫자 각각의 증감을 비교했을 때 $-238-(-245)=7$이므로 계산 결과는 우변이 더 크다.

(3) 덧셈의 비교로 전환한다.

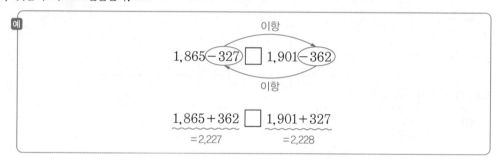

예

이항

$$1,865 - 327 \ \square \ 1,901 - 362$$

이항

$$\underset{=2,227}{1,865 + 362} \ \square \ \underset{=2,228}{1,901 + 327}$$

③ 곱셈의 비교

(1) 숫자 각각의 대소를 비교한다.

예

$86.5 > 85.4$

$$32.7 \times 86.5 \ \square \ 85.4 \times 31.9$$

$32.7 > 31.9$

숫자 각각의 대소를 비교했을 때 좌변이 더 큰 수이므로 계산 결과도 좌변이 더 크다.

(2) 비교하기 쉽게 숫자를 조정한다.

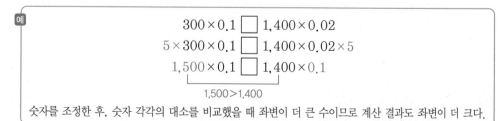

예

$$300 \times 0.1 \ \square \ 1,400 \times 0.02$$
$$5 \times 300 \times 0.1 \ \square \ 1,400 \times 0.02 \times 5$$
$$1,500 \times 0.1 \ \square \ 1,400 \times 0.1$$

$1,500 > 1,400$

숫자를 조정한 후, 숫자 각각의 대소를 비교했을 때 좌변이 더 큰 수이므로 계산 결과도 좌변이 더 크다.

(3) 숫자 각각의 증가율을 비교한다.

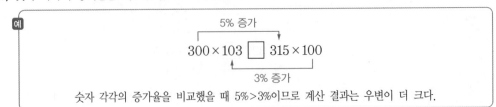

예

5% 증가

$$300 \times 103 \;\boxed{}\; 315 \times 100$$

3% 증가

숫자 각각의 증가율을 비교했을 때 5%>3%이므로 계산 결과는 우변이 더 크다.

④ 분수의 비교

(1) 곱셈을 사용한다.

예 $\dfrac{b}{a}$와 $\dfrac{d}{c}$의 비교(단, $a,\ b,\ c,\ d > 0$)

$bc > ad$이면 $\dfrac{b}{a} > \dfrac{d}{c}$

(2) 어림셈과 곱셈을 사용한다.

예 $\dfrac{47}{140}$과 $\dfrac{88}{265}$의 비교

$\dfrac{47}{140}$은 $\dfrac{1}{3}$보다 크고 $\dfrac{88}{265}$은 $\dfrac{1}{3}$보다 작으므로 $\dfrac{47}{140} > \dfrac{88}{265}$

(3) 분모와 분자의 배율을 비교한다.

예 $\dfrac{351}{127}$과 $\dfrac{3,429}{1,301}$의 비교

3,429는 351의 10배보다 작고 1,301은 127의 10배보다 크므로 $\dfrac{351}{127} > \dfrac{3,429}{1,301}$

(4) 분모와 분자의 차이를 파악한다.

예 $\dfrac{b}{a}$와 $\dfrac{b+d}{a+c}$의 비교(단, $a,\ b,\ c,\ d > 0$)

$\dfrac{b}{a} > \dfrac{d}{c}$이면 $\dfrac{b}{a} > \dfrac{b+d}{a+c}$ $\dfrac{b}{a} < \dfrac{d}{c}$이면 $\dfrac{b}{a} < \dfrac{b+d}{a+c}$

예제 01 ~ 02

다음 식의 대소를 비교하시오.

01.

$$8,961 \div 1,150 \;\square\; 8$$

① >   ② <   ③ =

02.

$$\frac{26}{17} \;\square\; \frac{51}{35}$$

① >   ② <   ③ =

 빠른 풀이 비법

문제를 풀기 전, '핵심 Check'
의 내용을 적용할 수 있는지
빠르게 판단한다.
예제 02의 경우 통분해서 비
교하는 것보다 분모와 분자의
배율을 비교하는 것이 더 빠
르다.

01
| 정답 | ②

| 해설 | $8,961 \div 1,150 \;\square\; 8 \rightarrow 7.79 \cdots < 8$

02
| 정답 | ①

| 해설 | 51은 26의 2배보다 작고 35는 17의 2배보다 크므로 $\dfrac{26}{17} > \dfrac{51}{35}$

예제 **03 ~ 06**

다음의 수식을 계산했을 때 가장 작은 수가 나오는 것을 고르시오.

03.

① 14−9   ② 16−12   ③ 11−8

④ 15−9   ⑤ 17−13

04.

① 19−2+8   ② 23−7+8   ③ 30÷6×5

④ 5×8÷2   ⑤ 3×15−14

> **학습 TIP**
>
> 계산 시 받아올린 1, 받아내린 1을 적어두면 실수를 줄일 수 있다.

05.

① 236.47+389.25   ② 493.18+132.55   ③ 919.19−293.35

④ 841.62−215.79   ⑤ 209.09+416.76

06.

① 5.21×7.33   ② 3.45×9.82   ③ 8.34×4.49

④ 7.69×4.29   ⑤ 6.21×7.14

03

| 정답 | ③

| 해설 | 11−8=3

| 오답풀이 |

① 14−9=5　　　② 16−12=4　　　④ 15−9=6　　　⑤ 17−13=4

04

| 정답 | ④

| 해설 |

$5×8÷2=5×\overset{4}{8}×\dfrac{1}{\underset{1}{2}}=20$

| 오답풀이 |

① 19−2+8=25　　　② 23−7+8=24　　　③ 30÷6×5=25　　　⑤ 3×15−14=31

05

| 정답 | ①

| 해설 |

$$\begin{array}{r} {}^{1\ 1\ \ 1}\ \\ 236.47 \\ +\ 389.25 \\ \hline 625.72 \end{array}$$

| 오답풀이 |

②
$$\begin{array}{r} {}^{1\ \ \ 1}\ \\ 493.18 \\ +\ 132.55 \\ \hline 625.73 \end{array}$$

③
$$\begin{array}{r} {}^{10\ \ 10}\ \\ {}^{8\ 11\ 8\ 11}\ \\ 9\cancel{1}9.\cancel{1}9 \\ -\ 293.35 \\ \hline 625.84 \end{array}$$

④
$$\begin{array}{r} {}^{10\ 10\ 10}\ \\ {}^{3\ 10\ 15\ 12}\ \\ 841.62 \\ -\ 215.79 \\ \hline 625.83 \end{array}$$

⑤
$$\begin{array}{r} {}^{1\ \ \ 1}\ \\ 209.09 \\ +\ 416.76 \\ \hline 625.85 \end{array}$$

06

| 정답 | ④

| 해설 |

$$\begin{array}{r} 7.69 \\ ×\ 4.29 \\ \hline {}^{1\ 1\ 1}\ \\ 0.6921 \\ 1.538 \\ 30.76 \\ \hline 32.9901 \end{array}$$

| 오답풀이 |

①
$$\begin{array}{r} 5.21 \\ ×\ 7.33 \\ \hline {}^{1\ 1}\ \\ 0.1563 \\ 1.563 \\ 36.47 \\ \hline 38.1893 \end{array}$$

②
$$\begin{array}{r} 3.45 \\ ×\ 9.82 \\ \hline 0.0690 \\ 2.760 \\ 31.05 \\ \hline 33.879 \end{array}$$

③
$$\begin{array}{r} 8.34 \\ ×\ 4.49 \\ \hline 0.7506 \\ 3.336 \\ 33.36 \\ \hline 37.4466 \end{array}$$

⑤
$$\begin{array}{r} 6.21 \\ ×\ 7.14 \\ \hline {}^{1\ 1}\ \\ 0.2484 \\ 0.621 \\ 43.47 \\ \hline 44.3394 \end{array}$$

예제 07 ~ 10

다음의 수식을 계산했을 때 가장 큰 수가 나오는 것을 고르시오.

07.

① 5+8   ② 7+6   ③ 3+9

④ 9+7   ⑤ 2+8

08.

① 100+11−15   ② 88+22+1   ③ 123−34−5

④ 99+33−44   ⑤ 146−79+33

09.

① 504−55+42   ② 502−76+64   ③ 505−49+37

④ 503−68+57   ⑤ 506−38+23

10.

① 376.46+98.58   ② 284.57+191.72   ③ 189.79+286.05

④ 312.94+163.18   ⑤ 329.75+144.61

07

| 정답 | ④

| 해설 | 9+7=16

| 오답풀이 |

① 5+8=13   ② 7+6=13   ③ 3+9=12   ⑤ 2+8=10

08

| 정답 | ②

| 해설 | 88+22+1=110+1=111   [별해] 88+22+1=88+23=111

| 오답풀이 |

① 100+11-15=111-15=96   [별해] 100+11-15=100-4=96

③ 123-34-5=89-5=84   [별해] 123-34-5=123-39=84

④ 99+33-44=132-44=88   [별해] 99+33-44=99-11=88

⑤ 146-79+33=67+33=100   [별해] 146-79+33=146-46=100

09

| 정답 | ③

| 해설 | 505-49+37=456+37=493   [별해] 505-49+37=505-12=493

| 오답풀이 |

① 504-55+42=449+42=491   [별해] 504-55+42=504-13=491

② 502-76+64=426+64=490   [별해] 502-76+64=502-12=490

④ 503-68+57=435+57=492   [별해] 503-68+57=503-11=492

⑤ 506-38+23=468+23=491   [별해] 506-38+23=506-15=491

10

| 정답 | ②

| 해설 |

$$
\begin{array}{r}
{\scriptstyle 1\ \ 1} \\
284.57 \\
+\ 191.72 \\
\hline
476.29
\end{array}
$$

| 오답풀이 |

①
$$
\begin{array}{r}
{\scriptstyle 1111\ 1} \\
376.46 \\
+\ \ 98.58 \\
\hline
475.04
\end{array}
$$

③
$$
\begin{array}{r}
{\scriptstyle 11\ \ 1} \\
189.79 \\
+\ 286.05 \\
\hline
475.84
\end{array}
$$

④
$$
\begin{array}{r}
{\scriptstyle 1\ \ 1} \\
312.94 \\
+\ 163.18 \\
\hline
476.12
\end{array}
$$

⑤
$$
\begin{array}{r}
{\scriptstyle 11} \\
329.75 \\
+\ 144.61 \\
\hline
474.36
\end{array}
$$

유형 3

수의 비교 공략

정답과 해설 5쪽

[01 ~ 02] 다음 식의 대소를 비교하시오.

01.

$$389 \times 104 \ \square \ 42{,}000$$

① >　　　　　　② <　　　　　　③ =

02.

$$50 + 88 \times 36 \ \square \ 89 \times 32 - 19$$

① >　　　　　　② <　　　　　　③ =

[03 ~ 06] 다음의 수식을 계산했을 때 가장 작은 수가 나오는 것을 고르시오.

학습 TIP

+, −만 있을 경우에는 앞에서부터 순서대로 풀어야 할 필요가 없으므로 숫자의 크기를 줄여주는 등 계산하기 편리한 것을 먼저 계산한다.

03.

① $83 - 9 + 12$　　　② $45 - 27 + 66$　　　③ $49 + 16 + 23$

④ $52 - 14 + 47$　　　⑤ $73 - 21 + 35$

04.

① $123 - 4 - 5$　　　② $88 - 22 + 44$　　　③ $111 + 22 - 33$

④ $100 + 11 + 2$　　　⑤ $113 + 29 - 27$

05.

① 26÷2+14 ② 9×2+7 ③ 18+5+6
④ 7+29−8 ⑤ 36÷3+18

06.

① 297−186−37 ② 208−87−32 ③ 267−79−93
④ 231−67−78 ⑤ 207−24−95

[07 ~ 10] 다음의 수식을 계산했을 때 가장 큰 수가 나오는 것을 고르시오.

07.

① 350−300−21 ② 260−200−26 ③ 220−190+9
④ 180−150+12 ⑤ 247−170−37

08.

① 225+31−56 ② 268+47−26 ③ 294+15−39
④ 277+29−61 ⑤ 259+56−42

09.

① 757−119+5 ② 621+165−9 ③ 367+424+7
④ 145+578+6 ⑤ 723+53−46

10.

① 352+119−218 ② 417+329−497 ③ 616+148−513
④ 475+209−432 ⑤ 348+138−238

유형 4 단위변환

핵심 Check

1 길이

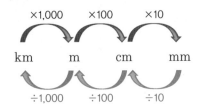

- 1cm=10mm
- 1m=100cm
- 1km=1,000m

2 넓이

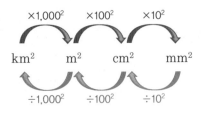

- $1cm^2=100mm^2$
- $1m^2=10,000cm^2$
- $1km^2=1,000,000m^2$

3 부피

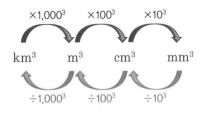

- $1cm^3=1,000mm^3$
- $1m^3=1,000,000cm^3$
- $1km^3=1,000,000,000m^3$

4 무게

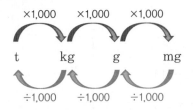

- 1g=1,000mg
- 1kg=1,000g
- 1t=1,000kg

5 들이

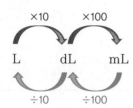

- $1mL=1cm^3=1cc$
- $1dL=100mL=100cm^3=100cc$
- $1L=10dL=1,000mL=1,000cm^3=1,000cc$

6 시간

- 1분=60초
- 1시간=60분=3,600초

7 데이터양

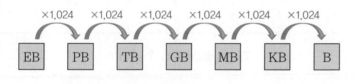

- 1KB=1,024B
- 1MB=1,024KB
- 1GB=1,024MB
- 1TB=1,024GB
- 1PB=1,024TB
- 1EB=1,024PB

8 온도

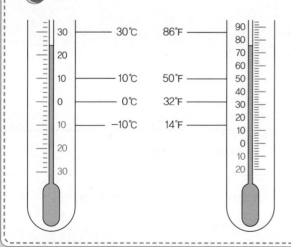

- $℃ = \dfrac{℉ - 32}{1.8}$
- 0℃=32℉
- 50℃=122℉
- 100℃=212℉

예제 01 ～ 05

다음의 단위로 계산했을 때 '?'에 들어갈 값은?

01.

$$2.5m + 3,250mm = (\ \ ?\ \ )cm$$

① 5.75　　　　　② 57.5　　　　　③ 575
④ 5,750　　　　　⑤ 57,500

02.

$$1.7t + 6,500g = (\ \ ?\ \ )kg$$

① 170.65　　　　② 176.5　　　　③ 1,706.5
④ 1.765　　　　　⑤ 17.65

03.

$$3시간 = (\ \ ?\ \ )초$$

① 180　　　　　② 300　　　　　③ 3,600
④ 10,800　　　　⑤ 36,000

04.

3MB = (　?　)KB

① 1,024　　　　　② 2,048　　　　　③ 2,516

④ 3,072　　　　　⑤ 4,096

학습 TIP

데이터양 단위의 순서를 숙지하여 헷갈리지 않도록 주의한다.
B – KB – MB – GB – TB – PB – EB

05.

4,200cc = (　?　)L

① 0.042　　　　　② 0.42　　　　　③ 4.2

④ 42　　　　　　⑤ 420

01

| 정답 | ③

| 해설 | 1cm=10mm, 1m=100cm이므로 250+325=575(cm)이다.

02

| 정답 | ③

| 해설 | 1t=1,000kg, 1kg=1,000g이므로 1,700+6.5=1,706.5(kg)이다.

03

| 정답 | ④

| 해설 | 1시간=60분=3,600초이므로 3시간은 3,600×3=10,800(초)이다.

04

| 정답 | ④

| 해설 | 1MB=1,024KB이므로 3MB는 3×1,024=3,072(KB)이다.

05

| 정답 | ③

| 해설 | 1cc=0.001L이므로 4,200cc는 4,200×0.001=4.2(L)이다.

단위변환 공략

정답과 해설 7 쪽

[01 ~ 07] 다음을 주어진 단위에 알맞게 변환하시오.

01.

4시간 =(?)초

① 1,800   ② 3,000   ③ 10,800
④ 14,400   ⑤ 36,000

02.

20,000,000kg =(?)t

① 20   ② 200   ③ 2,000
④ 20,000   ⑤ 200,000

03.

5,120MB =(?)GB

① 2   ② 3   ③ 4
④ 5   ⑤ 6

04.

$$3.25kg = (\quad ? \quad)g$$

① 3.25   ② 32.5   ③ 325
④ 3,250   ⑤ 32,500

05.

$$6분\ 37초 = (\quad ? \quad)초$$

① 397   ② 718   ③ 2,160
④ 3,970   ⑤ 7,180

06.

$$76yd = (\quad ? \quad)ft$$

① 228   ② 229   ③ 230
④ 231   ⑤ 232

07.

$$180m/s = (\quad ? \quad)km/h$$

① 540   ② 612   ③ 630
④ 648   ⑤ 720

:🔆: **One Point Lesson**

길이 단위변환
1yd = 3ft = 36in
1ft = 12in

:🔆: **One Point Lesson**

속력 단위변환
1m/s = 3,600m/h
         = 0.001km/s
         = 3.6km/h

화씨온도

1기압하에서 물의 어는점을 32℉, 끓는점을 212℉로 정하고 두 점 사이를 180등분한 온도눈금이다.

화씨온도를 섭씨온도로 변환하는 공식은 $℃ = \dfrac{℉ - 32}{1.8}$ 이다.

08. 박찬호 씨는 미국으로 여행을 갔다가 길거리에 있는 온도표지판을 보고 놀랐다. 대화를 참고했을 때 화씨 92도는 섭씨 몇 도인가? (단, 소수점 아래 둘째 자리에서 반올림한다)

> 가이드 : 미국은 한국과 달리 화씨온도를 사용합니다.
> 박찬호 : 그러면 화씨 92도는 섭씨로 몇 도인가요?
> 가이드 : 제가 힌트를 드릴테니 한 번 맞혀보세요. 화씨 32도는 섭씨 0도이고, 화씨 212도는 섭씨 100도입니다.

① 섭씨 29.7도   ② 섭씨 33.3도   ③ 섭씨 37.4도

④ 섭씨 43.1도   ⑤ 섭씨 53.9도

[09 ~ 10] 다음은 cm, m, in, ft의 SI(국제단위계) 길이 단위변환표이다. 이어지는 질문에 답하시오.

〈SI 길이 단위변환표〉

cm	m	in	ft
1	0.01	0.39	0.03
100	1	39.37	3.28
2.54	0.0254	1	0.083
30.48	0.3048	12	1

09. 120m를 in로 알맞게 변환한 것은?

① 3.6in   ② 46.8in   ③ 393.6in

④ 3,937in   ⑤ 4,724.4in

10. 100ft는 100in의 몇 배인가?

① 7배   ② 12배   ③ 13배

④ 15배   ⑤ 17배

[11 ~ 13] 다음 표를 참고하여 이어지는 질문에 답하시오.

kg	oz	lb	근
1	35.27	2.2	1.67
0.03	1	0.07	0.05
0.45	16	1	0.75
0.6	21.16	1.32	1

11. 32kg을 lb로 알맞게 변환한 것은?

① 64lb ② 70.4lb ③ 78lb
④ 86.2lb ⑤ 91lb

12. 200oz는 200lb의 몇 배인가?

① 12배 ② 14배 ③ 16배
④ 18배 ⑤ 20배

13. 115근을 변환한 값으로 적절한 것은?

① 69kg ② 1,518lb ③ 243.34oz
④ 192.05kg ⑤ 87.4lb

기호로 푸는 연산

핵심 Check

① 연산

(1) 집합 S에 속하는 임의의 두 원소 a, b의 순서쌍 (a, b)에 S의 어떤 원소 c를 대응시키는 것을 연산이라고 한다. 이것을 연산기호 $\circ$를 사용하여 나타내면 $a \circ b = c$이다.

(2) 닫혀있다

집합 S에 어떤 연산 $\circ$이 정의되어 있을 때, S에 속하는 임의의 두 원소 a, b에 대하여 $a \circ b$가 S에 속하면, 집합 S는 연산 $\circ$에 대하여 '닫혀있다'고 한다.

(3) 항등원

집합 S가 연산 $\circ$에 대해 닫혀있고, S에 속하는 임의의 원소 a에 대해 $a \circ e = e \circ a = a$, $e \in S$가 성립할 때 e를 연산 $\circ$에 대한 항등원이라고 한다.

(4) 역원

집합 S가 연산 $\circ$에 대해 닫혀있고 항등원 e가 존재할 때, S의 어떤 원소 a에 대해 $a \circ x = x \circ a = e$, $x \in S$가 성립할 때 x를 연산 $\circ$에 대한 역원이라고 하고 $x = a^{-1}$로 나타낸다.

② 풀이 순서

(1) 연산을 정리할 수 있다면 정리하여 간단히 한다.

(2) 수치를 대입하여 값을 구한다.

> **예** $A \odot B = (A+B) + (A-B)$라고 가정할 때, $4 \odot 5$의 값을 구하면?
> ⇨ 연산을 정리하여 간단히 한다.
> $\quad A \odot B = (A+B) + (A-B) = 2A$
> ⇨ 수치를 대입하여 값을 구한다.
> $\quad 4 \odot 5 = 2 \times 4 = 8$

예제 **01 ~ 02**

기호를 다음과 같이 가정하여 주어진 식의 값을 구하시오.

$$A▲B=AB+A-B$$

01.

$$2▲(-1)$$

① −2　　　　② −1　　　　③ 0

④ 1　　　　⑤ 2

이것 만은 꼭

음수가 있을 경우 계산식에 대입할 때 유의해야 사소한 실수를 예방할 수 있다.

02.

$$7▲11$$

① 67　　　　② 69　　　　③ 71

④ 73　　　　⑤ 75

01
| 정답 | ④
| 해설 | $2▲(-1)=2×(-1)+2-(-1)=-2+2+1=1$

02
| 정답 | ④
| 해설 | $7▲11=7×11+7-11=77+7-11=73$

예제 03 ~ 06

기호를 다음과 같이 가정하여 주어진 식의 값을 구하시오.

$$A ◎ B = (A + B) - AB$$

03.

$$5 ◎ 4$$

① -11 ② -12 ③ -13

④ -14 ⑤ -15

04.

$$21 ◎ (-1)$$

① 21   ② 31   ③ 41

④ 51   ⑤ 61

05.

13◎3

① 21   ② 23   ③ −21

④ −23   ⑤ 39

06.

17◎9

① 127   ② 147   ③ 137

④ −127   ⑤ −147

03

| 정답 | ①

| 해설 | $5◎4=(5+4)-5×4=9-20=-11$

04

| 정답 | ③

| 해설 | $21◎(-1)=\{21+(-1)\}-21×(-1)=20+21=41$

05

| 정답 | ④

| 해설 | $13◎3=(13+3)-13×3=16-39=-23$

06

| 정답 | ④

| 해설 | $17◎9=(17+9)-17×9=26-153=-127$

1단계

괄호 안에 있거나 앞에 있는 연산에 수치를 대입하여 값을 구한다.

↓

2단계

구한 값과 연결되는 연산 또는 그 다음 순서의 연산의 값을 구한다.

↓

3단계

결과값을 구한다.

예제 07 ~ 10

기호를 다음과 같이 가정하여 주어진 식의 값을 구하시오.

$$A ☆ B = AA - B \qquad A ■ B = A + B$$

07.

$$(9 ■ 2) ☆ 12$$

① 99   ② 109   ③ 119

④ 129   ⑤ 139

08.

$$5 ☆ (2 ■ 9 ■ 8)$$

① 6   ② 12   ③ 18

④ 24   ⑤ 30

09.

4☆7☆3

① 76 ② 78 ③ 80
④ 82 ⑤ 84

10.

(7☆4)■(4■8)

① 57 ② 83 ③ 112
④ 326 ⑤ 587

07

| 정답 | ②

| 해설 | $(9■2)☆12=(9+2)☆12=11☆12=11×11-12=109$

08

| 정답 | ①

| 해설 | $5☆(2■9■8)=5☆\{(2+9)■8\}=5☆(11+8)=5☆19=5×5-19=6$

09

| 정답 | ②

| 해설 | $4☆7☆3=(4×4-7)☆3=9☆3=9×9-3=78$

10

| 정답 | ①

| 해설 | $(7☆4)■(4■8)=(7×7-4)■(4+8)=45■12=45+12=57$

유형 5

기호로 푸는 연산 공략

정답과 해설 8쪽

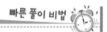
빠른 풀이 비법

정리할 수 있는 연산은 정리
하여 문제를 보다 간단하게
해결할 수 있다.

[01 ~ 03] 기호를 다음과 같이 가정하여 주어진 식의 값을 구하시오.

$$A \blacklozenge B = (A+B) - (A-B)$$

01.

$$21 \blacklozenge 3$$

① 4   ② 5   ③ 6
④ 7   ⑤ 8

02.

$$38 \blacklozenge 15$$

① 10   ② 13   ③ 25
④ 30   ⑤ 53

03.

$$17 \blacklozenge (-3)$$

① 0   ② 4   ③ −4
④ 6   ⑤ −6

[04 ~ 06] 기호를 다음과 같이 가정하여 주어진 식의 값을 구하시오.

$$A\blacksquare B = (A-B) \times (A+B)$$

04.

$$3\blacksquare 9$$

① 72　　　　② −72　　　　③ 74

④ −74　　　　⑤ −78

05.

$$8\blacksquare(-13)$$

① 95　　　　② −95　　　　③ 105

④ −105　　　　⑤ 135

06.

$$(-17)\blacksquare 10$$

① 56　　　　② −56　　　　③ 126

④ −126　　　　⑤ 189

[07 ~ 09] 기호를 다음과 같이 가정하여 주어진 식의 값을 구하시오.

$$A◎B=A+B \qquad A◆B=A×B$$

07.

$$25◎18$$

① 34   ② 37   ③ 40
④ 43   ⑤ 47

이것 만은 꼭

괄호가 있는 식은 괄호 안을 먼저 계산한다.

08.

$$10◎(12◆5)$$

① 60   ② 65   ③ 70
④ 75   ⑤ 80

09.

$$(9◎2)◆(7◎5)$$

① 132   ② 133   ③ 134
④ 135   ⑤ 136

[10 ~ 12] 기호를 다음과 같이 가정하여 주어진 식의 값을 구하시오.

$$A♤B=A+B×2 \qquad A♣B=AB+2$$

10.

5♤20

① 40 ② 45 ③ 50
④ 55 ⑤ 60

11.

3♣(6♤4)

① 41 ② 42 ③ 43
④ 44 ⑤ 45

12.

(7♤8)♣2

① 42 ② 44 ③ 46
④ 48 ⑤ 50

[13 ~ 15] 기호를 다음과 같이 가정하여 주어진 식의 값을 구하시오.

$$A◆B = A(A+B) \qquad A★B = AB + \frac{B-A}{2}$$

13.

$$7◆(-2)$$

① −35   ② −10   ③ 10
④ 35   ⑤ 70

14.

$$3★(15◆4)$$

① 148   ② 286   ③ 590
④ 996   ⑤ 1,080

15.

$$2★\{(-8)◆5\}$$

① 59   ② 69   ③ 79
④ 89   ⑤ 99

[16 ~ 18] 기호를 다음과 같이 가정하여 주어진 식의 값을 구하시오.

$$A*B = AB - A + B \qquad A◎B = AB + A + B$$

16.

$$(5*6)◎(3*2)$$

① 36　　　　　② 87　　　　　③ 187

④ 191　　　　　⑤ 291

17.

$$(4◎1)*5◎2$$

① 179　　　　　② 161　　　　　③ 125

④ 43　　　　　⑤ 21

해결 전략

괄호가 없는 경우 계산은 왼쪽에서 오른쪽 순서대로 해야 한다.

18.

$$(3*7)*(6◎2)$$

① 92　　　　　② 171　　　　　③ 210

④ 326　　　　　⑤ 495

유형 **6** 복면산

테마 1. 사칙연산

핵심 Check

① 복면산

(1) 수학 퍼즐의 한 종류로, 문자로 표현된 수식에서 각 문자가 의미하는 숫자를 알아내는 문제이다.

(2) 특별한 언급이 없는 한 같은 문자는 같은 숫자를, 다른 문자는 다른 숫자를 의미한다고 생각한다.

예)

$$
\begin{array}{r}
S\,E\,N\,D \\
+\,M\,O\,R\,E \\
\hline
M\,O\,N\,E\,Y
\end{array}
$$

- 네 자리 수인 SEND와 MORE를 더해 다섯 자리 수인 MONEY가 되었으므로 M은 1임을 알 수 있다.
- S+1=10+O 또는 S+1+1(백의 자리에서 올라온 1)=10+O이다. 이를 정리하면 S=9+O 또는 S=8+O인데, 전자의 경우 O는 0이고 후자의 경우 O는 0 또는 1이다. 하지만 M이 1이므로 O는 0이 되고, S는 8 또는 9이다.
- E+O=N 또는 E+O+1=N이다. 전자의 경우 E와 N이 같아서 안 되므로 E+1=N이다. 천의 자리에 1을 올릴 수 있는 E는 9뿐인데, 이 경우 N이 0이 되므로 천의 자리에 1이 올라가지 않는다. 따라서 S는 9이다.

$$
\begin{array}{r}
9\,E\,N\,D \\
+\,1\,0\,R\,E \\
\hline
1\,0\,N\,E\,Y
\end{array}
$$

- 백의 자리로 1이 올라갔으므로, 일의 자리에서 1이 올라오지 않았다면 N+R=(E+1)+R=E+10이 되어 R=9이다. 그러나 S가 9이므로 R은 9가 될 수 없고 일의 자리에서 1이 올라옴을 알 수 있다.
- 일의 자리에서 1이 올라왔으므로 N+R+1=(E+1)+R+1=E+10이 되어 R=8이 된다.

$$
\begin{array}{r}
9\,E\,N\,D \\
+\,1\,0\,8\,E \\
\hline
1\,0\,N\,E\,Y
\end{array}
$$

- 십의 자리로 1이 올라갔으므로 D+E=Y+10이다. 남은 숫자는 2, 3, 4, 5, 6, 7이고 N=E+1이므로 D+E는 다음 경우만 가능하다.

| 4+7 | 7+4 | 5+6 | 6+5 | 5+7 | 7+5 | 6+7 | 7+6 |

　Y가 1이므로 불가능 (5+6, 6+5)
　N이 8이므로 불가능 (5+7, 7+5, 6+7)
　N이 7이므로 불가능 (7+6)

$$
\begin{array}{r}
9\,5\,6\,7 \\
+\,1\,0\,8\,5 \\
\hline
1\,0\,6\,5\,2
\end{array}
$$

- 따라서 D=7, E=5, Y=2, N=6이다.

② 벌레먹은 셈(충식산)

복면산의 하나로, 문자 대신 빈칸으로 표현된 문제를 충식산이라 부른다.

예제 01

다음 덧셈식에서 같은 문자는 같은 숫자를, 다른 문자는 다른 숫자를 나타낸다고 할 때, A+B+C+D의 값은?

$$
\begin{array}{r}
A\ B \\
+\ \ \ \ A \\
\hline
C\ D\ 3
\end{array}
$$

① 10   ② 11   ③ 12

④ 13   ⑤ 14

|정답| ⑤

|해설| 두 자리 수인 AB와 한 자리 수인 A를 더해 세 자리 수인 CD3이 되었으므로 A는 9임을 알 수 있다.

$$
\begin{array}{r}
9\ B \\
+\ \ \ \ 9 \\
\hline
C\ D\ 3
\end{array}
$$

이때, B+9=13이 되어야 하므로 B=4가 되고 94+9=103이므로 C=1, D=0이다.
따라서 A+B+C+D=9+4+1+0=14이다.

예제 02

다음 덧셈식에서 같은 문자는 같은 숫자를, 다른 문자는 다른 숫자를 나타낸다고 할 때, A×B의 값은?

$$
\begin{array}{r}
A\ B \\
+\ \ \ \ B \\
\hline
B\ A
\end{array}
$$

① 27   ② 35   ③ 48

④ 63   ⑤ 72

해결 전략

복면산을 방정식으로 정리하면 문자가 의미하는 숫자의 관계를 알아낼 수 있다.

|정답| ⑤

|해설| (10A+B)+B=10B+A이므로 9A=8B이다. 따라서 A=8, B=9가 되어 A×B=8×9=72이다.

다음 곱셈식에서 같은 문자는 같은 숫자를, 다른 문자는 다른 숫자를 나타낸다고 할 때, A×B×C−D의 값은?

$$
\begin{array}{r}
A\ B\ C\ D \\
\times \qquad 4 \\
\hline
D\ C\ B\ A
\end{array}
$$

① 5   ② 6   ③ 7

④ 8   ⑤ 9

| 정답 | ②

| 해설 | i) D×4를 했을 때 일의 자리 숫자가 A가 나와야 하므로 A는 0 또는 짝수이다.

ii) 네 자리 수인 ABCD와 4를 곱해 네 자리 수인 DCBA가 되었으므로 A는 1 또는 2여야 하는데 i)에서 A는 0 또는 짝수라고 했으므로 A=2이다.

$$
\begin{array}{r}
2\ B\ C\ D \\
\times \qquad 4 \\
\hline
D\ C\ B\ 2
\end{array}
$$

iii) D×4를 했을 때 일의 자리 숫자가 2가 나와야 하므로 D는 3 또는 8인데, 결과값인 DCB2의 천의 자리 숫자는 3이 될 수 없으므로 D=8이다.

$$
\begin{array}{r}
2\ B\ C\ 8 \\
\times \qquad 4 \\
\hline
8\ C\ B\ 2
\end{array}
$$

iv) 결과값의 천의 자리 숫자가 8이므로 백의 자리에서 올라온 수가 없음을 알 수 있다. 따라서 B는 0 또는 1인데, B=0일 경우 C×4+3(일의 자리에서 올라온 3)을 했을 때 일의 자리 숫자가 0이어야 하므로 불가능하다. 따라서 B=1이다.

$$
\begin{array}{r}
2\ 1\ C\ 8 \\
\times \qquad 4 \\
\hline
8\ C\ 1\ 2
\end{array}
$$

v) C×4+3(일의 자리에서 올라온 3)을 했을 때 일의 자리 숫자가 1이어야 하므로 C는 2 또는 7이어야 한다. 그러나 A=2이므로 C=7이다.

$$
\begin{array}{r}
2\ 1\ 7\ 8 \\
\times \qquad 4 \\
\hline
8\ 7\ 1\ 2
\end{array}
$$

따라서 A×B×C−D=2×1×7−8=14−8=6이다.

예제 **04**

다음 곱셈식에서 같은 문자는 같은 숫자를, 다른 문자는 다른 숫자를 나타낸다고 할 때, D에 들어갈 수 있는 숫자는 몇 개인가?

$$
\begin{array}{r}
A\ B\ A \\
\times \quad C\ C \\
\hline
D\ D\ D\ D
\end{array}
$$

① 0개 　　　　② 1개 　　　　③ 2개

④ 3개 　　　　⑤ 4개

| 정답 | ③

| 해설 | 복면산을 식으로 정리하면 다음과 같다.

$(100A+10B+A)\times(10C+C)=1{,}000D+100D+10D+D$

$(101A+10B)\times11C=1{,}111D$

$(101A+10B)\times C=101D$

$101AC+10BC=101D$

위 식의 우변이 101의 배수이므로 좌변도 101의 배수여야 한다. 따라서 B=0 또는 C=0인데, C=0일 경우 D=0이 되기 때문에 B=0임을 알 수 있다.

식을 다시 정리하면,

$101AC=101D$

$AC=D$

　i) A=1일 경우

　　C=D이므로 불가능하다.

　ii) A=2일 경우

　　C=3, D=6 또는 C=4, D=8이 가능하다.

　iii) A=3일 경우

　　C=2, D=6이 가능하다.

　iv) A=4일 경우

　　C=2, D=8이 가능하다.

따라서 D에 들어갈 수 있는 숫자는 6 또는 8로 2개이다.

복면산 공략

정답과 해설 10쪽

01. A ~ J의 문자에 0 ~ 9의 숫자가 1개씩 대응하고 있다. 버튼을 누르면 표시되는 숫자가 1씩 증가하는 장치가 있고, 이 버튼을 눌렀더니 표시되는 숫자가 AB, AC, DE, DF, DG, DA, DD, … 순으로 변해갔다. 이때 두 자리의 정수 AB에 해당하는 숫자는?

① 24   ② 28   ③ 36

④ 38   ⑤ 48

02. 앞면에는 A ~ J 문자가 각각 1개씩, 뒷면에는 0 ~ 9의 숫자가 각각 1개씩 적힌 카드가 여러 장이 있다. 같은 문자의 뒷면에는 같은 숫자가 쓰여 있다고 할 때, 다음 계산식은 뒷면의 숫자에 의해 성립된다. 사용되지 않은 카드 F의 뒷면에 적힌 숫자는?

$$B+C=B$$
$$DC-I=I$$
$$J+A+E+H+B+G=JC$$

① 4   ② 6   ③ 7

④ 8   ⑤ 9

03. 다음 식이 성립한다면 x, y, z의 합은 얼마인가? (단, x, y, z는 서로 다른 한 자리 자연수이다)

$$x + x = y$$
$$3y \div x = z$$
$$z - y = x$$

① 6   ② 8   ③ 10
④ 12   ⑤ 14

04. 다음의 계산에서 □ 안에 0 ~ 9 중 어떠한 숫자가 들어갈 때 나눠지는 수(피제수)의 각 자릿수의 합은?

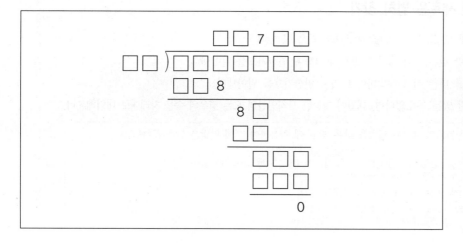

① 30   ② 32   ③ 34
④ 36   ⑤ 38

One Point Lesson

다른 수나 식으로 나눠지는 수 나 식을 피제수라고 하고, 피제 수를 나누는 수나 식을 제수라 고 한다.

$$\underset{\text{피제수}}{\underline{8}} \div \underset{\text{제수}}{\underline{4}} = 2$$

유형 7 등식의 완성

핵심 Check

① 등식($A = B$)의 성질

(1) 양변에 같은 수 m을 더해도 등식은 성립한다.

$$A + m = B + m$$

(2) 양변에 같은 수 m을 빼도 등식은 성립한다.

$$A - m = B - m$$

(3) 양변에 같은 수 m을 곱해도 등식은 성립한다.

$$A \times m = B \times m$$

(4) 양변에 0이 아닌 같은 수 m을 나누어도 등식은 성립한다.

$$A \div m = B \div m \quad \text{(단, } m \neq 0 \text{)}$$

② 연산기호의 새로운 법칙 찾기

(1) 혼동을 막기 위해 도형(□, △ 등)을 이용해서 식을 표현한다.

(2) 연산기호가 하나만 있는 식이 있다면 먼저 해결하여 연산기호를 알아낸다.

(3) 알아낸 연산기호를 다른 식에 대입하여 나머지 연산기호를 알아낸다.

(4) 연산기호가 하나만 있는 식이 없다면, 대입이 가능한 사칙연산의 모든 경우의 수를 차례대로 대입해본다.

예 ㉠, ㉡을 통해 연산기호의 새로운 법칙을 찾은 후 ㉢에 적용하여 '?'에 알맞은 답을 구하면?

| ㉠ $30 + (7 \times 3) = 3$ | ㉡ $4 \times 2 = 6$ | ㉢ $(6 + 2) \times (16 + 4) = ?$ |

⇨ 혼동을 막기 위해 +는 □, ×는 △로 바꾼다.

| ㉠ $30\,□\,(7\,△\,3) = 3$ | ㉡ $4\,△\,2 = 6$ | ㉢ $(6\,□\,2)\,△\,(16\,□\,4) = ?$ |

⇨ ㉡의 연산기호가 1개이므로 먼저 해결한다.
$4\,△\,2$를 했을 때 6이 나오려면 △는 +여야 한다.

⇨ ㉠을 다시 정리하면, $30\,□\,(7 + 3) = 3$이므로 $30\,□\,10 = 3$이다.
$30\,□\,10$을 했을 때 3이 나오려면 □는 ÷여야 한다.

⇨ 따라서 $(6\,□\,2)\,△\,(16\,□\,4) = (6 \div 2) + (16 \div 4) = 3 + 4 = 7$이다.

예제 01 ~ 02

□ 안에 들어갈 수로 알맞은 것을 고르시오.

이것 만은 꼭

이항할 때 '+'와 '−'가 서로 바뀌는 것에 주의한다.

01.

$$□ - 5{,}178 = 1{,}459$$

① 5,446   ② 7,027   ③ 6,637
④ 5,789   ⑤ 12,317

02.

$$6 \times 3 = □ \times 2$$

① 8   ② 5   ③ 9
④ 4   ⑤ 7

01

| 정답 | ③

| 해설 | '−5,178'을 우변으로 이항한다.

∴ □ = 1,459 + 5,178 = 6,637

02

| 정답 | ③

| 해설 | $6 \times 3 = □ \times 2$ $18 = □ \times 2$ ∴ □ = 18 ÷ 2 = 9

예제 03 ~ 06

□ 안에 들어갈 수로 알맞은 것을 고르시오.

빠른 풀이 비법

5개의 선택지를 모두 빈칸에 넣어 보면서 검증식으로 답을 찾는 것이 빠르다.

03.

$$8 \times \square = 72 \div \square \quad (단, \square는 양수이다)$$

① 4   ② 9   ③ 7
④ 3   ⑤ 6

해결 전략

선택지의 자릿수가 다를 경우, 정답을 쉽게 예측할 수 있다. $30 \times 0.07 = 2.1$, $80 \div 2 = 40$이므로, 답은 정수 부분이 두 자리 숫자인 수임을 알 수 있다.

04.

$$86.8 \div \square = 31 \times 0.07$$

① 4   ② 400   ③ 40
④ 0.4   ⑤ 0.04

05.

$$0.6 \div \square = \frac{1}{50}$$

① 60   ② 30   ③ 25
④ 50   ⑤ 20

06.

$$1 \div 3 + \frac{1}{3} = \frac{1}{9} \div \square$$

① 18

② $\frac{1}{6}$

③ $\frac{1}{18}$

④ 6

⑤ $\frac{1}{3}$

03

| 정답 | ④

| 해설 | □를 x라 하면 $8x = \frac{72}{x}$

양변에 x를 곱하면 $8x^2 = 72$

$x^2 = 9$

∴ $x = 3$

04

| 정답 | ③

| 해설 | '÷□'를 우변으로 이항한다.

$86.8 = 31 \times 0.07 \times \square$ $86.8 = 2.17 \times \square$

∴ $\square = 86.8 \div 2.17 = 40$

05

| 정답 | ②

| 해설 | 먼저 소수와 분수가 섞여 있기 때문에 하나로 통일한다.

$0.6 \div \square = 0.02$

'÷□'을 우변으로 이항한다.

∴ $\square = 0.6 \div 0.02 = 30$

06

| 정답 | ②

| 해설 | '1÷3'은 $\frac{1}{3}$로 나타낼 수 있으므로 좌변은 $\frac{1}{3} + \frac{1}{3} = \frac{2}{3}$가 되어 $\frac{2}{3} = \frac{1}{9} \div \square$으로 정리된다.

'÷□'을 좌변으로 이항한다.

∴ $\square = \frac{1}{9} \div \frac{2}{3} = \frac{1}{9} \times \frac{3}{2} = \frac{3}{18} = \frac{1}{6}$

예제 07 ~ 08

□ 안에 들어갈 연산기호로 알맞은 것을 고르시오.

07.

$$24\square3+17=25$$

① +   ② −   ③ ×
④ ÷   ⑤ 없음.

08.

$$13\square4=9$$

① +   ② −   ③ ×
④ ÷   ⑤ 없음.

07
| 정답 | ④
| 해설 | $24\square3=25-17$ $24\square3=8$ $24\div3=8$
∴ □ = ÷

08
| 정답 | ②
| 해설 | $13-4=9$
∴ □ = −

예제 09 ~ 10

다음 ㉠, ㉡을 통해 연산기호의 새로운 법칙을 찾은 후 ㉢에 적용하여 '?'를 구하시오.

09.

㉠ 2−4=8　　　㉡ 3×2=5　　　㉢ 5−(3×4)=?

① −7　　　　　　② 17　　　　　　③ 20
④ 35　　　　　　⑤ 40

10.

㉠ 5+7=35　　　㉡ 4−2=6　　　㉢ 4+(3−7)=?

① 14　　　　　　② 40　　　　　　③ 7
④ −16　　　　　⑤ 6

09

|정답| ④

|해설| 혼동을 막기 위해 −는 □, ×는 △로 바꾸어 생각한다.
㉠ 2−4=8 → 2□4=8, 2×4=8이므로 □=×이다.
㉡ 3×2=5 → 3△2=5, 3+2=5이므로 △=+이다.
㉢ 5−(3×4)=? → 5□(3△4)=?
□=×, △=+를 대입하면 다음과 같다.
5×(3+4)=35
∴ '?'=35

10

|정답| ②

|해설| 혼동을 막기 위해 +는 □, −는 △로 바꾸어 생각한다.
㉠ 5+7=35 → 5□7=35, 5×7=35이므로 □=×이다.
㉡ 4−2=6 → 4△2=6, 4+2=6이므로 △=+이다.
㉢ 4+(3−7)=? → 4□(3△7)=?
□=×, △=+를 대입하면 다음과 같다.
4×(3+7)=40
∴ '?'=40

유형
7

등식의 완성 공략

정답과 해설 11쪽

[01 ~ 12] □ 안에 들어갈 수로 알맞은 것을 고르시오.

해결 전략

구하고자 하는 □을 기준으로
나머지를 이항하여 식을 정리
한다.

01.

$$25 \times \square = 18.5 \times 4$$

① 24　　　　　② 74　　　　　③ 0.45
④ 2.96　　　　⑤ 4.5

02.

$$\square \div 4 = 3 \times 7 \times 4$$

① 96　　　　　② 36　　　　　③ 21
④ 112　　　　⑤ 336

03.

$$3 \times \square + 75 = 15 \times 9$$

① 20　　　　　② 18　　　　　③ 16
④ 14　　　　　⑤ 12

04.

$$2.5 \div \square \times 1.5 = 7.5$$

① 0.5　　　　② 1　　　　③ 1.5
④ 2　　　　　⑤ 2.5

05.

$$0.3 \times \square = 30 \div 0.4$$

① 125　　　　② 250　　　　③ 100
④ 25　　　　　⑤ 22.5

06.

$$0.04 \times \square = 2 \div 400$$

① 0.0125　　　② 12.5　　　③ 0.125
④ 125　　　　　⑤ 1,250

07.

$$\square \div 4 + 6 = 14$$

① 16　　　　② 24　　　　③ 28
④ 32　　　　⑤ 38

08.

$$64 \div \square = 8 \div 0.4 \div 5$$

① 8   ② 128   ③ 52

④ 24   ⑤ 16

09.

$$0.2 \times \square = 13.3 \div 19$$

① 3.5   ② 0.3   ③ 3

④ 0.35   ⑤ 1.4

10.

$$7 \times (\square + 0.7) = 0.7 \times 12$$

① 0.9   ② 0.3   ③ 0.5

④ 8.4   ⑤ 1.2

⚡ One Point Lesson

분수와 소수가 섞여 있는 경우 한 가지로 통일하여 계산한다.

11.

$$0.7 + \square = \frac{1}{4} + 0.5$$

① $\frac{1}{10}$ ② $\frac{3}{10}$ ③ $\frac{9}{10}$

④ $\frac{1}{20}$ ⑤ $\frac{3}{20}$

12.

$$\frac{3}{2} + \frac{4}{5} = \square + \frac{1}{2}$$

① 3.6   ② 0.5   ③ 5

④ 1.8   ⑤ 2.4

[13 ~ 18] □ 안에 들어갈 연산기호로 알맞은 것을 고르시오.

13.

$$4\square8 = 12$$

① +   ② −   ③ ×

④ ÷   ⑤ 없음.

14.

$$(5\square2) - 2 = 8$$

① +   ② −   ③ ×

④ ÷   ⑤ 없음.

15.

$$2.1\,\square\,7.8 - 4.3 = 5.6$$

① ＋   ② －   ③ ×
④ ÷   ⑤ 없음.

16.

$$(23 - 18)\,\square\,(2 + 3) = 1$$

① ＋   ② －   ③ ×
④ ÷   ⑤ 없음.

17.

$$(3 \div 3)\,\square\,(3 \times 3) = 10$$

① ＋   ② －   ③ ×
④ ÷   ⑤ 없음.

18.

$$8=(3\times3)\square(3\div3)$$

① +   ② −   ③ ×
④ ÷   ⑤ 없음.

19. 다음 □에 들어갈 연산기호를 순서대로 나열한 것은?

$$64\square8\square5\square3=6$$

① ÷, −, ×   ② ÷, −, +   ③ ÷, −, −
④ ×, +, −   ⑤ +, ÷, ×

곱셈(×)과 나눗셈(÷)을 먼저
계산하고, 덧셈(+)과 뺄셈(−)
을 계산함에 유의한다.

20. 다음 ㉠, ㉡을 통해 연산기호의 새로운 법칙을 찾은 후 ㉢에 적용하여 '?'를
구하면?

㉠ $(8\div2)+1=9$	㉡ $5+4=1$	㉢ $8+(6\div3)=?$

① −10   ② −1   ③ 6
④ 10   ⑤ −11

심화문제

정답과 해설 13쪽

[01 ~ 15] 다음 식을 계산하시오.

01

$$59.745 + 38.496 - 25.951$$

① 70.53   ② 71.442   ③ 72.29
④ 73.427   ⑤ 74.48

02

$$\frac{1}{3} + \frac{5}{6} \times \left(-\frac{8}{9}\right)$$

① $\frac{10}{27}$ ② $\frac{11}{27}$ ③ $-\frac{10}{27}$

④ $-\frac{11}{27}$ ⑤ $-\frac{13}{27}$

03

$$\frac{2}{3} \div \left(\frac{3}{5} - \frac{2}{7}\right)$$

① $\frac{52}{33}$ ② $\frac{70}{33}$ ③ $\frac{44}{63}$

④ $\frac{52}{63}$ ⑤ $\frac{63}{52}$

04

$$1{,}250 \times 10^{-2}$$

① 0.125   ② 1.250   ③ 12.50
④ 125.0   ⑤ 1,250

05

$$\left\{\left(\frac{2}{5} - \frac{3}{10}\right) + \frac{1}{4}\right\} \times \frac{6}{5}$$

① $\frac{21}{50}$ ② $\frac{23}{50}$ ③ $\frac{21}{20}$

④ $\frac{23}{20}$ ⑤ $\frac{20}{23}$

06

$$\left(-\frac{1}{2}\right) - \left(-\frac{1}{4}\right) - \frac{2}{3}$$

① $\frac{11}{12}$ ② $-\frac{11}{12}$ ③ $\frac{13}{12}$

④ $-\frac{13}{12}$ ⑤ $\frac{12}{13}$

07

$$3(\sqrt{3}+2\sqrt{2})+2(4\sqrt{3}-5\sqrt{2})$$

① $10\sqrt{3}-2\sqrt{2}$　　② $9\sqrt{3}-5\sqrt{2}$

③ $11\sqrt{3}-4\sqrt{2}$　　④ $8\sqrt{3}-5\sqrt{2}$

⑤ $7\sqrt{3}-4\sqrt{2}$

08

$$7\times(-5)^2\div\frac{7}{10}$$

① 250　　② 255　　③ 260

④ 265　　⑤ 270

09

$$-15\div5-(-3)^2$$

① -6　　② -12　　③ 6

④ 12　　⑤ 24

10

$$\frac{2}{3}+\frac{3}{7}\times\left(\frac{4}{9}+\frac{2}{3}\right)\div\frac{3}{7}$$

① $\dfrac{7}{9}$　　② $\dfrac{16}{7}$　　③ $\dfrac{16}{3}$

④ $\dfrac{7}{3}$　　⑤ $\dfrac{16}{9}$

11

$$4\sqrt{6}\times2\sqrt{2}-4\sqrt{3}$$

① 4　　② $4\sqrt{3}$　　③ 12

④ $12\sqrt{3}$　　⑤ 15

12

$$(\sqrt{27}+4\sqrt{3})\times2\sqrt{2}$$

① $9\sqrt{5}$　　② $6\sqrt{6}$　　③ $12\sqrt{6}$

④ $14\sqrt{5}$　　⑤ $14\sqrt{6}$

13

$$(-\sqrt{3})^3 + \sqrt{24} \times \sqrt{8} \div \sqrt{3} + (\sqrt{3}+2)^2$$

① $\sqrt{3}+15$ 　　　② $\sqrt{2}+12$

③ $\sqrt{5}+10$ 　　　④ $\sqrt{15}+15$

⑤ $\sqrt{6}+10$

14

$$89\frac{17}{27} \div 11 + 21\frac{23}{81} \times 3$$

① 69 　　　② 70 　　　③ 71

④ 72 　　　⑤ 73

15

$$\frac{2}{1\times3} + \frac{2}{2\times4} + \frac{2}{3\times5} + \frac{2}{4\times6} + \cdots$$
$$+ \frac{2}{12\times14} + \frac{2}{13\times15}$$

① $\dfrac{28}{15}$ 　　　② $\dfrac{57}{35}$ 　　　③ $\dfrac{87}{55}$

④ $\dfrac{126}{85}$ 　　　⑤ $\dfrac{143}{105}$

16

Q 세균은 상온에서 6분에 1번씩 한 마리가 두 마리로 자체 분열한다. Q 세균 한 마리를 상온에 두었을 때, 1시간 후의 Q 세균의 수는 42분 후의 Q 세균의 수보다 몇 마리가 더 많아지겠는가?

① 896마리 　　　② 960마리

③ 992마리 　　　④ 1,008마리

⑤ 1,206마리

17

다음 중 가장 작은 수는?

① $\dfrac{5}{4}$ 　　　② $\sqrt{3}$ 　　　③ $\dfrac{4}{3}$

④ $\dfrac{7}{6}$ 　　　⑤ $2^{-1}+1$

18

서로 다른 자연수 m, n에 대하여 $m^2=n^3$이 성립하는 가장 작은 자연수는?

① 8 　　　② 36 　　　③ 64

④ 81 　　　⑤ 128

[19 ~ 21] 다음의 수식을 계산했을 때 가장 큰 수가 나오는 것을 고르시오.

19

① 186+399+407 ② 295+357+339

③ 318+449+222 ④ 547+192+241

⑤ 503+103+371

20

① 99+194+199 ② 666−388+217

③ 531−214+176 ④ 889−267−126

⑤ 329+314−149

21

① 291+374−318 ② 249+498−451

③ 364+408−429 ④ 372+403−431

⑤ 385+416−461

[22 ~ 23] 다음의 수식을 계산했을 때 가장 작은 수가 나오는 것을 고르시오.

22

① 742−598+136 ② 808−624+99

③ 414−279+145 ④ 593+92−407

⑤ 527+127−366

23

① 74×11−453 ② 145×3−92

③ 156+852÷4 ④ 233+264−158

⑤ 475−520÷5

24

다음 식의 대소를 비교하면?

(6,745+6,710)÷15 □ 13×(4,223−4,154)

① >   ② <   ③ =

25

A, B, C의 대소를 바르게 비교한 것은?

$$A = \left(\frac{189}{21} + 2.8\right) \times 10$$

$$B = (11^2 + 18) - 4^2$$

$$C = (15 - 32 + 1)^2 \div 2$$

① B > A > C
② B > C > A
③ C > A > B
④ C > B > A
⑤ A > C > B

[26 ~ 27] 다음을 주어진 단위에 알맞게 변환하시오.

26

100,000,000kg = (?   )t

① 100
② 1,000
③ 10,000
④ 100,000
⑤ 1,000,000

27

28in = (?   )cm

① 71.12
② 88.2
③ 91.44
④ 108
⑤ 114.3

28

상반기 영업실적이 우수한 사원들에게 무상으로 순금 기념품을 제공하려고 한다. 금 한 돈이 3.75g일 때, 총 몇 kg의 금을 준비하여야 하는가?

- 1 ~ 3등의 우수사원 세 명에게 순금 기념품을 제공할 예정이다.
- 5돈의 순금 두꺼비를 1등 사원에게 줄 것이다.
- 2등과 3등 사원에게는 10g의 순금 열쇠를 각각 하나씩 줄 것이다.

① 0.0187kg
② 0.2875kg
③ 0.03875kg
④ 10.75kg
⑤ 38.75kg

29

현장상황에 대해서 다음과 같이 보고를 받았다. 목표 생산량을 달성하기 위해서는 몇 시간이 소요되는가?

현재 생산라인에는 모든 인원이 투입된 상태입니다.
- 1개 생산하는 데 걸리는 시간 : 90초
- 목표 생산량 : 150개

① 3.75시간
② 4.25시간
③ 4.75시간
④ 5.25시간
⑤ 5.75시간

30

미국 어느 회사의 실내 적정 온도는 68℉이다. 물품 창고의 온도를 실내 적정 온도보다 6℃ 낮은 상태로 유지하려 한다면 물품창고의 온도는 섭씨 몇 도인가? (단, 화씨온도를 섭씨온도로 변환하는 공식은 $℃ = \dfrac{℉-32}{1.8}$ 이다)

① 13℃   ② 14℃   ③ 15℃
④ 16℃   ⑤ 17℃

[31 ~ 32] 기호를 다음과 같이 가정하여 주어진 식의 값을 구하시오.

$$A \bigstar B = AB - A$$
$$A \diamondsuit B = 2A + B$$

31

$$12 \bigstar 32$$

① 272   ② 352   ③ 372
④ 374   ⑤ 424

32

$$(8 \diamondsuit 7) \bigstar 3$$

① 23   ② 26   ③ 46
④ 49   ⑤ 69

[33 ~ 35] 기호를 다음과 같이 가정하여 주어진 식의 값을 구하시오.

$$A \odot B = 3A + B$$
$$A \blacktriangledown B = 2A - B$$

33

$$13 \odot 11$$

① 33   ② 40   ③ 44
④ 50   ⑤ 55

34

$$(7 \blacktriangledown 7) \odot (6 \blacktriangledown 5)$$

① 28   ② 35   ③ 42
④ 49   ⑤ 56

35

$$(2 \odot 4) \blacktriangledown 3$$

① 13   ② 15   ③ 17
④ 19   ⑤ 21

[36 ~ 38] 기호를 다음과 같이 가정하여 주어진 식의 값을 구하시오.

$$A▲B = AB - B$$
$$A○B = BB - A$$

36

5○4

① 7   ② 9   ③ 11
④ 13   ⑤ 15

37

4▲9○6

① 9   ② 19   ③ 29
④ 39   ⑤ 49

38

12○(9▲2)

① 24   ② 36   ③ 244
④ 366   ⑤ 488

[39 ~ 41] 기호를 다음과 같이 가정하여 주어진 식의 값을 구하시오.

$$A□B = A^2 - B$$
$$A∞B = B^2 + A$$

39

8□3

① 59   ② 61   ③ 63
④ 65   ⑤ 67

40

(2□6)∞3

① 7   ② 9   ③ −7
④ −9   ⑤ −11

41

(4∞2)□(1∞5)

① 30   ② 32   ③ 34
④ 36   ⑤ 38

[42 ~ 43] 기호를 다음과 같이 가정하여 주어진 식의 값을 구하시오.

$$A \triangle B = (A+B) - (A-B)$$
$$A \bullet B = (A-B)^2$$

42

15△8

① 12   ② 13   ③ 14
④ 15   ⑤ 16

43

(6△11)△(13●22)

① 141   ② 162   ③ 183
④ 204   ⑤ 225

44

다음 계산식의 13개의 공란에는 0~9 중 어떠한 숫자가 들어간다. 3개의 ◎ 안에 들어가는 숫자의 합은?

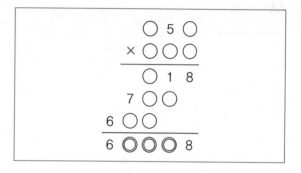

① 18   ② 19   ③ 20
④ 21   ⑤ 22

45

a~e는 각각 0부터 9까지의 서로 다른 숫자를 나타내고 있다. □에는 0부터 9까지의 숫자가 들어가는데 a~e와 같은 숫자일 수도 있다면, a+b+c+d+e의 값은?

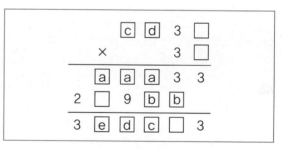

① 23   ② 24   ③ 25
④ 26   ⑤ 27

[46 ~ 48] □ 안에 들어갈 수로 알맞은 것을 고르시오.

46

$$17 - □ \times 4.4 = 1.6$$

① 2.5   ② 2.7   ③ 3.3
④ 3.5   ⑤ 3.7

47

$$6 \times □ + 75 = 17 \times 9$$

① 13   ② 8   ③ 7
④ 15   ⑤ 9

48

$$\frac{5}{24} = \frac{1}{4} \times □$$

① $\frac{1}{2}$ ② $\frac{2}{3}$ ③ $\frac{5}{6}$
④ $\frac{7}{8}$ ⑤ $\frac{11}{12}$

[49 ~ 51] □ 안에 들어갈 연산기호로 알맞은 것을 고르시오.

49

$$34 + 765 □ 17 - 25 = 54$$

① +   ② −   ③ ×
④ ÷   ⑤ 없음.

50

$$\frac{5}{6} \div \frac{2}{3} \times \frac{8}{9} □ \frac{1}{3} = \frac{7}{9}$$

① +   ② −   ③ ×
④ ÷   ⑤ 없음.

51

$$(7 □ 7) \div 7 + 7 = 7$$

① +   ② −   ③ ×
④ ÷   ⑤ 없음.

52

다음 식의 빈칸에 사칙연산 +, −, ×, ÷를 한 번씩 넣어 최댓값을 만들려고 한다. 나올 수 있는 최댓값은?

$10 \square 2 \square 8 \square 4 \square 6$

① 38 ② 40 ③ 42
④ 44 ⑤ 46

53

△에 들어갈 수 없는 연산기호는? (단, □, ○, △는 모두 다른 연산기호이다)

$0 = 6 \square 6 \bigcirc 6 \triangle 6$

① + ② − ③ ×
④ ÷ ⑤ 없음.

54

$0.6 \div \dfrac{20}{3} = \square \times \square$을 성립하게 하는 □의 값은? (단, □에는 같은 값이 들어간다)

① 0.9 ② 0.3 ③ 0.6
④ 0.5 ⑤ 0.4

55

다음 수식의 a, b에는 한 자리의 자연수가 들어가고, ○, △에는 +, −, ×, ÷ 중 한 연산기호가 들어간다. a와 b의 합은? (단, ○, △는 서로 다른 연산기호이다)

$9 \times a \bigcirc b \triangle 10 = -25$

① 10 ② 12 ③ 14
④ 16 ⑤ 18

[56 ~ 60] 다음 ㉠, ㉡을 통해 연산기호의 새로운 법칙을 찾은 후 ㉢에 적용하여 '?'를 구하시오.

56

㉠ $(105 \times 32) + 4 = 292$
㉡ $89 \times 13 = 76$
㉢ $(66 + 12) \times 177 = ?$

① 611 ② 613 ③ 615
④ 617 ⑤ 619

57

> ㉠ $(28 \times 4) + 3 = 8$
> ㉡ $(48 + 6) \times 2 = 6$
> ㉢ $77 \times (66 + 22) = ?$

① 74　　　　② 71　　　　③ 36
④ 33　　　　⑤ 31

58

> ㉠ $(55 - 11) \div 86 = 91$
> ㉡ $(78 \div 37) - 23 = 5$
> ㉢ $(96 - 24) \div (126 - 42) = ?$

① 6　　　　② 7　　　　③ 8
④ 9　　　　⑤ 10

59

> ㉠ $34 \div (7 - 3) = 13$
> ㉡ $28 - (15 \div 10) = 140$
> ㉢ $(25 - 4) \div 75 = ?$

① 19　　　　② 22　　　　③ 25
④ 28　　　　⑤ 31

60

> ㉠ $95 \div (2 - 13) = 69$
> ㉡ $37 - (7 \div 4) = 111$
> ㉢ $(22 \div 3) - 3 = ?$

① 41　　　　② 48　　　　③ 53
④ 57　　　　⑤ 59

수적추리

유형 1 수추리

핵심 Check

1 수열

어떤 규칙에 따라 차례로 나열된 수의 열을 수열이라 하고, 수열을 이루고 있는 각각의 수를 그 수열의 항이라고 한다.

2 수열의 종류

(1) **등차수열** : 첫째항부터 차례로 일정한 수를 더하여 만들어지는 수열

각 항에 더하는 일정한 수, 즉 뒤의 항에서 앞의 항을 뺀 수를 등차수열의 공차라고 한다. 등차수열 $\{a_n\}$ 에서 $a_2 - a_1 = a_3 - a_2 = \cdots = a_{n+1} - a_n = d$(공차)이다.

예
$$1 \xrightarrow{+2} 3 \xrightarrow{+2} 5 \xrightarrow{+2} 7 \xrightarrow{+2} 9$$

(2) **등비수열** : 첫째항부터 차례로 일정한 수를 곱하여 만들어지는 수열

각 항에 곱하는 일정한 수, 즉 뒤의 항을 앞의 항으로 나눈 수를 등비수열의 공비라고 한다. 등비수열 $\{a_n\}$에서 $\dfrac{a_2}{a_1} = \dfrac{a_3}{a_2} = \cdots = \dfrac{a_{n+1}}{a_n} = r$(공비)이다.

예
$$1 \xrightarrow{\times 3} 3 \xrightarrow{\times 3} 9 \xrightarrow{\times 3} 27 \xrightarrow{\times 3} 81$$

(3) **등차계차수열** : 앞의 항과의 차가 등차를 이루는 수열

예
$$1 \xrightarrow{+1} 2 \xrightarrow{+2} 4 \xrightarrow{+3} 7 \xrightarrow{+4} 11$$
$$+1 \quad +1 \quad +1$$

(4) 등비계차수열 : 앞의 항과의 차가 등비를 이루는 수열

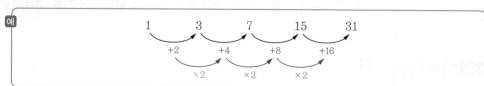

(5) 조화수열 : 각 항의 역수가 등차수열을 이루는 수열

(6) 분수수열 : 분자는 분자대로, 분모는 분모대로 규칙을 가지는 수열
분자, 분모를 다르게 접근해서 문제를 푼다.

(7) 피보나치수열 : 앞의 두 항의 합이 그 다음 항이 되는 수열

예 $1, 1, 2, 3, 5, 8, 13, 21, 34, \cdots$

(8) 반복수열 : 두 개 이상의 연산기호가 반복되는 수열

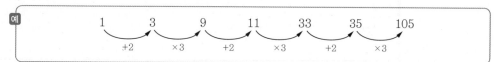

3 수열의 공식

(1) 등차수열의 합

$a_k = a_1 + (k-1)d$인 등차수열일 때

$$S_n = \sum_{k=1}^{n} a_k = \frac{a_1 + a_n}{2} \times n = \frac{2a_1 + (n-1)d}{2} \times n$$

(2) 등비수열의 합

$a_k = ar^{k-1}$인 등비수열일 때

$$S_n = \sum_{k=1}^{n} a_k = a + ar + ar^2 + \cdots + ar^{n-1} = a\frac{1-r^n}{1-r} \ (단, \ r \neq 1)$$

예제 01 ~ 04

다음 숫자들의 배열 규칙을 찾아 '?'에 들어갈 알맞은 숫자를 고르시오.

01.

		7	8	15	23	38	61	(?)	

① 91　　　　　　② 93　　　　　　③ 95
④ 98　　　　　　⑤ 99

빠른 풀이 비법

기본적인 사칙연산이 숫자 배열의 규칙일 경우가 가장 기본적이므로, 먼저 인접한 두 숫자에 대한 사칙연산을 시도해 보는 것이 좋다.

02.

	7	8	12	19	(?)	42	58	

① 22　　　　　　② 23　　　　　　③ 25
④ 28　　　　　　⑤ 29

03.

	6	8	13	19	20	30	27	(?)	34

① 29　　　　　　② 33　　　　　　③ 37
④ 41　　　　　　⑤ 45

04.

<u>2 5 11</u>	<u>3 9 28</u>	<u>6 7 (?)</u>

① 40 　　　　② 41 　　　　③ 42

④ 43 　　　　⑤ 44

해결 전략

여러 개의 숫자가 하나의 묶음으로 나열되는 경우, 묶음 안에 있는 숫자들끼리의 계산 값이 묶음 안에 있는 또 다른 숫자인 경우가 가장 기본적이므로, 먼저 같은 묶음에 있는 숫자에 대한 사칙연산을 시도해 보는 것이 좋다.

테마

2

수
적
추
리

01

| 정답 | ⑤

| 해설 |

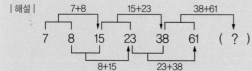

따라서 '?'에 들어갈 숫자는 38＋61＝99이다.

02

| 정답 | ⑤

| 해설 |

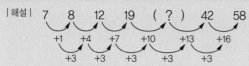

따라서 '?'에 들어갈 숫자는 19＋10＝29이다.

03

| 정답 | ④

| 해설 |

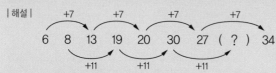

따라서 '?'에 들어갈 숫자는 30＋11＝41이다.

04

| 정답 | ④

| 해설 | 앞의 두 수를 곱한 값에 1을 더하면 세 번째 수가 된다.

• 2 5 11 → (2×5)＋1＝11

• 3 9 28 → (3×9)＋1＝28

• 6 7 (?) → (6×7)＋1＝(?)

따라서 '?'에 들어갈 숫자는 (6×7)＋1＝43이다.

예제 **05 ~ 08**

다음 숫자들의 배열 규칙을 찾아 '?'에 들어갈 알맞은 숫자를 고르시오.

05.

| 8 3 15 | 10 5 (?) | 9 1 24 |

① 13　　　　　　② 15　　　　　　③ 16
④ 17　　　　　　⑤ 19

06.

| 3 2 6 12 | 2 2 5 9 | 12 3 10 (?) |

① 25　　　　　　② 26　　　　　　③ 42
④ 46　　　　　　⑤ 50

> **학습 TIP** <

가로, 세로 각각의 방향에서 알 수 있는 규칙을 모두 적어 두는 것이 오류를 줄이는 방법이다.

07.

7	(?)		121	115
−11	−5		103	109

① 0　　　　　　② 1　　　　　　③ 2
④ 3　　　　　　⑤ 4

08.

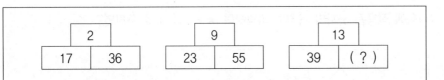

① 91　　　　　　② 92　　　　　　③ 93

④ 94　　　　　　⑤ 95

테마

2

수
적
추
리

05

| 정답 | ②

| 해설 | 세 번째 수는 첫 번째 수에서 두 번째 수를 뺀 값에 3을 곱한 값이다.

• 8　3　15 → (8−3)×3=15
• 10　5　(?) → (10−5)×3=(?)
• 9　1　24 → (9−1)×3=24

따라서 '?'에 들어갈 숫자는 (10−5)×3=15이다.

06

| 정답 | ④

| 해설 | 네 번째 수는 첫 번째 수와 두 번째 수를 곱한 값에 세 번째 수를 더한 값이다.

• 3　2　6　12 → (3×2)+6=12
• 2　2　5　9 → (2×2)+5=9
• 12　3　10　(?) → (12×3)+10=(?)

따라서 '?'에 들어갈 숫자는 (12×3)+10=46이다.

07

| 정답 | ②

| 해설 |

$$\begin{array}{c} \xrightarrow{\ -6\ } \\ \begin{array}{c|c} 7 & (?) \\ \hline -11 & -5 \end{array} \Big\downarrow -6 \\ \xleftarrow{\ } \\ -6 \end{array} \qquad \begin{array}{c} \xrightarrow{\ -6\ } \\ \begin{array}{c|c} 121 & 115 \\ \hline 103 & 109 \end{array} \Big\downarrow -6 \\ \xleftarrow{\ } \\ -6 \end{array}$$

따라서 '?'에 들어갈 숫자는 7−6=1이다.

08

| 정답 | ①

| 해설 | 아랫줄 왼쪽 칸의 숫자는 아랫줄 오른쪽 칸의 숫자에서 윗줄의 숫자를 빼 2로 나눈 값이다.

• (36−2)÷2=17　　• (55−9)÷2=23　　• (?−13)÷2=39

따라서 '?'에 들어갈 숫자는 39×2+13=91이다.

예제 09

다음에 적용된 숫자의 규칙을 파악하여 ★+☆의 값을 구하면?

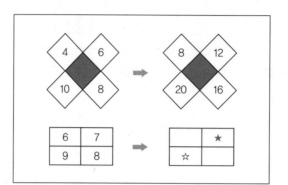

① 20

② 24

③ 28

④ 32

⑤ 36

| 정답 | ④

| 해설 | 왼쪽 도형의 숫자에 2를 곱하면 오른쪽 도형의 동일 위치의 숫자가 된다.

6	7
9	8

⇒

12	14
18	16

따라서 ★+☆=14+18=32가 된다.

예제 10

해결 전략

단순한 사칙연산으로 해결할 수 없는 문제는 고정관념을 타파하고 창의력을 발휘해 숨겨진 규칙을 찾아야 한다.

다음 식의 일정한 규칙에 따라 '?'에 들어갈 알맞은 수는?

$$61+18=100$$
$$16+19=(\ ?\ )$$

① 137

② 152

③ 167

④ 197

⑤ 203

| 정답 | ②

| 해설 | 숫자 61과 18을 180° 돌리면 19와 81이 되고 두 수를 더하면 100이 된다. 같은 방법으로 16과 19를 180° 돌리면 91과 61이 되고 두 수를 더하면 152가 된다.

예제 ⑪

다음 식들의 공통된 규칙에 따라 '?'에 들어갈 숫자는?

$$1\triangle3=5 \qquad 2\triangle4=10 \qquad 5\triangle7=37$$
$$8\triangle10=82 \qquad 10\triangle12=(\ ?\ )$$

① 104   ② 114   ③ 122

④ 144   ⑤ 152

| 정답 | ③

| 해설 | • $1\times3+2=5$ • $2\times4+2=10$ • $5\times7+2=37$

• $8\times10+2=82$ • $10\times12+2=(\ ?\ )$

따라서 '?'에 들어갈 숫자는 $10\times12+2=122$이다.

예제 ⑫

다음 숫자들의 배열 규칙에 따라 '?'에 들어갈 알맞은 숫자는?

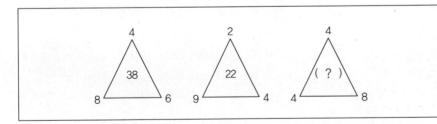

① 14   ② 19   ③ 20

④ 24   ⑤ 38

| 정답 | ④

| 해설 | 삼각형 안의 숫자는 위 꼭짓점 숫자와 왼쪽 꼭짓점 숫자를 곱한 후 오른쪽 꼭짓점 숫자를 더한 값이다.

• $4\times8+6=38$ • $2\times9+4=22$ • $4\times4+8=(\ ?\ )$

따라서 '?'에 들어갈 숫자는 $4\times4+8=24$이다.

예제 13

다음 수열에서 100번째 항에 들어갈 숫자는?

$$1, \ 1, \ 2, \ 1, \ 2, \ 3, \ 1, \ 2, \ 3, \ 4, \ \cdots, \ 1, \ 2, \ 3, \ 4, \ 5, \ 6, \ \cdots, \ n$$

① 3   ② 5   ③ 7

④ 9   ⑤ 11

| 정답 | ④

| 해설 | 나열된 숫자들의 특징이 잘 드러나도록 쓰면 다음과 같다.

1,
1, 2,
1, 2, 3,
1, 2, 3, 4,
1, 2, 3, 4, 5,
     ⋮
1, 2, 3, 4, 5, $\cdots$, n

1단은 1개의 숫자가 있고, 2단까지는 1+2=3(개), 3단까지는 1+2+3=6(개)의 숫자가 있다. 따라서 10단까지는 1+2+3+ $\cdots$ +10=55(개)의 숫자가 있다. 이를 나타내면 다음과 같다.

1단째	1	여기까지 1개
2단째	1, 2	여기까지 3개
3단째	1, 2, 3	여기까지 6개
⋮		
10단째	1, 2, 3, 4, $\cdots$, 10	여기까지 55개
11단째	1, 2, 3, 4, $\cdots$, 10, 11	여기까지 66개
12단째	1, 2, 3, 4, $\cdots$, 10, 11, 12	여기까지 78개
13단째	1, 2, 3, 4, $\cdots$, 10, 11, 12, 13	여기까지 91개
14단째	1, 2, 3, 4, 5, 6, 7, 8, 9	이걸로 100개

따라서 100번째 항에 들어갈 숫자는 9이다.

예제 14

다음 숫자들의 규칙을 찾아 '?'에 들어갈 알맞은 숫자를 고르면?

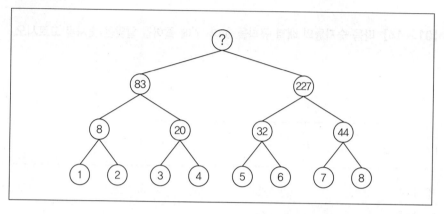

① 927
② 929
③ 931
④ 1,029
⑤ 1,131

| 정답 | ②

| 해설 | 아래 두 수를 더한 값에 3을 곱한 뒤 1을 뺀 값이 위의 숫자가 되는 규칙이 있다.
• (1+2)×3−1=8
• (3+4)×3−1=20
• (5+6)×3−1=32
• (7+8)×3−1=44
• (8+20)×3−1=83
• (32+44)×3−1=227
• (83+227)×3−1=(?)
따라서 '?'에 들어갈 숫자는 (83+227)×3−1=929이다.

수추리 공략

정답과 해설 23쪽

[01 ~ 14] 다음 숫자들의 배열 규칙을 찾아 '?'에 들어갈 알맞은 숫자를 고르시오.

01.

	2	6	14	30	62	(?)

① 124 ② 125 ③ 126
④ 127 ⑤ 128

02.

	1	2	4	7	13	17	40	(?)	121

① 37 ② 42 ③ 84
④ 115 ⑤ 121

03.

	78	93	105	111	114	120	123	129	(?)

① 131 ② 138 ③ 141
④ 145 ⑤ 147

04.

| 1.2 2 1.5 5 2.1 11 2.4 14 (?) 20 |

① 2.7   ② 3   ③ 3.2

④ 4   ⑤ 4.1

해결 전략

인접한 숫자들끼리의 배열 규칙을 알아낼 수 없다면 한 칸 건너의 숫자에 대한 배열 규칙을 고려해 보는 것이 좋다.

테마
2
수
적
추
리

05.

| 8 9 6 8 3 7 0 7 (?) |

① −4   ② −2   ③ 0

④ 2   ⑤ 3

06.

| 7 8 11 16 14 8 4 5 (?) 1 |

① 2   ② 3   ③ 5

④ 8   ⑤ 11

07.

2 7 5	8 9 9	13 3 (?)

① 10　　　　② 11　　　　③ 12
④ 13　　　　⑤ 14

08.

4 4 2	6 8 (?)	7 10 2

① 3　　　　② 5　　　　③ 2
④ 4　　　　⑤ 6

09.

13 4 3	22 7 3	16 5 (?)

① 3　　　　② 5　　　　③ 6
④ 7　　　　⑤ 10

10.

2 1 2 18	2 3 10 250	3 4 5 (?)

① 84　　　　② 169　　　　③ 212
④ 245　　　　⑤ 250

11.

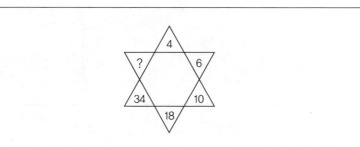

① 66　　　　② 67　　　　③ 68
④ 69　　　　⑤ 70

12.

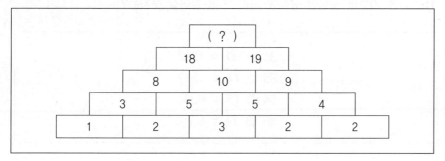

① 20　　　　② 26　　　　③ 31
④ 37　　　　⑤ 41

13.

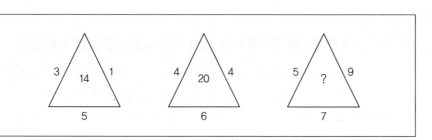

① 35　　　　② 31　　　　③ 29
④ 26　　　　⑤ 25

14.

4	10		11	17
6	12		13	?

① 17 ② 19 ③ 21
④ 23 ⑤ 25

15. 다음 기호의 일정한 규칙에 따라 '?'에 들어갈 숫자는?

$$34 ◎ 90 = 1204$$
$$85 ◎ 77 = 1512$$
$$54 ◎ 15 = 609$$
$$48 ◎ 39 = (?)$$

① 717 ② 772 ③ 1217
④ 1272 ⑤ 1717

One Point Lesson

같은 규칙으로 순환하는 숫자
의 배열이 제시될 경우, 적절한
묶음으로 끊은 뒤 규칙을 파악
하는 것이 좋다.

16. 다음 수열의 일정한 규칙에 따라 29가 처음 나오는 것은 몇 번째인가?

4 3 2 1 2 3 4 5 6 5 4 3 4 5 6 7 8 7 6 5 …

① 100번째 ② 101번째 ③ 104번째
④ 108번째 ⑤ 116번째

17. 다음과 같이 자연수를 나열해 가면 1의 직선상 아래에 있는 숫자는 첫 번째가 5이고, 두 번째가 13이다. 1의 직선상 아래에 있는 31번째 숫자는?

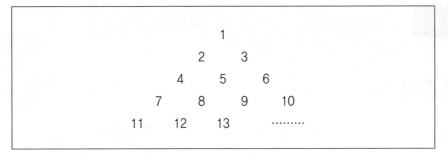

① 1,841 ② 1,851 ③ 1,861
④ 1,871 ⑤ 1,881

18. 다음 그림과 같이 흰색과 검은색 바둑돌을 정사각형 형태로 나열하고 있다. 검은색 바둑돌의 수가 총 171개일 때의 가장 작은 정사각형 1변의 바둑돌의 개수는?

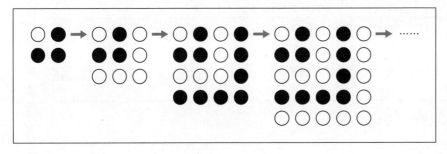

① 14개 ② 16개 ③ 18개
④ 20개 ⑤ 22개

유형 2 문자추리

핵심 Check

1 문자의 순서

(1) 일반 자음 순서

ㄱ	ㄴ	ㄷ	ㄹ	ㅁ
1	2	3	4	5
ㅂ	ㅅ	ㅇ	ㅈ	ㅊ
6	7	8	9	10
ㅋ	ㅌ	ㅍ	ㅎ	
11	12	13	14	

(2) 쌍자음이 포함된 자음 순서(사전에 실리는 순서)

ㄱ	ㄲ	ㄴ	ㄷ	ㄸ
1	2	3	4	5
ㄹ	ㅁ	ㅂ	ㅃ	ㅅ
6	7	8	9	10
ㅆ	ㅇ	ㅈ	ㅉ	ㅊ
11	12	13	14	15
ㅋ	ㅌ	ㅍ	ㅎ	
16	17	18	19	

(3) 일반 모음 순서

ㅏ	ㅑ	ㅓ	ㅕ	ㅗ
1	2	3	4	5
ㅛ	ㅜ	ㅠ	ㅡ	ㅣ
6	7	8	9	10

(4) 이중모음이 포함된 모음 순서(사전에 실리는 순서)

ㅏ	ㅐ	ㅑ	ㅒ	ㅓ	ㅔ
1	2	3	4	5	6
ㅕ	ㅖ	ㅗ	ㅘ	ㅙ	ㅚ
7	8	9	10	11	12
ㅛ	ㅜ	ㅝ	ㅞ	ㅟ	ㅠ
13	14	15	16	17	18
ㅡ	ㅢ	ㅣ			
19	20	21			

(5) 알파벳 순서

A	B	C	D	E	F
1	2	3	4	5	6
G	H	I	J	K	L
7	8	9	10	11	12
M	N	O	P	Q	R
13	14	15	16	17	18
S	T	U	V	W	X
19	20	21	22	23	24
Y	Z				
25	26				

② 풀이 방법

(1) 제시된 문자를 숫자로 치환하여 해결한다.

(2) 순환패턴임을 염두에 두고 문제를 해결한다. 예를 들어, 일반 자음 순서에서 'ㄱ'은 1이기도 하지만 15, 29, …이기도 하다.

One Point Lesson

먼저 일반 자음(모음) 순서를 적용하여 풀고, 답이 나오지 않으면 사전에 실리는 순서를 적용하도록 한다.

다음 문자들의 배열 규칙을 찾아 '?'에 들어갈 알맞은 문자를 고르시오.

01.

마 자 파 다 사 (?)

① 가   ② 자   ③ 카

④ 하   ⑤ 마

02.

ㅠ ㅏ ㅛ ㅓ (?)

① ㅏ   ② ㅕ   ③ ㅠ

④ ―   ⑤ ㅣ

03.

A K U E O (?)

① X   ② B   ③ Y

④ D   ⑤ G

04.

| z L z P h B (?) |

① X   ② x   ③ T
④ t   ⑤ q

01

| 정답 | ③

| 해설 | 한글의 자음 순서를 이용하여 푼다.

마 → 자 → 파 → 다 → 사 → (?)
5   9   13   3(=17) 7(=21) 11(=25)

+4   +4   +4   +4   +4

따라서 '?'에 들어갈 문자는 11(=25)에 해당하는 카이다.

02

| 정답 | ②

| 해설 | 한글의 모음 순서를 이용하여 푼다.

ㅠ → ㅏ → ㅛ → ㅓ → (?)
8   1   6   3   4

−7   +5   −3   +1

따라서 '?'에 들어갈 문자는 4에 해당하는 ㅕ이다.

03

| 정답 | ③

| 해설 | 알파벳 순서를 이용하여 푼다.

A → K → U → E → O → (?)
1   11   21   5(=31) 15(=41) 25(=51)

+10   +10   +10   +10   +10

따라서 '?'에 들어갈 문자는 25(=51)에 해당하는 Y이다.

04

| 정답 | ②

| 해설 | 알파벳 순서를 이용하여 푼다.

z → L → z → P → h → B → (?)
26   12   0(=26) 16   8   2   −2(=24)

−14   −12   −10   −8   −6   −4

대문자와 소문자가 반복되므로 '?'에 들어갈 문자는 −2(=24)에 해당하는 x이다.

한글의 쌍자음이나 이중모음이 들어가는 경우에는 사전에 실리는 순서임을 유의한다.

다음은 공통된 규칙에 의해 나열된 문자이다. 다음 중 동일한 규칙이 적용되지 않은 문자를 고르시오.

05.

① 꺼거거거   ② 어저저저   ③ 떠더더더
④ 머러러러   ⑤ 어써써써

06.

① 여어야아   ② 이유워외   ③ 으웨요와
④ 우왜예어   ⑤ 와여얘아

07.

① GGII   ② JJNN   ③ AAEE
④ SSWW   ⑤ PPTT

08.

① UTSR   ② QONM   ③ LKJI
④ DCBA   ⑤ HGFE

05

| 정답 | ②

| 해설 | ②를 제외한 나머지는 첫 번째 문자가 나머지 문자들보다 1이 크다(사전에 실리는 순서).
② 어저저저 – 12, 13, 13, 13

| 오답풀이 |

① 꺼거거거 – 2, 1, 1, 1
③ 떠더더더 – 5, 4, 4, 4
④ 머러러러 – 7, 6, 6, 6
⑤ 어써써써 – 12, 11, 11, 11

06

| 정답 | ①

| 해설 | ①을 제외한 나머지는 앞 문자에 비해 뒤 문자가 3씩 감소한다(사전에 실리는 순서).
① 여어야아 – 7, 5, 3, 1

| 오답풀이 |

② 이유워외 – 21, 18, 15, 12
③ 으웨요와 – 19, 16, 13, 10
④ 우왜예어 – 14, 11, 8, 5
⑤ 와여얘아 – 10, 7, 4, 1

07

| 정답 | ①

| 해설 | ①을 제외한 나머지는 3, 4번째 문자가 1, 2번째 문자에 비해 4가 크다.
① GGII – 7, 7, 9, 9

| 오답풀이 |

② JJNN – 10, 10, 14, 14
③ AAEE – 1, 1, 5, 5
④ SSWW – 19, 19, 23, 23
⑤ PPTT – 16, 16, 20, 20

08

| 정답 | ②

| 해설 | ②를 제외한 나머지는 뒤 문자가 앞 문자에 비해 1씩 감소한다.
② QONM – 17, 15, 14, 13

| 오답풀이 |

① UTSR – 21, 20, 19, 18
③ LKJI – 12, 11, 10, 9
④ DCBA – 4, 3, 2, 1
⑤ HGFE – 8, 7, 6, 5

문자추리 공략

정답과 해설 26쪽

정답과 해설 26쪽

[01 ~ 07] 다음 문자들의 배열 규칙을 찾아 '?'에 들어갈 알맞은 문자를 고르시오.

해결 전략

배열 규칙에는 다양한 패턴이 있지만, 패턴의 종류를 대략적으로 알아 두면 다른 문제들에 대한 통찰력이 생긴다. 규칙성을 찾는 것이 문제의 포인트이다.

01.

ㄱ ㄴ ㅁ ㅂ ㅈ ㅊ (?)

① ㅋ   ② ㅌ   ③ ㅍ
④ ㅎ   ⑤ ㄲ

02.

ㄱ ㄴ ㄹ ㅇ ㄴ (?)

① ㅈ   ② ㅋ   ③ ㅌ
④ ㄹ   ⑤ ㅁ

03.

ㄱ ㄹ ㅍ ㅂ ㅋ ㅇ (?)

① ㄱ   ② ㅁ   ③ ㅅ
④ ㅈ   ⑤ ㅎ

04.

ㅃ ㅆ ㅁ ㅈ ㄸ (?)

① ㅊ   ② ㅅ   ③ ㄲ

④ ㅉ   ⑤ ㅍ

05.

G K O S W A (?)

① C   ② D   ③ E

④ F   ⑤ G

06.

C D G J (?)

① L   ② M   ③ N

④ O   ⑤ T

07.

DA EB FC GD (?)

① CI   ② HE   ③ JQ

④ MW   ⑤ KF

08. 다음은 일정한 규칙에 따라 나열한 것이다. '?'에 들어갈 알맞은 문자는?

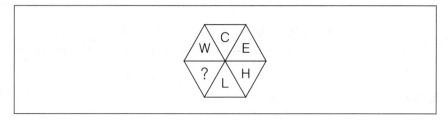

① S   ② Q   ③ U
④ V   ⑤ Y

[09 ~ 16] 다음은 공통된 규칙에 의해 나열된 문자이다. 다음 중 동일한 규칙이 적용되지 않은 문자를 고르시오.

해결 전략

문자를 숫자로 치환하여 공통으로 나타나는 규칙성을 찾는다.

09.

① 가가나가   ② AABA   ③ 도도노도
④ HHIH   ⑤ 류류르류

10.

① 아야어여   ② 애애에예   ③ 유으의이
④ 예와외우   ⑤ 여오왜요

11.

① ABDH   ② 2359   ③ 쇄쇠수슈
④ 뷰슈유쯔   ⑤ JKMQ

12.

① ㅓㅡㅠㅡ   ② ㅂㅌㅋㅌ   ③ IRQR
④ CFEF   ⑤ ㅕㅠㅠㅠ

13.

① 짜싸빠바   ② VTRQ   ③ 위우외왜
④ 오에야야   ⑤ ROML

14.

① 가나라다   ② 다라바마   ③ 사자차타
④ 아자카차   ⑤ 자차타카

15.

① BDGL   ② KMOS   ③ GILQ
④ MORW   ⑤ OQTY

16.

① 크트츠프   ② NOMP   ③ 서셔샤소
④ 요죠뵤쵸   ⑤ IJHK

심화문제

정답과 해설 28 쪽

[01 ~ 12] 다음 숫자들의 배열 규칙을 찾아 '?'에 들어갈 알맞은 숫자를 고르시오.

01

| 2 4 7 12 19 30 (?) |

① 43   ② 44   ③ 45
④ 46   ⑤ 50

02

| 2 2 3 4 5 6 7 8 11 (?) |

① 8   ② 10   ③ 12
④ 13   ⑤ 15

03

| 2.2   4.3   6.6   9.1   11.8   14.7   (?) |

① 15.9   ② 17.8   ③ 19.2
④ 21.1   ⑤ 22.5

04

| (?)   9.5   19.5   39.5   79.5 |

① 2.5   ② 4.5   ③ 5.5
④ 6.5   ⑤ 7

05

| $\frac{5}{10}$ (?) $\frac{17}{86}$ $\frac{33}{257}$ $\frac{65}{770}$ |

① $\frac{3}{23}$ ② $\frac{5}{25}$ ③ $\frac{7}{27}$
④ $\frac{9}{29}$ ⑤ $\frac{11}{31}$

06

| $\frac{4}{9}$ (?) $\frac{24}{54}$ $\frac{48}{162}$ $\frac{144}{324}$ |

① $\frac{12}{18}$ ② $\frac{8}{27}$ ③ $\frac{12}{36}$
④ $\frac{8}{45}$ ⑤ $\frac{11}{45}$

07

| $\frac{1}{3}$ $\frac{5}{6}$ $\frac{4}{3}$ $\frac{11}{6}$ $\frac{7}{3}$ (?) |

① $\frac{5}{3}$ ② $\frac{8}{3}$ ③ $\frac{17}{6}$
④ $\frac{19}{6}$ ⑤ $\frac{23}{6}$

08

| 5 7 9 6 14 12 7 28 15 8 (?) 18 |

① 10   ② 19   ③ 32
④ 56   ⑤ 61

09

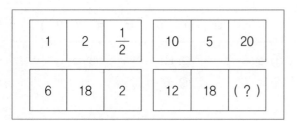

① 6   ② 7   ③ 8
④ 9   ⑤ 10

10

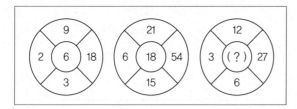

① 8   ② 9   ③ 12
④ 15   ⑤ 16

11

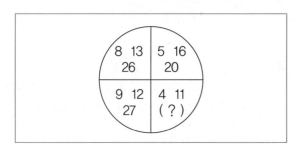

① 11   ② 13   ③ 15
④ 17   ⑤ 19

12

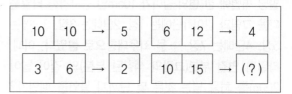

① 4   ② 5   ③ 6
④ 7   ⑤ 8

13

다음은 일정한 규칙이 있는 수들의 연산이다. ☐ 안에 들어갈 수는?

$$11 + 1 = 51$$
$$55 + 82 = 08$$
$$18 + 15 = 501$$
$$21 \times 21 = \boxed{}$$

① 222   ② 225   ③ 252
④ 255   ⑤ 555

14

$17^{13} + 13^{17}$을 계산했을 때, 일의 자리 숫자는?

① 0   ② 2   ③ 4
④ 6   ⑤ 8

15

빌딩 벽면에 한 변의 길이가 10cm인 정사각형 타일을 다음 그림과 같이 1단에는 1장, 2단에는 3장, 3단에는 5장, 4단에는 7장, … 을 좌우대칭으로 붙였다. 이때, 타일의 연결 부분(그림의 색칠된 부분)의 길이 합이 200m를 처음 넘는 것은 몇 단까지 붙였을 때인가?

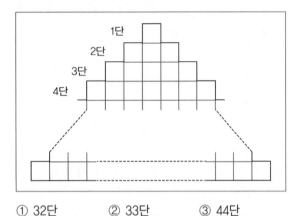

① 32단   ② 33단   ③ 44단
④ 63단   ⑤ 64단

[16 ~ 21] 다음 문자들의 배열 규칙을 찾아 '?'에 들어갈 알맞은 문자를 고르시오.

16

| 가 댜 머 셔 (?) 쾌 |

① 오   ② 예   ③ 조
④ 좌   ⑤ 쵸

17

| 수 목 토 화 (?) |

① 월   ② 화   ③ 목
④ 토   ⑤ 일

18

| ㄷ ㄹ ㅃ ㅆ ㅉ ㅋ (?) |

① ㅎ   ② ㄴ   ③ ㄹ
④ ㅈ   ⑤ ㅊ

19

| H P S O C R Y (?) |

① E   ② M   ③ Q
④ U   ⑤ K

20

		⇩
ㅈ	?	ㅌ
ㅉ		ㅉ
ㅇ	ㅊ	ㅋ

※ 화살표가 가리키는 방향에서 시작한다.

① ㅍ   ② ㅎ   ③ ㅇ
④ ㅅ   ⑤ ㅆ

21

| 15 ㄴ 30 ㄹ 32 ㅇ (?) 66 ㅇ |

① 64 ㅎ   ② 58 ㅂ   ③ 46 ㅈ
④ 40 ㅅ   ⑤ 54 ㅁ

테마 3

Mathematics

비와 비율

유형 1 비와 비례식

핵심 Check

① 비

(1) 어떤 두 개의 수 또는 양을 서로 비교하여 나타내는 관계를 비라 하며, 기호 : 앞에 있는 항을 전항, 뒤에 있는 항을 후항이라고 한다.

(2) 비를 읽는 방법

3 대 2
2에 대한 3의 비
3의 2에 대한 비
3과 2의 비

$3 : 2$

전항 후항

(3) 비의 성질

① 비의 전항과 후항에 0이 아닌 같은 수를 곱해도 비의 값은 변하지 않는다.

② 비의 전항과 후항을 0이 아닌 같은 수로 나누어도 비의 값은 변하지 않는다.

(4) 닮은 도형의 넓이의 비와 부피의 비

① 닮음비가 $m : n$인 두 평면도형의 넓이의 비는 $m^2 : n^2$이다.

② 닮음비가 $m : n$인 두 입체도형의 부피의 비는 $m^3 : n^3$이다.

② 비례식

(1) 비의 값이 같은 두 비를 나타낸 등식을 비례식이라 하며, 비례식에서 안쪽에 있는 두 항을 내항, 바깥쪽에 있는 두 항을 외항이라고 한다.

┌─── 외항 ───┐
$2 : 3 = 4 : 6$
└내항┘

(2) 비례식의 성질

> 비례식에서 외항의 곱과 내항의 곱은 항상 같다.
> $A : B = C : D$일 때, $A \times D = B \times C$

예제 01

남자 7명과 여자 8명으로 구성된 동아리의 남자와 여자의 비(A), 전체에 대한 남자의 비(B)를 순서대로 나열한 것은?

학습 TIP

비를 구할 때는 전항과 후항이 무엇인지 정확하게 파악하는 것이 중요하다.

	A	B			A	B
①	7 : 8	15 : 8		②	15 : 8	7 : 8
③	7 : 8	7 : 15		④	15 : 7	8 : 7
⑤	7 : 15	8 : 7				

테마

3

비
와
비
율

| 정답 | ③

| 해설 | 동아리의 구성원 수는 총 7+8=15(명)이므로 전체에 대한 남자의 비는 7 : 15이다.

예제 02

다음 (1) ～ (3)의 비를 간단하게 정리한 것은?

| (1) 24 : 30 | (2) 1.5 : 0.6 | (3) $\dfrac{2}{3} : \dfrac{4}{5}$ |

	(1)	(2)	(3)			(1)	(2)	(3)
①	5 : 4	5 : 2	5 : 3		②	4 : 5	5 : 2	5 : 6
③	4 : 5	5 : 2	3 : 5		④	4 : 5	2 : 5	5 : 6
⑤	4 : 5	2 : 5	5 : 3					

| 정답 | ②

| 해설 | (1) 비의 전항과 후항을 모두 6으로 나눈다.

24 : 30 = 4 : 5

(2) 비의 전항과 후항에 모두 10을 곱하여 정수로 만든 뒤 3으로 나눈다.

1.5 : 0.6 = 15 : 6 = 5 : 2

(3) 분모를 통분하고 15를 곱하여 정수로 만든 뒤 2로 나눈다.

$\dfrac{2}{3} : \dfrac{4}{5} = \dfrac{10}{15} : \dfrac{12}{15} = 10 : 12 = 5 : 6$

예제 03

다음 식의 '?'에 들어갈 숫자는?

$$40 : (\ ?\ ) = 50 : 125$$

① 70　　　　　　② 80　　　　　　③ 90
④ 100　　　　　⑤ 110

|정답| ④

|해설| 40 : (?) = 50 : 125에서 50 : 125 = 2 : 5이므로 40 : (?) = 2 : 5이다.
비례식에서 내항의 곱과 외항의 곱은 같으므로 2×(?)=200　∴ '?'=100

예제 04

이것만은 꼭

가격비로 값을 구할 때는 좌우가 바뀌지 않도록 주의한다.

○○공사는 주차공간이 부족한 지역에 공영주차장을 설립하기 위해 부지 A와 B를 비교한 후, 작년에 A 부지를 매입하였다. A 부지의 평당 가격이 지난해에 비해 올해 평당 600만 원씩 상승했다면 매입 당시 A 부지의 평당 가격은? (단, B 부지의 평당 가격은 변동하지 않았다)

• 지난해 A 부지와 B 부지의 가격비(평당)는 1 : 4였다.
• 올해 A 부지와 B 부지의 가격비(평당)는 2 : 3이다.

① 60만 원　　　② 120만 원　　　③ 180만 원
④ 360만 원　　　⑤ 420만 원

|정답| ④

|해설| 작년 A 부지의 평당 가격을 a만 원이라고 하면 다음과 같은 표를 만들 수 있다.

구분	A 부지(만 원)	B 부지(만 원)
지난해	a	$4a$
올해	$a+600$	$4a$

올해 A 부지와 B 부지의 가격비가 2 : 3이므로 $a+600 : 4a = 2 : 3$, $5a=1,800$, $a=360$이 된다.
따라서 매입 당시 A 부지의 평당 가격은 360만 원이다.

예제 05

사탕 10개를 형과 남동생이 나누어 가지기로 했다. 남동생과 형이 가지게 되는 사탕의 비가 3 : 2일 때, 형이 가지게 되는 사탕의 개수는?

① 1개 　　　　② 2개 　　　　③ 3개
④ 4개 　　　　⑤ 5개

> **빠른 풀이 비법**
>
> 문제에서 최종적으로 구하고자 하는 값을 미지수 x로 정해 두고 비례식을 세우면 보다 빠르게 문제를 해결할 수 있다.

| 정답 | ④

| 해설 | 총 10개의 사탕이 있으므로, 형이 가지게 되는 사탕의 개수를 x개, 남동생이 가지게 되는 사탕의 개수를 $(10-x)$개라고 정한 뒤 식을 세우면 다음과 같다.
$3 : 2 = (10-x) : x$ 　　　　 $5x = 20$ 　　　　 $x = 4$
따라서 형이 가지게 되는 사탕은 4개이다.

예제 06

A 매장에서는 밸런타인데이를 맞이해 다크초콜릿과 화이트초콜릿을 총 60개 준비하려고 한다. 다크초콜릿과 화이트초콜릿의 비를 4 : 1로 준비한다면, 화이트초콜릿은 몇 개 준비하겠는가?

① 4개 　　　　② 6개 　　　　③ 8개
④ 10개 　　　　⑤ 12개

| 정답 | ⑤

| 해설 | 화이트초콜릿의 개수를 x개, 다크초콜릿의 개수를 $(60-x)$개라고 정한 뒤 식을 세우면 다음과 같다.
$1 : 4 = x : 60-x$ 　　　　 $5x = 60$ 　　　　 $x = 12$
따라서 화이트초콜릿은 12개를 준비한다.

유형 1 비와 비례식 공략

정답과 해설 32쪽

01. A와 B가 가진 돈의 비는 5 : 4이다. B가 2,000원을 가지고 있을 때, A가 가지고 있는 돈은 얼마인가?

① 2,500원   ② 3,000원   ③ 3,500원

④ 4,000원   ⑤ 4,500원

02. ○○기관은 임용시험에서 320명의 합격자를 선발하기로 하였다. 이 중 행정직렬은 200명을 선발하고, 기술직렬은 35명을 선발한다. 전체 응시자 수는 6,400명이고 행정직렬에는 5,200명, 행정직렬과 기술직렬을 제외한 나머지 직렬에는 710명이 지원하였을 때, 기술직렬의 경쟁률은 얼마인가?

① 12 : 1   ② 13 : 1   ③ 14 : 1

④ 15 : 1   ⑤ 16 : 1

03. S 물산의 총 해외 파견 주재원의 수는 120명이다. 이 중 해외 근무 무경험자와 해외 근무 경험자의 비는 2 : 1이고, 해외 근무 경험자 중 과장급 이하와 차장급 이상의 비는 2 : 3이다. 해외 근무 경험자 중 과장급 이하인 주재원의 수는 몇 명인가?

① 12명   ② 14명   ③ 16명

④ 18명   ⑤ 20명

04. 다음 상황에서 K 사원이 최종적으로 투사한 화면의 면적은? (단, 소수점 아래 첫째 자리에서 반올림한다)

K 사원은 크기는 다르지만 서로 닮음의 관계에 있는 두 도형의 특정 변의 길이 비가 $a : b$ 관계에 있다면, 두 도형의 면적 비는 $a^2 : b^2$이라는 것을 알고 있다. 어느 날, 직원 워크숍을 준비하면서 프로젝터의 위치를 조정하던 중에 처음 정한 프로젝터의 위치에서는 가로 길이가 3m이며 전체 면적이 12m²인 화면을 투사한다는 것을 알게 되었다. 이를 확인한 상사가 워크숍에 예정보다 많은 인원이 참석할 것이라며 화면을 더 늘릴 것을 지시하였다. 따라서 K 사원은 가로 길이가 5m인 화면을 투사할 수 있도록 프로젝터의 위치를 조정하였다.

① 20m²
② 25m²
③ 33m²
④ 38m²
⑤ 43m²

05. 제품 A와 제품 B를 만드는 데 필요한 원재료 X와 원재료 Y의 비는 각각 3 : 4, 3 : 7이라고 한다. 제품 A와 제품 B를 7 : 5의 비로 총 4톤 생산할 때 필요한 원재료 Y는 몇 kg인가? (단, 주어진 비는 모두 질량비다)

① 1,500kg
② 2,000kg
③ 2,500kg
④ 3,000kg
⑤ 3,500kg

해결 전략

문장으로 설명되어 있는 문제일 경우, 제시되는 조건을 하나씩 차례대로 계산하면서 푸는 것이 중요하다.

테마

3

비와 비율

유형 2 백분율

핵심 Check

① 비율

(1) 비교하는 양이 원래 양(기준량)의 얼마만큼에 해당하는지를 나타낸 것을 비율이라 한다.

> · 비율 = $\dfrac{\text{비교하는 양}}{\text{기준량}}$ 　　· 비교하는 양 = 비율 × 기준량 　　· 기준량 = 비교하는 양 ÷ 비율

(2) 기준량과 비교하는 양의 관계

> · $\dfrac{●}{■}$ < 1이면 ● < ■ 　　· $\dfrac{●}{■}$ > 1이면 ● > ■ 　　· $\dfrac{●}{■}$ = 1이면 ● = ■

② 백분율

(1) 기준량이 100일 때의 비율을 백분율이라 한다.

(2) 비율 → 백분율, 백분율 → 비율로 나타내는 방법

① 비율 → 백분율

$$\frac{1}{5} = \frac{1 \times 20}{5 \times 20} = \frac{20}{100} \longrightarrow 20\%$$

20을 곱해
기준량을 100으로 고친다.

② 백분율 → 비율

$$25\% \longrightarrow \frac{25}{100} \longrightarrow 0.25$$

기준량이 100인
분수로 나타낸다.

(3) % 속산법

10%, 5%, 1%를 유효하게 조합하여 간단히 한다.

① 10%는 끝 수 1자릿수를 제한 수

② 1%는 끝 수 2자릿수를 제한 수

③ 5%는 10%의 절반

> 예　230,640의 15%는 다음과 같이 구할 수 있다.
> 230,640의 10%는 23,064
> 230,640의 5%는 10%의 절반이므로 11,532
> 따라서 230,640의 15%는 23,064+11,532=34,596

예제 **01 ~ 02**

다음 식의 빈칸에 들어갈 숫자를 고르시오.

One Point Lesson

$824 \times \dfrac{35}{100} = \dfrac{28,840}{100} = 288.4$
로도 계산할 수 있다.

테마
3

비
와
비
율

01.

> 824의 35%는 □이다.

① 2,864　　　　② 665.4　　　　③ 456.4

④ 288.4　　　　⑤ 28

02.

> 700의 □%는 525이다.

① 25　　　　② 45　　　　③ 60

④ 65　　　　⑤ 75

01

| 정답 | ④

| 해설 | 824와 가장 가까운 100단위의 수는 800이고, 0.35와 가까운 소수 한 자리 수는 0.4이다. 800 의 소수점을 왼쪽으로 1칸 이동한 80과 0.4의 소수점을 오른쪽으로 1칸 이동한 4로 계산한 다음, 결과 로 나온 값의 소수점을 앞서 이동한 칸수만큼 되돌린다. 이 문제의 경우, 왼쪽으로 1칸, 오른쪽으로 1칸 이동했으므로 결과 값의 소수점을 이동할 필요가 없다.

824의 35% → 800의 40% → 800×0.4 → 80×4=320

따라서 가장 근사한 값인 ④가 정답이다.

02

| 정답 | ⑤

| 해설 | %를 분수로 고쳐 계산한 다음 결과 값을 %로 되돌린다.

$700 \times \dfrac{\square}{100} = 525$

$\dfrac{\square}{100} = 525 \div 700 = 0.75$

$\square = 75$

예제 03 ~ 04

다음 식의 빈칸에 들어갈 숫자를 고르시오.

학습 TIP

간단한 분수와 소수의 변환은 기본적으로 외워 두도록 한다.

- $\frac{1}{2} = 0.5$ • $\frac{1}{4} = 0.25$

- $\frac{1}{5} = 0.2$

03.

$$\frac{1}{5} + \frac{1}{25} = \square\,\%$$

① 22.5   ② 24   ③ 25

④ 25.5   ⑤ 45.5

04.

$\square$의 20%는 166이다.

① 760   ② 780   ③ 810

④ 830   ⑤ 850

03

| 정답 | ②

| 해설 | 분수를 소수로 고쳐 계산한 다음 결과 값을 %로 되돌린다.

$\frac{1}{5} = 0.2$, $\frac{1}{25} = 0.04$

$0.2 + 0.04 = 0.24 \rightarrow 24\%$

04

| 정답 | ④

| 해설 | %를 소수로 고쳐 계산한다.

$\square \times 0.20 = 166$

$\square = 166 \div 0.20$

$\square = 830$

예제 05

A 대학교에서 경영학을 전공하는 학생은 전체 남학생 중 12.6%, 전체 여학생 중 21.4%로, 이는 A 대학교 총 학생 수의 19.2%라고 한다. 이때, 남학생 전체의 수는 여학생 전체의 수의 몇 배인가?

① $\frac{1}{5}$배

② $\frac{1}{4}$배

③ $\frac{1}{3}$배

④ $\frac{2}{3}$배

⑤ $\frac{3}{4}$배

One Point Lesson

A 대학교에 다니는 남학생 전체의 수를 x명, 여학생 전체의 수를 y명이라고 한 뒤, 경영학을 전공하는 학생의 방정식을 만들어 풀 수도 있다.

• 경영학과 중 남학생 : $0.126x$명
• 경영학과 중 여학생 : $0.214y$명
• 경영학과 전체 학생 수 : $0.192(x+y)$명

$0.126x + 0.214y = 0.192(x+y)$

$0.066x = 0.022y$

$x = \frac{1}{3}y$

따라서 남학생은 여학생의 $\frac{1}{3}$ 이다.

테마
3

비
와
비
율

| 정답 | ③

| 해설 | A 대학교 전체에서 남학생, 여학생이 차지하는 비율을 각각 구한 뒤 비교해야 한다.
A 대학교 학생 전체를 1, 남학생 전체를 x, 여학생 전체를 $(1-x)$로 정한 뒤 경영학을 전공하는 학생에 대한 식을 세우면 다음과 같다.

• A 대학교 전체에서 경영학을 전공하는 남학생 : $0.126x$
• A 대학교 전체에서 경영학을 전공하는 여학생 : $0.214(1-x)$
• A 대학교 전체에서 경영학을 전공하는 학생 : 0.192

모든 수에 1,000을 곱하여 정수로 만들어 계산한다.

$126x + 214 - 214x = 192$

$-88x = -22 \qquad x = \dfrac{-22}{-88} \qquad \therefore x = 0.25$

남학생은 25%이므로 여학생은 75%임을 알 수 있다. 따라서 남학생은 여학생의 $\frac{1}{3}$배이다.

백분율 공략

정답과 해설 **32** 쪽

01. 다음 식의 빈칸에 들어갈 값은?

$$0.4 \times \square = \frac{1}{5} + \frac{1}{25}$$

① 80% ② 65% ③ 60%

④ 55% ⑤ 35%

02. 갑 도시는 신문을 구독 중인 각 가구가 어떤 신문을 구독하고 있는지에 대하여 조사했다. 그 결과 현재 A 신문을 구독하고 있는 가구는 구독 가구 전체의 50%였다. 매년 A 신문 구독 가구의 20%는 다음해 다른 신문을 구독하고, 다른 신문을 구독하는 가구의 30%는 다음해 A 신문을 구독한다고 할 때, 2년 후 A 신문을 구독하는 가구는 신문 구독 가구 전체의 몇 %가 되는가? (단, 이 도시의 신문 구독 가구 수는 변하지 않으며, 신문을 2개 이상 구독하는 가구는 없다)

① 42.5% ② 47.5% ③ 52.5%

④ 57.5% ⑤ 62.5%

03. 어떤 학교에서 개최한 수영대회에 학생 수의 78%가 참가했다. 수영대회 참가자 중 35%가 장거리 수영 경기에 출전하여 그중 70%가 완주하였다면, 장거리 수영 경기를 완주한 학생은 전체 학생 수의 몇 %인가? (단, 소수점 아래 첫째 자리에서 반올림한다)

① 3%   ② 7%   ③ 12%
④ 15%   ⑤ 19%

테마
3
비
와
비
율

04. H 제과는 제품 A를 3개 라인에서 동시에 생산하고 있다. 생산 라인의 상황이 다음 〈보기〉와 같다면, 이 공장의 하루 생산량 전체에서 불량품이 차지하는 비율은? (단, 소수점 아래 셋째 자리에서 반올림한다)

보기

- 1번 라인은 하루에 5,000개의 제품을 생산한다.
- 2번 라인은 1번 라인보다 10% 더 많은 제품을 생산하며, 3번 라인은 2번 라인보다 500개 더 적은 제품을 생산한다.
- 하루 생산량의 불량률은 1번 라인 0.8%, 2번 라인 1%, 3번 라인 0.5%이다.

---

① 0.76%   ② 0.77%   ③ 0.78%
④ 0.79%   ⑤ 0.80%

05. 부동산가액이 5억 원인 아파트를 임대하려고 한다. 임대보증금 1억 원에 월임대료 100만 원을 받는다면 연간 임대수익률은 얼마인가?

$$\text{연간 임대수익률(\%)} = \frac{\text{연임대료}}{\text{부동산가액} - \text{임대보증금}} \times 100$$

① 3.0% ② 3.2% ③ 3.4%
④ 3.6% ⑤ 3.8%

06. 다음은 △△기업 경영지원팀의 인사 고과평가 결과 중 일부이다. 능력과 태도 모두 '우수'인 직원은 경영지원팀 전체의 몇 %인가? (단, '우수'는 90점 이상, '보통'은 70 ~ 80점, '나쁨'은 60점 이하이다)

(단위 : 명)

태도 \ 능력	100점	90점	80점	70점	60점 이하
100점	2	3	5	2	3
90점	3	4	3	3	1
80점	1	1	3	5	1
70점	2	2	2	2	1
60점 이하	1	3	2	3	2

① 12% ② 20% ③ 30%
④ 40% ⑤ 50%

07. 다음은 ○○기업의 지난해 재무상태표이다. ○○기업의 지난해 부채비율은? (단, 소수점 아래 첫째 자리에서 반올림한다)

과목	금액	과목	금액
자산	195억 원	부채	65억 원
유동자산	90억 원	유동부채	43억 원
비유동자산	105억 원	비유동부채	22억 원
		자본	130억 원
자산총계	195억 원	부채 및 자본총계	195억 원

※ 부채비율 $= \dfrac{\text{부채}}{\text{자본}} \times 100$

① 17% ② 33% ③ 50%

④ 67% ⑤ 100%

08. 다음 투자안은 모두 1년 투자만 가능하고 부분적으로는 투자가 불가능하다. 다음 중 총 2,000원을 투자할 경우, 수익을 극대화하는 투자 방법은? (단, 투자하고 남는 금액의 수익률은 0%이다)

투자안	투자금액(원)	연수익률(%)
A	1,600	11
B	1,400	10
C	1,200	9
D	800	7
E	600	5

① A ② B+E ③ C+D

④ C+E ⑤ D+E

유형 3 할푼리

핵심 Check

❶ 할푼리

비율을 소수로 나타냈을 때 소수 첫째 자리, 소수 둘째 자리, 소수 셋째 자리를 이르는 말로, 소수 첫째 자리를 '할', 소수 둘째 자리를 '푼', 소수 셋째 자리를 '리'라고 한다.

예
- 0.125 = 1할2푼5리
- 0.304 = 3할4리
- 0.075 = 7푼5리

❷ 소수, 분수, 백분율, 할푼리의 관계

소수	분수	백분율	할푼리
0.01	$\dfrac{1}{100}$	1%	1푼
0.05	$\dfrac{5}{100} = \dfrac{1}{20}$	5%	5푼
0.1	$\dfrac{1}{10}$	10%	1할
0.125	$\dfrac{125}{1,000} = \dfrac{1}{8}$	12.5%	1할2푼5리
0.2	$\dfrac{2}{10} = \dfrac{1}{5}$	20%	2할
0.25	$\dfrac{25}{100} = \dfrac{1}{4}$	25%	2할5푼
0.375	$\dfrac{375}{1,000} = \dfrac{3}{8}$	37.5%	3할7푼5리
0.5	$\dfrac{5}{10} = \dfrac{1}{2}$	50%	5할

예제 01

44의 2할1푼1리는?

① 0.9284   ② 9.284   ③ 92.84

④ 928.04   ⑤ 928.4

| 정답 | ②

| 해설 | $44 \times 0.211 = 9.284$

예제 02

30의 2할5푼은?

① 6.5   ② 7   ③ 7.5

④ 8   ⑤ 8.5

| 정답 | ③

| 해설 | $30 \times 0.25 = 7.5$

예제 03

740의 1푼4리는?

① 0.1036   ② 1.036   ③ 10.36

④ 103.6   ⑤ 1,036.0

| 정답 | ③

| 해설 | $740 \times 0.014 = 10.36$

예제 04

720의 3할은?

① 186 ② 216 ③ 246
④ 276 ⑤ 306

| 정답 | ②
| 해설 | 720×0.3=216

예제 05

빠른 풀이 비법 ⏰

선택지를 먼저 비교하면 모두 소수점의 위치만 다르므로 어림잡아 계산한다.
410×0.603
≒400×0.6=240

410의 6할3리는?

① 0.24723 ② 2.4723 ③ 24.723
④ 247.23 ⑤ 2,472.3

| 정답 | ④
| 해설 | 410×0.603=247.23

예제 06

222의 6리는?

① 0.1332 ② 1.332 ③ 13.32
④ 133.2 ⑤ 1,332

| 정답 | ②
| 해설 | 222×0.006=1.332

예제 07

8cm의 4할은?

① 4cm ② 3cm ③ 2.5cm
④ 32mm ⑤ 28mm

이것 만은 꼭

단위가 있는 문제일 경우, 선택 지의 단위가 변환되어 있을 수 있으므로 유의해서 답을 고른다.

테마

3

비
와
비
율

| 정답 | ④
| 해설 | 8×0.4=3.2(cm)이므로 32mm이다.

예제 08

18mL의 2할5푼은?

① 0.45L ② 0.045L ③ 0.0045L
④ 0.45mL ⑤ 0.045mL

| 정답 | ③
| 해설 | 18×0.25=4.5(mL)이므로 0.0045L이다.

예제 09

230mg의 5할1푼2리는?

① 0.11776g ② 1.1776g ③ 11.776g
④ 11.776mg ⑤ 110.776mg

| 정답 | ①
| 해설 | 230×0.512=117.76(mg)이므로 0.11776g이다.

할푼리 공략

01. 3,690의 7푼2리는?

① 2.6568　　② 26.568　　③ 265.68

④ 2,656.8　　⑤ 36,568

02. 8L의 5푼은?

① 0.4mL　　② 4mL　　③ 40mL

④ 400mL　　⑤ 4,000mL

03. 5km의 7할은?

① 3.5m　　② 35m　　③ 350m

④ 3,500m　　⑤ 35,000m

04. 9kg의 3푼은?

① 0.027kg   ② 0.27kg   ③ 2.7kg

④ 27kg   ⑤ 270kg

05. 영수는 복권 25개를 구입하여 8개가 당첨되었다. 영수의 당첨률은?

① 8할   ② 3할2푼   ③ 8푼

④ 3푼2리   ⑤ 8할2푼

06. 지성이는 과녁 맞히기 게임에서 25번을 던져 13번을 성공시켰다. 지성이의 성공률은?

① 5할2푼   ② 5푼2리   ③ 5할2리

④ 5할2푼5리   ⑤ 5할

심화문제

01

삼성이는 야구 시합 첫째 날에 4타수 3안타를 쳤고, 둘째 날에 4타수 2안타를 쳤다. 두 시합에서 삼성이의 타율을 할푼리로 나타내면?

① 7할5푼　　　　② 5할
③ 6할2푼5리　　　④ 7할5푼5리
⑤ 5할2푼

02

다음 자료에서 설명하는 '디지털정보격차지수'의 총점이 최대 500점이라면 그중 활용지수의 일부분을 측정하는 '인터넷 심화 활용 정도'가 차지하는 점수는 최대 몇 점이겠는가?

> '디지털정보격차지수'란 모바일 기반 유무선 융합 디지털 환경에서 발생하는 정보격차의 수준 및 특성을 종합적으로 측정한 것이며, 총점은 디지털정보접근지수 20%, 디지털정보역량지수 40%, 디지털정보활용지수 40%로 계산된다.
> • 디지털정보접근지수＝유무선 정보기기 보유 여부(50%)＋인터넷 상시 접속가능 여부(50%)
> • 디지털정보역량지수＝PC 이용능력(50%)＋모바일기기 이용능력(50%)
> • 디지털정보활용지수＝유선 및 모바일 인터넷 이용 여부(40%)＋인터넷 서비스 이용 다양성(40%)＋인터넷 심화 활용 정도(20%)

① 30점　　　② 40점　　　③ 50점
④ 60점　　　⑤ 70점

03

과녁을 맞히는 게임에서 B는 총 50번을 던져 23회를 성공시켰다. B의 성공률은?

① 4할6푼　　　　② 4푼6리
③ 4할6리　　　　④ 4할6푼6리
⑤ 4할6푼4리

04

김 대리는 A4 크기로 작성된 문서를 A5 크기로 축소 복사하려고 한다. 국제표준 용지 규격 중 A시리즈에 대한 〈정보〉가 다음과 같을 때, 복사기 제어판에 표시되는 축소 비율은 얼마인가? (단, 복사기 제어판에 표시되는 비율은 길이 비율을 의미하고, $\sqrt{2}$ =1.4, $\sqrt{3}$ = 1.7, $\sqrt{5}$ =2.2, $\sqrt{7}$ =2.6이다)

> **정보**
> • A시리즈 용지들은 내림차순으로 등급이 올라간다.
> • A시리즈 용지들의 면적은 한 등급 올라갈 때마다 두 배로 커진다. 예를 들어, A1의 면적은 A2의 면적의 2배이다.
> • 한 등급의 가로 길이는 그 위 등급 세로 길이의 절반이고, 세로 길이는 그 위 등급 가로 길이와 같다. 예를 들어, A2의 가로 길이는 A1 세로 길이의 절반이고, A2의 세로 길이는 A1 가로 길이와 같다.
> • 모든 등급들의 가로 길이와 세로 길이 비율은 동일하다.

① 40%　　　② 50%　　　③ 60%
④ 70%　　　⑤ 80%

05

다음은 A, B, C, D 4개 의류업체의 지난달 의류 제품 판매량에 관한 정보이다. B 회사의 전체 제품 판매량에 대한 국내 판매량의 비율은 얼마인가?

- 각 업체의 제품 총 판매량은 국내 판매량과 해외 판매량의 합이다.
- 해외 총 판매량은 국내 총 판매량의 5배이다.
- 국내 총 판매량 중 각 회사의 비율은 A사가 25%, C사가 20%, D사가 15%이다.
- 해외 총 판매량 중 각 회사의 비율은 A사가 32%, C사가 17%, D사가 9%이다.

① 10%　　② 12%　　③ 14%
④ 16%　　⑤ 18%

06

올 하반기 전 직원을 대상으로 안전관리 교육을 실시하였다. 다음은 교육담당자에게 받은 교육 현황표이다. 교육 수료율은 몇 %인가? (단, 소수점 아래 둘째 자리에서 반올림한다)

안전관리 교육 현황표		
계획인원(명)	소계	5,882
수료인원(명)		2,149
수료율(%)		(　　)
교육일수(일)		35
야간 / 휴일	교육회차(회)	2

① 36.5%　　② 39.9%　　③ 42.7%
④ 45.4%　　⑤ 48.9%

07

다음은 2018년 평창 동계올림픽대회에서의 메달 순위 결과표이다. 각 나라가 획득한 총 메달 수 대비 금메달 수의 비율이 낮은 순서대로 올바르게 배열한 것은?

(단위 : 개)

국가	금메달	은메달	동메달	합계
노르웨이	14	14	11	39
캐나다	11	8	10	29
미국	9	8	6	23
네덜란드	8	6	6	20

① 노르웨이 – 캐나다 – 미국 – 네덜란드
② 노르웨이 – 미국 – 캐나다 – 네덜란드
③ 미국 – 네덜란드 – 노르웨이 – 캐나다
④ 미국 – 네덜란드 – 캐나다 – 노르웨이
⑤ 미국 – 캐나다 – 네덜란드 – 노르웨이

테마
3
비와 비율

08

○○기업은 창립기념일 행사를 진행하려고 한다. 창립기념일 행사에 참석하는 사람들 중 협력업체 관계자들에게 배정된 좌석은 모두 몇 석인가?

- 창립기념일 행사를 진행하는 연회장 좌석은 270석이다.
- 연회장 좌석의 50%는 ○○기업 차장급 이하 직원들에게 배정되었다.
- 나머지 좌석의 20%는 ○○기업 임원들에게 배정되었다.
- 그 나머지 좌석은 ○○기업 주주들과 협력업체 관계자들에게 각각 50%씩 배정되었다.

① 36석　　② 40석　　③ 48석
④ 52석　　⑤ 54석

[09 ~ 10] 다음은 직장인 1,000명을 대상으로 저축 여부를 설문조사한 결과이다. 이어지는 질문에 답하시오.

(단위 : 명)

구분	저축을 하고 있는가?		계
	저축을 하고 있다.	저축을 하지 않는다.	
20대	178	72	250
30대	175	25	200
40대	201	99	300
50대	136	64	200
60대	21	29	50

09

다음 중 저축자의 비율이 가장 높은 연령대는?

① 20대　　　② 30대　　　③ 40대
④ 50대　　　⑤ 60대

10

전체 저축자 중 50대의 비율은 몇 %인가? (단, 소수점 아래 둘째 자리에서 반올림한다)

① 13.6%　　　② 14.3%　　　③ 17.2%
④ 19.1%　　　⑤ 20.3%

11

P 공장에서는 a ~ e 5대의 기계로 제품을 생산한다. 다음은 각 기계가 하루 동안 생산하는 제품의 개수와 불량품의 개수를 정리한 표이다. 불량률이 가장 높은 기계는? (단, 소수점 아래 셋째 자리에서 반올림한다)

구분	하루 생산량(개)	불량품의 개수(개)
a 기계	5,610	17
b 기계	5,830	19
c 기계	5,400	16
d 기계	5,950	21
e 기계	5,670	18

① a 기계　　　② b 기계　　　③ c 기계
④ d 기계　　　⑤ e 기계

12

다음은 A 대학교 경영학과의 지난 5개 연도 졸업자 수와 졸업 당시 취업자 수를 나타낸 표이다. 5개 연도 중 졸업 당시 취업률이 가장 높았던 해는 언제인가? (단, 소수점 아래 둘째 자리에서 반올림한다)

구분	졸업자 수(명)	취업자 수(명)
20X5년	70	19
20X6년	74	20
20X7년	65	17
20X8년	82	23
20X9년	77	22

① 20X5년　　　② 20X6년　　　③ 20X7년
④ 20X8년　　　⑤ 20X9년

테마 **4**

Mathematics

기수법

유형 1   **진법**

★ 심화문제

유형 1 진법

핵심 Check

① 진법

(1) 수를 표기하는 기수법의 하나로 이진법, 십진법 등이 있다.

(2) **진법의 종류**

① 십(10)진법 : 한 자리씩 올라갈 때마다 자릿값이 10배씩 커지는 수의 표시법으로 0, 1, 2, …, 9의 10개의 숫자를 사용하여 수를 나타낸다.

$$1 \quad 2 \quad 3 \quad 4 \quad 5$$

10,000의 자리 —┘ ┘ ↑ ↑ └─ 1의 자리
1,000의 자리 —┘ │ └─ 10의 자리
100의 자리

② 이(2)진법 : 한 자리씩 올라갈 때마다 자릿값이 2배씩 커지는 수의 표시법으로 0, 1의 2개의 숫자를 사용하여 수를 나타낸다. 십진법과 구별하기 위해 수 옆에 $_{(2)}$를 적는다.

③ 팔(8)진법 : 한 자리씩 올라갈 때마다 자릿값이 8배씩 커지는 수의 표시법으로 0, 1, 2, …, 7의 8개의 숫자를 사용하여 수를 나타낸다. 십진법과 구별하기 위해 수 옆에 $_{(8)}$을 적는다.

④ 십육(16)진법 : 한 자리씩 올라갈 때마다 자릿값이 16배씩 커지는 수의 표시법으로 0, 1, 2, …, 9의 10개의 숫자와 A, B, …, F의 6개의 알파벳을 사용하여 수를 나타낸다. 십진법과 구별하기 위해 수 옆에 $_{(16)}$을 적는다.

② 진법의 변환

(1) **10진수 ↔ 2진수**

① 10진수 → 2진수

$$\begin{array}{r} 2\,)\,\underline{11} \\ 2\,)\,\underline{5} \quad \cdots \quad 1 \\ 2\,)\,\underline{2} \quad \cdots \quad 1 \\ 1 \quad \cdots \quad 0 \end{array}$$

∴ $11 = 1011_{(2)}$

② 2진수 → 10진수

$$1011_{(2)} = 1 \times 2^3 + 0 \times 2^2 + 1 \times 2^1 + 1 \times 2^0$$
$$= 8 + 0 + 2 + 1$$
$$= 11$$

(2) 10진수 ↔ 8진수

① 10진수 → 8진수

$$8 \overline{\smash{)}\ 17}$$
$$2 \quad \cdots \quad 1$$

$$\therefore \ 17 = 21_{(8)}$$

② 8진수 → 10진수

$$21_{(8)} = 2 \times 8^1 + 1 \times 8^0$$
$$= 16 + 1$$
$$= 17$$

(3) 10진수 ↔ 16진수

① 10진수 → 16진수

$$16 \overline{\smash{)}\ 1578}$$
$$16 \overline{\smash{)}\ \ \ 98} \quad \cdots \quad 10$$
$$6 \quad \cdots \quad 2$$

$$\therefore \ 1,578 = 62A_{(16)}$$

② 16진수 → 10진수

$$62A_{(16)} = 6 \times 16^2 + 2 \times 16^1 + A \times 16^0$$
$$= 1,536 + 32 + 10$$
$$= 1,578$$

(4) 소수의 진법 변환

① 10진수 → 2진수

$$0.8125 = \frac{1}{2}(1 + 0.625)$$
$$0.625 = \frac{1}{2}(1 + 0.25)$$
$$0.25 = \frac{1}{2}(0 + 0.5)$$
$$0.5 = \frac{1}{2}(1 + 0)$$

$$\therefore \ 0.8125 = 0.1101_{(2)}$$

② 2진수 → 10진수

$$0.1101_{(2)} = 1 \times \frac{1}{2^1} + 1 \times \frac{1}{2^2} + 0 \times \frac{1}{2^3} + 1 \times \frac{1}{2^4}$$
$$= \frac{13}{16} = 0.8125$$

❸ 1의 보수

이진수의 각 자리 수가 1이 되기 위해 보충해 주어야 하는 수로, 주어진 이진수와 자릿수가 같고 모든 자리가 1인 수에서 주어진 수를 빼서 얻는다. 또는 주어진 이진수의 모든 자리 숫자를 반전시켜서 얻는다.

예 $10110100_{(2)}$의 1의 보수
- 주어진 이진수와 자릿수가 같고 모든 자리가 1인 수에서 주어진 수를 뺀다.

$$\begin{array}{r} 11111111 \\ -)\ 10110100 \\ \hline 01001011 \end{array} \qquad \therefore \ 01001011_{(2)}$$

- 주어진 이진수의 모든 자리 숫자를 반전시킨다.
  $$\therefore \ 01001011_{(2)}$$

4 2의 보수

주어진 수를 어떠한 2의 제곱수에서 뺀 뒤 얻은 수로, 주어진 이진수보다 한 자리가 높고 가장 높은 자리가 1이며 나머지 자리가 0인 수에서 주어진 수를 빼서 얻는다. 또는 1의 보수에 1을 더해서 얻는다.

> **예** $10110100_{(2)}$의 2의 보수
>
> • 주어진 이진수보다 한 자리가 높고 가장 높은 자리가 1이며 나머지 자리가 0인 수에서 주어진 수를 뺀다.
>
> $$\begin{array}{r} 100000000 \\ -)\ 10110100 \\ \hline 01001100 \end{array}$$
> ∴ $01001100_{(2)}$
>
> • 1의 보수에 1을 더한다.
> ∴ $01001011_{(2)} + 1_{(2)} = 01001100_{(2)}$

5 10진수, 2진수, 8진수, 16진수의 관계

10진수	2진수	8진수	16진수
0	0	0	0
1	1	1	1
2	10	2	2
3	11	3	3
4	100	4	4
5	101	5	5
6	110	6	6
7	111	7	7
8	1000	10	8
9	1001	11	9
10	1010	12	A
11	1011	13	B
12	1100	14	C
13	1101	15	D
14	1110	16	E
15	1111	17	F
16	10000	20	10

예제 01

10진법의 수 12를 2진법으로 올바르게 나타낸 것은?

① 1100$_{(2)}$　　　　　　② 1011$_{(2)}$　　　　　　③ 1111$_{(2)}$

④ 1110$_{(2)}$　　　　　　⑤ 1000$_{(2)}$

테마
4
기
수
법

| 정답 | ①

| 해설 |

$$
\begin{array}{r}
2\,)\ \underline{12} \\
2\,)\ \underline{6} \ \cdots\ 0 \\
2\,)\ \underline{3} \ \cdots\ 0 \\
1 \ \cdots\ 1
\end{array}
$$

$\therefore 12 = 1100_{(2)}$

예제 02

10진법의 수 30.75를 2진법으로 올바르게 나타낸 것은?

① 11110.10$_{(2)}$　　　　② 11110.11$_{(2)}$　　　　③ 1110.01$_{(2)}$

④ 1111.00$_{(2)}$　　　　　⑤ 1111.11$_{(2)}$

| 정답 | ②

| 해설 | 10진법의 수 30.75＝30＋0.75이다. 정수 부분과 소수 부분을 분리하여 2진법으로 나타내면 다음과 같다.

• 정수 부분

$$
\begin{array}{r}
2\,)\ \underline{30} \\
2\,)\ \underline{15} \ \cdots\ 0 \\
2\,)\ \underline{7} \ \cdots\ 1 \\
2\,)\ \underline{3} \ \cdots\ 1 \\
1 \ \cdots\ 1
\end{array}
$$

$\therefore 30 = 11110_{(2)}$

• 소수 부분

$$0.75 = \frac{1}{2}(1 + \boxed{0.5})$$

$$0.5 = \frac{1}{2}(1 + 0) \qquad \therefore 0.75 = 0.11_{(2)}$$

따라서 10진법의 수 30.75를 2진법으로 나타내면 11110.11$_{(2)}$이다.

예제 03

알파벳을 어느 일정한 법칙에 근거하여 암호화하였다. 예를 들어 'BUS AND TRUCK'
은 다음과 같이 된다. 이 규칙에 따르면 'Z'는 어떻게 표기되는가?

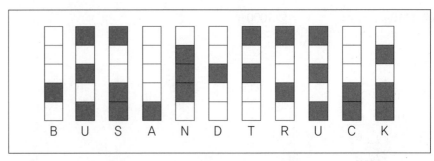

|정답| ③

|해설| 흰색과 검정색 2가지로 표현되어 있으므로, 2진법 암호라고 추측할 수 있다. A, B를 보면

A(1번째 알파벳) → $1_{(10)} = 1_{(2)}$

B(2번째 알파벳) → $2_{(10)} = 10_{(2)}$

이므로 맨 아래가 2^0자릿수, 맨 위가 2^4자릿수이며, ■가 1, □가 0이라고 볼 수 있다.

'Z'는 26번째 알파벳이므로 2진법으로 나타내면

$$
\begin{array}{r}
2\ )\ \underline{\ 26\ } \\
2\ )\ \underline{\ 13\ } \cdots 0 \\
2\ )\ \underline{\ \ 6\ \ } \cdots 1 \\
2\ )\ \underline{\ \ 3\ \ } \cdots 0 \\
1 \cdots 1
\end{array}
$$

$\therefore 26_{(10)} = 11010_{(2)}$

따라서 $11010_{(2)}$를 암호화한 그림으로 나타내면 다음과 같다.

2^4 자릿수 → ■

2^3 자릿수 → ■

2^2 자릿수 → □

2^1 자릿수 → ■

2^0 자릿수 → □

예제 04

8진법의 수 156의 1의 보수를 2진수로 올바르게 나타낸 것은?

① $0010011_{(2)}$　　　② $0011001_{(2)}$　　　③ $0010001_{(2)}$

④ $0010010_{(2)}$　　　⑤ $1001001_{(2)}$

|정답| ③

|해설| 먼저 $156_{(8)}$을 10진수로 변환하면 $1\times8^2+5\times8^1+6\times8^0=110$이 된다. 이를 다시 2진수로 변환하면 다음과 같다.

```
2) 110
2)  55  … 0
2)  27  … 1
2)  13  … 1
2)   6  … 1
2)   3  … 0
     1  … 1
```

$\therefore 110=1101110_{(2)}$

1의 보수는 주어진 2진수의 모든 자리 숫자를 반전시키면 되므로 $0010001_{(2)}$이 된다.

예제 05

2진수 111001의 2의 보수는?

① $111001_{(2)}$　　　② $111010_{(2)}$　　　③ $000110_{(2)}$

④ $000111_{(2)}$　　　⑤ $001101_{(2)}$

|정답| ④

|해설| 2의 보수는 1의 보수에 1을 더한 값이므로, 먼저 1의 보수를 구하면 $000110_{(2)}$이 된다. 여기에 $1_{(2)}$을 더한 $000110_{(2)}+1_{(2)}=000111_{(2)}$이 2의 보수가 된다.

진법 공략

해결 전략

x진수를 p진수로 변환하는 문제를 해결하는 가장 기본적인 방법은 x진수를 10진수로 변환한 뒤 다시 p진수로 변환하는 것이다.

01. ○○공사 신입사원을 대상으로 연수가 진행 중이다. 다음 중 '진수의 변환'과 관련된 강 부장의 질문에 대해 올바른 답변을 한 사원을 모두 고르면?

> 강 부장 : 10진수 21을 다른 진수로 변환하면 얼마가 되는지 각자 답해 봅시다.
> 김 사원 : 2진수로는 10101로 변환됩니다.
> 이 사원 : 8진수로는 25로 변환됩니다.
> 박 사원 : 16진수로는 16으로 변환됩니다.

① 김 사원　　　　　② 이 사원　　　　　③ 김 사원, 이 사원
④ 이 사원, 박 사원　　⑤ 모두 옳다.

02. 다음은 K 기업의 A ~ E 다섯 사원이 진수의 변환에 대해 나눈 대화이다. 다음 중 적절하지 않은 설명을 한 사원은?

> A : 10진수 '17'을 2진수로 변환하면 '10001'이야.
> B : A가 말한 숫자를 8진수로 변환하면 '23'이지.
> C : 그렇다면 8진수 '17'을 10진수로 변환하면 '15'가 되겠네.
> D : 방금 그 숫자를 2진수로 변환하면 '1111'이겠군.

① A　　　　　　② B　　　　　　③ C
④ D　　　　　　⑤ 모두 옳다.

03. (주)AA 기업 총무부의 봉준호 부장은 신입사원을 대상으로 평가문제를 내고 정답을 맞힌 직원에게 상품권 1만 원을 선물하고 있다. 봉준호 부장이 주어야 할 상품권의 총 금액은?

> 봉준호 : 2진수 '111000'에 대해 각자 변환을 한 값을 말해 보세요.
>
> 甲 사원 : 10진수로는 '56'입니다.
> 乙 사원 : 8진수로는 '70'입니다.
> 丙 사원 : 16진수로는 '38'입니다.
> 丁 사원 : 1의 보수는 '000111'입니다.
> 戊 사원 : 2의 보수는 '001000'입니다.

① 1만 원   ② 2만 원   ③ 3만 원
④ 4만 원   ⑤ 5만 원

04. 2진수 110001을 세 자리의 수로 나타낼 수 있는 표현법은 3진수부터 10진수 중 총 몇 가지인가?

① 2가지   ② 3가지   ③ 4가지
④ 5가지   ⑤ 6가지

05. 2진수 111에 3진수 111을 곱한 값을 4진법으로 올바르게 나타낸 것은?

① $1021_{(4)}$ ② $1111_{(4)}$ ③ $1123_{(4)}$
④ $1230_{(4)}$ ⑤ $1231_{(4)}$

06. 16진수는 0부터 9까지의 숫자와 A부터 F까지의 알파벳을 사용하여 수를 표현하며, A는 10, B는 11, C는 12, D는 13, E는 14, F는 15에 대응한다. 〈보기〉의 16진수를 다른 표현법으로 올바르게 나타낸 것은 모두 몇 개인가?

> **보기**
>
> ㉠ 16진수 '6B' – 10진수 '107'   ㉡ 16진수 '53' – 2진수 '1010101'
> ㉢ 16진수 'AD' – 8진수 '255'   ㉣ 16진수 '96' – 10진수 '150'

① 0개   ② 1개   ③ 2개
④ 3개   ⑤ 4개

07. 4진수 123을 6진수 X로 나타내고, 5진수 210을 6진수 Y로 나타낼 때, X+Y의 값을 6진법으로 나타낸 수로 옳은 것은?

① $211_{(6)}$ ② $212_{(6)}$ ③ $213_{(6)}$
④ $214_{(6)}$ ⑤ $215_{(6)}$

08. 소수의 진법 변환에 대해 바르게 설명한 것을 〈보기〉에서 모두 고르면?

> **보기**
>
> ㄱ. 정수 부분과 소수 부분을 분리하여 계산한다.
> ㄴ. 10진수 0.6875를 2진수로 변환하면 $0.1011_{(2)}$가 된다.
> ㄷ. 2진수 1010.11을 10진수로 변환하면 10.75이다.

① ㄱ   ② ㄱ, ㄴ   ③ ㄱ, ㄷ
④ ㄴ, ㄷ   ⑤ ㄱ, ㄴ, ㄷ

09. 다음의 〈시행조건〉에 따라 그림과 같은 장치에 16진수 $42_{(16)}$, $86_{(16)}$, $8A_{(16)}$, $72_{(16)}$의 신호를 순서대로 보냈을 때 출력된 모양으로 옳은 것은?

시행조건

• 16진수 신호를 받아 통 안에 있는 잉크를 오른쪽 용지에 분사한다.

• 그림은 첫 번째 16진수 신호인 $42_{(16)}$를 보내서 출력한 모양이다.

• 분사 후 노즐은 용지의 오른쪽으로 1칸 이동해서 다음 신호를 기다린다.

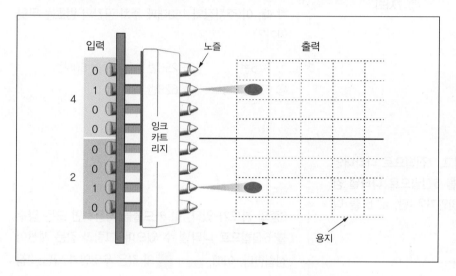

① 2   ② 3   ③ ×

④ >   ⑤ ㄱ

테마

4

기
수
법

심화문제

정답과 해설 39 쪽

01

어떤 숫자를 5진법과 7진법으로 나타내면 4자리 수가 나온다고 할 때, 이 수를 3진법으로 나타내면 몇 자리 수가 되는가?

① 5자리　　　② 6자리　　　③ 7자리

④ 8자리　　　⑤ 9자리

02

9진법으로 나타내면 ab가 되고, 7진법으로 나타내면 ba가 되는 수가 있다. 이 수를 5진법으로 나타낼 경우, 첫 번째 자리의 수는 무엇인가? (단, a, b 둘 다 자연수이다)

① 0　　　　② 1　　　　③ 2

④ 3　　　　⑤ 4

03

어떤 호텔은 4를 제외한 0 ~ 9까지의 숫자를 이용하여 모든 방에 번호를 순서대로 붙였다. 이때, 120번째로 붙인 방 번호는 무엇인가? (단, 1번째로 붙인 방 번호는 1이라고 가정한다)

① 136　　　② 150　　　③ 153

④ 158　　　⑤ 165

04

150대의 자동차를 주차할 수 있는 주차장이 있다. 이 주차장에서는 3과 4를 제외한 0 ~ 8까지의 숫자를 이용하여 주차 공간의 번호를 매기고 있다. 1대째 주차 공간을 1번, 2대째의 주차 공간을 2번으로 한다고 할 때, 이 주차장의 150대째 주차 공간의 번호는 무엇인가?

① 215번　　　② 256번　　　③ 505번

④ 576번　　　⑤ 628번

05

6종의 카드가 있다. 이 카드들을 사용하면 모든 양수를 6진법으로 나타낼 수 있으며, 그림과 같은 계산이 성립한다. 이때,  + ■의 값은 무엇인가? (단, 2장의 카드가 늘어져 있을 때는 두 자릿수임을 의미한다)

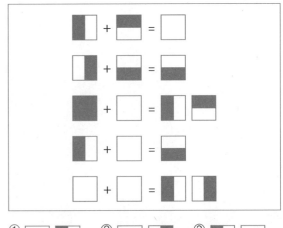

06

2진수 10110.101에 대해 바르게 설명한 것을 〈보기〉에서 모두 고르면?

보기

ㄱ. 8진수로 변환하면 26.5가 된다.
ㄴ. 16진수로 변환하면 16.5가 된다.
ㄷ. 10진수로 변환하면 22.625가 된다.

① ㄱ   ② ㄴ   ③ ㄷ
④ ㄱ, ㄷ   ⑤ ㄴ, ㄷ

07

철수가 자전거를 타고 〈보기〉대로 이동할 때, 총 이동거리는?

보기

• 자전거는 출발지에서 경유지 한 곳을 거쳐 목적지로 이동한다.
• 철수가 지나간 경유지와 목적지는 다음과 같다.

경유지	목적지
$1111101011001110_{(2)}$	$1011111010101101_{(2)}$

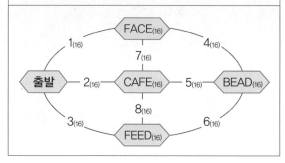

① $5_{(16)}$ ② $7_{(16)}$ ③ $8_{(16)}$
④ $9_{(16)}$ ⑤ $B_{(16)}$

08

p진법으로 나타낸 두 수 $222_{(p)}$, $333_{(p)}$의 합을 삼진법으로 나타낸 결과가 $21222_{(3)}$일 때, p의 값을 구하면?

① 4   ② 5   ③ 6
④ 7   ⑤ 8

09

키보드에 알파벳 A를 치면 컴퓨터는 00001이라는 수를 기억하고, 필요할 때 이 수를 A로 변환하여 보여준다. 다음과 같은 규칙에 따라 각 알파벳에 코드 번호를 매겼다. 규칙을 찾아 'GIFTED'를 코드의 수로 나타내었을 때, 0의 개수와 1의 개수의 차이는?

A	00001	B	00010	C	00011
D	00100	E	00101	F	00110
G	00111	H	01000	I	01001
J	01010	K	01011	…	…

① 6개   ② 7개   ③ 8개
④ 9개   ⑤ 10개

10

다음은 2진법으로 나타낸 수를 표시한 그림이다. 빈 칸 '?'에 들어갈 숫자를 10진법으로 나타내면?

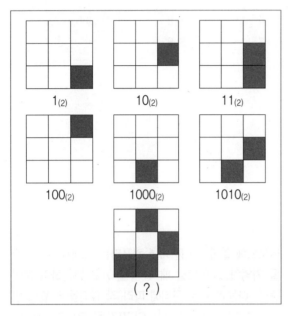

① 92　　　　② 96　　　　③ 102

④ 106　　　⑤ 110

11

2진법으로 나타내면 $10_{(2)}$로 끝나고, 5진법으로 나타내면 $0_{(5)}$로 끝나는 10진법의 수를 크기가 작은 수부터 차례대로 나열한 수열이 있다. 이 수열의 10번째 항까지의 합을 구하면?

① 800　　　　② 900　　　　③ 1,000

④ 1,100　　　⑤ 1,200

12

r진법을 사용하는 가게가 있다. 이 가게에서 $330_{(r)}$원씩 하는 물건을 사고 $1000_{(r)}$원을 지불하면 $340_{(r)}$원을 거슬러 준다고 할 때, 이 가게에서 사용하는 진법은 몇 진법인가?

① 5　　　　② 6　　　　③ 7

④ 8　　　⑤ 9

테마

5

Mathematics

방정식

유형 1 일차방정식

핵심 Check

① 방정식

(1) 미지수를 포함하는 등식에서 포함된 미지수의 값에 따라 참 또는 거짓이 되는 식을 방정식이라 한다.

(2) 방정식이 참이 되게 하는 미지수의 값을 근 또는 해라고 한다.

② 일차방정식

(1) 미지수의 최고차항이 1차인 다항방정식으로, 일반적으로 $ax+b=0$(단, $a \neq 0$)의 꼴로 나타낼 수 있다.

(2) 풀이 순서

① 계수가 분수나 소수로 되어 있을 때에는 정수가 되도록 고치고, 괄호가 있으면 괄호를 푼다.

예 $$x-4 = \frac{1}{3}(x+2) \Rightarrow 3x-12 = x+2$$

② 미지수 x를 포함한 항은 좌변으로, 상수항은 우변으로 이항한다.

예 $$3x-12 = x+2 \Rightarrow 3x-x = 2+12$$

③ 양변을 정리하여 $ax=b$(단, $a \neq 0$)의 꼴로 만든다.

예 $$3x-x = 2+12 \Rightarrow 2x = 14$$

④ 양변을 x의 계수 a로 나눈다.

예 $$2x = 14 \Rightarrow x = 7$$

(3) 응용문제 풀이 순서

① 구하려는 양을 x로 한다.

② 문제에서 제시하고 있는 양을 미지수 x를 사용하여 나타낸다.

③ 양 사이의 관계를 찾아 방정식을 세운다.

④ 방정식을 풀어 해를 구한다.

⑤ 구한 해가 문제의 답이 맞는지를 확인한다.

> **예** A는 농구 경기에서 2점 슛과 3점 슛 총 10개를 넣어 23득점을 하였다. 2점 슛은 몇 개 넣었는가?
> ⇨ 2점 슛의 개수를 x개라 한다.
> ⇨ 2점 슛과 3점 슛 총 10개를 넣었으므로 3점 슛의 개수는 $(10-x)$개이다.
> ⇨ $2x+3(10-x)=23$
> ⇨ $2x+30-3x=23$ $-x=-7$ $\therefore x=7$
> ⇨ 2점 슛 7개, 3점 슛 3개를 넣으면 $(2\times7)+(3\times3)=23$(점)이므로 문제의 답이 맞다.

③ 연속한 수에 관한 문제

(1) 연속한 두 정수 : x, $x+1$

(2) 연속한 세 정수 : $x-1$, x, $x+1$

(3) 연속한 두 홀수 : $2x-1$, $2x+1$

(4) 연속한 세 홀수(짝수) : $x-2$, x, $x+2$

④ 자릿수에 관한 문제

(1) 십의 자리 숫자가 a, 일의 자리 숫자가 b인 두 자리 자연수 : $10a+b$

(2) (1)의 두 자리 자연수의 십의 자리 숫자와 일의 자리 숫자를 바꾼 수 : $10b+a$

⑤ 증가와 감소에 관한 문제

구분	남성	여성
작년	a명	b명
증가, 감소	$x\%$ 증가	$y\%$ 감소
올해	$a+\dfrac{x}{100}a=\left(1+\dfrac{x}{100}\right)a$	$b-\dfrac{y}{100}b=\left(1-\dfrac{y}{100}\right)b$

⑥ 과부족에 관한 문제

변하지 않는 개수를 이용하여 방정식을 세운다.

> **예** 물건을 x명에게 5개씩 나누어 주면 2개가 남는다. ⇨ 물건의 개수 : $5x+2$
> 물건을 x명에게 7개씩 나누어 주면 8개가 부족하다. ⇨ 물건의 개수 : $7x-8$
> 물건의 개수는 같다. ⇨ $5x+2=7x-8$

예제 01

연속하는 세 짝수의 합이 192일 경우, 가장 작은 수는 얼마인가?

① 56   ② 58   ③ 62
④ 64   ⑤ 66

| 정답 | ③

| 해설 | 가장 작은 수를 x라 하면 연속하는 세 짝수는 x, $(x+2)$, $(x+4)$이다.
$x+(x+2)+(x+4)=192$ $3x=186$ $\therefore x=62$
따라서 연속하는 세 짝수는 62, 64, 66이고, 이 중 가장 작은 수는 62이다.

예제 02

해결 전략

'단, ~'으로 시작하는 조건을 잘 확인하면 선호도 조사에 참여한 전체 직원 수를 쉽게 파악하여 방정식을 완성할 수 있다.

다음은 어느 회사에서 남성과 여성의 조직 개편안에 대한 선호도를 조사한 표이다. 전체 여성의 수가 전체 남성 수의 2배라면 조직 개편안에 찬성하는 여성의 수는? (단, 모든 직원이 조사에 참여하였으며 찬성과 반대 중 하나에만 투표하였다)

구분	찬성	반대
남성(명)		70
여성(명)		
계	150	210

① 80명   ② 100명   ③ 110명
④ 125명   ⑤ 130명

| 정답 | ②

| 해설 | 전체 남성의 수를 x명이라 하면 전체 여성의 수는 $2x$명이다. 조사에 참여한 인원이 150+210=360(명)이므로 $x+2x=360$이 되어 x는 120이 된다. 즉 전체 남성의 수는 120명, 전체 여성의 수는 240명이다. 조직 개편안에 반대하는 직원의 수는 210명이고 이 중 70명이 남성이므로 조직 개편안에 반대하는 여성의 수는 210-70=140(명)이다. 따라서 조직 개편안에 찬성하는 여성의 수는 240-140=100(명)이다.

예제 03

유미는 3일에 걸쳐 책을 읽고 있는데, 첫째 날에는 책의 $\frac{1}{3}$ 을 읽었고, 둘째 날에는 책의 $\frac{1}{4}$ 을 읽었으며, 마지막 날에는 100장을 읽었더니 200장이 남았다. 책의 총 페이지는 몇 장인가?

① 490장   ② 560장   ③ 680장
④ 700장   ⑤ 720장

| 정답 | ⑤

| 해설 | 책 전체 페이지 수를 x장이라 하면 다음과 같은 식이 성립한다.

$$\left(x \times \frac{1}{3}\right) + \left(x \times \frac{1}{4}\right) + 100 + 200 = x$$

$$\frac{7}{12}x + 300 = x \qquad 7x + 3,600 = 12x \qquad \therefore x = 720(장)$$

예제 04

경쟁사인 A 통신사와 B 통신사의 인터넷 요금이 다음과 같을 때, 두 통신사의 요금이 같아지려면 인터넷을 한 달에 몇 분 사용해야 하는가?

〈각 통신사의 인터넷 요금〉

구분	기본요금	사용요금
A 통신사	10,000원/월	10원/분
B 통신사	5,000원/월	20원/분

※ 인터넷 요금은 '기본요금+사용요금'으로 계산한다.

① 300분   ② 350분   ③ 400분
④ 450분   ⑤ 500분

| 정답 | ⑤

| 해설 | 인터넷 사용량을 x분이라 하면 다음과 같은 식이 성립한다.
$10,000 + 10 \times x = 5,000 + 20 \times x$
$20x - 10x = 10,000 - 5,000 \qquad \therefore x = 500(분)$
따라서 한 달에 500분을 사용해야 두 통신사의 요금이 같아진다.

예제 05

정은이는 한 개에 1,500원인 참외와 한 개에 2,500원인 오렌지를 합하여 총 10개를 구매하고 20,000원을 지불하였다. 정은이가 산 참외의 개수는?

① 3개   ② 4개   ③ 5개

④ 6개   ⑤ 7개

| 정답 | ③

| 해설 | 정은이가 산 참외의 개수를 x개라 하면 오렌지의 개수는 $(10-x)$개이므로 다음과 같은 식이 성립한다.

$1,500x + 2,500(10-x) = 20,000$

$1,000x = 5,000$

$\therefore x = 5(개)$

따라서 정은이가 산 참외의 개수는 5개이다.

예제 06

길이 20cm의 테이프 끝 3cm에 풀칠을 하여 연결하였더니 전체 길이가 224cm가 되었다. 연결한 테이프는 몇 개인가?

① 10개   ② 11개   ③ 12개

④ 13개   ⑤ 14개

| 정답 | ④

| 해설 | 이음매의 수는 테이프의 수보다 1이 적다. 연결한 테이프의 수를 x개라 하면, 풀칠하는 부분 길이의 합은 $3(x-1)$cm가 되므로 전체 길이에 대한 식을 세우면 다음과 같다.

$20x - 3(x-1) = 224$ $20x - 3x + 3 = 224$ $17x = 221$

$\therefore x = 13(개)$

예제 07

장교 한 명과 병사 두 명이 한 분대가 되어 훈련을 떠났다. 두 병사가 출발하자마자 식량 가방을 분실하는 바람에 장교는 자신의 식량을 모두가 똑같은 양을 가질 수 있도록 배분하였다. 8일 동안 훈련을 한 후 세 명의 남은 식량을 세어보니 분실 직후 한 사람에게 배분한 양과 같았다. 장교가 처음 가지고 있던 식량은 모두 며칠 치인가?

① 24일 치   ② 36일 치   ③ 38일 치
④ 41일 치   ⑤ 48일 치

|정답| ②

|해설| 장교가 처음 가지고 있던 식량을 x일 치라고 두고 식을 세운다면, 8일 동안 셋이서 먹었기 때문에 $x-(3\times8)=\dfrac{x}{3}$가 된다. 따라서 장교가 처음 가지고 있던 식량은 36일 치이다.

예제 08

S 공장 전체 직원 중 50%, 남자 직원 중 40%가 안경을 썼다. 남자가 여자보다 안경을 쓴 직원이 5명 더 많고 총 직원 수가 150명이라면, S 공장의 남자 직원은 모두 몇 명인가?

① 50명   ② 75명   ③ 100명
④ 125명   ⑤ 150명

|정답| ③

|해설| 남자 직원을 x명이라 하면 안경을 쓴 남자 직원은 $\dfrac{2}{5}x$명이다. 안경을 쓴 여자 직원은 안경을 쓴 남자 직원보다 5명 적기 때문에 $\left(\dfrac{2}{5}x-5\right)$명이 된다. 안경을 쓴 직원은 총 $150\times0.5=75$(명)이므로 이에 대해 식을 세워 보면 다음과 같다.

$75=\dfrac{2}{5}x+\left(\dfrac{2}{5}x-5\right)$ $\therefore x=100$(명)

따라서 S 공장의 남자 직원은 모두 100명이다.

테마 5 방정식

예제 09

김 과장은 사내 퀴즈대회에서 60점을 획득했다. 전체 20문제를 풀 때 문제를 맞히면 5점씩 획득하고 틀리면 5점씩 감점된다면 김 과장이 맞힌 문제는 몇 개인가?

① 5개   ② 7개   ③ 12개

④ 15개   ⑤ 16개

| 정답 | ⑤

| 해설 | 맞힌 문제를 x개, 틀린 문제를 $(20-x)$개라고 하면 다음과 같은 식을 세울 수 있다.

$5x - 5(20-x) = 60$

$10x - 100 = 60$

$\therefore x = 16(개)$

따라서 맞힌 문제는 16개이다.

예제 10

A 레스토랑에서는 샐러드와 피자, 스파게티 세 가지 메뉴를 세트로 묶어 판매하고 있다. 샐러드는 8,800원, 피자는 16,000원, 세트 가격은 32,400원이다. 세트 가격은 각 메뉴의 가격을 합한 금액에서 10%를 할인한 값이라고 할 때, 스파게티의 원래 가격은 얼마인가?

① 7,600원   ② 10,080원   ③ 11,200원

④ 12,700원   ⑤ 13,400원

| 정답 | ③

| 해설 | 세트 가격은 각 메뉴의 가격을 합한 금액에서 10%를 할인한 값이라고 하였으므로 스파게티의 원래 가격을 x원으로 놓으면 다음과 같은 식이 성립한다.

$(8,800 + 16,000 + x) \times 0.9 = 32,400$

$\therefore x = (32,400 \div 0.9) - 16,000 - 8,800 = 11,200$

따라서 스파게티의 원래 가격은 11,200원이다.

예제 ⑪

(주)A의 주식이 7월에는 20% 하락하고 8월에는 25% 올랐다. 7월 말, 8월 초에 주가가 같았다면 7월 초, 8월 말의 두 주가를 비교한 것으로 옳은 것은?

① 5% 인상　　　　② 25% 인상　　　　③ 5% 인하

④ 25% 인하　　　　⑤ 동일

| 정답 | ⑤

| 해설 | 7월 초의 주가를 x라 하면 7월 말의 주가는 $0.8x$이고 8월 말의 주가는 $0.8x \times 1.25 = x$이다. 따라서 7월 초, 8월 말의 주가는 동일하다.

예제 ⑫

김 대리는 지난해 회사 공장들의 제품 생산량에 대한 데이터를 정리하여 다음과 같은 사실을 알게 되었다. 3개의 공장 중 가장 적게 생산한 공장의 제품 생산량은 몇 개인가?

- 지난해 세 공장의 총 생산량은 44만 개이다.
- 제1공장과 제2공장의 생산량 차이는 6만 개이다.
- 제2공장과 제3공장의 생산량 차이는 10만 개이다.
- 가장 많은 제품을 생산한 공장은 제2공장이다.

① 4만 개　　　　② 6만 개　　　　③ 10만 개

④ 14만 개　　　　⑤ 16만 개

| 정답 | ③

| 해설 | 가장 많은 제품을 생산한 제2공장의 생산량을 x만 개라고 하면, 제1공장의 생산량은 $(x-6)$만 개, 제3공장의 생산량은 $(x-10)$만 개이다. 전체 생산량은 $x+(x-6)+(x-10)=3x-16=44$(만 개)이므로 $x=20$(만 개)이다. 따라서 가장 적게 생산한 공장인 제3공장의 생산량은 10만 개이다.

일차방정식 공략

정답과 해설 41쪽

01. ○○기업의 올해 바둑동호회 회원 수는 남성 회원이 5% 증가하고, 여성 회원이 10% 감소하여 작년과 동일하게 60명이다. 올해의 남성 회원 수는 몇 명인가?

① 36명   ② 38명   ③ 40명

④ 42명   ⑤ 44명

02. 여성 12명, 남성 x명으로 구성된 A 팀이 있다. 이 팀에서 남성의 70%가 14명이라면 A 팀의 총인원은 몇 명인가?

① 30명   ② 31명   ③ 32명

④ 33명   ⑤ 34명

☀ One Point Lesson

문제에 제시된 사용한 전체 볼펜의 개수가 두 달 동안 사용한 개수이므로 계산 시 헷갈리지 않도록 유의한다.

03. 지영이네 사무실에서는 한 달 동안 검은색 볼펜 120개, 파란색 볼펜 60개, 빨간색 볼펜 x개를 사용한다. 만약 두 달 동안 사용한 볼펜이 총 600개라면 한 달 동안 사용한 빨간색 볼펜은 몇 개인가?

① 100개   ② 120개   ③ 140개

④ 150개   ⑤ 160개

04. B 빵집에서는 오늘 생산량의 $\frac{7}{8}$을 판매하고, 팔지 못한 빵 중에 $\frac{2}{5}$를 직원에게 나눠주고 남은 빵은 기부하였다. 기부한 빵이 15개였을 때 오늘 판매한 빵은 몇 개인가?

① 100개   ② 125개   ③ 175개

④ 200개   ⑤ 300개

> **학습 TIP**
>
> 팔지 못한 빵은 $\frac{1}{8}$이고 이중 기부한 빵은 $\frac{3}{5}$이다.

05. 명호는 접시 나르기 아르바이트를 한다. 접시는 모두 1,500장이며 1장 나를 때마다 20원의 보수를 받는다. 도중에 접시를 깰 경우 1접시당 300원을 변상하게 되어 그만큼 수입이 줄어든다. 접시를 모두 나른 후 명호가 25,200원의 수입을 올렸다면 깨지 않고 옮긴 접시는 모두 몇 장인가?

① 1,455장   ② 1,470장   ③ 1,480장

④ 1,485장   ⑤ 1,490장

06. ○○기업 직원 중 일부는 회사에서 제공하는 출퇴근 버스를 이용한다. 오늘 퇴근 버스를 탄 직원들의 정보가 아래와 같을 때, 퇴근 버스를 탄 직원은 총 몇 명인가?

- 첫 번째 정류장에서 $\frac{1}{3}$이 하차했고, 두 번째 정류장에서 남은 직원의 $\frac{1}{4}$이 하차했다.

- 세 번째 정류장에서 남은 직원의 $\frac{1}{2}$이 하차했다.

- 네 번째 정류장에서 남은 직원의 $\frac{2}{3}$가 하차했고, 버스에는 3명이 남았다.

---

① 24명   ② 36명   ③ 48명

④ 52명   ⑤ 60명

테마 **5** 방정식

07. 연속된 세 개의 짝수를 모두 더한 값이 54라면 이 중 가장 큰 숫자는?

① 16   ② 20   ③ 24

④ 28   ⑤ 32

해결 전략

먼저 직사각형의 둘레를 구하여 가로와 세로 길이를 파악한 후 넓이를 구한다.
- 직사각형 둘레 공식 : 2(가로+세로)
- 직사각형 넓이 공식 : 가로×세로

08. 3m 길이의 끈을 모두 사용하여 직사각형을 만들려고 한다. 만약 직사각형의 가로 길이가 세로 길이의 2배라면 이 직사각형의 넓이는?

① 0.5m^2 ② 0.8m^2 ③ 1.2m^2

④ 1.5m^2 ⑤ 1.8m^2

09. 아파트를 3일에 걸쳐 분양한 결과, 첫째 날에는 전체 분양 가구 수의 $\frac{1}{5}$, 둘째 날에는 전체 분양 가구 수의 $\frac{1}{12}$, 셋째 날에는 전체 분양 가구 수의 $\frac{1}{4}$이 분양되어 현재 분양 가능한 아파트는 560가구이다. 준비되었던 전체 분양 가구 수는?

① 1,200가구   ② 1,600가구   ③ 1,800가구

④ 2,000가구   ⑤ 2,400가구

10. ○○공단에서 파견한 의료봉사단에 구호물품을 추가로 지급하려고 한다. 구호물품 세트를 한 박스에 5세트씩 넣으면 2세트가 남고 한 박스에 6세트씩 넣으면 4세트가 남지만 5세트씩 넣을 때보다 2박스가 줄어든다. 준비한 구호물품은 총 몇 세트인가?

① 56세트   ② 54세트   ③ 52세트
④ 50세트   ⑤ 48세트

11. N 은행에서 근무하는 Y 씨는 퇴근 전 결산을 마무리하던 중 두 자리 수 이자 금액의 십의 자리 숫자와 일의 자리 숫자를 바꾸어 계산하였다. 올바른 금액의 십의 자리 숫자는 2였으며 십의 자리 숫자와 일의 자리 숫자를 바꾸게 되면 올바른 금액의 2배보다 10만큼 커질 때, 올바른 금액은?

① 24원   ② 25원   ③ 26원
④ 27원   ⑤ 28원

12. ○○기업은 지난주 금요일에 신규 사업 관련 공청회를 개최하였다. 다음을 참고할 때, 공청회의 전체 참석자 수는?

> • 남성 참석자 수는 전체 참석자 수의 $\frac{1}{5}$보다 65명이 더 많았다.
>
> • 여성 참석자 수는 전체 참석자 수의 $\frac{1}{2}$보다 5명이 더 적었다.

① 190명   ② 200명   ③ 210명
④ 220명   ⑤ 230명

학습 TIP

엘리베이터에 남아 있는 인원 수를 구하는 식을 활용하여 7층에서 내린 인원수를 파악할 수 있다.

13. S 백화점 1층에서 엘리베이터에 탄 사람 중 $\frac{1}{3}$이 3층에서 내린 뒤 4명이 더 탔고 5층에서 $\frac{1}{4}$이 내린 뒤 2명이 더 탔으며 7층에서 모두 내렸다. 7층에서 내린 인원수가 1층에서 탄 인원수보다 4명이 적었다면 1층에서 탄 인원은 몇 명인가?

① 12명   ② 15명   ③ 18명
④ 21명   ⑤ 23명

14. A는 12명의 친구들에게 선물할 탁상용 달력과 벽걸이 달력을 인터넷으로 주문했다. 탁상용 달력은 7,500원, 벽걸이 달력은 9,000원이고 총 금액은 105,000원이라고 할 때 A가 주문한 벽걸이 달력의 개수는? (단, 배송비는 3,000원이고 달력은 인당 1개씩 선물한다)

① 5개   ② 6개   ③ 7개
④ 8개   ⑤ 9개

15. 신입사원인 선준이는 입사 후 첫 월급의 55%, 두 번째 월급의 30%, 세 번째 월급의 25%를 생활비로 지출하였고, 그 외의 돈은 모두 저축하였다. 그 결과 5,300,000원을 모았다면 선준이의 첫 월급은 얼마인가? (단, 월급이 매달 첫 월급의 10%씩 추가적으로 인상되었다)

① 2,000,000원   ② 2,200,000원   ③ 2,500,000원
④ 2,800,000원   ⑤ 3,000,000원

16. 다음 상황에서 매뉴얼의 전체 분량은?

> A 기업에서 일하는 세 명의 직원이 업무 수행 매뉴얼을 요약하여 정리하기로 하였다. 첫 번째 직원이 전체 매뉴얼의 $\frac{1}{3}$을 요약하였다. 두 번째 직원은 총 100페이지를 요약하였고 세 번째 직원이 남은 페이지의 50%를 요약하였을 때, 남은 분량은 30페이지였다.

① 200페이지   ② 210페이지   ③ 220페이지
④ 230페이지   ⑤ 240페이지

테마 5 방정식

17. 초등학교의 교실에서 폭 12m 벽에 세로 18cm, 가로 30cm인 도화지의 그림을 가로로 16장을 붙인다. 도화지의 간격은 일정 간격으로 하고, 양 끝은 도화지 간격의 2.5배의 간격으로 한다. 도화지의 간격은 몇 cm인가?

① 30cm   ② 31cm   ③ 32cm
④ 34cm   ⑤ 36cm

> **학습 TIP**
> 도화지를 이어 붙일 경우, 도화지 간격은 (전체 도화지 수-1)개이다.

유형 2 이차방정식

1 이차방정식

(1) 미지수의 최고차항이 2차인 다항방정식으로, 일반적으로 $ax^2 + bx + c = 0$(단, $a \neq 0$)의 꼴로 나타낼 수 있다.

(2) 풀이 방법

① $AB = 0$의 성질을 이용한 풀이

$$AB = 0 이면 \ A = 0 \ \text{또는} \ B = 0$$
$$(x-a)(x-b) = 0 이면 \ x = a \ \text{또는} \ x = b$$

② 인수분해를 이용한 풀이 : 주어진 방정식을 (일차식)×(일차식)=0의 꼴로 인수분해하여 푼다.

$$ax^2 + bx + c = 0 \ \xrightarrow[\text{인수분해}]{} \ a(x-p)(x-q) = 0 \ \rightarrow \ x = p \ \text{또는} \ x = q$$

③ 제곱근을 이용한 풀이

- $x^2 = a(a \geq 0)$이면 $x = \pm \sqrt{a}$
- $ax^2 = b\left(\dfrac{b}{a} \geq 0\right)$이면 $x = \pm \sqrt{\dfrac{b}{a}}$
- $(x-a)^2 = b(b \geq 0)$이면 $x - a = \pm \sqrt{b}$ 이므로 $x = a \pm \sqrt{b}$

④ 완전제곱식을 이용한 풀이 : 이차방정식 $ax^2 + bx + c = 0(a, \ b, \ c$는 상수, $a \neq 0)$의 해는 다음과 같이 고쳐서 구할 수 있다.

- $a = 1$일 때, $x^2 + bx + c = 0 \ \Rightarrow \ (x+p)^2 = q$의 꼴로 변형
- $a \neq 1$일 때, $ax^2 + bx + c = 0 \ \Rightarrow \ x^2 + \dfrac{b}{a}x + \dfrac{c}{a} = 0$
  $$\Rightarrow \ (x+p)^2 = q의 \ 꼴로 \ 변형$$

[참고] 완전제곱식의 꼴로 변형하기

이차방정식 $ax^2 + bx + c = 0$을 $(x+p)^2 = q$의 꼴로 변형하는 과정은 다음과 같다.

1. 양변을 a로 나눈다.

$$x^2 + \dfrac{b}{a}x + \dfrac{c}{a} = 0$$

2. 상수항을 이항한다.

$$x^2 + \frac{b}{a}x = -\frac{c}{a}$$

3. 양변에 $\left(\dfrac{b}{2a}\right)^2$ 을 더한다.

$$x^2 + \frac{b}{a}x + \left(\frac{b}{2a}\right)^2 = -\frac{c}{a} + \left(\frac{b}{2a}\right)^2$$

4. 좌변을 완전제곱식으로 정리한다.

$$\left(x + \frac{b}{2a}\right)^2 = \frac{b^2 - 4ac}{4a^2}$$

⑤ 근의 공식을 이용한 풀이

$$ax^2 + bx + c = 0 \text{(단, } a \neq 0)\text{일 때 } x = \frac{-b \pm \sqrt{b^2 - 4ac}}{2a}$$

[참고]

- $b^2 - 4ac > 0 \rightarrow$ 서로 다른 두 실근을 갖는다.
- $b^2 - 4ac = 0 \rightarrow$ 실근인 중근을 갖는다.
- $b^2 - 4ac < 0 \rightarrow$ 서로 다른 두 허근을 갖는다.

(3) 응용문제 풀이 순서

① 문제를 읽고 구하고자 하는 것, 중요한 조건 등을 파악한다.

② 구하고자 하는 것을 x로 놓고 방정식을 세운다.

③ 방정식을 푼다.

④ 구한 근 중에서 문제의 뜻에 맞는 것만을 답으로 한다.

(4) 근과 계수와의 관계 공식

- $ax^2 + bx + c = 0 \text{(단, } a \neq 0)$의 두 근이 α, β일 때

$$\alpha + \beta = -\frac{b}{a} \qquad \alpha\beta = \frac{c}{a}$$

- $x = \alpha$, $x = \beta$를 두 근으로 하는 이차방정식은
$$a(x - \alpha)(x - \beta) = 0$$

예제 **01**

어느 용기에 10kg의 국산미가 들어있다. 여기서 $x$kg을 꺼내고, $x$kg의 수입미를 넣어 잘 섞는다. 이 혼합미로부터 또 $x$kg을 꺼내고, 다시 $x$kg의 수입미를 넣어 국산미와 수입미의 비가 16:9가 되었을 때 x의 값은 얼마인가?

① 1.5   ② 2   ③ 2.5

④ 3   ⑤ 3.5

| 정답 | ②

| 해설 | 10kg의 국산미에서 $x$kg을 꺼내고 대신에 $x$kg의 수입미를 넣으면, 남은 국산미는 $(10-x)$kg이므로, 이때 혼합미에서 국산미가 점하는 비율은 $\dfrac{10-x}{10}$이다.

여기서 $x$kg을 더 꺼내고 $x$kg의 수입미를 넣는데, 이때 꺼낸 쌀 중 국산미는 $x \times \dfrac{10-x}{10}$ 포함되어 있다. 따라서 용기에 남아있는 국산미는 $\left\{(10-x)-x \times \dfrac{10-x}{10}\right\}$kg이 된다.

이것이 $10 \times \dfrac{16}{16+9} = 6.4$(kg)과 같으므로,

$(10-x)-x \times \dfrac{10-x}{10} = 6.4$

$(10-x)\left(1-\dfrac{x}{10}\right) = 6.4$

$\dfrac{1}{10}(10-x)^2 = 6.4$

$(10-x)^2 = 64$

$(10-x) = 8(\because x > 0)$

$\therefore x = 2$

예제 02

연속하는 두 수의 곱이 1,406일 때 이 두 수를 더한 값은 얼마인가? (단, 두 수 모두 자연수이다)

① 65   ② 75   ③ 85

④ 95   ⑤ 105

|정답| ②

|해설| 연속하는 두 수를 x, $x+1$이라 하면 다음과 같은 식이 성립한다.

$x \times (x+1) = 1,406$ $x^2 + x - 1,406 = 0$

이 식을 인수분해하면

$(x-37)(x+38) = 0$

∴ $x = 37$ or $x = -38$

이때 두 수는 모두 자연수라는 조건이 있기 때문에 $x = 37$이 되며 나머지 한 수는 38이 된다. 따라서 두 수를 더한 값은 $37+38 = 75$이다.

예제 03

가로와 세로의 길이가 각각 10cm, 14cm인 직사각형이 있다. 이 직사각형의 가로와 세로를 똑같은 길이만큼 늘여 새로운 직사각형을 만들었더니 넓이가 기존보다 80% 증가하였다. 새로운 직사각형의 가로 길이는 몇 cm인가?

① 12cm   ② 14cm   ③ 16cm

④ 18cm   ⑤ 20cm

|정답| ②

|해설| 늘린 길이를 $x$cm라 하면 새로운 직사각형의 넓이가 기존보다 80% 증가하였으므로 다음과 같은 식이 성립한다.

$(10+x)(14+x) = 10 \times 14 \times 1.8$

$x^2 + 24x - 112 = 0$

$(x-4)(x+28) = 0$

∴ $x = 4 (\because x > 0)$

따라서 새로운 직사각형의 가로 길이는 $10+4 = 14$(cm)이다.

이차방정식 공략

정답과 해설 44 쪽

01. 가로 25cm, 세로 16cm의 직사각형 모양의 땅을 처음 넓이와 같게 될 때까지 가로는 1cm씩 줄이고, 세로는 2cm씩 늘리려고 한다. 처음 넓이와 같게 되는 때의 세로 길이는 몇 cm인가?

① 40cm   ② 45cm   ③ 50cm
④ 55cm   ⑤ 60cm

02. 가로와 세로가 20cm, 15cm인 직사각형의 길이를 각각 동일한 비율로 늘렸더니 그 넓이가 588cm²로 되었다. 도형의 가로, 세로의 길이는 처음과 비교할 때 몇 % 늘어났는가?

① 25%   ② 30%   ③ 35%
④ 40%   ⑤ 45%

03. 자연수 중 연속하는 4개의 홀수를 각각 제곱한 총합이 1,044일 때 4개의 홀수 중 가장 큰 수는 얼마인가?

① 6   ② 15   ③ 19
④ 23   ⑤ 31

04. 가장 작은 숫자와 가운데 숫자, 그리고 가장 큰 숫자 사이에 동일한 간격을 가지고 있는 3개의 자연수가 있다. 이때 가운데 숫자를 제곱한 값은 가장 큰 숫자와 가장 작은 숫자를 곱한 값보다 4가 크다고 한다. 만약 가운데 숫자가 18이라면 가장 큰 숫자는 얼마인가?

① 20　　　　　　② 21　　　　　　③ 22
④ 23　　　　　　⑤ 24

테마

5

방
정
식

05. 정지되어 있던 물체가 중력을 받아 속력이 커지면서 지면을 향하여 떨어지는 운동을 자유낙하운동이라 한다. 높이가 hm인 곳에서 물체를 떨어뜨렸을 때 x초 후 물체의 높이는 $h - \frac{1}{2}gx^2$으로 구할 수 있다. 이때 g는 중력가속도로 약 9.8m/s^2이다. 높이가 190m인 곳에서 물체를 떨어뜨렸을 때, 약 몇 초 후에 지면으로부터 높이가 67.5m인 지점에 도달하게 되는가?

① 3초 후　　　　② 4초 후　　　　③ 5초 후
④ 6초 후　　　　⑤ 7초 후

유형 3 연립방정식

핵심 Check

① 연립방정식

미지수가 2개 이상인 2개 이상의 방정식을 한 쌍으로 묶어 나타낸 것

② 풀이 방법

(1) 계수가 소수인 경우 양변에 10, 100, …을 곱하여 계수가 모두 정수가 되도록 한다.

(2) 계수가 분수인 경우 양변에 분모의 최소공배수를 곱하여 계수가 모두 정수가 되도록 한다.

(3) 괄호가 있는 경우 괄호를 풀고 동류항을 간단히 한다.

(4) $A=B=C$의 꼴인 경우 $(A=B,\ A=C)$, $(B=A,\ B=C)$, $(C=A,\ C=B)$의 3가지 중 어느 하나를 택하여 푼다.

③ 대입법과 가감법

(1) **대입법**

하나의 식에서 특정 미지수를 다른 미지수에 관한 식으로 변환한 뒤, 다른 식에 대입하는 방법

(2) **가감법**

주어진 두 식을 서로 더하거나 빼는 방법으로, 필요한 경우 일정한 수를 곱하거나 나눠서 두 식의 특정 문자 앞에 위치한 숫자를 일치시켜야 한다.

예 연립방정식 $\begin{cases} 5x+2y=9 & \cdots\cdots\text{㉠} \\ 3x+y=5 & \cdots\cdots\text{㉡} \end{cases}$

대입법	가감법
㉡에서 $y=5-3x$이므로 이를 ㉠에 대입하면, $5x+2(5-3x)=9$ 정리하면, $5x+10-6x=9$ $x=1$ 따라서 $x=1$, $y=2$이다.	㉡×2−㉠을 하면, $(6x+2y)-(5x+2y)=10-9$ $x=1$ 따라서 $x=1$, $y=2$이다.

예제 01

은지의 영어와 수학 점수의 합은 82점이고 영어와 국어 점수의 합은 74점이다. 수학과 국어의 점수 차는 몇 점인가?

① 7점   ② 8점   ③ 9점
④ 10점   ⑤ 11점

해결 전략

1단계
무엇을 x, y, z로 나타낼지 정한다.

2단계
x, y, z를 이용하여 제시된 조건에 맞게 연립방정식을 세운다.

3단계
세운 연립방정식을 푼다.

테마
5
방정식

| 정답 | ②

| 해설 | 영어 점수를 x점, 수학 점수를 y점, 국어 점수를 z점이라 하면 식은 다음과 같다.

$$\begin{cases} x+y=82 & \cdots\cdots \text{㉠} \\ x+z=74 & \cdots\cdots \text{㉡} \end{cases}$$

㉠－㉡을 하면 $y-z=8$

따라서 수학과 국어의 점수 차는 8점이다.

예제 02

사탕의 판매 가격은 개당 700원, 초콜릿은 개당 1,300원이고 가진 돈은 15,000원이다. 가진 돈을 모두 써서 사탕과 초콜릿을 총 12개 산다고 할 때 초콜릿은 몇 개 구매할 수 있는가?

① 7개   ② 8개   ③ 9개
④ 10개   ⑤ 11개

| 정답 | ⑤

| 해설 | 구매할 초콜릿의 개수를 x개, 사탕의 개수를 y개로 두면 식은 다음과 같다.

$$\begin{cases} 1,300x+700y=15,000 \\ x+y=12 \end{cases}$$

두 식을 연립하여 풀면 $x=11$(개), $y=1$(개)이다.

따라서 구매할 수 있는 초콜릿의 개수는 11개이다.

직사각형의 둘레
＝2(가로의 길이＋세로의 길이)

예제 03

둘레가 46cm이고, 넓이가 120cm²인 직사각형이 있다. 가로의 길이가 세로의 길이보다 더 길다고 할 때, 가로의 길이는 몇 cm인가?

① 11cm   ② 12cm   ③ 13cm

④ 14cm   ⑤ 15cm

|정답| ⑤

|해설| 가로의 길이를 $x$cm, 세로의 길이를 $y$cm라 하면 식은 다음과 같다.

$$\begin{cases} 2(x+y)=46 & \cdots\cdots \text{㉠} \\ xy=120 & \cdots\cdots \text{㉡} \end{cases}$$

㉠을 정리하면 $x+y=23$ $y=23-x$ $\cdots\cdots$㉠′

㉠′을 ㉡에 대입하면

$x(23-x)=120$ $x^2-23x+120=0$

$(x-15)(x-8)=0$ ∴ $x=15$ or $x=8$(cm)

가로의 길이가 세로의 길이보다 더 길다고 했으므로 가로의 길이는 15cm, 세로의 길이는 8cm가 된다.

☀ One Point Lesson

십의 자리 수가 x, 일의 자리 수가 y인 수는 $10x+y$로 나타낼 수 있다.

예제 04

각 자릿수의 합이 7인 두 자리의 자연수가 있다. 십의 자리의 숫자와 일의 자리의 숫자를 바꾸면 처음 수의 4배보다 3이 작다고 한다. 이때 처음의 수는 무엇인가?

① 16   ② 25   ③ 34

④ 43   ⑤ 45

|정답| ①

|해설| 십의 자리의 수를 x, 일의 자리의 수를 y라 하면 식은 다음과 같다.

$$\begin{cases} x+y=7 & \cdots\cdots \text{㉠} \\ 10y+x=4(10x+y)-3 & \cdots\cdots \text{㉡} \end{cases}$$

㉡을 정리하면 $13x-2y=1$ $\cdots\cdots$㉡′

㉠×2+㉡′을 하면 $x=1$, $y=6$이다.

따라서 처음의 수는 16이다.

예제 05

A 농장에 있는 닭과 소는 총 34마리이다. 이들의 다리 수가 총 92개라면 A 농장에 있는 닭은 모두 몇 마리인가?

① 12마리   ② 16마리   ③ 18마리

④ 22마리   ⑤ 24마리

| 정답 | ④

| 해설 | 닭의 다리는 2개, 소의 다리는 4개이므로 닭의 수를 x마리, 소의 수를 y마리라고 하면 다음 식이 성립한다.

$$\begin{cases} x+y=34 & \cdots\cdots \text{㉠} \\ 2x+4y=92 & \cdots\cdots \text{㉡} \end{cases}$$

㉠을 정리하면, $y=34-x$ $\cdots\cdots$ ㉠'

㉠'을 ㉡에 대입하면

$2x+4(34-x)=92$ $-2x=-44$

∴ $x=22$(마리), $y=12$(마리)

예제 06

작년 ○○회사의 직원은 480명이었다. 올해 남자 직원은 10% 증가, 여자 직원은 20% 감소하여 총 450명이 되었을 때 작년 남자 직원은 총 몇 명인가?

① 220명   ② 240명   ③ 260명

④ 280명   ⑤ 300명

| 정답 | ①

| 해설 | 작년 남자 직원의 수를 x명, 여자 직원의 수를 y명이라 하면 다음 식이 성립한다.

$$\begin{cases} x+y=480 & \cdots\cdots \text{㉠} \\ 1.1x+0.8y=450 & \cdots\cdots \text{㉡} \end{cases}$$

㉠×1.1−㉡을 하면

$0.3y=78$ ∴ $y=260,\ x=220$

따라서 작년 남자 직원은 총 220명이다.

예제 07

K 그룹 신입사원들이 연수원에 도착하여 인원수에 맞게 방을 배정하려고 한다. 신입사원들이 한 방에 6명씩 들어가면 4명이 남고, 한 방에 8명씩 들어가면 방이 3개 남으며 마지막 방에는 2명만이 들어가게 된다. 연수원에 도착한 신입사원은 모두 몇 명인가?

① 88명   ② 92명   ③ 102명

④ 106명   ⑤ 108명

| 정답 | ④

| 해설 | 연수원에 있는 방의 수를 x개, 신입사원의 수를 y명이라 하면 다음 식이 성립한다.

$$\begin{cases} 6x+4=y & \cdots\cdots \text{㉠} \\ 8(x-3)-6=y & \cdots\cdots \text{㉡} \end{cases}$$

㉡을 정리하면, $8x-30=y$ $\cdots\cdots$ ㉡'

㉠, ㉡'을 연립하여 풀면

$6x+4=8x-30$

$2x=34$

$\therefore x=17(\text{개})$

x의 값을 ㉠에 대입하면,

$6\times17+4=106$

따라서 신입사원의 수는 106명이다.

예제 08

비품 담당인 이 대리는 A와 B 브랜드에서 안전화와 안전모를 각각 같은 수량으로 구입하였다. x와 y의 값을 각각 구하면?

- A 브랜드 안전화를 100,000원에 x개, 안전모를 정가 40,000원에서 10% 할인 받아 y개 구입하였다.
- A 브랜드에서 구입한 안전화의 총액과 안전모 총액의 차는 1,640,000원이었 다(단, 안전화 총액>안전모 총액).
- B 브랜드 안전화를 70,000원에 x개, 안전모를 46,000원에 y개 구입하였다.
- B 브랜드에서 구입한 총액은 A 브랜드에서 구입한 총액보다 500,000원이 저렴 했다.

	x	y			x	y
①	10	10		②	10	20
③	20	10		④	20	20
⑤	20	30				

> **학습 TIP**
>
> 세운 방정식의 계수가 크거나 괄호가 있는 경우, 두 방정식을 연립하기 전에 식을 간단하게 정리한다.

테마
5
방
정
식

| 정답 | ③

| 해설 | • A 브랜드에서 구입 : $100,000x - 36,000y = 1,640,000$

$\qquad\qquad 25x - 9y = 410 \qquad \cdots\cdots \text{㉠}$

• B 브랜드에서 구입 : $70,000x + 46,000y = (100,000x + 36,000y) - 500,000$

$\qquad\qquad 3x - y = 50 \qquad \cdots\cdots \text{㉡}$

㉠, ㉡을 연립하여 풀면 $x = 20$, $y = 10$이다.

예제 09

A, B, C, D, E 5명의 팀원이 함께 점심 식사 후 카페에서 음료를 주문하였다. 다음과 같은 상황일 때, 카페라테 한 잔의 가격은 얼마인가?

- 음료는 1인당 한 잔씩 총 다섯 잔을 주문하였고, 지불한 금액은 총 21,300원이었다.
- 아메리카노를 주문한 사람은 A를 포함하여 3명이었다.
- 카페라테를 마신 사람은 B 1명이었다.
- 생과일주스를 마신 사람은 자신이 마신 음료 값으로 5,300원을 지불하였다.
- A는 자신이 마신 음료와 B의 음료를 함께 계산하였고, 8,400원을 냈다.

---

① 2,500원 ② 3,800원 ③ 4,000원
④ 4,300원 ⑤ 4,600원

| 정답 | ⑤

| 해설 | 총 금액에서 생과일주스의 가격을 제외한 16,000원이 아메리카노 3잔+카페라테 1잔의 가격이다. 아메리카노의 가격을 x원, 카페라테의 가격을 y원이라 하면 식은 다음과 같다.

$$\begin{cases} x+y=8,400 & \cdots\cdots ㉠ \\ 3x+y=16,000 & \cdots\cdots ㉡ \end{cases}$$

㉠과 ㉡을 연립하면 $x=3,800$, $y=4,600$이다.
따라서 카페라테 한 잔의 가격은 4,600원이다.

예제 ⑩

A 사원은 사무용품을 다음과 같이 구입하였다. 형광펜의 가격은 얼마인가?

- 가위 3개, 메모지 5개, 형광펜 2개를 구입하고 25,000원을 지불하였다.
- 가위 5개, 메모지 1개, 형광펜 3개를 구입하고 23,000원을 지불하였다.
- 가위 6개, 메모지 2개, 형광펜 1개를 구입하고 27,000원을 지불하였다.

① 1,000원   ② 2,500원   ③ 3,500원
④ 4,000원   ⑤ 5,000원

해결 전략

1단계
미지수를 사용하여 문제를 수식으로 표현한다.

2단계
가감법, 대입법을 활용하여 미지수를 구한다.

테마
5
방정식

|정답| ①

|해설| 가위, 메모지, 형광펜 한 개의 가격을 각각 x원, y원, z원이라 하면 다음 식이 성립한다.

$$\begin{cases} 3x+5y+2z=25,000 & \cdots\cdots \text{㉠} \\ 5x+y+3z=23,000 & \cdots\cdots \text{㉡} \\ 6x+2y+z=27,000 & \cdots\cdots \text{㉢} \end{cases}$$

㉡×2−㉢을 하면,
$4x+5z=19,000$ $\cdots\cdots$ ㉣
㉡×5−㉠을 하면,
$22x+13z=90,000$ $\cdots\cdots$ ㉤
㉣×11−㉤×2를 하면,
$29z=29,000$
$\therefore z=1,000$
따라서 형광펜의 가격은 1,000원이다.

연립방정식 공략

정답과 해설 45쪽

정답과 해설 45쪽

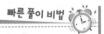

선택지 소거 요령

2만 원 있었던 지갑에 4,500원이 남아 있다는 것은 무 5개와 배추 8개의 가격이 15,500원이라는 것을 의미한다. ②의 경우 100원 단위만 계산했을 때 500원이 아니므로 소거한다. ③, ④, ⑤는 1,000원 단위만 계산했을 때 15,000원이 넘으므로 소거 가능하다.

01. 김치를 담그기 위해 시장에서 무 5개와 배추 8개를 사가지고 오니 2만 원이 있었던 지갑에 4,500원이 남았다. 무가 배추보다 개당 500원 비싸다고 할 때 무와 배추의 개당 가격은 각각 얼마인가?

	무	배추		무	배추
①	1,500원	1,000원	②	1,800원	1,300원
③	2,200원	1,700원	④	2,500원	2,000원
⑤	2,700원	2,500원			

02. C 기업의 2020년 입사자는 남녀 모두 합하여 300명이었고, 2021년 입사자는 311명이다. 2021년에는 2020년보다 남자 사원의 수는 8% 증가한 반면 여자 사원의 수는 5% 감소하였다. 그렇다면 2020년에 입사한 여사원 수는 몇 명인가?

① 100명　　　　② 110명　　　　③ 120명
④ 130명　　　　⑤ 140명

03. 민수가 각 영역별로 100점 만점인 영어 시험을 봤는데 말하기, 독해, 문법, 듣기 네 영역의 점수 총합이 250점이었다. 말하기와 문법 점수의 합은 독해 점수와 같고, 듣기 점수는 문법 점수의 두 배이다. 말하기 점수가 55점이라고 할 때 듣기 점수는 몇 점인가?

① 35점　　　　　　　② 55점　　　　　　　③ 70점
④ 90점　　　　　　　⑤ 95점

04. 어떤 가게에서 A 제품은 120원에 들여와서 300원에, B 제품은 200원에 들여와서 400원에 판매한다. 7,000원으로 두 제품을 들여와서 총 10,000원의 이득을 남겼다면 들여온 A 제품과 B 제품의 개수는 각각 몇 개인가?

	A	B			A	B
①	5개	50개		②	30개	20개
③	20개	30개		④	50개	5개
⑤	40개	10개				

05. 가로와 세로 길이의 비가 1 : 2인 직사각형 모양의 화단이 있다. 이 화단을 가로 길이는 20%, 세로 길이는 29cm 늘리면 화단의 둘레는 원래 화단 둘레의 3배가 된다. 원래 화단의 둘레는 몇 cm인가? (단, 화단의 가로, 세로 길이 단위는 cm이다)

① 30cm　　　　　　　② 32cm　　　　　　　③ 34cm
④ 36cm　　　　　　　⑤ 38cm

06. 짐을 운반하던 A와 B가 다음과 같이 이야기했다. A와 B가 현재 가지고 있는 짐은 총 몇 개인가?

> A : "만약 내가 가진 짐 중에서 한 개를 B에게 준다면 B가 가진 짐의 개수는 나의 3배가 될 것이다."
> B : "만약 내가 가진 짐 중에서 한 개를 A에게 준다면 우리가 가진 짐의 개수는 똑같아질 것이다."

① 8개   ② 9개   ③ 10개
④ 12개   ⑤ 14개

07. A, B가 가지고 있는 붉은 콩의 합계는 50개이다. B가 A에게 붉은 콩을 8개 주면 A가 가지고 있는 붉은 콩의 개수는 B가 가지고 있는 붉은 콩 개수의 4배가 된다고 한다. A, B는 각각 붉은 콩을 몇 개씩 가지고 있는가?

	A	B			A	B
①	27개	23개		②	32개	18개
③	29개	21개		④	30개	20개
⑤	28개	22개				

08. 둘레가 Acm인 어느 직사각형의 가로 길이는 Bcm, 세로 길이는 Ccm이다. B가 C의 8배라고 할 때 C의 값은?

① $\dfrac{A}{16}$ ② $\dfrac{A}{18}$ ③ $\dfrac{A}{20}$

④ $\dfrac{A}{22}$ ⑤ $\dfrac{A}{25}$

09. A, B 두 공장에서 컴퓨터를 생산하는데 작년에 두 공장에서 생산한 컴퓨터는 총 2,500대이고 올해 A 공장의 생산량과 B 공장의 생산량은 각각 전년 대비 10%와 20% 증가하였다. 증가한 컴퓨터 대수의 비가 1 : 3일 때 올해 A 공장의 컴퓨터 생산량은?

① 900대   ② 950대   ③ 1,000대
④ 1,100대   ⑤ 1,200대

이것 만은 꼭

비례식
외항의 곱과 내항의 곱은 같다.
$A : B = C : D \Rightarrow AD = BC$

테마
5
방정식

10. 검은색 봉지에 무게가 15g인 사탕과 20g인 초콜릿이 총 30개 들어 있었는데, 이 중 사탕의 $\frac{1}{2}$과 초콜릿의 $\frac{1}{4}$을 먹은 뒤 봉지의 무게를 측정하니 285g이었다. 처음에 들어 있던 초콜릿의 개수는? (단, 봉지의 무게는 고려하지 않는다)

① 4개   ② 8개   ③ 12개
④ 16개   ⑤ 20개

11. G 영화관은 영화를 상영하기 전 15개의 광고를 내는데 광고 시간은 총 5분이다. 10초, 20초, 30초짜리의 광고로 이루어져 있고 20초짜리 광고가 5개일 때, 10초와 30초짜리 광고는 각각 몇 개인가?

	10초	30초			10초	30초
①	2개	8개		②	4개	6개
③	5개	5개		④	7개	3개
⑤	9개	1개				

12. ○○기업이 다음과 같이 신입사원을 선발하였을 때, 올해 선발된 남성 사원은 몇 명인가?

- 작년에 선발된 신입사원은 모두 325명이었다.
- 올해는 전년 대비 남성 신입사원은 8% 증가하고, 여성 신입사원은 12% 증가하였다.
- 올해 선발된 신입사원은 작년보다 32명 더 많았다.

① 150명   ② 173명   ③ 189명
④ 196명   ⑤ 204명

13. 다음은 ○○베이커리의 지난달과 이번 달 단팥빵, 크림빵의 판매량에 대한 설명이다. 이번 달 ○○베이커리에서 판매된 크림빵은 몇 개인가?

- 지난달 ○○베이커리에서 판매된 단팥빵과 크림빵의 개수는 총 1,600개이다.
- 이번 달 단팥빵 판매량은 지난달에 비해 3% 감소하였다.
- 이번 달 크림빵 판매량은 지난달에 비해 5% 증가하였다.
- 이번 달의 단팥빵과 크림빵 판매량 총합은 지난달보다 16개 더 많았다.

① 760개   ② 776개   ③ 800개
④ 824개   ⑤ 840개

14. 다음 〈조건〉을 참고할 때, 전 사원들에게 지급되고 있는 월급의 총액은 얼마인가?

One Point Lesson

월급 총액＝총 사원수×각 사원의 월급

조건

- 모든 사원의 월급은 동일하다.
- 사원 10명을 증원하고 각 사원의 월급을 100만 원씩 줄이면 전 사원에게 지급하는 월급 총액은 기존의 80%가 된다.
- 사원 20명을 감축하고 각 사원의 월급을 전과 같이 지급한다면 전 사원에게 지급하는 월급 총액은 기존의 60%가 된다.

① 1억 원
② 1억 2천만 원
③ 1억 5천만 원
④ 1억 8천만 원
⑤ 2억 원

테마

5

방정식

15. 다음 〈조건〉을 모두 만족하는 처음의 수는 무엇인가?

조건

- 처음의 수는 두 자리의 자연수이다.
- 일의 자리의 숫자는 십의 자리의 숫자의 2배보다 1만큼 크다.
- 일의 자리의 숫자와 십의 자리의 숫자를 바꾼 수는 처음 수의 2배보다 2만큼 크다.

① 24
② 25
③ 26
④ 27
⑤ 28

심화문제

정답과 해설 47쪽

01

민혜는 이번 달에 생일이 있는데 달력에서 자신의 생일 날짜와 생일 날짜 바로 위 칸의 왼쪽 날짜와 생일 날짜 바로 아래 칸의 왼쪽 날짜를 더했더니 55가 나왔다. 민혜의 생일은 언제인가?

① 17일   ② 18일   ③ 19일
④ 20일   ⑤ 21일

02

A는 집의 시계를 실제 시각보다 빨리 맞추어 놓고 그 시계가 7시 40분일 때 집에서 출발하여 회사 시계가 7시 55분일 때 회사에 출근한다. 또한 A는 회사 시계가 18시 30분일 때 퇴근하여 집의 시계가 19시 5분일 때 집에 도착한다. 그렇다면 A는 집의 시계를 실제보다 몇 분 빨리 맞춰 놓은 것인가? (단, A는 동일한 속력으로 출퇴근하며 회사 시계는 실제 시각과 동일하게 맞춰져 있다)

① 5분   ② 10분   ③ 15분
④ 20분   ⑤ 25분

03

물속에서 A 금속은 $\frac{1}{10}$이 가벼워지고, B 금속은 $\frac{1}{8}$이 가벼워진다. 무게가 200g인 A와 B 합금을 물속에서 무게를 측정하였더니 178g이었다. 이 합금에서 두 금속 A와 B의 무게의 차는?

① 25g   ② 30g   ③ 35g
④ 40g   ⑤ 45g

04

회사 데이터베이스에 접속하여 프로젝트 파일을 1초당 80MB의 속도로 내려받았다. 데이터베이스에 접속하고 내려받는 시간은 총 10분이 걸렸고, 파일을 내려받는 데 걸린 시간이 회사 데이터베이스에 접속하는 데 걸린 시간의 50배라면 내려받은 파일의 크기는 약 몇 GB인가? (단, 1GB=1,024MB이며 소수점 아래 첫째 자리에서 반올림한다)

① 45GB   ② 46GB   ③ 47GB
④ 48GB   ⑤ 49GB

05

A, B가 두 차례씩에 걸쳐서 사무용품 비용을 지불하는데 총 32,000원이 들었다. A는 두 번째 비용 지불 시 첫 번째보다 50% 감소된 금액을 냈고, B는 두 번째 비용 지불 시 첫 번째보다 50% 증가된 금액을 냈다. B가 A보다 최종적으로 5,000원 더 지불했다면 A가 첫 번째로 지불한 금액은 얼마인가?

① 7,400원   ② 9,000원

③ 11,100원   ④ 13,500원

⑤ 16,400원

06

○○기업 근처에는 직각삼각형 모양의 공원이 있다. 공원 각 지점 사이의 거리와 공원의 둘레가 다음과 같을 때, 공원의 넓이는 얼마인가?

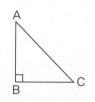

- 공원의 각 모서리를 A, B, C 지점이라고 가정한다.
- 공원 A 지점에서 B 지점의 길이는 18m이다.
- 공원의 둘레는 72m이다.

① 132m²   ② 144m²   ③ 216m²

④ 288m²   ⑤ 324m²

07

D사는 202X년 2월의 사내 홈페이지 접속 횟수를 분석하였다. 주말 하루 평균 접속 횟수가 평일 하루 평균 접속 횟수의 절반 수준일 때, 2월 한 달 동안 접속 기록이 총 1,680회라면 평일 하루 평균 접속 횟수는 몇 회인가? (단, 202X년 2월은 28일까지 있으며 2월 1일은 월요일이다)

① 60회   ② 65회   ③ 70회

④ 72회   ⑤ 80회

08

K 회사는 이번에 새로 출시된 상품들을 광고하려 한다. 광고 시간은 상품별로 20초와 25초 두 종류로 나누어 진행하며, 다음 광고로 넘어갈 때마다 1초의 간격이 있다고 한다. 4분 30초 동안 11개의 상품을 광고하고 싶다면, 25초 광고는 몇 개가 나갈 수 있는가?

① 3개   ② 5개   ③ 6개

④ 7개   ⑤ 8개

09

영화를 즐겨 보는 지용이는 20인치의 직육면체 디스플레이 장치를 갖고 있는데, 화면의 가로 길이가 세로 길이보다 길며, 두께가 5cm이고 부피가 6,000cm³이다. 디스플레이 화면의 가로, 세로 길이의 비는 얼마인가? (단, 1인치는 2.5cm이다)

① 3 : 1　　　　② 4 : 3　　　　③ 5 : 4

④ 10 : 9　　　⑤ 16 : 9

10

다음 〈조건〉을 토대로 할 때, 1년간 10억 원의 이익을 얻으려면 채권에 얼마를 투자해야 하는가?

조건

- 투자금은 총 100억 원이며 예금과 채권에 모두 투자한다.
- 연수익은 예금이 10%, 채권이 14%이다.
- 세금은 20%이며, 세금 이외에 나가는 비용은 없다.
---

① 62억 원　　　　　② 62억 5천만 원

③ 63억 원　　　　　④ 63억 5천만 원

⑤ 64억 원

11

청소년 X명과 어른 ($X+2$)명이 총 30,000원의 입장료를 내고 놀이공원에 갔다. 이 놀이공원은 청소년이 2명 이하면 어른과 동일한 입장료를 받고, 청소년이 3명 이상이면 어른 입장료보다 5,000원 적은 금액을 받는다고 한다. 청소년의 입장료가 7,500원일 때 X의 값을 a, 청소년의 입장료가 무료일 때 X의 값을 b라고 하면 $a+b$의 값은?

① 2　　　　　② 3　　　　　③ 4

④ 5　　　　　⑤ 6

12

제과점에서 빵값을 A가 내면 A와 B가 가진 돈의 비는 5 : 6이 되고, B가 내면 A와 B가 가진 돈의 비는 9 : 2가 된다. A와 B가 처음에 가지고 있던 돈의 비는?

① 3 : 2　　　　② 4 : 3　　　　③ 5 : 4

④ 6 : 5　　　　⑤ 7 : 3

13

G사의 채용시험 지원자 중 절반이 1차에 합격하였고 1차에 합격한 지원자의 남녀비는 4 : 5이다. 이 중 2차 시험에 합격한 지원자의 남녀비는 3 : 7이고, 불합격한 지원자의 남녀비는 21 : 23이다. 2차 시험에 합격한 지원자가 50명일 때, G사의 채용시험의 지원자 수는 몇 명인가?

① 135명   ② 270명   ③ 405명
④ 540명   ⑤ 675명

14

수조에 물을 채우고 그 안에 기둥 A와 B를 넣어 세웠더니 A는 기둥 높이의 $\frac{4}{5}$, B는 $\frac{2}{3}$까지 물에 잠겼다. 하나가 다른 것보다 6cm 더 길다면, 짧은 기둥의 길이는 몇 cm인가? (단, 기둥의 부피는 고려하지 않는다)

① 24cm   ② 28cm   ③ 30cm
④ 32cm   ⑤ 36cm

15

○○기업 총무팀 A 사원이 1년 동안 읽은 교양서적과 전문서적의 수를 비교하였더니 상반기에는 3 : 1의 비로 읽었고, 하반기에는 3 : 5의 비로 읽어 1년 동안 읽은 책의 비가 5 : 3이었다. A 사원이 상반기에 읽은 책이 총 32권일 때, A 사원이 1년 동안 읽은 책의 수는?

① 32권   ② 40권   ③ 48권
④ 54권   ⑤ 60권

16

A사의 직원 수와 급여지출액이 다음과 같을 때, 셋째 해의 총 급여지출액은 첫째 해의 몇 %에 해당하는가?

- 첫째 해의 A사 직원 급여액은 모두 200만 원으로 동일하다.
- 둘째 해에는 3명의 직원을 더 채용한 대신 전 직원에게 첫째 해보다 30만 원 삭감된 급여가 지급되었다.
- 셋째 해의 직원 수는 첫째 해보다 5명이 적은 대신 전 직원의 인당 급여액은 첫째 해와 동일하다.
- 둘째 해의 총 급여지출액은 첫째 해의 95.2%에 해당한다.

① 80%   ② 78%   ③ 76%
④ 72%   ⑤ 70%

17

현재 A와 B가 가지고 있는 떡의 비는 3 : 1이다. A가 B에게 떡 6개를 줘서 그 비가 9 : 7로 되었다면 A가 처음에 가지고 있던 떡은 몇 개인가?

① 21개   ② 22개   ③ 23개

④ 24개   ⑤ 25개

18

A와 B가 가위바위보를 하고 있다. 이기면 사탕 a개를 얻고, 지면 사탕 b개를 잃는다. 가위바위보를 시작하기 전 A와 B의 사탕 개수는 동일하였고, 10회 실시후 A가 처음보다 15개의 사탕을 더 갖고 있다면 A가 이긴 횟수는 몇 번인가? (단, 비기는 경우는 없다고 가정한다)

① $\dfrac{10a-15}{a+b}$회   ② $\dfrac{10a-15}{a-b}$회

③ $\dfrac{15+10b}{a+b}$회   ④ $\dfrac{15+10b}{a-b}$회

⑤ $\dfrac{15a+b}{a-b}$회

19

Q사 마케팅팀은 사내 퀴즈대회 우승 상품으로 문화상품권을 받았다. 문화상품권을 한 명이 A장씩 가지면 7장이 모자라고 B장씩 가지면 3장이 남는다고 할 때 마케팅팀 사원의 수는 모두 몇 명인가?

① $\dfrac{10}{A+B}$명   ② $\dfrac{A+B}{10}$명

③ $\dfrac{A-B}{10}$명   ④ $\dfrac{10}{A-B}$명

⑤ $\dfrac{10}{AB}$명

20

A, B, C는 각각 구슬을 가지고 있다. A가 가진 구슬 중 1개를 B에게 주면 두 사람의 구슬 개수는 같아지고, C가 가진 구슬 중 4개를 B에게 주면 B의 구슬 개수는 C가 가진 구슬 개수의 2배가 된다. A, B, C가 가진 구슬이 총 18개라고 할 때, C가 갖고 있는 구슬의 개수는?

① 4개   ② 6개   ③ 8개

④ 10개   ⑤ 11개

21

네 명의 사원이 시험을 봤는데 각각 두 명씩의 점수를 더한 값이 168점, 170점, 175점, 175점, 180점, 182점이다. 네 명이 받은 시험 점수 가운데 최댓값과 최솟값의 합은 얼마인가? (단, 동점자는 없다)

① 168점　　　② 170점　　　③ 175점
④ 181점　　　⑤ 182점

22

무게가 각기 다른 추 A, B, C가 있다. 이 추들의 무게가 다음과 같을 때, C의 무게는 A의 무게의 몇 배인가?

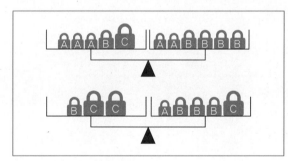

① 2배　　　② 3배　　　③ 4배
④ 5배　　　⑤ 6배

23

무게가 다른 4종류의 공 A, B, C, D가 있다. 이 공을 조합하여 저울 위에 올리면 다음 그림 (가) ~ (다)와 같이 된다. 이때 각 공의 무게가 될 수 있는 것은?

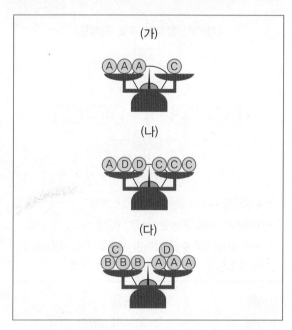

① C 350g, D 550g　　② A 150g, B 200g
③ A 150g, D 500g　　④ B 150g, C 350g
⑤ B 200g, D 550g

24

200명으로 구성된 어느 집단의 사람들을 대상으로 ABO식 혈액형을 조사하여 다음과 같은 결과를 얻었다. 인원수가 가장 적은 혈액형을 모두 고르면?

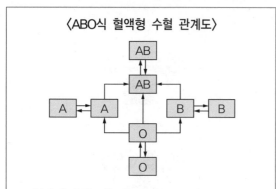

〈ABO식 혈액형 수혈 관계도〉

- A형에게 수혈 가능한 사람 : 105명
- B형에게 수혈 가능한 사람 : 82명
- 모든 사람에게 수혈 가능한 사람과 모든 사람에게서 수혈받을 수 있는 사람의 합 : 75명

① A형   ② B형
③ O형   ④ A형, AB형
⑤ O형, AB형

25

○○공사 대회의실에는 무선통신 기능을 갖춘 컴퓨터, 복합기, 스크린, 프로젝터가 있다. 대회의실은 정사각형의 모양이고 컴퓨터, 복합기, 스크린, 프로젝터를 좌표평면상에 나타냈을 때 그림과 같은 위치에 있다. 컴퓨터, 복합기, 스크린으로부터 같은 거리에 무선통신기를 설치하려고 할 때 무선통신기와 프로젝터 사이의 거리는?

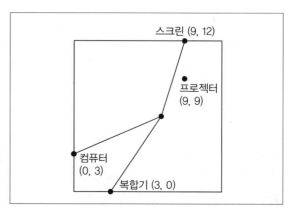

① $\sqrt{2}$ ② 2   ③ $2\sqrt{2}$
④ 3   ⑤ $3\sqrt{2}$

테마

6

Mathematics

부등식

유형 1 일차부등식

핵심 Check

① 부등식

(1) 두 수 또는 두 식의 관계를 부등호로 나타낸 것을 부등식이라 한다.

(2) 부등식의 성질

> • $a < b$일 때, $a+c < b+c$, $a-c < b-c$
>
> • $a < b$, $c > 0$일 때, $ac < bc$, $\dfrac{a}{c} < \dfrac{b}{c}$
>
> • $a < b$, $c < 0$일 때, $ac > bc$, $\dfrac{a}{c} > \dfrac{b}{c}$

② 일차부등식

(1) 미지수의 최고차항이 1차인 부등식으로, 일반적으로 $ax > b$, $ax < b$, $ax \geq b$, $ax \leq b$(단, $a \neq 0$)의 꼴로 나타낼 수 있다.

(2) 부등식의 해를 수직선 위에 나타내면 다음과 같다.

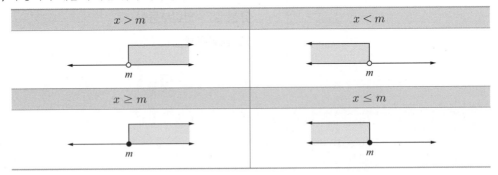

$x > m$	$x < m$

$x \geq m$	$x \leq m$

(3) 풀이 순서

① 미지수 x를 포함한 항은 좌변으로, 상수항은 우변으로 이항한다.

> 예 $\qquad 4x - 3 < 2x + 9 \ \Rightarrow \ 4x - 2x < 9 + 3$

② $ax > b$, $ax < b$, $ax \geq b$, $ax \leq b$의 꼴로 정리한다(단, $a \neq 0$).

 $$4x - 2x < 9 + 3 \Rightarrow 2x < 12$$

③ 양변을 x의 계수 a로 나눈다.

 $$2x < 12 \Rightarrow x < 6$$

(4) 응용문제 풀이 순서

① 문제의 뜻을 파악하고 구하고자 하는 수를 x로 놓는다.

② 수량의 대소 관계에 주목하여 부등식을 세운다.

③ 세운 부등식을 푼다.

④ 구한 해가 문제의 뜻에 맞는지를 확인한다.

> **예** A는 1,500원짜리 공책과 700원짜리 펜을 합하여 10개 사고, 총 금액은 11,800원 미만이 되게 하려고
> 한다. 공책은 최대 몇 개 살 수 있는가?
> ⇨ 공책의 개수를 x개라 한다.
> ⇨ 1,500원짜리 공책과 700원짜리 펜을 합하여 10개 샀으므로 펜의 개수는 $(10 - x)$개이다.
> ⇨ $1,500x + 700(10 - x) < 11,800$
> ⇨ $1,500x + 7,000 - 700x < 11,800$
> ⇨ $800x < 4,800$
> ⇨ $x < 6$
> ⇨ 따라서 공책은 최대 5개 살 수 있다.

③ 유리한 방법을 선택하는 문제

방법별로 비용을 계산한 후에 부등식을 세운다. 비용이 적은 쪽이 유리한 방법이다.

테마
6
부등식

- A가 B보다 크다(A>B).
- A가 B보다 작다(A<B).
- A가 B보다 크거나 같다(A≥B).
- A가 B보다 작거나 같다(A≤B).

예제 01

명수는 시간당 최대 25페이지의 책을 읽을 수 있다. 명수가 250페이지인 책을 X시간 동안 읽었을 때 Y페이지가 남았다고 한다. 다음 중 X와 Y의 관계식으로 가장 적절한 것은? (단, X는 10보다 작다)

① $250 - Y < \dfrac{25}{X}$　　　② $250 > Y + \dfrac{25}{X}$　　　③ $250 - Y \leq 25X$

④ $250 + 25X \leq Y$　　　⑤ $250 + Y \geq 25X$

| 정답 | ③

| 해설 | 시간당 최대 25페이지의 책을 읽을 수 있으므로 X시간 동안 최대 $25X$페이지를 읽을 수 있다. 또한 읽은 페이지 수는 $(250 - Y)$페이지이므로 다음과 같은 식이 성립한다.

$Y \geq 250 - 25X$

$250 - Y \leq 25X$

예제 02

어느 뷔페의 이용 요금은 어른 1인당 12,900원, 어린이 1인당 8,200원이다. 총 8명이 이 뷔페에서 식사를 하고 9만 원 이하를 지불했다고 할 때, 어른은 최대 몇 명인가?

① 4명　　　　　　② 5명　　　　　　③ 6명

④ 7명　　　　　　⑤ 8명

| 정답 | ②

| 해설 | 어른을 x명이라 하면 어린이는 $(8-x)$명이므로 다음과 같은 식이 성립한다.

$12,900x + 8,200(8-x) \leq 90,000$

$12,900x + 65,600 - 8,200x \leq 90,000$

$4,700x \leq 24,400$

$x \leq 5.19\cdots$

따라서 어른은 최대 5명이다.

예제 03

A는 매달 20만 원을, B는 매달 50만 원을 저축하기로 하였다. 현재 A가 모은 돈은 200만 원이고 B가 모은 돈은 100만 원이라면 B가 모은 돈이 A가 모은 돈의 두 배가 넘는 것은 지금부터 몇 개월 후부터인가?

① 25개월   ② 27개월   ③ 29개월

④ 31개월   ⑤ 33개월

| 정답 | ④

| 해설 | x개월 후에 A가 모은 금액은 $(200+20x)$만 원이고 B가 모은 금액은 $(100+50x)$만 원이다. B가 모은 돈이 A가 모은 돈의 두 배가 넘는 시기를 구해야 하므로 식은 다음과 같다.

$2(200+20x)<100+50x$ $10x>300$ $\therefore x>30$

따라서 지금부터 31개월 후부터 B가 모은 돈이 A가 모은 돈의 두 배가 넘는다.

테마

6

부
등
식

예제 04

하연이는 밸런타인데이를 맞아 친구들에게 초콜릿을 선물하려고 한다. 도보로 갈 수 있는 편의점에서는 초콜릿을 개당 1,700원에 판매하고, 버스를 타고 가야 하는 대형 마트에서는 초콜릿을 개당 1,300원에 판매한다고 할 때 초콜릿을 최소 몇 개 이상 구매할 때 대형 마트에서 구매하는 것이 더 저렴한가? (단, 버스 요금은 편도 1,250 원이며 초콜릿 구입 후 원래 위치로 돌아온다)

① 5개   ② 6개   ③ 7개

④ 8개   ⑤ 9개

| 정답 | ③

| 해설 | 구매하는 초콜릿의 개수를 x개라 하면 다음과 같은 식이 성립한다.

$1,700x>1,300x+(1,250\times2)$

$1,700x>1,300x+2,500$

$400x>2,500$

$x>6.25$

따라서 초콜릿을 최소 7개 이상 구매할 때 대형 마트에서 구매하는 것이 더 저렴하다.

예제 05

사무용품 1개를 생산할 때 문제없는 제품을 생산하면 3,000원의 수익이 발생하고, 불량 제품을 생산하면 1,000원의 손실이 발생한다. 사무용품을 3,500개 생산할 때, 이익을 얻기 위해서는 불량 제품은 몇 개 이하여야 하는가?

① 2,621개   ② 2,622개   ③ 2,623개
④ 2,624개   ⑤ 2,625개

|정답| ④

|해설| 이익을 얻기 위해서는 문제없는 제품을 생산하였을 때의 수익이 불량 제품을 생산하였을 때의 손실보다 커야 한다. 불량 제품을 x개라 하면, 문제없는 제품은 $(3,500-x)$개이므로 다음 식이 성립한다.

$(3,500-x) \times 3,000 > 1,000x$

$(3,500-x) \times 3 > x$

$10,500 - 3x > x$

$10,500 > 4x$

$\therefore x < 2,625$

따라서 불량 제품의 개수는 2,624개 이하여야 한다.

예제 06

▶ 학습 TIP ◀

연속하는 세 짝수 또는 홀수는 $(x-2)$, x, $(x+2)$로 두고 풀이해 나간다.

연속하는 세 짝수의 합이 87 미만일 때 이 세 수의 합의 최댓값은?

① 80   ② 82   ③ 84
④ 86   ⑤ 88

|정답| ③

|해설| 연속하는 세 짝수 중 가운데 수를 x라 하면, 나머지 두 개의 수는 각각 $x-2$, $x+2$가 된다. 이 세 짝수의 합이 87 미만이므로 다음 식이 성립한다.

$(x-2)+x+(x+2)<87$

$3x<87$

$x<29$

세 짝수의 합의 최댓값을 구해야 하므로 x는 29 미만의 수 중 가장 큰 짝수인 28이 된다.

$\therefore (x-2)+x+(x+2)=26+28+30=84$

예제 07

다음 중 $3x-1=5$를 만족하는 x의 값을 해로 갖는 부등식은?

① $x+1>3$ 　　　② $-x+2<-5$ 　　　③ $2x-3>3$
④ $-2x+5>0$ 　　　⑤ $2x+3<5$

| 정답 | ④

| 해설 | 먼저 x의 값을 구하면 $3x=6$, $x=2$이다. x의 값을 선택지에 대입해서 성립하는 식을 찾거나 선택지의 부등식을 정리해서 알아낼 수 있다. x의 값을 대입해 보면 다음과 같다.
① $x+1>3$, $2+1=3$이므로 성립하지 않는다.
② $-x+2<-5$, $-2+2=0$이므로 성립하지 않는다.
③ $2x-3>3$, $4-3=1$이므로 성립하지 않는다.
④ $-2x+5>0$, $-4+5=1$이므로 성립한다.
⑤ $2x+3<5$, $4+3=7$이므로 성립하지 않는다.
따라서 제시된 x의 값을 해로 갖는 부등식은 ④이다.

예제 08

신제품 발표회에 참석한 모든 고객사에 전화를 걸어 감사 인사를 전하는 중이다. 현재까지 250개 고객사 중 30%에게 통화를 완료하였다. 하루에 최대 22통씩 가능하다고 할 때, 앞으로 모든 고객사에 전화를 하는 데 최소 며칠이 더 걸리는가?

① 4일 　　　② 5일 　　　③ 7일
④ 8일 　　　⑤ 9일

| 정답 | ④

| 해설 | 전화를 하는 기간을 x일이라고 하면 다음 식이 성립한다.
$250(1-0.3)-22x \leq 0$
$175-22x \leq 0$
$22x \geq 175$
$x \geq \dfrac{175}{22} = 7.95\cdots$
따라서 최소 8일이 더 소요된다.

일차부등식 공략

정답과 해설 53 쪽

01. 지연이의 저금통에는 3,000원, 소연이의 저금통에는 5,000원이 들어 있다. 지연이는 매일 500원씩, 소연이는 매일 200원씩 저금통에 넣는다면 지연이의 저금통에 들어 있는 액수가 소연이의 저금통에 들어 있는 액수보다 커지는 것은 며칠 후인가?

① 7일   ② 6일   ③ 5일
④ 4일   ⑤ 3일

빠른 풀이 비법

모든 선택지에서 제품의 개수가 10개 이상이므로 구입한 핸드크림의 수가 10개 이상임을 가정하여 구입비용에 관한 부등식을 구성한다.

02. 핸드크림을 매장에서 구입하면 4,000원인데 온라인 매장에서 구입하면 10% 할인을 받을 수 있고 배송비가 추가된다. 배송비는 10개까지는 5,000원, 11개 이상 주문할 경우 추가된 제품 1개당 200원의 배송비가 추가된다면 온라인으로 최소 몇 개 이상을 구입해야 이득인가?

① 16개   ② 18개   ③ 20개
④ 21개   ⑤ 23개

03. 구매팀 최 사원은 사무용품비 50,000원으로 7,000원짜리 계산기 두 대를 사고 남은 돈으로 볼펜을 구매할 예정이다. 정가 500원인 볼펜이 현재 20% 할인 중이라고 한다면 최 사원은 최대 몇 개까지 볼펜을 살 수 있는가?

① 40개   ② 60개   ③ 70개
④ 80개   ⑤ 90개

04. 신생보험회사 P는 월 9만 원을 납부해야 하는 A 보험과 월 12만 원을 납부해야 하는 B 보험 상품을 갖고 있다. P는 1차적으로 고객 120명을 확보하여 A 보험과 B 보험 둘 중 하나에 가입시키려고 한다. 첫 달 보험회사 P의 수입이 1,150만 원이 넘으려면 B 보험에 최소 몇 명을 가입시켜야 하는가?

① 22명   ② 23명   ③ 24명

④ 25명   ⑤ 26명

05. A의 통장에는 30,000원이 있고, B의 통장에는 12,000원이 있다. 매월 A는 6,000원씩, B는 5,000원씩 저축을 한다면 A와 B의 통장 잔액의 차이가 20,000원 이상이 되는 때는 언제인가?

① 2개월 후   ② 3개월 후   ③ 4개월 후

④ 5개월 후   ⑤ 6개월 후

06. A 기업에서 450만 원에 판매하고 있는 TV와 180만 원에 판매하고 있는 공기청정기를 섞어 8개의 제품을 판매하려고 한다. 8개 제품의 판매 가격이 최소 2,700만 원이 되기 위해 판매할 수 있는 공기청정기의 최대 개수는?

① 1개   ② 2개   ③ 3개

④ 4개   ⑤ 5개

07. 경빈이는 200개, 민수는 120개의 구슬을 가지고 있다. 경빈이는 민수에게 매일 2개의 구슬을 주고 민수는 매일 3개의 구슬을 구매한다고 할 때, 민수의 구슬이 경빈이보다 많아지는 것은 며칠 후인가?

① 11일 후   ② 12일 후   ③ 13일 후

④ 14일 후   ⑤ 15일 후

테마 6 부등식

해결 전략

서로 구슬을 주고받는 것과 구슬을 구매하는 것의 개념 차이에 유의하여 부등식을 구성한다.

08. 미영이는 색종이를 200장 가지고 있고, 윤아는 120장 가지고 있다. 매일 미영이는 24장, 윤아는 32장의 색종이를 산다면 윤아의 색종이가 미영이의 색종이보다 많아지는 것은 며칠 후인가?

① 10일   ② 11일   ③ 12일
④ 13일   ⑤ 14일

09. K는 승진시험에 응시하려 한다. 시험은 필기시험으로, 정답을 맞히면 8점을 얻지만 틀리면 5점이 감점된다. 20개의 문제 중 80점 이상을 얻어야 합격할 수 있다면 합격을 위해 허용 가능한 최대 오답 수는?

① 5개   ② 6개   ③ 7개
④ 8개   ⑤ 9개

10. 어느 도시의 택시 요금은 10km까지 2,200원이고, 10km 이후부터 1km당 180원이다. 전체 요금이 1km당 200원 이하가 되는 것은 몇 km를 이동했을 때부터인가?

① 17km   ② 18km   ③ 19km
④ 20km   ⑤ 21km

11. 노트를 50개 이상 사면 10% 할인, 100개 이상 사면 20% 할인해 준다. 100개를 주문했을 때의 가격보다 오히려 더 비싸지는 최소 개수는 몇 개인가?

① 79개   ② 87개   ③ 89개
④ 91개   ⑤ 93개

12. 어느 놀이공원에서는 단골 고객을 위해 회원제를 운영하고 있다. 이 놀이공원의 자유이용권은 50,000원인데, 가입비 70,000원을 내고 연간회원으로 가입하면 자유이용권 금액의 15%를 할인해 준다고 한다. 연간회원 가입 후 자유이용권을 구입하는 것이 더 이익이 되려면 이 놀이공원에서 자유이용권을 최소 몇 번 구입해야 하는가?

① 10번   ② 11번   ③ 12번

④ 13번   ⑤ 14번

13. 현재까지 A 기업의 누적 생산량은 800개, B 기업의 누적 생산량은 600개이다. A 기업은 한 달에 80개, B 기업은 100개의 제품을 생산한다면 B 기업이 A 기업의 누적 생산량을 추월하는 데 걸리는 기간은 얼마인가?

① 7개월   ② 8개월   ③ 9개월

④ 10개월   ⑤ 11개월

14. 입장료가 1인당 1,000원인 놀이공원에서 30명 이상이 입장할 때에는 15%, 50명 이상이 입장할 때에는 30%를 할인해 준다. 50명이 단체입장한 경우보다 오히려 입장료가 비싸지는 30명 이상 단체의 최소 인원은 몇 명인가?

① 41명   ② 42명   ③ 43명

④ 44명   ⑤ 45명

테마 **6** 부등식

유형 2 연립부등식

핵심 Check

① 연립부등식

2개 이상의 일차부등식을 한 쌍으로 묶어 나타낸 것

$$\begin{cases} x-1 \leq 3 & \longrightarrow \text{ 일차부등식} \\ 2x+1 > 5 & \longrightarrow \text{ 일차부등식} \end{cases} \longrightarrow \text{ 연립부등식}$$

② 풀이 순서

(1) 2개 이상의 부등식을 각각 푼다.

(2) 2개 이상의 해의 공통부분을 구한다.

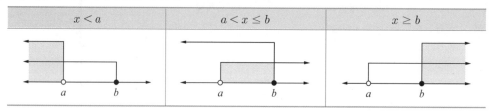

$x < a$	$a < x \leq b$	$x \geq b$

예) $2x > x - 10$, $3x - 3 < 2x$의 해를 구하면?

➡ 부등식을 각각 푼다.

$$\begin{cases} 2x > x - 10 \\ 3x - 3 < 2x \end{cases} \qquad \begin{array}{l} x > -10 \\ x < 3 \end{array}$$

➡ $\begin{cases} x > -10 \\ x < 3 \end{cases}$ 을 수직선상에 표시하면 다음과 같다.

따라서 공통부분은 $-10 < x < 3$이다.

예제 01

행사 준비를 위해 참여하는 사람들이 앉을 6인용 의자와 4인용 의자를 총 19개 준비하였다. 이 중 6인용 의자만을 사용할 경우 21명 이상의 사람들이 의자에 앉지 못하고, 6인용 의자를 포함하여 모든 의자에 4명씩 앉힐 경우 7명 이상의 사람들이 의자에 앉지 못한다. 모든 의자를 사용하면서 6인용 의자에 6명을 모두 앉힐 경우 5자리가 남는다고 한다면, 다음 중 행사에 참여하는 사람의 수로 옳은 것은?

① 95명   ② 96명   ③ 97명   ④ 98명   ⑤ 99명

| 정답 | ①

| 해설 | 6인용 의자의 수를 x개, 행사에 참여하는 사람의 수를 y명이라고 하면 4인용 의자의 수는 $(19-x)$개이다.

$$\begin{cases} y-6x \geq 21 & \cdots\cdots \, ⊙ \\ y-(4\times 19) \geq 7 \qquad y \geq 83 & \cdots\cdots \, ⊙ \\ y=4(19-x)+6x-5 \qquad y=2x+71 & \cdots\cdots \, ⊙ \end{cases}$$

ⓒ을 ⊙에 대입하면, $2x+71-6x \geq 21$ $4x \leq 50$ $x \leq 12.5$

ⓒ을 ⓛ에 대입하면, $2x+71 \geq 83$ $2x \geq 12$ $x \geq 6$

즉 $6 \leq x \leq 12.5$인 x의 정수값인 6에서 12까지를 ⓒ에 대입했을 때 선택지의 값이 나오는 경우를 찾는다. $x=12$일 때 $y=2\times 12+71=95$(명)이므로 정답은 ①이 된다.

테마
6
부
등
식

예제 02

어떤 학교의 입학설명회에 참여하는 학생들을 위해 긴 의자들을 준비하였다. 의자 하나에 6명씩 앉을 경우 4자리 이하가 비게 되고, 4명씩 앉을 경우 12명 이상이 앉지 못한다. 긴 의자의 절반은 6명, 남은 절반은 4명씩 앉을 경우 5명이 앉지 못한다면 입학설명회에 참석하는 학생의 수는?

① 45명   ② 47명   ③ 49명   ④ 51명   ⑤ 53명

:☀: **One Point Lesson**

준비된 의자의 절반에 앉았다는 것은 의자의 수가 짝수임을 의미한다.

| 정답 | ①

| 해설 | 긴 의자의 수를 x개, 학생의 수를 y명이라고 하면 다음 식이 성립한다.

$$\begin{cases} 6x-y \leq 4 & \cdots\cdots \, ⊙ \\ y-4x \geq 12 & \cdots\cdots \, ⓛ \\ y=\left(\dfrac{x}{2}\times 6\right)+\left(\dfrac{x}{2}\times 4\right)+5 \qquad y=5x+5 & \cdots\cdots \, ⓒ \end{cases}$$

ⓒ을 ⊙에 대입하면, $6x-(5x+5) \leq 4$ $x \leq 9$

ⓒ을 ⓛ에 대입하면, $5x+5-4x \geq 12$ $x \geq 7$

즉 $7 \leq x \leq 9$이다.

한편 긴 의자의 절반에 학생들을 앉히기 위해서는 의자의 수가 짝수여야 하며, $7 \leq x \leq 9$ 범위에서 조건을 만족하는 짝수는 $x=8$이다. 따라서 이를 ⓒ에 대입하면 학생은 $5\times 8+5=45$(명)이다.

연립부등식 공략

정답과 해설 55 쪽

01. 친구들에게 사탕을 4개씩 나누어주면 2개가 남고 5개씩 나누어주면 한 친구는 3개보다 적게 받게 된다면 친구는 최소 몇 명 있어야 하는가?

① 3명   ② 4명   ③ 5명

④ 6명   ⑤ 7명

02. 어느 공장에서 생산되는 두 제품 A, B의 개당 무게는 각각 300g, 200g이다. 두 제품을 각각 몇 개씩 넣어 한 세트로 판매하는데, 한 세트의 무게는 5kg이고 B의 개수는 A보다 많고 A 개수의 2배보다는 적다면 한 세트에 들어 있는 A의 개수는?

① 7개   ② 8개   ③ 9개

④ 10개   ⑤ 11개

03. 한 부서에 5명씩 신입사원을 배치하면 3명이 남고, 6명씩 배치하면 마지막 부서에는 4명보다 적게 배치된다. 부서는 최소 몇 개인가?

① 2개   ② 6개   ③ 9개

④ 10개   ⑤ 11개

04. K 공사는 하계 워크숍에 참석한 직원들에게 객실을 배정하고 있다. 다음의 〈조건〉을 참고할 때, 워크숍에 참석한 직원들은 최대 몇 명인가?

조건

- 객실 1개에 4명씩 배정하면 12명이 객실 배정을 받지 못한다.
- 객실 1개에 6명씩 배정하면 객실은 2개가 남고 하나의 객실은 6명 미만이 사용한다.

① 60명 ② 64명 ③ 68명
④ 72명 ⑤ 76명

05. S 증권에서는 새로운 금융상품 출시와 함께 이를 전담할 팀을 신설하기로 하였다. 팀 구성원은 임원과 사원으로 구성되는데, 업무의 효율 면에서 임원은 6포인트, 사원은 4포인트의 효율 증가를 가져오고 비용 면에서 임원은 10포인트, 사원은 4포인트가 소요된다. 70포인트의 효율을 내면서 비용은 100포인트 이하로 소요하려 한다면 팀 구성원은 최소 몇 명인가? (단, 사원과 임원은 적어도 한 명 이상이다)

① 12명 ② 13명 ③ 14명
④ 15명 ⑤ 16명

심화문제

01

다음은 ○○기업 직원의 평균 출퇴근 시간을 조사한 내용이다. 〈보기〉를 토대로 할 때 ○○기업의 직원은 모두 몇 명인가?

보기

- 출퇴근에 걸리는 시간이 30분 이하인 직원은 전체의 $\frac{1}{7}$로 10명 이하이다.
- 출퇴근에 걸리는 시간이 3시간 이하인 직원은 전체의 $\frac{2}{3}$이다.
- 출퇴근에 걸리는 시간이 30분 초과 3시간 이하인 직원은 25명 이상이다.

① 42명   ② 49명   ③ 63명
④ 84명   ⑤ 91명

02

신입사원 진호는 첫 출근을 앞두고 집을 구하고 있다. A 집은 월세가 30만 원이고 집에서 회사까지 1,300원의 교통비가 든다. B 집은 회사까지 걸어서 갈 수 있지만 월세가 A 집보다 비싸다. 다음 중 B 집의 월세가 얼마여야 진호가 A 집을 선택할 때 이득을 볼 수 있겠는가? (단, 진호는 한 달에 20일 출근하고 교통비는 왕복으로 계산하며, 보증금은 생각하지 않는다)

① 32만 원   ② 33만 원   ③ 34만 원
④ 35만 원   ⑤ 36만 원

03

Q 타이머는 생산 후 판매하면 900원의 이익이 남고 불량품이 생기면 2,100원의 손해가 발생한다. Q 타이머를 생산하여 판매할 때 손해가 나지 않으려면 불량률은 최대 몇 %까지 허용되는가? (단, 생산된 타이머 중 정상제품은 모두 판매된다고 가정한다)

① 10%   ② 20%   ③ 30%
④ 40%   ⑤ 50%

04

S 사원이 회사에서 사용할 A4용지를 구매하려고 판매 매장에 문의했더니 A4용지 10박스 이상을 사면 10% 할인, 30박스 이상을 사면 20%를 할인해 준다고 한다. 30박스를 주문할 때의 가격보다 오히려 더 비싸지는 A4용지 10박스 이상의 최소 개수는 몇 개인가?

① 25박스   ② 26박스   ③ 27박스
④ 28박스   ⑤ 29박스

05

대학로의 어느 소극장에서 연극 포스터 인쇄를 주문하려고 한다. 100장을 인쇄하는 데 20,000원이고 100장의 초과분에 대해서는 1장당 120원이 청구된다. 포스터 1장당 인쇄비가 150원 이하가 되도록 하려면 최소한 몇 장 인쇄를 맡겨야 하는가?

① 267장   ② 268장   ③ 269장
④ 270장   ⑤ 271장

06

○○공단에서 외국인 근로자 취업 알선과 관련한 업무를 담당하는 A는 우리나라의 근로 여건과 환경에 관한 동영상 홍보 자료를 각국의 언어별로 12개의 파일로 만들어 32GB의 USB에 담아야 한다. 고화질 파일로 만들 경우 3GB, 일반화질의 파일일 경우 2GB의 용량이 필요하며 고화질 파일을 일반화질 파일보다 더 많이 만들려고 한다. 이 경우 A는 32GB USB 1개에 고화질 파일을 최대 몇 개까지 저장할 수 있는가?

① 6개　　　② 7개　　　③ 8개
④ 9개　　　⑤ 10개

07

어떤 회사에서 직원들에게 10,000원이 충전되어 있는 A 기프트 카드와 5,000원이 충전되어 있는 B 기프트 카드 총 100장을 나누어 주려고 한다. A 기프트 카드는 1명에게 2장씩 나눠주면 4장 부족하고, B 기프트 카드는 1명에게 4장씩 나눠주면 부족하며 1명에게 3장씩 나눠주면 적어도 직원의 반에게는 B 기프트 카드를 1장씩 더 나눠줄 수 있다. A 기프트 카드와 B 기프트 카드 총 100장에 충전된 금액은?

① 660,000원　　　② 670,000원
③ 680,000원　　　④ 690,000원
⑤ 700,000원

08

동호회에서 자체행사가 끝난 뒤 남은 회비를 회원들에게 나눠 주려고 한다. 주어진 상황을 참고하여 구할 수 있는 남은 회비의 최대 금액과 최소 금액의 차이는?

- 회원의 수는 15명 이상이다.
- 남은 회비를 모든 회원들에게 2만 원씩 나누어 주어도 회비가 남는다.
- 다음 행사를 위해 남은 회비에서 20만 원을 제외하고 회원들에게 1만 원씩 나누어 주면 남는 돈은 없다고 한다.

① 10,000원　　　② 20,000원　　　③ 30,000원
④ 40,000원　　　⑤ 50,000원

09

어느 테마파크의 한 놀이기구의 운행간격은 5분이다. 저녁이 되어도 기다리는 사람들이 많아 줄 마지막에 있는 사람까지 승차할 수 있도록 하고 대기자 줄을 마감했다. 그 후 처음 운행한 시각은 18시 45분이었고, 19시 10분에 승차했을 때 아직 204명의 대기자가 남아 있었다. 마지막 팀이 20시 15분에 승차했다면 총 대기자는 몇 명인가?

① 250명　　　② 300명　　　③ 350명
④ 400명　　　⑤ 410명

10

상품판매를 통한 이익은 총 매출액에서 총비용을 뺀 것을 의미하며, 상품의 총 매출액은 판매량과 단위당 가격을 곱한 것으로 구할 수 있다. 상품 A가 1년간 개당 6,500원에 N개 판매되었으며 연간 발생한 총 비용이 $(2,000,000+1,000N)$원이라면 다음 중 상품 A의 이익이 50,000,000원 이상인 경우를 나타내는 식으로 가장 적절한 것은?

① $50,000,000 \leq 5,500N - 2,000,000$

② $50,000,000 \geq 5,500N - 2,000,000$

③ $50,000,000 \leq 5,500N - 2,000,000N$

④ $50,000,000 \geq 7,500N - 2,000,000N$

⑤ $50,000,000 \leq 7,500N - 2,000,000N$

11

○○회사는 국내 대학생과 외국인 대학생이 참여하는 국제 학생 교류 프로그램을 주최한다. 프로그램에 참여하는 국내 학생 한 명당 3점, 외국인 학생 한 명당 4점씩 계산하여 프로그램 운영 평가 점수를 받는다고 할 때, 다음 〈조건〉에서 받을 수 있는 프로그램 운영 평가 점수는 최대 몇 점인가?

조건

- 최대 126명의 학생이 참여할 수 있다.
- 학생 한 명당 필요한 지원금은 국내 학생이 200만 원, 외국인 학생이 300만 원이다.
- 지원금은 최대 3억 1,500만 원까지 사용할 수 있다.

① 423점   ② 429점   ③ 435점

④ 441점   ⑤ 447점

12

현재 과장과 대리는 각각 42권과 12권의 공책을 가지고 있다. 과장이 가진 공책의 권수가 대리의 2배 이상 3배 이하가 되도록 하려면 과장이 대리에게 최대 몇 권을 주어야 하는가? (단, 공책을 찢어서 주지 않는다)

① 3권   ② 4권   ③ 5권

④ 6권   ⑤ 7권

13

AA 통신사가 한 달 단말기 이용료를 x% 인상하면 가입 회원 수는 $0.5x$% 감소한다고 한다. 이 회사의 단말기 이용료로 인한 수입이 8% 이상 증가하도록 하는 최솟값 x는?

① 5   ② 10   ③ 15

④ 20   ⑤ 25

14

L 회사의 직원은 총 500명으로 올해 이들 중 10%가 자전거로 출퇴근을 했다. 매년 자전거를 이용하는 직원이 전년 대비 20%씩 증가한다고 할 때 이들이 차지하는 비중이 전체 직원의 40% 이상이 되는 해는 몇 년 후가 되겠는가? (단, $\log 1.2 = 0.08$, $\log 2 = 0.3$으로 계산한다)

① 5년 후   ② 6년 후   ③ 7년 후

④ 8년 후   ⑤ 9년 후

테마 **7**

Mathematics

집합

유형 1   **집합**

⭐ 심화문제

유형 1. 집합

① 집합

주어진 조건에 의하여 그 대상을 명확하게 구분할 수 있는 것들의 모임을 집합이라고 한다.

② 부분집합

두 집합 A, B에 대하여 집합 A의 모든 원소가 집합 B에 속할 때, 집합 A는 집합 B의 부분집합($A{\subset}B$)이라고 한다.

③ 벤다이어그램

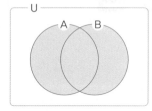

전체집합과 부분집합의 관계, 부분집합 상호 간의 관계를 폐곡선으로 나타낸 그림

④ 집합의 포함 관계에 대한 성질

임의의 집합 A, B, C에 대하여
- $\varnothing{\subset}A$, $A{\subset}A$
- $A{\subset}B$이고 $B{\subset}A$이면 $A=B$
- $A{\subset}B$이고 $B{\subset}C$이면 $A{\subset}C$

⑤ 부분집합의 개수

원소의 개수가 n개인 집합 A에 대하여
- 집합 A의 부분집합의 개수는 2^n개
- 집합 A의 부분집합 중 특정한 원소 m개를 반드시 포함하는(또는 포함하지 않는) 부분집합의 개수는 2^{n-m}개

6 합집합, 교집합, 여집합, 차집합

합집합	교집합
$A \cup B = \{x \mid x \in A$ 또는 $x \in B\}$	$A \cap B = \{x \mid x \in A$ 이고 $x \in B\}$
여집합	**차집합**
$A^c = \{x \mid x \in U$ 이고 $x \notin A\}$	$A - B = \{x \mid x \in A$ 이고 $x \notin B\}$

7 집합의 연산법칙

- 교환법칙 : $A \cup B = B \cup A$, $A \cap B = B \cap A$
- 결합법칙 : $(A \cup B) \cup C = A \cup (B \cup C)$, $(A \cap B) \cap C = A \cap (B \cap C)$
- 분배법칙 : $A \cup (B \cap C) = (A \cup B) \cap (A \cup C)$, $A \cap (B \cup C) = (A \cap B) \cup (A \cap C)$
- 드모르간의 법칙 : $(A \cup B)^c = A^c \cap B^c$, $(A \cap B)^c = A^c \cup B^c$
- 차집합의 성질 : $A - B = A \cap B^c$
- 여집합의 성질 : $A \cup A^c = U$, $A \cap A^c = \varnothing$

8 유한집합의 원소의 개수

전체집합 U와 그 부분집합 A, B, C가 유한집합일 때
- $n(A \cup B) = n(A) + n(B) - n(A \cap B)$
- $n(A \cup B \cup C) = n(A) + n(B) + n(C) - n(A \cap B) - n(B \cap C) - n(C \cap A) + n(A \cap B \cap C)$

9 유한집합의 원소의 개수의 최댓값과 최솟값

전체집합 U와 그 부분집합 A, B가 유한집합이고 $n(B) < n(A)$일 때
- $n(A \cap B)$가 최대인 경우 ⇨ $B \subset A$일 때이다. 즉, $n(A \cap B) = n(B)$일 때이다.
- $n(A \cap B)$가 최소인 경우 ⇨ $n(A \cup B)$가 최대일 때이다. 즉, $A \cup B = U$일 때이다.

예제 01

다음에 제시된 정보를 토대로 할 때 A 기업의 전체 직원 수는?

> A 기업에 근무하는 직원들은 모두 시내버스와 지하철을 이용하여 출퇴근을 한다. 시내버스를 이용하는 직원은 59명이었고, 지하철을 이용하는 직원은 72명이었다. 또한 시내버스와 지하철을 둘 다 이용하여 출퇴근을 하는 직원은 23명이었다. 시내버스를 이용하는 직원 수와 지하철을 이용하는 직원 수에는 각각 시내버스와 지하철을 둘 다 이용하는 직원이 포함되어 있다.

① 72명   ② 82명   ③ 95명
④ 108명   ⑤ 131명

| 정답 | ④

| 해설 | 제시된 정보를 토대로 벤다이어그램을 그려 보면 다음과 같다.

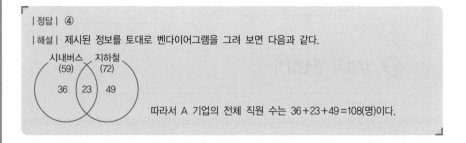

따라서 A 기업의 전체 직원 수는 36+23+49=108(명)이다.

예제 02

40명으로 구성된 어느 학급에서 설문조사를 하였더니 야구를 좋아하는 학생은 24명, 농구를 좋아하는 학생은 17명이었다. 야구와 농구 중 어느 것도 좋아하지 않는 학생이 6명이었다면 농구만 좋아하는 학생은 몇 명인가?

① 7명   ② 10명   ③ 12명
④ 14명   ⑤ 16명

| 정답 | ②

| 해설 | 야구와 농구를 모두 좋아하는 사람을 x명이라 하면,
$40=(24-x)+(17-x)+x+6$
$40=24+17+6-x$
$x=7$(명)
따라서 농구만 좋아하는 학생은 $17-7=10$(명)이다.

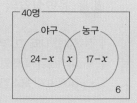

예제 03

○○해외봉사단체는 다음 달에 떠나는 봉사 단원들을 대상으로 아프리카에서 봉사한 경험과 동남아시아에서 봉사한 경험이 있는지를 조사하였다. 그 결과 아프리카에서 봉사한 경험이 있는 봉사 단원이 258명, 동남아시아에서 봉사한 경험이 있는 봉사 단원이 60명이었고, 아프리카와 동남아시아 모두에서 봉사한 경험이 있는 봉사 단원은 18명이었다. 전체 봉사 단원의 20%가 해외에서 봉사한 경험이 없다고 할 때 다음 달에 떠나는 봉사 단원은 모두 몇 명인가?

① 323명   ② 345명   ③ 350명

④ 375명   ⑤ 400명

해결 전략

1단계
제시된 항목을 확인하고 벤다이어그램을 그린다.

2단계
$n(A \cup B) = n(A) + n(B) - n(A \cap B)$ 를 숙지하고 식을 세운다.

| 정답 | ④
| 해설 | 제시된 정보를 토대로 벤다이어그램을 그려 보면 다음과 같다.

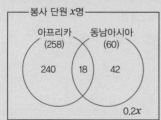

해외봉사 경험이 있는 단원은 총 240+18+42=300(명)이다.
다음 달에 떠나는 봉사 단원의 수를 x명이라 하면, 해외 경험이 없는 단원의 수는 $0.2x$명이다.
$x = 300 + 0.2x$
$0.8x = 300$
$x = 375$
따라서 다음 달에 떠나는 봉사 단원의 수는 375명이다.

테마
7
집
합

해결 전략

어떤 면도 읽지 않는 사람이 30명이므로 나머지 170명은 적어도 정치면이나 경제면 중 한 면은 읽는 사람이다. 따라서 정치면을 읽는 사람과 경제면을 읽는 사람 중 170명을 초과한 만큼이 두 면 모두를 읽는 사람이다.

정치 + 경제 − $\underset{170명}{\overset{한\ 면은}{읽는다}}$ = $\underset{100명}{\overset{모두}{읽는다}}$
140명 130명

예제 04

S 신문을 구독하는 200명을 대상으로 조사를 실시하였다. S 신문의 정치면을 읽는 사람이 140명, 경제면을 읽는 사람이 130명, 둘 중 어떤 면도 읽지 않는 사람이 30명이었다고 할 때, S 신문의 정치면과 경제면 모두 읽는 사람은 몇 명인가?

① 90명   ② 100명   ③ 110명
④ 120명   ⑤ 130명

| 정답 | ②

| 해설 | S 신문을 구독하는 사람은 총 200명이다. 이 중 정치면을 읽는 사람이 140명, 경제면을 읽는 130명, 둘 중 어떤 면도 읽지 않는 사람이 30명이다. 두 면을 모두 읽는 사람을 x명이라고 한 뒤 벤다이어그램을 그리면 다음과 같다.

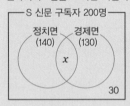

정치면을 읽는 사람과 경제면을 읽는 사람 그리고 둘 중 어떤 면도 읽지 않는 사람의 수를 모두 더하면 140+130+30=300(명)이다. S 신문을 구독하는 사람은 총 200명이므로 이를 초과하는 300−200 =100(명)이 두 면을 모두 읽는 사람이 된다.

예제 05

○○기업의 직원 55명 중 야구를 좋아하는 직원은 33명이고, 축구를 좋아하는 직원은 21명이다. 야구와 축구를 모두 좋아하지 않는 직원이 11명일 때, 야구와 축구를 모두 좋아하는 직원은 몇 명인가?

① 8명   ② 9명   ③ 10명
④ 11명   ⑤ 12명

| 정답 | ③

| 해설 | 야구를 좋아하는 직원의 집합을 A, 축구를 좋아하는 직원의 집합을 B라 하면 $n(A)=33$, $n(B)=21$이다. 야구와 축구를 모두 좋아하지 않는 직원이 11명이므로
$n(A^c \cap B^c)=n((A \cup B)^c)=55-n(A \cup B)=11$
$n(A \cup B)=44$
따라서 야구와 축구를 모두 좋아하는 직원은 $n(A \cap B)=n(A)+n(B)-n(A \cup B)=33+21-44=10$(명)이다.

예제 06

A 대학교 경제학과에서는 여름방학 동안 1학년 학생 41명을 대상으로 영어회화 수업과 중국어회화 수업을 개설한다. 영어회화 수업만 신청한 학생은 13명, 두 수업을 모두 신청한 학생은 11명일 때, 중국어회화 수업만 신청한 학생의 수는? (단, 모든 1학년 학생은 두 수업 중 반드시 하나 이상의 수업에 신청했다)

① 15명　　　　　② 16명　　　　　③ 17명
④ 18명　　　　　⑤ 19명

| 정답 | ③

| 해설 | 제시된 정보를 토대로 벤다이어그램을 그리면 다음과 같다.

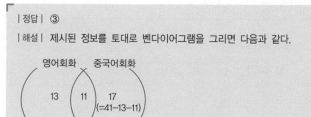

영어회화　　중국어회화

13　　11　　17
(=41−13−11)

따라서 중국어회화 수업만 신청한 학생의 수는 17명이다.

예제 07

C 회사의 직원 35명 가운데 이번 연휴기간에 해외여행을 간 직원은 15명, 친척 집에 간 직원은 16명, 해외여행과 친척 집을 모두 간 직원은 7명이다. 아무 곳에도 가지 않은 직원은 몇 명인가?

① 7명　　　　　② 8명　　　　　③ 9명
④ 10명　　　　　⑤ 11명

| 정답 | ⑤

| 해설 | • 해외여행을 간 직원 : 15명
• 친척 집에 간 직원 : 16명
• 해외여행과 친척 집을 모두 간 직원 : 7명
따라서 해외여행과 친척 집 가운데 어느 한 곳 이상을 간 직원은 15+16−7=24(명)이므로 아무 곳에도 가지 않은 직원은 35−24=11(명)이 된다.

테마

7

집
합

예제 08

다음 표는 남성 50명, 여성 50명을 상대로 좋아하는 문화생활에 대해 조사한 결과이다. 미술감상과 음악감상 중 미술감상만 좋아한다고 답한 사람이 32명일 때, 음악감상만 좋아한다고 답한 사람은 몇 명인가?

(단위 : 명)

구분		좋아한다고 응답한 사람
미술감상	남성	28
	여성	16
음악감상	남성	12
	여성	29

① 14명 ② 18명 ③ 29명
④ 32명 ⑤ 44명

| 정답 | ③
| 해설 | 미술감상을 좋아한다고 답한 사람은 총 28+16=44(명)이다. 이 중 32명은 미술감상만 좋아하는 사람이므로, 미술감상과 음악감상을 모두 좋아하는 사람은 44-32=12(명)이다. 음악감상을 좋아한다고 답한 사람은 총 12+29=41(명)이다. 따라서 이 중 음악감상만 좋아하는 사람은 41-12=29(명)이다.

예제 09

어느 동물 병원을 방문한 손님 180명을 대상으로 기르고 있는 동물에 대해 조사한 결과가 다음과 같다. 새는 키우고 있지만 강아지는 키우고 있지 않은 사람이 30명, 강아지와 고양이를 모두 키우고 있는 사람이 25명이었다. 고양이와 새를 모두 키우고 있는 사람은 없을 때 강아지, 고양이, 새 중 어느 것도 키우고 있지 않은 사람은 몇 명인가?

(단위 : 명)

구분	키우고 있다고 응답한 사람
강아지	80
고양이	65
새	40

① 20명   ② 25명   ③ 30명

④ 35명   ⑤ 40명

⏰ 빠른 풀이 비법

전체 손님에서 강아지나 고양이 중 한 마리 이상의 동물을 기르고 있는 사람을 제외하면 $180-(80+65-25)=60$(명)이다. 여기에서 새만 키우는 사람을 제외한 $60-30=30$(명)이 어느 동물도 키우지 않는 사람의 수가 된다.

테마
7
집
합

|정답| ③

|해설| 세 동물 모두를 키우고 있지 않은 사람은 x명이라고 할 때, 제시된 정보를 토대로 벤다이어그램을 그리면 다음과 같다.

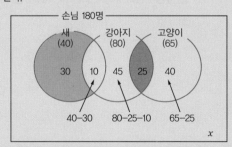

따라서 동물 병원을 방문한 손님 180명 중 새, 강아지, 고양이 중 적어도 한 마리 이상의 동물을 기르고 있는 사람은 총 $30+10+45+25+40=150$(명)이다. 따라서 세 동물 모두를 키우고 있지 않은 사람은 $180-150=30$(명)이다.

집합 공략

정답과 해설 60 쪽

01. 고등학생 40명을 대상으로 국어, 수학, 영어 3과목에 대한 선호도를 조사하였다. 국어를 좋아하는 학생이 25명, 수학을 좋아하는 학생이 19명, 영어를 좋아하는 학생이 13명이고, 국어와 수학을 모두 좋아하는 학생이 10명, 수학과 영어를 모두 좋아하는 학생이 8명, 국어와 영어를 모두 좋아하는 학생이 9명이었다. 국어, 수학, 영어를 모두 좋아하는 학생은 4명이었을 때, 3과목 모두를 싫어하는 학생은 총 몇 명인가?

① 5명　　　　　② 6명　　　　　③ 7명
④ 8명　　　　　⑤ 9명

해결 전략

1단계
집합 간의 관계를 숙지한다.

2단계
$n(A \cup B \cup C) = n(A) + n(B) + n(C) - n(A \cap B) - n(B \cap C) - n(A \cap C) + n(A \cap B \cap C)$를 적용하여 식을 세운다.

02. 초등학생 30명을 대상으로 A, B, C 음료수의 맛에 대해 조사를 실시하였다. 세 음료수가 맛있다고 응답한 학생은 각각 15명, 17명, 16명이었고, A와 B 음료수, A와 C 음료수, B와 C 음료수가 둘 다 맛있다고 중복으로 응답한 학생은 각각 11명, 13명, 7명이었다. 세 음료수 중 어느 곳에도 응답하지 않은 학생은 6명이었을 때, 세 음료수 모두 맛있다고 응답한 학생은 몇 명인가?

① 3명　　　　　② 4명　　　　　③ 5명
④ 6명　　　　　⑤ 7명

03. 놀이공원에서 선생님이 유치원생 40명에게 롤러코스터, 회전컵, 회전목마 3개 놀이기구 중 타고 싶은 것을 1개만 고르도록 했다. 롤러코스터를 타고 싶다고 한 유치원생은 20명, 회전컵을 타고 싶다고 한 유치원생은 13명, 회전목마를 타고 싶다고 한 유치원생은 18명이었다. 하지만 〈보기〉와 같이 말을 듣지 않고 두 번 응답을 한 유치원생이 존재한다고 할 때, 롤러코스터에만 응답을 한 유치원생은 몇 명인가? (단, 모든 유치원생은 응답을 한 번 이상했다)

> **보기**
>
> • 회전컵과 회전목마 2개에만 응답한 유치원생은 4명이었다.
> • 회전목마와 롤러코스터 2개에만 응답한 유치원생은 3명이었다.
> • 3개 놀이기구 모두에 응답한 유치원생은 1명이었다.

① 12명   ② 13명   ③ 14명
④ 15명   ⑤ 16명

04. 한 설문조사에 대한 경품으로 설문조사 응답자 150명에게 A, B, C 중 하나 이상을 선택하라고 했다. A를 선택한 사람 중에 C를 선택하지 않은 사람이 50명, C를 선택한 사람 중에 B를 선택하지 않은 사람이 45명, B를 선택한 사람 중에 A를 선택하지 않은 사람이 40명이었다. A, B, C 세 가지를 모두 선택한 사람의 수는?

① 10명   ② 15명   ③ 20명
④ 25명   ⑤ 30명

05. G 고등학교에서 3학년 1반을 대상으로 수영, 오래달리기, 100m 달리기 세 종목에 대한 체력 테스트를 실시하였더니 다음과 같은 결과가 나왔다. 3학년 1반의 학생은 모두 몇 명인가?

(가) 수영을 통과한 학생은 17명이다.
(나) 오래달리기를 통과한 학생은 19명이다.
(다) 100m 달리기를 통과한 학생은 23명이다.
(라) 수영과 오래달리기를 통과한 학생은 8명이다.
(마) 수영과 100m 달리기를 통과한 학생은 11명이다.
(바) 오래달리기와 100m 달리기를 통과한 학생은 10명이다.
(사) 세 종목 모두 통과한 학생은 5명이다.
(아) 세 종목 모두 통과하지 못한 학생은 4명이다.

① 38명　　　　　② 39명　　　　　③ 40명
④ 41명　　　　　⑤ 42명

06. L 기업의 직원 30명에게 좋아하는 구기종목에 대해 물었더니 다음과 같은 결과가 나왔다. 축구와 야구를 둘 다 좋아하는 직원 수는 몇 명인가?

• 축구를 좋아하는 사람 : 14명
• 야구를 좋아하는 사람 : 8명
• 탁구만을 좋아하는 사람 : 7명
• 세 개 중 어느 것도 좋아하지 않는 사람 : 3명

① 1명　　　　　② 2명　　　　　③ 3명
④ 4명　　　　　⑤ 5명

07. 유도, 검도, 합기도 경험자 33명이 다니는 무술학원이 있다. 유도 경험자가 19명, 검도 경험자가 24명, 합기도 경험자가 26명이고, 이 중 유도와 검도 양쪽 경험자는 15명, 검도와 합기도 양쪽 경험자는 19명, 유도와 합기도 양쪽 경험자는 16명이었다. 다음 중 유도, 검도, 합기도 셋 모두의 경험자는 몇 명인가?

① 11명　　　　　　② 12명　　　　　　③ 13명
④ 14명　　　　　　⑤ 15명

해결 전략

A, B, C가 있을 때, A ～ C 모두를 한 경우인지 A와 B만 한 경우인지를 확실하게 나누어 생각해야 한다.

08. 40명의 학생을 대상으로 좋아하는 과목에 대한 설문조사를 실시한 결과가 다음과 같을 때, 영어, 수학, 국어 세 과목을 모두 좋아한다고 대답한 학생은 몇 명인가?

• 영어를 좋아한다고 대답한 학생 수 : 20명

• 수학을 좋아한다고 대답한 학생 수 : 14명

• 국어를 좋아한다고 대답한 학생 수 : 22명

• 두 과목을 좋아한다고 대답한 학생 수 : 10명

---

① 1명　　　　　　② 2명　　　　　　③ 3명
④ 4명　　　　　　⑤ 5명

테마

7

집합

09. A 회사의 사원 수는 80명이다. 사원 중에 야구 경험자는 25명이고, 그중 테니스 경험자는 8명이다. 사원 중에 테니스 경험자는 38명이고, 그중 골프 경험자는 10명이다. 사원 중에 골프 경험자는 20명이다. 야구, 테니스, 골프 전부 경험한 적이 있는 사원은 3명이고, 전부 경험한 적이 없는 사원은 17명일 때, 야구와 골프 둘 다 경험한 적이 있는 사원은 몇 명인가?

① 2명　　　　　　② 3명　　　　　　③ 4명
④ 5명　　　　　　⑤ 6명

해결 전략

구해야 하는 값을 미지수 x로 지정한 뒤, 제시된 수치들로 관계된 식을 만들어 벤다이어그램의 칸을 하나씩 채워 가며 푼다.

10. 어떤 도시에서 A, B, C 3사 신문의 구독 세대 수에 대한 조사를 실시한 결과, 다음과 같은 결과가 나왔다. A, B, C 3사 신문 모두를 구독하고 있는 것은 몇 세대인가?

- 도시 거주 세대 수 : 200세대
- A지를 구독하는 세대 수 : 80세대
- B지만을 구독하는 세대 수 : 33세대
- C지를 구독하는 세대 수 : 70세대
- A지와 C지만을 구독하는 세대 수 : 10세대
- 아무것도 구독하지 않는 세대 수 : 39세대

① 10세대   ② 11세대   ③ 12세대
④ 13세대   ⑤ 14세대

11. ○○기업에서는 직원 40명을 대상으로 배드민턴과 탁구 동아리에 가입 신청을 받았다. 신청 현황이 다음과 같을 때, 두 동아리 모두에 가입을 신청한 직원의 수는?

- 직원들은 가입 신청을 하지 않거나 두 동아리 모두에 가입을 신청할 수 있다.
- 탁구 동아리에만 가입을 신청한 직원의 수는 배드민턴 동아리에만 가입을 신청한 직원의 수의 2배이다.
- 배드민턴 동아리에는 16명이 가입을 신청했고 어떤 동아리에도 가입을 신청하지 않은 직원은 6명이다.

① 5명   ② 6명   ③ 7명
④ 8명   ⑤ 9명

12. 다음과 같은 상황에서 N 은행 K 지점 직원들 중 '내 집이 없이 대출만 있는' 직원의 수는?

- N 은행 K 지점의 전 직원 수는 50명이다.
- 내 집이 있거나 대출이 있는 직원의 수는 42명이다.
- 내 집이 있는 직원의 수는 30명이고, 대출이 있는 직원의 수는 35명이다.

---

① 10명   ② 12명   ③ 14명

④ 15명   ⑤ 16명

13. A, B 2종류의 시험이 있다. A 시험은 1차 시험 합격자가 2차 시험을 보고, 2차 시험 합격자가 최종 합격자가 된다. B 시험은 1차 시험뿐이고, 그 합격자가 최종 합격자가 된다. 100명의 수험자가 A 시험, B 시험을 모두 본 결과, A 시험 최종 합격자가 49명, B 시험 최종 합격자가 35명이었다. 또한 A 시험의 1차 시험 합격자는 66명이고, 그중 25명은 B 시험에도 합격했으며, A 시험 최종 합격자 중 21명은 B 시험에도 합격했다. A 시험의 1차 시험 합격자 중에서 최종적으로 A 시험, B 시험 모두에 불합격한 사람은 몇 명인가?

① 9명   ② 11명   ③ 13명

④ 15명   ⑤ 17명

> **학습 TIP**
>
> 집합 간의 관계가 서로 포함된 관계일 때는 하나의 폐곡선 안에 또 하나의 폐곡선이 들어간 모양의 벤다이어그램을 그려야 한다. 또한 이와 공통된 부분을 가지는 폐곡선을 그릴 때에는 두 폐곡선 중 교차되는 부분을 정확하게 파악해 그려야 한다.

테마 7

집합

14. 직장인 350명을 대상으로 주말을 보내는 방법에 대해 설문조사를 한 결과가 다음과 같다. 쇼핑을 했지만 영화를 보지 않은 사람의 수는 영화를 보았지만 쇼핑을 하지 않은 사람 수의 3배일 때, 영화를 보았지만 쇼핑을 하지 않은 사람은 몇 명인가?

구분	했음	하지 않았음
쇼핑	220명	130명
영화 관람	90명	260명

① 45명   ② 50명   ③ 55명

④ 60명   ⑤ 65명

[15 ~ 16] 스트레스를 해소하는 방법에 대해 350명을 대상으로 조사하였더니 다음과 같은 결과가 나왔다. 이어지는 질문에 답하시오.

구분	쇼핑을 한다	여행을 간다	영화를 본다
응답(명)	200	180	70

15. 스트레스 해소를 위해 여행을 간다고 응답한 사람들 중 $\frac{1}{4}$이 영화를 본다고도 대답했다. 스트레스 해소를 위해 영화를 보지만 여행을 가지는 않는 사람은 몇 명인가?

① 15명   ② 25명   ③ 35명

④ 45명   ⑤ 55명

16. 스트레스 해소를 위해 쇼핑을 하지만 영화를 보지 않는 사람은, 영화를 보지만 쇼핑을 하지 않는 사람의 6배였다. 스트레스 해소를 위해 영화를 보지만 쇼핑을 하지 않는 사람은 몇 명인가?

① 14명   ② 17명   ③ 20명

④ 23명   ⑤ 26명

빠른 풀이 비법

연립방정식을 사용한다.
'영화를 보지만 쇼핑은 하지 않는 사람'을 x명, '영화도 보고 쇼핑도 하는 사람'을 y명으로 한다.
① 쇼핑을 하는 사람 :
   $6x + y = 200$
② 영화를 보는 사람 :
   $x + y = 70$

[17 ~ 18] 100명이 속한 A반의 한자와 영단어 시험 결과, 한자 시험에서 80점 이상인 학생이 83명, 영단어 시험에서 80점 이상인 학생이 75명이었다. 양쪽 모두 80점 이상이었던 학생은 63명이었다. 이어지는 질문에 답하시오.

17. 두 시험 모두에서 80점 미만을 받은 학생은 몇 명인가?

① 4명   ② 5명   ③ 7명

④ 12명   ⑤ 20명

18. 두 시험 중 한 과목에서만 80점 이상을 받은 학생은 몇 명인가?

① 5명   ② 12명   ③ 20명

④ 25명   ⑤ 32명

빠른 풀이 비법

풀이법에 익숙해지면 문제를 푸는 데 필요한 집단의 값만 내어 시간을 단축한다.

테마
7
집
합

19. 학생 40명은 컴퓨터 자격증 시험과 운전면허 시험을 보았다. 컴퓨터 자격증 시험에만 합격한 사람이 12명, 두 시험 모두에 합격한 사람은 7명, 운전면허 시험에만 합격한 사람은 두 시험 모두에 불합격한 사람의 2배일 때, 모두 불합격한 사람은 몇 명인가?

① 5명   ② 6명   ③ 7명

④ 8명   ⑤ 9명

20. 어떤 학급에서 전체 학생의 $\frac{1}{4}$은 안경을 착용하였고, 안경을 착용하지 않은 학생 가운데 $\frac{1}{3}$은 렌즈를 착용하였다. 학급의 총 인원수가 24명이라면 안경이나 렌즈를 착용하지 않은 학생은 몇 명인가? (단, 안경과 렌즈를 동시에 착용한 사람은 없다)

① 8명   ② 10명   ③ 12명
④ 14명   ⑤ 16명

☀ One Point Lesson

벤다이어그램을 그리고 구해야 할 항목이 무엇인지 체크한다. 교집합의 숫자에 유의한다.

21. G 회사의 직원 100명을 대상으로 축구선수 A, B, C의 선호도에 대해 설문조사를 하였더니 A를 좋아하는 사람은 55명, B를 좋아하는 사람은 54명, C를 좋아하는 사람은 58명이며 A와 B, A와 C, B와 C를 둘 다 좋아하는 사람은 각각 27명, 30명, 31명이었다. 또한 A, B, C를 모두 좋아하는 사람이 16명이었다면 A, B, C를 모두 좋아하지 않는 사람은 몇 명인가?

① 5명   ② 7명   ③ 9명
④ 11명   ⑤ 13명

22. A 대학교에서 학생 34명을 대상으로 축구 동아리와 농구 동아리 가입 여부를 조사하였다. 조사 결과 축구 동아리에 가입한 학생은 13명, 농구 동아리에 가입한 학생은 20명, 두 동아리에 모두 가입한 학생은 4명이었다. 어느 동아리에도 가입하지 않은 학생은 몇 명인가?

① 5명   ② 7명   ③ 9명
④ 11명   ⑤ 13명

23. 50명이 소속된 교육기관에서 A, B 시험을 실시했다. A 시험에만 합격한 사람은 18명, 두 시험 모두 합격한 사람은 8명, B 시험에만 합격한 사람은 모두 불합격한 사람의 3배일 때, 모두 불합격한 사람은 몇 명인가?

① 3명   ② 4명   ③ 5명

④ 6명   ⑤ 7명

24. 어느 고등학교에서 80명의 학생을 대상으로 과학탐구 과목의 선택상황을 조사한 결과, 생물을 선택한 학생은 40명, 화학을 선택한 학생은 40명, 물리를 선택한 학생은 35명이었다. 또한 세 과목 전체를 선택한 학생은 10명이고, 어떤 한 과목만을 선택한 학생은 35명이었다. 세 과목 전부 선택하지 않은 학생은 몇 명인가?

① 5명   ② 10명   ③ 15명

④ 20명   ⑤ 25명

테마

7

집
합

25. 중학생 500명을 대상으로 수영에 대해 설문조사를 실시한 결과는 다음과 같다. 수영 경험이 있으며 수영을 좋아한다고 답한 학생이 360명 일 때, 수영 경험이 없으며 수영이 싫다고 답한 학생은 몇 명인가?

구분	답변(명)	
수영 경험	있다	420
	없다	80
수영을 좋아하는가	좋다	370
	싫다	130

① 40명   ② 50명   ③ 60명

④ 70명   ⑤ 80명

심화문제

정답과 해설 66 쪽

01

어느 어학원에서 학생 50명을 대상으로 영어와 중국어 두 과목의 시험을 함께 실시하였다. 이 중 영어와 중국어 점수가 모두 90점 이상인 학생은 7명, 둘 다 90점 미만인 학생은 14명이었다. 영어가 90점 이상인 학생이 중국어가 90점 이상인 학생보다 5명이 많다고 할 때 중국어 점수가 90점 이상인 학생은 몇 명인가?

① 17명 ② 19명 ③ 22명
④ 24명 ⑤ 26명

02

어떤 청과점에서 하루 동안 과일을 산 손님을 조사한 결과가 다음과 같다. 사과, 감 또는 귤 중 적어도 1종류를 산 손님은 몇 명인가?

- 사과를 산 손님은 32명이고, 그중 15명이 감도 샀다.
- 감을 산 손님은 47명이고, 그중 21명이 귤도 샀다.
- 귤을 산 손님은 83명이며, 그중 11명이 사과도 샀다.
- 사과, 감, 귤 3종류 모두 산 손님은 4명이었다.

① 111명 ② 115명 ③ 119명
④ 123명 ⑤ 128명

03

150명의 학생을 대상으로 축구와 야구의 선호도에 대해 조사하였다. 축구가 좋다고 응답한 학생의 80%는 야구도 좋다고 응답하였고, 야구가 좋다고 응답한 학생의 60%는 축구도 좋다고 응답하였다. 어느 쪽도 좋아하지 않는다고 응답한 학생이 35명일 때, 축구를 좋아한다고 응답한 학생은 몇 명인가?

① 60명 ② 68명 ③ 75명
④ 84명 ⑤ 90명

04

대학생 175명을 상대로 성별, 문·이과, 아르바이트 경험의 유무를 조사한 결과가 다음과 같을 때, 문과 학생은 몇 명인가?

- (가) 아르바이트 경험이 있는 학생은 37명이다.
- (나) 아르바이트 경험이 있는 학생 가운데 문과 학생은 21명이다.
- (다) 아르바이트 경험이 없는 학생 가운데 이과 남학생은 17명이다.
- (라) 아르바이트 경험이 없는 학생 가운데 이과 여학생은 85명이다.

① 55명 ② 56명 ③ 57명
④ 58명 ⑤ 59명

05

어느 전자제품 매장에서 노트북, 휴대 전화, CD플레이어 3종의 제품을 팔고 있다. 매장을 방문한 손님 120명을 대상으로 제품의 구입상황을 조사한 결과가 다음 〈보기〉와 같을 때, 노트북을 구입한 사람은 몇 명인가?

> **보기**
>
> • 휴대 전화를 구입한 사람은 71명이다.
> • 노트북만을 구입한 사람은 아무것도 구입하지 않은 손님과 그 수가 같다.
> • 노트북을 구입한 손님 중 휴대 전화 또는 CD플레이어도 구입한 손님은 노트북만 구입한 사람의 3배이다.
> • CD플레이어를 구입한 손님은 43명이고, 그중 휴대 전화도 구입한 손님은 16명이다.

① 41명   ② 42명   ③ 43명
④ 44명   ⑤ 45명

06

대학생 500명을 대상으로 야구와 배구를 좋아하는지에 관한 조사를 하였더니 다음과 같은 결과가 나왔다. 야구와 배구를 모두 싫어한다고 답한 사람이 50명이라면, 야구와 배구 중 어느 하나만 좋다고 대답한 사람은 몇 명인가?

구분	답변(명)	
야구를 좋아하는가?	좋아한다	390
	싫어한다	110
배구를 좋아하는가?	좋아한다	330
	싫어한다	170

① 60명   ② 90명   ③ 120명
④ 150명   ⑤ 180명

07

어느 대학교 학생 70명을 대상으로 A, B, C 회사에 입사 지원한 사람의 수를 조사한 결과 이들 회사에 지원한 학생은 각각 45명, 48명, 48명이었고, A와 B 회사, A와 C 회사, B와 C 회사를 중복 지원한 학생은 각각 31명, 32명, 37명이었다. 세 회사 중 어느 곳에도 지원하지 않은 사람이 4명일 때, 세 회사에 모두 지원한 사람의 수는 몇 명인가?

① 10명   ② 13명   ③ 17명
④ 20명   ⑤ 25명

08

○○기업 신입사원 200명은 인사팀의 요청에 따라 한 명도 빠짐없이 A, B, C 세 가지 강좌 중 최소 1개, 최대 2개의 강좌를 신청하였다. A, B, C 강좌를 신청한 신입사원이 각각 74명, 80명, 85명이었고, A 강좌와 B 강좌를 동시에 신청한 신입사원이 12명, B 강좌와 C 강좌를 동시에 신청한 직원이 20명일 때, A 강좌와 C 강좌를 동시에 신청한 신입사원은 몇 명인가?

① 7명   ② 8명   ③ 9명
④ 10명   ⑤ 11명

[09 ~ 10] 다음은 학생 50명을 대상으로 휴대 전화, 컴퓨터, 게임기 세 기기류의 소유 현황을 조사한 결과이다. 이어지는 질문에 답하시오.

- 휴대 전화를 소유한 학생은 38명이다.
- 컴퓨터를 소유한 학생은 33명이다.
- 게임기를 소유한 학생은 23명이다.
- 휴대 전화와 컴퓨터를 소유한 학생은 25명이다.
- 컴퓨터와 게임기를 소유한 학생은 18명이다.
- 휴대 전화와 게임기를 소유한 학생은 16명이다.
- 세 기기류 모두 소유한 학생은 14명이다

09

휴대 전화와 컴퓨터는 소유하고 있으나 게임기는 소유하지 않은 학생은 몇 명인가?

① 5명　　　　② 7명　　　　③ 9명
④ 11명　　　　⑤ 13명

10

3가지 기기류 중 어느 것도 소유하지 않은 학생은 몇 명인가?

① 1명　　　　② 2명　　　　③ 3명
④ 4명　　　　⑤ 5명

11

화장품 회사 A는 고객 설문 조사를 통해 자회사 및 경쟁 회사 B, C의 제품 사용 여부를 조사하여 다음과 같은 결과를 얻었다. 조사에 참여한 고객 수의 최댓값을 M, 최솟값을 m이라고 할 때, $M-m$의 값은?

- 조사에 참여한 사람은 A, B, C 회사 제품 중 한 개 이상을 사용한 적이 있다.
- A 회사 제품을 사용한 적이 있는 사람은 37명이다.
- B 회사 제품을 사용한 적이 있는 사람은 32명이다.
- C 회사 제품을 사용한 적이 있는 사람은 A 회사 제품 또는 B 회사 제품을 사용한 적이 있는 사람보다 적다.
- A 회사 제품과 C 회사 제품을 모두 사용한 적이 있는 사람은 14명이다.
- C 회사 제품을 사용한 적이 있는 사람은 B 회사 제품을 사용한 적이 없다.

① 74　　　　② 77　　　　③ 80
④ 83　　　　⑤ 86

12

부서 전체 단합대회 장소를 정하려고 설문조사를 실시한 뒤, 그 결과를 팀장님에게 보고하려고 한다. 팀원 60명 중 춘천에 가 본 적이 있는 사람은 25명, 무주에 가 본 적이 있는 사람은 14명, 춘천과 무주에 모두 가 본 적이 있는 사람은 9명일 때, 두 곳 중 어느 곳도 가 본 적이 없는 사람은 몇 명인가?

① 24명　　　　② 26명　　　　③ 28명
④ 30명　　　　⑤ 32명

[13 ~ 14] 어느 회사에서 사원 180명을 대상으로 출근할 때 이용하는 교통수단을 조사하였더니 다음과 같은 결과가 나왔다. 지하철과 버스 모두를 이용하는 사람은 20명, 자전거만 이용하는 사람은 48명이었다. 이어지는 질문에 답하시오.

- 지하철 : 80명
- 버스 : 53명
- 자전거 : 86명

13

지하철, 버스, 자전거 중에 어느 것도 이용하지 않는 사람은 몇 명인가?

① 6명　　　② 13명　　　③ 16명
④ 19명　　　⑤ 26명

14

버스와 자전거를 모두 이용하는 사람은 자전거만 이용하는 사람의 $\frac{1}{4}$이었다. 지하철, 버스, 자전거를 모두 이용하는 사람이 5명이라고 한다면, 버스와 자전거를 모두 이용하지만 지하철은 이용하지 않는 사람은 몇 명인가?

① 2명　　　② 4명　　　③ 7명
④ 13명　　　⑤ 19명

[15 ~ 17] 어느 연수회에서는 세 개의 세미나 P, Q, R 중 한 가지 이상을 수강할 수 있다. 연수생은 120명이며 각 세미나의 수강인원은 다음과 같다. 이어지는 질문에 답하시오.

- 세미나 P를 수강하는 사람은 63명이다.
- 세미나 Q를 수강하는 사람은 52명이다.
- 세미나 R을 수강하는 사람은 41명이다.
- 세미나 P, Q, R 중 아무것도 수강하지 않는 사람은 한 명도 없었다.

15

세미나 P를 수강하는 사람 중 세미나 Q도 수강하는 사람이 20명이었다면, 세미나 Q를 수강하지만 세미나 P는 수강하지 않는 사람은 몇 명인가?

① 15명　　　② 18명　　　③ 21명
④ 31명　　　⑤ 32명

16

세미나 R만 수강한 사람은 몇 명인가? (단, **15**와 이어진다)

① 25명　　　② 27명　　　③ 30명
④ 32명　　　⑤ 34명

17

세 개의 세미나 전부를 수강한 사람이 6명이라면, 두 개 이상의 세미나를 수강한 사람은 몇 명인가? (단, **15**, **16**과 이어진다)

① 24명　　　② 26명　　　③ 30명
④ 32명　　　⑤ 36명

테마

7

집
합

[18 ~ 20] 어느 지역의 초등학생 80명을 대상으로 학습 현황에 대한 조사를 하였을 때, 다음과 같은 결과가 나왔다. 이어지는 질문에 답하시오.

- 영어회화를 배우고 있는 학생 : 35명
- 서예를 배우고 있는 학생 : 15명
- 피아노를 배우고 있는 학생 : 20명

18

영어회화도 피아노도 배우고 있는 학생은 8명이었다. 영어회화는 배우지 않으나 피아노를 배우는 학생은 몇 명인가?

① 8명　　　② 12명　　　③ 15명
④ 17명　　　⑤ 20명

19

서예만 배우고 있는 학생은 7명이었다. 영어회화, 서예, 피아노 중 아무것도 배우고 있지 않은 학생은 몇 명인가? (단, 18과 이어진다)

① 7명　　　② 15명　　　③ 18명
④ 24명　　　⑤ 26명

20

서예와 피아노는 배우고 있으나 영어회화를 배우고 있지 않은 학생은 피아노만 배우고 있는 학생의 $\frac{1}{3}$이었다. 피아노만 배우고 있는 학생은 몇 명인가? (단, 18, 19와 이어진다)

① 3명　　　② 4명　　　③ 6명
④ 9명　　　⑤ 12명

21

어느 대학에서 학생을 대상으로 영어, 중국어, 스페인어 강의의 이수상황에 대해 조사한 결과가 다음과 같을 때, 이에 대한 설명으로 옳은 것은? (단, 조사 대상 학생은 영어, 중국어, 스페인어 강의 중 적어도 1개를 이수하였다)

- ㄱ. 스페인어 강의를 이수하는 학생은 반드시 영어 강의를 이수한다.
- ㄴ. 2개 국어 강의만을 이수한 학생은 12명이다.
- ㄷ. 중국어 강의를 이수한 학생은 30명이다.
- ㄹ. 스페인어 강의를 이수한 학생은 7명이다.

① 중국어 강의만을 이수한 학생은 없을 수도 있다.
② 중국어 강의만을 이수한 학생의 수는 최대의 경우에도 10명 이하이다.
③ 영어 강의만을 이수한 학생의 수는 7명이다.
④ 조사를 실시한 학생의 수는, 최대의 경우에도 50명 이하이다.
⑤ 3개 국어 강의를 모두 이수한 학생의 수는 중국어와 영어 강의만을 이수한 학생의 수보다 5명 적다.

테마

8

Mathematics

약수·배수

유형 **1**

약수

핵심 Check

❶ 약수

(1) 약수

어떤 수를 나누어떨어지게 하는 0이 아닌 정수

(2) 공약수

두 정수의 공통 약수가 되는 정수, 즉 두 정수를 모두 나누어떨어뜨리는 정수

(3) 최대공약수

공약수 중에서 가장 큰 수 ⇨ 공약수는 그 최대공약수의 약수이다.

(4) 서로소

공약수가 1뿐인 두 자연수

❷ 약수의 개수

자연수 n이 $p_1^{e_1} p_2^{e_2} \cdots p_k^{e_k}$로 소인수분해될 때, n의 약수의 개수는 $(e_1+1)(e_2+1) \cdots (e_k+1)$개이다.

❸ 최대공약수 구하는 방법

(1) 각각의 약수를 구한 후 공약수 중 가장 큰 수를 찾는다.

> 예 12와 30의 최대공약수
> • 12의 양의 약수 : 1, 2, 3, 4, 6, 12
> • 30의 양의 약수 : 1, 2, 3, 5, 6, 10, 15, 30
> 따라서 12와 30의 공약수는 1, 2, 3, 6이므로 최대공약수는 6이다.

(2) 소인수분해를 이용한다.

① 각각의 수를 소인수분해한다.

② 공통인 소인수 중에서 거듭제곱의 지수가 같으면 그대로, 다르면 작은 것을 선택하여 모두 곱한다.

예 12와 30의 최대공약수

→ 거듭제곱의 지수가 같으므로
  그대로

$12 = 2^2 \times 3$
$30 = 2 \times 3 \times 5$

→ 거듭제곱의 지수가 다르므로
  작은 것(1) 선택

따라서 12와 30의 최대공약수는 $2^1 \times 3^1 = 6$이다.

(3) 나눗셈을 이용한다.

공통 인수

| 2) 12   30 |
| × |
| 3) 6   15 | 몫

6   2   5   서로소

① 공통 인수로 수를 각각 나눈다.

② 공통 인수를 왼쪽에 표시하고 몫을 아래에 표시한다.

③ 몫이 서로소가 될 때까지 반복한다.

④ 왼쪽에 표시된 숫자(공통 인수)를 모두 곱한다.

4 최대공약수를 활용하는 문제

(1) 특정 크기의 공간을 가장 큰 물품으로 남는 공간 없이 채우는 경우

(2) 특정 크기의 공간을 가장 적은 수의 물품으로 남는 공간 없이 채우는 경우

(3) 특정 양을 최대한 많은 사람에게 똑같이 나누어 주는 경우

(4) 두 개 이상의 자연수를 나누어 각각 일정한 나머지를 생기게 하는 가장 큰 자연수를 구하는 경우

참고

• 볼펜을 직원들에게 똑같이 나누어 준다. ⇨ 약수 문제

• 볼펜과 수첩을 직원들에게 똑같이 나누어 준다. ⇨ 공약수 문제

• 볼펜과 수첩을 가능한 한 많은 직원들에게 똑같이 나누어 준다. ⇨ 최대공약수 문제

테마 **8**
약수 · 배수

예제 01

88과 64의 최대공약수는 얼마인가?

① 4   ② 6   ③ 8

④ 10   ⑤ 12

| 정답 | ③

| 해설 | $88=2\times2\times2\times11$ $64=2\times2\times2\times8$
따라서 두 수의 최대공약수는 $2\times2\times2=8$이다.

[별해] 나눗셈을 이용해 최대공약수를 구하면 다음과 같다.

$$
\begin{array}{r|rr}
2 & 88 & 64 \\
\times & & \\
2 & 44 & 32 \\
\times & & \\
2 & 22 & 16 \\
\hline
8 & 11 & 8
\end{array}
$$

예제 02

세로의 길이가 120cm, 가로의 길이가 90cm인 벽에 정사각형 모양의 타일을 빈틈 없이 붙이려고 한다. 타일 개수를 가장 적게 사용하려고 할 때, 붙일 수 있는 타일 한 변의 길이는?

① 10cm   ② 15cm   ③ 20cm

④ 25cm   ⑤ 30cm

| 정답 | ⑤

| 해설 | 직사각형 벽에 남는 부분 없이 타일을 붙이면서 그 개수를 가장 적게 사용하기 위해서는 가능한 한 가장 큰 정사각형 모양의 타일을 사용해야 하므로 벽의 세로, 가로 길이인 120cm, 90cm의 최대공약수가 사용할 타일 한 변의 길이가 된다.

$$
\begin{array}{r|rr}
5 & 120 & 90 \\
\times & & \\
3 & 24 & 18 \\
\times & & \\
2 & 8 & 6 \\
\hline
30 & 4 & 3
\end{array}
$$

따라서 타일 한 변의 길이는 $2\times3\times5=30$(cm)이다.

예제 03

K 은행에서는 연말을 맞아 사과 112상자, 배 70상자를 구매하여 부서별로 배분하려 한다. 부서별 필요 개수와 상관없이 사과와 배 상자를 각각 전 부서에 동일한 수로 배분하였더니 사과는 4상자가 남고, 배는 2상자가 부족하였다. 다음 중 K 은행의 부서 개수가 될 수 없는 것은?

① 6개 　　　　② 8개 　　　　③ 9개
④ 12개 　　　　⑤ 18개

|정답| ②

|해설| 실제 필요한 개수는 사과가 112−4=108(상자), 배가 70+2=72(상자)가 된다.
모든 부서에 동일한 수량으로 배분한 것이므로 108과 72의 공약수가 부서의 개수가 될 수 있다. 8은 108의 약수가 아니므로 ②가 정답이 된다.

예제 04

가로, 세로, 높이가 각각 112cm, 168cm, 140cm인 직육면체 모양의 적재함이 있다. 이 적재함을 가장 큰 정육면체 박스로 채워 남는 공간이 없도록 할 때, 적재함의 가로, 세로, 높이에 각각 쌓을 수 있는 적재 수량을 순서대로 나열한 것은?

① 2개, 3개, 4개 　　　② 2개, 4개, 5개 　　　③ 3개, 4개, 5개
④ 4개, 6개, 5개 　　　⑤ 4개, 5개, 6개

|정답| ④

|해설| 박스가 정육면체이므로 먼저 112, 168, 140의 최대공약수를 구해야 한다.

```
 4) 112  168  140
 ×
 7)  28   42   35
═
28    4    6    5
```

따라서 최대공약수는 4×7=28이 되어 가장 큰 박스는 한 변의 길이가 28cm인 정육면체가 된다.
그러므로 가로, 세로, 높이에 각각 4개, 6개, 5개의 박스를 쌓을 수 있다.

예제 05

B 회사에서 개최하는 체육대회에 200캔의 음료수와 80개의 떡이 협찬으로 들어왔다. 최대한 많은 사원에게 똑같이 나누어 주려면 음료수와 떡을 각각 몇 개씩 나누어 주어야 하는가?

	음료수	떡			음료수	떡
①	4캔	1개		②	5캔	2개
③	8캔	4개		④	10캔	8개
⑤	12캔	10개				

| 정답 | ②

| 해설 | 최대한 많은 사원에게 똑같이 나누어 주어야 하므로 최대공약수를 구해야 한다.

$200 = 2 \times 2 \times 2 \times 5 \times 5$

$80 = 2 \times 2 \times 2 \times 2 \times 5$

두 수의 최대공약수는 $2 \times 2 \times 2 \times 5 = 40$이다.

따라서 음료수는 $200 \div 40 = 5$(캔), 떡은 $80 \div 40 = 2$(개)씩을 나누어 주었을 때 가장 많은 사원 40명에게 똑같이 나누어 줄 수 있다.

| 별해 |

```
 2 ) 200   80
 ×
 2 ) 100   40
 ×
 2 )  50   20
 ×
 5 )  25   10
 ‖
 40    5    2
```

예제 06

두 양의 정수 2,520과 3,960의 공약수 중 짝수는 몇 개인가?

① 9개   ② 18개   ③ 20개
④ 24개   ⑤ 28개

빠른 풀이 비법
약수의 개수를 구하는 공식
각 소인수의 지수에 1을 더하여 곱한다.

| 정답 | ②
| 해설 | 두 수의 공약수는 두 수의 최대공약수의 약수이다.
$2,520 = 2^3 \times 3^2 \times 5 \times 7$
$3,960 = 2^3 \times 3^2 \times 5 \times 11$
여기에서 2,520과 3,960의 최대공약수는 $2^3 \times 3^2 \times 5$이다.
그러므로 $2^3 \times 3^2 \times 5$의 약수의 개수는 $(3+1) \times (2+1) \times (1+1) = 24$(개)가 된다.
이때 $2^3 \times 3^2 \times 5$의 약수 중 짝수의 개수는 전체 약수의 개수에서 홀수인 약수의 개수를 빼면 된다.
홀수인 $3^2 \times 5$로 가능한 약수의 개수는 $(2+1) \times (1+1) = 6$(개)이다.
따라서 $24-6 = 18$(개)이다.

예제 07

가로의 길이가 165, 세로의 길이가 120인 직사각형 모양의 종이를 남겨지는 부분 없이 크기가 가장 큰 정사각형 모양의 종이로 자르려고 한다. 이때, 잘라지는 정사각형의 한 변의 길이와 개수는?

	한 변의 길이	개수(개)		한 변의 길이	개수(개)
①	5	24	②	5	72
③	15	60	④	15	88
⑤	45	20			

| 정답 | ④
| 해설 | 정사각형의 한 변의 길이는 165, 120의 최대공약수여야 한다.
$165 = 3 \times 5 \times 11$
$120 = 2^3 \times 3 \times 5$
정사각형의 한 변의 길이는 최대공약수인 $3 \times 5 = 15$이다. 이때 정사각형의 개수는 $(165 \div 15) \times (120 \div 15) = 11 \times 8 = 88$(개)이다.

약수 공략

정답과 해설 71쪽

유형 1

해결 전략

1단계

최대공약수의 개념과 계산하는 방법을 숙지한다.

2단계

'가장 큰, 가장 작은, 최소한, 최대한' 등의 단어가 나오면 유의하여 최소공배수를 이용하는 문제와 구분한다.

---

01. 가로 42cm, 세로 60cm인 벽에 남는 부분 없이 정사각형 타일을 붙이고자 한다. 필요한 타일의 최소 개수는?

① 30개 ② 40개 ③ 50개

④ 60개 ⑤ 70개

02. S 은행에서는 보존연한이 지난 문서를 파기하려고 한다. 문서 파쇄 업체의 차량에는 가로, 세로, 높이가 각각 112cm, 168cm, 140cm인 화물칸이 있다. 문서 다발(세로와 높이는 같고 가로는 세로의 절반인 직육면체)의 수를 최소화하여 화물칸에 남는 부분이 없이 가득 채울 때, 문서 다발의 세로의 길이와 화물칸에 실리는 문서 다발의 개수는? (단, 문서 다발의 종이 두께와 문서 다발 간의 공간은 고려하지 않는다)

① 14cm, 120개 ② 14cm, 240개 ③ 28cm, 120개

④ 28cm, 240개 ⑤ 28cm, 480개

03. ○○기업 사원 A와 B는 사내 피트니스 센터에서 근력운동을 한다. 두 사원의 주당 운동 볼륨이 동일하다고 할 때, B의 스쿼트 운동 반복 횟수로 가능하지 않은 것은?

> • (주당 운동 볼륨)=(중량)×(반복 횟수)×(세트 수)×(주당 빈도수)
> • A는 스쿼트 운동을 96kg으로 10회씩 5세트를 1주일에 두 번 한다.
> • B는 스쿼트 운동을 80kg으로 1주일에 두 번 한다.

① 6회 ② 9회 ③ 10회

④ 12회 ⑤ 15회

04. 세 모서리의 길이가 각각 24cm, 30cm, 48cm인 직육면체 모양의 케이크가 있다. 이 케이크를 될 수 있는 대로 큰 정육면체 모양으로 잘라 나눌 때 만들어지는 정육면체의 개수는?

① 80개   ② 120개   ③ 160개
④ 200개   ⑤ 240개

05. 네 변의 길이가 96cm, 160cm, 192cm, 224cm인 사각형 모양의 토지가 있다. 이 토지의 둘레에 같은 간격으로 말뚝을 박아 울타리를 만들려고 한다. 네 모퉁이에는 반드시 말뚝을 박아야 하고 말뚝의 개수는 될 수 있는 한 적게 하려고 한다. 말뚝 사이의 간격이 20cm를 넘지 않게 할 때, 말뚝은 모두 몇 개가 필요한가?

① 40개   ② 42개   ③ 44개
④ 46개   ⑤ 50개

06. ○○기업은 아동복지기관의 아이들에게 나누어 줄 선물 꾸러미를 준비하였다. 선물 꾸러미의 구성품이 〈보기〉와 같을 때, 선물 꾸러미 1개에 들어갈 비스킷과 사탕 개수의 합은? (단, 최대한 많은 아이들에게 선물 꾸러미를 나누어 주려고 한다)

보기
• 준비한 품목들을 남김없이 공평하게 나누어 선물 꾸러미를 만들 계획이다.
• 선물 꾸러미는 한 명당 한 개씩 나누어 줄 것이다.
• 학용품은 공책 180권, 연필 270자루를 준비하였다.
• 다과는 비스킷 225개, 사탕 135개를 준비하였다.

① 7개   ② 8개   ③ 9개
④ 11개   ⑤ 12개

테마 **8** 약수·배수

배수

핵심 Check

① 배수

(1) **배수** : 어떤 수를 1배, 2배, 3배, …한 수

(2) **공배수** : 둘 이상의 정수의 공통 배수가 되는 정수

(3) **최소공배수** : 공배수 중에서 가장 작은 수 ⇨ 공배수는 그 최소공배수의 배수이다.

② 최대공약수와 최소공배수의 관계

$$G \,\underline{)\,A \quad B}$$
$$\quad\quad a \quad b$$

두 자연수 A, B의 최대공약수가 G이고 최소공배수가 L일 때
$A = a \times G$, $B = b \times G$(a, b는 서로소)라 하면 $L = a \times b \times G$가 성립한다.

③ 최소공배수 구하는 방법

(1) 각각의 배수를 구한 후 공배수 중 가장 작은 수를 찾는다.

> 예 12와 30의 최소공배수
> • 12의 배수 : 12, 24, 36, 48, 60, 72, 84, 96, 108, 120, 132, …
> • 30의 배수 : 30, 60, 90, 120, 150, …
> 따라서 12와 30의 공배수는 60, 120, …이므로 최소공배수는 60이다.

(2) 소인수분해를 이용한다.

① 각각의 수를 소인수분해한다.

② 공통인 소인수와 공통이 아닌 소인수를 모두 곱한다. 이때 공통인 소인수는 거듭제곱의 지수가 같으면 그대로, 다르면 큰 것을 선택하여 곱한다.

> 예 12와 30의 최소공배수
> 거듭제곱의 지수가 같으므로 그대로
> $12 = 2^2 \times 3$
> $30 = 2 \times 3 \times 5$ → 공통이 아닌 소인수
> 거듭제곱의 지수가 다르므로 큰 것(2) 선택
> 따라서 12와 30의 최소공배수는 $2^2 \times 3 \times 5 = 60$이다.

(3) 나눗셈을 이용한다.

① 공통 인수로 수를 각각 나눈다. 단, 세 수의 최소공배수를 구할 때 세 수의 공통 인수가 없으면 두 수의 공통 인수로 나누고 나눠지지 않는 한 수는 그대로 둔다.

② 공통 인수를 왼쪽에 표시하고 몫을 아래에 표시한다.

③ 몫이 서로소가 될 때까지 반복한다.

④ 왼쪽에 표시된 숫자(공통 인수)와 아래에 표시된 숫자(마지막 몫)를 모두 곱한다.

4️⃣ 최소공배수를 활용하는 문제

(1) 특정 간격으로 발생하는 일이 동시에 발생하는 때를 찾는 경우

(2) 일정한 크기의 직육면체를 쌓아 가장 작은 정육면체를 만드는 경우

(3) 톱니의 수가 다른 두 톱니바퀴가 다시 맞물릴 때까지의 회전수를 구하는 경우

5️⃣ 배수 판별법

2의 배수	일의 자리 숫자가 0, 2, 4, 6, 8이다.
3의 배수	각 자릿수의 합이 3의 배수이다.
4의 배수	끝의 두 자리 수가 00이거나 4의 배수이다.
5의 배수	일의 자리 숫자가 0, 5이다.
6의 배수	각 자릿수의 합이 3의 배수인 짝수이다.
7의 배수	네 자리 수를 $ABCD$라고 할 때 $ABC-(2 \times D)$가 7의 배수이다(단, 네 자리 수 이상일 때).
8의 배수	끝의 세 자리 수가 000이거나 8의 배수이다.
9의 배수	각 자릿수의 합이 9의 배수이다.
10의 배수	일의 자리 숫자가 0이다.
11의 배수	홀수 번째 자릿수의 합과 짝수 번째 자릿수의 합의 차가 0이거나 11의 배수이다.

예제 01

24와 46의 최소공배수는 얼마인가?

① 276   ② 288   ③ 552

④ 576   ⑤ 828

| 정답 | ③

| 해설 | 24와 46의 공통인 소인수 2로 각 수를 나누면 각각 몫이 서로소인 12와 23이 남는다.

$$2\overline{)\,24\quad46\,}$$
$$\times \underline{\quad12\times23\quad}=552$$

따라서 최소공배수는 $2\times12\times23=552$이다.

별해   24와 46을 각각 소인수분해하면 $24=2^3\times3$, $46=2\times23$이다. 공통인 소인수 중에서 거듭제곱의 지수가 큰 것과 나머지 공통이 아닌 소인수까지 모두 곱하면 최소공배수는 $2^3\times3\times23=552$이다.

예제 02

어떤 수를 6, 9, 12로 나누었을 때 항상 1이 남는다면 어떤 수는 '세 수의 공배수 +1'이다.

조를 짜는데 6명씩 나누어도, 9명씩 나누어도, 12명씩 나누어도 항상 1명이 남았다면 총 인원은 최소 몇 명인가?

① 31명   ② 33명   ③ 35명

④ 37명   ⑤ 39명

| 정답 | ④

| 해설 | 6명씩, 9명씩, 12명씩 나누었을 때 항상 1명이 남는다면 (총 인원−1)명은 6, 9, 12로 나누어떨어진다는 것이므로 이는 세 수의 최소공배수가 된다.

$$3\overline{)\,6\quad9\quad12\,}$$
$$\times\,2\overline{)\,2\quad3\quad4\,}$$
$$\times \underline{\quad1\times3\times2\quad}=36$$

6, 9, 12의 최소공배수는 36이다. 따라서 총 인원은 최소 $36+1=37$(명)이다.

예제 03

A, B 두 개의 톱니바퀴가 있다. A의 톱니는 6개이고 B의 톱니는 8개이다. 두 톱니바퀴의 톱니가 어느 한 지점에서 맞물렸다가 회전하여 다시 그 지점에서 맞물리려면 B 톱니바퀴는 몇 바퀴 돌아야 하는가?

① 1바퀴   ② 2바퀴   ③ 3바퀴
④ 4바퀴   ⑤ 5바퀴

☀ One Point Lesson

어느 한 지점에서 맞물렸다가 회전하여 다시 그 지점에서 맞물린다는 것은 톱니 수의 최소공배수만큼 회전한 것을 의미한다.

| 정답 | ③

| 해설 |

$$\begin{array}{r} 2)\underline{6\quad 8} \\ \times\quad 3\ \times\ 4 \end{array} = 24$$

두 수의 최소공배수는 2×3×4=24이므로 A는 4바퀴, B는 3바퀴를 돌아야 다시 그 지점에서 맞물릴 수 있다.

예제 04

가로 15cm, 세로 13cm인 직사각형 타일들을 붙여서 정사각형 모양을 만들려고 한다. 필요한 직사각형 타일의 최소 개수는 몇 개인가?

① 175개   ② 185개   ③ 195개
④ 205개   ⑤ 215개

| 정답 | ③

| 해설 | 만들고자 하는 정사각형의 한 변의 길이는 직사각형 타일의 개수를 최소로 사용한다고 했으므로 15와 13의 최소공배수를 구하면 된다. 따라서 한 변이 13×15=195(cm)인 정사각형을 만들려면 직사각형 타일이 가로로 13개, 세로로 15개가 들어가야 하므로 195개가 필요하다.

테마

8

약
수
·
배
수

해결 전략

1단계
최소공배수를 활용하여 두 대의 버스가 동시에 출발하는 시간 간격을 계산한다.

↓

2단계
시간을 묻는 문제이므로 시간 단위에 유의한다.

예제 05

두 대의 버스가 7시에 동시에 출발하고 한 대의 버스는 15분, 다른 한 대의 버스는 20분마다 다시 출발할 때, 다음으로 동시에 출발하게 되는 시간은?

① 7시 30분 　　　　② 8시 　　　　③ 8시 30분
④ 9시 　　　　⑤ 9시 30분

| 정답 | ②
| 해설 | 동시에 출발해서 다시 출발 시간이 같아지기까지의 간격을 구하는 문제이므로 최소공배수를 이용하면 된다.

$$
\begin{array}{r}
5\,) \underline{\quad 15 \quad\quad 20} \\
\times \underline{\quad 3 \;\times\; 4} = 60
\end{array}
$$

두 버스가 각각 15분, 20분 간격으로 운행되므로 7시 이후에는 둘의 최소공배수인 60분, 즉 1시간마다 다시 동시에 출발하게 된다. 따라서 다음으로 동시에 출발하게 되는 시간은 1시간 후인 8시이다.

예제 06

어떤 자연수를 3으로 나누면 2가 남고, 5로 나누면 4가 남고, 7로 나누면 6이 남는다고 한다. 이를 만족하는 최소의 자연수는?

① 62 　　　　② 74 　　　　③ 83
④ 89 　　　　⑤ 104

| 정답 | ⑤
| 해설 | 위의 조건을 만족하는 자연수는 3으로 나누면 1이 모자라고, 5로 나누어도 1이 모자라고, 7로 나누어도 1이 모자란다고 볼 수 있다. 따라서 해당 자연수는 3과 5와 7의 공배수에 1을 뺀 수와 같다. 3과 5와 7의 최소공배수는 3×5×7=105이므로 조건을 만족하는 최소의 자연수는 104이다.

예제 07

(주)AA기업은 직원들을 위한 통근버스를 운영하고 있다. 퇴근 시 버스 배차 간격이 다음과 같다고 할 때, 첫 운행 이후 각 노선이 다시 동시에 출발하는 시간은 언제인가?

구분	A 노선	B 노선	C 노선
배차 간격	8분	12분	15분

* 각 노선은 동일하게 오후 4시 50분에 첫 운행을 시작한다.

① 오후 5시 50분   ② 오후 6시 10분   ③ 오후 6시 30분

④ 오후 6시 50분   ⑤ 오후 7시 10분

| 정답 | ④

| 해설 |

```
2 )  8   12   15
   × 
2 )  4    6   15
   × 
3 )  2    3   15
   ×   2 × 1 × 5  = 120
```

A 노선, B 노선, C 노선의 배차 간격인 8, 12, 15의 최소공배수를 구하면 120이다. 각 노선은 동일하게 오후 4시 50분에 출발한다고 했으므로 120분 후, 즉 오후 6시 50분에 다시 동시에 출발한다.

예제 08

지호는 반지름이 25cm인 굴렁쇠를 직선으로 된 도로에서 60m 굴렸다. 이때 굴렁쇠는 몇 번을 회전하게 되는가? (단, π는 3.14로 계산하며, 소수점 아래 첫째 자리에서 반올림한다)

① 21번   ② 27번   ③ 35번

④ 36번   ⑤ 38번

| 정답 | ⑤

| 해설 | 굴렁쇠가 굴러간 도로의 길이를 cm로 환산하면 6,000cm이다. 이를 굴렁쇠 둘레 길이인 25×2×3.14=157(cm)로 나누어 회전 수를 구하면, $\frac{6,000}{157}$ ≒ 38(번) 회전한 것이 된다.

테마

8

약수·배수

이것만은 꼭

원의 둘레
2×π×반지름(r)

배수 공략

정답과 해설 72쪽

01. 다영, 소연, 다혜는 오늘 함께 산책을 하였고 다영이는 4일마다, 소연이는 6일마다, 다혜는 8일마다 운동장에서 산책을 한다. 오늘 이후 8주간 세 사람이 함께 산책을 하는 날은 며칠인가?

① 2일 ② 3일 ③ 4일
④ 5일 ⑤ 6일

02. 서로 비슷한 물건을 만드는 A, B, C 세 개의 공장이 있다. A 공장은 25분마다 2개의 물건을 만들고, B 공장은 35분마다 3개의 물건을, C 공장은 50분마다 5개의 물건을 만든다고 할 때, 일정한 시간 동안 A, B, C 공장에서 생산되는 물건 수의 비는?

① 3 : 4 : 5 ② 9 : 8 : 6 ③ 15 : 17 : 19
④ 15 : 20 : 25 ⑤ 28 : 30 : 35

해결 전략

1단계
세 수의 최소공배수를 계산한다.

2단계
톱니바퀴 A의 회전수를 구해야 하므로 최소공배수에 A의 톱니 수를 나눈다.

03. 톱니 수가 각각 24개, 54개, 36개인 톱니바퀴 A, B, C가 서로 맞물려 있다. 이 세 개의 톱니바퀴들이 한 지점에서 회전을 시작하여 다시 같은 지점으로 돌아오려면, 톱니바퀴 A는 최소 몇 번을 회전해야 하는가?

① 7번 ② 9번 ③ 11번
④ 13번 ⑤ 15번

04. A 지점에서 B 지점까지의 거리는 244km이며, ○○공사는 12km 지점마다 난방 설비 센터를, 9km 지점마다 난방 서비스 센터를 세웠다. 이때 난방 설비 센터와 난방 서비스 센터가 동시에 세워져 있는 곳은 총 몇 곳인가? (단, 시작 지점에는 어떠한 센터도 세우지 않는다)

① 2곳   ② 4곳   ③ 6곳

④ 7곳   ⑤ 8곳

05. 경영관리본부 직원들은 야유회를 떠나게 되었다. 19명의 직원들이 게임에 참여하였고 본부장인 S 상무는 다음과 같은 〈규칙〉에 의해 탈락되지 않고 남아 있는 직원들에게 선물을 주기로 하였다. 다음 중 본부장의 선물을 받게 되는 직원들이 가진 번호가 아닌 것은?

> **학습 TIP**
>
> 탈락하는 직원들의 조건을 찾으면 보다 쉽게 답을 유추할 수 있다.

테마 8

약수 · 배수

규칙

- 1단계 : 19명의 직원이 2부터 20까지의 숫자가 적힌 종이를 무작위로 한 장씩 나누어 갖는다.
- 2단계 : 첫 번째 수인 2를 '시작 수'로 한다.
- 3단계 : '시작 수'보다 큰 수 중 '시작 수'의 배수에 해당하는 숫자를 가진 직원들을 모두 탈락시킨다.
- 4단계 : '시작 수'보다 큰 숫자를 가진 직원들이 있으면 그 직원들이 가진 수 중 가장 작은 수를 다음 '시작 수'로 설정하고 3단계로 간다. '시작 수'보다 큰 수를 가진 직원이 없으면 종료한다.

---

① 2   ② 5   ③ 11

④ 18   ⑤ 19

06. 서울역 환승센터에서 A 버스는 오전 5시부터 12분 간격으로 출발하고, B 버스는 오전 5시부터 21분 간격으로 출발한다. A 버스와 B 버스가 서울역 환승센터에서 오전 10시에서 11시 사이에 동시에 출발하는 시간은?

① 10시 12분   ② 10시 28분   ③ 10시 36분
④ 10시 42분   ⑤ 10시 50분

07. A 톱니바퀴와 B 톱니바퀴에 연결된 가장 큰 톱니바퀴의 톱니는 모두 90개이다. 가장 큰 톱니바퀴가 8번 회전하는 동안 A와 B 톱니바퀴는 각각 15회와 18회 회전하였다면 A와 B 톱니바퀴의 톱니 수의 합은?

① 80개   ② 82개   ③ 84개
④ 86개   ⑤ 88개

> **학습 TIP**
>
> 4월은 30일, 5월은 31일, 6월은 30일까지 있다.

08. 김새롬 씨는 사무실에서 세 가지 화초를 키우고 있다. 화초에 물을 주는 주기가 아래와 같을 때, 다음에 세 가지 화초에 동시에 물을 주는 날짜는 언제인가?

• 새롬 씨가 키우는 화초는 A, B, C 세 가지이다.
• A는 6일마다, B는 8일마다, C는 9일마다 물을 준다.
• 새롬 씨가 세 가지 화초에 처음으로 동시에 물을 준 날은 4월 10일이다.

---

① 6월 18일   ② 6월 19일   ③ 6월 20일
④ 6월 21일   ⑤ 6월 22일

09. 어떤 상자에 100개가 넘는 구슬이 들어 있다. 이 구슬을 3명이나 4명 또는 5명에게 똑같이 나누어 주면 항상 3개가 남는다고 한다. 이 상자 속에 들어 있는 구슬은 최소 몇 개인가?

① 120개   ② 121개   ③ 122개
④ 123개   ⑤ 124개

10. 영규와 샛별이는 편의점에서 일을 하는데 영규는 3일간 일하고 하루를 쉬며 샛별이는 5일간 일하고 하루를 쉰다. 4월 1일에 둘의 쉬는 날이 겹쳤다면 4월 한 달 동안 둘이 함께 쉬는 날은 총 며칠인가? (단, 4월 1일도 포함하여 계산한다)

① 2일   ② 3일   ③ 4일
④ 5일   ⑤ 6일

11. A 역과 B 역의 거리는 100km이고, 모든 열차는 A 역과 B 역 사이를 편도로 이동하며 1시간이 소요된다. 열차가 10시부터 A 역에서는 20분, B 역에서는 15분 간격으로 출발한다면 두 열차가 50km 지점에서 두 번째로 만나는 시간은? (단, 모든 열차는 일정한 속도로 운행한다)

① 10시 50분   ② 11시 00분   ③ 11시 30분
④ 11시 45분   ⑤ 12시 30분

12. A 마을 주민들을 모두 불러 모아 4줄이나 7줄로 세우면 남거나 모자라는 사람 없이 인원수가 딱 맞는데, 13명씩으로 나눠서 세우면 12명이 남는다. 이 마을의 주민은 최소 몇 명인가?

① 86명   ② 114명   ③ 142명
④ 168명   ⑤ 196명

테마

8

약수·배수

> 학습 TIP

13명씩 나누었을 때 12명이 남는다는 것은 1명을 더 했을 때 13으로 나누어떨어진다는 것이다.

학습 TIP

4분마다 → 4의 배수
3분마다 → 3의 배수

13. 승용차 100대를 수용할 수 있는 주차장이 있는데, 오후가 되면 4분마다 1대꼴로 차가 나가며, 3분마다 2대꼴로 차가 들어온다. 오후 2시 정각에 1대가 나가고 2대가 들어와 78대가 되었다고 하면, 이 주차장이 만차가 되는 시각은 언제인가?

① 오후 2시 45분   ② 오후 2시 48분   ③ 오후 2시 50분
④ 오후 2시 51분   ⑤ 오후 2시 55분

14. 일직선 산책로를 A와 B가 같은 속도로 나란히 걷고 있다. A의 보폭은 0.7m, B의 보폭은 0.8m일 때 A와 B가 왼발을 동시에 같은 지점에 내딛은 후 다시 왼발을 같은 지점에 내딛을 때까지 두 사람이 이동한 거리는?

① 2.8m   ② 5.6m   ③ 8.4m
④ 11.2m   ⑤ 56m

15. 어떤 문제집을 매일 7문제씩 풀면 마지막 날은 1문제를 풀게 되고, 매일 9문제씩 풀면 마지막 날에 3문제를 풀게 된다. 문제집의 문제 수는 생각할 수 있는 최소 문제 수라고 한다면, 이 문제집을 7문제씩 풀었을 때와 9문제씩 풀었을 때 걸리는 일수의 차이는 며칠인가?

① 1일   ② 2일   ③ 3일
④ 4일   ⑤ 5일

16. 2초마다 1회, 3초마다 1회, 4초마다 1회, 5초마다 1회, 6초마다 1회, 7초마다 1회, 8초마다 1회, 9초마다 1회, 10초마다 1회 점멸하는 9종류의 전구가 장식된 크리스마스 트리가 있다. 12월 24일 오전 0시 정각에 모든 전구를 동시에 점멸했을 때, 이를 포함하여 같은 날 오후 7시 30분까지 모든 전구가 동시에 점멸하는 횟수는 몇 회인가?

① 24회   ② 25회   ③ 26회

④ 27회   ⑤ 28회

17. ○○회사에는 3대의 셔틀버스가 있다. 3대의 셔틀버스가 7시에 동시에 출발한 이후 처음으로 다시 동시에 출발하는 시간은 언제인가?

빠른 풀이 비법

출발지로 들어오고 나서 다시 출발하는 하는 간격을 확인한다.

- A 버스는 25분 만에 출발지로 돌아오고, 5분 휴식 후 다시 출발한다.
- B 버스는 50분 만에 출발지로 돌아오고, 10분 휴식 후 다시 출발한다.
- C 버스는 1시간 10분 만에 출발지로 돌아오고, 10분 휴식 후 다시 출발한다.

---

① 8시   ② 11시   ③ 12시

④ 12시 50분   ⑤ 16시 30분

테마

8

약
수
·
배
수

18. 어느 지역에 17년마다 대발생하는 매미(17년 매미)와 19년마다 대발생하는 매미(19년 매미)의 2종류가 생식하고 있다. 2004년에 17년 매미가 대발생하고, 2006년에 19년 매미가 대발생하였을 경우 매미 2종류가 동시에 대발생하는 가장 가까운 연도는?

① 22세기 전반(2101 ~ 2150년)   ② 22세기 후반(2151 ~ 2200년)

③ 23세기 전반(2201 ~ 2250년)   ④ 23세기 후반(2251 ~ 2300년)

⑤ 24세기 전반(2301 ~ 2350년)

심화문제

정답과 해설 74 쪽

01

50명의 어린이에게 1 ~ 50의 번호를 나눠주고 다음과 같은 방법으로 사탕을 나누어 주려 한다. 이렇게 사탕을 나누어 주었을 때, 사탕을 2개 받은 어린이는 몇 명인가?

> 1. 번호가 1의 배수인 어린이에게 사탕을 1개 준다.
> 2. 번호가 2의 배수인 어린이에게 사탕을 1개 준다.
> 3. 번호가 3의 배수인 어린이에게 사탕을 1개 준다.
>   ⋮
> 49. 번호가 49의 배수인 어린이에게 사탕을 1개 준다.
> 50. 번호가 50의 배수인 어린이에게 사탕을 1개 준다.

① 15명　　　② 16명　　　③ 17명
④ 18명　　　⑤ 19명

02

다음 그림과 같은 공터에 가시철망을 두르고자 한다. 가시철망을 고정시키기 위한 말뚝의 간격을 일정하게 하고 모든 모퉁이에는 반드시 말뚝을 박는다고 할 때 말뚝의 최소 개수는 몇 개인가?

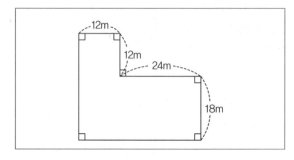

① 22개　　　② 24개　　　③ 26개
④ 28개　　　⑤ 30개

03

어느 학년은 남녀 합쳐서 300명이 있고, 여자의 인원수가 더 많다. 전체를 남녀별 소그룹으로 나누고 각 남자 그룹은 모두 동일한 인원 수, 각 여자 그룹도 모두 동일 인원수로 구성했을 경우, 1그룹의 인원수는 여자 그룹이 더 많으며, 남자 그룹은 총 37그룹이었다. 어느 날 남녀 동일 수의 그룹이 청소 당번을 맡게 되었고, 청소 당번이 되지 않은 사람 중 여자는 35명이었다. 남녀 몇 그룹씩 청소 당번이 되었는가?

① 21그룹　　　② 22그룹　　　③ 23그룹
④ 24그룹　　　⑤ 25그룹

04

$a(a-b)=23$을 만족하는 자연수 a, b에 대하여 $a^2 - b^2$의 값은 얼마인가?

① 45　　　② 48　　　③ 70
④ 75　　　⑤ 90

05

A, B 두 사람이 1 ~ 6까지의 숫자 중에서 하나를 골라 서로 번갈아 가며 숫자를 적는 게임을 하고 있다. 먼저 시작하는 사람은 A이고, 숫자를 쓸 수 없게 되는 사람이 진다. 게임은 아래 〈규칙〉에 따라 진행하며, 이 게임은 먼저 시작하는 사람이 반드시 이길 수 있는 방법이 있다. 먼저 시작한 A가 반드시 이기기 위해 A가 1회에서 써야 할 숫자를 모두 나열한 것은 무엇인가?

규칙

- 이미 쓰인 수의 약수는 쓸 수 없다(예를 들어 '4'가 이미 쓰여 있을 경우 '1', '2', '4'는 쓸 수 없다).
- 숫자를 적지 않고 패스하는 것은 불가능하다.

예시

구분	1회	2회	3회
A	1	6	4
B	2	5	X

이미 쓰인 수의 약수는 쓸 수 없으므로, B는 남은 숫자인 3(6의 약수)을 쓸 수 없어 A가 승리한다.

① 1, 3   ② 2, 4   ③ 3, 6
④ 5, 6   ⑤ 2, 4, 5

06

최대공약수가 6이고 최소공배수가 90인 두 자리 자연수의 차이는?

① 10   ② 11   ③ 12
④ 13   ⑤ 14

07

100보다 작은 자연수 x와 54의 최대공약수는 180이고, x와 40의 최대공약수는 4이다. x와 54의 최소공배수를 a, x와 40의 최소공배수를 b라 할 때 $a+b$를 구하면?

① 256   ② 324   ③ 468
④ 548   ⑤ 576

08

○○회사는 어느 부서를 재편성하려고 한다. 이 부서에는 2명 이상의 부장을 배치하고, 부장 직속으로 각각 2명 이상의 과장을 동일한 수로 배치하며, 과장 직속으로 일반 사원을 각각 동일한 수로 배치하기로 하였다. 부장과 과장의 인원수의 합계가 가장 적어지도록 사원을 배치하면 이 부서의 일반 사원은 294명이 된다고 한다. 이때 부장과 과장의 인원수의 합계는 몇 명인가?

① 6명   ② 8명   ③ 9명
④ 12명   ⑤ 16명

09

반지름이 10cm인 롤러와 3cm인 롤러가 있다. 이 두 롤러를 각각 사용하여 같은 크기의 벽지를 칠할 때 벽지가 전부 칠해지기 위해 두 롤러가 최소한 움직여야 하는 횟수의 합은 얼마인가? (단, 두 롤러는 한 바퀴씩 굴려야 하며 두 롤러의 폭은 같다)

① 11바퀴   ② 12바퀴   ③ 13바퀴
④ 14바퀴   ⑤ 15바퀴

10

반지름이 각각 16cm, 20cm, 26cm인 A, B, C 세 개의 굴렁쇠가 있다. 세 사람이 동시에 A, B, C 굴렁쇠를 각각 굴리기 시작하여 같은 위치에서 멈추었다면 C 굴렁쇠는 최소 몇 바퀴를 회전하는가? (단, 굴렁쇠는 중간에 멈추지 않고 한 바퀴를 완전히 돈 이후에 멈춘다고 가정한다)

① 21바퀴   ② 27바퀴   ③ 35바퀴
④ 38바퀴   ⑤ 40바퀴

11

김철수 씨가 근무하는 ○○역 둘레에는 경계를 표시하는 말뚝이 95 ~ 110개 박혀 있다. 김철수 씨가 이 말뚝을 3개마다 칠하면서 둘레를 한 바퀴 돌면 처음 칠한 말뚝으로 돌아오고, 4개마다 칠하면 2바퀴를 돌아 처음의 말뚝으로 돌아온다. 그렇다면 3개마다 칠하며 ○○역 둘레를 한 바퀴 도는 사이에 몇 개의 말뚝을 칠하였겠는가? (단, 시작하는 지점의 말뚝부터 페인트를 칠한다고 가정한다)

① 33개   ② 34개   ③ 35개
④ 36개   ⑤ 37개

12

A 씨는 70원짜리 귤과 110원짜리 사과를 사서 7,700원을 지불하였다. 귤과 사과를 사서 7,700원이 되는 개수의 조합은 전부 몇 개가 있는가? (단, 귤, 사과 각각 최소 1개는 사는 것으로 가정한다)

① 8개   ② 9개   ③ 10개
④ 11개   ⑤ 12개

13

2분, 3분, 5분짜리 모래시계 3개가 있다. 3개를 동시에 뒤집어서 시간을 재기 시작하며, 모든 모래시계는 시간이 다 되면 바로 다시 뒤집는다. 3분짜리 또는 5분짜리를 뒤집을 때는 2분짜리도 동시에 뒤집는다. 이것을 60분간 계속할 경우, 2분짜리는 몇 번 뒤집히는가? (단, 처음과 마지막은 뒤집는 횟수에 포함하지 않는다)

① 39회   ② 43회   ③ 47회
④ 51회   ⑤ 55회

14

1995년의 설날은 일요일이었다. 이 설날로부터 29^{10}일 이후는 무슨 요일인가?

① 일요일   ② 월요일   ③ 수요일
④ 금요일   ⑤ 토요일

15

다음은 A ~ E의 용돈에 대한 정보이다. D의 용돈은 얼마인가?

> ㄱ. A의 용돈은 E의 용돈의 $\frac{1}{5}$이다.
>
> ㄴ. B의 용돈은 E의 용돈의 $\frac{1}{7}$이다.
>
> ㄷ. C의 용돈은 A와 B의 용돈의 합계의 $\frac{1}{3}$이다.
>
> ㄹ. D의 용돈은 A와 B의 용돈의 평균이다.
>
> ㅁ. A ~ E의 용돈은 모두 1,000원 이상 10,000원 미만이다.
>
> ㅂ. A ~ E의 용돈의 금액은 모두 10의 배수이나 100의 배수는 아니다.

① 1,560원   ② 1,590원   ③ 1,620원
④ 1,650원   ⑤ 1,680원

16

현재 승객의 52%가 앉을 수 있는 버스가 있다. 이 버스에 70명이 타면 모두 앉을 수 있지만, 90명이 앉으면 몇 명은 앉지 못한다고 한다. 이때 버스의 좌석 수는?

① 72석   ② 74석   ③ 78석
④ 81석   ⑤ 86석

테마

8

약
수
·
배
수

17

5원, 10원, 20원 우표가 총 52장 있고, 그 금액의 합은 500원이다. 5원과 20원 우표 전부와 10원 우표의 $\frac{1}{3}$을 사용하면 90원의 우편을 몇 통 보낼 수 있다. 5원, 20원의 우표가 각각 1장 이상 있다고 한다면 10원 우표는 몇 장인가?

① 18장　　② 21장　　③ 24장
④ 27장　　⑤ 30장

18

전자기파의 파장(λ/[m]), 주파수(v/[Hz]), 에너지(E/[J]) 사이에는 다음과 같은 관계가 성립한다고 한다. 파장의 길이가 4×10^{-7}m인 전자기파의 에너지는 주파수가 2.5×10^{4}Hz인 전자기파의 에너지의 몇 배인가?

$$6.6 \times 10^{-34} \times \frac{3 \times 10^{8}}{\lambda} = 6.6 \times 10^{-24} v = E$$

① 0.75배　　② 1.5배　　③ 3배
④ 6배　　⑤ 7.5배

19

다음은 G사 직원들의 구내식당 메뉴 선호도를 조사한 것이다. 각 음식을 선택한 직원의 수를 살펴보니 모든 음식의 선호도에서 인사팀이 2배가 많거나 총무팀이 2배가 많다는 흥미로운 내용이 나타났다. 이 경우 치킨을 선호하는 직원의 수는?

(단위 : 명)

구분	자장면	김치 볶음밥	돈가스	육개장	치킨	합계
인사팀	12			6		41
총무팀	6			12		40

※ 인사팀은 김치볶음밥을 가장 선호하고, 총무팀은 돈가스를 가장 선호한다.
※ 모든 직원들은 한 개의 메뉴만 선택 가능하고, 선택한 직원이 0명인 메뉴는 없다.

① 3명　　② 6명　　③ 9명
④ 12명　　⑤ 15명

테마 **9**

간격[나무 심기]

유형 1

[직선] 나무 심기

핵심 Check

① 공식

구분	양쪽 끝에도 심는 경우	양쪽 끝에는 심지 않는 경우	한쪽 끝에만 심는 경우
필요한 나무 수	$\dfrac{\text{직선 길이}}{\text{간격 길이}}+1=$간격의 수$+1$	$\dfrac{\text{직선 길이}}{\text{간격 길이}}-1=$간격의 수$-1$	$\dfrac{\text{직선 길이}}{\text{간격 길이}}=$간격의 수
직선 길이	간격 길이×(나무 수−1)	간격 길이×(나무 수+1)	간격 길이×나무 수

예
• 10m 길이의 도로에 2m 간격으로 나무를 심으려고 한다. 필요한 나무는 몇 그루인가? (단, 도로의 양쪽 끝에도 나무를 심는다)

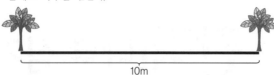

⇨ 양 끝에 나무를 심는다.

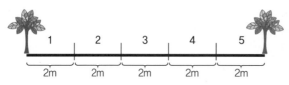

⇨ 10m를 간격 2m로 나눈다.
10÷2=5이므로 5개로 나눌 수 있다.

⇨ 양쪽 끝에도 심는 경우, 간격의 수보다 1그루 많은 것을 알 수 있다.

• 10m 길이의 도로에 2m 간격으로 나무를 심으려고 한다. 필요한 나무는 몇 그루인가? (단, 도로의 양쪽 끝에는 나무를 심지 않는다)

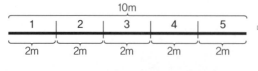

⇨ 10m를 간격 2m로 나눈다.
10÷2=5이므로 5개로 나눌 수 있다.

⇨ 양쪽 끝에는 심지 않는 경우, 간격의 수보다 1그루 적은 것을 알 수 있다.

예제 01 ~ 03

도로 한쪽 편 150m에 10m 간격으로 벚나무를 심으려 한다. 이어지는 질문에 답하시오.

01. 양쪽 끝 모두 심는 경우 벚나무 묘목은 몇 그루 필요한가?

① 14그루   ② 15그루   ③ 16그루

④ 17그루   ⑤ 18그루

02. 양쪽 끝 모두 심지 않는 경우 벚나무 묘목은 몇 그루 필요한가?

① 8그루   ② 10그루   ③ 12그루

④ 14그루   ⑤ 16그루

03. 한쪽 끝에만 심지 않는 경우 벚나무 묘목은 몇 그루 필요한가?

① 13그루   ② 15그루   ③ 17그루

④ 19그루   ⑤ 21그루

이것만은 꼭

양쪽 끝 모두 심는 경우에 비해서 양쪽 끝 모두 심지 않는 경우는 2그루, 한쪽 끝에만 심지 않는 경우는 1그루 적어진다.

1. 양쪽 끝 모두 심는 경우 : 나무의 수=간격의 수+1
2. 양쪽 끝 모두 심지 않는 경우 : 나무의 수=간격의 수 −1
3. 한쪽 끝에만 심지 않는 경우 : 나무의 수=간격의 수

테마

9

간격[나무심기]

01

| 정답 | ③

| 해설 | 양쪽 끝에도 나무를 심을 때 나무의 수는 간격의 수에 1을 더한 것과 같다.

∴ 150÷10+1=16(그루)

02

| 정답 | ④

| 해설 | 양쪽 끝 모두 나무를 심지 않을 때 나무의 수는 간격의 수에서 1을 뺀 것과 같다.

∴ 150÷10−1=14(그루)

03

| 정답 | ②

| 해설 | 한쪽 끝에만 나무를 심지 않을 때 나무의 수는 간격의 수와 같다.

∴ 150÷10=15(그루)

예제 04

길이가 Bm인 보도에 은행나무를 Dm 간격으로 심으려 한다. 보도의 처음과 끝에도 심는다면 은행나무는 몇 그루가 필요한가?

① $\{2(B \div D)\}$그루　　　② $\{(B \div D)+1\}$그루　　　③ $(B \div D)$그루

④ $\{(B \div D)-1\}$그루　　　⑤ $(B \div 2D)$그루

| 정답 | ②
| 해설 | 양쪽 끝에도 나무를 심는 경우 나무의 수＝간격의 수+1이므로 은행나무는 $(B \div D+1)$그루가 필요하다.

예제 05

길이가 160m인 길의 양 끝에 나무가 서 있다. 이 나무의 사이에 동일한 간격으로 9개의 깃발을 세울 때 간격은 몇 m인가?

① 14m　　　　　② 15m　　　　　③ 16m
④ 17m　　　　　⑤ 18m

| 정답 | ③
| 해설 | 양 끝에 나무가 있으므로 깃발 9개를 세우면 간격의 수는 9+1=10(개)이다.
따라서 깃발의 간격은 160÷10=16(m)이다.

예제 06

테이프에 풀칠할 부분을 겹쳐서 몇 개 연결하여 긴 테이프를 하나 만들었다. 테이프를 x개 연결한다면 연결 부위는 몇 군데인가?

① $(x-1)$군데   ② x군데   ③ $(x+1)$군데
④ $2(x-1)$군데   ⑤ $2x$군데

|정답| ①

|해설| 이음매의 수는 양 끝 모두 심지 않는 경우와 같으므로 테이프의 수(간격의 수)보다 1이 적어진다. 따라서 연결한 테이프의 수를 x개라 하였으므로 연결 부위는 $(x-1)$군데이다.

예제 07

35km 길이의 A 고속도로와 84km 길이의 B 고속도로에 $x$km 간격으로 휴게소를 설치하고자 한다. 고속도로의 시작점, 끝나는 점과 휴게소 사이의 거리를 포함한 휴게소 사이의 간격을 두 고속도로 모두 일정하게 하고자 한다면 A와 B 고속도로 휴게소의 최소 개수는? (단, x는 자연수이고 고속도로의 시작점과 끝나는 점에는 휴게소가 없다)

① 13개   ② 14개   ③ 15개
④ 16개   ⑤ 17개

테마
9
간격
[나무
심기]

☀ One Point Lesson

일정한 간격으로 최소한의 휴게소를 설치해야 하므로 35와 84의 최대공약수를 이용한다.

|정답| ③

|해설| 휴게소를 최소한으로 설치하기 위해서는 휴게소 사이의 간격이 최대여야 한다. 따라서 최대공약수를 활용하여 휴게소 사이의 간격을 구할 수 있다. 35와 84의 최대공약수는 7이므로 휴게소 사이의 간격은 7km이며, 시작점과 끝나는 점에는 휴게소가 없다고 하였으므로 A 고속도로에는 4개의 휴게소가, B 고속도로에는 11개의 휴게소가 설치된다. 따라서 고속도로 휴게소의 최소 개수는 4+11＝15(개)이다.

[직선] 나무 심기 공략

정답과 해설 79쪽

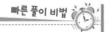

일직선상에 심는 세 가지 방법, 즉 양쪽 끝에도 심는 경우, 양쪽 끝에는 심지 않는 경우, 한쪽 끝에만 심는 경우를 정확히 구분하여 문제를 풀어야 한다.

01. 길이가 500m인 길에 10m 간격으로 처음부터 끝까지 깃발을 꽂으려 한다. 깃발은 모두 몇 개가 필요한가?

① 48개   ② 49개   ③ 50개
④ 51개   ⑤ 52개

02. 역에서 우체국까지 150m의 길 양쪽에 미루나무가 7.5m 간격으로 심어져 있다. 양 끝에도 미루나무를 심었다면 미루나무는 몇 그루인가?

① 21그루   ② 32그루   ③ 36그루
④ 40그루   ⑤ 42그루

03. 길이가 250m인 보도에 은행나무를 5m 간격으로 심으려고 한다. 보도의 처음과 끝에도 심는다고 할 때, 필요한 은행나무의 수는?

① 49그루   ② 50그루   ③ 51그루
④ 52그루   ⑤ 53그루

04. 어린이 공원 내부를 가로지르는 보도의 길이는 280m이다. 이 보도 양쪽에 7m 간격으로 은행나무를 심고자 한다. 보도의 양끝에도 나무를 심는다면 은행나무는 몇 그루가 필요한가?

① 65그루   ② 82그루   ③ 83그루

④ 85그루   ⑤ 100그루

05. 길이가 324m인 보도에 은행나무를 6m 간격으로 심으려 한다. 보도의 처음과 끝에도 심는다고 하면, 은행나무는 몇 그루가 필요한가?

① 51그루   ② 52그루   ③ 53그루

④ 54그루   ⑤ 55그루

06. A 기업에서 사내 마라톤 대회를 개최하려고 한다. 행사 담당자인 신 대리는 3.6km의 마라톤 코스에 총 10개의 급수대를 설치하기로 하였다. 급수대 사이의 간격이 일정하다면 몇 m마다 설치해야 하는가? (단, 마라톤 코스의 시작과 끝에도 급수대를 설치한다)

① 280m   ② 300m   ③ 320m

④ 350m   ⑤ 400m

07. 길이가 810m인 도로 양쪽에 동일한 간격으로 110개의 가로등을 세우려고 한다. 몇 m 간격으로 가로등을 세워야 하는가? (단, 도로의 양 끝에도 가로등을 세운다)

① 13m   ② 15m   ③ 17m

④ 18m   ⑤ 19m

테마 **9** 간격 [나무 심기]

유형 2 [원형] 나무 심기

핵심 Check

① 공식

• 필요한 나무 수 : $\dfrac{\text{둘레 길이}}{\text{간격 길이}}$ =간격의 수   • 둘레 길이 : 간격 길이×나무 수

② 원형에 나무를 심을 때 특징

간격의 수와 나무의 수가 같다.

예

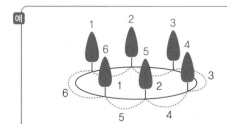

간격의 수가 6이면, 나무의 수=6그루

③ 풀이 순서

(1) 일직선상에 심는 경우인지 원형상에 심는 경우인지 구분한다.

(2) 공식을 적용하여 풀이한다.

예제 01

Am의 호수 둘레에 말뚝을 박고자 한다. 말뚝 간격을 Bm로 할 경우 필요한 말뚝의 개수는?

① $(AB \div 2)$개   ② $\{(A \div B) + 1\}$개   ③ $(A \div B)$개

④ $\{(A \div B) - 1\}$개   ⑤ $(AB + 1)$개

| 정답 | ③

| 해설 | 호수의 경우 원형이므로 시작과 끝부분을 생각할 필요가 없다. 따라서 $(A \div B)$개이다.

예제 02

500m의 원형 연못 둘레에 25m 간격으로 벚나무를 심기로 했다. 벚나무 묘목은 몇 그루 필요한가?

① 18그루   ② 19그루   ③ 20그루

④ 21그루   ⑤ 22그루

| 정답 | ③

| 해설 | 원형에 나무를 심는 경우는 한쪽 끝에만 나무를 심지 않을 때와 같다.
즉 나무의 수＝간격의 수이므로 500÷25＝20(그루)이다.

테마
9
간격[나무 심기]

일직선상에 심는 경우의 3개 타입(양 끝에 심는지에 따른 것)과 원형상에 심는 경우를 생각하여 확실히 정리한다.
• 원형에 나무를 심는 경우 :
나무의 수＝간격의 수

[원형] 나무 심기 공략

정답과 해설 79 쪽

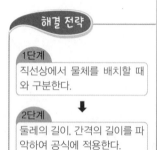

해결 전략

1단계
직선상에서 물체를 배치할 때와 구분한다.

2단계
둘레의 길이, 간격의 길이를 파악하여 공식에 적용한다.

01. A 시민공원에 있는 연못의 둘레는 258m이며, 그 주위에 나무가 3m 간격으로 심어져 있다. 연못을 둘러싸고 있는 나무는 총 몇 그루인가?

① 85그루   ② 86그루   ③ 87그루
④ 88그루   ⑤ 89그루

02. 가로 57m, 세로 42m인 직사각형 모양의 공원 가장자리에 3m 간격으로 나무를 심으려고 한다. 공원의 네 모서리에 반드시 나무를 심어야 한다면 나무는 총 몇 그루가 필요한가?

① 65그루   ② 66그루   ③ 67그루
④ 68그루   ⑤ 69그루

03. 가로 153m, 세로 27m의 사각형 구역에 철책을 설치할 때 철책 1개의 길이를 3m라고 한다면 철책을 받쳐주는 기둥은 몇 개가 필요한가?

① 112개   ② 114개   ③ 116개
④ 120개   ⑤ 124개

04. 지름이 400m인 원형 공원의 둘레에 벚나무를 7m 간격으로 심으려고 한다. 공원 입구의 원형 폭이 3m이고 입구 양옆부터 심는다고 할 때 몇 그루의 벚나무가 필요한가? (단, π =3.14로 계산한다)

① 178그루   ② 179그루   ③ 180그루

④ 181그루   ⑤ 182그루

05. 어떤 호수의 둘레를 따라 나무를 10m 간격으로 심을 경우와 15m 간격으로 심을 경우에 심을 수 있는 나무의 개수는 5그루 차이가 난다. 이 경우 25m 간격으로 나무를 심는다면 총 몇 그루의 나무를 심을 수 있는가?

① 4그루   ② 5그루   ③ 6그루

④ 7그루   ⑤ 8그루

06. 사각형 모양인 야구장의 둘레에 펜스를 설치하려고 한다. 펜스 한 개당 폭은 2m이고 각 펜스의 양쪽 끝을 지탱하기 위한 기둥이 총 98개 필요하다고 할 때 야구장의 둘레는 몇 m인가?

① 98m   ② 114m   ③ 169m

④ 183m   ⑤ 196m

테마 9 간격 [나무 심기]

심화문제

정답과 해설 80쪽

01

슬기는 과제물에 사용할 리본을 일정한 간격으로 자르기 위해 한쪽 끝에서부터 2cm 간격으로 파란색 표시를, 3cm 간격으로 노란색 표시를 하였다. 마지막 표시를 한 후, 파란색 표시 뒤에는 1cm가, 노란색 표시 뒤에는 2cm가 남았다. 리본의 시작점에는 표시를 하지 않았고, 파란색 표시가 41개 많았다면 표시는 전부 몇 개인가? (단, 겹치는 곳은 한 군데로 한다)

① 160개　　　② 163개　　　③ 165개
④ 167개　　　⑤ 170개

02

호성이는 통학 시에 항상 자전거를 타고 16.2km/h로 전철역까지 간다. 하루는 가로등의 수를 세면서 달린 결과 25개가 있었고, 첫 번째 가로등을 통과해서 마지막 가로등까지 가는 데 5분 20초가 걸렸다. 집에서 전철역까지의 길이 직선이며 가로등의 간격이 일정할 때, 가로등은 몇 m마다 세워져 있는가?

① 45m　　　② 50m　　　③ 60m
④ 65m　　　⑤ 70m

03

K 공사는 철도 210km 구간에 $x$km 간격으로 간이역을 설치하려고 한다. 역과 역 사이의 간격은 모두 동일하며 14km 이상 21km 미만으로 하려고 할 때, 설치해야 할 역의 최소 개수는? (단, 출발역과 종착역을 포함하며, x는 자연수이다)

① 12개　　　② 13개　　　③ 14개
④ 15개　　　⑤ 16개

04

○○공사 문화예술팀 김 대리는 공연 행사 홍보를 위해 현수막을 설치하는 작업을 하고 있다. 설치하는 A 지점부터 B 지점까지 총 100m이며 20m 간격으로 현수막을 설치해야 한다. 현수막은 모두 A 지점에 있으며 한 번에 한 개만 옮길 수 있다. 김 대리가 현수막을 모두 설치하기 위해 이동할 거리는? (단, A, B 지점에도 현수막은 설치되어야 한다)

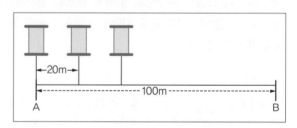

① 150m　　　② 500m　　　③ 580m
④ 600m　　　⑤ 650m

05

1.8km 떨어져 있는 가로등과 정문 사이에 가로등을 더 세우고 벤치도 놓으려고 한다. 300m 간격으로 가로등을 세우고 그 옆에 벤치를 설치하려고 하였는데, 추가적으로 전체 가로등 사이에 벤치를 1개씩 더 놓는 것으로 계획을 변경하였다. 정문에는 가로등만 설치한다고 할 때, 필요한 가로등과 벤치는 총 몇 개인가?

① 11개   ② 13개   ③ 15개
④ 17개   ⑤ 19개

06

둘레가 30m인 공원에 담장을 설치하고 나무를 심으려고 한다. 첫 번째 나무는 1m를 띄어서 심고 그 다음 나무부터는 2m 간격으로 심으며 담장은 공원 둘레에 설치한다. 나무 하나를 심는데 10분, 담장 1m를 설치하는 데 5분이 걸린다고 할 때 공원에 나무와 담장을 모두 설치하는 데 걸리는 시간은?

① 4시간 30분   ② 4시간 40분
③ 4시간 50분   ④ 5시간
⑤ 5시간 10분

07

K 공사는 1,120km 구간에 기차역을 설치하려고 한다. 출발지점, 종착지점, 350km 지점, 840km 지점에 역을 설치하고, 나머지 역을 모든 구간에 일정한 간격으로 설치할 때, 역의 최소 개수는?

① 11개   ② 13개   ③ 15개
④ 17개   ⑤ 19개

[08 ~ 09] 낚시터의 둘레는 246m이며 그 주위에 좌대가 3m 간격으로 설치되어 있는데 그 간격을 2m 간격으로 바꾸려고 한다. 이어지는 질문에 답하시오.

08

이동시키지 않아도 되는 좌대는 몇 개인가?

① 38개   ② 39개   ③ 40개
④ 41개   ⑤ 42개

09

좌대를 2m 간격으로 바꾸기 위해서는 몇 개의 좌대가 추가로 필요한가?

① 38개   ② 39개   ③ 40개
④ 41개   ⑤ 42개

10

○○회사에서 공원과 산책로, 분수에 나무를 심으려고 한다. 조건이 다음과 같을 때 필요한 나무는 총 몇 그루인가?

> • 한 변의 길이가 20m인 정사각형 모양의 공원의 둘레에 4m마다 단풍나무를 심는다.
> • 길이가 120m인 산책로의 한 변만을 따라 4m 간격으로 벚꽃나무를 심는다. 단, 산책로의 시작과 끝에도 나무를 심는다.
> • 분수의 둘레는 27m로, 3m 간격으로 미루나무를 심는다.

① 59그루   ② 60그루   ③ 61그루
④ 62그루   ⑤ 63그루

11

A 컨트리클럽 관리과 김 대리는 골프코스 경계에 흰색 OB 말뚝을 설치하려 한다. 처음 7m 간격으로 설치하려던 계획을 5m 간격으로 바꾸었더니 6개의 말뚝이 더 필요하게 되었다. 코스의 양 끝에도 말뚝을 설치한다면, 골프코스의 길이는 몇 m인가?

① 100m   ② 105m   ③ 107m
④ 110m   ⑤ 112m

12

직사각형 건물의 둘레에 청원경찰을 배치하고자 한다. 건물의 가로는 240m, 세로는 96m이고 청원경찰은 일정한 간격을 두고 배치하되 간격이 10m를 넘어서는 안 된다. 건물 둘레에 배치할 수 있는 최소한의 청원경찰의 수는 몇 명인가? (단, 건물의 네 모퉁이에는 청원경찰을 반드시 배치해야 한다)

① 81명   ② 82명   ③ 83명
④ 84명   ⑤ 85명

13

가로가 110m, 세로가 40m인 직사각형 모양의 정원에 일정한 간격으로 나무를 심으려고 한다. 나무를 최대한 적게 심었을 때의 나무 사이의 간격은 몇 m인가? (단, 정원의 모퉁이에는 반드시 나무를 심는다)

① 2m   ② 5m   ③ 10m
④ 15m   ⑤ 20m

테마

10

Mathematics

거리·속력·시간
기초

유형 1

거리

핵심 Check

① 공식

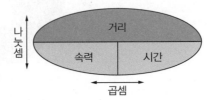

- 거리＝속력×시간

- 속력＝$\dfrac{거리}{시간}$

- 시간＝$\dfrac{거리}{속력}$

② 풀이 방법

(1) 거리, 속력, 시간 중 무엇을 구하는 것인지를 파악하여 공식을 적용하고 방정식을 세운다.

(2) 단위 변환에 주의한다.

- 1km＝1,000m

- 1m＝$\dfrac{1}{1,000}$ km

- 1시간＝60분

- 1분＝$\dfrac{1}{60}$ 시간

 예

$$84분＝\frac{84}{60} 시간＝1+\frac{24}{60} 시간＝1시간 24분$$

③ A, B가 마주보고 걷다가 만나는 경우

(1) A, B가 이동한 거리의 합＝두 지점 사이의 거리

(2) (동시에 출발한 경우) A가 이동한 시간＝B가 이동한 시간

④ A, B가 트랙 또는 호수의 같은 지점에서 출발하는 경우

(1) 반대 방향으로 돌다가 만날 때 : A, B가 이동한 거리의 합=트랙(또는 호수) 둘레의 길이

(2) 같은 방향으로 돌다가 만날 때 : A, B가 이동한 거리의 차=트랙(또는 호수) 둘레의 길이

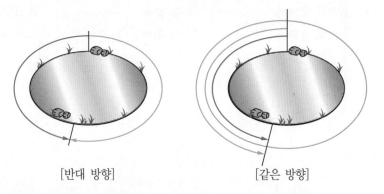

[반대 방향]   [같은 방향]

⑤ A, B가 만날 때까지 그 사이를 C가 왔다 갔다 하는 경우(단, A, B는 마주보고 걷는다)

(1) C가 이동한 거리=C의 속력×C가 이동한 시간

(2) C가 이동한 시간=A와 B가 만나는 데 걸린 시간

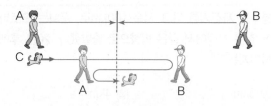

테마

10

거
리
·
속
력
·
시
간

기
초

예제 01

철수가 시속 6km로 운동장을 달리고 있다. 30분 동안 같은 속력으로 달리기를 했다면 철수가 이동한 거리는 얼마인가?

① 2.8km

② 3km

③ 3.5km

④ 3.8km

⑤ 4km

| 정답 | ②

| 해설 | '거리=속력×시간'이므로, 철수가 시속 6km로 30분, 즉 0.5시간 동안 달렸을 때 이동한 거리는 6×0.5=3(km)이다.

예제 02

빠른 풀이 비법

일정한 속력으로 이동하는 두 객체 사이의 간격을 계산하는 문제는 '이동속력의 차이'에 주목해야 한다. 두 객체는 일정한 속력으로 이동하고 있으므로, 시간에 따라 두 객체 사이 간격도 일정하게 늘어난다. 이 경우 두 객체의 시간당 이동거리의 차이만으로도 간격 차이를 구할 수 있다.

영수는 자전거를 타고 시속 100km로, 준희는 오토바이를 타고 시속 85km로 동시에 같은 지점에서 같은 방향으로 출발했다. 20분 후에 영수와 준희의 간격은 몇 km 벌어지는가?

① 3km

② 4km

③ 5km

④ 6km

⑤ 7km

| 정답 | ③

| 해설 | 두 사람 사이의 간격은 1시간에 100−85=15(km) 벌어진다. 20분은 $\frac{20}{60}=\frac{1}{3}$(시간)이므로 20분 후 두 사람은 $15×\frac{1}{3}=5$(km) 벌어진다.

예제 03

열차가 A 다리를 건너는 데 5초 걸렸다. 이 열차가 40m 길이의 터널을 통과하는 데 10초 걸렸다면 A 다리의 길이는 몇 m인가? (단, 열차는 등속운동을 하며, 열차의 길이는 무시한다)

① 30m
② 20m
③ 18m
④ 15m
⑤ 13m

|정답| ②

|해설| 열차가 40m를 이동하는 데 10초가 걸렸으므로 열차의 속력은 40(m)÷10(s)=4(m/s)이다. 열차는 등속운동을 하므로 A 다리의 길이(거리)는 4(m/s)×5(s)=20(m)이다.

예제 04

지환이는 집에서 영화관까지 걸어서 가려고 한다. 집에서 영화관 사이의 정중앙에 위치한 공원까지는 시속 Akm로, 공원에서 영화관까지는 시속 Bkm으로 걸어서 총 15분이 걸렸다면, 집에서 영화관까지의 거리는?

① $\dfrac{AB}{4(A+B)}$km
② $\dfrac{AB}{2(A+B)}$km
③ $\dfrac{A+B}{4AB}$km
④ $\dfrac{A+B}{2AB}$km
⑤ $\dfrac{AB}{4(A+B)}$km

|정답| ②

|해설| 집에서 공원까지의 거리를 $x$km라 하면 집에서 영화관까지의 거리는 $2x$km가 된다. 이를 토대로 식을 세우면 다음과 같다.

$$\frac{x}{A}+\frac{x}{B}=\frac{15}{60} \qquad Bx+Ax=\frac{AB}{4}$$

$$(A+B)x=\frac{AB}{4} \qquad x=\frac{AB}{4(A+B)}$$

따라서 집에서 영화관까지의 거리는 $\dfrac{AB}{2(A+B)}$km이다.

예제 05

A, B 목장 사이의 거리는 36km이며, 두 목장은 하나의 길로 이어져 있다. 어느 날 A 목장에서 말이 한 마리 탈출해 B 목장을 향해 도망가자, A 목장주는 B 목장주에게 연락을 취해 협력하여 말을 잡기로 하였다. 말은 붙잡히려고 할 때마다 반대로 돌아서 도망가는 것을 반복하였으며, A와 B 목장주에게 잡히기 직전까지 계속 도망쳤다. A와 B 목장주는 6km/h의 속도로 쫓아가고 말은 10km/h의 속도로 도망갔다고 할 때, 말이 A 목장에서 탈출하여 잡히기 전까지 달린 거리는? (단, 말이 도망감과 동시에 A와 B가 쫓아갔다고 가정한다)

① 24km ② 26km ③ 28km ④ 30km ⑤ 32km

| 정답 | ④
| 해설 | 36km의 길을 A와 B 목장주가 둘 다 6km/h의 속도로 마주보고 쫓아오고 있으므로 두 사람이 만날 때까지는 $\frac{36}{6+6}=3$(시간)이 걸린다. 그동안 말은 10km/h의 속도로 계속 달렸으므로 오고 간 거리는 $10 \times 3 = 30$(km)이다.

예제 06

집에서 도서관까지의 거리는 15km인데 자전거로는 1시간, 버스로는 30분, 지하철로는 20분이 걸린다. 지하철을 타고 집에서 도서관까지 갔다가 같은 속력으로 공원에 들른 후 집에 돌아오니 1시간 30분이 걸렸다. 공원에서부터 집과 도서관까지 가는 거리가 각각 같다면, 공원에서 집까지의 거리는?

① 24.61km ② 25.34km ③ 26.25km ④ 27.44km ⑤ 30km

| 정답 | ③
| 해설 | 20분은 $\frac{1}{3}$ 시간이고 집에서 도서관까지 지하철을 타고 갈 때의 속력을 $a$km/h라 하면

$$15 = \frac{1}{3} \times a \qquad a = 45\text{(km/h)}$$

남은 $\frac{7}{6}$ 시간(70분) 동안 같은 속력으로 공원에 들른 후 집에 갔으므로

그 거리를 $x$km라 하면 $x = \frac{7}{6} \times 45 \fallingdotseq 52.5$(km)

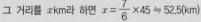

공원에서부터 집과 도서관까지 가는 거리가 각각 같다고 하였으므로, 공원에서부터 집까지의 거리는 $52.5 \div 2 = 26.25$(km)이다.

예제 07

회사에서 3km 떨어진 거래처에 가기 위해 분당 60m의 속력으로 걷던 도중 약속시간에 늦을 것 같아 '붉은 벽돌집 카페'부터는 분당 80m의 속력으로 걸었더니 40분 만에 거래처에 도착하였다. 회사에서 '붉은 벽돌집 카페'까지의 거리는?

① 600m ② 800m ③ 1,000m
④ 1,100m ⑤ 1,200m

|정답| ①

|해설| 회사에서 붉은 벽돌집 카페(이하 카페)까지의 거리를 xm라 하면 카페에서 거래처까지의 거리는 $(3,000-x)$m가 된다. 회사에서 카페까지의 이동 시간은 $\dfrac{x}{60}$분이고, 카페에서 거래처까지의 이동 시간은 $\dfrac{3,000-x}{80}$분인데, 거래처에 도착하기까지 총 걸린 시간이 40분이므로

$\dfrac{x}{60} + \dfrac{3,000-x}{80} = 40$

$4x + 3(3,000-x) = 40 \times 240$

$4x - 3x = 9,600 - 9,000 \qquad x = 600$

따라서 회사에서 '붉은 벽돌집 카페'까지의 거리는 600m이다.

예제 08

윤석이가 산을 오를 때는 3km/h로 A 경로를 이용하였고, 내려올 때는 4km/h로 B 경로를 이용하였더니 총 1시간 30분이 소요되었다. A 경로와 B 경로를 합친 등산 거리가 5.2km였다면, B 경로의 길이는?

① 2.2km ② 2.4km ③ 2.8km
④ 3km ⑤ 3.5km

|정답| ③

|해설| A 경로와 B 경로를 합친 등산거리가 5.2km이므로 B 경로의 길이를 $x$km라 하면, A 경로의 길이는 $(5.2-x)$km가 된다. 총 소요된 시간이 1시간 30분(1.5시간)이므로

$\dfrac{5.2-x}{3} + \dfrac{x}{4} = 1.5$

$4(5.2-x) + 3x = 1.5 \times 12$

$20.8 - 4x + 3x = 18 \qquad x = 2.8$

따라서 B 경로의 길이는 2.8km이다.

해결 전략

등호(=) 관계를 성립시킬 수 있는 것을 기준으로 하여 식을 세운다. 거리를 묻는 문제의 경우, 보통 걸리는 시간이 동일한 경우가 많다.

예제 09

A는 중요한 브리핑이 있어 거래처로 가기 위해 도보로 이동 중이다. 약속 시간에 맞추기 위해 회사에서 3km/h로 출발하여 걷고 있었는데, 출발한 지 12분이 지난 뒤에서야 사무실에 중요한 서류를 놓고 온 것을 알았다. 시계를 보니 지금의 2배 속력으로 회사에 되돌아갔다가, 다시 처음의 3배 속력으로 거래처로 가야만 예정된 시간 안에 도착할 수 있다. 회사와 거래처 간의 거리는 얼마인가?

① 1.25km　　　　② 1.35km　　　　③ 1.4km

④ 1.45km　　　　⑤ 1.5km

| 정답 | ②

| 해설 | 처음에 브리핑 시간에 맞추어 출발하였던 것이므로 원래의 속력으로 거래처에 도착하는 데 걸리는 시간과, 이후 되돌아갔다가 거래처에 도착하는 데 걸리는 시간은 같다. 또한, 12분 동안 이동한 거리와 회사까지 되돌아온 거리가 같고 속력은 시간과 반비례 관계이므로 속력이 2배가 되면 이동 시간은 $\frac{1}{2}$배가 된다.

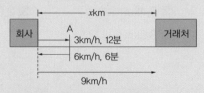

회사에서 거래처까지의 거리를 $x$km라고 하면, 시간=$\frac{거리}{속력}$이므로

$$\frac{x}{3} = \frac{12}{60} + \frac{6}{60} + \frac{x}{9}$$

$$\frac{2}{9}x = \frac{3}{10}$$

$$\therefore x = \frac{3}{10} \times \frac{9}{2} = \frac{27}{20} = 1.35$$

따라서 회사와 거래처 간의 거리는 1.35km이다.

예제 10

A ~ C 세 명이 18km 떨어진 목적지에 가는 데 자전거 1대를 이용하기로 하였다. 먼저 A와 B가 함께 자전거를 타고, C는 도보로 세 명이 동시에 출발하였다. A는 도중에 B를 내려주고, B는 거기서부터 목적지까지 도보로 이동하였다. A는 바로 같은 길을 되돌아가서 C를 만나 자전거에 태우고 다시 목적지로 향한 결과, 세 명이 동시에 목적지에 도착하였다. 항상 자전거는 24km/h, 도보는 4km/h의 속력이었다고 할 때, B가 걸은 거리는?

① 3km   ② 4km   ③ 5km

④ 6km   ⑤ 7km

| 정답 | ②

| 해설 | 세 명이 동시에 목적지에 도착하였으므로, B와 C가 자전거로 이동한 시간과 거리는 같다(두 명이 걸은 시간과 거리 또한 같다). B가 자전거로 이동한 거리를 $x$km, 걸은 거리를 $y$km라고 하면, 다음의 그림과 같이 나타낼 수 있다(①은 A가 B를 내려줬을 때의, ②는 A가 C를 태웠을 때의, ③은 A가 목적지에 도착했을 때의 각자의 위치이다).

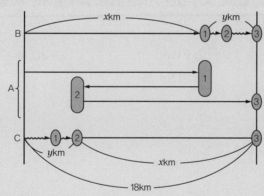

출발지로부터 ②까지의 A, C가 나아간 거리는

A : $24 \times \square = x + x - y$

C : $4 \times \square = y$

이때 두 개의 □(시간)은 동등하므로

$$\frac{2x - y}{24} = \frac{y}{4}$$

$2x = 7y$ ······ ㉠

또한 총 거리가 18km이므로

$x + y = 18$ ······ ㉡

㉠, ㉡을 연립하여 계산하면 $x = 14$, $y = 4$이다.

따라서 B가 걸은 거리는 4km이다.

유형
1

거리 공략

정답과 해설 83쪽

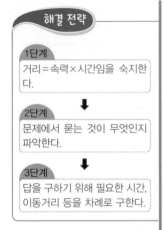

해결 전략

1단계
거리=속력×시간임을 숙지한다.

↓

2단계
문제에서 묻는 것이 무엇인지 파악한다.

↓

3단계
답을 구하기 위해 필요한 시간, 이동거리 등을 차례로 구한다.

01. 주영이는 3시간 30분 후에 떠나는 기차표를 역에서 예매한 후 근처에 있는 유적지 중 한 곳에 다녀오려고 한다. 역에서 유적지까지는 시속 3km로, 유적지에서 역까지는 시속 2km로 걷는다고 할 때, 최대 몇 km 떨어진 유적지까지 다녀올 수 있는가? (단, 유적지를 구경하는 시간은 30분이다)

① 1.9km   ② 2.8km   ③ 3km

④ 3.5km   ⑤ 3.6km

02. A와 B가 같은 방향으로 달리기 시합을 하던 도중에 A가 넘어지면서 발목을 크게 다쳐 더 이상 움직일 수가 없게 되었고, 15초 뒤에 뒤따라오던 B에게 부축을 받아 병원으로 이동하였다. A와 B의 속력은 각각 13m/s, 8m/s이며 항상 일정한 속력으로 달린다고 할 때, A가 달린 거리는? (단, A가 넘어진 후 병원으로 이동한 거리는 무시한다)

① 195m   ② 210m   ③ 305m

④ 312m   ⑤ 315m

03. 600m 원형 경기장을 A, B 두 사람이 같은 출발점에서 각자 다른 방향으로 5m/s, 7m/s의 속력으로 달렸을 때, 두 사람이 세 번째로 만나는 지점은 A를 기준으로 출발점에서 얼마나 떨어져 있는가?

① 100m   ② 150m   ③ 200m

④ 300m   ⑤ 450m

04. AA 영화사 김 대리는 자동차로 이동하여 ○○시에서 열리는 영화제에 방문하였다. 김 대리의 운전 관련 정보가 다음과 같을 때, 출발지에서 영화제 장소까지의 거리는?

- 출발하여 1시간까지는 시속 45km로 달렸다.
- 이후 영화제 시간보다 1시간이 늦을 것으로 예상되어 속력을 시속 60km로 높였다.
- 시속 60km를 유지하며 3시간 이상을 달렸더니 영화제에 30분 일찍 도착했다.

① 195km   ② 225km   ③ 255km

④ 285km   ⑤ 315km

05. 다음과 같은 상황에서 (가) 직원과 (나) 직원이 만나게 되는 지점은?

A 지역에서 B 지역까지의 거리는 150km이다. (가) 직원은 A 지역에서 출발하여 B 지역으로 이동하며, (나) 직원은 B 지역에서 출발하여 A 지역으로 이동하고 있다. (가) 직원은 시속 80km의 속력으로 이동 중이고, (나) 직원은 시속 100km의 속력으로 이동 중이다. (가) 직원이 출발한 지 30분 뒤에 (나) 직원이 출발하였다.

① A 지역으로부터 약 75km 떨어진 지점
② A 지역으로부터 약 81km 떨어진 지점
③ A 지역으로부터 약 89km 떨어진 지점
④ A 지역으로부터 약 97km 떨어진 지점
⑤ A 지역으로부터 약 109km 떨어진 지점

테마

10

거
리
·
속
력
·
시
간

기
초

거리 · 속력 · 시간 문제의 기본은 단위이다. 3개의 단위 크기가 정리되어 있는가를 확인해서 계산한다.
- 거리 : 1km = 1,000m
  1m = 100cm
- 속력 : km/h, m/min, m/s
- 시간 : 1시간 = 60분 = 3,600초

06. A는 강아지와 함께 7,500m 떨어져 있는 B를 만나러 가고 있다. A는 6km/h, B는 9km/h의 속력으로 서로를 향해 가고 있고, 강아지는 10km/h의 속력으로 B를 향해 달려가다가 B를 만나면 A에게 돌아오고, 다시 B에게 가는 식으로 A와 B 사이를 왔다 갔다 하고 있다. A와 B가 만나면 강아지는 달리기를 멈춘다고 할 때, 강아지의 총 이동거리는?

① 5km   ② 5.5km   ③ 6km
④ 6.5km   ⑤ 7km

07. 어떤 경기의 최종 구간에서 A ~ C 상위 3명이 경쟁을 펼치고 있다. 결승선 근처에 있는 지점에서 A가 220m/min로 달리고 있고, 그 후방 60m에서 B가 240m/min로 달리고 있으며, B의 후방 180m에서 C가 280m/min로 달리고 있다. 세 명은 결승선까지 이 속력 그대로 계속 달려, 결국에는 C가 1위로 골인하였다. C가 골인한 시간에 1위와 2위의 차이가 40m였다면, 그 시간 2위와 3위 간 떨어져 있던 거리는?

① 30m   ② 40m   ③ 50m
④ 60m   ⑤ 70m

08. A 지역과 B 지역을 잇는 철로의 길이는 540km이다. 이 철로 위에 A 지역에서 B 지역으로 시속 100km로 출발하는 기차와 B 지역에서 A 지역으로 시속 80km로 출발하는 기차가 있다. 두 기차가 함께 출발함과 동시에 A 지역에 있던 독수리가 B 지역을 향해 시속 120km로 날기 시작했다면, 독수리가 B 지역에서 출발한 기차와 만나게 되는 시점에 두 기차 사이의 거리는? (단, 독수리가 비행하는 경로는 기차와 같다)

① 40km   ② 45km   ③ 48km
④ 50km   ⑤ 54km

09. A, B 두 척의 배는 선착장에서 동시에 출발하여 직선거리에 위치한 섬의 앞에 갔다가 섬 주위를 한 바퀴 돌고 다시 선착장으로 돌아왔다. A, B 배는 직선 속력이 각각 12km/h, 20km/h이고 원 운동 속력이 각각 6km/h, 15km/h이며, 두 배가 이동한 총 거리는 150km라고 한다. A 배가 B 배보다 7시간 늦게 선착장에 도착했다면, 선착장에서 섬의 앞을 잇는 직선거리는 몇 km인가? (단, 두 척의 배는 같은 코스를 경유한다)

① 40km ② 50km ③ 60km
④ 63km ⑤ 65km

10. 그림과 같은 2km 길이의 원형 트랙이 있다. A, B가 각자의 위치에서 A는 반시계방향으로 B는 시계방향으로 달리기를 시작했다. A는 한 바퀴 도는 데 12분, B는 한 바퀴 도는 데 8분이 걸릴 때, 처음 만나는 데 걸리는 시간은 3분 36초이다. A와 B가 출발할 때 떨어져 있던 거리는? (단, A와 B가 출발 시 떨어져 있었던 거리는 작은 값으로 한다)

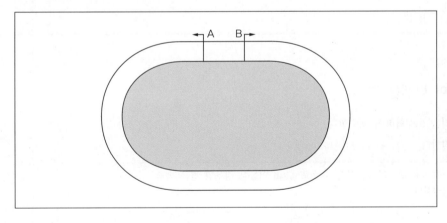

① 230m ② 330m ③ 420m
④ 500m ⑤ 540m

속력

핵심 Check

① 공식

$$속력 = \frac{거리}{시간}$$

② 풀이 방법

(1) 거리, 속력, 시간 중 무엇을 구하는 것인지를 파악하여 공식을 적용하고 방정식을 세운다.

(2) 단위 변환에 주의한다.

- $1\text{m/s} = \dfrac{3{,}600\text{m}}{3{,}600\text{s}} = \dfrac{3.6\text{km}}{1\text{h}} = 3.6\text{km/h}$

- $1\text{km/h} = \dfrac{1{,}000\text{m}}{3{,}600\text{s}} = \dfrac{5}{18}\text{m/s}$

③ 도중에 속력이 바뀌는 경우

(1) 주어진 속력과 거리를 도식화하여 정리한다.

(2) 방정식을 세워 해결한다.

> **예** A에서 C로 갈 때 시속 $a$km로 $x$km, 시속 $b$km로 $y$km 이동할 경우의 평균 속력
> ⇨ 속력과 거리를 정리한다.
>
>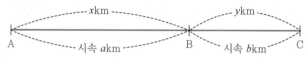
>
> ⇨ 방정식을 세운다.
>
> $$평균\ 속력 = \frac{\text{A, C 사이의 거리}}{\text{A에서 C까지 가는 데 걸리는 시간}} = \frac{x+y}{\dfrac{x}{a}+\dfrac{y}{b}}$$

예제 01

8.5cm의 양초가 모두 타는 데 0.5초가 걸렸다. 이 양초가 타들어가는 속력은?

① 10cm/s   ② 14cm/s   ③ 17cm/s

④ 18cm/s   ⑤ 20cm/s

| 정답 | ③

| 해설 | '속력 = $\dfrac{거리}{시간}$' 이므로 양초가 타들어가는 속력은 $\dfrac{8.5}{0.5}$ = 17(cm/s)이다.

예제 02

재연이는 집에서 $x$km의 거리에 위치해 있는 도서관에 책을 빌리러 가려고 한다. 집에서 도서관으로 갈 때는 $y$km/h로 갔다가 다시 집으로 올 때는 $z$km/h로 왔다면, 왕복하는 동안 재연이의 평균 속력은?

① $\dfrac{x+yz}{x(z+y)}$km/h   ② $\dfrac{xyz}{z+y}$km/h   ③ $\dfrac{2x+2yz}{x(z+y)}$km/h

④ $\dfrac{2xyz}{xz+xy}$km/h   ⑤ $\dfrac{x+y+z}{xzy}$km/h

| 정답 | ④

| 해설 | 재연이가 집에서 도서관까지 가는 데 걸린 시간은 $\dfrac{x}{y}$시간이고, 도서관에서 집까지 다시 돌아오는 데 걸린 시간은 $\dfrac{x}{z}$시간이다. 두 곳을 왕복하는 데 걸린 거리는 총 $2x$km이므로, 재연이가 집에서 도서관까지 왕복하는 동안의 평균 속력은 $\dfrac{2x}{\dfrac{x}{y}+\dfrac{x}{z}} = \dfrac{2xyz}{xz+xy}$(km/h)이다.

테마
10

거리·속력·시간 기초

예제 03

해바라기 호와 장미 호는 항구에서 30km 떨어진 목적지까지 갈 때와 다시 돌아올 때의 속력을 각각 달리하여 운항한다. 해바라기 호는 갈 때는 2시간 반, 돌아올 때는 1시간 반이 걸리고, 장미 호는 갈 때는 3시간, 돌아올 때는 2시간이 걸린다. 해바라기 호와 장미 호의 평균 시속은 각각 몇 km/h인가?

① 15km/h, 11km/h   ② 15km/h, 12km/h   ③ 17km/h, 10.5km/h

④ 17km/h, 11km/h   ⑤ 17km/h, 12km/h

| 정답 | ②

| 해설 | • 해바라기 호의 평균 속력 : $\dfrac{30 \times 2}{2.5 + 1.5} = \dfrac{60}{4} = 15$(km/h)

• 장미 호의 평균 속력 : $\dfrac{30 \times 2}{3 + 2} = \dfrac{60}{5} = 12$(km/h)

예제 04

일정한 속력으로 달리는 A, B가 400m 트랙의 반대편에서 동시에 출발하였다. B가 1,000m를 달렸을 때 A가 B를 따라잡았다면 A와 B의 속력의 비는?

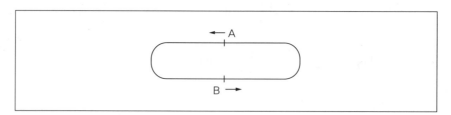

① 3 : 1   ② 4 : 3   ③ 6 : 5

④ 5 : 6   ⑤ 2 : 3

| 정답 | ③

| 해설 | A가 출발한 지점을 0이라 하면, B가 출발한 지점은 A보다 200m 앞선 지점이다. B가 1,000m를 달렸을 때 A와 B는 같은 위치에 있으므로, A가 달린 거리는 1,200m가 된다. '속력=$\dfrac{거리}{시간}$'이고, A와 B가 달린 시간이 같으므로 A와 B의 속력의 비는 거리 비와 같다.

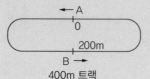

∴ A가 달린 거리 : B가 달린 거리=1,200 : 1,000=6 : 5

예제 05

일정한 속력으로 걷는 해진이와 4km/h로 걷는 지수가 같은 지점에서 동시에 반대 쪽을 향해 출발했다. 2시간 15분 후 둘 사이의 거리가 21.375km라고 할 때, 해진이의 속력은?

① 5km/h   ② 5.25km/h   ③ 5.5km/h

④ 5.75km/h   ⑤ 6km/h

| 정답 | ③

| 해설 | 2시간 15분 후 해진이와 지수 사이의 거리는 해진이가 이동한 거리와 지수가 이동한 거리의 합이다. 2시간 15분=$\frac{9}{4}$시간이므로 해진이의 속력을 $x$km/h라 하면 다음과 같은 식이 성립한다.

$$\frac{9}{4}x + \frac{9}{4} \times 4 = 21.375 \qquad 2.25x = 12.375$$

$x = 5.5$(km/h)

따라서 해진이의 속력은 5.5km/h이다.

예제 06

다리를 건너려는 A, B, C 세 사람이 있다. A는 다리의 왼쪽에서, B와 C는 오른쪽에서 출발하였고, A와 C가 중간 지점에서 만났을 때 B는 194.4m를 이동하였다. B의 속력이 C보다 1.2배 빠르며 B가 다리를 모두 건너는 데 45분이 걸렸다면 B의 속력은 얼마인가?

① 7.0m/min   ② 7.2m/min   ③ 7.4m/min

④ 7.6m/min   ⑤ 7.8m/min

| 정답 | ②

| 해설 | 다리의 길이가 일정하므로 A와 C가 다리의 중간 지점에서 만났다는 것은 두 사람의 속력이 같다는 것을 의미한다. B의 속력이 A, C보다 1.2배 빠르고 '속력=$\frac{거리}{시간}$'에 의해 속력과 시간은 반비례하므로 A, C가 다리를 모두 건너는 데 걸리는 시간을 t분이라 하면 다음 식이 성립한다.

$$1.2 : \frac{1}{45} = 1 : \frac{1}{t} \qquad \frac{1}{45} = \frac{1.2}{t}$$

$t = 54$(분)

A와 C가 다리의 중간 지점에서 만난 시간은 출발 후 27분이므로 따라서 B의 속력은 $\frac{194.4}{27} = 7.2$(m/min)이다.

테마

10

거
리
·
속
력
·
시
간
기
초

예제 07

(주)AA기업의 김 사원은 회사로부터 $\frac{2}{3}$km 떨어진 거래처와의 미팅을 위해 회사에서 출발하여 4km/h의 속력으로 거래처를 향해 걸어갔다. 잠시 후 박 사원은 김 사원이 중요한 서류를 두고 갔다는 사실을 알게 되어 김 사원이 회사를 출발한 지 6분 뒤부터 김 사원을 향해 뛰어갔다. 이때 김 사원이 거래처에 도착하기 전에 박 사원이 따라잡을 수 있는 최소 속력은 얼마인가?

① 8km/h　　　　　② 10km/h　　　　　③ 12km/h

④ 14km/h　　　　　⑤ 16km/h

| 정답 | ②

| 해설 | 박 사원이 출발하기 전 6분 동안 김 사원이 걸어간 거리는 $4(\text{km/h}) \times \frac{6}{60}(\text{h}) = \frac{2}{5}(\text{km})$이다.

이 위치에서 거래처까지 남은 거리는 $\frac{2}{3} - \frac{2}{5} = \frac{4}{15}(\text{km})$이고, 김 사원이 걷는 속력으로 $\frac{4}{15} \div 4 = \frac{1}{15}$ (h), 즉 4분 더 걸어가면 김 사원은 거래처에 도착한다. 따라서 박 사원이 김 사원을 따라잡으려면 4분 내에 거래처까지의 거리인 $\frac{2}{3}$km 이상을 갈 수 있으면 된다. 이때 박 사원이 달려가야 할 최소 속력은 $\frac{2}{3} \div \frac{1}{15} = 10(\text{km/h})$이다.

예제 08

A는 자신의 집에서 오르막길 800m를 올라간 곳에 있는 B의 집에 짐을 가져다 주기로 했다. A가 첫 번째 짐을 가지고 자기 집을 나와 B의 집으로 향할 때, 동시에 B도 자신의 집을 나와 짐을 받으러 출발했다. A는 B와 만난 지점에서 B에게 짐을 건네주고, 두 사람은 동시에 각각의 집으로 돌아갔다. 두 명이 자신의 집에 돌아간 뒤 다시 바로 자기 집을 나와 두 번째 짐을 운반한 결과, 두 사람은 A 집에서 500m 떨어진 곳에서 만났다. A, B는 각각 일정한 속력으로 걷고, 언덕의 오르막과 내리막, 짐의 유무에 따른 속력 변화가 없다면 A와 B가 걷는 속력의 비는?

① 3 : 2   ② 8 : 5   ③ 5 : 3
④ 7 : 4   ⑤ 9 : 5

| 정답 | ③
| 해설 | 복잡해 보이지만 속력의 비가 거리의 비와 같다는 것을 이용하면 쉽게 풀 수 있는 문제이다.

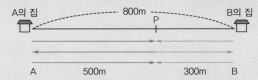

A와 B가 만난 지점을 P로 하면, A와 B가 동시에 집을 나와 P 지점에서 만날 때까지의 상황은 위의 그림과 같다. 한편, A가 B에게 짐을 건넨 후 두 명은 각자의 집으로 돌아가지만, A, B는 각각 일정한 속력으로 걷기 때문에 올 때와 갈 때 걸리는 시간은 같다. 따라서 A와 B는 동시에 집으로 돌아간다. 두 명이 동시에 돌아간 후, 바로 또 다시 동시에 집을 출발하므로 처음과 같은 행동을 반복하는 것이 된다. 즉, 두 명은 다시 P 지점에서 만나므로 A의 집에서 P 지점까지의 거리는 500m임을 알 수 있다. 또한, B 집에서 P 지점까지의 거리는 800−500=300(m)이다.
이에 따라 'A가 500m 가는 사이에 B는 300m 간다'라는 것을 알 수 있으므로 A와 B가 같은 시간에 가는 거리의 비는 500 : 300=5 : 3이 된다. 따라서 속력의 비는 거리의 비와 같으므로 두 사람의 속력의 비는 5 : 3이 된다.

속력 공략

정답과 해설 85쪽

One Point Lesson

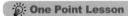

'속력$=\dfrac{거리}{시간}$'에 의해 속력의 비는 거리의 비와 비례하고, 시간의 비와 반비례함을 알 수 있다.

01. A는 입사 시험 공부를 하기 위해 집에서 자전거를 타고 6km 떨어진 도서관에 간다. 하루는 자전거를 타고 집에서 도서관까지 거리의 $\dfrac{2}{3}$ 만큼을 이동하다가 중간에 친구를 만나 나머지 거리를 걸어서 갔다. 자전거를 탄 속력과 걷는 속력의 비가 5 : 2이고 목적지까지 총 1시간이 걸렸을 때, 자전거를 탄 A의 속력은 얼마인가?

① 8km/h   ② 9km/h   ③ 10km/h
④ 11km/h   ⑤ 12km/h

02. 다음은 A 역을 출발하여 B 역에 정차, C 역에 도착하는 전철의 시간표이다. 민수가 10시 35분에 B 역에서 C 역으로 자전거를 타고 출발한 후, B 역으로부터 7.5km 지점에서 전철에게 추월당했다. 전철의 속력이 30km/h라면, B−C 역에서 민수가 탄 자전거의 평균 속력은 얼마인가?

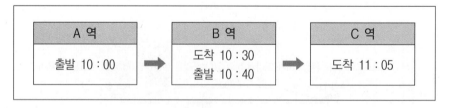

A 역		B 역		C 역
출발 10 : 00	⟶	도착 10 : 30 출발 10 : 40	⟶	도착 11 : 05

① 7.5km/h   ② 12.5km/h   ③ 17.5km/h
④ 22.5km/h   ⑤ 27.5km/h

03. 서울에 사는 A 씨는 여름휴가를 맞이하여 부산으로 가족여행을 떠났다. 제시된 조건으로 볼 때 구간단속구간의 제한 속도는 몇 km/h인가?

- 서울에서 부산까지의 거리는 490km이며, 구간단속구간이 40km 있다.
- 일반구간에서 시속 100km/h를 유지하며 운전하였다.
- 구간단속구간에서는 제한 속도를 유지하며 운전하였다.
- 한 번도 쉬지 않았으며 출발한 지 5시간 만에 부산에 도착하였다.

---

① 75km/h   ② 80km/h   ③ 85km/h

④ 90km/h   ⑤ 95km/h

04. 홍구는 G 지점에서 출발하여, F 지점을 지나 K 지점으로 향했다. G와 K 간의 거리가 11.2km이고 출발, 도착 시간이 다음과 같을 때, 홍구의 평균 이동속력은 몇 km인가?

G 지점	F 지점		K 지점
출발	도착	출발	도착
7:50	8:20	8:30	10:20

① 2.4km/h   ② 3.2km/h   ③ 4.0km/h

④ 4.8km/h   ⑤ 5.6km/h

05. A와 B 두 명이 육상 경기장 트랙의 a 지점에서 서로 반대 방향으로 달리기 시작하여, B가 트랙의 $\frac{2}{5}$를 달린 b 지점에서 서로 지나쳤다. A와 B가 두 번째로 서로를 지나치는 곳이 a 지점이기 위해서는 A가 이때까지보다 몇 배의 속력으로 달려야 하는가? (단, B의 속력은 일정하다)

① $\frac{2}{9}$ 배   ② $\frac{1}{3}$ 배   ③ $\frac{4}{9}$ 배

④ $\frac{5}{9}$ 배   ⑤ $\frac{2}{3}$ 배

테마

10

거
리
·
속
력
·
시
간

기
초

이것만은 꼭

1m/s＝3.6km/h임을 이용한다.

06. A〜E 사원은 출근길에 설치된 과속 단속카메라를 지나갔다. 다섯 사원의 단속 결과가 다음과 같을 때, 다섯 명이 부담해야 할 총 범칙금은 얼마인가?

- 단속카메라는 60m 떨어진 두 센서 사이의 통과시간을 측정한다.
- A, B, C, D, E가 두 센서 사이를 통과한 시간은 각각 2.5초, 2초, 3초, 2.7초, 2.4초이다.
- 측정된 속력이 제한속도 80km/h보다 15%를 초과한 경우 범칙금 3만 원이 부과된다.

① 3만 원   ② 6만 원   ③ 9만 원
④ 12만 원   ⑤ 15만 원

07. 황 대리는 대전으로, 윤 대리는 부산으로 출장을 떠났다. 업무를 끝낸 후 대전에서 200km 떨어진 K 지점에서 만났을 때, 다음 상황을 보고 윤 대리가 이동한 속도를 구하면?

- 대전, 부산, K 지점은 일직선상에 위치한다고 가정한다.
- 대전과 부산의 거리는 500km이다.
- 황 대리는 80km/h의 속도로 차를 운전해서 갔다.
- 윤 대리는 황 대리보다 4시간 30분 늦게 K 지점에 도착했다.
- 윤 대리의 이동 속도는 황 대리의 이동 속도보다 빠르다.
- 황 대리와 윤 대리는 각각 대전과 부산에서 K 지점으로 동시에 출발했다.

① 80km/h   ② 90km/h   ③ 100km/h
④ 110km/h   ⑤ 120km/h

08. X 씨는 매일 정각에 역에 도착하며, 딱 그 시간에 도착하는 집에서 마중 나온 차를 타고 귀가한다. 어느 날, 평소보다 역에 빨리 도착한 X 씨가 집을 향해 걷기 시작하자, 중간의 A 지점에서 마중 나오는 차와 스쳐 지나가게 되었다. 만약 이 시점에 X 씨가 그곳에 있다는 것을 알아챘다면, 평소보다 30분 빠르게 귀가하는 것이 가능했으나 안타깝게도 자동차는 X 씨를 보지 못하고 스쳐 지나가 평소처럼 역에 갔다. X 씨가 A 지점에서 다시 35분 걸었을 때, 역에 갔다가 바로 다시 돌아온 차와 만나 자동차에 탔고, 결국 평소와 같은 시간에 집에 도착하였다. X 씨가 걷는 속력과 자동차의 속력의 비는 얼마인가? (단, 자동차의 속력 및 X 씨의 걷는 속력은 항상 일정하며, 차에 타는 시간은 무시한다)

⏱ **빠른 풀이 비법**

A 지점에서 마중 나오는 차를 바로 탔을 경우 평소보다 30분 빠르게 귀가하는 것이 가능하다는 것은 차가 A 지점에서 역으로 갔다가 다시 A 지점으로 돌아오는 시간이 30분이 걸림을 의미한다.

① 1 : 5　　　　　② 1 : 6　　　　　③ 1 : 7

④ 1 : 8　　　　　⑤ 1 : 9

09. 어느 학교에서 S 공장과 T 공장에 견학을 가게 되었다. 버스로 이동하며, 버스의 평균 속력을 30km/h로 계산하여 다음과 같은 계획을 세웠다. 그러나 견학 당일 S 공장에서의 출발이 예정보다 10분 늦어졌으며 다행히 T 공장에는 예정 시각에 도착했다고 할 때, S-T 공장 구간에서의 버스의 평균 속력은 얼마인가?

학교	S 공장		T 공장		학교
출발	도착	출발	도착	출발	도착
9 : 30	11 : 30	12 : 30	13 : 00	14 : 00	16 : 30

① 30km/h　　　　　② 39km/h　　　　　③ 42km/h

④ 45km/h　　　　　⑤ 48km/h

테마
10

거
리
·
속
력
·
시
간
기
초

핵심 Check

① **공식**

$$시간 = \frac{거리}{속력}$$

② **풀이 방법**

(1) 거리, 속력, 시간 중 무엇을 구하는 것인지를 파악하여 공식을 적용하고 방정식을 세운다.

(2) 단위 변환에 주의한다.

- 60분=3,600초
- 60분=1시간
- 45분=$\frac{3}{4}$ 시간

- 30분=$\frac{1}{2}$ 시간
- 20분=$\frac{1}{3}$ 시간
- 10분=$\frac{1}{6}$ 시간

③ **A, B가 시간차를 두고 같은 지점에서 출발하여 만나는 경우**

(1) (A가 먼저 출발한 경우) A가 이동한 거리=B가 이동한 거리

(2) (A가 먼저 출발한 경우) A가 이동한 시간=B가 이동한 시간+시간차

④ **등산하는 데 걸린 시간**

(1) 올라갈 때의 속력을 $a$km/h, 내려올 때의 속력을 $b$km/h로 둔다.

(2) 올라간 거리와 내려온 거리가 다르면 각각 $x$km, $y$km로 놓고 연립방정식을 세운다.

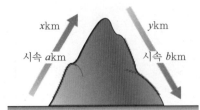

$x$km $y$km

시속 $a$km   시속 $b$km

$$\begin{cases} x+y=총\ 이동거리 \\ \dfrac{x}{a}+\dfrac{y}{b}=총\ 시간 \end{cases}$$

예제 01

수현이가 올라간 길 그대로 내려오는 A 등산로를 따라 등산을 하는 데 올라갈 때는 시속 2km로 올라가고, 내려올 때는 올라갈 때의 2배 속력으로 내려왔다. A 등산로를 왕복한 총 소요시간이 4시간 30분이라면 내려오는 데 걸린 시간은?

① 1시간 20분 ② 1시간 25분 ③ 1시간 30분
④ 1시간 35분 ⑤ 1시간 40분

| 정답 | ③

| 해설 | A 등산로의 편도 거리를 $x$km라 하면 '시간$=\dfrac{거리}{속력}$'이므로 다음의 식이 성립한다.

$$\dfrac{x}{2}+\dfrac{x}{4}=4.5 \qquad \dfrac{3}{4}x=4.5 \qquad x=6(\text{km})$$

따라서 내려올 때 소요된 시간은 $\dfrac{6}{4}=1.5(\text{h})$, 즉 1시간 30분이다.

예제 02

민상이는 매일 A, B 두 지점을 왕복하는 운동을 한다. 어느 날 시속 12km로 B에 갔다가 시속 8km로 A에 돌아왔더니 총 1시간 15분이 걸렸다. 만약 민상이가 B에 갈 때는 시속 15km로, A에 돌아올 때는 시속 12km로 달린다면, 왕복하는 데 걸리는 총 시간은?

① 50분 ② 52분 ③ 54분
④ 56분 ⑤ 58분

해결 전략

1단계
A에서 B까지의 거리를 미지수 (x)로 두고 '시간$=\dfrac{거리}{속력}$'에 따라 식을 세운다.

↓

2단계
'분'을 '시간'으로 환산할 때 분모가 '60'임에 유의한다.
1시간 15분$=\dfrac{75}{60}$시간

테마 **10**

거리 · 속력 · 시간 기초

| 정답 | ③

| 해설 | A와 B 사이의 거리는 변하지 않으므로 이를 $x$km라 두고 식을 세운다.

$$\dfrac{x}{12}+\dfrac{x}{8}=\dfrac{75}{60} \qquad \dfrac{2x+3x}{24}=\dfrac{5}{4}$$

$$4(2x+3x)=5\times24 \qquad 20x=120 \qquad x=6(\text{km})$$

따라서 A와 B 사이의 거리는 6km이고, 시속을 바꿨을 때 걸리는 총 시간을 구하면 다음과 같다.

$$\dfrac{6}{15}+\dfrac{6}{12}=\dfrac{24+30}{60}=\dfrac{54}{60}(\text{시간})$$

따라서 총 54분이 걸린다.

예제 03

성은이는 1 : 50,000 축척의 지도를 들고 자전거 여행 중이다. 지도상에서 10cm에 해당하는 거리를 30km/h의 속력으로 달렸다고 할 때 걸린 시간은 몇 분인가?

① 8분　　　　　　② 10분　　　　　　③ 12분

④ 14분　　　　　　⑤ 16분

| 정답 | ②

| 해설 | 1 : 50,000 축척의 지도에서 10cm에 해당하는 실제 거리는 50,000×10＝500,000(cm), 즉 5km이다.

따라서 5km를 이동하는 데 걸린 시간은 $\dfrac{5(km)}{30(km/h)} = \dfrac{10}{60}$(h)이므로 10분이다.

해결 전략

1단계

문제에 제시되어 있는 속력과 거리 수치를 '시간＝$\dfrac{거리}{속력}$'에 대입한다.

↓

2단계

A, B가 운동한 시간이 동일하므로 이를 활용하여 속력을 구한다.

↓

3단계

구한 속력으로 A가 운동한 시간을 구한다.

예제 04

A와 B가 운동을 하기 위해 같은 지점에서 동시에 출발하여 A는 15km를 걸어서 가고, B는 자전거를 이용하여 A보다 10km/h 빠른 속력으로 같은 시간 동안 40km를 이동하였다. A가 운동한 시간은 얼마인가?

① 1시간　　　　　　② 1시간 30분　　　　　　③ 2시간

④ 2시간 30분　　　　　⑤ 3시간

| 정답 | ④

| 해설 | A의 속력을 $x$km/h라고 하면, B의 속력은 $(x+10)$km/h이고, A가 운동한 시간은 $\dfrac{15}{x}$h, B가 운동한 시간은 $\dfrac{40}{x+10}$h이다. 두 사람의 운동 시간이 같으므로 다음 식이 성립한다.

$$\dfrac{15}{x} = \dfrac{40}{x+10} \qquad 40x = 15(x+10) \qquad 25x = 150$$

∴ $x = 6$(km/h)

따라서 A가 운동한 시간은 $\dfrac{15}{6} = 2.5$(h), 즉 2시간 30분이다.

예제 05

소영이가 집에서 10km의 거리에 위치한 백화점에 가는데, 시속 4km로 걷다가 시속 6km로 뛰었더니 총 2시간 20분이 걸렸다. 소영이가 뛴 시간은 몇 분인가? (단, 소영이는 중간에 쉬지 않았다)

① 10분 　　　　　　② 20분 　　　　　　③ 30분
④ 40분 　　　　　　⑤ 50분

| 정답 | ②

| 해설 | 소영이가 뛴 거리를 $x$km로 놓고 식을 세우면 다음과 같다.

$$\frac{10-x}{4} + \frac{x}{6} = \frac{7}{3}$$

$$3(10-x) + 2x = 28$$

$$\therefore x = 2\text{(km)}$$

따라서 소영이가 뛴 시간은 $\frac{2}{6}$시간, 즉 20분이다.

예제 06

직선 트랙의 양 끝에서 철수는 8km/h, 영희는 10km/h의 속력으로 출발하여 40분 후 어느 한 지점에서 만났다. 철수가 남은 트랙을 달릴 때 걸리는 시간은?

① 42분 　　　　　　② 44분 　　　　　　③ 46분
④ 48분 　　　　　　⑤ 50분

| 정답 | ⑤

| 해설 | 40분 동안 철수가 달린 거리는 $8 \times \frac{40}{60} = \frac{16}{3}$(km), 영희가 달린 거리는 $10 \times \frac{40}{60} = \frac{20}{3}$(km)이다. 직선 트랙은 총 $\frac{16}{3} + \frac{20}{3} = 12$(km)이므로 철수가 남은 트랙을 달릴 때 걸리는 시간은 $\left(12 - \frac{16}{3}\right) \div 8 = \frac{5}{6}$(시간), 즉 50분이다.

예제 07

P와 Q가 조깅을 할 때 P는 5.4km/h, Q는 7.2km/h로 달린다. P가 S 지점에서 T 지점으로 달리기 시작함과 동시에 Q는 T 지점에서 S 지점을 향해 달리기 시작했다. P가 S 지점에서 T 지점까지 달리면 63분이 걸린다고 할 때 두 사람이 만나는 것은 출발하고서 몇 분 후인가?

① 20분 30초　　　　　② 24분　　　　　③ 25분 30초
④ 27분　　　　　　　⑤ 29분 30초

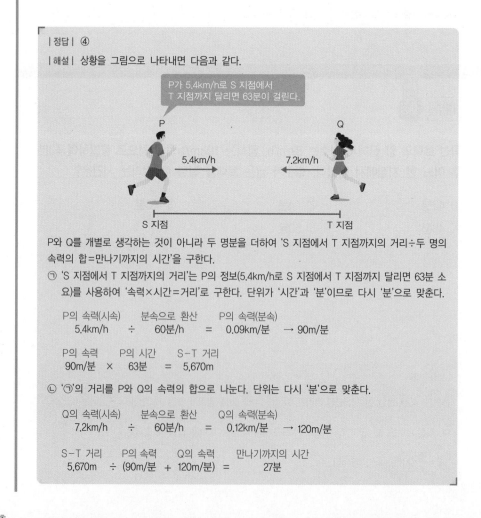

|정답| ④

|해설| 상황을 그림으로 나타내면 다음과 같다.

> P가 5.4km/h로 S 지점에서 T 지점까지 달리면 63분이 걸린다.

P와 Q를 개별로 생각하는 것이 아니라 두 명분을 더하여 'S 지점에서 T 지점까지의 거리÷두 명의 속력의 합=만나기까지의 시간'을 구한다.

㉠ 'S 지점에서 T 지점까지의 거리'는 P의 정보(5.4km/h로 S 지점에서 T 지점까지 달리면 63분 소요)를 사용하여 '속력×시간=거리'로 구한다. 단위가 '시간'과 '분'이므로 다시 '분'으로 맞춘다.

P의 속력(시속)　　분속으로 환산　　P의 속력(분속)
5.4km/h　　÷　　60분/h　　=　　0.09km/분　　→ 90m/분

P의 속력　　　P의 시간　　S-T 거리
90m/분　×　　63분　　=　　5,670m

㉡ '㉠'의 거리를 P와 Q의 속력의 합으로 나눈다. 단위는 다시 '분'으로 맞춘다.

Q의 속력(시속)　　분속으로 환산　　Q의 속력(분속)
7.2km/h　　÷　　60분/h　　=　　0.12km/분　　→ 120m/분

S-T 거리　　　P의 속력　　　Q의 속력　　만나기까지의 시간
5,670m　÷　(90m/분　+　120m/분)　=　　27분

예제 08

S와 T는 1바퀴에 18km인 사이클링 코스를 자전거로 달린다. S와 T의 속력은 각각 21km/h, 15km/h이고 항상 일정하다. 같은 지점에 있는 S와 T 중 S가 출발하고 40분 후에 T가 S와 같은 방향으로 달리면 S가 처음 T를 만나는 것은 몇 분 후인가?

① 15분 후   ② 30분 후   ③ 35분 후

④ 40분 후   ⑤ 45분 후

| 정답 | ④

| 해설 | S가 출발하고 40분 후에 다른 장소에서 두 명이 다시 출발한다고 생각해도 된다.

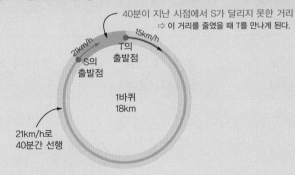

40분 동안 S는 $21(km/h) \times \dfrac{40}{60} = 14(km)$를 이동하므로 S와 T 사이의 거리는 $18-14=4(km)$이다. 두 명의 속력 차이는 $21-15=6(km/h)$이므로 1시간당 6km, 즉 10분당 1km의 거리가 좁혀진다. 따라서 S가 처음 T를 만나는 것은 40분 후이다.

정답과 해설 87 쪽

유형 3 시간 공략

01. 다음 〈조건〉을 토대로 할 때, A가 자전거를 이용해 출퇴근을 할 때 소모되는 총 열량은 얼마인가? (단, 출퇴근 시 이동하는 경로는 동일하다)

조건

- A의 몸무게는 70kg이며, 자전거를 10분간 탈 때 소모되는 열량은 85kcal이다.
- A의 집에서 회사까지의 거리는 6km이다.
- A는 10km/h의 속력으로 자전거를 탄다.

① 300kcal   ② 306kcal   ③ 512kcal

④ 612kcal   ⑤ 613kcal

해결 전략

A와 B의 1시간에 줄어드는 거리를 산출하면 B가 A를 따라잡는 시간을 구할 수 있다.

02. A는 4.2km/h의 속력으로 S 지점에서 출발하여 T 지점을 경유하고 U 지점으로 향했다. A가 출발하고 30분 후에 B가 16.8km/h의 속력으로 S 지점에서 출발하여 A를 뒤따라갈 때, A를 따라잡는 것은 언제인가? (단, B는 멈추지 않고 계속 이동한다)

〈A의 이동 과정〉

S 지점 출발	T 지점 도착	T 지점 출발	U 지점 도착
10 : 30	12 : 40	12 : 50	13 : 10

① 11시 10분   ② 11시 15분   ③ 11시 20분

④ 11시 25분   ⑤ 11시 30분

03. A시와 B시를 왕복하는 버스 노선이 있다. 이 노선의 버스는 같은 간격으로 달리며 속력은 모두 동일하다. 갑 씨가 A시에서 B시로 걸어가고 있을 때, 5분마다 버스와 마주치고 7분마다 추월당한다고 하면, 버스 간 배차 시간은 얼마인가? (단, 버스 속력은 갑 씨의 걷는 속력보다 빠르다)

① 5분 40초   ② 5분 50초   ③ 6분 00초
④ 6분 10초   ⑤ 6분 20초

▶ 학습 TIP ◀

5분마다 마주치는 버스는 맞은편에서 오는 버스이고, 7분마다 추월당하는 버스는 같은 방향으로 가는 버스이다.

04. 콩쥐와 팥쥐가 42km 달리기 경주를 벌이는데, 콩쥐는 4km/h의 속력으로 달렸고, 팥쥐는 콩쥐보다 2km/h 더 빨랐다. 그런데 경주 도중 팥쥐가 피곤함을 이기지 못하고 낮잠을 자게 되어 콩쥐가 팥쥐보다 2시간이나 빨리 결승점에 도착하였다. 그렇다면 팥쥐가 낮잠 잔 시간은 총 얼마인가?

① 4시간 10분   ② 4시간 20분   ③ 5시간 30분
④ 5시간 40분   ⑤ 6시간 10분

05. A, B, C 3명이 연못의 주변에서 마라톤을 하고 있다. A와 B는 서로 반대 방향으로 같은 속력으로 달리고, A와 C는 같은 방향으로 달린다. A는 C를 12분 만에 앞질렀고, B와 C는 8분 만에 만났을 때, A가 연못을 한 바퀴 도는 데 걸리는 시간은? (단, A, B, C는 일정한 속력으로 달린다)

① 9분 24초   ② 9분 36초   ③ 9분 48초
④ 10분 36초   ⑤ 10분 48초

테마
10

거
리
·
속
력
·
시
간
기
초

심화문제

정답과 해설 88쪽

01

A와 B가 16km 떨어진 지점에서 서로를 향해 이동하였다. 두 사람이 이동한 속력이 다음과 같을 때, 두 사람이 만나기까지 소요된 시간과 두 사람이 이동한 거리의 차이는 얼마인가?

- A는 걸어서 3km/h의 속력으로 이동하였다.
- B는 자전거를 타고 5km/h의 속력으로 이동하였다.
- 두 사람이 이동한 시간은 동일하다.

① 1시간, 3km   ② 1시간, 4km

③ 2시간, 3km   ④ 2시간, 4km

⑤ 2시간, 5km

02

A와 B는 동일 지점에서 30km 떨어진 목적지를 향해 출발하였다. A는 B보다 15분 먼저 자전거로 출발하였으나 이동하는 도중에 오토바이를 탄 B에게 추월당해, B보다 목적지에 10분 늦게 도착하였다. B 오토바이의 속력이 A 자전거 속력의 1.5배라면, A의 속력은 시속 몇 km인가? (단, 두 명 모두 같은 경로를 일정한 속력으로 달리고 있었다고 가정한다)

① 시속 12km   ② 시속 16km

③ 시속 20km   ④ 시속 24km

⑤ 시속 28km

03

A, B 두 사람이 자전거를 타고 가 지점에서 나 지점으로 동시에 출발하였다. 20분 후 A가 가 지점과 나 지점의 중간지점에 도착했을 때, B는 A의 6km 뒤에 있었다. B가 중간지점에 도착했을 때, A는 B의 9km 앞에 있었다면 가 지점부터 나 지점까지의 거리는 얼마인가? (단, 두 사람의 속력은 일정하다)

① 32km   ② 34km   ③ 36km

④ 38km   ⑤ 40km

04

현욱과 소희는 시험공부를 위해 방과 후 이틀간 도서관에 갔다. 첫째 날, 현욱은 학교에서 편의점까지 5km/h, 편의점에서 도서관까지 3km/h의 속력으로 걸어갔고, 소희는 학교에서 도서관까지 4km/h의 속력으로 걸었더니 소희가 8분 더 일찍 도착하였다. 둘째 날, 현욱은 학교에서 편의점까지 3km/h, 편의점에서 도서관까지 5km/h의 속력으로 걸어갔고, 소희는 첫날과 같은 속력으로 학교에서 도서관까지 갔더니 현욱과 동시에 도착하였다고 할 때 편의점에서 도서관까지의 거리는 얼마인가?

![학교 — 편의점 — 도서관 경로]

학교   편의점   도서관

① 1km   ② 1.5km   ③ 2km

④ 2.5km   ⑤ 3km

05

직장인 A 씨는 건강을 위해서 매주 일요일마다 등산을 하고 있다. 다음 〈조건〉을 참고할 때, A 씨가 등산하는 동안 소모되는 총 열량은? (단, 올라갈 때 이동한 거리와 내려올 때 이동한 거리는 동일하다)

조건

• 올라갈 때 이동한 거리는 총 20km이다.
• 올라갈 때는 4km/h, 내려올 때는 5km/h의 속력으로 이동한다.
• 올라갈 때는 1분에 230cal의 열량을 소모하며, 내려올 때는 1분에 180cal의 열량을 소모한다.

① 100.4kcal   ② 108kcal
③ 112.2kcal   ④ 116.8kcal
⑤ 124.4kcal

06

A는 달리기, B는 자전거, C는 오토바이로 연못 주위의 도로를 1바퀴 돌았다. A의 시속은 B보다 6km 느리고, C의 시속은 B보다 12km 빠르다. 또한, 1바퀴 도는데 A가 B보다 30분 더 걸렸고, B가 C보다 30분 더 걸렸다. B가 한 바퀴 도는데 걸린 시간은?

① 1시간 10분   ② 1시간 20분
③ 1시간 30분   ④ 1시간 40분
⑤ 1시간 50분

07

교정에 2개의 폴이 설치되어 있다. A와 B가 각각 다른 폴에서 동시에 출발하여, 다른 폴을 돌아 최단거리를 달려 원래의 폴로 돌아왔다. 두 사람은 A가 출발하고 50m를 달린 지점에서 만나고, 그 다음 A가 폴을 돌고 나서 30m를 달린 지점에서 만났다. A, B 두 명의 속력이 일정할 경우 A, B의 속력 비는 얼마인가?

① 1 : 2   ② 2 : 3   ③ 3 : 4
④ 4 : 5   ⑤ 5 : 7

08

A와 B 2대의 자동차가 한 바퀴가 5km인 코스의 같은 지점에서 같은 방향으로 동시에 출발하면 A는 15분마다 B를 추월하고, 서로 반대 방향으로 동시에 출발하면 A와 B는 3분마다 지나친다. 이때, A의 속력은 얼마인가?

① 0.8km/min   ② 0.9km/min
③ 1.0km/min   ④ 1.1km/min
⑤ 1.2km/min

09

A는 회사로 출근하던 도중 집에 중요한 서류를 두고 온 것을 깨닫고 다시 돌아가게 되었다. A가 회사에 제시간에 도착하려면 최소 몇 km/h로 운전해야 하는가? (단, 모든 운송수단은 동일한 경로로 이동하며, 각각 일정한 속력으로 이동한다)

- 집에서 버스를 타고 60km/h의 속력으로 15분 동안 이동하였다. 버스를 타고 이동한 거리는 집에서 회사까지 거리의 절반이었다.
- 버스에서 내리자마자 집에서 서류를 가져오기 위해 택시를 타고 75km/h의 속력으로 이동하였다. 택시 승차 시각은 8시 20분이었다.
- 집에서 서류를 챙겨서 아파트 주차장에 있는 자신의 승용차를 타기까지 3분의 시간이 걸렸고, 바로 운전하여 회사로 출발하였다. 회사에 도착해야 할 시간은 9시이다.

① 68km/h   ② 69km/h   ③ 70km/h
④ 71km/h   ⑤ 72km/h

10

연못 주위를 P, Q 두 사람이 걷고 있다. P는 A 지점에서 출발하여 B 지점, C 지점을 통과해 A 지점으로 돌아오고, Q는 B 지점에서 출발하여 A 지점, C 지점을 통과하여 B 지점으로 돌아온다. P는 A 지점에서 출발하여 P와 동시에 B 지점에서 출발한 Q와 6분 후에 스쳐 지나가고, 그로부터 4분 뒤에 B 지점을 통과하여 20분 뒤에 C 지점에서 다시 Q와 스쳐 지나갔다. 두 사람이 동시에 출발점에 도착하려면 Q는 C 지점부터 몇 배의 속력으로 걸으면 되는가?

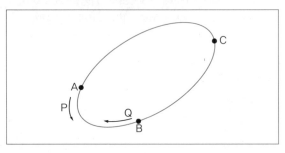

① 1.5배   ② 2.0배   ③ 2.5배
④ 3.0배   ⑤ 4.0배

11

자전거로 출퇴근하는 이 사원은 오늘 평소보다 조금 늦게 나와 지각할 위기에 있다. 지각하지 않고 정시 전에 도착하려면 자전거 도로에서 최소 몇 km/h 이상으로 달려야 하는가? (단, 소수점 아래 첫째 자리에서 반올림한다)

- 자전거로 이동하는 거리는 14km이고, 그중 자전거 도로는 10km이다.
- 평소 자전거 도로에서 25km/h로 가고, 나머지 도로에서는 평균 속력 10km/h로 간다.
- 평소에는 정시에 도착했지만 오늘 평소처럼 갈 경우 출근 시간보다 10분 늦게 도착할 것 같다.
- 자전거 도로에서는 속력을 더 낼 수 있지만 나머지 도로에서 속력을 더 내는 것은 불가능하다.

① 40km/h 이상
② 43km/h 이상
③ 46km/h 이상
④ 50km/h 이상
⑤ 53km/h 이상

12

김 대리는 회사에서 출발하여 문구점, 서점, 카페에서 각각 사무용품, 책, 커피를 산 뒤 다시 회사로 돌아오려 한다. 김 대리는 걷거나 자전거를 탈 수 있으며 걷는 경우 4km/h, 자전거를 타는 경우 12km/h의 속력으로 움직인다. 자전거는 회사에 비치되어 있고 사용후 반드시 회사로 반납해야 하며 커피를 든 채로 자전거를 탈 수는 없다고 할 때, 김 대리가 이동하는 데 소요되는 시간은 최소 몇 분인가? (단, 사무용품과 책, 커피를 사는 순서는 상관이 없다)

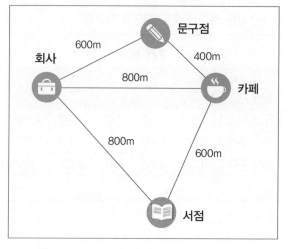

① 35분
② 36분
③ 37분
④ 38분
⑤ 39분

13

어느 고속도로에서는 구간 속도를 측정하여 과속을 감시한다. 범칙금 조건과 차량별로 감시 구간을 통과한 시간이 다음과 같을 때, 범칙금이 두 번째로 많은 차량은?

- 제한속도는 100km/h이다.
- 제한속도 초과 시 10% 미만은 범칙금 3만 원, 10% 이상이면 7만 원, 20% 이상이면 20만 원이다.
- 감시 구간 1은 3km, 감시 구간 2는 4km, 감시 구간 3은 5km로 모두 길이가 다르다.

〈감시 구간 통과 시간〉

차량 감시 구간	A	B	C	D	E
감시 구간 1	1.6분	1.5분	2분	1.8분	1.4분
감시 구간 2	2분	2.4분	2.2분	2.1분	2.5분
감시 구간 3	3.1분	3.2분	2.4분	2.8분	3분

① A   ② B   ③ C
④ D   ⑤ E

14

B 지사로 출장을 가는 사원 K는 출장 도중 A 지사에 들러 1시간 동안 업무를 보고 다시 출발할 예정이다. 본사에서 A 지사까지는 60km/h의 속력으로 이동하고, A 지사에서 B 지사까지는 80km/h의 속력으로 이동할 예정이다. 본사에서 오전 10시에 출발한다고 하였을 때, B 지사에 도착하는 예상 시각은? (단, 본사, A 지사, B 지사는 일직선상에 위치하며, 사원 K는 최단거리로 움직이고, 정해진 일정 이외에는 멈추지 않는다)

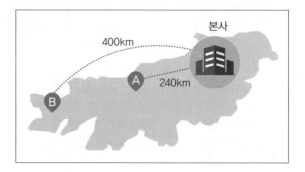

① 오후 4시   ② 오후 4시 30분
③ 오후 5시   ④ 오후 5시 30분
⑤ 오후 6시

테마 11

[열차 통과]
거리 · 속력 · 시간

유형 1　[열차 통과] 거리 · 속력 · 시간

⭐ 심화문제

유형 **1**

[열차 통과] 거리·속력·시간

핵심 Check

① 일정 지점을 통과할 때

(1) 열차의 길이를 Am, 속력을 Xm/s라 하면,

$$시간 = \frac{거리}{속력} = \frac{A}{X}\,(초)$$

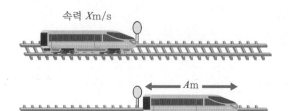

(2) 열차의 길이를 Am, 속력을 Xkm/h라 하면 Xkm/h$= \frac{5}{18}X$m/s이므로,

$$시간 = \frac{거리}{속력} = \frac{A}{\frac{5}{18}X} = \frac{18A}{5X}\,(초)$$

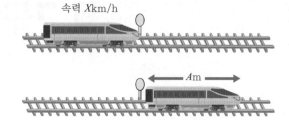

② 터널(구간)을 통과할 때

(1) 열차의 길이를 Am, 속력을 Xm/s, 터널의 길이를 Bm라 하면,

$$시간 = \frac{거리}{속력} = \frac{A+B}{X}\,(초)$$

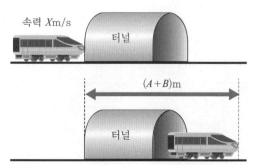

(2) 열차의 길이를 Am, 속력을 Xkm/h, 터널의 길이를 Bm라 하면 Xkm/h$=\dfrac{5}{18}X$m/s이므로,

$$시간=\dfrac{거리}{속력}=\dfrac{A+B}{\dfrac{5}{18}X}=\dfrac{18(A+B)}{5X}(초)$$

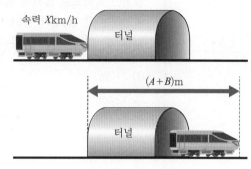

속력 Xkm/h

터널

$(A+B)$m

터널

❸ 열차(A)가 움직이는 대상(B)을 지나치는 경우(같은 직선상)

A의 속력을 Xkm/h, B의 속력을 Ykm/h라 하면,

(1) A가 B와 반대 방향으로 움직일 때 느끼는 속력=$(X+Y)$km/h

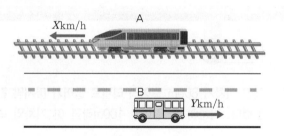

Xkm/h

A

B

Ykm/h

(2) A가 B와 같은 방향으로 움직일 때 느끼는 속력=$(X-Y)$km/h

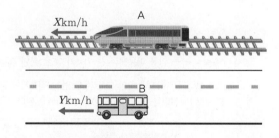

Xkm/h

A

Ykm/h

B

테마

11

[열차 통과] 거리·속력·시간

예제 01

일정한 속력으로 달리는 열차가 있다. 이 열차가 길이가 1,800m인 터널을 완전히 통과하는 데 80초가 걸리고, 길이가 600m인 철교를 완전히 지나가는 데 30초가 걸릴 때, 이 열차의 길이는?

① 112m   ② 116m   ③ 120m

④ 124m   ⑤ 128m

|정답| ③

|해설| 열차의 길이를 xm라고 하면 다음과 같은 식을 세울 수 있다.

$$\frac{1,800+x}{80}=\frac{600+x}{30} \qquad 54,000+30x=48,000+80x$$

$$6,000=50x \qquad\qquad x=120$$

따라서 열차의 길이는 120m이다.

예제 02

이것만은 꼭

제시된 조건의 속력 단위와 선택지의 속력 단위가 다를 경우를 주의해야 한다. 1m/s은 3.6 km/h임을 고려하여 계산을 하도록 한다.

어떤 기차가 800m 길이의 터널로 들어가 마지막 칸까지 모두 통과하는 데 36초가 걸렸다. 기차의 총 길이가 100m라면 이 기차의 속력은 몇 km/h인가?

① 60km/h   ② 70km/h   ③ 80km/h

④ 90km/h   ⑤ 100km/h

|정답| ④

|해설| '속력 = $\dfrac{거리}{시간}$'임을 이용해 우선 기차가 36초 동안 이동한 거리를 구한다. 기차의 앞부분이 터널 입구로 들어가서 마지막 칸이 모두 통과하는 지점까지의 길이이므로 기차가 이동한 거리는 터널의 길이와 기차의 길이를 합한 800+100=900(m)가 된다.

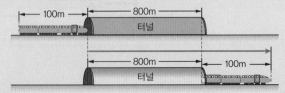

기차가 36초 동안 900m를 이동했으므로 선택지의 단위에 따라 이를 시속으로 변환해 기차의 속력을 계산하면 다음과 같다.

$$\frac{900m}{36s}\times\frac{1km}{10^3 m}\times\left(\frac{60s}{1min}\times\frac{60min}{1h}\right)=\frac{900m}{36s}\times\frac{1km}{1,000m}\times\frac{3,600s}{1h}=90(km/h)$$

예제 03

새마을호의 길이는 150m, KTX의 길이는 320m이고, KTX의 속력은 새마을호의 2배이다. 두 열차가 같은 터널을 통과하는 데 새마을호는 20초, KTX는 11초가 걸렸다고 할 때, 이 터널의 길이는?

① 1,020m   ② 1,180m   ③ 1,320m

④ 1,500m   ⑤ 1,550m

|정답| ⑤

|해설| 터널의 길이를 xm, 새마을호의 속력을 ym/s라 할 때, 열차가 터널을 통과하는 시간은 열차의 끝부분까지 터널을 모두 빠져 나오는 시간이므로 터널의 길이에 열차의 길이를 더해서 다음과 같은 식이 성립한다.

$x + 150 = y \times 20$ ······ ㉠ $x + 320 = 2y \times 11$ ······ ㉡

㉠, ㉡을 연립하여 풀면 $x = 1,550$, $y = 85$이다.

따라서 터널의 길이는 1,550m, 새마을호의 속력은 85m/s이다.

예제 04

50m/s로 달리는 길이 360m의 급행열차가 30m/s로 달리는 길이 380m의 화물열차의 끝에 닿은 후부터 화물열차를 완전히 추월할 때까지 걸리는 시간은 몇 초인가? (단, 두 열차는 같은 방향으로 달린다)

① 9.25초   ② 14.8초   ③ 24.7초

④ 37초   ⑤ 55초

해결 전략

A 열차가 B 열차를 추월했다는 것은 뒤에서 따라잡아서 B 열차보다 먼저 나아감을 의미하므로, A 열차가 B 열차보다 앞서게 되는 시점을 파악해야 한다.

|정답| ④

|해설| 급행열차가 화물열차를 추월하기까지 이동해야 하는 거리는 급행열차의 길이+화물열차의 길이=360+380=740(m)이다. 두 열차는 같은 방향으로 진행하므로, 추월 속력은 두 열차 속력의 차이인 50−30=20(m/s)이다.

'시간 $= \dfrac{거리}{속력}$'이므로 급행열차가 화물열차를 추월하는 데 걸린 시간은 $\dfrac{740}{20} = 37$(초)이다.

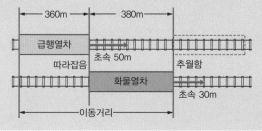

테마
11
[열차 통과] 거리·속력·시간

[열차 통과] 거리·속력·시간 공략

유형 1

정답과 해설 92쪽

01. 길이가 300m인 열차가 시속 180km로 달리던 중 선로상의 한 지점을 통과하는 데 몇 초가 걸리겠는가?

① 4초　　　　　　② 5초　　　　　　③ 6초

④ 7초　　　　　　⑤ 8초

02. 길이가 130m인 기차가 시속 108km로 달리던 중 길이가 150m인 터널에 들어가 완전히 통과할 때까지 걸리는 시간은 얼마인가? (단, 소수점 아래 둘째 자리에서 반올림한다)

① 6.5초　　　　　② 7.5초　　　　　③ 8.2초

④ 9.3초　　　　　⑤ 10.5초

> **학습 TIP**
>
> 문제에서 최종적으로 구하고자 하는 것은 철교의 길이가 아닌 열차의 속력임을 잊어서는 안 된다.

03. A 열차의 길이는 360m, B 열차의 길이는 200m이고, 두 열차가 어떤 철교를 완전히 통과하는 데 A 열차는 30초, B 열차는 25초가 걸렸다고 한다. A, B 두 열차의 속력이 같을 때, 열차의 속력은?

① 25m/s　　　　　② 32m/s　　　　　③ 39m/s

④ 46m/s　　　　　⑤ 50m/s

04. 같은 방향으로 가고 있는 기차 A는 기차 B의 앞에 있다. 기차 A의 길이는 1,500m, 기차 B의 길이는 1,200m이고 기차 A의 속력은 40km/h, 기차 B의 속력은 60km/h이다. 기차 B가 기차 A의 끝에 닿은 후부터 기차 A를 완전히 추월하는 데까지 걸리는 시간은?

① 7분 48초   ② 7분 54초   ③ 8분

④ 8분 6초   ⑤ 8분 12초

해결 전략

단위가 시간일 때, 소수점 이하의 숫자들에 유의해야 한다. 0.1시간은 6분, 0.1분은 6초를 의미한다.

05. 길이가 300m인 기차가 일정한 속력으로 터널을 완전히 통과하는 데 30초가 걸리고, 터널의 2배 길이인 다리를 완전히 통과하는 데 55초가 걸린다. 이때 터널의 길이는 몇 m인가?

① 1,200m   ② 1,300m   ③ 1,400m

④ 1,500m   ⑤ 1,600m

06. 길이가 94m인 기차 A와 길이가 98m인 기차 B가 일정한 속력으로 각각의 선로에서 서로 마주 본 채로 달리고 있다. 기차 B의 속력이 25m/s이고, 두 기차의 앞부분이 서로 교차하는 순간부터 뒷부분이 완전히 떨어지는 순간까지 4초가 걸렸다. 이때 기차 A의 속력은?

① 15m/s   ② 19m/s   ③ 23m/s

④ 25m/s   ⑤ 28m/s

심화문제

정답과 해설 93 쪽

01

1,680m/min로 숙대입구 방면에서 달려오는 열차 A와 32m/s로 회현 방면에서 달려오는 열차 B가 엇갈려 지나가는 시간을 재 보니 8초였다. 열차 A의 길이가 230m라면 열차 B의 길이는?

① 200m   ② 210m   ③ 230m
④ 250m   ⑤ 270m

02

일정한 속력으로 달리는 KTX가 길이가 1,300m인 터널을 완전히 통과하는 데 75초가 걸리고, 400m인 철교를 완전히 통과하는 데 25초가 걸린다고 할 때, 이 KTX의 길이는?

① 50m   ② 75m   ③ 100m
④ 125m   ⑤ 150m

03

일정한 속력으로 달리는 새마을호 열차의 첫 부분부터 끝 부분까지 지역 경계 지점을 지나는 데 4초가 걸리고, 길이가 240m인 터널을 완전히 지나는 데 12초가 걸렸다. 이 열차의 길이는?

① 80m   ② 90m   ③ 100m
④ 120m   ⑤ 240m

04

일정한 속력으로 달리는 열차가 길이 1,565m의 터널을 완전히 통과하는 데 60초가 걸렸고, 2,465m인 터널을 완전히 통과하는 데 90초가 걸렸다. 이 열차의 길이는?

① 200m   ② 210m   ③ 235m
④ 275m   ⑤ 300m

[05 ~ 06] KTX가 일정한 속력으로 달리고 있다. 길이가 510m인 터널을 완전히 통과하는 데 40초가 걸렸고, 길이가 1,290m인 터널을 완전히 통과할 때 80초 동안 보이지 않았다. 이어지는 질문에 답하시오.

05
이 KTX의 길이는?

① 90m　　　② 93m　　　③ 96m
④ 98m　　　⑤ 100m

06
이 KTX의 속력은?

① 5m/s　　　② 10m/s　　　③ 15m/s
④ 20m/s　　　⑤ 25m/s

07
일정한 속력으로 달리는 KTX가 2.4km인 다리를 완전히 지나는 데 10초, 4.2km의 터널을 완전히 통과하는 데 16초가 걸린다고 한다. KTX가 5.1km의 해저 터널을 완전히 통과하는 데 걸리는 시간은?

① $\dfrac{55}{3}$초　　　② 19초　　　③ $\dfrac{59}{3}$초

④ 24초　　　⑤ $\dfrac{74}{3}$초

08
나란히 놓인 도로와 선로를 자동차와 열차가 각각 일정한 속력으로 반대방향에서 주행하고 있다. 두 길 도중에 있는 같은 길이의 철교를 건너는 데 자동차는 24초가 걸리고, 열차는 64초가 걸렸다. 자동차와 열차가 스쳐 지나가는 데 9초가 걸렸다고 할 때, 자동차와 열차의 속력 비는? (단, 열차는 앞부분이 철교에 진입해서 끝부분이 완전히 통과할 때까지의 시간이고, 자동차의 길이는 생각하지 않는다)

	자동차		열차			자동차		열차
①	6	:	5		②	5	:	4
③	4	:	3		④	3	:	2
⑤	5	:	3					

09

각각 일정한 속력으로 달리는 여객 열차와 화물 열차가 있다. 어떤 철교를 완전히 지나는 데 길이가 80m인 여객 열차는 8초가 걸렸고, 화물 열차는 16초가 걸렸다. 또, 화물 열차는 길이가 300m인 터널을 지날 때 12초 동안 완전히 보이지 않았다. 이 두 열차가 서로 반대 방향으로 마주 보며 달려서 만난 후부터 완전히 서로를 지나치는 데 걸린 시간이 5초였을 때, 철교의 길이와 화물 열차의 길이를 바르게 짝지은 것은?

	철교	화물 열차		철교	화물 열차
①	90m	120m	②	120m	90m
③	90m	90m	④	120m	150m
⑤	120m	120m			

10

길이가 570m인 K 강 철교를 완전히 통과하는 데 A 열차는 50초가 걸리고, A 열차보다 길이가 60m 짧은 B 열차는 23초가 걸린다. 두 열차가 K 강 철교의 양 끝에서 서로 마주 보는 방향으로 동시에 출발하면 A 열차가 출발한 곳으로부터 다리 길이의 $\frac{1}{3}$이 되는 지점에서 두 열차가 마주친다고 할 때, A 열차의 길이는? (단, 두 열차의 속력은 일정하다)

① 150m ② 180m ③ 200m
④ 210m ⑤ 240m

11

길이가 6km인 터널의 양쪽에서 150m 길이의 A 열차와 200m 길이의 B 열차가 동시에 진입하였다. B 열차가 터널을 완전히 빠져나오는 데 걸린 시간이 A 열차가 터널을 완전히 빠져나오는 데 걸린 시간보다 10초 더 짧았다. B 열차의 속력이 A 열차보다 분당 3km 더 빠를 때, A 열차가 터널 안에서 B 열차를 마주친 순간부터 B 열차를 완전히 지나가는 데까지 걸리는 시간은?

① 1초 ② 1.5초 ③ 2초
④ 2.5초 ⑤ 3초

12

직선상에서 서로 반대 방향으로 시속 3.6km의 속력으로 걷는 두 사람 A, B를 기차가 일정한 속력으로 지나가고 있다. 기차의 차체가 A를 완전히 지나가는 데 걸리는 시간은 25초, B를 완전히 지나가는 데 걸리는 시간은 20초일 때, 이 기차의 길이는? (단, A, B 두 사람은 직선상의 점으로 본다)

① 100m ② 150m ③ 200m
④ 250m ⑤ 300m

Mathematics

[흐르는 물]
거리 · 속력 · 시간

유형 1 　[흐르는 물] 거리 · 속력 · 시간

★ 심화문제

유형 **1**

[흐르는 물] 거리·속력·시간

핵심 Check

① 공식

흐르지 않는 물에서의 배의 속력을 Xkm/h, 강의 유속을 Ykm/h, 거리를 Akm라 하면,

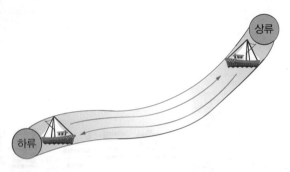

구분	강물을 따라 내려올 때	강물을 거슬러 올라갈 때
속력	$(X+Y)$km/h	$(X-Y)$km/h
시간	$\dfrac{A}{X+Y}$시간	$\dfrac{A}{X-Y}$시간

② 풀이 순서

(1) 강물을 따라 내려오는지, 거슬러 올라가는지를 확인한다.

(2) 주어진 거리와 시간으로 흐르는 강물에서의 배의 속력을 구한다.

(3) 강물의 속력을 이용해서 배의 속력을 구한다.

예제 01

강 상류에서 출발하여 하류의 지정된 20km 지점까지 강물을 왕복하는 데 7시간이 소요되는 배가 있다. 강물이 3km/h의 속력으로 흐르고 있다면 흐름이 없는 잔잔한 물 위에서의 이 배의 속력은 몇 km/h인가? (단, 강물의 저항은 무시한다)

① 5.5km/h   ② 6km/h   ③ 6.5km/h

④ 7km/h   ⑤ 8km/h

One Point Lesson

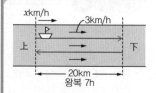

| 정답 | ④

| 해설 | 강물의 저항을 무시한 배의 속력을 $x$km/h라 하면, 하류 방향으로 가는 배의 속력은 $(x+3)$km/h, 상류 방향으로 되돌아가는 배의 속력은 $(x-3)$km/h가 된다. 배가 편도 20km인 강물을 왕복하는 데 7시간이 소요되므로 다음 식이 성립한다.

$$\frac{20}{x+3}+\frac{20}{x-3}=7 \qquad \frac{20x-60+20x+60}{x^2-9}=7$$

$$\frac{40x}{x^2-9}=7 \qquad 40x=7(x^2-9)$$

$$7x^2-40x-63=0 \qquad (7x+9)(x-7)=0$$

$$\therefore x=-\frac{9}{7} \ or \ x=7(km/h)$$

x는 음수가 될 수 없으므로 흐름이 없는 잔잔한 물에서의 배의 속력은 7km/h가 된다.

예제 02

42km 떨어져 있는 강의 상류와 하류의 두 지점을 배가 왕복하였다. 이 두 지점 사이에서 올라가는 데 7시간, 내려가는 데 3시간 걸렸다. 이때 강의 흐름이 없는 곳에서 배의 속력과 강이 흐르는 속력을 순서대로 나열한 것은?

① 8km/h, 3km/h   ② 8km/h, 4km/h   ③ 9km/h, 3km/h

④ 9km/h, 4km/h   ⑤ 10km/h, 4km/h

해결 전략

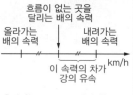

- 배의 속력은 6과 14의 중간이므로, (6+14)÷2=10
- 강의 유속은 속력의 차이이므로 14-10=4 or 10-6=4

| 정답 | ⑤

| 해설 | • 배가 내려가는 속력=42÷3=14(km/h)
   • 배가 올라가는 속력=42÷7=6(km/h)
따라서 배의 속력은 (14+6)÷2=10(km/h)이므로 강의 유속은 (14-6)÷2=4(km/h)이다.

테마

12

[흐르는 물] 거리 · 속력 · 시간

이것 만은 꼭

- 순류속력 : 배가 강물을 따라 내려 갈 때의 배의 실제 속력 ⇒ 배의 속력+강물의 속력
- 역류속력 : 배가 강물을 거슬러 올라 갈 때의 배의 실제 속력 ⇒ 배의 속력−강물의 속력

예제 03

일정한 속력으로 달리는 배가 있다. 이 배로 강의 상류 A 지점에서 하류 B 지점까지 내려가면 48분이 걸리고, 반대로 B 지점에서 A 지점까지 올라오면 1시간 12분이 걸린다. 강 흐름의 속력이 일정하다고 한다면 이 배가 흐르지 않는 물 위에서 A−B 사이와 같은 거리를 갈 때에 걸리는 시간은?

① 54.0분   ② 55.2분   ③ 56.4분

④ 57.6분   ⑤ 58.8분

|정답| ④

|해설| 이 배가 흐름이 없는 곳에서 나아가는 속력을 V, 강이 흐르는 속력을 u라고 하면 A 지점에서 B 지점까지는 강을 내려가는 것이므로 속력은 $V+u$가 되고, B 지점에서 A 지점까지는 올라가는 것이므로 $V-u$가 된다.

구분	A → B(내려가기)	B → A(올라가기)
속력	$V+u$	$V-u$
시간	48분	72분

강을 올라갈 때나 내려갈 때의 강의 길이는 변화가 없다. 따라서 같은 거리를 나아갈 때 속력의 비는 시간의 역비이고 시간의 비는 48 : 72=2 : 3이므로 다음과 같이 나타낼 수 있다.

구분	A → B(내려가기)	B → A(올라가기)
속력	$V+u$	$V-u$
시간의 비	2	3

따라서 올라가는 속력 : 내려가는 속력은
$V+u : V-u=3 : 2$
$3(V-u)=2(V+u)$
$3V-3u=2V+2u$
$V=5u$
내려가는 속력은 $V+u=5u+u=6u$가 된다.
즉 흐름이 없을 때의 속력은 $5u$이고, 내려가는 속력은 $6u$이므로 속력의 비는 5 : 6이 되며 이를 정리하면 다음과 같다.

구분	흐름이 없을 때	A → B (내려가기)
속력의 비	5	6
시간	x분	48분

위에서와 마찬가지로 같은 거리를 갈 때의 속력은 시간의 역비이므로 식은 다음과 같다.
$5 : 6=48 : x$
$5x=288$
$\therefore x=\dfrac{288}{5}=57.6(분)$

따라서 흐름이 없을 때 같은 거리를 가면 57.6분이 소요된다.

예제 04

A가 무빙워크에 타고 진행방향으로 끝에서 끝까지 걸으면 20초가 걸리고, 이 무빙워크를 역방향으로 끝에서 끝까지 걸으면 80초가 걸린다. 무빙워크가 정지했을 때에 A가 끝에서 끝까지 걸어갈 때 걸리는 시간으로 옳은 것은? (단, A의 걷는 속력은 항상 일정하다)

① 28초　　　　　② 30초　　　　　③ 32초

④ 34초　　　　　⑤ 36초

| 정답 | ③

| 해설 | A가 걷는 속력을 V, 무빙워크의 속력을 u라고 하면 A가 무빙워크의 진행 방향으로 걷는 속력은 $V+u$, 무빙워크 진행과 역방향으로 걷는 속력은 $V-u$로 나타낼 수 있다.

구분	진행방향	역방향
속력	$V+u$	$V-u$
시간	20초	80초

거리가 같으므로 속력의 비는 시간의 역비가 되고 시간의 비가 $20:80=1:4$이므로 진행 방향의 속력 : 역방향의 속력 $=V+u:V-u=4:1$이 된다.

$(V+u)=4(V-u)$

$V+u=4V-4u$

$3V=5u$

$V=\dfrac{5}{3}u$

따라서 진행 방향의 속력은 $V+u=\dfrac{5}{3}u+u=\dfrac{8}{3}u$이다.

즉 정지 시와 진행방향으로 갈 때의 속력 비는 $\dfrac{5}{3}u:\dfrac{8}{3}u=5:8$이며 거리가 같으므로 속력의 비는 시간의 역비라는 관계를 이용하여 표로 나타내면 다음과 같다.

구분	정지 시	진행방향
속력의 비	5	8
시간	x초	20초

따라서 정지 시의 속력 : 진행방향의 속력은

$5:8=20:x$

$5x=160$

$\therefore x=32$(초)

따라서 무빙워크가 정지했을 때의 이동 시간은 32초이다.

[흐르는 물] 거리·속력·시간 공략

정답과 해설 96쪽

01. 15km/h 속력으로 배를 젓는 사람이 1.5km/h로 흐르는 강을 거슬러 올라갈 때 배가 실제로 이동하는 속력은 몇 km/h인가?

① 12km/h   ② 12.5km/h   ③ 13km/h
④ 13.5km/h   ⑤ 14km/h

02. A가 배를 타고 30km의 강을 거슬러 올라가는 데 3시간, 내려올 때 2시간이 걸렸다면 A가 탄 배의 평균 속력은 몇 km/h인가?

① 10km/h   ② 11.5km/h   ③ 12km/h
④ 12.5km/h   ⑤ 13km/h

빠른 풀이 비법

변형된 공식
- 배의 속력 =
  (순류속력＋역류속력)÷2
- 강물의 속력 =
  (순류속력－역류속력)÷2

03. 상류 A 지점에서 하류 B 지점까지의 거리가 18km인 강이 있다. 배를 타고 A 지점에서 B 지점까지 갈 때는 2시간, B 지점에서 A 지점까지 갈 때는 5시간이 걸린다면, 이 강의 유속은?

① 2.5km/h   ② 2.7km/h   ③ 3.2km/h
④ 3.5km/h   ⑤ 4.0km/h

04. 길이가 30km인 강을 배를 타고 거슬러 올라가는 데 6시간, 내려오는 데 4시간 이 걸렸다고 한다. 흐름이 없는 물에서의 이 배의 속력은 얼마인가? (단, 강물과 배 의 속력은 일정하다)

① 5.5km/h   ② 5.75km/h   ③ 6.25km/h

④ 6.55km/h   ⑤ 6.75km/h

05. 유람선이 시속 3km로 흐르는 강물을 따라 36km를 내려가는 데 2시간이 걸렸 다. 유람선이 다시 강을 거슬러 돌아가려고 할 때, 18km까지 올라가는 데 걸리는 시간은?

① 1시간   ② 1시간 30분   ③ 2시간

④ 2시간 30분   ⑤ 3시간

06. 10m/s의 속력으로 움직이는 배가 유속이 2m/s인 강의 역방향으로 가는 도중 에 물건을 떨어뜨렸다. 물건이 떨어지고 32초 후에 그것을 알아채고 떨어진 장소로 돌아간다면 몇 초 후에 물건을 다시 찾을 수 있는가? (단, 물건은 떨어진 장소에 있 다고 가정한다)

① 약 13초 후   ② 약 16초 후   ③ 약 18초 후

④ 약 21초 후   ⑤ 약 25초 후

테마

12

[흐르는 물] 거리 · 속력 · 시간

심화문제

정답과 해설 97쪽

01

영삼이가 배를 타고 유속 10km/h인 강을 따라 내려갈 때의 속력이 그 강을 거슬러 올라갈 때의 속력보다 1.5배 빠르다고 한다면, 영삼이가 탄 배의 속력은 얼마인가?

① 40km/h ② 45km/h ③ 50km/h
④ 55km/h ⑤ 60km/h

02

흐르지 않는 물에서 속력이 일정한 어느 선박이 유속이 일정한 강의 두 지점을 왕복하고 있으며, 두 지점을 올라갈 때와 내려올 때의 소요시간의 비는 2 : 1이다. 같은 강을 흐르지 않는 물에서의 속력이 $\frac{1}{2}$인 어떤 선박이 왕복할 때, 올라갈 때와 내려올 때의 소요시간의 비는 얼마인가?

① 3 : 1 ② 4 : 1 ③ 5 : 1
④ 6 : 1 ⑤ 8 : 1

03

시속 3km로 흐르는 강에서 시속 15km인 배가 A 지점에서 B 지점까지 거슬러 올라갔다 내려오는데 5시간이 걸렸다. A 지점과 B 지점 사이의 거리는 몇 km인가?

① 30km ② 36km ③ 40km
④ 48km ⑤ 56km

04

시속 3km의 일정한 속력으로 흐르는 강의 상류와 하류에 각각 한 지점이 있다. 시속 25km인 배를 타고 이 두 지점을 왕복하는데, 거슬러 올라갈 때는 배의 속력을 높여 올라가려고 한다. 두 지점 사이의 거리가 150km이고, 10시간 이내에 왕복하려 한다면 올라갈 때 내야 할 배의 속력은 몇 km/h 이상이어야 하는가? (단, 배의 속력은 자연수이다)

① 28km/h ② 32km/h ③ 36km/h
④ 40km/h ⑤ 42km/h

05

길이가 20m인 2척의 배가 한 척은 강의 상류에서, 또 다른 한 척은 강의 하류에서 이동하여 만나게 되었다. 만나는 시점에서 서로 완전히 지나치는 데에 6초가 걸렸다. 2척의 배는 정지된 물에서의 속력이 같고, 강의 속력의 2배이다. 두 척의 배가 만나는 시점부터 완전히 지나쳤을 때까지 상류에서 이동한 배의 이동거리로 적절한 것은?

① 15m ② 20m ③ 25m
④ 30m ⑤ 40m

06

A가 출발점에서 목적지까지 무빙워크에 서서 갈 경우 소요시간은 15분이지만, 같은 구간을 무빙워크에서 계속 걸어가면 소요시간은 6분이다. A가 출발지점에서 무빙워크에 올라탄 후, 중간지점에서 무빙워크를 역방향으로 걸어서 출발점에 돌아간다면 A가 중간지점에서 출발지점까지 돌아오는데 걸린 시간은 몇 분인가? (단, 무빙워크의 속력과 A가 걷는 속력은 일정하다)

① 10분 ② 12분 ③ 15분
④ 18분 ⑤ 20분

07

영업1팀은 부서 행사 일정을 짜고 있다. 배를 타고 관광하는 일정의 내용이 다음과 같을 때, 배 승선에서부터 하선까지 총 얼마의 시간이 소요되는가? (단, 상류 관광지에서 정박하지 않고, 관광지 도착 후 곧바로 하류 선착장으로 향하면서 선상에서 관람한다)

- 강 하류 선착장에서 승선하여 강 상류의 관광지를 선상에서 관람하고 다시 강 하류 선착장으로 복귀한 뒤 하선하는 코스이다.
- 강 하류 선착장에서 승선과 하선할 때 각 15분씩 걸린다.
- 강 하류 선착장에서 관광지까지의 거리는 30km 이다.
- 배의 평균 속력은 25km/h이다.
- 강물은 한 방향으로 흐르며, 강물의 유속은 5km/h로 일정하다.

① 1시간 ② 1시간 30분
③ 2시간 30분 ④ 2시간 45분
⑤ 3시간

08

다음 〈조건〉을 참고할 때, 철인 3종 경기에 출전한 철수가 완주할 수 있는 최소 시간은? (단, 소수점 아래 셋째 자리에서 반올림한다)

보기

- 철인 3종 경기는 수영 1.5km, 사이클 40km, 마라톤 10km의 순서로 구성되어 있다.
- 수영은 750m 지점에 있는 반환점을 돌아오는 방식이고 유속은 2km/h이다(단, 물은 반환점에서 출발점 방향으로 흐른다).
- 일반적인 상황에서 수영, 사이클, 마라톤의 속력은 각각 4km/h, 30km/h, 15km/h이다.
- 수영은 최대 5km/h의 속력을 낼 수 있고, 만약 4km/h를 초과하여 속력을 내는 경우 사이클의 최대 평균 속력이 25km/h로 감소한다. 마라톤의 속력에는 영향이 없다.
- 사이클은 최대 35km/h의 속력을 낼 수 있고, 만약 30km/h를 초과하여 속력을 내는 경우 마라톤의 최대 평균 속력은 12km/h로 감소한다.

① 2.42시간 ② 2.45시간 ③ 2.48시간
④ 2.51시간 ⑤ 2.54시간

09

A와 B는 다음 그림과 같이 길이가 l인 무빙워크를 타고 가던 중 무빙워크의 중간에서 입구에 물건을 놓고 온 것을 깨닫고, A는 무빙워크의 출구까지 가서 옆 통로를 통해 입구까지 갔고 B는 무빙워크의 역방향으로 달려 입구로 돌아갔다. A와 B는 입구에 동시에 도착하였고 두 명이 달린 속력은 모두 무빙워크의 3배 속력으로 같을 때, 놓고 온 물건을 깨닫고 물건을 찾으러 간 지점과 무빙워크의 입구와의 거리는?

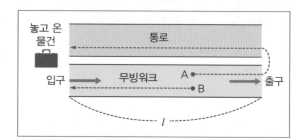

① $\frac{2}{3}l$ ② $\frac{5}{7}l$ ③ $\frac{3}{4}l$

④ $\frac{7}{9}l$ ⑤ $\frac{4}{5}l$

Mathematics

농도

유형 1 농도 기초

핵심 Check

1 공식

- 농도(%) = $\dfrac{\text{용질(소금)의 질량}}{\text{용액(소금물)의 질량}} \times 100 = \dfrac{\text{용질의 질량}}{\text{용매의 질량} + \text{용질의 질량}} \times 100$

- 용질의 질량(g) = 용액의 질량(g) × $\dfrac{\text{농도(%)}}{100}$

2 풀이 순서

(1) 용질, 용액의 질량 등을 정리한다.
(2) 수치를 공식에 적용한다.

예 물 150g에 소금 50g을 녹이면 농도는 몇 %인가?

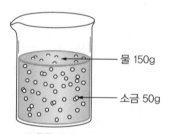

물 150g

소금 50g

소금물 200g

⇨ 물 150g에 소금이 50g 녹아 있기 때문에 전체 소금물의 질량은 200g이다.

⇨ 공식에 적용하면 $\dfrac{50}{200} \times 100 = 25$(%)이다.

예제 01

물 200g에 소금 50g을 녹였을 때, 이 소금물의 농도는 몇 %인가?

① 10%   ② 15%   ③ 18%

④ 20%   ⑤ 24%

| 정답 | ④

| 해설 | '농도(%) $= \dfrac{\text{소금의 양}}{\text{소금물의 양}} \times 100$'을 이용하여 농도를 구하면 $\dfrac{50}{50+200} \times 100 = 20(\%)$이다.

예제 02

물 500g에 소금을 넣어 농도 20%의 소금물을 만들려고 할 때, 넣어야 하는 소금의 양은?

① 110g   ② 115g   ③ 120g

④ 125g   ⑤ 130g

| 정답 | ④

| 해설 | 넣어야 할 소금의 양을 xg으로 놓고 식을 세우면 다음과 같다.

$$\frac{x}{500+x} \times 100 = 20$$

$$100x = 20(500+x)$$

$$100x = 10,000 + 20x$$

$$80x = 10,000$$

$$\therefore \ x = 125(\text{g})$$

유형 1

농도 기초 공략

정답과 해설 100 쪽

01. 물 225g에 소금 75g을 넣고 완전히 녹일 때, 이 소금물의 농도는 몇 %인가?

① 5%　　　　　　　　② 15%　　　　　　　　③ 25%

④ 35%　　　　　　　　⑤ 40%

02. 소금 40g을 물과 섞어 농도 20%의 소금물을 만들려고 할 때, 필요한 물의 양은?

① 160g　　　　　　　　② 180g　　　　　　　　③ 200g

④ 220g　　　　　　　　⑤ 240g

One Point Lesson

단어만 세제로 바뀌었을 뿐, 소금물 문제와 해결 방법은 동일하다.
세제의 양＝소금의 양
세제의 농도＝소금물의 농도

03. 빨래를 할 때 적합한 세제의 농도는 0.2%이다. 세제를 섞은 물 8,000g에 들어 있는 세제의 양은 몇 g인가?

① 0.016g　　　　　　　② 0.16g　　　　　　　③ 1.6g

④ 16g　　　　　　　　⑤ 160g

04. 농도가 12%인 소금물 300g에 들어 있는 소금은 몇 g인가?

① 24g   ② 28g   ③ 32g

④ 36g   ⑤ 40g

05. 20g의 소금으로 농도가 10%인 소금물을 만들기 위해 필요한 물의 양은?

① 120g   ② 140g   ③ 160g

④ 180g   ⑤ 200g

06. P 연구원은 실험에 사용하기 위해 서로 다른 농도의 용액 두 가지를 준비하려고 한다. P 연구원이 준비하려고 하는 용액의 정보가 다음과 같을 때, 용액 B의 농도는? (단, 소수점 아래 첫째 자리에서 반올림한다)

- 서로 다른 농도의 용액 A와 B를 준비하였다.

구분	용액 A	용액 B
물의 양	65g	용액 A에 사용하고 남은 양
원액의 양	35g	용액 A에 사용하고 남은 양

- 지금 보유하고 있는 재료는 물 200g과 원액 50g이다.

① 8%   ② 9%   ③ 10%

④ 11%   ⑤ 12%

용액 + 용액

핵심 Check

① 용액 A, B를 섞었을 때의 변화

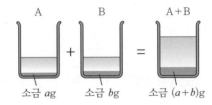

A   B   A+B

소금 ag 소금 bg 소금 $(a+b)g$

(1) (A+B) 용질의 질량=A 용질의 질량+B 용질의 질량

(2) (A+B) 용액의 질량=A 용액의 질량+B 용액의 질량

(3) $(A+B) \ 농도(\%) = \dfrac{(A+B) \ 용질의 \ 질량}{(A+B) \ 용액의 \ 질량} \times 100$

② 섞은 후의 용액(A+B)의 농도를 구하는 순서

(1) 용액 A, B의 질량, 농도 등을 정리한다.

(2) 용액 A, B의 용질의 질량을 구한다.

$$용질의 \ 질량(g) = 용액의 \ 질량(g) \times \dfrac{농도(\%)}{100}$$

(3) 구한 수치를 농도 공식에 대입한다.

$$(A+B) \ 농도(\%) = \dfrac{(A+B) \ 용질의 \ 질량}{(A+B) \ 용액의 \ 질량} \times 100$$

③ 섞기 전의 용액(A 또는 B)의 질량, 농도를 구하는 순서

(1) 구하고자 하는 값을 미지수로 둔다.

(2) 제시된 용액의 질량, 농도 등을 정리한다.

(3) 식을 정리하고 연립방정식을 활용하여 푼다.

예 5%의 소금물과 8%의 소금물을 섞어 6%의 소금물 300g을 만들었다면, 5% 소금물과 8% 소금물은 각각 몇 g인가?

⇨ 5%의 소금물의 양을 xg, 8%의 소금물의 양을 yg으로 둔다.
⇨ 제시된 소금물의 질량, 농도를 정리한다.

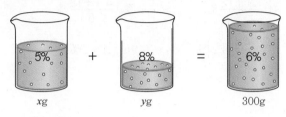

⇨ 제시된 조건에 따라 식을 정리한다.

$$\begin{cases} x+y=300 \\ \dfrac{5}{100}x + \dfrac{8}{100}y = \dfrac{6}{100}\times 300 \end{cases}$$

$$\begin{cases} 5x+5y=1,500 \\ 5x+8y=1,800 \end{cases}$$

따라서 5% 소금물(x)은 200g, 8% 소금물(y)은 100g이다.

❹ 용액 A, B를 섞었을 때 질량, 농도 쉽게 구하는 방법

(1) 천칭

① 천칭은 좌우의 (질량)×(농도의 차)가 같을 때 수평이 된다.

② 질량은 (좌) : m, (우) : n이고, 농도의 차는 (좌) : $x-a$, (우) : $b-x$이다.

③ 따라서 $m(x-a)=n(b-x)$

(2) 비례식

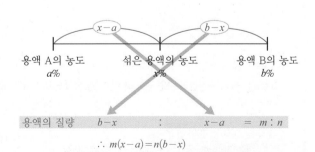

용액의 질량 $b-x$: $x-a$ = $m:n$

∴ $m(x-a)=n(b-x)$

• 소금물의 농도(%)
$$= \frac{\text{소금의 양}}{\text{소금물의 양}} \times 100$$

• 소금의 양
$$= \text{소금물의 양} \times \frac{\text{소금물의 농도(\%)}}{100}$$

A%의 소금물 400g에 12%의 소금물 100g을 넣었다. 새로 만든 소금물의 농도는 몇 %인가?

① $\dfrac{A+12}{5}$%

② $\dfrac{4A+12}{5}$%

③ $\left(A+\dfrac{12}{5}\right)$%

④ $\left(\dfrac{4A}{5}+2\right)$%

⑤ $(A+3)$%

| 정답 | ②

| 해설 | A%의 소금물 400g에 들어 있는 소금의 양은 $4A$g이고, 12%의 소금물 100g에 들어 있는 소금의 양은 12g이다. 따라서 공식에 따라 소금물의 농도를 구하면 $\dfrac{4A+12}{400+100} \times 100 = \dfrac{4A+12}{5}$(%)이다.

8%의 소금물과 3%의 소금물을 섞어서 6%의 소금물 500g을 만들었다. 3%의 소금물의 양은 몇 g인가?

① 100g

② 150g

③ 200g

④ 250g

⑤ 300g

| 정답 | ③

| 해설 | 8%의 소금물의 양을 xg이라 하고, 3%의 소금물의 양을 yg이라 하면 다음 식이 성립한다.
$x + y = 500$ ...... ㉠
$\dfrac{8}{100}x + \dfrac{3}{100}y = \dfrac{6}{100} \times 500$ ...... ㉡
㉠, ㉡을 연립하여 풀면 $x = 300$(g), $y = 200$(g)이다.
따라서 3%의 소금물은 200g이다.

예제 03

A 비커 소금물 160g과 B 비커 소금물 240g을 섞으면 소금물의 농도는 7%가 된다. 그리고 A 비커 소금물 240g과 B 비커 소금물 160g을 섞으면 소금물의 농도는 8% 가 된다. A 비커 소금물과 B 비커 소금물의 농도는 각각 몇 %인가?

① 5%, 10%　　　　② 5%, 12%　　　　③ 10%, 5%

④ 10%, 16%　　　⑤ 16%, 12%

|정답| ③

|해설| A 비커 소금물의 농도를 x%, B 비커 소금물의 농도를 y%라 하면 다음 식이 성립한다.

• A 비커 소금물 160g과 B 비커 소금물 240g을 섞은 후의 소금의 양

$160 \times \dfrac{x}{100} + 240 \times \dfrac{y}{100} = 400 \times \dfrac{7}{100}$ 　　　······ ㉠

• A 비커 소금물 240g과 B 비커 소금물 160g을 섞은 후의 소금의 양

$240 \times \dfrac{x}{100} + 160 \times \dfrac{y}{100} = 400 \times \dfrac{8}{100}$ 　　　······ ㉡

㉠, ㉡을 연립해서 풀면 $x = 10$(%), $y = 5$(%)이다.

예제 04

15%의 소금물 120g에 22%의 소금물을 넣어 18%의 소금물을 만들려고 할 때, 22%의 소금물을 몇 g 넣어야 하는가?

① 75g　　　　　　② 80g　　　　　　③ 85g

④ 90g　　　　　　⑤ 95g

|정답| ④

|해설| 22%의 소금물의 양을 xg이라 하면 다음 식이 성립한다.

$\left(120 \times \dfrac{15}{100}\right) + \left(x \times \dfrac{22}{100}\right) = (120 + x) \times \dfrac{18}{100}$

$1,800 + 22x = 2,160 + 18x$

$x = 90$(g)

따라서 22%의 소금물 90g을 넣어야 한다.

예제 05

농도 10%인 소금물 A가 200g, 농도 6%인 소금물 B가 300g 있다. 소금물 A 100g을 소금물 B 300g에 넣어 잘 섞은 후 다시 여기에서 100g을 덜어 남은 소금물 A에 넣었다. 소금물 A의 농도는 몇 %가 되는가?

① 8.5% ② 8.7% ③ 8.9%
④ 9.1% ⑤ 9.3%

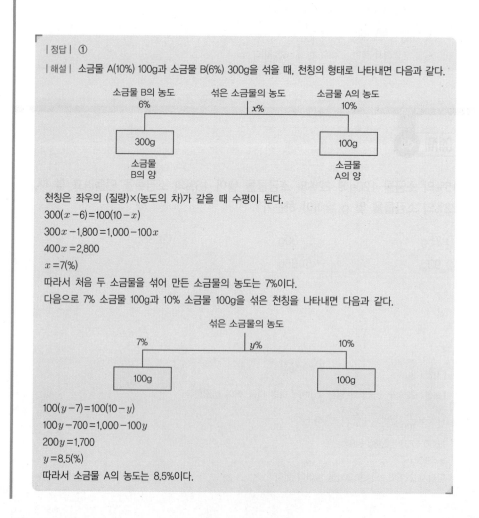

| 정답 | ①

| 해설 | 소금물 A(10%) 100g과 소금물 B(6%) 300g을 섞을 때, 천칭의 형태로 나타내면 다음과 같다.

천칭은 좌우의 (질량)×(농도의 차)가 같을 때 수평이 된다.

$300(x-6)=100(10-x)$

$300x-1,800=1,000-100x$

$400x=2,800$

$x=7(\%)$

따라서 처음 두 소금물을 섞어 만든 소금물의 농도는 7%이다.

다음으로 7% 소금물 100g과 10% 소금물 100g을 섞은 천칭을 나타내면 다음과 같다.

$100(y-7)=100(10-y)$

$100y-700=1,000-100y$

$200y=1,700$

$y=8.5(\%)$

따라서 소금물 A의 농도는 8.5%이다.

예제 06

A와 B 그릇에 들어 있는 설탕물의 양은 각각 800g씩이며 A, B 그릇에 들어 있는 두 설탕물의 농도 비는 6 : 1이다. A 그릇에 들어 있는 설탕물의 반을 B 그릇에 넣고 잘 섞은 후 다시 B 그릇에 들어 있는 설탕물의 반을 A 그릇에 넣고 잘 섞었더니 A와 B 그릇에 들어 있는 두 설탕물의 농도가 각각 12%, 8%가 되었다. A 그릇에 들어 있던 설탕물의 처음 농도는 몇 %인가?

① 10%　　　　　② 16%　　　　　③ 18%

④ 20%　　　　　⑤ 22%

해결 전략

테마 13

농도

1단계
설탕물 A, B의 농도 비가 6 : 1이므로 B의 농도를 x%, A의 농도를 $6x$%로 둔다.

↓

2단계
문제에 제시된 순서대로 따라가며 설탕물의 양과 설탕의 양을 정리한다.

↓

3단계
방정식을 세워 해를 구한다.

| 정답 | ③

| 해설 |

설탕물 A, B의 농도 비가 6 : 1이므로 B의 농도를 x%라 하면 A의 농도는 $6x$%이다.

또한, '설탕의 양 = $\dfrac{설탕물의 \ 농도}{100} \times$ 설탕물의 양'이므로 A에 들어 있는 설탕의 양은 $\dfrac{6x}{100} \times 800 = 48x$ (g), B에 들어 있는 설탕의 양은 $\dfrac{x}{100} \times 800 = 8x$(g)이다.

여기에서 A의 반을 B에 넣으면 A의 설탕물의 양은 400g, 설탕의 양은 $24x$g이고 B의 설탕물의 양은 1,200g, 설탕의 양은 $32x$g이다. 그리고 다시 B의 반을 A에 넣으면 A의 설탕물의 양은 1,000g, 설탕의 양은 $40x$g이고 B의 설탕물의 양은 600g, 설탕의 양은 $16x$g이다.

이렇게 나온 설탕물 A, B의 농도가 각각 12%, 8%이므로 x의 값은 다음과 같이 구할 수 있다.

$$\dfrac{40x}{1,000} \times 100 = 12$$

$$40x = 120$$

$$\therefore \ x = 3$$

따라서 A 설탕물의 처음 농도는 $6x = 6 \times 3 = 18$(%)가 된다.

용액 + 용액 공략

정답과 해설 100쪽

> **학습 TIP**
>
> 필요한 10% 소금물의 양을 x g이라 하면 5% 소금물의 양은 $(500-x)$g이다.

01. 5%의 소금물과 10%의 소금물을 섞어 7%의 소금물 500g을 만들려고 한다. 필요한 10% 소금물의 양은?

① 100g ② 150g ③ 200g
④ 260g ⑤ 380g

02. 5%의 소금물과 11%의 소금물을 섞어 8%의 소금물 400g을 만들려고 한다. 필요한 5% 소금물의 양은?

① 100g ② 200g ③ 300g
④ 350g ⑤ 400g

03. 농도가 다른 A, B 소금물이 각각 400g씩 있다. 두 소금물에서 각각 100g씩 덜어내어 A 소금물에서 덜어낸 것을 B 소금물에, B 소금물에서 덜어낸 것을 A 소금물에 넣었더니 A 소금물의 농도는 5%, B 소금물의 농도는 6%가 되었다. A 소금물의 처음 농도는 몇 %인가?

① 4.5% ② 5% ③ 5.5%
④ 6% ⑤ 6.5%

04. 10%의 소금물에 4%의 소금물 400g과 5%의 소금물 19g을 넣었더니 5.01% 의 소금물이 되었다. 원래 있던 10% 소금물의 양은?

① 80g   ② 81g   ③ 83g

④ 84g   ⑤ 85g

05. 7%의 소금물에 20%의 소금물 140g을 넣었더니 14%의 소금물이 되었다. 원래 있던 7% 소금물의 양은?

① 60g   ② 120g   ③ 180g

④ 240g   ⑤ 280g

06. 농도가 각각 16%, 26%인 설탕물 A, B가 100g씩 있다. A에서 25g을 덜어내어 B에 넣고 잘 섞은 후에 다시 B에서 25g을 덜어내어 A에 넣은 후에 섞으면 설탕물 A의 농도는 몇 %인가?

① 12%   ② 16%   ③ 18%

④ 20%   ⑤ 22%

07. A, B, C의 소금물이 있다. A의 농도는 10%이며 A, B, C를 각각 200g, 400g, 300g씩 섞으면 6%의 소금물이 되고 A, B, C를 각각 500g, 400g, 100g씩 섞으면 8%의 소금물이 된다. 이때 B, C 소금물의 농도는 각각 몇 %인가?

① 7%, 2%   ② 9%, 3%   ③ 10%, 3%

④ 12%, 1%   ⑤ 11%, 2%

08. A 컵에는 12% 소금물 200g이, B 컵에는 18% 소금물 200g이 각각 담겨 있다. 이때 A 컵 소금물의 절반을 B 컵으로 옮긴 후 다시 B 컵 소금물의 절반을 A 컵으로 옮긴다면, 최종적으로 A 컵에 담긴 소금물의 농도는 몇 %인가?

① 14%　　　　　　　② 14.4%　　　　　　　③ 15%

④ 15.6%　　　　　　⑤ 16%

09. 5%의 소금물 100g에 8%의 소금물을 넣어서 6%의 소금물을 만들려고 한다. 필요한 8% 소금물의 양은?

① 30g　　　　　　　② 50g　　　　　　　③ 60g

④ 80g　　　　　　　⑤ 100g

10. 용기 A에는 15%의 소금물이, 용기 B에는 6%의 소금물이 각각 100g씩 들어 있다. A, B 각각에서 Mg의 소금물을 덜어 A의 것을 B에, B의 것을 A에 넣고 섞은 결과 A의 농도는 12%가 되었다. 다시 한 번 Mg씩을 덜어 교환했을 때 A의 농도는 몇 %인가?

① 7%　　　　　　　② 8%　　　　　　　③ 9%

④ 10%　　　　　　　⑤ 11%

11. 12%의 소금물 200g에 x%의 소금물을 부었더니 9%의 소금물 500g이 되었다. 더한 소금물의 농도는 몇 %인가?

① 5%　　　　　　　② 6%　　　　　　　③ 7%

④ 8%　　　　　　　⑤ 9%

12. A 용기에는 농도가 12%인 설탕물이 200g, B 용기에는 농도가 15%인 설탕물이 300g, C 용기에는 농도가 17%인 설탕물이 100g 들어 있다. A 용기와 B 용기의 설탕물을 혼합한 다음 300g만 남기고 버렸다. 그 다음 남은 설탕물에 C 용기의 설탕물을 혼합하고 다시 300g만 남기고 버렸을 때 최종적으로 남은 설탕물 중 설탕의 질량은?

① 44.2g   ② 44.1g   ③ 44.0g
④ 43.9g   ⑤ 43.8g

13. 6%의 소금물 300g이 들어 있는 비커에 10%의 소금물이 1분에 5g씩 방울방울 떨어지고 있다. 그렇다면 몇 분 후에 9%의 소금물을 만들 수 있겠는가?

① 90분   ② 120분   ③ 150분
④ 180분   ⑤ 210분

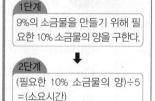

해결 전략

1단계
9%의 소금물을 만들기 위해 필요한 10% 소금물의 양을 구한다.

2단계
(필요한 10% 소금물의 양)÷5
=(소요시간)

14. 9%의 소금물 200g에 6%의 소금물을 넣어 8%의 소금물을 만들려고 한다. 넣어야 하는 6% 소금물의 양은?

① 80g   ② 90g   ③ 100g
④ 110g   ⑤ 120g

15. 5%의 소금물에 8%의 소금물을 넣었더니 7%의 소금물 600g이 되었다. 원래 있던 5% 소금물의 양은?

① 150g   ② 180g   ③ 200g
④ 220g   ⑤ 240g

용액 + 물

핵심 Check

① 용액에 물을 섞었을 때의 변화

$$\text{물을 } x\text{g 섞은 후 농도(\%)} = \frac{\text{용질의 질량}}{\text{용액의 질량} + x} \times 100$$

② 풀이 순서

(1) 구하고자 하는 값을 x로 둔다.

(2) 제시된 용액의 질량, 농도 등을 정리한다.

(3) 물을 더 넣어도 용질의 질량은 변하지 않는 것에 주의하며 공식에 적용한다.

> 예 50g의 소금이 녹아 있는 250g의 소금물에 물을 150g 부으면 농도는 몇 %인가?
>
> ⇨ 소금의 양, 물의 양, 농도 등을 정리한다.

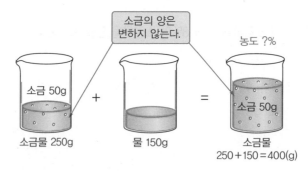

> ⇨ 물을 150g 부으면 소금물의 양은 250+150=400(g)이 된다.
> ⇨ 공식에 대입한다.
> $$\text{농도} = \frac{\text{소금의 질량}}{\text{소금물의 질량}} \times 100 = \frac{50}{400} \times 100 = 12.5(\%)$$

예제 01

농도가 A%인 소금물 200g에 물을 더 넣어 B%의 소금물을 만들려고 할 때, 몇 g의 물을 더 넣어야 하는가?

① $\dfrac{200(A-B)}{B}$g

② $\dfrac{50A-200B}{B}$g

③ $\dfrac{200(A-B)}{AB}$g

④ $\dfrac{A-100B}{AB}$g

⑤ $\dfrac{50(A-B)}{AB}$g

| 정답 | ①

| 해설 | '소금의 양(g) $=\dfrac{\text{소금물의 농도}}{100}\times$소금물의 양'이므로, A%의 소금물 200g에는 $2A$g의 소금이 녹아 있다. 이 소금물을 B%로 만들기 위해 첨가해야 할 물의 양을 xg이라 하면 다음 식이 성립한다.

$\dfrac{2A}{200+x}\times100=B$

$2A\times100=B(200+x)$

$200A=200B+xB$

$\therefore\ x=\dfrac{200A-200B}{B}$

따라서 $\dfrac{200(A-B)}{B}$g의 물을 더 넣어야 한다.

예제 02

25%의 소금물 300g에 물을 넣어 10%의 소금물을 만들 때, 필요한 물의 양은?

① 420g

② 430g

③ 440g

④ 450g

⑤ 460g

| 정답 | ④

| 해설 | 먼저 25%의 소금물 300g에 포함된 소금의 양을 구하면 $300\times0.25=75$(g)이다. 더 넣은 물의 양을 xg으로 두고 식을 세우면 다음과 같다.

$\dfrac{75}{300+x}\times100=10$

$\therefore\ x=450$(g)

학습 TIP

물을 첨가한 후에도 소금의 양에는 변화가 없다는 것을 활용하여 식을 세운다.

예제 03

15%의 소금물에 물 120g을 넣었더니 12%의 소금물이 되었다. 물을 넣기 전 소금물의 양은?

① 360g   ② 400g   ③ 440g

④ 480g   ⑤ 520g

| 정답 | ④

| 해설 | '소금의 양= $\dfrac{\text{소금물의 농도}}{100}$ ×소금물의 양'이므로 15% 소금물의 양을 x g으로 두고 조건에 따라 식을 세우면 다음과 같다.

$$\frac{15}{100} \times x = \frac{12}{100} \times (x+120)$$

$$15x = 12x + 1{,}440$$

$$3x = 1{,}440$$

$$\therefore \ x = 480(\text{g})$$

예제 04

소금물 800g에 400g의 물을 넣었더니 4%의 소금물이 되었다. 원래 소금물의 농도는 몇 %인가?

① 4%   ② 5%   ③ 6%

④ 8%   ⑤ 10%

| 정답 | ③

| 해설 | 원래 소금물의 농도를 x%라 하면 다음과 같은 식이 성립한다.

$$\frac{x}{100} \times 800 = \frac{4}{100} \times (800+400)$$

$$8x = 48$$

$$x = 6$$

따라서 원래 소금물의 농도는 6%이다.

예제 05

15%의 소금물 200g에 50g의 물을 더하면 몇 %의 소금물이 만들어지는가?

① 9%　　　　　　　② 10%　　　　　　　③ 11%

④ 12%　　　　　　　⑤ 13%

| 정답 | ④

| 해설 | 15%의 소금물 200g에 포함된 소금의 양은 $\dfrac{15}{100} \times 200 = 30$(g)이다.

$\therefore \dfrac{30}{200+50} \times 100 = 12$(%)

예제 06

12%의 소금물에 물을 더 넣었더니 9%의 소금물이 되었다. 더 넣은 물의 양이 처음 소금물의 양보다 100g 적었다면, 소금물에 녹아 있는 소금의 양은?

① 16g　　　　　　　② 17g　　　　　　　③ 18g

④ 20g　　　　　　　⑤ 21g

| 정답 | ③

| 해설 | 처음 소금물의 양을 xg, 첨가한 물의 양을 yg이라 하면 다음 식이 성립한다.

$\dfrac{12}{100} \times x = \dfrac{9}{100}(x+y)$ ······ ㉠

$y = x - 100$　　　　　　······ ㉡

㉡을 ㉠에 대입하여 풀면 $x = 150$(g), $y = 50$(g)이다.

따라서 소금물에 녹아 있는 소금의 양은 $\dfrac{12}{100} \times 150 = 18$(g)이다.

용액 + 물 공략

01. 농도 4%의 소금물 300g에 물을 더 넣어서 3%가 되게 만들었다. 추가로 넣은 물의 양은 몇 g인가?

① 50g   ② 80g   ③ 100g

④ 150g   ⑤ 180g

02. 8% 소금물 250g에 물을 더 넣어 5% 소금물을 만든다고 할 때, 추가해야 하는 물의 양은?

① 100g   ② 150g   ③ 200g

④ 250g   ⑤ 300g

03. 소금물 300g에 물 200g을 더 넣었더니 농도 6%의 소금물이 되었다. 물을 더 넣기 전 원래 소금물의 농도는 몇 %인가?

① 5%   ② 7%   ③ 10%

④ 15%   ⑤ 18%

04. 농도 25%의 식염수 120g에서 30g을 따라 버린 후 60g의 물을 넣었다. 그 다음 다시 60g을 따라 버린 후 60g의 물을 넣었을 때 최종적으로 만들어진 식염수의 농도는 몇 %인가?

▶ 학습 TIP ◀
천칭을 활용하면 쉽게 해결할 수 있다.

테마
13
농도

① 6% ② 8% ③ 9%
④ 12% ⑤ 14%

05. 4%의 소금물 400g에 물을 더 넣었더니 2.5%의 소금물이 되었다. 추가한 물의 양은?

① 200g ② 240g ③ 280g
④ 320g ⑤ 360g

06. 농도 6%의 소금물 50g에 물을 얼마나 더 넣어야 농도 5%의 소금물을 만들 수 있는가?

① 5g ② 7g ③ 8g
④ 10g ⑤ 12g

07. 24%의 소금물 200g에 물을 넣어 16%의 소금물을 만들려고 한다. 물은 몇 g 넣어야 하는가?

① 50g ② 100g ③ 150g
④ 200g ⑤ 250g

용액의 증발

핵심 Check

❶ 용액을 증발시켰을 때의 변화

$$용액을 \ x\text{g 증발시킨 후 농도(\%)} = \frac{용질의 \ 질량}{용액의 \ 질량 - x} \times 100$$

❷ 증발시켜야 하는 물의 양 구하는 순서

(1) 증발시켜야 하는 물의 양을 xg으로 둔다.

(2) 제시된 용액의 질량, 농도 등을 정리한다.

(3) 물을 증발시켜도 용질의 질량은 변하지 않는 것에 주의하며 식을 세운다.

예 8%의 소금물 200g이 있다. 물을 증발시켜 10%의 소금물을 만들려고 할 때, 증발시켜야 하는 물의 양은 몇 g인가?

⇨ 증발시켜야 하는 물의 양을 xg이라 한다.
⇨ 제시된 용액의 질량, 농도 등을 정리한다.

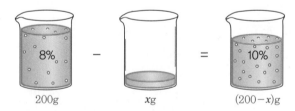

8%   −   =   10%
200g xg $(200-x)$g

⇨ 소금의 양은 변하지 않으므로 소금의 양을 기준으로 식을 세운다.

$$\frac{16}{200-x} \times 100 = 10$$
$$1{,}600 = 10(200-x)$$
$$x = 40\text{(g)}$$

따라서 증발시켜야 하는 물의 양은 40g이다.

예제 01

농도가 10%인 소금물 500g이 있다. 농도 20%가 되려면 몇 g의 물을 증발시켜야 하는가?

① 180g   ② 200g   ③ 250g

④ 300g   ⑤ 320g

☀ **One Point Lesson**

물을 xg 증발시킨 경우
→ 분모 $- x$

| 정답 | ③

| 해설 | 소금의 양 $= \dfrac{10}{100} \times 500 = 50$(g)이므로, 증발시켜야 하는 물의 양을 xg이라 하면 다음 식이 성립한다.

$$\frac{50}{500 - x} \times 100 = 20$$

∴ $x = 250$(g)

예제 02

사해(死海)의 염분 농도는 30%로 일반적인 바다의 염분 농도인 3.5%보다 높다. 3.5% 농도의 바닷물 100g을 사해의 농도와 같게 하려면 몇 g의 물을 증발시켜야 하는가? (단, 소수점 아래 둘째 자리에서 반올림한다)

① 80g   ② 83.5g   ③ 88.3g

④ 90.9g   ⑤ 93.5g

> 학습 TIP
>
> 농도(%) $= \dfrac{\text{소금의 양}}{\text{소금물의 양}} \times 100$
> 에서 '소금물의 양'을 알아야 하기 때문에 소금물의양=소금의 양$\times \dfrac{100}{\text{농도}}$으로 계산한다.

| 정답 | ③

| 해설 | 3.5% 농도의 바닷물 100g 속에는 3.5g의 염분이 포함되어 있다. 이 염분으로 30% 농도의 바닷물을 만들 경우 바닷물의 양은 $3.5 \times \dfrac{100}{30} ≒ 11.7$(g)이 된다. 따라서 100g의 바닷물 중 증발시켜야 하는 물의 양은 $100 - 11.7 = 88.3$(g)이다.

용액의 증발 공략

정답과 해설 104쪽

01. 25%의 소금물 600g을 증발시켜 30%의 소금물을 만들려고 할 때, 몇 g의 물을 증발시켜야 하는가?

① 50g　　　　　　　　　② 60g　　　　　　　　　③ 80g

④ 90g　　　　　　　　　⑤ 100g

02. 다음 중 ㉠, ㉡에 들어갈 값이 바르게 짝지어진 것은?

○○식품에서는 신상품 개발 중 소금물의 농도를 조절하는 연구를 진행하고 있다. 두 개의 비커에 소금물이 담겨 있는데 A 비커에는 '10% 소금물 360g', B 비커에는 '6% 소금물 100g'이라고 각각 적혀 있다. 이 경우 A 비커에 들어 있는 소금의 양은 (㉠)이며, B 비커에서 (㉡)의 물을 증발시켜야 8%의 소금물을 만들 수 있다.

	㉠	㉡		㉠	㉡		㉠	㉡
①	36g	30g	②	24g	20g	③	36g	25g
④	30g	30g	⑤	18g	35g			

03. 10%의 소금물 450g을 증발시켜 23%의 소금물로 만들고자 한다. 물을 얼마나 증발시켜야 하는가? (단, 소수점 아래 첫째 자리에서 반올림한다)

① 251g　　　　　　　　② 252g　　　　　　　　③ 253g

④ 254g　　　　　　　　⑤ 255g

04. 농도가 3%인 소금물 400g이 들어 있는 비커를 창가에 놓고 다음 날 비커를 관찰해 보니 물이 증발하여 농도가 5%인 소금물이 되었다. 이때 증발한 물의 양은?

① 160g   ② 180g   ③ 200g
④ 220g   ⑤ 240g

05. 어떤 소금물 600g에서 물을 300g 증발시켰더니 2%의 소금물이 되었다. 처음 소금물의 농도는 몇 %인가?

① 0.5%   ② 1%   ③ 1.5%
④ 2%   ⑤ 2.5%

06. 농도가 6%인 설탕물 500g이 있다. 이 설탕물의 농도를 8%가 되도록 하려면 몇 g의 물을 증발시켜야 하는가?

① 100g   ② 125g   ③ 150g
④ 175g   ⑤ 200g

용액 + 용질

테마 13. 농도

핵심 Check

① 용액에 용질을 추가했을 때의 변화

$$용질을\ x\text{g 추가한 후 농도} = \frac{용질의\ 질량 + x}{용액의\ 질량 + x} \times 100$$

② 추가한 용질의 질량 구하는 순서

(1) 추가한 용질의 질량을 xg으로 둔다.

(2) 제시된 용액의 질량, 농도 등을 정리한다.

(3) 용질을 넣으면 용액의 질량도 증가한다는 것에 주의하며 식을 세운다.

예 4%의 소금물 600g에 소금을 더 넣었더니 10%의 소금물이 되었다. 더 넣은 소금의 양은 몇 g인가?

⇨ 추가한 소금의 양을 xg이라 한다.

⇨ 제시된 용액의 질량, 농도 등을 정리한다.

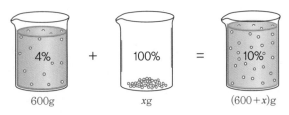

⇨ 소금의 양을 기준으로 식을 세운다.

$$600 \times \frac{4}{100} + x = (600 + x) \times \frac{10}{100}$$

$$x = 40$$

따라서 더 넣은 소금의 양은 40g이다.

예제 01

5%의 소금물 320g에 소금 80g을 더 넣으면 몇 %의 소금물이 되는가?

① 22%　　　　　　② 24%　　　　　　③ 26%

④ 28%　　　　　　⑤ 30%

> **이것만은 꼭**
>
> 이러한 문제를 계산할 때에는 기존의 소금의 양을 구하여야 한다. 또한 소금을 더하는 경우이므로 농도 공식의 분모와 분자에 모두 x값을 더해서 계산하여야 한다.

| 정답 | ②

| 해설 | 5%의 소금물 320g에 들어 있는 소금의 양은 $320 \times \dfrac{5}{100} = 16$(g)이므로 여기에 소금 80g을 더 넣으면 $\dfrac{16+80}{320+80} \times 100 = 24$(%)의 소금물이 된다.

예제 02

8%의 소금물 500g에 소금을 더 넣어 20%의 소금물을 만들려면 몇 g의 소금을 더 넣어야 하는가?

① 75g　　　　　　② 80g　　　　　　③ 85g

④ 90g　　　　　　⑤ 95g

| 정답 | ①

| 해설 | 8%의 소금물 500g에 들어 있는 소금의 양은 $\dfrac{8}{100} \times 500 = 40$(g)이다. 여기에 추가할 소금의 양을 xg으로 놓으면 다음과 같은 식이 성립한다.

$$\dfrac{40+x}{500+x} \times 100 = 20$$

$$5(40+x) = 500+x$$

$$x = 75(g)$$

따라서 20%의 소금물을 만들기 위해서는 75g의 소금을 더 넣어야 한다.

용액 + 용질 공략

정답과 해설 105쪽

01. 5%의 소금물 Ag에 소금 Bg을 넣으면 몇 %의 소금물이 되는가?

① $\left(\dfrac{2A+B}{A+B} \times 100\right)$%

② $\left\{\dfrac{(A \div 20)+B}{A+B} \times 100\right\}$%

③ $\left\{\dfrac{(A \div 5)+B}{A+B} \times 100\right\}$%

④ $\left(\dfrac{20A+B}{A+B} \times 100\right)$%

⑤ $\left(\dfrac{20A-B}{A+B} \times 100\right)$%

02. 다음은 A 소금물에 대한 정보이다. 이 소금물에 소금을 100g 더 넣으면 농도는 몇 %가 되는가?

물(g)	소금(g)	농도(%)
150	㉠	25

① 35%

② 40%

③ 45%

④ 50%

⑤ 55%

빠른 풀이 비법

'소금의 양(g) = 소금물의 양(g) $\times \dfrac{\text{농도}(\%)}{100}$'에서 농도를 분수로 바꾸지 않고 바로 숫자 부분을 곱한 뒤 끝의 0을 지우면 $\left(\times \dfrac{1}{100}\right)$ 계산이 편리해진다. 그러나 구하고자 하는 미지수(x)가 괄호로 묶일 때는 이 미지수에도 $\times \dfrac{1}{100}$을 해야 함에 주의한다.

03. 영이는 4%의 소금물 200g에 소금을 넣어 6%의 소금물을 만들려고 한다. 각각 3g, 4g, 5g, 6g, 8g으로 포장된 다섯 종류의 소금 중 몇 g이 들어 있는 것을 사용해야 하는가? (단, 최소의 소금을 사용해야 한다)

① 3g

② 4g

③ 5g

④ 6g

⑤ 8g

04. 7%의 소금물 300g에 xg의 소금을 넣어서 10%의 소금물을 만들었다. 이때 추가한 소금 xg의 양은?

① 8g   ② 10g   ③ 12g

④ 14g   ⑤ 16g

05. 8%의 소금물 400g에 xg의 소금을 넣어서 20%의 소금물을 만들었다. 이때 추가한 소금 xg의 양은?

① 60g   ② 64g   ③ 68g

④ 70g   ⑤ 74g

06. 12%의 소금물 300g이 있다. 15%의 소금물을 만들려면 몇 g의 소금을 넣어야 하는가? (단, 소수점 아래 둘째 자리에서 반올림한다)

① 10.2g   ② 10.4g   ③ 10.6g

④ 10.8g   ⑤ 11.2g

07. 15%의 소금물 600g이 있다. 20%의 소금물을 만들려면 몇 g의 소금을 넣어야 하는가? (단, 소수점 아래 첫째 자리에서 반올림한다)

① 38g   ② 39g   ③ 40g

④ 41g   ⑤ 42g

심화문제

01

9%의 소금물 Ag과 18%의 소금물 Bg을 섞어 12%의 소금물을 만들려고 하였으나 잘못하여 9%의 소금물 Bg과 18%의 소금물 Ag을 섞었다. 이렇게 만들어진 소금물의 농도는 몇 %인가?

① 15%　　　　② 17%　　　　③ 20%

④ 23%　　　　⑤ 25%

02

채수정 씨는 농도가 3%, 5%, 10%인 설탕물을 가지고 있고 이 설탕물의 총량은 1,000g이다. 세 가지 농도의 설탕물을 모두 섞으면 5%의 설탕물이 되고, 5%와 10%의 설탕물을 섞으면 7%의 설탕물이 된다고 한다. 채수정 씨가 가지고 있는 설탕물 중 농도가 3%인 설탕물의 양(㉠)과 5%인 설탕물의 양(㉡)은?

	㉠	㉡		㉠	㉡
①	200g	600g	②	300g	500g
③	400g	400g	④	500g	300g
⑤	600g	200g			

03

2개의 비커 A, B에 P 용액과 Q 용액이 각각 1 : 4, 7 : 3의 비로 섞여 있다. A의 용액 100cc를 B에 붓고 잘 섞은 후 다시 B의 용액 100cc를 A에 부었다. 이때 A에는 P 용액과 Q 용액이 2 : 3의 비로 200cc 들어 있다. B에 들어 있던 용액의 양은 몇 cc인가?

① 200cc　　　② 300cc　　　③ 400cc

④ 500cc　　　⑤ 600cc

04

10%의 소금물 100g과 8%의 소금물 150g을 섞고 여기에 물 25g을 더하면 소금물의 농도는 몇 %가 되는가?

① 8%　　　　② 8.5%　　　③ 9%

④ 9.5%　　　⑤ 10.5%

05

소금이 12g 들어 있는 6%의 소금물과 소금이 15g 들어 있는 10%의 소금물을 섞어서 9%의 소금물을 만들려고 한다. 몇 g의 물을 증발시켜야 하겠는가?

① 20g　　　　② 30g　　　③ 40g

④ 50g　　　　⑤ 60g

06

16%의 소금물 500g에 물 100g을 추가한 후, 소금을 더 넣었더니 20%의 소금물이 되었다. 더 넣은 소금의 양은 몇 g인가?

① 45g   ② 50g   ③ 55g

④ 60g   ⑤ 65g

07

10%의 소금물 350g에 7%의 소금물을 섞었다. 여기서 30g의 물을 증발시키고 나니 9%의 소금물이 되었다. 더 넣은 7%의 소금물의 양은 몇 g인가?

① 310g   ② 320g   ③ 330g

④ 340g   ⑤ 350g

08

16%의 소금물 800g을 A 비커와 B 비커에 각각 300g, 500g씩 나누어 담았다. A 비커에는 소금을 더 넣고 B 비커의 물은 증발시켜 두 소금물의 농도를 20%로 같게 하려고 한다. 이때 A 비커에 더 넣어야 하는 소금의 양과 B 비커에서 증발시켜야 하는 물의 양은? (단, A 비커에서는 물이 증발하지 않는다)

	A	B		A	B
①	10g	50g	②	10g	120g
③	15g	80g	④	15g	150g
⑤	15g	100g			

09

8%의 소금물에 12%의 소금물을 섞은 다음 물 200g을 더 넣었더니 7%의 소금물 600g이 되었다. 첨가된 12%의 소금물은 몇 g인가?

① 150g   ② 200g   ③ 250g

④ 350g   ⑤ 400g

10

농도가 20%인 소금물 50g에 농도가 x%인 소금물 25g을 넣고 물 25g을 더 넣었더니 소금물의 농도는 25%가 되었다. x는 몇 %인가?

① 40%   ② 55%   ③ 60%

④ 75%   ⑤ 77%

11

어떤 소금물 300g에서 물 220g을 증발시킨 후 소금 20g을 더 넣었더니 처음 농도의 A배가 되었다. 처음 소금물의 농도는 몇 %인가?

① $\dfrac{20}{A-3}$%   ② $\dfrac{A-3}{20}$%   ③ $\dfrac{20}{A-2}$%

④ $\dfrac{A-2}{20}$%   ⑤ $\dfrac{20}{A-5}$%

12

다음 빈칸에 들어갈 값은?

> △△학교에서는 설탕물의 농도와 관련된 실험을 하고 있다. 두 개의 비커에 설탕물이 담겨 있는데 A 비커에는 '10% 설탕물', B 비커에는 '6% 설탕물'이라고 각각 적혀 있다. 이때 A 비커와 B 비커의 설탕물을 3 : 5의 비로 혼합한 뒤, 10g의 설탕을 더 넣었더니 11.2%의 설탕물 (   )g이 만들어졌다.

① 240   ② 250   ③ 260
④ 270   ⑤ 280

13

15%의 소금물 200g에 10g의 소금을 더 넣고 물을 증발시켰더니 25%의 소금물이 되었다. 이때 증발된 물의 양은 몇 g인가?

① 40g   ② 45g   ③ 50g
④ 55g   ⑤ 60g

14

8%의 설탕물 700g이 있다. 이 설탕물을 노란색 컵과 초록색 컵에 각각 300g, 400g씩 나눠서 담은 후, 노란색 컵에는 설탕을 더 넣고 초록색 컵의 물은 증발시켜 설탕의 양을 같게 만들려고 한다. 이때 노란색 컵에 더 넣어야 할 설탕의 양은 몇 g인가?

① 6g   ② 8g   ③ 10g
④ 12g   ⑤ 14g

15

10%의 소금물 250g과 8%의 소금물 200g을 섞은 후 소금을 추가로 더 넣었더니 12%의 소금물이 되었다. 이때 추가로 넣은 소금의 양은? (단, 소수점 아래 첫째 자리에서 반올림한다)

① 10g   ② 13g   ③ 15g
④ 16g   ⑤ 17g

16

10%의 소금물 150g에 15%의 소금물 100g을 섞어 농도 15%의 소금물을 만들려고 한다. 이때 몇 g의 물을 증발시켜야 하는가?

① 50g   ② 55g   ③ 60g
④ 65g   ⑤ 70g

17

6%의 소금물 100g과 12%의 소금물 300g을 섞은 후 물을 더 넣었더니 10%의 소금물이 되었다. 이때 더 넣은 물의 양은 몇 g인가?

① 20g   ② 40g   ③ 80g
④ 160g   ⑤ 180g

테마

14

일률

유형 1   소요시간
유형 2   일의 양
★ 심화문제

핵심 Check

❶ 공식

$$시간 = \frac{일량}{일률}$$

❷ 풀이 순서

(1) 전체 일의 양을 1로 둔다.

(2) 단위시간당 일의 양을 분수로 나타낸다.

예) 어떤 일을 하는 데 A는 4시간, B는 5시간이 걸린다. A, B가 함께 하면 몇 시간이 걸리는가?

⇨ 전체 일의 양을 1로 둔다.

전체 일의 양   [0   1]

⇨ A와 B가 1시간 동안 하는 일의 양을 구한다.

A는 1시간에 $\frac{1}{4}$, B는 1시간에 $\frac{1}{5}$ 만큼의 일을 한다.

A가 1시간 동안 하는 일의 양   [0 $\frac{1}{4}$ 1]

B가 1시간 동안 하는 일의 양   [0 $\frac{1}{5}$ 1]

⇨ A와 B가 함께 일할 때 1시간 동안 하는 일의 양은 $\frac{1}{4} + \frac{1}{5} = \frac{9}{20}$ 이다.

A와 B가 1시간 동안 하는 일의 양   [0 $\frac{9}{20}$ 1]

⇨ 시간 $= \dfrac{일량}{일률}$ 이고 일량은 1, 일률은 $\frac{9}{20}$ 이므로 소요시간은 $1 \div \frac{9}{20} = \frac{20}{9}$ (시간)이다.

예제 01

총무과 소속 김 대리, 이 대리, 박 대리 3명이 1일에 하는 일의 비는 3 : 2 : 2이다. 세 명이서 10일 동안 어떤 일을 하는데, 전체의 $\frac{1}{3}$만 완성할 수 있었다. 이후 김 대리는 5일, 이 대리는 3일 쉬었지만, 박 대리는 쉬지 않았다면 이 일을 끝내는 데 며칠이 걸렸겠는가?

① 30일 ② 33일 ③ 36일

④ 39일 ⑤ 42일

해결 전략

1단계
3명이서 1일 동안 한 일의 양을 구한다.

↓

2단계
일의 비를 통해 김 대리, 이 대리, 박 대리가 각각 1일 동안 한 일의 양을 구한다.

테마
14
일률

| 정답 | ②

| 해설 | 3명이 10일 동안 전체 일의 $\frac{1}{3}$만 완성하였다고 하였으므로 3명이 1일 동안 한 일은 $\frac{1}{3} \div 10$
$= \frac{1}{30}$이다.

김, 이, 박 대리 3명이 함께한 $\frac{1}{30}$의 일에서, 각자가 한 일의 비는 3 : 2 : 2이므로 김, 이, 박 대리가 1일 동안 한 일은 다음과 같다.

• 김 대리 : $\frac{1}{30} \times \frac{3}{7} = \frac{3}{210}$

• 이 대리 : $\frac{1}{30} \times \frac{2}{7} = \frac{2}{210}$

• 박 대리 : $\frac{1}{30} \times \frac{2}{7} = \frac{2}{210}$

박 대리가 일한 날을 x일이라고 하면 김, 이 대리가 일한 일수는 각각 $(x-5)$일, $(x-3)$일이다.

$\frac{3}{210}(x-5) + \frac{2}{210}(x-3) + \frac{2}{210}x = 1$

∴ $x = 33$(일)

따라서 이 일을 끝까지 완성하는 데 총 33일이 걸렸다.

예제 02

사무실의 적정 습도를 맞추는 데 A 가습기는 16분, B 가습기는 20분이 걸린다. A 가습기를 10분 동안만 틀고, 이후 B 가습기를 적정 습도를 맞출 때까지 튼다면 B 가습기의 작동 시간은?

① 6분 30초   ② 7분   ③ 7분 15초
④ 7분 30초   ⑤ 7분 45초

| 정답 | ④

| 해설 | 전체 일의 양을 1이라 하면 1분당 A 가습기는 $\frac{1}{16}$, B 가습기는 $\frac{1}{20}$의 일을 한다. B 가습기의 작동 시간을 x분이라 하면 다음과 같은 식이 성립한다.

$$\frac{1}{16} \times 10 + \frac{1}{20} x = 1 \qquad \frac{1}{20} x = \frac{3}{8} \qquad x = \frac{15}{2} = 7 + \frac{30}{60}$$

따라서 B 가습기의 작동 시간은 7분 30초이다.

예제 03

이것 만은 꼭

작업시간 $= \dfrac{\text{작업량}}{\text{시간당 처리량}}$

→ 작업량 = 시간당 처리량 × 작업시간

어떤 수조에 물을 가득 채우는 데 A 펌프로는 30분, B 펌프로는 40분이 걸리고, C 펌프로 수조의 물을 모두 빼는 데는 1시간이 걸린다. 수조에 물이 절반만큼 차 있는 상태에서 A, B, C 펌프를 함께 사용한다면 수조를 가득 채우는 데 얼마의 시간이 걸리겠는가?

① 12분   ② 13분   ③ 14분
④ 15분   ⑤ 16분

| 정답 | ①

| 해설 | 수조 전체를 채우는 일의 양을 1이라 할 때, A 펌프의 1분 동안의 주입량은 $\frac{1}{30}$, B 펌프의 1분 동안의 주입량은 $\frac{1}{40}$, C 펌프의 1분 동안의 배출량은 $\frac{1}{60}$이다. 수조의 절반이 이미 물로 차 있으므로 나머지 절반을 채우는 데 걸리는 시간을 x분이라 하면 다음 식이 성립한다.

$$\frac{1}{30} x + \frac{1}{40} x - \frac{1}{60} x = \frac{1}{2} \qquad \frac{4x + 3x - 2x}{120} = \frac{1}{2}$$

$$\frac{5x}{120} = \frac{1}{2} \qquad 5x = 60$$

$$\therefore x = 12 (\text{분})$$

예제 04

어떤 물통에 물을 가득 채우는 데 A가 혼자 하면 1시간, A와 B가 같이 하면 40분이 걸린다. B 혼자 이 물통에 물을 채울 때 걸리는 시간은?

① 1시간 20분   ② 1시간 40분   ③ 2시간
④ 2시간 20분   ⑤ 3시간

| 정답 | ③

| 해설 | 물통에 물을 가득 채웠을 때 물의 양을 1로 놓으면 A가 1분 동안 채운 물의 양은 $\frac{1}{60}$ 이고, A와 B가 1분 동안 채운 물의 양은 $\frac{1}{40}$ 이므로 B가 1분 동안 채운 물의 양은 $\frac{1}{40} - \frac{1}{60} = \frac{1}{120}$ 이다. 따라서 B 혼자 물을 채울 때 걸리는 시간은 120분, 즉 2시간이다.

예제 05

다음의 내용을 고려할 때, A와 B 두 직원이 함께 일한 기간은?

어떤 프로젝트를 완료하는 데 A 직원이 혼자 수행하면 100일이 걸리고, B 직원이 혼자 수행하면 150일이 걸린다. 이 프로젝트를 A 직원이 혼자 50일 동안 사전 진행한 후에 A, B 두 직원이 같이 수행하여 마무리하였다.

① 26일   ② 27일   ③ 28일
④ 29일   ⑤ 30일

| 정답 | ⑤

| 해설 | 전체 일의 양을 1로 봤을 때 A가 하루 동안 하는 일의 양은 $\frac{1}{100}$, B가 하루 동안 하는 일의 양은 $\frac{1}{150}$ 이다. A가 50일 동안 혼자 일을 했으므로, 남은 일의 양은 $1 - \frac{50}{100} = \frac{1}{2}$ 이다.

두 직원이 함께 일한 기간을 x일로 가정하여 방정식을 세우면 다음과 같다.

$\frac{1}{100}x + \frac{1}{150}x = \frac{1}{2}$

$\therefore x = 30$

따라서 두 직원이 함께 일한 기간은 총 30일이다.

예제 06

목표량을 달성하는 데 강 사원과 유 사원이 함께 일하면 5일, 유 사원과 신 사원이 함께 일하면 8일, 신 사원과 강 사원이 함께 일하면 4일이 걸린다. 만약 강 사원이 혼자 목표량을 달성하려면 며칠이 소요되겠는가? (단, 세 사람의 1일 생산량은 일정하다)

① 6일　　　　　　　　② 7일　　　　　　　　③ 8일

④ 9일　　　　　　　　⑤ 10일

| 정답 | ②

| 해설 | 강 사원의 1일 생산량을 x, 유 사원의 1일 생산량을 y, 신 사원의 1일 생산량을 z라고 하고, 목표량을 40(5, 8, 4의 최소공배수)으로 가정하면 다음과 같은 식을 얻을 수 있다.

$$\begin{cases} 5x+5y=40 & \Rightarrow & x+y=8 \\ 8y+8z=40 & \Rightarrow & y+z=5 \\ 4z+4x=40 & \Rightarrow & z+x=10 \end{cases}$$

위의 연립방정식을 풀면 $x=6.5$이므로 강 사원이 혼자 목표량을 달성하기 위해서는 $\dfrac{40}{6.5} \fallingdotseq 6.15$(일)이 필요하다. 즉 목표량을 달성하는 데 7일이 소요된다.

예제 07

선진이가 혼자 하면 8일, 수연이가 혼자 하면 12일이 걸리는 일이 있다. 이 일을 선진이와 수연이가 같이 한다면 며칠이 걸리겠는가?

① 3일　　　　　　　　② 5일　　　　　　　　③ 6일

④ 8일　　　　　　　　⑤ 10일

| 정답 | ②

| 해설 | 전체 일의 양을 1로 생각하면, 선진이와 수연이의 하루 일의 양은 다음과 같다.

• 선진이가 하루에 하는 일의 양 : $\dfrac{1}{8}$

• 수연이가 하루에 하는 일의 양 : $\dfrac{1}{12}$

따라서 둘이 함께 한다면 $1 \div \left(\dfrac{1}{8} + \dfrac{1}{12} \right) = 1 \div \left(\dfrac{3}{24} + \dfrac{2}{24} \right) = \dfrac{24}{5} = 4.8$(일), 즉 5일이 걸린다.

예제 08

어떤 프로젝트를 수행하는 데 A가 혼자 하면 10일, B가 혼자 하면 15일이 걸린다. 이 프로젝트를 A, B가 함께 수행한다면 며칠 만에 완료할 수 있는가?

① 3일   ② 4일   ③ 5일

④ 6일   ⑤ 7일

| 정답 | ④

| 해설 | 전체 프로젝트의 양이 1일 때, A의 1일 수행량은 $\frac{1}{10}$, B의 1일 수행량은 $\frac{1}{15}$이다.

따라서 A, B 둘이 함께 프로젝트 전체를 완료하는 데에는 $1 \div \left(\frac{1}{10} + \frac{1}{15} \right) = 1 \div \frac{3+2}{30} = \frac{30}{5} = 6$(일)이 걸린다.

예제 09

A 대리와 B 사원은 컴퓨터 프로그램 코딩 업무를 하고 있다. 이번에 진행된 프로그램 코딩 일정이 다음과 같을 때, A 대리와 B 사원이 함께 일한 날은 며칠인가?

- 컴퓨터 프로그램을 코딩하는 데 A 대리가 혼자 하면 8일, B 사원이 혼자 하면 12일이 걸린다.
- A 대리가 혼자 코딩을 하던 중 납기가 급작스럽게 앞당겨져 A 대리가 업무를 시작한 지 4일째부터 B 사원과 함께 업무를 진행했다.

① 2일   ② 3일   ③ 4일

④ 6일   ⑤ 10일

해결 전략

혼자 일을 진행하다 다수의 인원이 함께 일을 진행하게 된 경우, 전체 일의 양인 1에서 혼자 일한 만큼을 뺀 다음 계산해야 한다.

| 정답 | ②

| 해설 | 전체 일의 양을 1이라 하면 A 대리와 B 사원이 하루에 하는 일의 양은 각각 $\frac{1}{8}$, $\frac{1}{12}$이다.

3일 차까지 A 대리가 혼자 일을 했으므로 이때까지 일한 양은 $\frac{3}{8}$이다. 4일 차부터 두 사람이 같이 일을 했으므로 하루에 하는 일의 양은 $\frac{1}{8} + \frac{1}{12}$이고, 남은 일의 양이 $\frac{5}{8}$이므로 두 사람이 함께 $\frac{5}{8} \div$ $\left(\frac{1}{8} + \frac{1}{12} \right)$만큼 일을 더 하면 전체 일이 마무리된다. 따라서 두 사람이 함께 일한 날은 3일이다.

정답과 해설 111쪽

소요시간 공략

해결 전략

1단계
먼저 각각이 일한 양으로 관계식을 만든다.

↓

2단계
각각이 받은 임금으로 관계식을 만든다.

01. A는 B와 C 2명을 고용하여 집을 수리하였다. B와 C에게 지불한 1일당 임금은 각각 3만 원과 2만 원으로, 2명에게 지급한 임금의 합계는 160만 원이었다. 집 수리를 B가 혼자 하면 50일이 걸리고, C가 혼자 하면 100일이 걸린다고 할 때, B의 작업일수는 C의 작업일수의 몇 배인가?

① $\frac{3}{4}$배   ② 1배   ③ $\frac{4}{3}$배

④ $\frac{3}{2}$배   ⑤ 2배

02. 과수원에서 사과를 모두 수확하는 데 A 혼자 하면 10시간, B 혼자 하면 12시간, C 혼자 하면 8시간이 걸린다고 한다. A와 B 둘이서 1시간 동안 사과를 수확한 다음, C와 함께 사과를 수확하였더니 결과적으로 과수원의 사과 중 90%를 수확하였다고 한다. 세 사람이 함께 사과를 수확한 시간은? (단, 소수점 아래 첫째 자리에서 반올림한다)

① 1시간 56분   ② 2시간 19분   ③ 2시간 45분

④ 3시간 14분   ⑤ 3시간 45분

빠른 풀이 비법 ⏰

전체 일의 양을 1이라 하면 하루에 a만큼 일하는 사람이 n일 동안 혼자 일하고 남은 양은 $1 - an$이다.

03. 우진이가 혼자 하면 A일, 정은이가 혼자 하면 B일이 걸리는 일이 있다. 이 일을 정은이 혼자 3일 동안 하다가 남은 일을 우진이 혼자 끝까지 했다면, 우진이가 혼자 일한 기간은?

① $\frac{A(3+B)}{AB}$일   ② $\frac{A-3B}{AB}$일   ③ $\frac{A(B-3)}{B}$일

④ $\frac{B(A-3)}{B}$일   ⑤ $\frac{3A(B-1)}{B}$일

04. 창고를 완전히 정리하는 데 남편 혼자 하면 5시간이 걸리고, 아내 혼자 하면 7시간이 걸린다. 이 일을 남편과 아내가 2시간 동안 같이 하다가 갑자기 일이 생겨 남편이 외출하게 되었다. 남은 정리를 아내 혼자 할 경우 앞으로 몇 시간이 더 걸리겠는가?

① 1시간 45분   ② 1시간 58분   ③ 2시간 12분
④ 2시간 30분   ⑤ 2시간 42분

테마
14
일률

05. 이삿짐을 나르는 데 A 방식으로 하면 일은 힘들지만 10분이 걸리고, B 방식으로 하면 일은 수월하지만 15분이 걸린다고 한다. 처음에 A 방식으로 짐을 나르다가 도중에 B 방식으로 바꿔 짐을 모두 날랐다. B 방식으로 짐을 나른 시간이 A 방식으로 짐을 나른 시간보다 10분 더 길다면 A, B 방식으로 일한 시간은 각각 몇 분인가?

	A	B		A	B		A	B
①	1분	11분	②	2분	12분	③	3분	13분
④	4분	14분	⑤	5분	15분			

06. 홍보부의 K 프로젝트를 완료하는 데 A 사원은 24일, B 사원은 20일, C 사원은 15일이 소요된다. 세 사원이 함께 이 프로젝트를 4일간 진행하였는데, 출장 일정이 잡혀 셋 중 한 명은 프로젝트를 진행할 수 없게 되었다. 5일 차부터 남은 프로젝트를 두 명의 사원이 진행한다고 할 때, 이후 프로젝트를 완료하기까지 최대 며칠이 더 걸리겠는가?

① 3일   ② 4일   ③ 5일
④ 6일   ⑤ 7일

One Point Lesson

프로젝트 전체 일의 양을 24, 20, 15의 최소공배수인 120으로 설정한 뒤 해결하는 방법도 있다.

07. A 양초와 B 양초의 길이는 같지만, A 양초가 완전히 녹는 데에는 6시간이 걸리고 B 양초가 완전히 녹는 데에는 10시간이 걸린다. 두 양초에 동시에 불을 붙인다면 약 얼마 후에 B 양초의 길이가 A 양초 길이의 두 배가 되겠는가? (단, 소수점 아래 셋째 자리에서 반올림한다)

① 3시간 42분   ② 3시간 58분   ③ 4시간 9분
④ 4시간 17분   ⑤ 4시간 33분

08. 구슬을 전부 꿰는 데 A 혼자서는 5시간, B 혼자서는 7시간이 걸린다. 둘이 함께 구슬을 전부 꿰면 몇 시간이 걸리겠는가?

① 1시간   ② 1시간 55분   ③ 2시간
④ 2시간 30분   ⑤ 2시간 55분

09. 수영장의 물을 채우는 데 A 수도꼭지 하나로는 6시간이 걸리고, B 수도꼭지 하나로는 4시간이 걸린다. A, B 수도꼭지를 동시에 틀어서 수영장의 물을 다 채운다면 몇 시간이 걸리겠는가?

① 2시간   ② 2.4시간   ③ 2.6시간
④ 3시간   ⑤ 3.2시간

이것 만은 꼭

- 0.1시간 = 6분
- 0.2시간 = 12분
- 0.3시간 = 18분
- 0.4시간 = 24분
- 0.5시간 = 30분
- 0.6시간 = 36분
- 0.7시간 = 42분
- 0.8시간 = 48분
- 0.9시간 = 54분
- 1시간 = 60분

10. 커다란 고무보트에 공기를 채우는 데 사람이 입으로 불어 공기를 채우면 3시간이 걸리고, 기구를 사용하면 2시간이 걸린다. 사람과 기구가 동시에 공기를 채운다면 얼마의 시간이 걸리겠는가?

① 1시간   ② 1.1시간   ③ 1.2시간
④ 1.3시간   ⑤ 1.4시간

11. A, B, C 세 부서에 각각 동일한 양으로 공급한 볼펜을 소비하는 데 걸리는 시간은 A 부서가 30일, B 부서가 60일, C 부서가 40일이다. 각 부서에 각각 나누어 주던 볼펜을 모두 합쳐서 A, B, C 부서에 주고 함께 소비하도록 할 때 세 부서에 나누어 준 볼펜이 모두 소비되는 데 걸리는 시간은?

① 35일   ② 40일   ③ 44일
④ 48일   ⑤ 52일

12. 물을 채우기 위해 A 관을 4시간, B 관을 5시간 사용하면 100L를 넣을 수 있고, A 관을 5시간, B 관을 4시간 사용하면 98L를 넣을 수 있다고 한다. 60L짜리 물통에 A 관만 사용하여 물을 채울 때, 가득 차는 데까지 걸리는 시간은?

① 3시간   ② 4시간   ③ 5시간
④ 6시간   ⑤ 7시간

해결 전략

1단계
A, B 관이 1시간 동안 채울 수 있는 양을 미지수로 정해 식을 세운다.

↓

2단계
두 식을 연립해 해를 구한 뒤 전체 일의 양에서 나눈다.

13. A가 혼자 하면 10시간, B가 혼자 하면 12시간, C가 혼자 하면 15시간 걸리는 일이 있다. A, B, C 세 사람이 함께 일을 하면 끝마치는 데 x시간이 걸리고, 세 사람이 함께 일을 하다 A가 도중에 빠지고 남은 일을 B, C가 y시간 동안 함께 하면 끝마치는 데 총 6시간이 걸릴 때, $x+y$의 값은?

① 8   ② 9   ③ 10
④ 11   ⑤ 12

14. 어떤 프로그램에 데이터를 입력하는 데 A 혼자 하면 30분이 걸리고, B 혼자 하면 45분이 걸린다. 이 과정을 처음에는 A 혼자 하다가 중간에 B가 이어받아 B 혼자 작업을 모두 끝마쳤다. A가 입력한 시간이 B가 입력한 시간보다 15분 더 길었다고 할 때, 이 작업을 끝마치는 데까지 걸린 시간은 총 몇 분인가?

① 31분   ② 33분   ③ 35분
④ 37분   ⑤ 40분

15. 다음은 (주)AA 전자 전략기획팀 팀원 간의 대화 내용이다. 대화를 통하여 세 명이 같이 프로젝트 ABC−1206을 마무리하는 데 소요되는 최소한의 시간을 구하면? (단, 시너지효과는 고려하지 않는다)

김 팀장 : 프로젝트 ABC−1206을 최대한 빨리 처리해야 되는데, 시간이 얼마나 걸릴 것 같나요?

안 대리 : 저 혼자 하면 6시간 걸릴 것 같습니다.

장 과장 : 제가 하면 4시간이면 될 것 같습니다.

김 팀장 : 내가 하면 3시간이면 될 것 같은데, 지금부터 우리 셋이 다 같이 해요.

---

① 45분   ② 60분   ③ 80분
④ 120분   ⑤ 140분

16. 하루 동안 10명이 5시간씩 일을 할 경우 끝마치는 데 20일이 걸리는 일이 있다. 매일 10시간씩 10명이 일하면 며칠 만에 끝마칠 수 있겠는가?

① 4일   ② 8일   ③ 10일
④ 11일   ⑤ 12일

★ 빠른 풀이 비법

동일한 인원이 하루에 2배만큼 일을 더 하면 기간은 절반 단축된다.

10명 – 5시간 – 20일
‖   ↓×2   ↑×2
10명 – 10시간 – (?)일

17. A가 혼자 하면 18일, B가 혼자 하면 27일 걸리는 일이 있다. 둘은 공동 작업으로 일을 시작했으나, 도중에 B가 일을 그만두어 A 혼자 일을 해 끝마치기까지 총 16일이 걸렸다. 전체 일한 날 중 B가 참여하지 않은 날은 며칠인가?

① 9일   ② 10일   ③ 11일
④ 12일   ⑤ 13일

18. 한 권의 책을 복사하는 데 A 복사기는 12분, B 복사기는 8분이 걸린다. 이 책을 처음 2분 동안은 A 복사기만으로 복사하고, 그 후부터 A, B 두 대의 복사기로 동시에 복사한다면 이 책을 모두 복사하는 데 걸리는 시간은?

① 4분   ② 5분   ③ 6분
④ 7분   ⑤ 10분

유형 2 일의 양

핵심 Check

1 공식

$$\cdot \text{일률} = \frac{\text{일량}}{\text{시간}} \qquad \cdot \text{일량} = \text{시간} \times \text{일률}$$

예 A가 일을 하는 데 5일 소요된다면, 하루 동안 하는 일의 양은 얼마인가?

전체 일량 [1   ] ⇨ 전체 일의 양을 1로 둔다.

↓ 5일로 나누면

1일당
작업량 [$\frac{1}{5}$ | $\frac{1}{5}$ | $\frac{1}{5}$ | $\frac{1}{5}$ | $\frac{1}{5}$]

⇨ 일을 하는 데 5일이 걸리므로 하루 동안 하는 일의 양, 즉 일률은 $1 \div 5 = \frac{1}{5}$ 이다.

2 일률의 관계

(1) 같은 시간 동안 일을 할 때, 한 일의 양이 많을수록 일률이 크다.

일률은 일의 양에 비례한다.

일률 ∝ 일의 양

(2) 같은 양의 일을 할 때, 걸린 시간이 짧을수록 일률이 크다.

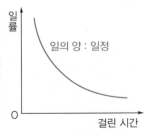

일률은 걸린 시간에 반비례한다.

$$\text{일률} \propto \frac{1}{\text{걸린 시간}}$$

예제 01

어떤 공장에 제품을 4분에 1개씩 생산하는 기계가 6대 있고, 그 제품을 3분에 1개씩 포장하는 기계가 3대 있다. 어제 생산만 하고 포장은 하지 못한 제품이 95개 남아 있다고 할 때, 7시간 후에 포장하지 못한 생산품은 모두 몇 개인가?

① 205개   ② 295개   ③ 300개

④ 305개   ⑤ 310개

> 학습 TIP
>
> 기계가 제품을 생산하는 시간 단위는 분 단위이고, 질문에서 요구하는 시간 단위는 시 단위이다. 이렇게 제시된 시간 단위가 다를 경우, 질문에서 요구하는 단위로 바꾸어 계산하는 것이 좋다.

테마 **14** 일률

|정답| ④

|해설| 기계가 여러 대 있다는 것을 염두에 두고 식을 세워 보면 다음과 같다.
• 7시간 후에 생산된 제품의 개수 : $7 \times (60 \div 4) \times 6 = 630$(개)
• 7시간 후에 포장된 제품의 개수 : $7 \times (60 \div 3) \times 3 = 420$(개)
따라서 7시간 후에 포장하지 못한 생산품은 $(630 - 420) + 95 = 305$(개)이다.

예제 02

한 벽면에 타일을 붙이는 데 A가 혼자 하면 20분이 걸리고, B가 혼자 하면 25분이 걸린다. 둘이 함께 타일을 붙이면 1분당 20개씩을 더 붙일 수 있고, 10분 만에 일을 다 끝낼 수 있다고 할 때, 일을 다 끝낸 시점에서 벽면에 붙인 타일의 개수는?

① 1,800개   ② 1,900개   ③ 2,000개

④ 2,100개   ⑤ 2,200개

|정답| ③

|해설| 20과 25의 최소공배수는 100이므로 전체 타일의 개수를 $100x$개라고 하면 A는 분당 $5x$개, B는 분당 $4x$개의 타일을 붙일 수 있다. 두 사람이 함께 일하는 경우, 20개의 타일을 더 붙일 수 있으므로 분당 $(9x + 20)$개의 타일을 붙일 수 있다. 두 사람이 같이 일을 한 지 10분 만에 일을 다 끝냈으므로, 다음과 같은 식이 성립한다.
$(9x + 20) \times 10 = 100x$
$10x = 200$
$x = 20$
따라서 일을 끝낸 시점에서 벽면에 붙인 타일의 개수는 $100 \times 20 = 2,000$(개)이다.

예제 03

어떤 부서에서 자료 입력을 화요일부터 토요일까지 5일간 나누어 진행하기로 하였다. 화요일은 전체의 $\frac{1}{6}$, 수요일은 전체의 $\frac{19}{42}$의 데이터를 입력하였다. 그런데 목요일 작업 시작 전에 나머지의 $\frac{1}{8}$에 해당하는 자료가 새로 추가되었다. 추가분을 포함한 남은 자료를 목요일부터 토요일까지 3일간 균등히 나누고자 할 때, 토요일에 입력할 자료는 화요일에 입력한 자료의 몇 배인가?

① $\frac{5}{6}$배

② $\frac{6}{7}$배

③ $\frac{7}{6}$배

④ $\frac{6}{5}$배

⑤ $\frac{18}{7}$배

| 정답 | ②

| 해설 | 1. 자료 전체를 1로 생각하고 화요일과 수요일에 입력한 데이터를 뺀다.

$$1-\left(\frac{1}{6}+\frac{19}{42}\right)=1-\frac{7+19}{42}=\frac{16}{42}=\frac{8}{21}$$

자료 전체=1

화 $\frac{1}{6}$	수 $\frac{19}{42}$	나머지 x

2. 추가된 자료를 더하여 3등분하면 토요일의 입력량이 된다.

$$\frac{8}{21}\times\left(1+\frac{1}{8}\right)\div3=\frac{8}{21}\times\frac{9}{8}\times\frac{1}{3}=\frac{1}{7}$$

따라서 '토요일의 입력량÷화요일의 입력량'을 구하면 $\frac{1}{7}\div\frac{1}{6}=\frac{6}{7}$(배)이다.

예제 04

연극 티켓을 판매하기 시작했을 때, 매표소 앞에는 티켓을 사기 위해 줄을 서 있던 사람들이 있었다. 1분마다 20명의 사람이 줄에 추가되는 상황에서, 매표소의 창구가 1개일 때는 1시간 만에 모든 줄이 사라지고, 매표소의 창구가 5개일 때는 6분 만에 모든 줄이 사라진다고 한다. 연극 티켓을 판매하기 시작했을 때, 이미 줄을 서 있었던 사람들은 몇 명인가? (단, 모든 창구에서는 1분간 같은 장수의 티켓을 판매하며 창구가 여러 개라 하더라도 줄은 하나로 선다)

① 920명   ② 960명   ③ 1,000명
④ 1,040명   ⑤ 1,080명

> **학습 TIP**
>
> n개의 창구에서 a분 동안 일을 했다면, 일을 한 총 시간은 $(n \times a)$분이다.

테마
14
일률

| 정답 | ②

| 해설 | 연극 티켓을 판매하기 시작했을 때, 이미 줄을 서 있었던 사람들을 x명이라고 하고 창구가 1개일 경우와 창구가 5개일 경우를 나누어 1분간 판매하는 티켓에 대한 식을 세우면 다음과 같다.

• 창구가 1개일 경우

모든 인원에게 티켓을 판매할 때까지 1시간, 즉 60분이 걸리므로 추가되는 인원은 $20 \times 60 = 1,200$(명)이다. 티켓을 판매한 총 인원은 $(x + 1,200)$명이고, 티켓을 판매한 시간은 60분이다. 따라서 1분 동안 판매한 티켓은 $\dfrac{x + 1,200}{60}$장이다.

• 창구가 5개일 경우

모든 인원에게 티켓을 판매할 때까지 6분이 걸리므로 추가되는 인원은 $20 \times 6 = 120$(명)이다. 티켓을 판매한 총 인원은 $(x + 120)$명이고, 티켓을 판매한 시간은 6분이지만 창구가 5개이므로 $6 \times 5 = 30$(분)이다. 따라서 1분 동안 판매한 티켓은 $\dfrac{x + 120}{30}$장이다.

각 창구에서 판매한 티켓의 장수가 같다고 하였으므로,

$$\frac{x + 1,200}{60} = \frac{x + 120}{30}$$

$$30(x + 1,200) = 60(x + 120)$$

$$x + 1,200 = 2x + 240$$

$$x = 960$$

따라서 티켓을 판매하기 시작했을 때 이미 줄을 서 있었던 사람들은 960명이다.

일의 양 공략

정답과 해설 114쪽

갑, 을, 병이 일하는 속도는 항상 일정하므로 갑, 을, 병이 일한 양의 비도 항상 일정하다.

01. 갑, 을, 병은 각자에게 동일하게 할당된 풍선을 불고 있다. 갑이 모든 풍선을 다 불었을 때 을에게는 30개, 병에게는 42개의 풍선이 남아 있었다. 을이 모든 풍선을 다 불었을 때 갑은 모든 풍선을 다 불었고, 병에게는 18개의 풍선이 남아 있었다. 세 명의 작업 속도는 각각 항상 일정하다고 할 때, 세 명에게 할당된 풍선은 모두 몇 개인가?

① 180개   ② 210개   ③ 270개
④ 390개   ⑤ 420개

02. 조립제품 한 개를 완성하는 데 A, B, C가 함께 일하면 4시간, A와 B가 함께 일하면 5시간, A와 C가 함께 일하면 6시간이 걸린다. B와 C가 24시간 동안 함께 일한다면 몇 개의 제품을 완성할 수 있는가? (단, 소수점 이하는 버린다)

① 2개   ② 3개   ③ 4개
④ 5개   ⑤ 6개

03. A 인형 공장에서 일하는 직원 10명이 곰인형 150개를 만드는 데 25시간이 걸린다고 할 때, 20시간 동안 곰인형 300개를 만들기 위해서는 직원 몇 명이 동원되어야 하는가?

① 21명   ② 22명   ③ 23명
④ 24명   ⑤ 25명

04. 어느 분식집의 A 요리사는 B 요리사보다 3분 동안 20개의 만두를 더 만들 수 있다고 한다. A 요리사가 10분, B 요리사가 30분 동안 만두를 만든 결과, B 요리사는 A 요리사가 만든 만두의 반만큼을 만들었다고 할 때, 두 요리사가 만든 만두는 모두 몇 개인가?

① 80개   ② 90개   ③ 100개

④ 110개   ⑤ 120개

05. 똑같은 모양의 나사를 여러 개 고정시키면 완성되는 조립식 가구가 있다. 조립식 가구를 1개 완성하는 데 A 혼자서는 4시간, B 혼자서는 5시간이 걸리고, 두 사람이 함께 일을 하면 2시간이 걸린다고 한다. 두 사람이 함께 일을 하면, 한 시간 동안 두 사람이 각각 따로 일을 했을 때의 합보다 12개 더 많은 나사를 고정시킬 수 있다고 할 때, 이 조립식 가구 1개를 완성시키기 위해서는 몇 개의 나사를 고정시켜야 하는가?

① 60개   ② 120개   ③ 180개

④ 200개   ⑤ 240개

06. 어느 공장에서 제품을 만드는데, A 직원은 B 직원보다 1분 동안 3개의 제품을 더 많이 만든다고 한다. A 직원이 10분 동안 만든 제품의 개수와 B 직원이 25분 동안 만든 제품의 개수가 같다고 할 때, A 직원이 10분 동안 만든 제품의 개수는?

① 50개   ② 55개   ③ 60개

④ 65개   ⑤ 70개

심화문제

정답과 해설 115 쪽

01

A, B, C가 함께 작업하면 15시간 걸리는 일이 있는데 이 일을 A와 B만 하면 20시간, A와 C만 하면 30시간이 걸린다. 만약 A를 제외하고 B와 C만 일한다면 일을 끝내는 데 얼마나 걸리는가?

① 16시간　　② 17시간　　③ 18시간
④ 19시간　　⑤ 20시간

02

다음과 같이 프로젝트 A를 세 사람이 함께 하게 되었다. 김 대리가 혼자 일한 날은 총 며칠인가?

> • 프로젝트 A를 완성하는 데 각자 혼자서 일을 하면 김 대리는 20일, 최 주임은 25일, 박 사원은 40일이 걸린다.
> • 먼저 최 주임과 박 사원이 프로젝트 A를 진행하기 시작했다.
> • 최 주임과 박 사원은 프로젝트 A에 4일간 참여하고 다른 프로젝트에 투입되었다.
> • 이후 김 대리가 프로젝트를 인수받아 혼자 프로젝트 A를 진행하다가 다시 최 주임이 투입되었다.
> • 김 대리와 최 주임이 프로젝트를 진행한 후 박 사원 역시 프로젝트 A로 돌아와 함께 2일간 일했다.
> • 프로젝트 A는 총 13일에 걸쳐 완성되었다.

① 1일　　② 3일　　③ 5일
④ 7일　　⑤ 9일

03

P 군의 노트북은 너무 오래되어서 충전이 완전히 되어 있어도 20분밖에 쓰지 못한다. 그리고 완전히 방전된 상태의 노트북을 꺼 놓은 상태에서 완충하는 데는 10분이 걸린다고 한다. P 군이 완전히 충전된 노트북을 10분 동안 쓴 뒤, 충전코드를 연결한 상태에서 계속 사용하였다면 다시 완전히 충전되는 것은 충전을 시작하고 몇 분이 지나고 나서인가? (단, 충전코드가 연결된 상태에서 노트북을 사용하면 노트북을 사용하는 데 들어가는 전기를 제외한 전기만큼 충전하는 데 사용된다)

① 8분　　② 9분　　③ 10분
④ 11분　　⑤ 12분

04

수조에 물을 퍼 담아 가득 채우는 데 A는 3분, B는 9분이 걸린다. 또한 가득찬 물을 빼는 데 C는 6분, D는 12분이 걸린다. 물이 절반 높이까지 차 있는 상태에서 A와 B는 물을 채우고 C와 D는 물을 뺄 경우 수조에 물이 가득 차는 데 걸리는 시간은?

① $\frac{15}{7}$분　　② $\frac{16}{7}$분　　③ $\frac{17}{7}$분
④ $\frac{18}{7}$분　　⑤ $\frac{19}{7}$분

05

어느 저수조에는 상시 일정한 양의 물이 흘러 들어가고 있다. 이 저수조에는 매분 300m³를 배수하는 펌프 A와 매분 200m³를 배수하는 펌프 B가 설치되어 있다. 만수가 되면 둘 중 하나의 펌프를 가동하고 수위가 1m 낮아지면 가동을 정지한다. 펌프가 가동을 시작하고 나서 정지하기까지 펌프 A는 40분, 펌프 B는 72분이 걸린다고 하면 이 저수조에 1분간 쌓이는 물의 양은 몇 m³인가?

① 60m³   ② 65m³   ③ 70m³
④ 75m³   ⑤ 80m³

06

유정이가 혼자 하면 A일, 세영이가 혼자 하면 B일이 걸리는 일이 있다. 유정이와 세영이가 함께 일을 시작하였으나, 중간에 세영이가 일을 그만두어 일이 모두 끝나기까지 15일이 걸렸다. 전체 일한 날 중 세영이가 일을 하지 않은 날은 며칠인가?

① $\left\{15-\dfrac{A(B-15)}{A}\right\}$ 일

② $\left\{15-\dfrac{B(A-15)}{A}\right\}$ 일

③ $\left(15-\dfrac{B-15}{AB}\right)$ 일

④ $\left(15-\dfrac{AB-15B}{AB}\right)$ 일

⑤ $\left\{15-\dfrac{B(A-15)}{2AB}\right\}$ 일

07

작업능률이 같은 펌프들로 다음과 같이 B 저수지의 물을 퍼낸다고 할 때, 펌프 12대로 물을 모두 퍼내는 데 걸리는 시간은? (단, 소수점 이하는 버린다)

- B 저수지에는 x톤의 물이 있다.
- 펌프 2대로 물을 모두 퍼내는 데 7분이 걸린다.
- 펌프 3대로 물을 모두 퍼내는 데 4분이 걸린다.
- 저수지에는 일정한 양의 물이 하천에서 흘러든다.

① 12초   ② 20초   ③ 25초
④ 35초   ⑤ 49초

08

항상 일정한 양의 물이 솟아나오는 우물이 있다. 4명이 이 우물의 물을 퍼 올리면 모두 다 퍼 올리는 데에는 30분이 걸리고, 8명이 퍼 올리면 10분이 걸린다. 이 우물의 물을 5분 만에 다 퍼 올리기 위해서는 몇 명이 필요한가?

① 12명   ② 13명   ③ 14명
④ 15명   ⑤ 16명

09

항상 일정한 비율로 물이 흘러 들어가는 탱크에 물이 쌓이고 있다. 동일한 성능을 가진 8대의 펌프로 이 물을 퍼 올리면 7분 만에 탱크를 비울 수 있고, 3대로는 21분이 걸린다. 이 물을 5분 만에 다 퍼 올리기 위해서는 펌프 몇 대가 필요한가?

① 9대   ② 10대   ③ 11대
④ 12대   ⑤ 13대

10

박 사원과 김 사원은 프로젝트를 마무리하고 다음 〈조건〉과 같이 보고서를 작성할 계획이다. 보고서가 완료되기 전까지 김 사원이 혼자 보고서를 작성하는 날은 모두 며칠인가? (단, 두 사원이 함께 보고서를 작성할 경우에는 각 사원의 작성량이 각각 반영된다)

조건

- 박 사원과 김 사원이 보고서를 작성한다.
- 박 사원이 혼자 보고서를 작성하는 경우 총 8일이 걸린다.
- 김 사원이 혼자 보고서를 작성하는 경우 총 14일이 걸린다.
- 처음 이틀 동안 박 사원과 김 사원이 함께 보고서를 작성하기 시작하고, 그 후 김 사원 혼자 이어서 보고서를 작성하다가 마지막 이틀은 두 사원이 함께 보고서를 마무리한다.
---

① 3일   ② 5일   ③ 7일
④ 9일   ⑤ 11일

11

어떤 물건을 A 컨베이어벨트로 옮기면 4시간, B 컨베이어벨트로 옮기면 10시간이 걸린다. B 컨베이어벨트로 3시간 동안 물건을 옮기고, 나머지는 A와 B 컨베이어벨트로 함께 옮겼다면 물건을 옮기는 데 걸린 시간은?

① 4시간   ② 5시간   ③ 6시간
④ 7시간   ⑤ 8시간

12

큰 수조에 수도꼭지 A, B, C로 식염수를 채워 넣으려고 한다. 수도꼭지 A에서는 4%의 식염수, 수도꼭지 B에서는 8%의 식염수, 수도꼭지 C에서는 16%의 식염수가 나오고 1t의 식염수를 흘려보내는 데 A, B, C 어느 수도꼭지에서도 24분이 걸린다. 2개의 수도꼭지를 일정 시간 동안 개방하여 10%의 식염수를 1t 만들려 할 때 한쪽의 수도꼭지의 사용법으로 옳은 것은?

① A를 18분간 개방한다.
② B를 6분간 개방한다.
③ B를 12분간 개방한다.
④ C를 6분간 개방한다.
⑤ C를 18분간 개방한다.

Mathematics

금액

유형 1 요금과 비용 계산

핵심 Check

❶ 할인율

- 100%=10할=1
- 10%=1할=0.1=$\frac{1}{10}$
- 1%=0.1할=0.01=$\frac{1}{100}$

❷ 판매가 계산

$$판매가=정가\times\left(1-\frac{할인율}{100}\right)$$

예 정가가 1,000원인 제품을 20% 할인한 금액은?

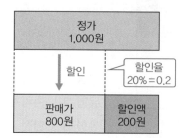

❸ 총액 계산

할인이 있는 그룹과 없는 그룹을 구분하여 계산한다.

$$총액=금액\times인원수$$

예 2,000원짜리 펜을 20% 할인된 가격에 12명이 살 때 총액은?

⇨ 할인된 금액=2,000×0.8
총액=금액×인원수=(2,000×0.8)×12
→ 순서대로 계산하면 1,600×12는 어렵지만 2,000×12×0.8로 순서를 바꾸면 24,000×0.8이 되어 간단하게 암산이 가능하다.

예제 01 ~ 02

입장료가 10,000원인 A 박물관은 30명을 넘는 단체에 한해 30명 초과 인원의 입장료를 1인당 20% 할인해준다. 이어지는 질문에 답하시오.

01. A 박물관에 55명이 방문했다면 입장료는 총 얼마인가?

① 440,000원   ② 460,000원   ③ 480,000원

④ 500,000원   ⑤ 520,000원

02. 어느 단체가 방문했을 때 입장료가 1인당 평균 8,500원이었다면 이 단체는 총 몇 명인가?

① 80명   ② 90명   ③ 100명

④ 110명   ⑤ 120명

☀️ **One Point Lesson**

• 단체 할인은 모든 경우에 적용되지 않음을 주의한다.
• 다음과 같은 순서로 풀면 좋다.
  1. 할인이 있는 그룹, 없는 그룹으로 나눈다.
  2. 그룹별 합계액을 낸다.
  3. 2.의 합계를 합한 금액이 요금의 총액이다.

테마
15
금액

01

| 정답 | ④

| 해설 | 먼저 할인이 없는 30명 그룹과 할인이 있는 초과 인원 25명 그룹으로 나눈다.

구분	1~30번째의 인원 30명	31~55번째의 인원 25명
입장료	10,000원	8,000원(10,000원×0.8)
합계액	300,000원(10,000원×30명)	200,000원(8,000원×25명)

> 55명에서 30명을 뺀 나머지 인원이다.

총액 500,000원

따라서 입장료는 총 500,000원이다.

02

| 정답 | ⑤

| 해설 | 단체의 인원 수를 x명이라 하면, 입장료의 총액은 $8,500x$원이고 정리하면 다음과 같다.

구분	1~30번째의 인원 30명	31~x번째의 인원 $(x-30)$명
입장료	10,000원	8,000원(10,000원×0.8)
합계액	300,000원(10,000원×30명)	$8,000 \times (x-30)$원

> x명에서 30명을 뺀 나머지 인원이다.

총액 = $8,500x$원

그룹별 합계액을 더하면 다음과 같은 식이 성립한다.

$300,000 + 8,000 \times (x-30) = 8,500x$ $\therefore x = 120$(명)

따라서 단체는 총 120명이다.

예제 03

R 물산에서 근무하는 갑동이의 작년 연봉은 3,000만 원이다. 연봉은 매년 15%가 인상되며 갑동이는 세금을 공제한 올해 연봉의 1.5%를 저축하기로 하였다. 올해 연봉에서 세금 지출이 3%라고 할 때, 갑동이가 올해 저축할 금액은 얼마인가? (단, 백의 자리 이하는 버린다)

① 502,000원　　　　　② 501,000원　　　　　③ 500,000원
④ 499,000원　　　　　⑤ 498,000원

|정답| ②

|해설| 연봉 인상률이 15%이므로 올해 갑동이의 연봉은 3,000×1.15 = 3,450(만 원)이다. 여기서 3%의 세금을 공제하면 34,500,000×(1−0.03) = 33,465,000(원)이 된다. 따라서 갑동이가 저축할 금액은 33,465,000×0.015 = 501,975(원)이며, 백의 자리 이하는 버린다고 했으므로 501,000원이 된다.

예제 04

물품구매를 담당하고 있는 김 대리는 흰색 A4 용지 50박스와 컬러 A4 용지 10박스를 구매하는 데 5,000원 할인 쿠폰을 사용해서 총 1,675,000원을 지출했다. 컬러 용지 한 박스의 단가가 흰색 용지 한 박스보다 2배 높았다면 흰색 A4 용지 한 박스의 단가는 얼마인가?

① 20,000원　　　　　② 22,000원　　　　　③ 24,000원
④ 26,000원　　　　　⑤ 28,000원

|정답| ③

|해설| 흰색 A4 용지 한 박스의 단가를 x원이라 하면, 컬러 A4 용지 한 박스의 단가는 $2x$원이므로 다음 식이 성립한다.

$(50 \times x) + (10 \times 2x) - 5,000 = 1,675,000$

$70x = 1,680,000$

$\therefore x = 24,000$(원)

따라서 흰색 A4 용지 한 박스의 단가는 24,000원이다.

예제 05

사내 비품 담당인 이 대리는 겨울을 대비해 가습기를 구매하려고 한다. A 업체는 구매 금액 1,000,000원당 50,000원을 할인해 주는 동시에 10대를 사면 1대를 무료로 주고, B 업체는 같은 가습기 9대를 사면 1대를 무료로 준다. 1대당 100,000원인 가습기 50대를 구매한다면 두 업체 중 어디에서 사는 것이 얼마나 저렴한가?

① A, 100,000원   ② B, 100,000원   ③ A, 200,000원

④ B, 200,000원   ⑤ A, 300,000원

테마 **15** 금액

| 정답 | ①

| 해설 | • A 업체에서 살 경우 : 46대를 사면 4대를 무료로 받아 50대가 되고, 46대의 가격이 4,600,000원이므로 200,000원을 할인받는다.
  $(100,000 \times 46) - (50,000 \times 4) = 4,400,000$(원)
• B 업체에서 살 경우 : 45대를 사면 5대를 무료로 받아 50대가 된다.
  $100,000 \times 45 = 4,500,000$(원)
따라서 A 업체에서 사는 것이 100,000원 더 저렴하다.

예제 06

A 마트는 Z 음료의 빈 캔을 4개 모으면 Z 음료 한 캔을 공짜로 준다고 한다. Z 음료 한 캔의 가격이 800원이라 할 때, Z 음료 100캔을 모을 수 있는 최소 금액은?

① 60,000원   ② 60,800원   ③ 61,600원

④ 62,400원   ⑤ 63,200원

> **학습 TIP**
>
> 4개의 빈 캔을 모을 때마다 1캔을 받으므로 4의 배수를 활용하고 공짜로 받은 캔도 교환할 수 있다는 것을 유의한다.

| 정답 | ②

| 해설 | 먼저 100캔을 받아야 하므로 4의 배수의 수에서 100캔에 근접한 수를 찾는다.
• 72캔을 구매한 경우 : 72+18+4+1=95
• 76캔을 구매한 경우 : 76+19+4+1=100
이를 통해 72 ~ 76캔 사이임을 알 수 있다.
• 73캔을 구매할 때 : 73+18+4+1+1=97
• 74캔을 구매할 때 : 74+18+4+1+1=98
• 75캔을 구매할 때 : 75+18+4+1+1=99
76캔을 구매하고 빈 캔을 모아 19캔을 받고 다시 빈 캔을 모아 4캔을 받고 다시 빈 캔을 모아 1캔을 받으면 총 100캔이다.
따라서 100캔을 모을 수 있는 최소 금액은 $76 \times 800 = 60,800$(원)이다.

빠른 풀이 비법

부가세 15%를 포함한 가격이 18,400원이므로 이 가격에 다시 1.15를 나누면 부가세가 없는 피자 가격을 알 수 있다.

예제 07

피자가게에서 부가세를 15%로 잘못 알아 피자 가격을 부가세 포함 18,400원으로 책정하였다. 부가세를 10%로 계산하면 부가세를 포함한 피자 가격은 얼마인가?

① 16,600원   ② 16,800원   ③ 17,600원

④ 17,800원   ⑤ 18,000원

| 정답 | ③

| 해설 | 부가세 15%를 포함하지 않은 원래의 피자 가격을 x원이라고 하면, 식은 다음과 같다.

$$x + \left(x \times \frac{15}{100} \right) = 18,400$$

$$1.15x = 18,400$$

$$x = 16,000(원)$$

따라서 부가세 10%를 포함한 피자의 가격은 $16,000 + \left(16,000 \times \frac{10}{100} \right) = 17,600(원)$이다.

예제 08

다음은 A가 다니고 있는 회사의 근속연수당 휴가지원금을 나타낸 것이다. 올해 입사한 신입사원 A가 7년간 이 회사에서 근무를 하고 매년 모든 휴가를 다 쓴다고 가정할 때, 받을 수 있는 휴가지원금의 총합은? (단, 신입사원의 휴가는 총 12일이고, 매년 1일씩 늘어난다고 가정한다)

근속연수	6년 미만	6년 이상 10년 미만	10년 이상 15년 미만	15년 이상 20년 미만	20년 이상
휴가 1일당 휴가지원금	70,000원	80,000원	90,000원	100,000원	120,000원

① 730만 원   ② 740만 원   ③ 750만 원

④ 760만 원   ⑤ 770만 원

| 정답 | ⑤

| 해설 | A가 7년간 이 회사에서 근무를 한다면 5년간 1일당 7만 원의 휴가지원금을 받고, 2년간 1일당 8만 원의 휴가지원금을 받는다. 따라서 휴가지원금의 총합은 $(12+13+14+15+16) \times 7 + (17+18) \times 8 = 770$(만 원)이다.

예제 09

연봉이 3,750만 원인 윤 사원은 매달 급여 실수령액의 10%를 적금으로 불입하려고 한다. 매달 세액 공제가 32만 원일 경우, 월 적금액은 얼마인가?

① 31,250원　　　　② 250,000원　　　　③ 275,000원

④ 280,500원　　　　⑤ 291,500원

| 정답 | ④

| 해설 | 연봉이 37,500,000원이므로 월 세전 수령액은 37,500,000÷12＝3,125,000(원)이 된다. 세액 공제가 320,000원이므로 3,125,000－320,000＝2,805,000(원)이 실수령액이 된다. 매달 실수령액의 10%가 적금액이 되므로 월 적금액은 2,805,000×0.1＝280,500(원)이 된다.

예제 10

P, Q, R은 1박 2일 여행 중이다. 3인의 기차 왕복 운임 360,000원은 P가 내고, 모든 식비 108,000원은 Q가, 숙박비 120,000원은 R이 지불했다. 이 여행비용을 3명이 똑같이 낼 때 Q와 R이 P에게 각각 a원, b원을 주면 모두 정산된다. a, b는 각각 얼마인가?

	a	b		a	b
①	88,000원	76,000원	②	89,000원	74,000원
③	92,000원	72,000원	④	94,000원	70,000원
⑤	96,000원	68,000원			

해결 전략

1단계 총 비용을 계산한다.

↓

2단계 1인당 부담해야 할 금액을 계산한다.

↓

3단계 개인이 지불한 금액을 정리하여, 1인당 부담 금액과 같아지도록 조정한다.

| 정답 | ①

| 해설 | 1. 총 여행비용을 계산해서 1인당 부담 금액을 확인한다.
　• [총 여행비용] : 360,000(차비)＋108,000(식비)＋120,000(숙박비)＝588,000(원)
　• [1인당 금액] : 588,000÷3＝196,000(원)
2. 각각 지불한 금액을 정리한다.
　• P : 360,000원(차비)　　• Q : 108,000원(식비)　　• R : 120,000원(숙박비)
3. 각각의 낸 금액이 196,000원이 되도록 조정한다.
　• P : 360,000－196,000＝164,000(원)
　• Q : 108,000－196,000＝－88,000(원)
　• R : 120,000－196,000＝－76,000(원)
　－는 지불해야 하는 금액이다.
따라서 Q와 R이 P에게 각각 88,000원, 76,000원을 주어야 한다.

요금과 비용 계산 공략

정답과 해설 119쪽

01. A 사원은 주주총회에 참석자들을 위한 다과를 준비하였다. A 사원이 준비한 내용이 다음과 같을 때, 과자는 한 상자에 얼마인가?

- 총회에 참석하는 인원은 15명이다.
- 다과는 1인당 물 1병과 음료 1병, 과자 2개, 약간의 과일을 준비한다.
- 물은 1병에 600원, 음료는 1병에 1,400원이고, 과자는 한 상자에 10개가 들어 있다.
- 여분으로 5명의 분량을 추가로 준비하였다.
- 과일을 준비하는 데에는 17,000원을 지출하였고, 다과 비용으로 총 75,000원을 지출하였다.

① 450원 　　　　② 700원 　　　　③ 4,500원

④ 9,000원 　　　　⑤ 45,000원

02. A 폐수 처리장에서는 폐수를 정화할 때 초기 비용보다 어느 정도 정화된 후 더 많은 비용이 들어간다. 폐수 1톤을 x% 정화시키는 데 들어가는 비용이 y만 원일 때 다음 관계식이 성립한다. 이 폐수 처리장에서 80% 정화된 폐수 1톤을 90% 정화시킬 때 발생하는 추가 비용은 얼마인가? (단, $0 \leq x < 100$이다)

$$y = \frac{5x}{100 - x}$$

① 20만 원 　　　　② 25만 원 　　　　③ 30만 원

④ 35만 원 　　　　⑤ 40만 원

03. 캠페인을 준비 중인 ○○기업홍보팀에서 캠페인 참여자들에게 나누어 줄 선물로 핫팩 4개, 기념볼펜 1개, 배지 2개가 1세트인 기념품 125세트를 준비하고 있다. 총 예산은 490,000원이고, 핫팩은 한 상자에 16개씩 들어있다고 할 때, 핫팩 한 상자는 얼마인가? (단, 핫팩은 상자로만 구매 가능하며 예산은 낭비 없이 전부 사용되었다)

구분	가격(개당)
기념볼펜	800원
배지	600원

① 7,000원   ② 7,200원   ③ 7,500원

④ 7,800원   ⑤ 8,000원

테마
15
금액

04. 가격표를 참고할 때 다음 중 10만 원으로 가장 많은 인원이 식사할 수 있는 메뉴 조합은?

구분		단가(원)	비고
버거	치즈버거	2,000	
	비프버거	3,500	20개 이상 구매 시 2개 무료
	치킨버거	3,000	30개 이상 구매 시 1개 무료
음료	콜라	1,000	
	사이다	1,000	
	우유	1,500	
	커피	1,200	

※ 모든 사람이 버거 1개, 음료 1개를 구매한다.

① 치즈버거, 우유   ② 비프버거, 콜라   ③ 치킨버거, 사이다

④ 비프버거, 커피   ⑤ 치킨버거, 우유

> **학습 TIP**
>
> 답은 선택지 내에서 찾는 것이므로 전체 메뉴 조합의 가격을 계산하지 않고 선택지에 제시된 메뉴 조합의 가격을 계산하여 시간을 단축한다.

05. 다음은 ○○공단 여비규칙의 일부이다. K 차장이 서울에서 도쿄로 전근명령을 받아 25m³의 이사화물을 $3,000를 주고 이전한 경우, K 차장이 지급받을 수 있는 국외 화물 운송비는 얼마인가? (단, 이사화물의 부피당 단가는 동일하다고 가정한다)

〈국외 화물 운송비〉
• 지급대상 : 외국으로 부임하는 직원
• 지급기준 : 국외 화물 운송비는 다음의 이전비 지급기준표에 따라 실비로 지급한다.

지급기준	지급액
15m³ 이하의 이사화물	실비
15m³ 초과의 이사화물	15m³의 이사화물에 해당하는 이전비의 실비에 15m³ 초과 25m³ 이하의 이사화물에 해당하는 이전비 실비의 50%를 더한 금액

① $1,800   ② $2,400   ③ $2,600
④ $2,800   ⑤ $3,000

06. 강아무개 씨의 〈여행기〉에 따르면 총 경비는 얼마이며 휘발유는 몇 리터(L) 넣었는가? (단, 휘발유 단가는 리터당 1,510원이다)

〈여행기〉
    강아무개 씨는 강원도 속초로 겨울 여행을 떠나기로 했다. 먼저 주유소에서 휘발유를 가득 채우니 67,950원이 나와 카드로 결제하고 겨울 여행을 시작하였다. 올림픽대로를 타고 서울-양양고속도로를 지나(통행료 12,100원 지불) 동해고속도로(삼척-속초)를 이용하여 2시간 15분만에 속초시 대포항에 도착했다. 점심때라 횟집에서 점심을 먹고, 식비로 43,500원을 지불하였다. 그 다음으로 낙산사를 찾아 의상대에서 시원한 겨울 바다를 구경하고, 동해안 길을 따라 드라이브도 즐긴 후 밤늦게 집에 도착했다. 짧았지만 꽤 즐거운 여행이었다.

① 134,650원, 40L   ② 135,650원, 45L   ③ 134,650원, 50L
④ 136,650원, 45L   ⑤ 135,650원, 40L

[07 ~ 08] 부동산을 매매, 상속 등의 방법으로 취득하는 사람은 취득세, 농어촌특별세, 등록세, 지방교육세를 납부하여야 한다고 할 때 이어지는 질문에 답하시오.

> 학습 TIP <

상속과 매매의 세율이 다르므로 문제별 달라지는 상황과 조건에 유의한다.

테마
15
금액

〈부동산 취득 시 납부하여야 할 세금의 산출 방법〉

• 취득세는 부동산 취득가격에 2%의 세율을 곱하여 산정한다. 다만, 자경농민이 농지를 상속으로 취득하는 경우에는 취득세가 비과세된다. 그리고 농어촌특별세는 결정된 취득세에 10%의 세율을 곱하여 산정한다.

• 등록세는 부동산 취득가격에 0.8%의 세율을 곱하여 산정한다. 다만, 자경농민이 농지를 취득할 때 등록세의 세율은 상속의 경우 취득가액의 0.3%, 매매의 경우 1%이다. 그리고 지방교육세는 결정된 등록세액에 20%의 세율을 곱하여 산정한다.

• 부동산 취득가격은 취득자가 신고한 가액과 공시지가(시가 표준액) 중 큰 금액으로 하며, 신고 또는 신고가액의 표시가 없는 때에는 공시지가를 과세표준으로 한다.

---

07. 주택 매매 가격이 4억 원이고 공시지가는 5억 원이라고 할 때, 납부해야 하는 세금은 얼마인가?

① 15,800,000원   ② 16,000,000원   ③ 16,200,000원
④ 16,400,000원   ⑤ 16,600,000원

08. 자경농민이 공시지가 2억 5천만 원인 농지를 상속받아 주변 농지의 시가인 3억 원으로 신고한 경우 납부해야 할 세금은 얼마인가?

① 1,040,000원   ② 1,080,000원   ③ 1,120,000원
④ 1,140,000원   ⑤ 1,160,000원

09. 소득월액보험료는 연간 소득 중 3,400만 원을 초과하는 금액의 6%이며 이를 월 분납한다. A의 연간 소득이 1월 1일 현재 5,000만 원이고 1월 1일마다 500만 원씩 인상될 때 A가 향후 2년간 납부해야 하는 총 소득월액보험료는 얼마인가?

① 220만 원   ② 222만 원   ③ 224만 원

④ 226만 원   ⑤ 228만 원

해결 전략

  1단계

구매하는 상품의 세트 내 개수를 확인하여 구매해야 하는 세트 수를 파악한다.

2단계

상품별 구매 개수는 동일하므로 각 마트의 가격에 따라 계산한다.

  3단계

비고에 부합하는 경우 할인을 반영하여 계산한다.

10. 예산 17만 원으로 사과맛 쿠키 20봉지, 막대 과자 30봉지, 이온 음료 15병, 비타민 음료 15병, 샌드위치 40개를 구매하고자 할 때, 가장 저렴한 마트와 구입 비용이 바르게 짝지어진 것은? (단, 반드시 하나의 마트에서 모든 물건을 구매하고 세트 상품은 낱개로 구매할 수 없다)

구분		A 마트 가격(원)	B 마트 가격(원)
과자	사과맛 쿠키 10봉지	13,000	12,000
	막대 과자 20봉지	14,000	15,000
	초콜릿 쿠키 10봉지	12,000	11,000
음료	이온 음료 15병	14,000	22,000
	비타민 음료 15병	21,000	23,000
샌드위치 20개		42,000	46,000
비고		10만 원 이상 구매 시 5% 할인	12만 원 이상 구매 시 8% 할인

① A 마트 - 161,500원   ② A 마트 - 164,350원

③ B 마트 - 161,000원   ④ B 마트 - 164,450원

⑤ B 마트 - 165,720원

11. 다음과 같은 상황에서 C 농장이 내야 하는 비용의 총액은?

사과농장	A	B	C	D
수확량(개)	26,000	28,000	20,000	27,000

- 농장당 사과 할당량 : 25,000개
- C 농장은 부족한 할당량을 다른 농장들의 여유분에서 구입하여 충당
- B 농장에서 3,000개 중 양호한 상태의 사과를 개당 2,000원에 구입(불량률 15%)
- D 농장에서 2,000개 중 양호한 상태의 사과를 개당 2,500원에 구입(불량률 10%)
- B와 D 농장에서 구입한 후 모자란 양만큼을 A 농장에서 개당 3,000원에 구입 (단, A 농장의 사과는 모두 양호하다)

① 1,155만 원 ② 1,185만 원 ③ 1,215만 원
④ 1,245만 원 ⑤ 1,275만 원

12. 어느 공장에서 사용하던 A 기계 50대 중 16대를 B 기계로 교체한다. 다음 자료로 판단할 때, 기계 교체 전후의 1일 손실액 차이는?

구분	A	B
1대당 하루 생산량(개)	5,000	8,500
불량률(%)	2	1
불량품 1개당 손실액(원)	6,000	7,000

① 80,000원 ② 80,500원 ③ 81,000원
④ 81,500원 ⑤ 82,000원

테마 15 금액

13. P 사원은 업무상 울산→대전→서울을 경유해서 울산으로 돌아오려고 한다. 영업경비 중 유류비를 청구하려고 할 때 다음과 같은 조건이라면 청구하는 유류비는 얼마인가?

- 총 운행거리 : 770km
- 연비 : 리터당 14km
- 휘발유 가격 : 리터당 1,600원

---

① 80,000원   ② 84,000원   ③ 88,000원

④ 92,000원   ⑤ 96,000원

14. 신성장사업처에서는 A 업체로부터 커피머신을 대여하면서 매월 필요한 커피 재료를 구입하는 대신 커피머신은 대여료 없이 공짜로 이용하기로 하였다. 매월 커피머신을 이용함으로써 들어가는 비용은?

〈커피 재료비〉

1. 아메리카노 전용(원두 500g) : 기본 가격 9,000원
2. 카페라떼 추가형(원두 500g+기타 재료) : 기본 가격에서 4,000원 추가

부서	커피머신 종류	월 원두 사용량
정보통신기획팀	아메리카노 전용	2kg
광대역통신망팀	아메리카노 전용	4kg
전력통신팀	카페라떼 추가형	3kg
전력ITS팀	카페라떼 추가형	2kg

① 212,000원   ② 238,000원   ③ 274,000원

④ 297,000원   ⑤ 312,000원

15. ○○기업의 회사 차량 관리 담당 김 대리는 비용절감을 위해 회사 근처 두 주유소의 가격을 비교하여 더 저렴한 곳에서 주유하려고 한다. 주유하면서 세차도 함께 하려고 한다면 몇 리터(L)를 주유할 때 A 주유소를 이용하는 것이 더 이득인가? (단, 주유는 L 단위로 한다)

〈주유소 가격 정보〉

구분	리터(L)당 가격	세차비
A 주유소	1,550원	3천 원(5만 원 이상 주유 시 무료)
B 주유소	1,500원	3천 원(7만 원 이상 주유 시 무료)

① 32L 이상, 45L 이하 ② 33L 이상, 46L 이하

③ 33L 이상, 47L 이하 ④ 33L 이상, 48L 이하

⑤ 33L 이상, 60L 이하

16. A 씨는 아내, 두 자녀와 함께 왕복으로 KTX를 타고 서울에서 부산으로 여행을 다녀오려고 한다. 다음을 통해 예상되는 A 씨 가족의 총 KTX 비용은 얼마인가?

조건

• 아들 : 만 6세
• 딸 : 만 3세
• 딸이 서울에서 부산으로 갈 때는 아빠 무릎에 앉아서 가고, 부산에서 서울로 갈 때는 좌석을 지정해서 간다.

자료

〈KTX 구간별 요금표〉

서울－부산 : 59,800원

* 만 4세 미만 : 어른 요금의 75% 할인
* 만 4 ~ 6세 : 어른 요금의 50% 할인
* 만 4세 미만의 경우 별도로 표를 구매하지 않고 보호자와 함께 동승할 수 있음.

① 335,500원 ② 331,550원 ③ 318,700원

④ 313,950원 ⑤ 313,500원

해결 전략

1단계
(어른 요금의 75% 할인)
=(어른 요금의 25%),
(어른 요금의 50% 할인)
=(어른 요금의 50%)이다.

2단계
딸의 경우 서울로 갈 때에만 요금이 부과된다.

테마 **15** 금액

17. 다음을 참고할 때, 유치원생 자녀 교육비가 250만 원이고 근로자 본인의 교육비 200만 원 중 직장에서 받은 비과세 학자금이 100만 원인 경우의 교육비 세액공제 대상액은 얼마인가?

〈국내 교육비 공제〉

• 교육비의 15%에 해당하는 금액을 근로소득세를 계산(연말정산)할 때 종합소득 산출세액에서 공제해 줍니다.

• 공제대상이 되는 교육비는 근로자 본인과 배우자 · 직계비속 · 형제자매를 위해 교육기관에 낸 입학금 및 수업료와 기타 공납금, 보육비용 등과 근로자 본인의 학자금대출 원리금 상환액입니다.

• 세액공제 대상 한도액

본인	직계비속 등	
전액 (직장에서 보조받은 비과세되는 학자금은 제외)	영유아 · 유치원생 · 취학 전 아동	1인당 300만 원
	초 · 중 · 고등학생	1인당 300만 원
	대학생	1인당 900만 원
	장애인 특수교육비	전액

---

① 250만 원 ② 300만 원 ③ 350만 원

④ 400만 원 ⑤ 450만 원

18. 다음은 ○○생명의 본인부담금에 관한 자료이다. 환자들의 본인부담금 총액은?

〈건강 병동〉

101호(4인실)	102호(6인실)	103호(4인실)	201호(격리실)
A(3일)	J(2일)	N(5일)	H(14일)
K(1일)	L(12일)	B(4일)	
D(4일)	F(5일)	C(2일)	
	E(3일)	G(6일)	
	M(4일)		

〈건강 병동 입원 비용〉

구분	101호	102호	103호	201호	1일 식비
비용(원/일)	50,000	10,000	30,000	100,000	10,000

※ 본인부담금＝(입원비 총액×20%)＋(식비 총액×50%)

　(단, 4인실의 경우에는 입원비 총액 중 100분의 30으로 하고, 격리 입원에 대해서는 100분의 10으로 한다)

① 790,000원　　　　② 795,000원　　　　③ 816,000원

④ 839,000원　　　　⑤ 895,000원

유형 2 손익계산

핵심 Check

① 정가 · 이익

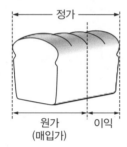

- 정가=원가+이익

- 정가=원가$\times\left(1+\dfrac{\text{이익률}}{100}\right)$

- 이익=원가$\times\dfrac{\text{이익률}}{100}$

② 할인

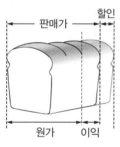

- 할인율(%)=$\dfrac{\text{정가}-\text{할인가(판매가)}}{\text{정가}}\times100$

- 할인가=정가$\times\left(1-\dfrac{\text{할인율}}{100}\right)$=정가$-$할인액

③ 풀이 방법

(1) 정가가 원가보다 a원 비싸다. → 정가=원가+a

(2) 정가가 원가보다 b% 비싸다. → 정가=원가$\times\left(1+\dfrac{b}{100}\right)$

(3) 판매가가 정가보다 c원 싸다. → 판매가=정가$-c$

(4) 판매가가 정가보다 d% 싸다. → 판매가=정가$\times\left(1-\dfrac{d}{100}\right)$

④ 풀이 순서

(1) 원가, 정가, 판매가, 이익의 4항목을 정리한다.

(2) 구하는 값을 x로 하고 다음 형태로 식을 만든다.

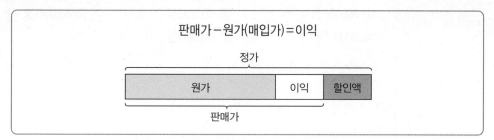

예 어떤 가게에서 물건을 정가의 2할 할인해서 팔아도 원가의 1할에 해당하는 이익을 얻을 수 있도록 정가를 정했다. 정가 4,400원인 물건의 경우 원가는 얼마인가?

⇨ 정가 4,400원인 물건을 2할 할인

⇨ 할인해서 팔았을 때의 이익은 원가의 1할, 즉 원가에 원가의 1할을 더하면 판매가가 된다.

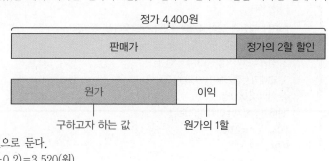

⇨ 원가를 x원으로 둔다.

$4,400 \times (1-0.2) = 3,520$(원)

$x \times (1+0.1) = 3,520$

$x = 3,200$(원)

> 학습 TIP <

할은 소수 첫째 자리, 푼은 소수 둘째 자리, 리는 소수 셋째 자리를 이른다.
예) 5할 = 0.5
0.74% = 7할4푼

예제 01

원가에 3할의 이익을 붙여 정가를 책정하였다. 그러나 생각보다 잘 팔리지 않아 정가의 20%를 할인해서 팔았고 이때의 이익은 2,000원이었다. 원가는 얼마인가?

① 32,000원　　　　　② 40,000원　　　　　③ 46,000원

④ 50,000원　　　　　⑤ 52,000원

|정답| ④

|해설| 다음과 같이 4개의 4항목으로 정리할 수 있다.

1. 구하고자 하는 원가를 x원으로 둔다.　　⇨ 원가 x원
2. 정가=원가×(1+0.3)=x×1.3　　⇨ 정가 1.3x원
3. 판매가=정가×(1-0.2)=1.3x×0.8　　⇨ 판매가 1.04x원
4. 이익 2,000원　　⇨ 이익 2,000원

'판매가-원가=이익'이므로

$1.04x - x = 2,000$

$0.04x = 2,000$

$\therefore x = 50,000$(원)

따라서 원가는 50,000원이다.

(보충 플러스)

원가와 이익률과 정가, 정가와 할인율의 관계를 확인한다.

• 원가 100원의 상품으로 3할(30%)의 이익을 얻는 정가는 130원

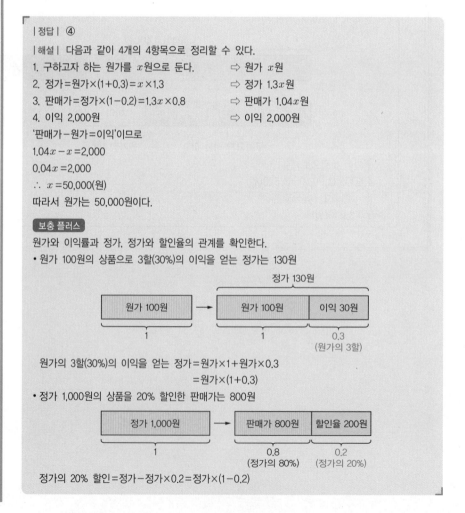

원가의 3할(30%)의 이익을 얻는 정가=원가×1+원가×0.3
　　　　　　　　　　　　　　=원가×(1+0.3)

• 정가 1,000원의 상품을 20% 할인한 판매가는 800원

정가의 20% 할인=정가-정가×0.2=정가×(1-0.2)

예제 02

꽃가게를 운영하는 지영은 장미 한 다발에 원가 35%의 이익을 붙여 정가를 책정하였다. 이를 정기 세일기간에 20%를 할인하여 판매하였더니 이익이 2,000원 이상 남았다. 장미 한 다발에 대한 원가의 최솟값은 얼마인가?

① 20,000원   ② 22,000원   ③ 23,000원
④ 25,000원   ⑤ 27,000원

테마
15
금액

| 정답 | ④
| 해설 | 장미 한 다발의 원가를 x원이라 하면 다음과 같은 식이 성립한다.
$x \times (1+0.35) \times (1-0.2) - x \geq 2,000$
$0.08x \geq 2,000$
$x \geq 25,000$
따라서 최솟값은 25,000원이다.

예제 03

정가가 30,000원인 신발은 30% 할인된 가격으로 구입하고, 정가가 x원인 옷은 20% 할인된 가격으로 구입해서 총 125,000원을 지불하였다. 할인 전 신발과 옷의 총 금액은 얼마인가?

① 130,000원   ② 151,000원   ③ 160,000원
④ 170,000원   ⑤ 180,000원

| 정답 | ③
| 해설 | 신발은 30% 할인된 가격인 $30,000 \times 0.7 = 21,000$(원)에 구입하였으므로 옷은 $125,000 - 21,000 = 104,000$(원)에 구입한 것이다.
104,000원은 정가에 20% 할인된 가격이므로
$0.8x = 104,000$
$x = 130,000$(원)
따라서 할인 전 신발과 옷의 총 금액은 $30,000 + 130,000 = 160,000$(원)이다.

예제 04

어느 백화점에서 바겐세일 기간에 20% 할인해서 팔던 가방을 이월 상품 정리 기간에 할인가의 5%를 추가로 할인해서 팔기로 하였다면 이 가방은 원래 가격에서 얼마나 할인된 가격으로 팔리는 것인가?

① 24%   ② 25%   ③ 26%

④ 27%   ⑤ 29%

|정답| ①

|해설| 가방의 원래 가격을 x원이라 하면,
- 바겐세일 기간에 판매한 가격 : $x-(x\times0.2)=0.8x$
- 이월 상품 정리 기간에 판매할 가격 : $0.8x-(0.8x\times0.05)=0.76x$

따라서 원래 가격에서 $1-0.76=0.24$, 즉 24% 할인된 가격으로 판매되는 것이다.

예제 05

> **학습 TIP**
>
> 원가의 30%를 계산한 후 '판매가－원가＝이익'을 활용하여 할인 판매가를 구할 수도 있다.

원가가 2,000원인 상품에 50%의 이익을 붙여 정가를 매겼는데 잘 팔리지 않아 할인하여 팔았더니 원가의 30%가 이익으로 남았다. 할인한 금액은 얼마인가?

① 200원   ② 400원   ③ 600원

④ 800원   ⑤ 900원

|정답| ②

|해설| • 정가 : $2,000+(2,000\times0.5)=3,000$(원)
• 할인 판매가 : $2,000+(2,000\times0.3)=2,600$(원)

따라서 할인한 금액은 400원이다.

예제 06

제주도에서 감귤농장을 운영하는 A 씨는 2020년과 2019년의 판매량 및 이익을 비교해 보고 있다. 2019년에 비해 2020년에 모든 항목이 10% 증가하였다면 2019년 대비 2020년의 이익은 얼마나 늘었는가?

〈2019년 감귤농장 판매 현황〉

판매상자 수	판매가격(상자당)	총 생산비용
1,600개	32,000원	27,560,000원

① 7,546,000원   ② 7,685,000원   ③ 7,794,000원

④ 7,845,000원   ⑤ 7,996,000원

| 정답 | ⑤

| 해설 | 모든 항목이 10% 증가하였기 때문에 2020년의 항목을 표로 나타내면 다음과 같다.

〈2020년 감귤농장 판매 현황〉

판매상자 수	판매가격(상자당)	총 생산비용
1,760개	35,200원	30,316,000원

2019년의 이익을 계산하면 $1,600 \times 32,000 - 27,560,000 = 23,640,000$(원)
2020년의 이익을 계산하면 $1,760 \times 35,200 - 30,316,000 = 31,636,000$(원)
따라서 늘어난 이익은 총 7,996,000원이다.

예제 07

원가가 2만 원인 물건을 12개 팔아서 6만 원의 이익을 얻기 위해서는 원가에 몇 % 이익을 붙여 정가를 매기면 되는가?

① 22%   ② 23%   ③ 24%

④ 25%   ⑤ 27%

| 정답 | ④

| 해설 | 원가에 x%의 이익을 붙여 정가를 매긴다고 하면 다음과 같은 식이 성립한다.

$20,000 \times \dfrac{x}{100} \times 12 = 60,000$

$\dfrac{x}{100} = 0.25$ ∴ $x = 25$(%)

따라서 원가에 25%의 이익을 붙여야 한다.

⚡ One Point Lesson

이익률(%)＝상품의 개당 이익 금액÷상품의 개당 원가×100

테마 **15** 금액

손익계산 공략

정답과 해설 122 쪽

01. 김 씨는 원가가 83,000원인 A 제품의 인기가 좋을 것이라고 판단하여 60%의 이익을 더해 정가를 붙였다. 그러나 예상했던 바와 달리 A 제품이 잘 팔리지 않아 다시 정가에서 30%를 할인한 가격으로 판매하려고 한다면 김 씨가 얻을 개당 이익은 얼마나 줄어드는가?

① 35,720원   ② 39,840원   ③ 40,380원

④ 41,320원   ⑤ 42,820원

02. 어떤 제품을 정가에서 20% 할인하여 팔아도 원가의 20%만큼 이득을 보려고 한다. 원가에 몇 %의 이익을 덧붙여 정가를 책정해야 하는가?

① 30%   ② 40%   ③ 50%

④ 60%   ⑤ 70%

해결 전략

1단계
발생비용과 판매가를 미지수로 둔다.

2단계
제시된 판매량과 이익의 관계를 파악하여 식을 세운다.

3단계
미지수가 2개 이상일 경우, 문제에서 요구하는 답이 무엇인지 유의해야 한다.

03. 1개의 목걸이를 만들 때마다 P원의 비용이 발생한다. 목걸이 5개를 만들어 모두 판매하면 6천 원의 이익이 발생하지만, 5개를 만들어 4개만 판매할 경우에는 1천 원의 이익이 발생한다. 목걸이 하나를 만들 때 발생하는 비용 P는 얼마인가?

① 2,200원   ② 3,000원   ③ 3,800원

④ 4,600원   ⑤ 5,000원

04. 작년에 출시한 한 상품의 정가는 96,000원이고 이 제품을 한 개 판매할 때마다 20%의 이익을 보았다. 그런데 올해에는 생산 효율에 따른 비용의 절감으로 기존의 원가를 60,000원으로 낮추어 판매해야 한다고 할 때, 이 상품의 원가 할인율은 얼마인가?

① 15%　　　　　　② 20%　　　　　　③ 25%

④ 30%　　　　　　⑤ 35%

테마
15
금액

05. A사에서는 새 시즌을 맞이하여 커플 운동화를 세트 상품으로 판매하고 있는데, 남성 운동화의 정가는 원가의 20%를 더한 금액으로, 여성 운동화의 정가는 원가의 10%를 손해 보는 금액으로 책정하였다. 세트 운동화의 실제 판매가격이 192,000원이고 여성 운동화의 원가가 42,000원이라고 할 때, 남성 운동화의 원가는 얼마인가?

① 115,600원　　　　② 128,500원　　　　③ 129,800원

④ 130,200원　　　　⑤ 132,400원

06. 1개에 4,000원을 주고 구입한 상품 200개에 매입가의 20%를 더해 정가를 책정하여 팔았다. 전체의 $\frac{3}{4}$이 팔렸고, 남은 것을 정가의 75%를 할인한 가격에 팔아 처분하였다면 손실은 얼마인가?

① 12,000원　　　　② 16,000원　　　　③ 20,000원

④ 26,000원　　　　⑤ 30,000원

> 학습 TIP
>
> 이익과 손실에 대해서 생각해 봐야 하는 문제이다.

07. A 상품의 가격은 B 상품의 3배이다. A 상품의 가격을 20% 할인하고, B 상품의 가격을 A 상품이 할인된 가격만큼 올려 판매하였더니 A 상품의 가격이 B 상품보다 12,000원 비쌌다. 현재 판매되고 있는 A 상품의 가격은 얼마인가?

① 32,000원　　　　　② 36,000원　　　　　③ 38,000원
④ 42,000원　　　　　⑤ 45,000원

08. 어떤 상품의 원가에 40%의 이익을 붙여 정가로 팔다가 세일 기간에 정가의 15%를 할인하여 팔았더니 2,660원의 이익을 보았다. 이 상품을 정가로 팔았을 때의 이익은?

① 5,000원　　　　　② 5,300원　　　　　③ 5,600원
④ 6,000원　　　　　⑤ 6,400원

09. 김새롬 씨는 오늘 벼룩시장에서 생활용품을 판매했다. 오늘의 판매 물품과 판매 내용이 다음과 같을 때, 새롬 씨가 판 물건의 총이익률은?

- 오늘 판매한 수제 캔들은 24개, 수제 비누는 40개이다.
- 수제 캔들의 원가는 900원이고, 판매가는 3,000원이다.
- 수제 비누의 원가는 1,200원이고, 판매가는 4,000원이다.
- 총이익률은 $\dfrac{\text{매출 총이익}}{\text{총매출액}} \times 100$, 매출 총이익은 총매출액 − 총매출원가이다.

① 2%　　　　　② 21%　　　　　③ 39%
④ 70%　　　　　⑤ 82%

10. 재인이는 인터넷 쇼핑몰에서 가습기와 서랍장을 하나씩 구매하여 총 183,520 원을 지불하였다. 이때 가습기는 정가의 15%를, 서랍장은 정가의 25%를 할인 받아 평균 20%의 할인을 받고 구매한 것이라면 가습기의 정가는 얼마인가?

① 89,500원　　　　　② 92,100원　　　　　③ 106,300원

④ 114,700원　　　　　⑤ 139,500원

해결 전략

1단계
가습기, 서랍장 각각 할인 받은 경우의 식을 정리한다.

↓

2단계
평균 할인을 받은 경우의 식을 정리한다.

↓

3단계
두 식을 연립하여 x의 값을 구한 후 1단계 식에 대입한다.

테마
15
금액

11. 어느 장난감 가게에서 어린이들에게 가장 인기가 좋은 A 제품을 3일간 할인하여 판매하기로 하였다. 다음을 바탕으로 할 때 A 제품의 할인판매가는 얼마인가?

- A 제품의 정가는 원가의 10% 마진을 붙여 책정하였다.
- A 제품의 할인판매가는 정가보다 2,000원 저렴하다.
- 할인판매 시 제품을 1개 판매할 때마다 1,000원의 이익을 얻을 수 있다.

---

① 29,000원　　　　　② 30,000원　　　　　③ 31,000원

④ 32,000원　　　　　⑤ 33,000원

12. 혜정이는 15% 할인된 가격으로 구매한 10만 원짜리 백화점 상품권으로 40% 할인행사를 하고 있는 정가 12만 원짜리 구두를 구입하였다. 구두를 구매한 금액은 기존 할인율에서 몇 %를 더 할인받은 가격인가? (단, 소수점 아래 첫째 자리에서 반올림하며, 상품권을 사용하고 남은 금액은 현금으로 돌려받는다)

① 7%　　　　　② 9%　　　　　③ 11%

④ 12%　　　　　⑤ 13%

One Point Lesson

상품권을 사용하고 남은 금액을 제외하여 실제 구입가격을 파악해야 한다.

13. 원가가 1,300원인 제품에 300원의 이익을 남겨 700개를 판매하였다. 100개당 2개의 불량품이 나온다고 할 때 최종 이익은 얼마인가? (단, 불량품은 모든 판매가 끝난 후에 일괄적으로 환불하는 것으로 한다)

① 187,600원   ② 191,400원   ③ 196,500원
④ 201,600원   ⑤ 220,000원

14. 다음 A 상품과 B 상품의 재고를 모두 판매했을 때 할인 판매할 경우와 정상 판매할 경우의 매출액 차이는 얼마인가?

- A 상품과 B 상품의 재고는 각각 60개씩이다.
- 정상 판매 시, A 상품은 2개에 35,000원, B 상품은 3개에 55,000원에 판매되었다.
- 할인 판매 시, A 상품과 B 상품 모두 5개에 80,000원에 판매할 예정이다.

---

① 210,000원   ② 220,000원   ③ 230,000원
④ 240,000원   ⑤ 250,000원

15. 어느 공연의 R석 티켓 가격은 8만 8천 원이고, S석 티켓 가격은 5만 5천 원이다. 이 공연에 학생 할인이 적용될 때, 할인율이 몇 % 이상이어야 학생이 S석 일반 가격보다 저렴하게 R석에서 공연을 볼 수 있는가? (단, 할인율 a%에서 a는 자연수이다)

① 37%   ② 38%   ③ 39%
④ 40%   ⑤ 41%

16. 개당 재료비가 5만 원인 상품을 50개 만들어 10%의 이윤을 남기고 판매하려고 하였으나 구입한 재료 일부가 손상되어 20개만 만들 수 있게 되었다. 50개를 만들어서 판매하였을 때의 이윤과 같은 이윤을 남기려고 한다면 20개를 팔 때 몇 %의 이윤을 남기도록 가격을 책정해야 하는가?

① 15%　　　　　② 20%　　　　　③ 25%

④ 30%　　　　　⑤ 35%

17. 최신형 노트북을 개발한 □□전자는 생산설비를 구축하고 제품 생산을 시작하였다. □□전자가 들인 생산 비용과 정가가 다음과 같을 때, 손익분기점에 해당하는 이 최신형 노트북의 판매 대수는?

> **학습 TIP**
>
> 제작비용과 판매가격이 같아질 때의 판매 대수를 계산한다.

생산 비용	정가
생산설비 : 220,000,000원	노트북 : 1대당 2,000,000원
인건비 : 115,100,000원	
기타 제반 비용 : 32,100,000원	

※ 단, 현재 프로모션으로 노트북 정가의 15%를 할인하여 판매함.

① 108대　　　　　② 216대　　　　　③ 432대

④ 2,160대　　　　⑤ 4,320대

18. 원가가 2,000원인 어떤 상품에 일정액의 이익을 더하여 정가를 매겼는데, 조금 비싼 것 같아서 책정했던 정가의 20%를 할인하여 판매하였다. 100개의 상품을 판매하여 3,000원의 수익을 거두었을 때, 이 상품의 정가는? (단, 소수점 아래 첫째 자리에서 반올림한다)

① 2,538원　　　　② 2,575원　　　　③ 2,830원

④ 2,950원　　　　⑤ 3,150원

유형 3 환전

핵심 Check

1 용어의 개념

(1) **환전** : 돈을 다른 나라 돈으로 바꾸는 것
(2) **환율** : 돈과 돈을 바꿀 때 교환하는 비율

> **예** 환율이 1,100원/달러인 경우, 1달러를 환전하려면 1,100원이 필요하다.

(3) **환차손** : 외화자산이나 부채를 보유한 상황에서 환율 변동에 따라 손실이 발생한 경우
(4) **환차익** : 외화자산이나 부채를 보유한 상황에서 환율 변동에 따라 이익이 발생한 경우

2 환율 변동에 따른 비용

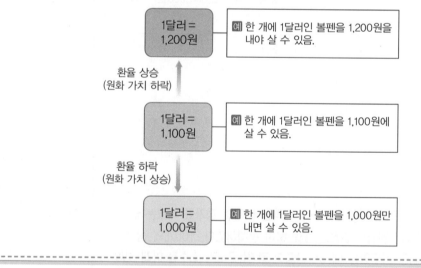

테마

15

금
액

예제 01

김새벽 씨는 뉴욕으로 휴가를 가기 위해 아래와 같이 여행 준비를 하고 있다. 여행 경비는 원화로 총 얼마인가? (단, 제시된 환율을 기준으로 하고 수수료는 고려하지 않는다)

빠른 풀이 비법

환전한 날짜가 같으면 묶어서 한 번에 계산한다.

- 여행 경비는 숙박비, 왕복 항공권, 기타 경비이다.
- 숙박은 3박씩 두 곳에 예약하여 모두 6박이다.
- 숙박 한 곳은 5월 10일 기준 환율로 3박 예약에 총 285USD를 지불했다.
- 다른 한 곳 역시 5월 10일 기준 환율로 3박 예약에 총 306USD를 지불했다.
- 왕복 항공권은 원화로 1,659,000원을 결제하였다.
- 기타 경비 : 5월 12일 은행에서 1,100USD를 환전하였다.

구분	5월 10일	5월 11일	5월 12일
기준 환율(원/USD)	1,060	1,065	1,080

① 1,824,460원 ② 2,460,460원 ③ 3,473,460원

④ 3,474,990원 ⑤ 3,476,685원

| 정답 | ③

| 해설 | • 숙박비 : 5월 10일 기준 환율로 6박 모두 지불했으므로 (285+306)×1,060＝626,460(원)
- 왕복 항공권 : 1,659,000원
- 기타 경비 : 5월 12일에 은행에서 환전했으므로 1,100×1,080＝1,188,000(원)
따라서 여행 경비는 총 3,473,460원이다.

예제 02

몽룡이는 환율이 1달러에 1,000원일 때 모두 환전하면 1,000달러가 되는 액수의 원화를 가지고 있다. 환율이 2,500원/달러로 오르자 급하게 가진 돈의 절반을 달러로 환전했고, 남은 돈은 환율이 1,250원/달러로 떨어졌을 때 모두 환전했다. 몽룡이는 환율이 1달러에 1,000원일 때 환전한 금액의 몇 % 손해를 보았는가? (단, 환전 시 발생하는 세금은 없는 것으로 가정한다)

① 25% ② 30% ③ 35%
④ 40% ⑤ 45%

| 정답 | ④

| 해설 | 몽룡이가 가지고 있는 금액은 환율이 1,000원/달러일 때 1,000달러이므로 원화로 1,000×1,000 =1,000,000(원)이다.

• 첫 번째 환전환 금액 : 환율이 2,500원/달러로 오르자 가진 돈의 절반을 달러로 환전했다고 했으므로 1,000,000÷2÷2,500=200(달러)이다.

• 두 번째 환전한 금액 : 남은 절반의 돈은 환율이 1,250원/달러일 때 모두 환전했으므로 1,000,000÷2÷1,250=400(달러)이다.

• 환전하여 받은 총 금액 : 200+400=600(달러)

따라서 1달러당 1,000원에 환전했을 때의 금액인 1,000달러보다 $\frac{1,000-600}{1,000} \times 100 = 40(\%)$의 손해를 본 금액임을 알 수 있다.

예제 03

다음 표는 주요 통화의 원화 환율을 나타낸 것이다. A ~ C가 외화 환전으로 얻은 이익의 합계를 구하면? (단, 제시된 내용 외에 다른 내용은 고려하지 않는다)

이것만은 꼭

엔화의 경우 100엔당 환율임에 주의한다.

테마
15
금액

〈주요 통화의 원화 환율〉

구분	4월 2일	5월 31일	7월 12일
1달러	1,180	1,215	1,190
100엔	1,085	1,105	1,090
1위안	170	177	182

- A는 4월 2일에 원화를 200달러로 환전하였고, 이 중 100달러를 5월 31일에, 나머지 100달러를 7월 12일에 다시 원화로 환전하였다.
- B는 4월 2일에 원화를 3,000엔으로 환전하였고, 이 중 1,000엔을 5월 31일에, 나머지 2,000엔을 7월 12일에 다시 원화로 환전하였다.
- C는 4월 2일에 원화를 1,000위안으로 환전하였고, 이 중 300위안을 5월 31일에, 나머지 700위안을 7월 12일에 다시 원화로 환전하였다.

① 11,700원　　　② 13,400원　　　③ 15,300원
④ 16,900원　　　⑤ 18,600원

| 정답 | ③

| 해설 | • A : 4월 2일 200달러로 환전하는 데 사용된 원화는 1,180×200=236,000(원)이다. 이 중 5월 31일에 다시 환전한 원화는 1,215×100=121,500(원)이고, 7월 12일에 환전한 원화는 1,190×100 =119,000(원)이다. 사용한 원화가 236,000원이고, 받은 원화가 240,500원이므로 A가 얻은 이익은 4,500원이다.
- B : 4월 2일 3,000엔으로 환전하는 데 사용된 원화는 1,085×30=32,550(원)이다. 이 중 5월 31일에 다시 환전한 원화는 1,105×10=11,050(원)이고, 7월 12일에 환전한 원화는 1,090×20=21,800 (원)이다. 사용한 원화가 32,550원이고, 받은 원화가 32,850원이므로 B가 얻은 이익은 300원이다.
- C : 4월 2일 1,000위안으로 환전하는 데 사용된 원화는 170×1,000=170,000(원)이다. 이 중 5월 31일에 다시 환전한 원화는 177×300=53,100(원)이고, 7월 12일에 환전한 원화는 182×700= 127,400(원)이다. 사용한 원화가 170,000원이고, 받은 원화가 180,500원이므로 C가 얻은 이익은 10,500원이다.

따라서 A ~ C의 이익 합계는 4,500+300+10,500=15,300(원)이다.

환전 공략

01. 김 주임은 베트남에서 열리는 신생에너지 포럼에 참석하기 위해 출장을 다녀왔다. 이때 다음과 같이 환전하였다면 김 주임은 총 몇 동(VND)을 환전한 것인가?

- 한국에서 달러로 환전할 때, 현금 70만 원을 가져가 환전하였다.
- 한국에서 100달러(USD) 지폐로만 환전하였고, 베트남에서 동(VND)으로 다시 환전했다.
- 환전 당시 환율은 다음과 같다.

출국 전 환율	베트남에서의 환율
1달러(USD)=1,114.67원	1달러(USD)=22,810동(VND)

① 13,424,000동(VND)
② 13,686,000동(VND)
③ 14,142,000동(VND)
④ 14,301,670동(VND)
⑤ 14,324,680동(VND)

> **학습 TIP**
>
> 300달러와 100유로로 환전하고 남은 금액을 빠뜨리지 않도록 주의한다.

02. 길동이는 유럽 여행을 앞두고 원화 50만 원을 찾아 300달러와 100유로로 환전하였고, 여행 중 250달러와 80유로를 사용하였다. 여행에서 돌아온 후 잔액을 모두 원화로 환전하였다면 길동이가 가지고 있는 원화의 총액은 얼마인가?

구분	현금 살 때	현금 팔 때
유로화	1,250원	1,220원
달러화	1,085원	1,050원

① 135,500원
② 130,400원
③ 127,800원
④ 126,400원
⑤ 125,900원

03. 해외로 제품을 수출하는 ○○기업의 작년과 올해의 수출액이 다음과 같다. 원화로 환산했을 때, 올해의 수출액은 작년 대비 얼마나 증가하였는가? (단, 수수료는 고려하지 않는다)

〈○○기업의 수출액 추이〉

구분	총 수출액(USD)	환율
작년	670,000,000	1,200원/달러
올해	778,000,000	1,100원/달러

① 108,000,000원
② 10,500,000,000원
③ 51,800,000,000원
④ 67,000,000,000원
⑤ 855,800,000,000원

04. 박 부장은 4월 2일에 출국하며 80만 원을 위안화로 환전하였다. 그중 75%를 경비로 사용하고 돌아와 남은 금액 전부를 4월 4일에 환전하려고 했으나 하루 늦은 5일에 원화로 전부 환전하였다. 환전 수수료가 1.5%일 때, 하루 늦게 환전하여 박 부장이 손해 본 금액은? (단, 환전 수수료는 살 때와 팔 때 모두 동일하며, 환전 시 소수점 이하는 버린다)

구분	통화	현찰 살 때	현찰 팔 때
4월 1일		160원	157원
4월 2일		162원	159원
4월 3일	위안(CNY)	165원	162원
4월 4일		170원	167원
4월 5일		168원	165원

① 2,368원
② 2,394원
③ 2,395원
④ 2,418원
⑤ 2,464원

[05 ~ 06] 다음은 시중 은행에서 제시한 이틀간의 주요 통화의 외국환율 고시표이다. 이어지는 질문에 답하시오.

〈11월 12일〉

(단위 : 원)

구분	통화명	현찰		매매 기준율
		고객이 살 때	고객이 팔 때	
미국	달러	1,139.19	1,100.01	1,119.60
일본	100엔	1,004.80	970.24	987.52
유럽	유로	1,330.45	1,278.55	1,304.40

〈11월 13일〉

(단위 : 원)

구분	통화명	현찰		매매 기준율
		고객이 살 때	고객이 팔 때	
미국	달러	1,139.70	1,100.50	1,120.10
일본	100엔	1,002.68	968.20	985.44
유럽	유로	1,331.96	1,280.00	1,305.98

※ 매매 기준율 : 은행에서 환매수수료를 부과하기 전에 사용되는 기준율로 고객들은 이 기준율로 거래할 수 없다.

05. 11월 12일에 100유로를 사들였다가 11월 13일에 100유로를 판 사람은 얼마만큼의 손해를 보았는가?

① 3,378원 ② 4,015원 ③ 4,632원
④ 5,045원 ⑤ 5,628원

06. 두 사람이 일본 여행에서 쓰고 남은 8만 5천 엔을 각각 가지고 있다. 이를 11월 13일에 원화로 환전하는 사람은 11월 12일에 원화로 환전하는 사람보다 얼마의 손해 혹은 이익을 보는가?

① 1,734원 이익   ② 1,734원 손해   ③ 2,765원 손해

④ 2,765원 이익   ⑤ 3,125원 손해

> **빠른 풀이 비법**
>
> (11월 12일과 11월 13일의 환율 차이)×(환전하는 금액)으로 계산하면 쉽게 답을 구할 수 있다.

테마
15

금액

07. 해외 공연을 하기 위해 유럽으로 가야 하는 K 씨는 회비와는 별도로 개인 용돈을 위해 100달러짜리 지폐 3장과 100유로짜리 지폐 3장으로 바꾸어 두려고 한다. 출발일인 6월 2일의 환율과 도착일인 6월 9일의 환율이 다음과 같을 때, 출발일에 현지화를 사서 달러화의 30%, 유로화의 60%를 사용하고 남은 금액을 도착일에 모두 다시 원화로 바꾸었을 경우 출발 전 100만 원이었던 K 씨의 이번 달 용돈의 총 잔액은?

구분	통화	현찰 살 때	현찰 팔 때
6월 2일	달러($)	1,080원	1,055원
	유로(€)	1,250원	1,180원
6월 9일	달러($)	1,070원	1,048원
	유로(€)	1,230원	1,150원

① 587,040원   ② 605,550원   ③ 655,020원

④ 659,080원   ⑤ 660,320원

유형 4 원리합계

핵심 Check

① 정기예금

(1) 단리 : 원금에 대해서만 이자를 붙이는 방식이다.

$$S = A(1 + rn)$$
S : 원리합계, A : 원금, r : 연이율, n : 기간(년)

예 원금 100만 원, 연 10% 단리

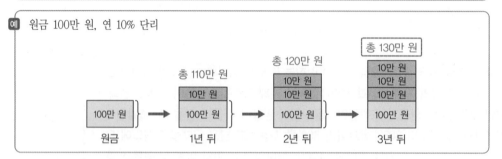

(2) 복리 : 원금뿐만 아니라 원금에서 생기는 이자에도 이자를 붙이는 방식이다.

$$S = A(1 + r)^n$$
S : 원리합계, A : 원금, r : 연이율, n : 기간(년)

예 원금 100만 원, 연 10% 복리

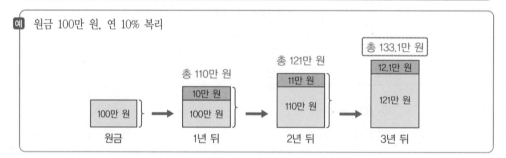

② 정기적금

(1) 기수불

① 각 단위기간의 첫날에 적립하는 방식으로 마지막에 적립한 예금도 단위기간 동안의 이자가 발생한다.

$$\text{• 단리 : } S = An + A \times r \times \frac{n(n+1)}{2} \qquad \text{• 복리 : } S = \frac{A(1+r)\{(1+r)^n - 1\}}{r}$$

$$S : \text{원리합계}, \ A : \text{납입금}, \ r : \text{연이율}, \ n : \text{기간(년)}$$

② 기수불 복리 공식의 풀이 : 연이율 r로 매년 초 a원씩 n년 동안 적립할 때, n년째 연말의 원리합계

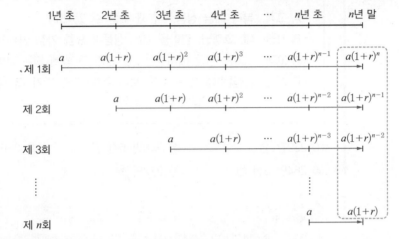

따라서 원리합계는 $S = a(1+r) + a(1+r)^2 + a(1+r)^3 + \cdots + a(1+r)^n$이다. 이것은 첫째항이 $a(1+r)$, 공비가 $1+r$인 등비수열의 n항까지의 합이므로

$$S = \frac{a(1+r)\{(1+r)^n - 1\}}{(1+r) - 1} = \frac{a(1+r)\{(1+r)^n - 1\}}{r}$$

(2) 기말불 : 각 단위기간의 마지막 날에 적립하는 방식으로 마지막에 적립한 예금은 이자가 발생하지 않는다.

$$\text{• 단리 : } S = An + A \times r \times \frac{n(n-1)}{2} \qquad \text{• 복리 : } S = \frac{A\{(1+r)^n - 1\}}{r}$$

$$S : \text{원리합계}, \ A : \text{납입금}, \ r : \text{연이율}, \ n : \text{기간(년)}$$

❸ 72의 법칙

이자율을 복리로 적용할 때 투자한 돈이 2배가 되는 시간을 계산하는 방법이다.

$$\text{원금이 2배가 되기까지 걸리는 시간(년)} = \frac{72}{\text{이자율(\%)}}$$

예제 01

A 고객은 은행에 방문해 복리 예금 상품에 대해 알아보고 있다. 다음 대화의 빈칸에 들어갈 금액은?

- A 고객 : 복리 예금 상품 추천해 주실 수 있나요?
- B 사원 : 네, 고객님. 연이율 15% 상품이 요즘 가장 인기가 많습니다.
- A 고객 : 200만 원을 예치하면 2년 만기 때 받게 되는 금액은 얼마인가요?
- B 사원 : (팸플릿에 있는 표를 보여 주며) 2년 만기 때 받게 되는 금액은 _____입니다.

---

① 232만 원   ② 248만 5천 원   ③ 256만 원

④ 264만 5천 원   ⑤ 272만 원

| 정답 | ④

| 해설 | 원금×(1+연이율)^{기간}=200×(1+0.15)^2=200×1.3225=264.5(만 원)이다.

예제 02

원리금
원금과 이자를 합친 돈

S 은행의 예금 상품은 3년 만기, 연리 3.2% 조건이다. 300만 원의 기초 자금으로 이 예금 상품에 가입한다면, 만기 시점에 받게 될 원리금은 얼마인가? (단, 단리와 복리 각각의 원리금을 구하며, 원리금은 반올림하여 원 단위까지 표시한다)

	단리	복리		단리	복리
①	3,288,000원	3,297,314원	②	3,288,000원	3,293,233원
③	3,280,000원	3,287,050원	④	3,280,000원	3,282,244원
⑤	3,270,400원	3,278,002원			

| 정답 | ①

| 해설 | 단리는 원금에 대해서만 이자를 붙여 계산하는 방식이며, 복리는 원금뿐만 아니라 원금에서 생기는 이자에도 이자를 붙여 계산하는 방식이다. 따라서 다음과 같이 계산할 수 있다.
- 단리 : 3,000,000+(3,000,000×0.032×3)=3,288,000(원)
- 복리 : 3,000,000×(1+0.032)^3≒3,297,314(원)
따라서 단리와 복리의 원리금은 각각 3,288,000원과 3,297,314원이 된다.

예제 03

W 은행의 예금 상품은 4년 만기, 연리 2.5% 조건이다. 200만 원의 예치금으로 이 예금 상품에 가입한다면 만기 시점에 받게 될 원리금을 단리와 복리로 계산하였을 경우의 차액은 얼마인가? (단, 반올림하여 원 단위까지 표시한다)

① 7,626원   ② 7,950원   ③ 8,235원

④ 8,728원   ⑤ 9,225원

┌
|정답| ①

|해설| 단리, 복리 계산법에 따라 계산하면 다음과 같다.
- 단리 : $2,000,000 \times (1+0.025 \times 4) = 2,000,000 \times 1.1 = 2,200,000$(원)
- 복리 : $2,000,000 \times (1+0.025)^4 = 2,207,626$(원)

따라서 단리와 복리의 원리금 차액은 $2,207,626 - 2,200,000 = 7,626$(원)이다.
┘

예제 04

홍길동 씨는 3년 만기의 연이율 10%인 복리 예금 상품에 1,000만 원을 예치하였다. 3년 후 홍길동 씨가 받게 되는 이자 금액은 얼마인가? (단, $1.1^3 = 1.33$으로 계산한다)

① 3,000,000원   ② 3,100,000원   ③ 3,200,000원

④ 3,300,000원   ⑤ 3,400,000원

┌
|정답| ④

|해설| 복리 예금 상품의 이자 금액은 '$A(1+r)^n - A$'로 구할 수 있다.

$10,000,000(1+0.1)^3 - 10,000,000$

$= 10,000,000 \times 1.33 - 10,000,000$

$= 10,000,000(1.33-1)$

$= 10,000,000 \times 0.33$

$= 3,300,000$

따라서 3년 후 홍길동 씨가 받게 될 이자는 3,300,000원이다.
┘

예제 05

W 은행은 월 이자율이 1%, 1년 만기인 새로운 적금 상품을 출시했다. 월초 입금, 월말 이자지급 상품이라고 할 때, 1년 만기 시 환급금액이 120만 원이 되려면 고객이 매월 은행에 납입해야 하는 금액은? (단, 아래의 식과 값을 참고하고, 계산 시 반올림하여 원 단위까지 표시한다)

$$\bullet \, a_n = a_1 \times r^{n-1} \qquad \bullet \, S_n = \frac{a_1 \times (1 - r^n)}{1 - r} \qquad \bullet \, 1.01^{12} = 1.127$$

a_n : 등비수열의 n번째 항, r : 공비, S_n : a_1부터 a_n까지의 합

① 93,553원 ② 94,553원 ③ 95,553원

④ 96,553원 ⑤ 97,553원

| 정답 | ①

| 해설 | 매월 은행에 납입하는 금액을 a원이라 하면, 월 이자율이 1%, 월초 입금, 월말 이자지급이므로 다음과 같이 나타낼 수 있다.

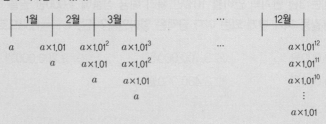

따라서 1년 만기 시 환급금액은 $(a \times 1.01) + \cdots + (a \times 1.01^{10}) + (a \times 1.01^{11}) + (a \times 1.01^{12})$이다. 문제에서 1년 만기 시 환급금액이 120만 원이라고 했으므로

$(a \times 1.01) + \cdots + (a \times 1.01^{10}) + (a \times 1.01^{11}) + (a \times 1.01^{12}) = 1,200,000$

좌변은 등비수열의 합이므로 주어진 공식을 활용하여 계산할 수 있다.

첫째 항(a_1)은 $1.01a$, 공비(r)는 1.01이므로

$(a \times 1.01) + \cdots + (a \times 1.01^{10}) + (a \times 1.01^{11}) + (a \times 1.01^{12})$

$= \dfrac{1.01a \times (1 - 1.01^{12})}{1 - 1.01} = \dfrac{1.01a \times (1 - 1.127)}{-0.01}$

$= \dfrac{1.01a \times 0.127}{0.01} = 1,200,000$

$\therefore \, a = 1,200,000 \times 0.01 \div 0.127 \div 1.01 = 93,552.66 \cdots$

따라서 매월 은행에 납입해야 하는 금액은 약 93,553원이다.

예제 06

2년 전 갑 은행에서 거치식 예금 통장을 개설한 A 씨는 이자소득세 4%를 내기로 하고 돈을 넣었다. 만기는 2년, 연 5%의 이율을 적용하여 연복리로 계산했을 때, 현재 A 씨가 받게 될 금액이 1,000만 원이라면 A 씨의 원금은 얼마인가? (단, 원금은 10원 단위에서 반올림한다)

① 9,104,200원 　　② 9,107,100원 　　③ 9,115,200원
④ 9,121,500원 　　⑤ 9,132,100원

학습 TIP

이자소득세는 이자에 부과되는 세금으로, 원금에는 적용하지 않도록 주의한다.

테마 **15** 금액

| 정답 | ①

| 해설 | 원금을 x원이라고 하면 만기총액은 $x(1+0.05)^2=1.1025x$(원)이다. 이때 원금에 대한 이자소득은 만기 총액에서 원금 x를 뺀 $0.1025x$원이고, A 씨가 받게 될 1,000만 원은 만기총액에서 이자소득세 4%를 공제한 금액이므로 다음 식이 성립한다.

$10,000,000 = 1.1025x - (0.1025x \times 0.04)$
$\qquad\qquad = 1.1025x - 0.0041x$
$\qquad\qquad = 1.0984x$

$\therefore x ≒ 9,104,151$

따라서 10원 단위에서 반올림하면 원금은 9,104,200원이다.

예제 07

A와 B는 같이 살 새 집을 장만하고자 복리 이자를 주는 예금에 가입하려고 한다. 둘이 현재 가지고 있는 총 재산은 1억 원이며 계약하고자 하는 집의 가격은 2억 원이라고 할 때, 6년 만에 재산을 2배로 만들기 위해 필요한 이자율은 몇 %인가? (단, 과세는 고려하지 않는다)

① 10% 　　② 12% 　　③ 14%
④ 16% 　　⑤ 18%

| 정답 | ②

| 해설 | 72의 법칙을 이용하면 된다. 72의 법칙은 이자율을 복리로 적용할 때 투자한 돈이 2배가 되는 시간을 계산하는 것으로 계산법은 '원금이 2배가 되는 데 걸리는 시간(년) $=\dfrac{72}{이자율}$'이다. A와 B는 6년 만에 재산을 2배로 만들고자 하므로 필요한 이자율을 x%라고 하면 다음 식이 성립한다.

$6=\dfrac{72}{x}$ 　　　$x=\dfrac{72}{6}=12$

따라서 필요한 이자율은 12%이다.

원리합계 공략

유형 4

> **학습 TIP**
>
> S : 원리합계, A : 원금, r :
> 연이율, n : 기간(년)일 때
> • 단리 : $S=A(1+rn)$
> • 복리 : $S=A(1+r)^n$

01. 정기예금 중 기본 금리가 연리 2.1%, 만기 1년인 비과세 상품일 경우, 5백만 원을 가입한 고객이 만기 후 받는 금액은?

① 5,100,000원   ② 5,105,000원   ③ 6,000,000원

④ 6,050,000원   ⑤ 6,100,000원

02. 다음 글의 빈칸 (ㄱ)에 들어갈 식은?

이자율을 적용하는 방식에는 단리 방식과 복리 방식이 있다. 단리 방식은 고정된 원금에 지속적으로 동일한 이자율을 더하는 것이다. 예를 들어 원금 100만 원을 10년 동안 예금해 두고 이자율이 5%라고 하자. 10년 뒤의 잔고는 1년 동안의 이자인 5만 원에 10년을 곱하여 50만 원의 이자에 원금 100만 원을 더한 150만 원이 된다.

반면에 복리 방식은 매해 더해지는 이자가 새로운 원금이 되어 새로운 원금에 이자율을 적용하게 된다. 마찬가지로 원금 100만 원을 10년 동안 예금해 두고 이자율이 5%라고 하자. 1년 후의 잔고는 단리 방식의 1년 후 잔고와 동일하다. 100만 원에 1년 동안의 이자인 5만 원을 더하면 된다. 그러나 2년 후에는 105만 원에 이자율 5%를 적용하여 이자가 5만 원이 아닌 5만 2,500원이 된다. 이런 방식으로 10년 후의 잔고를 계산하면 (ㄱ)만 원이 된다.

---

① $100 \times (1+0.05) \times 10$ ② $100 \times 0.05 \times 10$ ③ $100 \times (1-0.05) \times 10$

④ $100 \times (1+0.05)^{10}$ ⑤ 100×0.05^{10}

03. N 기업에 새로 입사한 A 씨는 첫 월급을 받은 후 N 은행에서 매달 100만 원씩 납입하는 2년 만기 적금을 들었다. 연이율이 2.6%이고 세금우대를 받아 이자소득세는 9.5%라고 할 때, 2년 후의 만기 금액은?

이자액

$$\frac{a \times (n+1)}{2} \times r \times \text{년 수} = \frac{a \times n(n+1)}{2} \times \frac{r}{12}$$

a : 월 납입금, r : 연이율(%/100), n : 가입기간(개월 수)

① 24,061,750원   ② 24,549,900원   ③ 24,564,720원

④ 24,588,250원   ⑤ 24,624,350원

테마 **15** 금액

04. A가 100만 원을 연 4%의 금리로 3년간 은행에 저축하였을 경우, 만기 후 단리와 복리로 계산한 원리금의 차액은?

① 4,220원   ② 4,533원   ③ 4,786원

④ 4,864원   ⑤ 4,921원

05. 올해부터 매년 초에 30만 원씩 복리로 적립할 때, 10년 후 그 해 말에 계산한 원리합계는? (단, 연이율은 6%이며, $1.06^{10} = 1.791$로 계산한다)

① 약 349만 원   ② 약 419만 원   ③ 약 459만 원

④ 약 489만 원   ⑤ 약 549만 원

06. 직장인 A 씨는 N 은행에서 거치식 예금 통장을 개설하였다. 조합원으로 가입하여 세금우대를 받아 이자소득세는 1.4%만 내기로 하고 1,000만 원을 넣었다. 만기는 2년, 연 1.8%의 이율을 적용하여 연복리로 계산했을 때, 2년 후 A 씨가 받게 될 금액은? (단, 소수점 아래 첫째 자리에서 반올림한다)

① 10,354,960원 　　② 10,356,155원 　　③ 10,357,155원

④ 10,358,155원 　　⑤ 10,359,175원

☀ **One Point Lesson**

72의 법칙을 이용하면 쉽게 풀 수 있다.

07. 김지윤 씨는 연초에 연 3%의 복리 이자를 주는 예금에 가입하였다. 원금 8,000만 원이 2배로 불어나는 데 걸리는 기간은? (단, 과세는 고려하지 않는다)

① 18년 　　② 21년 　　③ 24년

④ 27년 　　⑤ 30년

08. 20X1년 새해를 맞아 홍길동 씨는 연이율 3.25%를 복리로 계산해 주는 2년 만기 거치식 예금에 1,500만 원을 예치하였다. 만기 시 받게 되는 이자 금액은 얼마인가? (단, 소수점 아래 첫째 자리에서 반올림한다)

① 890,800원 　　② 990,800원 　　③ 990,822원

④ 990,833원 　　⑤ 990,844원

09. 다음은 직장인 A 씨와 N 은행 상담창구 직원과의 대화이다. 이 대화를 통해 알 수 있는 A 씨가 가입한 적금 상품의 만기 총액은 얼마인가? (단, 소수점 아래 첫째 자리에서 반올림하고, 만기 총액은 농어촌특별세를 뺀 값으로 계산한다)

해결 전략
우대금리 여부를 확실히 해두어야 하며 이외에도 세금 혜택 등이 적용되는지도 확인해야 한다.

테마 **15** 금액

$$\text{이자액} : a \times \frac{n+1}{2} \times r \times \text{년 수}$$

a : 월 납입금, r : 연이율(%/100), n : 가입기간(개월 수)

은행 직원 : 안녕하십니까. 무엇을 도와드릴까요?

직장인 A : 네, 안녕하세요. 세금이 적은 적금을 하나 들고 싶은데요. 어떤 것이 좋을까요?

은행 직원 : 아, 그러시면 이 적금 한번 보시겠어요? 기본금리는 1.9%인데 최대 0.4%p 더 우대해 드려요.

직장인 A : 복리 상품이 더 낫지 않나요?

은행 직원 : 차이가 많이 나지는 않습니다. 이 상품은 출자금을 내고 조합원에 가입하시면 세금 우대 혜택을 받으실 수 있어요. 일반적으로 이자소득세를 15.4% 내야 하는데 이 경우엔 비과세로 농어촌특별세 1.4%만 내시면 되거든요. 고객님께서는 100% 비과세 가입대상은 안 되시니까 이렇게 세금우대를 받으시는 게 가장 좋을 것 같습니다.

직장인 A : 아, 그렇군요. 우대금리 대상을 보니 저는 0.4%p를 더 우대받을 수 있네요. 그럼 조합원으로 가입하고, 3년 만기로 매달 80만 원씩 내는 걸로 하죠.

은행 직원 : 그러시겠어요? 그럼 여기 조합원 가입 신청서부터 작성해 주세요.

① 29,453,126원   ② 29,506,903원   ③ 29,653,126원

④ 29,706,126원   ⑤ 29,806,903원

유형 5 최댓값 · 최솟값(이차함수의 표준형 활용)

핵심 Check

① 최댓값 · 최솟값

(1) 다양한 상황에서 예산이나 지불한 금액의 최댓값 혹은 최솟값을 알기 위해 이차함수의 표준형을 활용할 수 있다.

(2) 미지수를 사용하여 주어진 조건을 식으로 표현한 후, 식을 표준형으로 바꿔 최댓값 혹은 최솟값을 도출한다.

② 이차함수의 표준형을 활용한 최댓값 · 최솟값

$$\text{이차함수의 표준형 } y = a(x-p)^2 + q$$

(1) $a > 0$일 때(아래로 볼록한 그래프)

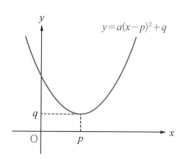

① 최솟값 : $x = p$일 때 $y = q$
② 최댓값은 알 수 없다.

(2) $a < 0$일 때(위로 볼록한 그래프)

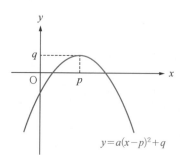

① 최댓값 : $x = p$일 때 $y = q$
② 최솟값은 알 수 없다.

예제 01

(주)AA전자는 마니콜 휴대폰을 제조하여 판매하고 있다. 마니콜 휴대폰을 1대당 80만 원에 판매하면 하루 판매량이 1,600대이고 가격을 5만 원씩 올릴 때마다 판매량은 80대씩 줄어든다. 하루에 판매한 마니콜 휴대폰의 총액이 최대가 되는 경우는 마니콜 휴대폰 1대당 가격을 5만 원씩 몇 회 올렸을 때인가?

① 1회   ② 2회   ③ 3회

④ 4회   ⑤ 5회

테마
15
금액

| 정답 | ②

| 해설 | 휴대폰 가격을 5만 원씩 x회 올렸다고 하면 하루 판매량은 $(1,600-80x)$대이다.

$$(80+5x)(1,600-80x)=128,000+8,000x-6,400x-400x^2$$
$$=-400x^2+1,600x+128,000$$
$$=-400(x-2)^2+129,600$$

따라서 x가 2일 때 하루 판매 수입이 최대가 된다.

예제 02

가격이 2,000원일 때 6,000개 판매되는 상품이 있다. 가격을 $2x$원 올릴 때마다 판매량이 $3x$개씩 줄어든다고 할 때, 최대 수익을 얻기 위해서는 상품을 얼마에 판매해야 하는가?

① 2,400원   ② 2,800원   ③ 3,000원

④ 3,200원   ⑤ 3,600원

| 정답 | ③

| 해설 | '수익=개당 가격×판매량'이므로 다음과 같은 식이 성립한다.

$$(2,000+2x)(6,000-3x)=12,000,000+12,000x-6,000x-6x^2$$
$$=-6x^2+6,000x+12,000,000$$
$$=-6(x-500)^2+13,500,000$$

따라서 x가 500일 때 수익이 최대가 되므로 상품은 $2,000+(2×500)=3,000$(원)에 판매해야 한다.

최댓값·최솟값 공략

01. ○○공사에서는 직원들의 협동심을 기르기 위해서 1박 2일 연수를 기획하였다. 참가비를 50,000원으로 정하면 직원 90명이 참가하고, 참가비 1,000원을 내릴 때마다 신청하는 직원 수가 5명씩 늘어난다고 한다. 회사에서 지원하는 비용은 500만 원으로 정해져 있고 회사 지원금과 직원 참가비를 합해 예산을 배정할 때, 예산이 최대가 되게 하는 참가비는?

① 34,000원   ② 36,000원   ③ 38,000원

④ 40,000원   ⑤ 42,000원

02. 원가가 1kg에 2,000원인 딸기를 3,000원에 판매하면 하루에 100kg을 팔 수 있다. 1kg에 10원씩 내릴 때마다 판매량은 2kg씩 증가하고, 10원씩 올릴 때마다 판매량은 2kg씩 감소한다고 할 때, 하루의 이익을 최대로 하려면 1kg당 얼마에 판매해야 하는가?

① 2,700원   ② 2,750원   ③ 2,800원

④ 2,850원   ⑤ 2,900원

03. 어느 도매점에서 물건을 500원에 팔면 매일 6,000개가 팔리고, 가격을 x원 올리면 $10x$개가 덜 팔린다. 순이익이 매출액의 20%일 때, 최대 순이익을 구하면?

① 603,000원   ② 604,000원   ③ 605,000원

④ 606,000원   ⑤ 607,000원

04. 어느 항공사의 현재 서울−제주 간 노선의 항공료는 6만 원이고 이 노선을 하루 평균 300명의 승객이 이용한다고 한다. 항공료를 x만 원 올리면 하루 평균 $30x$명의 승객이 감소한다고 할 때, 이 노선의 하루 매출액이 최대가 되도록 하는 항공료는? (단, $0 \le x \le 100$이다)

① 5만 원   ② 6만 원   ③ 7만 원

④ 8만 원   ⑤ 9만 원

05. 어떤 농작물 x톤을 팔면 1톤당 $\left(100 - \dfrac{x}{10}\right)$만 원의 이익이 생기고, x톤을 운송하는 데 드는 비용은 $(50 + 10x)$만 원이라고 한다. 이익금에서 운송비를 뺀 순이익금이 최대가 되도록 하려면 몇 톤을 팔아야 하는가? (단, $0 < x < 1,000$이다)

① 390톤   ② 410톤   ③ 430톤

④ 450톤   ⑤ 470톤

심화문제

정답과 해설 129쪽

01

연 10%의 이자가 붙는 달러 정기예금이 있다. 어떤 사람이 1달러가 1,000원일 때 원을 달러로 바꾸어 이 상품에 예금을 하였다. 1년 후, 만기가 되어 원으로 환산하니 환율 변동 때문에 4.5%의 이자밖에 붙지 않았다고 할 때, 만기 시 1달러를 원으로 환산한 금액은 얼마가 되는가? (단, 환전수수료 등은 고려하지 않는다)

① 1,050원 　② 1,020원 　③ 980원
④ 970원 　⑤ 950원

02

윤지는 어떤 모자를 정가보다 20% 싸게 사고, 선희는 윤지가 산 가격보다 20%를 더 주고 샀다. 윤지와 선희가 각각 지불한 금액이 같아지도록 윤지가 선희에게 돈을 주면, 그 금액이 모자의 정가와 선희가 지불한 금액의 차보다 500원이 많다고 한다. 선희가 모자를 산 가격은 얼마인가?

① 9,500원 　② 12,000원 　③ 18,000원
④ 24,000원 　⑤ 25,000원

03

어떤 극장의 1일 평균 관람객 수는 12,000명이다. 상영료는 8,000원인데 가격을 x% 인상하면 1일 평균 관람객 수가 가격 인상 전보다 $\frac{x}{2}$% 감소한다. 1일 평균 상영료를 전보다 612만 원 더 많이 얻으려면 상영료를 몇 % 인상하면 되는가?

① 12% 　② 15% 　③ 17%
④ 25% 　⑤ 30%

04

어느 호텔에서는 2박 이상 연속으로 숙박 예약을 한 경우 다음과 같은 숙박요금의 할인을 하고 있다. 1박은 5%, 2박부터는 10%, 3박부터는 20%, 4박부터는 25%를 할인한다. 1박 숙박요금이 12,000원일 때 8박 연속으로 예약한 경우와 6박 연속과 2박 연속 두 번으로 나누어 예약한 경우 숙박요금의 총액의 차이는 얼마인가?

① 3,600원 　② 4,200원 　③ 4,800원
④ 5,400원 　⑤ 6,000원

05

D 회사에서는 하나당 14,000원의 판매 이익이 발생하는 화장품 X를 생산하는 데 A 또는 B 기계를 사용한다. 하루에 10시간씩 30일간 화장품 X를 생산할 수 있을 때, 기계 구입 비용을 고려한 순이익이 A 기계를 사용할 때가 더 크려면 Y는 최대 얼마 미만이어야 하는가? (단, 기계 구입 비용을 제외한 시설비는 발생하지 않으며, 생산된 화장품 X는 모두 판매된다고 가정한다)

구분	구매 가격	제품 하나당 생산 시간
A	Y원	15분
B	21,600,000원	10분

① 9,600,000원 　② 10,800,000원
③ 11,500,000원 　④ 12,400,000원
⑤ 13,200,000원

06

〈토지 평가에 관한 지침〉이 다음과 같을 때, 토지 평가에 참여한 평가업자가 10명이고 당해 평가 비용이 50억 원이라면 수수료의 총액은 얼마인가?

〈토지 평가에 관한 지침〉

1) 기본 수수료＝500만 원

2) 평가 수수료＝평가 평균 수수료×$\dfrac{10}{100}$

   ※ 평가 평균 수수료는 당해 사업의 평가 비용을 감정 평가업자 수로 나눈 평균 수수료를 의미한다.

3) 수수료 할인
   • 평가 평균 수수료가 5,000만 원 이상 : 평가 수수료 10% 할인
   • 평가 평균 수수료가 1억 원 이상 : 평가 수수료 20% 할인

4) 검토 수수료＝할인이 반영된 평가 수수료

5) 수수료 총액＝기본 수수료＋검토 수수료

---

① 4,350만 원   ② 4,450만 원
③ 4,500만 원   ④ 4,600만 원
⑤ 4,650만 원

07

1개당 5,000원의 이익을 보도록 정가를 정한 상품이 있다. 이 상품을 정가의 10%를 할인한 가격으로 5개를 팔았을 때의 이익과 정가의 15%를 할인한 가격으로 10개를 팔았을 때의 이익 금액이 일치한다고 할 때, 이 상품 1개의 정가는?

① 22,000원   ② 23,000원
③ 24,000원   ④ 25,000원
⑤ 26,000원

08

어느 상점에서 상품 A, B, C, D, E를 판매하는 데 세일 기간이라 A～E 모두 정가에 할인율을 적용해 판매가를 정했다. 이 판매가로 상품을 판매하면 상품의 원가에 이익률을 곱한 만큼의 이익을 얻는다고 한다. A～E 중 원가 대비 정가의 비율이 가장 높은 상품은? (단, '이익＝판매가－원가'이다)

비율＼상품	A	B	C	D	E
할인율(%)	25	20	15	10	5
이익률(%)	5	15	20	25	30

① A   ② B   ③ C
④ D   ⑤ E

09

H사 A 제품의 작년 매출 이익은 4,000만 원으로 매출의 20%에 그쳤다. 올해는 A 제품의 매출 원가를 작년보다 10% 줄였지만, 오히려 매출은 20% 감소하였다. A 제품의 올해 매출 이익은 얼마인가? (단, '매출 원가＝매출－매출 이익'이다)

① 1,400만 원   ② 1,600만 원
③ 1,800만 원   ④ 2,000만 원
⑤ 2,200만 원

10

어느 상품의 단가가 200원일 때, 1일 판매량은 600개이다. 단가를 1원 올리면 1일 판매량은 2개 줄어든다고 할 때, 1일 판매액이 최대가 되게 하는 단가는?

① 225원   ② 250원   ③ 275원

④ 300원   ⑤ 325원

11

다음 〈조건〉을 토대로 할 때, A 식품의 원가는 얼마인가?

조건

- A 식품의 정가는 원가에 15%의 이익을 붙여 책정되었다.
- 유통기한이 3일 이내로 임박한 경우, 정가에서 700원을 할인하여 판매한다.
- 할인판매 시 A 식품을 1개 판매할 때마다 원가의 5%에 해당하는 이익을 얻는다.

① 6,500원   ② 7,000원   ③ 7,500원

④ 8,000원   ⑤ 8,500원

12

X 도시에서 경쟁사인 A 기업과 B 기업은 상품 Y를 같은 가격에 판매한다. 지난달 상품 Y를 통해 6,000만 원의 이익을 얻은 A 기업은 이번 달부터 상품 Y의 가격을 8,000원 인하하기로 결정했다. 다음과 같은 〈조건〉이 성립할 때, 이번 달 A 기업이 상품 Y를 통해 얻을 이익은 얼마인가? (단, 가격 변동 이후 한 달간은 가격을 변동하지 않는다)

조건

- 상품 Y의 정가는 30,000원, 원가는 20,000원으로 두 기업 모두 동일하다.
- A 기업이 Y의 판매가격을 M원 낮추면, 그 즉시 B 기업은 Y의 판매가격을 $0.5M$원 낮춘다.
- X 도시에서의 상품 Y의 판매량에 관해 다음 비례식이 성립한다.
  (A 기업의 Y 판매량) : (B 기업의 Y 판매량) = (B 기업의 Y 판매가격) : (A 기업의 Y 판매가격)
- X 도시에서는 매달 일정한 양의 Y가 소비되며, Y의 공급자는 A 기업과 B 기업뿐이다.

① 1,300만 원   ② 1,700만 원

③ 2,100만 원   ④ 2,500만 원

⑤ 2,900만 원

Mathematics

나이·날짜·시간

유형 1 나이

1 나이의 특성

(1) x년이 흐른 뒤에는 모든 사람이 x살씩 나이를 먹는다.
(2) 시간이 흘러도 객체 간의 나이 차이는 동일하다.

2 풀이 방법

구하고자 하는 값을 x로 두고 방정식을 세운다.

(1) 조건을 충족하려면 몇 년이 지나야 하는가? → x년

예   A는 14세, A의 어머니는 38세이다. 어머니의 나이가 A 나이의 2배가 되는 것은 몇 년 후인가?

⇨ 그림으로 그려 나이를 정리한다.

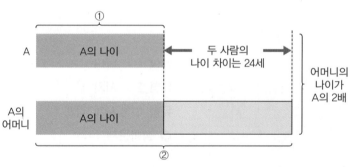

⇨ x년 후 A의 나이가 ①이면 어머니의 나이는 ②가 된다.
    나이 차이는 ②−①=①=24(세)이다.
⇨ 따라서 A가 24세 때 어머니는 48세로 2배이다.
⇨ $14+x=24$
    $x=10$(년 후)

(2) 조건을 충족하면 객체의 나이는 몇 세가 되는가? → x세

> **예** A는 14세, A의 어머니는 38세이다. 두 사람의 나이 합이 76세일 때 A는 몇 세인가?
>
> ⇨ 그림으로 그려 나이를 정리한다.
>
>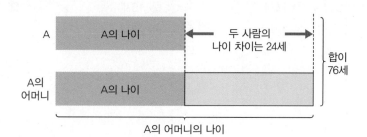
>
> ⇨ 두 사람의 나이 차이는 24세이다. 나이의 합이 76세가 되어도 나이 차이는 동일하다.
> ⇨ 두 사람의 나이 합이 76세일 때 A의 나이를 x세로 두고 식을 세운다.
>
> $x+(x+24)=76$
> $2x+24=76$
> $2x=52$
> $x=26$(세)

(3) 조건을 충족하는 객체의 현재 나이는 몇 세인가? → x세

> **예** 현재 A와 A의 어머니의 나이 차이는 24세이고, 10년 후에는 A의 어머니의 나이가 A 나이의 2배가 된다. 현재 A의 나이는 몇 세인가?
>
> ⇨ 그림으로 그려 나이를 정리한다.
>
>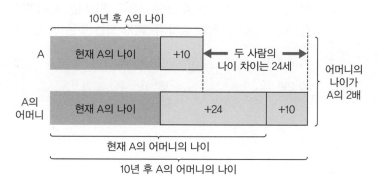
>
> ⇨ 10년 후 A의 나이와 두 사람의 나이 차이가 같아야 어머니의 나이가 A 나이의 2배가 된다.
> ⇨ 현재 A의 나이를 x세로 두고 식을 세운다.
>
> $x+10=24$
> $x=14$(세)

테마

16

나
이
·
날
짜
·
시
간

예제 01

현재 채린이와 삼촌의 나이 차는 18세이고, 4년 후에는 삼촌의 나이가 채린이 나이의 2배가 된다. 채린이의 현재 나이는 몇 세인가?

① 14세   ② 16세   ③ 18세

④ 20세   ⑤ 22세

| 정답 | ①

| 해설 | 채린이의 현재 나이를 x세라 하면 삼촌의 나이는 $(x+18)$세이다.
4년 후 삼촌의 나이가 채린이 나이의 2배가 되므로 다음 식이 성립한다.
$x+18+4=2(x+4)$
$x+22=2x+8$
$\therefore x=14$(세)

예제 02

진우는 8세, 진우의 형 형진이는 13세, 어머니는 48세이다. 어머니의 나이가 진우와 형진이의 나이를 합한 값의 두 배가 되는 것은 몇 년 후인가?

① 6년 후   ② 4년 후   ③ 3년 후

④ 2년 후   ⑤ 1년 후

| 정답 | ④

| 해설 | x년 후 어머니의 나이가 진우와 형진이의 나이를 합한 것의 두 배가 된다고 할 때, 다음 식이 성립한다.
$48+x=2\{(8+x)+(13+x)\}$
$48+x=42+4x$
$3x=6$
$\therefore x=2$(년 후)

예제 03

정아의 나이는 5세이고, 어머니의 나이는 29세이다. 어머니의 나이가 정아 나이의 4배가 될 때 정아의 나이는 몇 세인가?

① 8세   ② 9세   ③ 10세

④ 11세   ⑤ 12세

> **이것만은 꼭**
>
> x년이 흐르면 모든 사람의 나이는 x살씩 늘어난다. 방정식을 세우는 과정에서 x를 모두 더해야 한다는 것에 유의한다.

테마 16

나이·날짜·시간

| 정답 | ①

| 해설 | 어머니의 나이가 정아 나이의 4배가 될 때를 x년 후라고 하면 다음 식이 성립한다.

$4(5+x)=29+x$

$20+4x=29+x$

$3x=9$

$\therefore x=3$(년 후)

따라서 어머니의 나이가 정아 나이의 4배가 될 때 정아의 나이는 $5+3=8$(세)이다.

예제 04

올해 민아 부모님 나이의 합은 68세이다. 아버지가 현재 어머니의 나이였을 때 어머니의 나이는 아버지 나이의 $\frac{7}{8}$이었다고 한다면 올해 민아 어머니의 나이는 몇 세인가?

① 28세   ② 32세   ③ 34세

④ 35세   ⑤ 36세

| 정답 | ②

| 해설 | 올해 민아 어머니의 나이를 x세라 하면, 아버지의 나이는 $(68-x)$세이고 두 사람의 나이 차는 $(68-x)-x=68-2x$(세)가 된다. 아버지가 현재 어머니의 나이였을 때 어머니의 나이는 아버지 나이의 $\frac{7}{8}$이었다고 했으므로 다음 식이 성립한다.

$x : \{x-(68-2x)\}=8 : 7$

$x : (3x-68)=8 : 7$

$8(3x-68)=7x$

$17x=544$

$\therefore x=32$(세)

One Point Lesson

객체 간 나이 관계가 복잡하게 제시되는 문제는 이를 혼동하지 않도록 관계를 정확히 이해하여 식을 세워야 한다.

예제 05

J 회사 디자인팀에는 정 사원, 김 대리, 박 부장이 있다. 올해 정 사원 나이의 3배 값과 김 대리 나이의 2배 값을 더하면 박 부장의 나이보다 100세가 더 많고, 내년에는 정 사원 나이의 2배 값과 김 대리의 나이를 더하면 박 부장 나이의 2배 값과 정확히 같아진다. 올해 세 명의 나이를 모두 합하면?

① 92   ② 95   ③ 98

④ 101   ⑤ 104

| 정답 | ④

| 해설 | 올해 정 사원의 나이를 a세, 김 대리의 나이를 b세, 박 부장의 나이를 c세라고 하면 제시된 조건에 따라 다음 두 식이 성립한다.

$$\begin{cases} 3a+2b=c+100 & \cdots\cdots ㉠ \\ 2(a+1)+(b+1)=2(c+1) & \cdots\cdots ㉡ \end{cases}$$

두 식을 정리한 연립방정식은 다음과 같다.

$$\begin{cases} 3a+2b-c=100 & \cdots\cdots ㉠' \\ 2a+b-2c=-1 & \cdots\cdots ㉡' \end{cases}$$

이때 ㉠'에서 ㉡'을 빼면 $a+b+c=101$이므로 올해 세 명의 나이를 모두 합한 값은 101이다.

예제 06

최 대리는 김 부장의 고등학교 후배로 12살 띠동갑이다. 4년 전, 최 대리 나이의 3배 값과 김 부장 나이의 2배 값이 같았다면, 현재 최 대리의 나이는 몇 살인가?

① 28살   ② 30살   ③ 32살

④ 34살   ⑤ 35살

| 정답 | ①

| 해설 | 현재 최 대리의 나이를 x살이라 하면, 김 부장의 나이는 $(x+12)$살이 된다. 주어진 조건을 식으로 정리하면 다음과 같다.

$$3(x-4)=2(x+12-4)$$
$$3x-12=2x+16$$
$$\therefore x=28(살)$$

예제 07

한 마을에 갑, 을, 병 세 명이 살고 있다. 갑은 을보다 12살이 많고, 병의 나이의 2배 값보다 4살이 적다. 을과 병은 동갑일 때 갑의 나이는?

① 16세   ② 20세   ③ 24세

④ 28세   ⑤ 32세

|정답| ④

|해설| 갑의 나이를 x세, 을과 병의 나이를 y세로 두면 다음 두 식이 성립한다.
$$\begin{cases} x = y + 12 & \cdots\cdots\; \text{㉠} \\ x = 2y - 4 & \cdots\cdots\; \text{㉡} \end{cases}$$
㉠과 ㉡을 정리하면 $y + 12 = 2y - 4$, $y = 16$(세)이므로 $x = 28$(세)임을 알 수 있다.

예제 08

아들의 나이는 A세, 딸의 나이는 B세, 아버지의 나이는 C세, 어머니의 나이는 D세이다. 부모님 나이의 합이 자식들 나이의 합의 두 배가 되는 것은 몇 년 후인가?

① $\dfrac{A + B - 2C - 2D}{2}$년 후   ② $\dfrac{-A + B + 2C + 2D}{2}$년 후

③ $\dfrac{-2A + 2B - C + D}{2}$년 후   ④ $\dfrac{2A + 2B - C - D}{2}$년 후

⑤ $\dfrac{-2A - 2B + C + D}{2}$년 후

|정답| ⑤

|해설| x년 후에 부모님 나이의 합이 자식들 나이의 합의 두 배가 될 때, 다음 식이 성립한다.
$$2\{(A+x)+(B+x)\} = (C+x)+(D+x)$$
$$2A + 2B + 4x = C + D + 2x$$
$$2x = -2A - 2B + C + D$$
$$\therefore\; x = \frac{-2A - 2B + C + D}{2}(\text{년 후})$$

나이 공략

정답과 해설 132쪽

01. 지원이 부모님의 나이를 합한 값은 지원이 나이의 7배이다. 8년 후 부모님 나이를 합한 값은 지원이 나이의 5배가 된다고 할 때, 6년 전 지원이 부모님 나이의 합은?

① 56세   ② 63세   ③ 72세
④ 81세   ⑤ 83세

☀ One Point Lesson

세 명의 평균 나이가 15세
=세 명의 나이 총합이 45세
∴ $\dfrac{A+B+C}{3} = 15$

---

02. 지우에게는 언니와 동생이 있다. 언니 지아는 지우보다 두 살 많으며, 동생 지선은 지우보다 다섯 살 적다. 세 명의 평균 나이가 15세일 때, 지우는 몇 세인가?

① 12세   ② 14세   ③ 16세
④ 18세   ⑤ 20세

03. 현재 어머니의 나이는 아버지 나이의 $\dfrac{3}{4}$이다. 6년 후 딸의 나이는 아버지 나이의 $\dfrac{1}{3}$이며 어머니와 딸의 나이 차는 24세일 때, 아버지는 현재 몇 세인가?

① 36세   ② 42세   ③ 48세
④ 50세   ⑤ 52세

04. 수아와 엄마는 29살 차이가 나고 아빠는 엄마보다 7살이 많으며, 3년 후 엄마와 아빠의 나이를 합하면 수아 나이의 7배가 된다. 수아의 현재 나이는?

① 8세   ② 9세   ③ 10세
④ 11세   ⑤ 12세

테마
16
나이·날짜·시간

05. 2020년에 20세가 된 언니와 7세가 된 동생이 있다. 언니의 나이가 동생 나이의 2배가 되는 해는 언제인가?

① 2024년   ② 2026년   ③ 2028년
④ 2030년   ⑤ 2032년

> **학습 TIP**
> - x년 후 언니의 나이 $=20+x$(세)
> - x년 후 동생의 나이 $=7+x$(세)

06. 현재 아버지의 나이가 36세이고 아들의 나이는 8세이다. 아버지의 나이가 아들 나이의 3배가 되는 것은 몇 년 후인가?

① 2년 후   ② 3년 후   ③ 4년 후
④ 5년 후   ⑤ 6년 후

07. 서연이는 동생 유준이보다 2세 많고 서연이 부모님은 동갑이다. 현재 서연이와 유준이 나이의 합은 부모님 나이의 합의 $\frac{1}{4}$이다. 5년 후, 서연이와 유준이 나이의 합이 어머니 나이보다 11세 적다고 할 때 현재 서연이의 나이는?

① 5세   ② 7세   ③ 9세
④ 11세   ⑤ 13세

08. 다음 설명을 토대로 할 때 내년의 D 씨 아버지의 나이와 동생의 나이를 합한 값은?

> • 20년 전 D 씨 동생 나이의 6배 값에서 4세를 빼면 당시 어머니의 나이인 32세와 같았다.
> • 20년 전 D 씨의 나이는 동생의 나이의 1.5배였다.
> • 작년 D 씨 아버지의 나이는 20년 전 D 씨 나이의 6배였다.

① 80   ② 81   ③ 82

④ 83   ⑤ 84

09. 현재 형제 나이의 비는 4 : 1인데, 13년 후 나이의 비는 7 : 5가 된다고 한다. 현재 형제의 나이는 각각 몇 세인가?

① 8세, 2세   ② 12세, 3세   ③ 20세, 6세

④ 24세, 6세   ⑤ 25세, 8세

10. 부모와 아들 2명이 있다. 현재 부모 나이의 합은 장남 나이의 8배이나, 5년 전에는 18배였다. 또, 4년 전에는 장남의 나이가 차남의 나이의 2배였다. 10년 후, 부모 나이의 합은 아들 나이의 합의 몇 배가 되는가? (단, 소수점 아래 둘째 자리에서 반올림한다)

① 2.3배   ② 2.5배   ③ 2.7배

④ 2.9배   ⑤ 3.1배

11. 진희에게는 47세의 남편과 2명의 아이가 있다. 진희의 나이가 44세, 아이들 나이가 각각 12세, 9세일 때 부모 나이의 합계가 자녀 나이의 합계의 3배가 되는 것은 몇 년 후인가?

① 6년 후   ② 7년 후   ③ 8년 후

④ 9년 후   ⑤ 10년 후

해결 전략

1단계
구하고자 하는 값인 기간을 x년으로 두고 방정식을 통해 해결한다.

⬇

2단계
조건을 정확하게 파악하여 식을 세운다.

⬇

3단계
x년이 지나면 제시된 모든 사람의 나이가 x살씩 늘어나는 점에 유의한다.

12. 현재 어머니의 나이는 아버지 나이의 $\frac{4}{5}$이다. 2년 후 아들의 나이는 아버지 나이의 $\frac{1}{3}$이 되며, 아들과 어머니의 나이를 합하면 65세가 된다. 3명의 현재 나이를 모두 합하면 몇 세인가?

① 116세 ② 120세 ③ 124세
④ 128세 ⑤ 130세

13. B 씨에게는 43세의 남편과 8세, 6세, 4세의 자녀가 있다. A 년 후에 부부 나이의 합이 자녀 나이 합의 2배가 되고 남편의 나이가 자녀들 나이의 합보다 1살 많아진다고 할 때, B 씨의 현재 나이는 몇 세인가?

① 40세 ② 41세 ③ 42세
④ 43세 ⑤ 44세

14. 3년 전 수현이의 이모 나이는 3년 전 이모와 이모부 나이 합의 $\frac{3}{7}$이었다. 지금부터 5년 후 수현이의 나이는 이모부 나이의 $\frac{1}{2}$이 되고, 세 명의 나이 합은 128이 된다고 할 때, 이모부의 현재 나이는?

① 39세 ② 41세 ③ 48세
④ 51세 ⑤ 56세

15. 어머니가 홍구의 현재 나이였을 때 홍구는 9세였고 홍구가 현재 어머니의 나이가 되면 어머니는 81세가 된다. 홍구는 현재 몇 세인가?

① 30세 ② 31세 ③ 32세
④ 33세 ⑤ 34세

핵심 Check

1 시차 문제의 특징

(1) 기준으로 두는 나라를 확인해야 한다.

> 예   서울이 런던보다 9시간 빠르다. = 런던이 서울보다 9시간 느리다.

(2) 시차에 의해 날짜가 바뀌는 경우도 있다.

> 예   서울이 11월 16일 오후 1시일 때 LA의 시간은? (단, 서울이 LA보다 17시간 빠르다)
>
> | 서울 | | LA |
> |:---:|:---:|:---:|
> | 11월 16일 | | 11월 15일 |
> | **13 : 00** | 시차 − 17:00 | **20 : 00** |

2 시차 도식화

> 예   • LA는 서울보다 17시간 느리고 런던보다 8시간 느리다.
>   • 서울은 런던보다 9시간 빠르다.
>
>
> 느리다 ⟵⟶ 빠르다
> 8시간   9시간
> LA   런던   서울
> 17시간

예제 01

다음 글을 근거로 판단할 때 프로젝트 최종 마무리까지 소요되는 시간은? (단, 각 단계 종료 즉시 결과를 메일로 발송하며 메일 송수신이 지연되는 경우는 없다)

> 런던 지사에서 근무하는 김○○ 대리, 시애틀 지사에서 근무하는 박□□ 대리 그리고 서울 본사에서 근무하는 이△△ 과장이 같은 프로젝트를 진행하였다. 김 대리가 런던 시각으로 11월 1일 오전 9시에 시작해서 당일 오후 10시에 1단계를 마치면, 1단계의 결과를 받은 박 대리는 시애틀 시간으로 11월 2일 오후 3시에 2단계를 마친다. 2단계 결과를 받은 이 과장은 서울 시간으로 11월 3일 오전 10시에 프로젝트를 최종 마무리한다.
>
> ※ 런던은 GMT+0, 서울은 GMT+9, 시애틀은 GMT−7을 표준시로 사용한다.

① 34시간   ② 36시간   ③ 40시간

④ 42시간   ⑤ 44시간

GMT는 Greenwich Mean Time 의 약자이다. 그리니치 천문대를 기준으로 나타내 붙은 이름으로 세계 표준 시간을 뜻한다.

테마
16
나이·날짜·시간

|정답| ③

|해설| • 김 대리 :
(런던) 11월 1일 오전 9시
          ↓ 13시간 소요
(런던) 11월 1일 오후 10시
• 박 대리 : 시애틀은 런던보다 7시간 느리므로, 런던 시간으로 11월 1일 오후 10시는 시애틀 시간으로 11월 1일 오후 3시이다.
(시애틀) 11월 1일 오후 3시
          ↓ 24시간 소요
(시애틀) 11월 2일 오후 3시
• 이 과장 : 서울은 시애틀보다 16시간 빠르므로, 시애틀 시간으로 11월 2일 오후 3시는 서울 시간으로 11월 3일 오전 7시이다.
(서울) 11월 3일 오전 7시
          ↓ 3시간 소요
(서울) 11월 3일 오전 10시
따라서 프로젝트 최종 마무리까지 소요된 시간은 13+24+3=40(시간)이다.

시차 공략

정답과 해설 134 쪽

이것 만은 꼭

시차를 계산할 때에는 오후 12 시가 넘는 시간, 즉 오후 1시는 13시로, 오후 2시는 14시로 계 산을 하는 것이 실수를 줄일 수 있는 방법이다.

01. 서울에서 근무하는 A 과장은 터키 앙카라에서 근무하는 P 지사장과 4월 20일 오후 7시 30분에 업무상 전화통화를 시작하여 30분 뒤 종료했다. 다음 도시별 시각 표를 참고할 때, P 지사장이 전화통화를 종료했을 때의 앙카라 현지 시각은?

〈서울－오타와 시간〉

구분	대한민국 서울	캐나다 오타와
날짜	4월 20일	4월 20일
시간	오후 7시	오전 6시

〈오타와－앙카라 시간〉

구분	캐나다 오타와	터키 앙카라
날짜	4월 20일	4월 21일
시간	오후 7시	오전 2시

① 4월 20일 오후 1시   ② 4월 20일 오후 1시 30분

③ 4월 20일 오후 2시   ④ 4월 21일 오후 1시 30분

⑤ 4월 21일 오후 2시

02. 해외로 출장을 가는 김 대리는 다음과 같은 이동을 계획하고 있다. 연착 없이 계획대로 출장지에 도착했을 때의 현지 시각은 몇 시인가?

- 서울 시각으로 5일 오후 1시 35분에 출발하는 비행기를 타고 경유지 1곳을 들러 출장지에 도착한다.
- 경유지의 시간은 서울보다 1시간 빠르고, 출장지는 경유지의 시간보다 2시간 느리다.
- 첫 번째 비행은 3시간 45분이 소요된다.
- 경유지에서 3시간 50분을 대기하고 출발한다.
- 두 번째 비행은 9시간 25분이 소요된다.

① 오전 5시 35분   ② 오전 6시   ③ 오후 5시 35분

④ 오후 6시   ⑤ 오전 7시

[03 ~ 04] 다음 자료를 보고 이어지는 질문에 답하시오.

> B 과장은 프랑스 파리의 협력사 담당자와 화상회의를 진행하기 위해 회의시간을 정하려고 한다. 회의와 관련된 정보는 다음과 같다.

- 서울과 파리의 시차는 7시간으로 서울이 파리보다 7시간 빠르다.
- B 과장의 근무시간은 오전 9시부터 오후 6시까지이고, 파리 협력사의 근무시간은 현지 시각으로 오전 9시 30분부터 오후 5시 30분까지이다.
- B 과장이 근무하는 회사와 파리의 협력사는 모두 현지 시각으로 오후 12시부터 1시까지 점심시간이고, 이 시간에는 회의를 진행할 수 없다.
- 회의는 근무시간 내에 진행하는 것을 원칙으로 하며 회의시간은 1시간으로 한다.

03. 제시된 정보를 고려했을 때, B 과장이 프랑스 파리의 담당자와 화상회의를 할 수 있는 시각은?

① 파리 시각 오전 10시 30분   ② 파리 시각 오전 11시
③ 파리 시각 오후 1시   ④ 서울 시각 오후 5시
⑤ 파리 시각 오후 1시 30분

04. B 과장은 화상회의를 마친 후 9월 10일 오전 9시에 출발하는 비행편을 이용하여 프랑스 파리의 협력사를 직접 방문하려고 한다. 비행시간은 12시간이며 입국수속에 걸리는 시간은 1시간, 파리 공항에서 협력사까지 이동하는 데 소요되는 시간은 30분일 때, B 과장이 파리 협력사에 도착하는 파리 현지 시각은?

① 9월 10일 오전 2시   ② 9월 10일 오전 3시 30분
③ 9월 10일 오후 2시   ④ 9월 10일 오후 3시 30분
⑤ 9월 10일 오후 4시

유형 3 시계 각도

핵심 Check

① 시침의 각도

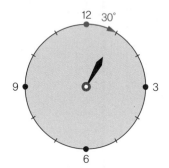

(1) 12시간 동안 회전한 각도 : $360°$

(2) 1시간 동안 회전한 각도 : $360° \div 12 = 30°$

(3) 1분 동안 회전한 각도 : $30° \div 60 = 0.5°$

> X시 Y분일 때 시침의 각도 : $30°X + 0.5°Y$

② 분침의 각도

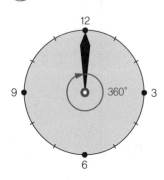

(1) 1시간 동안 회전한 각도 : $360°$

(2) 1분 동안 회전한 각도 : $360° \div 60 = 6°$

> X시 Y분일 때 분침의 각도 : $6°Y$

③ 시침과 분침이 이루는 각도

> X시 Y분일 때 시침과 분침이 이루는 각도 : $|(30°X + 0.5°Y) - 6°Y| = |30°X - 5.5°Y|$
> (단, 각도 A가 $180°$보다 클 경우 $360° - A$를 한다)

④ 그 외 각도 공식

(1) 시침과 분침이 만나는 조건 : $30°X + 0.5°Y = 6°Y$

(2) 시침과 분침이 일직선일 조건 : $|30°X - 5.5°Y| = 180°$

예제 01

4시 32분에 시침과 분침이 이루는 작은 각의 크기는 몇 도인가?

① 50° ② 52° ③ 54°

④ 56° ⑤ 58°

이것만은 꼭

시침은 시간의 이동각도(4시간)와 분의 이동각도(32분) 두 가지를 생각해야 한다.

테마

16

나
이
·
날
짜
·
시
간

| 정답 | ④

| 해설 | 시침은 1시간에 30°씩, 1분에 0.5°씩 이동하고 분침은 1시간에 360°씩, 1분에 6°씩 이동한다. 따라서 4시 32분에 시침은 시계방향으로 30°×4+0.5°×32=136° 이동하였으며, 분침은 시계방향으로 6°×32=192° 이동하였다. 따라서 시침과 분침이 이루는 각은 192°−136°=56°이다.

별해 X시 Y분일 때 시침과 분침의 각도는 $|30°X-5.5°Y|$이므로 대입하면, $|30°×4-5.5°×32|=|120°-176°|=56°$이다.

예제 02

현재 시각이 4시 정각일 때, 시침과 분침이 처음으로 만나는 시각은 언제인가?

① 4시 21분 ② 4시 $\frac{240}{11}$분 ③ 4시 22분

④ 4시 $\frac{251}{11}$분 ⑤ 4시 23분

| 정답 | ②

| 해설 | 시침은 1분에 0.5° 회전하고, 분침은 1분에 6° 회전한다. 시침은 1시간에 30° 회전하므로 4시 정각일 때 시침과 분침 사이의 각도는 120°이고, 4시부터 시침과 분침이 회전하기 시작할 때 1분당 분침은 6°, 시침은 0.5°씩 움직이게 된다. 4시 이후로 시침과 분침이 만나게 되는 시간을 x분이라 하면, 시침과 분침이 겹쳐져야 하므로 다음 식이 성립한다.

$6°x=0.5°x+120°$

$5.5°x=120°$

$x=\frac{240}{11}$(분)

따라서 4시 $\frac{240}{11}$분(≒4시 21분 49초)에 시침과 분침이 만나게 된다.

예제 03

12시 이후에 세 번째로 시침과 분침이 이루는 각이 180°가 될 때의 시각은? (단, 소수점 아래 셋째 자리에서 반올림한다)

① 1시 38.18분   ② 1시 43.64분   ③ 2시 43.64분

④ 2시 49.09분   ⑤ 3시 49.09분

| 정답 | ③

| 해설 | 12시 이후에 세 번째로 시침과 분침이 이루는 각이 180°가 될 때는 2시와 3시 사이에 나타나므로 2시 x분에 이루어질 것이다. 시침은 1시간에 30°씩 이동하고 1분에 0.5°씩 이동하므로 2시 x분의 시침의 각도는 $(60° + 0.5°x)$이다. 분침은 1시간에 360°씩 이동하고 1분에 6°씩 이동하므로 2시 x분의 분침의 각도는 $6°x$이다. 시침과 분침의 각도가 180°가 되는 경우는 다음과 같다.

$|(60° + 0.5°x) - 6°x| = 180°$

$5.5°x = 240°$

$x ≒ 43.64$

따라서 12시 이후에 세 번째로 시침과 분침이 이루는 각이 180°가 되는 시각은 2시 43.64분이다.

예제 04

○○공사 기술팀에서는 매주 월요일 아침에 업무회의를 진행하는데, 업무회의를 시작한지 30분이 경과한 현재 시각은 오전 10시 35분이다. 업무회의가 1시간 40분 동안 진행되었다면, 업무회의를 마친 시각의 시침과 분침 사이의 각도는 얼마인가?

① 75°   ② 78.5°   ③ 82.5°

④ 85°   ⑤ 89°

| 정답 | ③

| 해설 | 업무회의를 시작한 시간은 오전 10시 5분이고, 1시간 40분 뒤에 회의가 끝났으므로, 11시 45분에 회의를 마쳤음을 알 수 있다. 따라서 시침과 분침의 각도는 $|30° × 11 - 5.5° × 45| = 82.5°$이다.

예제 05

오후 2시부터 오후 7시까지 시침과 분침이 이루는 각도가 90°가 되는 횟수는?

① 4회   ② 5회   ③ 7회

④ 9회   ⑤ 10회

테마
16
나
이
·
날
짜
·
시
간

| 정답 | ④

| 해설 | a시 b분일 때 시침과 분침이 이루는 각도는 $|30° \times a - 5.5° \times b|$로 구할 수 있다. 따라서 오후 2시부터 오후 7시까지 시침과 분침이 90°가 되는 시각은 다음과 같이 계산할 수 있다.

- 2시 b분일 때

$$|30° \times 2 - 5.5° \times b| = 90° \qquad b = \frac{300}{11}$$

∴ 2시 $\frac{300}{11}$분

- 3시 b분일 때

$$|30° \times 3 - 5.5° \times b| = 90° \qquad b = 0, \ b = \frac{360}{11}$$

∴ 3시, 3시 $\frac{360}{11}$분

- 4시 b분일 때

$$|30° \times 4 - 5.5° \times b| = 90° \qquad b = \frac{60}{11}, \ b = \frac{420}{11}$$

∴ 4시 $\frac{60}{11}$분, 4시 $\frac{420}{11}$분

- 5시 b분일 때

$$|30° \times 5 - 5.5° \times b| = 90° \qquad b = \frac{120}{11}, \ b = \frac{480}{11}$$

∴ 5시 $\frac{120}{11}$분, 5시 $\frac{480}{11}$분

- 6시 b분일 때

$$|30° \times 6 - 5.5° \times b| = 90° \qquad b = \frac{180}{11}, \ b = \frac{540}{11}$$

∴ 6시 $\frac{180}{11}$분, 6시 $\frac{540}{11}$분

따라서 총 1+2+2+2+2=9(회) 발생한다.

정답과 해설 135쪽

유형 3

시계 각도 공략

01. A와 B의 크기에 대한 비교로 옳은 것은?

A	B
현재 시각이 오후 4시 30분일 때 시침과 분침이 이루는 각도	65°

① A<B   ② A>B   ③ A=B

④ A≥B   ⑤ 알 수 없다.

02. 4시와 5시 사이에 시침과 분침이 서로 겹치게 되는 시각은? (단, 소수점 아래 셋째 자리에서 반올림한다)

① 4시 15.18분   ② 4시 18.33분   ③ 4시 21.82분

④ 4시 24.18분   ⑤ 4시 27.33분

03. 1시와 2시 사이에 시침과 분침이 서로 반대 방향으로 가장 일직선에 가까운 시각은?

① 1시 37.57분   ② 1시 38.18분   ③ 1시 38.20분

④ 1시 38.21분   ⑤ 1시 39.02분

04. 연아가 스케이트 연습을 하러 경기장에 도착한 시간이 오후 2시 40분일 때 손목시계의 두 바늘이 이루는 각은 얼마인가?

① 150°   ② 160°   ③ 170°

④ 180°   ⑤ 195°

05. 영화는 30분 전에 시작했고, 현재 시각은 2시 15분이다. 이 영화의 상영시간이 1시간 55분일 경우, 영화가 끝나는 시각에 시침과 분침 사이의 각도 중 크기가 작은 각은 몇 도인가?

① 115° ② 120° ③ 125°
④ 130° ⑤ 135°

06. 오전 0시와 정오에 시침과 분침이 정확히 겹치며 오차 없이 움직이고 있는 시계가 있다. 이 시계가 5시 정각을 가리킨 후 처음으로 시침과 분침이 겹치는 것은 몇 분 후인가?

① $\dfrac{296}{11}$분 후 ② 27분 후 ③ $\dfrac{298}{11}$분 후

④ $\dfrac{299}{11}$분 후 ⑤ $\dfrac{300}{11}$분 후

07. 시계의 긴 바늘과 짧은 바늘이 겹쳐진 후 다시 겹쳐질 때까지 걸리는 시간은?

① $\dfrac{720}{11}$분 ② $\dfrac{721}{11}$분 ③ $\dfrac{722}{11}$분

④ $\dfrac{723}{11}$분 ⑤ $\dfrac{724}{11}$분

08. 지금 시각이 1시 25분이고, 수업은 15분 전 시작하였다. 수업 시간이 2시간 20분이라면 수업이 끝나는 시각에 시침과 분침 사이의 각도는? (단, 작은 각도를 구한다)

① 45° ② 60° ③ 75°
④ 90° ⑤ 105°

심화문제

정답과 해설 137쪽

01

올해 80세인 할아버지에게 4명의 손자가 있는데 첫째의 나이는 할아버지 나이의 $\frac{1}{4}$보다 6살 많고 셋째는 막내보다 5살 많으며 막내의 나이는 첫째 나이의 $\frac{1}{2}$이다. 둘째와 셋째의 나이차가 2살이라면 둘째의 나이는 몇 세인가?

① 13세   ② 18세   ③ 20세
④ 26세   ⑤ 28세

02

4남매를 둔 아버지가 있다. 아버지가 41세일 때 자녀의 나이는 각 1세, 2세, 4세, 13세였다. 4남매의 나이 합계가 아버지의 나이와 같아진 해에 첫째가 딸을 낳았다. 이 딸의 나이가 첫째 나이의 절반과 같아질 때, 아버지는 몇 세가 되는가? (단, 태어날 때의 나이는 1살이다)

① 66세   ② 68세   ③ 69세
④ 70세   ⑤ 72세

03

정아에게는 43세의 남편과 10세, 6세의 두 딸이 있는데, A년 후 정아네 부부의 나이 합은 두 딸 나이 합의 4배가 되고, 남편의 나이가 두 딸 나이의 합보다 24살이 많아진다. 정아의 현재 나이는 몇 세인가?

① 35세   ② 36세   ③ 37세
④ 38세   ⑤ 39세

04

형제의 나이에 대한 다음 설명을 토대로 할 때, 9년 후 형과 동생의 나이의 합은?

- 올해 형과 동생의 나이의 비는 5 : 10이다.
- 9년 후에는 동생 나이의 2배가 형의 나이와 같다.

① 24세   ② 30세   ③ 32세
④ 36세   ⑤ 40세

05

3형제가 퀴즈쇼에 나가 상금 1억 4천만 원을 받았다. 나이에 비례해서 상금을 나눠 첫째가 6천만 원을 가졌다. 10년 후인 현재 3형제가 다시 퀴즈쇼에 나가 상금 1억 4천만 원을 받았다. 이번에도 나이에 비례해서 상금을 나눈 후 첫째와 셋째가 금액을 바꾸었다. 그 결과 셋째가 5천6백만 원을 받았다면 현재 첫째의 나이는 몇 세인가?

① 40세   ② 41세   ③ 42세
④ 43세   ⑤ 44세

06

3명의 형제가 있다. 현재 첫째의 나이는 셋째의 나이의 2배이다. 둘째가 20살이 되면 셋째의 나이는 첫째의 나이의 $\frac{8}{11}$이 된다고 할 때, 현재 둘째의 나이는 몇 세인가?

① 8세   ② 9세   ③ 10세
④ 12세   ⑤ 15세

07

어느 가정에 나이가 다른 4명의 아이가 있고, 2명씩 나이를 더하면 15세, 19세, 22세, 23세, 26세, 30세 였다. 나이가 가장 많은 아이와 가장 적은 아이의 나이차는 몇 세인가?

① 8세   ② 9세   ③ 10세
④ 11세   ⑤ 12세

08

소희에게는 2명의 언니가 있다. 첫째 언니와 소희는 6살 차이이며 세 자매의 나이를 합하면 45세이고, 소희와 첫째 언니의 나이를 합하면 둘째 언니 나이의 2배가 된다. 둘째 언니의 나이는 몇 세인가?

① 13세   ② 14세   ③ 15세
④ 16세   ⑤ 17세

09

서울이 런던보다 시간이 8시간 빠르고 파리가 런던보다 1시간 빠르다. 서울에서 파리까지 비행시간이 13시간 걸린다고 할 때 10월 6일 오후 4시에 서울에서 파리까지 가는 비행기가 출발했다. 비행기가 파리에 도착했을 때 파리의 현지 시각은?

① 10월 6일 오후 10시
② 10월 6일 오후 11시
③ 10월 7일 오전 1시
④ 10월 7일 오전 3시
⑤ 10월 7일 오전 10시

10

AA 기업 서울 본사에 근무하는 김 과장은 헝가리에 있는 공장 현지 담당자와 1시간 동안 화상회의를 해야 한다. 쌍방의 업무시간을 고려할 때, 화상회의를 시작할 수 있는 시간은? (단, 점심시간에는 화상회의를 하지 않는다)

- 헝가리 공장의 현지 시간은 서울보다 7시간 느리다.
- 헝가리 공장 현지 담당자가 화상회의를 할 수 있는 시간은 현지 시간으로 오전 10시부터 오후 5시까지이다.
- 김 과장의 업무시간은 서울 시간으로 오전 9시부터 오후 6시까지이다.
- 헝가리 공장과 김 과장의 점심시간은 각자의 현지 시간으로 정오부터 1시까지이다.

① 서울 시간 오전 9시
② 헝가리 시간 오후 2시
③ 헝가리 시간 오전 10시
④ 서울 시간 오후 1시
⑤ 서울 시간 오후 3시

11

시계가 9시 정각에서 움직이고 있다. 9시와 10시 사이에서 시침과 분침이 12시와 6시를 잇는 선을 중심으로 대칭이 되는 시각을 구하면? (단, 소수점 아래 숫자는 버린다)

① 9시 10분   ② 9시 11분
③ 9시 12분   ④ 9시 13분
⑤ 9시 14분

12

해외영업부 A 대리는 LA로 출장을 가게 되었다. LA는 한국보다 16시간 느리고 비행시간은 11시간이다. LA 현지 시간으로 5월 25일 오전 9시에 도착하는 비행기를 탄다면 인천공항에 몇 시까지는 도착하여야 하는가? (단, 비행기 출발 1시간 전에 공항에 도착해 티켓팅을 해야 한다)

구분	날짜	도착시간	비행시간
인천 → LA	5월 25일	9 : 00	11시간

① AM 11 : 00
② PM 12 : 00
③ PM 01 : 00
④ PM 02 : 00
⑤ PM 03 : 00

13

분침과 시침이 겹치는 시각의 5분 전에 알려 주는 뻐꾸기 시계가 있다. 3시와 4시 사이에서 뻐꾸기가 울었을 때 다음에 뻐꾸기가 우는 것은 얼마 후인가?

① 약 1시간 5분 7초
② 약 1시간 5분 27초
③ 약 1시간 5분 47초
④ 약 1시간 6분 7초
⑤ 약 1시간 6분 27초

14

아날로그 시계에서는 1시간에 1회씩 분침과 시침이 겹치고, 분침과 시침이 겹치고 난 다음에 또 겹치기까지 걸리는 시간은 항상 $\frac{12}{11}$시간이다. 1시부터 6시까지 분침과 시침이 겹치는 시간을 모두 더하면 그 수치는 얼마인가? (단, 예를 들어 1시 5분은 $\frac{13}{12}$시로 나타낸다)

① $\frac{156}{11}$
② $\frac{168}{11}$
③ $\frac{180}{11}$
④ $\frac{192}{11}$
⑤ $\frac{200}{11}$

15

어느 상점에서는 손님이 주문하고 30분 후에 제품이 나온다. 상점 앞에는 그림과 같이 A, B 시계가 있는데 시계 A에는 현재의 시각을, 시계 B에는 상품이 나오는 시각을 표시하고 있다. 시계 A에서 긴 바늘과 짧은 바늘이 이루는 각도와 시계 B에서 긴 바늘과 짧은 바늘이 이루는 각도는 12시간 동안 총 몇 회 같아지는가? (단, 긴 바늘과 짧은 바늘이 이루는 각도는 0°와 180°의 사이로 생각한다)

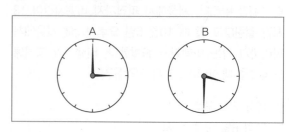

① 12회
② 16회
③ 22회
④ 26회
⑤ 30회

경우의 수

합의 법칙

핵심 Check

① 경우의 수

주어진 조건을 만족하는 답의 종류가 몇 개 있는가를 요구한다.

② 합의 법칙

(1) 두 사건 A, B가 동시에 일어나지 않을 때, 사건 A, B가 일어날 경우의 수를 각각 m, n이라고 하면, 사건 A 또는 B가 일어날 경우의 수는 $(m+n)$가지이다.

(2) 일반적으로 문제에 '또는', '~이거나'가 있으면 합의 법칙을 적용한다.

> 예 사과 2개와 포도 3개 중에서 한 개를 고를 때, 사과 또는 포도를 고르는 경우의 수는 2+3=5(가지)

③ 수형도를 이용하는 방법

(1) **수형도** : 나뭇가지 모양으로 가지 치며 그리는 그림

(2) 경우의 수를 나열할 때 모든 경우가 중복되거나 누락되지 않게 해준다.

> 예 숫자 카드 3, 5, 7로 만들 수 있는 세 자리 수를 수형도로 알아보면 다음과 같이 총 6가지이다.
>
> 3 — 5 — 7 → 357
> 3 — 7 — 5 → 375
>
> 5 — 3 — 7 → 537
> 5 — 7 — 3 → 573
>
> 7 — 3 — 5 → 735
> 7 — 5 — 3 → 753

예제 **01**

육면체 주사위를 두 번 던졌을 때 나온 주사위 눈의 합이 5의 배수가 되는 경우는 모두 몇 가지인가?

① 3가지   ② 4가지   ③ 5가지

④ 6가지   ⑤ 7가지

| 정답 | ⑤

| 해설 | 합이 5가 되는 경우(1번째, 2번째) : (1, 4), (2, 3), (3, 2), (4, 1)
합이 10이 되는 경우(1번째, 2번째) : (4, 6), (5, 5), (6, 4)
따라서 주사위를 두 번 던져 나온 눈의 합이 5의 배수가 되는 경우는 모두 7가지이다.

테마 **17**

경우의 수

예제 **02**

다음 그림을 서로 다른 3가지 색을 사용하여 색칠하려고 한다. 이웃한 직사각형에는 서로 다른 색을 칠하고, 맨 위의 직사각형과 맨 아래의 직사각형에는 서로 다른 색을 칠한다고 할 때, 색을 칠하는 방법은 모두 몇 가지인가?

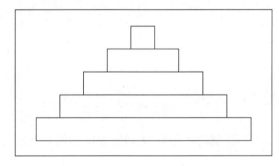

① 20가지
② 25가지
③ 30가지
④ 35가지
⑤ 40가지

| 정답 | ③

| 해설 | 서로 다른 3가지 색을 A, B, C라 하고 맨 아래의 직사각형에 A를 칠하는 경우를 수형도로 그려보면 다음과 같다.

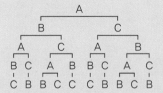

맨 아래의 직사각형에 B, C를 칠하는 경우에도 왼쪽 그림과 같이 10가지의 경우가 나오므로 색을 칠하는 방법은 10 +10+10=30(가지)이다.

합의 법칙 공략

정답과 해설 141 쪽

01. 50,000원권 지폐 8장을 A, B, C, D 네 사람에게 적어도 한 장씩 나누어 주려고 한다. C, D 두 사람에게는 같은 액수를 준다고 할 때, 나누어 줄 수 있는 모든 경우의 수는?

① 9가지　　　　　　② 10가지　　　　　　③ 11가지
④ 12가지　　　　　　⑤ 13가지

02. 서로 다른 두 개의 육면체 주사위를 동시에 던질 때 나온 눈의 차가 3 또는 4인 경우의 수는?

① 8가지　　　　　　② 9가지　　　　　　③ 10가지
④ 11가지　　　　　　⑤ 12가지

03. 서로 다른 두 개의 육면체 주사위를 동시에 던질 때 나온 눈의 합이 5 또는 8인 경우의 수는?

① 8가지　　　　　　② 9가지　　　　　　③ 10가지
④ 11가지　　　　　　⑤ 12가지

04. 1부터 4까지의 숫자가 적혀있는 서로 다른 사면체 주사위 2개를 동시에 던질 때 나온 숫자의 합이 홀수가 되는 경우의 수는?

① 5가지　　　　　　② 6가지　　　　　　③ 7가지

④ 8가지　　　　　　⑤ 9가지

One Point Lesson

1부터 4까지의 숫자가 적힌 두 개의 사면체 주사위를 던져 나온 숫자의 합은 1이 될 수 없다.

05. 〈자료 1〉은 합창의 구성, 〈자료 2〉는 △△기업 합창 동호회의 구성원에 관한 정보이다. △△기업 합창 동호회에서 가능한 합창의 구성은 모두 몇 가지인가?

〈자료 1〉 합창의 구성

여성 2부 합창	여성 3부 합창	남성 2부 합창	남성 3부 합창	혼성 3부 합창
소프라노, 알토	소프라노, 메조소프라노, 알토	테너, 베이스	테너, 바리톤, 베이스	소프라노, 알토(또는 테너), 베이스

〈자료 2〉 △△기업 합창 동호회 구성원 정보

구분	성별	포지션
A	여	알토
B	여	메조소프라노, 소프라노
C	여	알토
D	남	테너
E	여	소프라노
F	남	베이스

① 7가지　　　　　　② 8가지　　　　　　③ 12가지

④ 13가지　　　　　　⑤ 14가지

곱의 법칙

핵심 Check

① 곱의 법칙

(1) 사건 A, B가 일어날 경우의 수를 각각 m, n이라고 하면, 사건 A, B가 동시에 일어날 경우의 수는 $(m \times n)$가지이다.

(2) 일반적으로 문제에 '동시에', '그리고', '하고 나서'라는 말이 있으면 곱의 법칙을 적용한다.

> **예** 집에서 마트를 가는 방법이 3가지, 마트에서 서점을 가는 방법이 3가지일 때, 집에서 출발하여 마트에 들렀다가 서점에 가는 방법은 몇 가지인가?
>
>
>
> 집   마트   서점
>
> ➡ 집에서 마트에 들렀다 서점에 가는 것은 곱의 법칙을 적용해야 한다.
> ➡ 따라서 총 3×3=9(가지)이다.

② 곱의 법칙을 적용하는 문제

(1) 경로 또는 교통수단을 선택할 경우

> A에서 B로 가는 경로가 m가지, B에서 C로 가는 경로가 n가지일 때,
> A에서 B를 지나 C까지 가는 경우의 수=$m \times n$

(2) 물건을 선택할 경우

> 서로 다른 물건 A가 m개, 서로 다른 물건 B가 n개 있을 때,
> A와 B를 각각 1개씩 선택하는 경우의 수=$m \times n$

(3) 동전과 주사위를 동시에 던질 경우

> 서로 다른 동전 m개, 서로 다른 주사위 n개를 던졌을 때의 경우의 수=$2^m \times 6^n$

예제 01

540의 약수이면서 3의 배수인 자연수의 개수는?

① 16개   ② 17개   ③ 18개
④ 19개   ⑤ 20개

| 정답 | ③

| 해설 | 540을 소인수분해하면 $2^2 \times 3^3 \times 5$이므로 540의 약수이면서 3의 배수인 자연수는 $2^l \times 3^m \times 5^n$ ($l=0, 1, 2, m=1, 2, 3, n=0, 1$)의 꼴이다. 따라서 구하는 자연수의 개수는 모두 $3 \times 3 \times 2 = 18$(개)이다.

> 학습 TIP

540의 약수를 전부 구한 후 해결할 수도 있다.
540의 약수 : 1, 2, 3, 4, 5, 6, 9, 10, 12, 15, 18, 20, 27, 30, 36, 45, 54, 60, 90, 108, 135, 180, 270, 540

테마
17
경우의 수

예제 02

다음 도형에 색을 칠하려고 한다. 색을 여러 번 사용할 수는 있으나 이웃하는 영역은 서로 다른 색으로 칠해야 한다. 노란색, 보라색, 빨간색, 검정색, 회색 5가지 색을 사용할 때, 색을 칠하는 방식은 몇 가지인가?

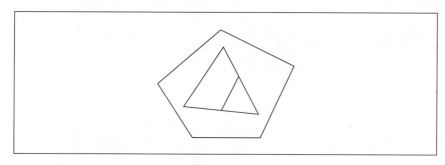

① 20가지   ② 25가지   ③ 40가지
④ 55가지   ⑤ 60가지

| 정답 | ⑤

| 해설 | 다섯 가지 색을 사용할 수 있으나 영역은 세 개이므로 색을 나누는 방법은 다음과 같다.

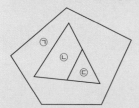

㉠ : 노란색, 보라색, 빨간색, 검정색, 회색의 다섯 가지
㉡ : ㉠ 이외의 네 가지 색
㉢ : ㉠, ㉡ 이외의 세 가지 색

따라서 $5 \times 4 \times 3 = 60$(가지)이다.

곱의 법칙 공략

정답과 해설 141 쪽

이것 만은 꼭

두 개의 숫자가 모두 홀수라면 두 수의 곱은 홀수가 된다. 두 개의 숫자 중 하나 이상이 짝수라면 두 수의 곱은 짝수가 된다.

01. 십의 자리 숫자와 일의 자리 숫자의 곱이 홀수인 두 자리 자연수의 개수는?

① 22개   ② 23개   ③ 24개

④ 25개   ⑤ 26개

02. 서로 다른 색으로 칠해진 5개의 상자와, 상자와 같은 색인 구슬이 1개씩 있다. 이 상자들 안에 구슬을 1개씩 넣을 때, 상자와 구슬의 색이 일치하는 것이 1세트 밖에 없도록 하는 방법은 몇 가지인가? (단, 4개의 상자와 구슬의 경우, 상자와 구슬의 색이 1세트만 일치하도록 하는 방법은 8가지, 전부 일치하지 않도록 하는 방법은 9가지가 있다)

① 45가지   ② 40가지   ③ 36가지

④ 24가지   ⑤ 10가지

03. 10원짜리 동전 3개, 50원짜리 동전 1개, 100원짜리 동전 2개, 500원짜리 동전 1개를 가지고 만들 수 있는 가격의 경우의 수는?

① 43가지   ② 44가지   ③ 45가지

④ 46가지   ⑤ 47가지

04. 다음 자물쇠는 4개의 숫자를 맞춰야만 열린다. 각각의 숫자는 0부터 5까지 6개로 구성되어 있다고 할 때, 이 자물쇠로 만들 수 있는 비밀번호는 총 몇 가지인가?

① 216가지   ② 512가지   ③ 1,296가지

④ 2,048가지   ⑤ 2,216가지

테마
17

경우의 수

05. 다음 도형에 색을 칠하려고 한다. 색을 여러 번 사용할 수는 있으나 이웃하는 영역은 서로 다른 색으로 칠해야 한다. 빨간색, 파란색, 노란색의 세 가지 색깔을 사용할 때, 색을 칠하는 방법은 몇 가지인가?

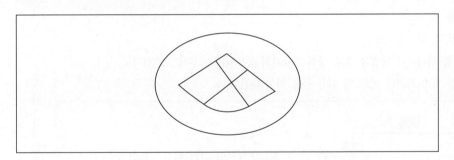

① 4가지   ② 6가지   ③ 8가지

④ 10가지   ⑤ 12가지

유형 3 경기 방식

핵심 Check

① 리그전

(1) 경기에 참가한 모든 팀이 돌아가면서 한 차례씩 대전하여 그 성적에 따라 순위를 결정하는 방식이다.

(2) 참가한 모든 팀에게 평등하게 시합할 기회가 주어진다.

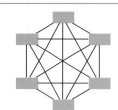

$$\text{리그전의 경기 횟수} = \frac{(\text{팀의 수}) \times (\text{팀의 수} - 1)}{2}$$

② 토너먼트전

(1) 경기마다 패자를 제외시켜 최후에 남은 둘이 우승을 결정하는 방식으로, 승자 진출전이라고도 한다.

(2) 대진표 작성 방법

① 대진표는 상위부터 작성해 나간다.

② 대진표에 선수를 하나하나 대입할 경우 상위 진출자와 중도 참가자부터 고려한다.

③ 이긴 쪽의 선을 굵게 하거나 이긴 팀 이름 등을 적어 나간다.

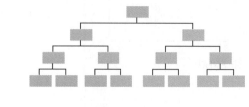

토너먼트전의 경기 횟수 = (팀의 수) - 1

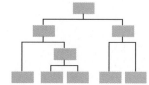

또한, 전체 팀이 $2n\,(n \geq 2)$팀이 아닐 경우 왼쪽과 같이 부전승팀이 도중에 참전하는 형태가 된다.

예제 01

27개 팀이 참가한 축구 대회에서 토너먼트 방식으로 우승팀을 결정한다면 몇 경기를 해야 하는가?

① 26경기 　　　　　② 27경기 　　　　　③ 35경기
④ 48경기 　　　　　⑤ 52경기

테마

17

경
우
의

수

| 정답 | ①

| 해설 | 토너먼트는 정해진 대진표에 따라 2팀씩 경기를 하여 진팀은 탈락하고 승리한 팀끼리 경기를 계속하여 우승을 결정하는 방식으로, 우승팀을 가려내기 위해서는 우승팀을 제외한 모든 팀이 탈락해야 한다. 따라서 전체 참가팀의 수를 n개라고 했을 때 우승팀이 나올 때까지 탈락하는 팀은 $(n-1)$개가 되고 한 경기당 한 팀이 탈락하므로 경기 수도 $(n-1)$경기가 된다. 따라서 27개 팀이 참가했으므로 우승팀을 결정하기 위해서는 27−1=26(경기)를 해야 한다.

예제 02

8개 팀이 참가하는 야구 대회를 리그전으로 진행하기 위해 필요한 경기 수는?

① 16경기 　　　　　② 20경기 　　　　　③ 24경기
④ 28경기 　　　　　⑤ 32경기

| 정답 | ④

| 해설 | 대회에 참가하는 모든 팀이 각각 돌아가면서 한 차례씩 대전하는 경기 방식인 리그전의 경기 횟수는 (팀의 수)×(팀의 수−1)÷2로 구한다. 따라서 8개 팀이 참가하는 리그전의 경기 횟수는 8×7÷2=28(경기)이다.

경기 방식 공략

정답과 해설 142쪽

01. 20팀이 출전한 축구 대회에서 먼저 5팀씩 4개 조로 나누어 조별 리그전을 하고, 각 조의 상위 2팀씩 참여하여 토너먼트전으로 우승팀을 가린다. 이 경우 전체 경기의 수는 몇 경기인가?

① 44경기   ② 45경기   ③ 46경기
④ 47경기   ⑤ 48경기

02. 20X1 프로야구 페넌트레이스는 총 10개 구단이 리그전 방식으로 9차전에 걸쳐 진행된다고 한다. 모든 경기를 단판전으로 진행한다면 진행될 야구 경기는 몇 경기인가?

① 315경기   ② 360경기   ③ 405경기
④ 450경기   ⑤ 495경기

03. 미국 메이저리그 야구 대회의 '포스트시즌'은 두 개의 리그에서의 각 상위 8개 구단이 진행하는 두 개의 토너먼트와 각 토너먼트의 우승팀 간의 최종 결승전인 '월드 시리즈'로 구성되어 있다. 모든 경기를 단판전으로 진행한다면, 포스트시즌의 총 경기 수는 몇 경기인가?

① 9경기   ② 11경기   ③ 14경기
④ 15경기   ⑤ 16경기

04. ○○회사는 사내 체육 대회에서 팀을 이뤄 축구 경기를 할 예정이다. 16개 팀을 4개 조로 나누어 리그전을 치르고, 각 조의 1위와 2위가 다시 토너먼트전을 치러 최종 우승 팀을 결정할 때, 리그전과 토너먼트전에서 각각 몇 번의 축구 경기를 해야 하는가?

1조 :	A팀	B팀	C팀	D팀
2조 :	E팀	F팀	G팀	H팀
3조 :	I팀	J팀	K팀	L팀
4조 :	M팀	N팀	O팀	P팀

- 리그전 : 경기에 참가한 모든 팀이 조별로 서로 한 번씩 겨루어 성적에 따라 순위를 결정하는 방식이다. 참가한 모든 팀이 평등하게 시합할 수 있는 기회가 주어진다는 것이 리그전 방식의 장점이다.
- 토너먼트전 : 경기를 거듭할 때마다 진 팀은 탈락하고 이긴 팀끼리 겨루어 최후에 남은 두 팀이 우승을 가리는 방식이다. 참가자가 많은 게임에서도 비교적 단시간에 성적을 결정할 수 있는 것이 토너먼트전의 장점이다.

	리그전	토너먼트전		리그전	토너먼트전
①	17경기	4경기	②	19경기	5경기
③	21경기	6경기	④	24경기	7경기
⑤	27경기	8경기			

테마

17

경
우
의

수

심화문제

정답과 해설 143 쪽

01

각각의 길이가 3cm, 4cm, 5cm, 6cm, 7cm인 철사 5개가 있다. 이것을 이용하여 만들 수 있는 삼각형의 개수는 모두 몇 개인가? (단, 삼각형 세 변 중 한 변의 길이는 7cm로 한다)

① 4개   ② 5개   ③ 6개
④ 7개   ⑤ 8개

02

서로 다른 크기의 2개의 육면체 주사위 중 큰 주사위의 눈은 1 ~ 6, 작은 주사위의 눈은 4 ~ 9이다. 이 2개의 주사위를 동시에 던졌을 때, 나온 눈의 합이 3의 배수가 되는 경우의 수는?

① 6가지   ② 9가지   ③ 12가지
④ 15가지   ⑤ 18가지

03

a_1, a_2, a_3, a_4, a_5, a_6에 숫자 1 ~ 5를 1개 숫자만 2번 넣고 나머지 숫자는 1번씩 넣을 때, 다음 조건을 만족하는 경우의 수는?

> $a_1 < a_2 < a_3 < a_4$
> $a_4 > a_5 > a_6$

① 6가지   ② 8가지   ③ 10가지
④ 12가지   ⑤ 15가지

04

1, 2, 3, 4, 5를 1번씩 사용해서 만든 5자리의 정수와, 그것을 역순으로 나열해 만든 정수를 합했을 때 66666이 되는 5자리의 정수는 총 몇 개인가?

① 5개   ② 6개   ③ 7개
④ 8개   ⑤ 9개

05

1에서 20까지 숫자가 각각 적힌 카드가 있다. 이 카드에서 임의로 한 장을 뽑을 때, 홀수 또는 4의 배수가 나올 경우의 수는?

① 10가지 ② 12가지 ③ 14가지
④ 15가지 ⑤ 16가지

06

다음 중 가장 많은 경우의 수를 가지는 것은?

① 1개의 동전을 세 번 던졌을 때 생기는 경우의 수
② 주사위 1개를 던졌을 때 생기는 경우의 수
③ 1부터 10까지 숫자가 적힌 카드 중 한 장을 뽑을 때 홀수인 경우의 수
④ 1개의 주사위와 1개의 동전을 동시에 던졌을 때 나오는 경우의 수
⑤ 2명의 학생이 가위바위보를 했을 때 나오는 경우의 수

07

1부터 9까지의 자연수가 하나씩 적힌 9장의 카드가 있다. A는 숫자 2, 5, 9가 적힌 카드를, B는 숫자 1, 7, 8이 적힌 카드를, C는 숫자 3, 4, 6이 적힌 카드를 각각 가지고 있다. A, B, C 세 사람이 동시에 카드를 한 장씩 꺼낼 때, 카드에 적힌 숫자가 가장 큰 사람이 A가 되는 경우의 수는?

① 8가지 ② 9가지 ③ 10가지
④ 11가지 ⑤ 12가지

08

정육각형의 타일 7개를 나열하여 그림과 같은 형태를 만들었다. 7개의 타일 중 4개에 색을 칠할 때, 다르게 칠하는 방법은 총 몇 가지인가? (단, 회전해서 같아지는 색칠방법은 1가지로 한다)

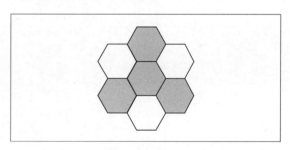

① 6가지 ② 7가지 ③ 8가지
④ 9가지 ⑤ 10가지

09

다음 그림과 같은 입체도형의 각 꼭짓점과 중심부분에 빨간 공, 노란 공, 파란 공 각 1개, 흰색 공 6개에서 1개씩 골라 붙여 넣으려 한다. 중심부분에는 빨간 공, 노란 공, 파란 공 중 하나를 붙여 넣는다고 할 때, 몇 가지의 배치방법을 생각할 수 있는가? (단, 회전시켜 같은 배치가 되는 경우는 1개의 경우로 한다)

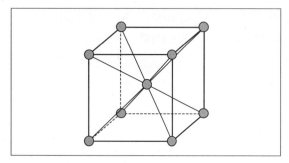

① 9가지 ② 12가지 ③ 15가지
④ 18가지 ⑤ 21가지

10

다음 그림과 같이 집에서 도서관을 가는 3가지 경로가 있고, 도서관에서 영화관을 가는 4가지 경로가 있다. 집에서 도서관을 거쳐 영화관에 갔다가 다시 도서관을 거쳐 집으로 돌아올 때 가능한 경로의 수는 몇 가지인가? (단, 도서관에서 영화관을 갈 때 이용한 경로를 돌아올 때도 이용한다면 도서관에서 집으로 올 때는 이전과 다른 경로를 이용해야 하고, 도서관에서 영화관을 갈 때 이용한 경로를 돌아올 때 이용하지 않는다면 도서관에서 집으로 올 때는 이전과 같은 경로를 이용해야 한다)

① 24가지 ② 48가지 ③ 60가지
④ 72가지 ⑤ 84가지

테마

18

Mathematics

순열과 조합

테마 18. 순열과 조합

순열

핵심 Check

① 순열

(1) 서로 다른 n개에서 중복을 허용하지 않고 r개를 골라 순서를 고려해 나열하는 경우의 수

(2) 서로 다른 n개에서 중복을 허용하지 않고 r개를 골라 일렬로 나열할 때, 첫 번째, 두 번째, …, r번째 자리에 올 수 있는 것은 각각 n, $(n-1)$, …, $(n-r+1)$가지이다.

첫 번째	두 번째	세 번째	…	r 번째
n가지	$(n-1)$가지	$(n-2)$가지	…	$(n-r+1)$가지

$$_n\mathrm{P}_r = n(n-1)(n-2)\cdots(n-r+1) = \frac{n!}{(n-r)!} \ \ (\text{단, } r \le n)$$

예 1~9의 자연수로 이루어진 9장의 카드 중 2장을 뽑아 두 자리 수를 만드는 경우의 수는?

$$\Rightarrow {}_9\mathrm{P}_2 = \frac{9!}{(9-2)!} = 9 \times 8 = 72(\text{가지})$$

② 중복순열

(1) 서로 다른 n개에서 중복을 허용하여 r개를 골라 순서를 고려해 나열하는 경우의 수

(2) 서로 다른 n개에서 중복을 허용하여 r개를 골라 일렬로 나열할 때, 첫 번째, 두 번째, …, r번째 자리에 올 수 있는 것은 각각 n가지씩이다.

첫 번째	두 번째	세 번째	…	r 번째
n가지	n가지	n가지	…	n가지

$$_n\Pi_r = n \times n \times \cdots \times n = n^r$$

예 1~9의 자연수로 이루어진 카드가 2장씩 있을 때, 2장을 뽑아 두 자리 수를 만드는 경우의 수는?

$$\Rightarrow {}_9\Pi_2 = 9^2 = 81(\text{가지})$$

예제 01

1부터 5까지 다섯 개의 숫자 중 세 개를 나열하여 세 자리의 숫자를 만들고자 할 때, 만들 수 있는 숫자는 몇 가지인가?

① 60가지   ② 65가지   ③ 75가지

④ 80가지   ⑤ 85가지

⏰ 빠른 풀이 비법

1 ∼ 5의 숫자가 적힌 카드를 뽑는다고 생각한다.
• 처음에는 다섯 개 중 어느 것이라도 뽑을 수 있다.
• 한 번 뽑은 카드는 다시 쓸 수 없다.
• 세 번째까지 뽑을 수 있는 카드의 개수를 곱한다.

| 정답 | ①

| 해설 | • 백의 자리에 들어갈 숫자 : 1부터 5까지 5개
• 십의 자리에 들어갈 숫자 : 백의 자리에 들어간 숫자 이외의 4개
• 일의 자리에 들어갈 숫자 : 백의 자리와 십의 자리에 들어간 숫자 이외의 3개
따라서 $5 \times 4 \times 3 = 60$(가지)이다.

테마

18

순열과 조합

예제 02

갑, 을, 병 세 사람이 한 번의 가위바위보를 하려고 한다. 이때 적어도 한 명이 지게 되는 경우의 수는 몇 가지인가?

① 13가지   ② 15가지   ③ 18가지

④ 20가지   ⑤ 21가지

| 정답 | ③

| 해설 | 각각 낼 수 있는 것은 가위, 바위, 보 3종류이므로 3명이 한 번의 가위바위보에서 낼 수 있는 경우의 수는 모두 $3 \times 3 \times 3 = 27$(가지)이다. 이 중 적어도 한 명이 지는 경우의 수는 전체 경우의 수에서 아무도 이기지 않는 경우의 수를 뺀 값이다.
아무도 이기지 않는 경우의 수를 구하면, 3명 모두 같은 종류를 내는 경우(3가지)와 모두 다른 종류를 내는 경우($_3P_3 = 6$가지)로 총 9가지이다.
따라서 적어도 한 명이 지게 되는 경우의 수는 $27 - 9 = 18$(가지)이다.

예제 03

5명의 기존 직원과 3명의 신입 직원 총 8명이 있는 영업부는 회의를 진행하기 위해 긴 의자에 앉았다. 신입 직원들은 서로 인접하여 앉을 수 없다면 영업부의 직원들이 자리에 앉을 수 있는 경우의 수는?

① 120가지   ② 240가지   ③ 1,440가지

④ 2,400가지   ⑤ 14,400가지

| 정답 | ⑤

| 해설 |

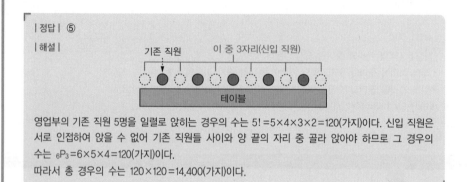

영업부의 기존 직원 5명을 일렬로 앉히는 경우의 수는 $5! = 5 \times 4 \times 3 \times 2 = 120$(가지)이다. 신입 직원은 서로 인접하여 앉을 수 없어 기존 직원들 사이와 양 끝의 자리 중 골라 앉아야 하므로 그 경우의 수는 $_6P_3 = 6 \times 5 \times 4 = 120$(가지)이다.
따라서 총 경우의 수는 $120 \times 120 = 14,400$(가지)이다.

예제 04

5개의 문자 a, b, c, d, e를 일렬로 배열할 때 a와 b 사이에 2개의 문자를 나열하는 방법의 수는?

① 16가지   ② 18가지   ③ 20가지

④ 24가지   ⑤ 26가지

| 정답 | ④

| 해설 | • a와 b 사이에 c, d, e 3개의 문자 중 2개를 택하여 일렬로 나열하는 방법 : $_3P_2 = 3 \times 2 = 6$(가지)
• a와 b가 서로 자리를 바꾸는 방법 : $2! = 2$(가지)
• (aXXb)와 X가 서로 자리를 바꾸는 방법 : $2! = 2$(가지)
따라서 경우의 수는 $6 \times 2 \times 2 = 24$(가지)이다.

예제 05

다음과 같은 원형 테이블에 1 ~ 6의 번호가 적힌 여섯 개의 의자가 놓여있다. 이 의자에 K, L, M, N, O, P 여섯 명이 앉고자 하는데, N은 무조건 1 의자에 앉기로 했다. 이때 K와 L이 서로 마주 보고 앉는 경우의 수는 몇 가지인가?

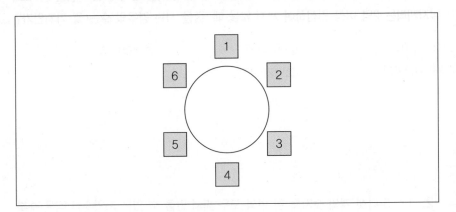

① 6가지
② 12가지
③ 24가지
④ 30가지
⑤ 36가지

빠른 풀이 비법

일단 조건에 따라 K와 L 중 한 명을 골라 앉을 수 없는 자리를 제외한 다음 경우의 수를 파악해야 한다.

테마
18
순열과 조합

| 정답 | ③

| 해설 | K가 앉을 수 없는 자리는 N이 앉아 있는 1 의자와 그 맞은편인 4 의자이다.

i) K가 2 의자에 앉는 경우
L은 맞은편인 5 의자에 앉게 되므로 남은 3, 4, 6 세 자리에 M, O, P 세 명을 배치하면 된다.
$_3P_3 = 3 \times 2 \times 1 = 6$(가지)

ii) K가 3 의자에 앉는 경우
L은 맞은편인 6 의자에 앉게 되므로, 남은 2, 4, 5 세 자리에 M, O, P 세 명을 배치하면 된다.
$_3P_3 = 3 \times 2 \times 1 = 6$(가지)

iii) K가 5 의자에 앉는 경우
L은 맞은편인 2 의자에 앉게 되므로, 남은 3, 4, 6 세 자리에 M, O, P 세 명을 배치하면 된다.
$_3P_3 = 3 \times 2 \times 1 = 6$(가지)

iv) K가 6 의자에 앉는 경우
L은 맞은편인 3 의자에 앉게 되므로, 남은 2, 4, 5 세 자리에 M, O, P 세 명을 배치하면 된다.
$_3P_3 = 3 \times 2 \times 1 = 6$(가지)

따라서 K와 L이 마주 보고 앉는 경우의 수는 $6 \times 4 = 24$(가지)이다.

유형 1

순열 공략

정답과 해설 145 쪽

해결 전략

1단계
남성과 여성으로만 나누어 경우의 수를 파악한다.

2단계
남성 A, B, C와 여성 D, E, F로 나누어 경우의 수를 파악한다.

01. 남자와 여자가 3명씩 총 6명이 한 줄로 서 있다. 가장 왼쪽에 선 사람은 남자고, 남자끼리는 2명 이상 인접하여 서지 않을 때, 줄을 서는 경우의 수는 몇 가지인가?

① 27가지　　　　　② 81가지　　　　　③ 108가지
④ 360가지　　　　　⑤ 720가지

02. 1 ～ 5 다섯 개의 숫자를 한 번씩 모두 써서 만들 수 있는 자연수를 작은 수부터 차례대로 나열할 때, 73번째에 해당하는 수는?

① 34512　　　　　② 35124　　　　　③ 41235
④ 41325　　　　　⑤ 41235

03. 한 가족이 사진관에서 가족사진을 찍으려고 한다. 다음 그림과 같이 2명은 앞줄에 앉고 4명은 뒷줄에 나란히 서기로 했고, 어머니는 아버지의 옆에서 사진 찍기를 원하신다. 부모님이 같은 줄에 이웃하여 사진을 찍게 되는 경우의 수는 몇 가지인가? (단, 가족은 부모님과 형제 4명으로 모두 6명이다)

◉◉◉◉　　　　　◉ 서는 자리
▣▣　　　　　▣ 앉는 자리

① 82가지　　　　　② 112가지　　　　　③ 144가지
④ 192가지　　　　　⑤ 240가지

04. A, B, C, D, E 다섯 명이 긴 테이블에 일렬로 앉으려고 한다. A와 B는 이웃하여 앉고 A와 C는 이웃하여 앉지 않는다고 할 때, 다섯 명이 일렬로 앉는 경우의 수는?

① 32가지 ② 34가지 ③ 36가지

④ 38가지 ⑤ 40가지

05. 사내 봉사 모임에서 임원진을 새로 선출하려고 한다. 다음 정보를 바탕으로 할 때, 올해 임원진은 총 몇 가지 조합으로 구성할 수 있는가?

• 봉사 모임의 회원은 임원진을 포함하여 총 17명이다.

• 임원진은 회장, 부회장, 총무 각 1명으로 구성되어 있으며, 매년 1월 임원진을 새로 선출한다.

• 지난해 임원진은 올해 임원이 될 수 없지만, 그전에 임원을 맡았던 사람은 또 임원이 될 수 있다.

---

① 5가지 ② 384가지 ③ 1,360가지

④ 2,184가지 ⑤ 4,080가지

06. A ~ E 다섯 명이 1 ~ 6의 번호가 붙은 사물함을 한 사람당 한 개씩 사용하기로 하였다. 사물함의 배치가 다음과 같은 경우, A와 B가 반드시 통로를 끼고 맞은편 사물함을 쓴다고 할 때, 다섯 명이 사용할 사물함을 결정하는 경우의 수는 몇 가지인가?

1	2	3
통로		
4	5	6

① 144가지 ② 168가지 ③ 360가지

④ 720가지 ⑤ 750가지

유형 2 같은 것이 있는 순열, 원순열

핵심 Check

❶ 같은 것이 있는 순열

(1) 같은 것이 있는 순열의 수

n개 중에 같은 것이 각각 p개, q개, $\cdots$, r개일 때 n개를 모두 택하여 만든 순열의 수

$$\frac{n!}{p!q!\cdots r!} \quad (단, \ p+q+\cdots+r=n)$$

> **예** a, b, b, c, c, c를 일렬로 배열하는 순열의 수는?
>
> ⇨ 같은 것이 있는 순열이다.
>
> ⇨ 따라서 $\dfrac{6!}{1!2!3!}=60$(가지)이다.

(2) 순서가 정해진 순열의 수

서로 다른 n개 중 특정한 r개의 순서가 일정하게 정해졌을 때, n개를 모두 일렬로 배열하는 순열의 수

$$\frac{n!}{r!}$$

> **예** 숫자 1, 2, 3, 4, 5를 일렬로 배열할 때, 2, 4, 5의 순으로 배열하는 순열의 수는?
>
> ⇨ 순서가 정해진 순열이다.
> ⇨ 2, 4, 5의 순서가 정해져 있으므로 2, 4, 5를 같은 문자인 a로 생각한다.
> ⇨ 1, a, 3, a, a를 일렬로 배열하는 순열의 수를 구하면 $\dfrac{5!}{1!1!3!}=20$(가지)이다.

② 원순열

(1) 서로 다른 n개를 원형으로 배열하는 경우의 수

(2) 성질

일렬로 나열하는 순열의 수에서 중복된 경우들이 발생한다.

① a, b, c를 일렬로 나열하는 경우의 수는 3!가지로 다음 경우 1～6으로 정리할 수 있다.

- 경우 1 : a−b−c   • 경우 2 : a−c−b   • 경우 3 : b−a−c
- 경우 4 : b−c−a   • 경우 5 : c−a−b   • 경우 6 : c−b−a

② 이를 원형으로 나열하면 경우 1, 4, 5와 경우 2, 3, 6은 같은 경우가 된다.

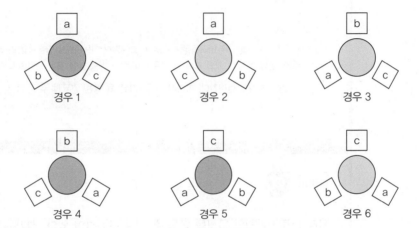

③ 따라서 서로 다른 3개를 일렬로 나열하면 3!가지이지만 이를 원형으로 배열하면 같은 경우가 3가지씩 생기므로 3개를 원형으로 배열하는 경우의 수는 $\dfrac{3!}{3} = (3-1)! = 2!$(가지)이다.

(3) 공식

> • 서로 다른 n개를 원형으로 배열하는 경우의 수 : $\dfrac{_n\mathrm{P}_n}{n} = \dfrac{n!}{n} = (n-1)!$
>
> • 서로 다른 n개 중 r개를 골라 원형으로 배열하는 경우의 수 : $\dfrac{_n\mathrm{P}_r}{r} = \dfrac{1}{r} \times \dfrac{n!}{(n-r)!}$

빠른 풀이 비법

5개의 바둑돌을 모두 나열하는 경우

흰색 3개를 나열하는 경우 × 검은색 2개를 나열하는 경우

예제 01

색으로만 구별이 가능한 흰 바둑돌 3개와 검은 바둑돌 2개가 있다. 이 바둑돌 5개를 일렬로 나열하는 경우의 수는 몇 가지인가?

① 3가지   ② 10가지   ③ 12가지

④ 18가지   ⑤ 21가지

|정답| ②

|해설| 흰 바둑돌과 검은 바둑돌은 색으로만 그 구분이 가능하므로 같은 색끼리 묶어 생각한다. 바둑돌을 나열할 수 있는 다섯 개의 자리 중 검은 바둑돌 두 개를 놓을 곳을 정하면 나머지 세 개의 자리에는 흰 바둑돌이 하나씩 들어간다. 따라서 검은 바둑돌을 놓는 경우의 수는 $_5C_2 = \dfrac{5 \times 4}{2 \times 1} = 10$(가지)이다.

예제 02

서로 다른 9가지의 음식을 담을 수 있는 구절판이 있다. 한가운데에는 밀전병을 담고, 밀전병을 둘러싼 여덟 곳에는 A ~ H 8명이 하나씩 요리한 서로 다른 8가지 음식을 담으려고 할 때, A가 만든 음식과 B가 만든 음식이 반드시 이웃하도록 담는 경우의 수는 몇 가지인가?

① 960가지   ② 1,020가지   ③ 1,180가지

④ 1,240가지   ⑤ 1,440가지

|정답| ⑤

|해설| • 한가운데 밀전병을 담는 경우의 수 : 1가지

• A와 B가 만든 음식이 이웃하도록 담는 경우의 수 : 2! =2(가지)

자리가 정해진 밀전병을 제외하고 서로 이웃해야 하는 A와 B를 하나의 음식으로 묶어 생각하여 7가지의 음식을 원형으로 나열하는 경우의 수를 구하면 $\dfrac{7!}{7} = \dfrac{7 \times 6 \times 5 \times 4 \times 3 \times 2}{7} = 720$(가지)이다.

따라서 A가 만든 음식과 B가 만든 음식이 반드시 이웃하는 경우의 수는 $1 \times 2 \times 720 = 1,440$(가지)이다.

예제 03

4쌍의 부부가 1개의 원탁에 착석할 때, 각 부부가 배우자의 옆자리에 앉는 경우의 수는 몇 가지인가?

① 48가지   ② 64가지   ③ 96가지

④ 144가지   ⑤ 192가지

| 정답 | ③

| 해설 | 부부가 서로의 옆자리에 앉아야 하므로 한 쌍씩 묶어 나열하면 앉을 수 있는 경우의 수는 $(4-1)! = 3! = 3 \times 2 \times 1 = 6$(가지)이다.
각 부부의 남편과 아내가 서로 자리를 바꾸는 경우의 수는 $2! = 2$(가지)이므로 총 경우의 수는 $6 \times 2 \times 2 \times 2 \times 2 = 96$(가지)이다.

테마

18

순
열
과

조
합

예제 04

다음과 같은 상황에서 6명의 직원이 앉을 수 있는 경우의 수는 몇 가지인가?

A 기업 B 부서가 직원 회식을 하게 되었다. B 부서의 전체 직원 수는 총 6명이며, 원형 테이블의 식당에서 회식을 하기로 하였다. B 부서의 회식 준비 담당자는 6명의 직원을 어떻게 앉도록 하는 것이 좋을지 고민 중이다.

① 6가지   ② 12가지   ③ 24가지

④ 120가지   ⑤ 720가지

> **학습 TIP**
>
> **원순열**
> 1. 서로 다른 n개의 대상을 순서를 생각하여 원형으로 배열하는 것(같은 회전 방향으로 위치만 다르고 배열 순서가 같은 n가지는 같은 것으로 봄)
> $$\frac{_n\mathrm{P}_n}{n} = \frac{n!}{n} = (n-1)!$$
> 2. 서로 다른 n개 중에서 r개를 선택하여 원형으로 배열하는 것
> $$\frac{_n\mathrm{P}_r}{r} = \frac{1}{r} \cdot \frac{n!}{(n-r)!}$$

| 정답 | ④

| 해설 | 6명의 직원이 원형 테이블에 앉으므로 원순열에 해당한다. 따라서 $\frac{_n\mathrm{P}_n}{n} = (n-1)! = (6-1)! = 5! = 120$(가지)이다.

유형 2 같은 것이 있는 순열, 원순열 공략

정답과 해설 146쪽

01. K 공사는 매월 말에 부서 전체 회의를 진행한다. 각 부서의 직원들이 다음 〈조건〉에 따라 회의를 진행할 때, 같은 부서 직원들끼리 서로 이웃하여 앉는 경우의 수는 몇 가지인가?

조건

• 회의에는 부서별로 2명씩 모두 6명이 참석한다.
• 회의 참석자들은 하나의 원형 테이블에 둘러앉아 회의를 진행한다.

① 10가지   ② 12가지   ③ 16가지
④ 24가지   ⑤ 36가지

02. JINJIIN 7문자를 나열할 때, 2개의 J 사이에 다른 문자가 1개 이상 들어가는 경우의 수는 몇 가지인가?

① 30가지   ② 60가지   ③ 90가지
④ 120가지   ⑤ 150가지

03. 경희와 경민을 포함한 6명이 다음 그림과 같이 6개의 의자가 놓인 직사각형 모양의 탁자에 둘러앉을 때, 경희와 경민이 2개의 의자가 놓인 변에 나란히 앉지 않는 경우의 수는 몇 가지인가?

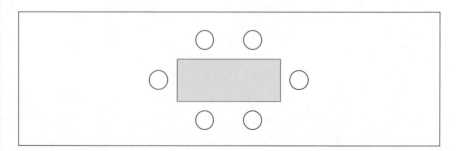

① 310가지   ② 311가지   ③ 312가지
④ 313가지   ⑤ 314가지

04. 다음 그림과 같은 정오각뿔의 각 면을 서로 다른 6가지의 색을 한 번씩만 사용하여 칠하는 경우의 수는 몇 가지인가?

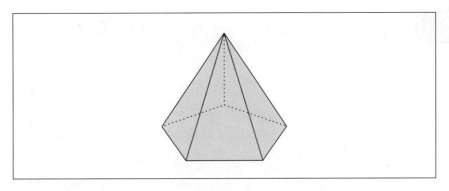

① 24가지   ② 96가지   ③ 120가지

④ 144가지   ⑤ 240가지

05. 1, 2, 2, 4, 5, 5를 일렬로 배열하여 여섯 자리의 자연수를 만들 때, 300,000보다 큰 자연수의 개수는?

① 70개   ② 80개   ③ 90개

④ 100개   ⑤ 110개

06. 1부터 6까지의 자연수가 하나씩 적혀 있는 6장의 카드가 있다. 이 카드를 모두 한 번씩만 사용하여 일렬로 나열할 때, 2가 적혀 있는 카드는 4가 적혀 있는 카드보다 왼쪽에 나열하고 홀수가 적혀 있는 카드는 작은 수부터 왼쪽부터 오름차순으로 나열하는 경우의 수는 몇 가지인가?

 빠른 풀이 비법

2, 4의 자리를 선택하는 경우의 수와 남은 자리 중 1, 3, 5의 자리를 선택하는 경우의 수를 나누어 생각한다.

① 58가지   ② 60가지   ③ 62가지

④ 64가지   ⑤ 66가지

유형 3

조합

핵심 Check

1 조합

서로 다른 n개에서 순서를 고려하지 않고 r개를 택하는 경우의 수

$$_nC_r = \frac{n(n-1)(n-2) \cdots (n-r+1)}{r!} = \frac{_nP_r}{r!} = \frac{n!}{r!(n-r)!} \ (단, \ r \le n)$$

예 7개 중 3개를 고르는 조합

분자 곱셈 구조

$_7C_3$

7에서 시작해서 하나씩 줄여가며 3개 숫자를 곱한다.

$$_7C_3 = \frac{7 \times 6 \times 5}{3 \times 2 \times 1} = 35(가지)$$

7개에서 ─┐
3개를 고른다.─┘

분모 곱셈 구조

$_7C_3$

3에서 시작해서 하나씩 줄여가며 1까지 곱한다.

2 중복조합

서로 다른 n개에서 순서를 고려하지 않고 중복을 허용하여 r개를 택하는 경우의 수

$$_nH_r = {}_{n+r-1}C_r$$

예제 01

어느 댄스 동아리의 부원은 7명이다. 이 7명 중에서 대회에 나갈 두 명을 고르는 경우의 수는 몇 가지인가?

① 7가지　　　　　② 14가지　　　　　③ 21가지
④ 28가지　　　　　⑤ 35가지

| 정답 | ③

| 해설 | 7명 중 2명을 선택하는 경우의 수는 $_7C_2 = \dfrac{7 \times 6}{2} = 21$(가지)이다.

예제 02

밤, 감, 사과 중 5개의 과일을 고르는 경우의 수는 몇 가지인가?

① 15가지　　　　　② 18가지　　　　　③ 21가지
④ 24가지　　　　　⑤ 27가지

⏰ **빠른 풀이 비법**

중복조합을 이용해 나타내면

$_3H_5 = _{3+5-1}C_5 = _7C_5 = _7C_2$

| 정답 | ③

| 해설 | ○○○○○●●에서 ○은 밤, 감, 사과를 나타내고 ●은 과일의 종류가 변하는 경계를 나타낸다. 예를 들어 밤 1개, 감 2개, 사과 2개를 고르는 경우는 ○●○○●○○이다.

5+2=7(개)의 자리 중 ● 2개의 위치를 정하는 경우의 수는 $_7C_2 = \dfrac{7 \times 6}{2} = 21$(가지)이다.

예제 03

어느 도시락 가게에서는 4종류의 밥과 5종류의 반찬 중에서 좋아하는 것을 조합해 주문할 수 있다. 밥 1종류와 반찬 2종류를 조합하는 경우의 수는 몇 가지인가?

① 14가지   ② 18가지   ③ 25가지

④ 36가지   ⑤ 40가지

|정답| ⑤

|해설| 4종류의 밥 중 1가지를 선택하는 경우의 수는 $_4C_1 = \dfrac{4}{1} = 4$(가지)이고, 5종류의 반찬 중 2가지를 선택하는 경우의 수는 $_5C_2 = \dfrac{5\times4}{2\times1} = 10$(가지)이다. 따라서 총 $4\times10 = 40$(가지)이다.

예제 04

거래처에서 똑같이 생긴 14개의 선물 상자를 보내왔다. 이를 A, B, C 세 사람이 모두 나누어 가질 때, 모든 사람이 한 개 이상씩 갖게 되는 경우의 수는 몇 가지인가?

① 26가지   ② 39가지   ③ 78가지

④ 156가지   ⑤ 234가지

|정답| ③

|해설|

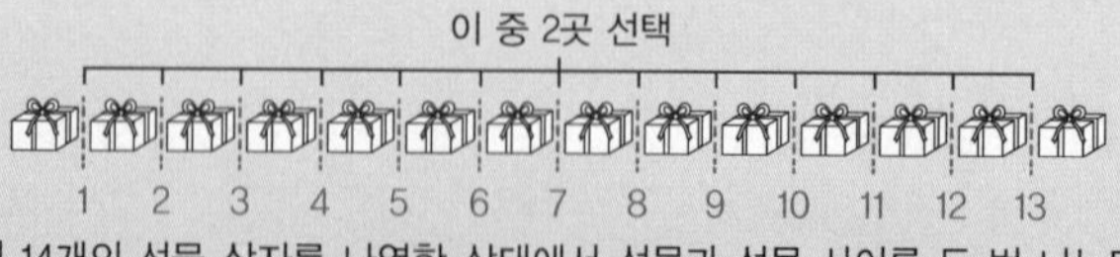

이 중 2곳 선택

1 2 3 4 5 6 7 8 9 10 11 12 13

위 그림과 같이 14개의 선물 상자를 나열한 상태에서 선물과 선물 사이를 두 번 나누면 선물 상자가 한 개 이상씩 포함된 세 개의 묶음이 만들어지고 A, B, C가 이를 한 묶음씩 나누어 가지면 된다. 선물이 14개이므로 나눌 수 있는 부분은 13곳이고 이 중에서 두 곳을 택하는 것이므로, 구하고자 하는 경우의 수는 $_{13}C_2 = \dfrac{13\times12}{2\times1} = 78$(가지)이다.

예제 05

10명의 사원들에게 25, 26, 27, 28일 중 하루를 특별휴가로 지급하려 한다. 하루에 최대 3명까지 휴가를 쓸 수 있다면 휴가를 분배할 수 있는 경우의 수는 몇 가지인가? (단, 어떤 사원이 어느 날짜에 휴가를 쓰는지는 고려하지 않는다)

① 10가지   ② 16가지   ③ 48가지

④ 80가지   ⑤ 100가지

| 정답 | ①

| 해설 | 하루에 최대 3명까지 총 10명을 4일로 나누는 방법은 (3명, 3명, 3명, 1명) 또는 (3명, 3명, 2명, 2명)으로 두 가지이다.

첫 번째 방법을 날짜별로 배치하는 경우의 수는 $_4C_1 = \dfrac{4}{1} = 4$(가지), 두 번째 방법은 $_4C_2 = \dfrac{4 \times 3}{2 \times 1} = 6$(가지)이다. 따라서 전체 경우의 수는 $4+6=10$(가지)이다.

예제 06

9명의 학생으로 구성된 남녀 혼합 모임에서 2명의 대표를 선출하려고 한다. 선출된 2명 중 적어도 1명은 남자일 경우의 수가 15가지라고 할 때, 모임 내 여자의 수는 모두 몇 명인가?

① 3명   ② 4명   ③ 5명

④ 6명   ⑤ 7명

| 정답 | ⑤

| 해설 | 전체 9명 중 2명을 선출하는 경우의 수는 $_9C_2 = \dfrac{9 \times 8}{2 \times 1} = 36$(가지)이고, 이 중 적어도 1명은 남자일 경우의 수가 15가지라면, 반대로 남자가 1명도 선출되지 않을 경우의 수는 $36-15=21$(가지)가 된다. 따라서 여자 x명 중 2명을 선택하는 경우의 수가 21가지이므로 다음 식이 성립한다.

$_xC_2 = 21$

$x \times (x-1) = 42$

$\therefore x = 7$(명)

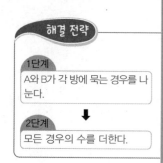

예제 07

A ~ H 8명이 함께 여행을 떠났다. 숙박업소에는 2명까지 묵을 수 있는 [소나무], 3명까지 묵을 수 있는 [대나무]와 [매화]로 3개의 방이 있어 8명은 서로 나뉘어 묵기로 했다. 이때, A와 B 2명이 반드시 같은 방에 묵는 경우의 수는 몇 가지인가?

① 120가지   ② 130가지   ③ 140가지
④ 150가지   ⑤ 160가지

|정답| ③

|해설| A와 B 2명이 소나무 또는 대나무 또는 매화에 묵는 경우로 나누어 생각한다.

1. A와 B가 소나무에 묵는 경우
   남은 6명을 대나무와 매화에 3명씩 나눈다. 6명 중에서 대나무에 묵을 사람 3명을 고르면 남은 3명은 저절로 매화에 묵게 되므로 $_6C_3 = \dfrac{6 \times 5 \times 4}{3 \times 2 \times 1} = 20$(가지)이다.

2. A와 B가 대나무에 묵는 경우
   남은 6명을 대나무 1명과 소나무 2명, 매화 3명으로 나눈다. 대나무에 묵는 사람은 6명 중 1명이므로 $_6C_1 = 6$(가지), 남은 5명 중 소나무에 묵는 2명을 선택하는 것은 $_5C_2 = \dfrac{5 \times 4}{2 \times 1} = 10$(가지)이므로 다 합해서 $6 \times 10 = 60$(가지)이다.

3. A와 B가 매화에 묵는 경우
   남은 6명을 대나무 3명과 소나무 2명, 매화 1명으로 나눈다. 방은 다르지만 A와 B가 대나무에 묵는 경우와 같으므로 60가지이다.

따라서 A와 B가 반드시 같은 방에 묵는 경우의 수는 20+60+60=140(가지)이다.

예제 08

3명이 팀을 구성해 하는 작업이 있다. 작업 가능 인원은 남자 4명, 여자 6명으로 그중 2쌍은 자매이다. 조합에 따라 작업 능률이 어떻게 변화하는지를 알기 위해 모든 조합으로 작업을 해 보기로 했다. 팀원 3명 중 1명은 반드시 여성이어야 하며, 3명 모두 서로 친족관계가 아니어야 할 때, 팀을 조합하는 경우의 수는 몇 가지인가? (단, 제시된 정보 이외의 친족관계는 없다)

① 60가지 　　　　② 70가지 　　　　③ 80가지
④ 90가지 　　　　⑤ 100가지

| 정답 | ⑤

| 해설 | 전체의 경우의 수에서 모든 팀원이 남성인 경우와 3명 중 자매가 있는 경우를 뺀다.

먼저 10명 중 3명을 선택하는 방법은 $_{10}C_3 = \dfrac{10 \times 9 \times 8}{3 \times 2 \times 1} = 120$(가지)이다.

1. 모두 남성인 경우 → 남성 4명 중 3명을 선택하는 경우

$_4C_3 = \dfrac{4 \times 3 \times 2}{3 \times 2 \times 1} = 4$(가지)

2. 자매를 포함하는 경우

$_8C_1 = 8$(가지)

단, 2쌍의 자매가 있으므로 $8 \times 2 = 16$(가지)

따라서 팀을 조합하는 경우의 수는 $120 - 4 - 16 = 100$(가지)이다.

유형 3

조합 공략

정답과 해설 147쪽

01. L 회사는 물품 보관용 창고를 10개 가지고 있는데, 각 창고별로 TV를 최대 9대까지 수용할 수 있다. 총 88대의 동일 TV 제품을 모든 창고에 나누어 보관하고자 할 때, 가능한 경우의 수는 몇 가지인가?

① 40가지   ② 45가지   ③ 50가지
④ 55가지   ⑤ 60가지

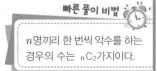

빠른 풀이 비법

n명끼리 한 번씩 악수를 하는 경우의 수는 $_n C_2$가지이다.

02. 어떤 모임에 참가한 모든 회원들이 서로 한 번씩 악수를 하니 악수를 총 6번 하게 됐을 때, 이 모임의 회원 수는 몇 명인가?

① 3명   ② 4명   ③ 5명
④ 6명   ⑤ 7명

03. 총무팀 소속인 n명의 직원이 서로 한 번씩 악수를 나누려고 한다. 팔을 다친 한 명의 직원을 제외하고 총 15번의 악수가 이루어졌을 때, 총무팀 소속 직원은 모두 몇 명인가?

① 5명   ② 6명   ③ 7명
④ 8명   ⑤ 9명

04. 동전을 8회 던질 때 앞면이 6회 이상 나오는 경우의 수는 몇 가지인가?

① 8가지   ② 16가지   ③ 28가지

④ 37가지   ⑤ 42가지

 빠른 풀이 비법

앞면이 6회, 앞면이 7회 나올 경우 각각 뒷면이 2회, 뒷면이 1회 나왔음을 이용하면 숫자를 줄여 더욱 간편하게 계산할 수 있다.

05. 다음 그림과 같이 4개의 평행선과 5개의 평행선이 서로 만나고 있다. 이들 평행선으로 만들어지는 평행사변형은 모두 몇 개인가?

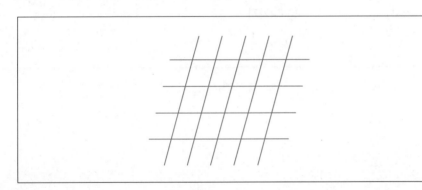

① 40개   ② 50개   ③ 56개

④ 60개   ⑤ 66개

테마

18

순열과 조합

06. 1부터 10까지의 자연수 중에서 서로 다른 두 개의 수를 임의로 택하여 곱할 때, 두 수의 곱이 3의 배수가 되도록 택하는 경우의 수는 몇 가지인가?

① 24가지　　　　　　② 25가지　　　　　　③ 26가지
④ 27가지　　　　　　⑤ 28가지

07. 3개의 다른 용기 A, B, C에 사과 9개를 넣는 경우의 수는 몇 가지인가? (단, 빈 용기가 있을 수 있다)

① 52가지　　　　　　② 55가지　　　　　　③ 58가지
④ 61가지　　　　　　⑤ 64가지

빠른 풀이 비법

경우의 수가 적을 때는 직접 가능한 경우를 모두 구해 보는 것도 시간을 단축하는 방법이다.

08. A ~ G 7명의 학생이 여행을 가서 2인용, 5인용 2개 방에 머물게 되었다. A와 B는 반드시 같은 방에 묵는다고 할 때, 방을 나누는 경우의 수는 몇 가지인가?

① 10가지　　　　　　② 11가지　　　　　　③ 12가지
④ 13가지　　　　　　⑤ 14가지

09. 다음은 A 기업 B 부서의 직원 단합대회 장소에 이동하는 과정이다. B 부서 직원이 차량에 나누어 타는 경우의 수는 몇 가지인가?

> B 부서의 직원 수는 8명이다. 부장과 과장이 각각 한 명이고, 부하 직원이 여섯 명이다. 직원 단합대회 장소로 이동하기 위하여 두 대의 차량에 4명씩 나누어 타기로 하였다. 차량은 서로 다르며, 부장과 과장은 같은 차량에 탑승할 수 없다.

① 28가지 ② 32가지 ③ 36가지
④ 40가지 ⑤ 44가지

10. 소영, 승훈, 미영, 지훈, 아영 중 대표 2명을 뽑는 경우의 수는 몇 가지인가?

① 8가지 ② 9가지 ③ 10가지
④ 11가지 ⑤ 12가지

⏱️ **빠른 풀이 비법**

- n명 중 직책이 같은 2명을 뽑는 경우의 수
$= \dfrac{n\times(n-1)}{2}$
- n명 중 직책이 다른 2명을 뽑는 경우의 수
$= n\times(n-1)$

11. 남자 5명과 여자 3명 중에서 4명을 선발하여 팀을 구성하려고 한다. 여자와 남자로 이루어진 팀을 구성하려고 할 때, 가능한 경우의 수는 몇 가지인가?

① 65가지 ② 70가지 ③ 75가지
④ 80가지 ⑤ 85가지

유형 4 경로의 수

핵심 Check

❶ 덧셈방식

(1) 출발 지점에서 도착 지점까지 가는 길을 차례로 더해 가며 구하는 방법이다.

(2) A의 위와 오른쪽 방향의 각 교차점에 1을 적는다. A에서 그 장소까지 가는 방법이 1가지라는 의미이다. 이때 지나갈 수 없는 지점에는 0을 적는다.

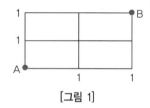

[그림 1]

(3) [그림 2]처럼 대각선 상 두 개의 숫자의 합을 오른쪽 위에 적는다. 이를 [그림 1]에 적용하면 [그림 3]과 같다.

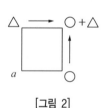

[그림 2]

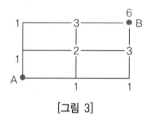

[그림 3]

❷ 조합 활용법

세로 a블록, 가로 b블록의 경로를 최단거리로 가려면 $_{a+b}C_a$ 가지의 조합이 있다.

$$_{a+b}C_a = \frac{(a+b)!}{a!b!}$$

예제 01

다음 그림의 A에서 B까지 가는 최단경로는 몇 가지인가?

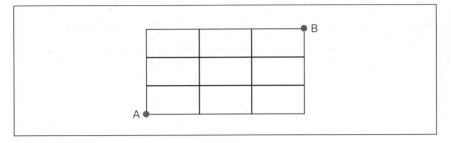

① 18가지

② 19가지

③ 20가지

④ 21가지

⑤ 22가지

| 정답 | ③

| 해설 | 이 길을 최단거리로 가려면 오른쪽으로 3회, 위로 3회로 총 6회의 이동을 하면 된다. 위쪽 방향으로 이동하는 3회분을 몇 번째로 할지를 결정하는 조합은 $_6C_3 = \dfrac{6 \times 5 \times 4}{3 \times 2 \times 1} = 20$(가지)이다.

[별해] 출발 지점인 A에서 도착 지점인 B까지 가는 길을 차례로 더해 가며 구하는 방법이다.

i) 〈그림 1〉과 같이 A의 위와 오른쪽 방향의 각 교차점에 숫자 1을 기입한다. 이것은 A에서 그 장소까지 갈 수 있는 방법이 한 가지라는 것을 의미한다.

ii) 〈그림 2〉와 같이 대각선 상의 두 숫자의 합을 오른쪽 위에 적는 작업을 하면 〈그림 3〉이 완성되며, A에서 B까지 가는 데 총 20가지의 길이 있다는 것을 알 수 있다.

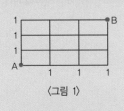

〈그림 1〉

△ → ○+△

a 지점에서 오른쪽 위 교차점까지 가는 방법은 ○+△가지다.

〈그림 2〉

〈그림 3〉

예제 **02**

다음 그림과 같은 길이 있다. A 지점에서 B 지점까지 같은 길을 2회 이상 지나가지 않고 가는 경우의 수는 몇 가지인가? (단, 최단경로로 가지 않아도 된다)

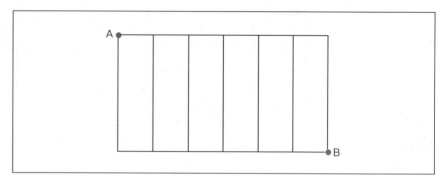

① 61가지   ② 62가지   ③ 63가지

④ 64가지   ⑤ 65가지

| 정답 | ④

| 해설 | A에서 B로 가려면, 어느 경로를 통해도 오른쪽으로 6회 이동해야 한다. 그리고 최초의 출발점을 포함하여 오른쪽으로 1회 이동할 때마다 상하로의 이동 여부를 선택해야 한다. 이를 총 6번 선택해야 하므로, A에서 B까지 이동하는 경우의 수는 $2^6 = 64$(가지)이다.

(별해) A에서 B로 가려면, 상하의 이동이 홀수가 되는 것에 주목하여 상하의 이동 횟수에 따라 경우를 나누면 다음과 같다.

(i) 1회 이동했을 때 : 7가지

(ii) 3회 이동했을 때 : $_7C_3 = \dfrac{7 \times 6 \times 5}{3 \times 2 \times 1} = 35$(가지)

(iii) 5회 이동했을 때 : $_7C_5 = {_7C_2} = \dfrac{7 \times 6}{2 \times 1} = 21$(가지)

(iv) 7회 이동했을 때 : 1가지

따라서 총 7+35+21+1=64(가지)이다.

예제 03

다음 그림과 같은 도로망이 있다. A 지점에서 B 지점까지 가는 최단경로는 몇 가지 인가?

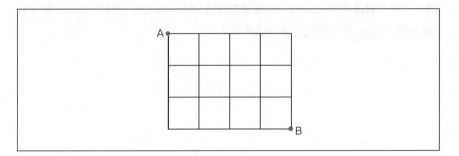

① 32가지   ② 33가지   ③ 34가지

④ 35가지   ⑤ 36가지

이것 만은 꼭

n개의 A와 m개의 B를 일렬로 나열하는 경우의 수는
$\dfrac{(n+m)!}{n!m!}$ 가지이다.

테마

18

순열과 조합

| 정답 | ④

| 해설 |

오른쪽으로 한 칸 가는 것을 a, 아래쪽으로 한 칸 가는 것을 b로 나타내면, 위 그림에서 굵은 선으로 나타낸 것은 abaabab로, 최단경로 가운데 하나이다.

즉, 최단경로는 4개의 a와 3개의 b를 일렬로 나열하는 것이므로 최단경로의 수는 $\dfrac{7!}{4!3!} = 35$(가지) 이다.

경로의 수 공략

정답과 해설 149 쪽

A에서 B까지 가는 경로의 수가 n개라면, 갔다가 되돌아오는 경로의 수는 n^2개다.

01. 다음 그림과 같은 길에서 A에서 출발하여 B를 거쳐 C로 갔다가 다시 B를 거쳐 A로 되돌아오는 최단경로는 몇 가지인가?

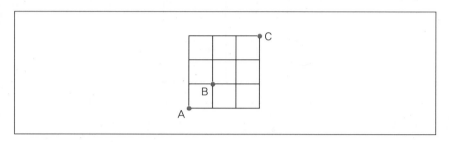

① 64가지   ② 100가지   ③ 144가지

④ 256가지   ⑤ 289가지

02. 다음 그림과 같이 마름모 모양으로 연결된 도로망이 있다. 이 도로망을 따라 A 지점에서 출발하여 B 지점까지 가는 최단경로는 몇 가지인가?

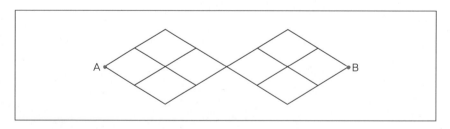

① 24가지   ② 28가지   ③ 32가지

④ 36가지   ⑤ 40가지

03. 다음 그림과 같은 바둑판 모양의 도로가 있다. A에서 B까지 가는 최단경로는 몇 가지인가? (단, × 지점은 공사 중이어서 통행할 수 없다)

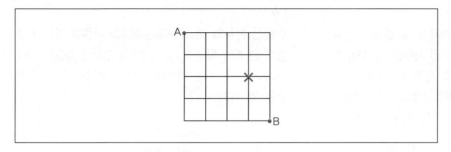

① 28가지   ② 32가지   ③ 36가지
④ 40가지   ⑤ 44가지

학습 TIP

덧셈방식을 사용하여 구하면 다음과 같다.

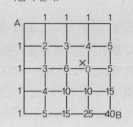

테마
18

순열과 조합

04. 다음 그림과 같이 A 지점에서 B 지점으로 가는 길이 있다. B 지점에 도착하기 전에는 한 번 통과한 지점을 다시 통과해도 된다고 할 때, 같은 길을 다시 통과하지 않고 A 지점에서 B 지점으로 가는 길은 몇 가지인가?

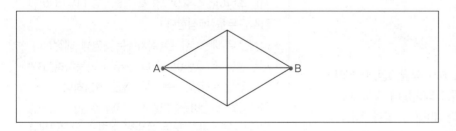

① 11가지   ② 13가지   ③ 15가지
④ 17가지   ⑤ 19가지

심화문제

정답과 해설 150 쪽

01

적색, 녹색, 백색의 공이 총 8개가 있다. 공을 일렬로 나열하는 경우의 수를 구했더니 김 사원은 m가지, 적록색맹인 박 사원은 n가지라고 답했다. $m = 10n$일 때 백색 공의 개수는? (단, 적록색맹의 경우 적색과 녹색 공이 회색으로 보인다고 가정한다)

① 1개　　　　② 2개　　　　③ 3개
④ 4개　　　　⑤ 5개

02

1, 2, 3, 4, 5, 6의 숫자 중에서 네 개의 숫자를 골라 네 자리 자연수를 만들 때, 2,314보다 큰 수가 만들어지는 경우의 수는 몇 가지인가? (단, 같은 숫자는 두 번 이상 쓰지 않는다)

① 275가지　　② 281가지　　③ 287가지
④ 293가지　　⑤ 299가지

03

G 회사 직원 4명은 외국의 A 회사 직원 3명, B 회사 직원 3명과 함께 회의실의 원형 테이블에 앉아 프로젝트 관련 미팅을 하려고 한다. 이때 G 회사 직원과 A 회사 직원 사이, G 회사 직원과 B 회사 직원 사이에 통역사를 1명씩 둘 예정이다. 이들이 둘러앉을 수 있는 경우의 수는 몇 가지인가? (단, 같은 회사 직원끼리는 붙어 앉는다)

① 864가지　　② 1,152가지　　③ 1,728가지
④ 2,592가지　　⑤ 3,456가지

04

S 물산 본사의 어느 팀에는 9명의 사원이 있는데, 2명씩 한 조가 되어 A, B, C 3개의 지사에 출장을 다녀오려고 한다. 조를 이루어 출장을 갈 수 있는 경우의 수는 몇 가지인가?

① 1,890가지　　② 3,780가지　　③ 5,670가지
④ 7,560가지　　⑤ 9,450가지

05

○○공사 보안팀은 다음과 같이 야간 당직을 운영하고 있다. 이를 바탕으로 보안팀장이 직원 A, B, C, D, E 5명의 당직근무표를 작성할 때, 가능한 모든 경우의 수는 몇 가지인가?

- 평일 야간 당직근무는 A, B, C, D, E 5명으로 배정한다.
- 1일 야간 근무 시간을 절반씩 전반야(18 ~ 24시), 후반야(24 ~ 06시) 총 2회차로 나누어 야간 당직근무를 배정한다.
- 당직근무 배정 시 한 회차에는 1명씩 배정한다.
- A는 전반야, 후반야 둘 다 근무가 가능하며, B와 C는 전반야, D와 E는 후반야만 가능하다.
- 전반야와 후반야를 연달아 근무할 수 없으며, 5명의 직원은 5일간 모두 동일한 회차의 당직근무를 선다.

① 720가지　　② 864가지　　③ 1,200가지
④ 1,296가지　　⑤ 2,290가지

06

휴대 전화 액정에 찍힌 지문을 통해서 휴대 전화 비밀번호를 유추하려고 한다. 지문은 다섯 개의 숫자에 찍혀 있었고, 비밀번호는 네 자리이다. 네 자리 비밀번호 가운데 가장 작은 숫자는 맨 처음, 가장 큰 숫자는 맨 마지막 번호라고 할 때, 유추할 수 있는 비밀번호의 개수는? (단, 비밀번호 네 자리는 모두 다른 숫자이다)

① 10개   ② 11개   ③ 12개
④ 13개   ⑤ 14개

07

P 기업은 새 프로젝트를 진행할 세 명의 사원을 선발하여 팀을 구성하려고 한다. 다음 〈조건〉에 따를 때, A ~ F 사원으로 팀을 구성하는 경우의 수는 몇 가지인가?

> **조건**
> • 신입사원은 한 명 이상 선발하되, 모든 인원이 신입사원이 되지 않도록 한다.
> • A, B 두 사원 중 최소 한 명은 선발되어야 한다.
> • 6명의 사원 중 B, D, F는 신입사원이다.

① 10가지   ② 12가지   ③ 14가지
④ 16가지   ⑤ 18가지

08

○○포털사이트에서는 회원가입 시 비밀번호를 설정할 때 주민등록번호 앞 6자리에서 2개 이상의 연속하는 수를 비밀번호로 사용할 수 없고, 아이디에 포함된 숫자도 비밀번호로 사용할 수 없다. ○○포털사이트에 회원가입을 하기 위해 숫자 3개를 사용하여 다음과 같이 비밀번호를 설정하려 할 때, 가능한 경우의 수는 몇 가지인가?

성명	김정현		
주민등록번호	950214 - 2******	확인	완료
아이디	kjh673	확인	완료
비밀번호	kjh955	확인	(오류 !)

① 263가지   ② 269가지   ③ 275가지
④ 277가지   ⑤ 281가지

09

A 씨는 주기적으로 그림의 종류와 위치를 바꾸고, 유리창의 커튼을 바꿔 거실 인테리어를 바꾸고 있다. 거실의 구조와 현재 보유한 그림과 커튼의 수가 다음과 같을 때, 가능한 인테리어는 몇 가지인가?

> • 커튼은 모두 3종, 그림은 모두 7종을 보유하고 있다.
> • 거실 네 면 중 한 면은 전체가 유리이므로 커튼만 달 수 있다.
> • 거실 네 면 중 세 면은 콘크리트 벽으로 그림만 한 개씩 건다.
> • 콘크리트 벽 세 면에는 서로 다른 그림을 건다.
> • 같은 그림이라도 콘크리트 면이 바뀌어 걸리면 인테리어가 바뀐 것으로 본다.

① 16가지   ② 36가지   ③ 105가지
④ 210가지   ⑤ 630가지

10

○○기업 영업부는 다음과 같이 대진표를 작성하여 씨름대회를 하려고 한다. 같은 팀원끼리 결승전에서만 만날 수 있는 경우의 수는 몇 가지인가?

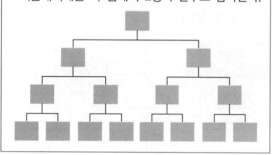

- ○○기업 영업부는 4개의 팀으로 구성되어 있다.
- 씨름대회에는 각 팀에서 2명씩 선수로 참가한다.

① 48가지
② 60가지
③ 72가지
④ 84가지
⑤ 96가지

11

다음 그림과 같이 바둑판 모양의 도로망이 있다. 교차로 P와 교차로 Q를 지날 때에는 직진 또는 우회전을 할 수 있으나 좌회전은 할 수 없다. 이 경우 A 지점에서 출발하여 B 지점까지 가는 최단경로는 몇 가지인가?

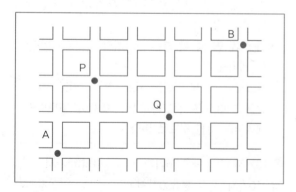

① 46가지
② 48가지
③ 50가지
④ 54가지
⑤ 56가지

12

K 회사의 영업부는 일주일에 한 번씩 부서 회의를 진행한다. 회의는 원형 탁자에서 진행되고 영업부 직원은 부장 1명, 과장 2명, 대리 2명, 사원 3명으로 구성되어 있다. 다음 규칙에 따라 자리를 배치할 때, 자리를 배치할 수 있는 경우의 수는 몇 가지인가?

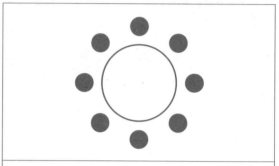

- 부장 옆에는 반드시 과장이 한 명 이상 앉아야 한다.
- 사원들은 서로 이웃하여 앉지 않는다.

① 384가지
② 432가지
③ 552가지
④ 608가지
⑤ 720가지

Mathematics

확률

유형 1 확률

핵심 Check

① 확률

(1) 확률 : 어떤 사건이 일어날 가능성을 수로 나타낸 것

$$\text{사건 A가 일어날 확률} = \frac{\text{사건 A가 일어나는 경우의 수}}{\text{일어날 수 있는 모든 경우의 수}}$$

(2) 확률의 성질

어떤 사건이 일어날 확률을 p라고 하면

① $0 \leq p \leq 1$

② $p = 0$: 절대로 일어나지 않는 사건의 확률

③ $p = 1$: 반드시 일어나는 사건의 확률

② 확률의 계산

(1) 두 사건 A, B가 배반사건일 경우

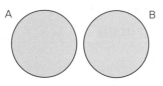

$$P(A \cup B) = P(A) + P(B)$$

(2) 두 사건 A, B가 독립일 경우

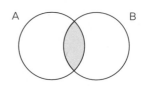

$$P(A \cap B) = P(A)P(B)$$

③ 여사건

(1) 어떤 사건이 일어나지 않는 사건을 여사건이라 한다.

(2) 사건 A가 일어나지 않을 확률

사건 A가 일어나지 않을 확률 = 1 − 사건 A가 일어날 확률

(3) 적어도 하나는 A일 확률

적어도 하나는 A일 확률 = 1 − 모두 A가 아닐 확률

예제 01

한 개의 육면체 주사위를 한 번 던졌을 때 2의 배수가 나올 확률은?

① $\dfrac{1}{2}$　　　　　② $\dfrac{1}{3}$　　　　　③ $\dfrac{2}{3}$

④ $\dfrac{3}{4}$　　　　　⑤ $\dfrac{5}{6}$

| 정답 | ①

| 해설 | 육면체 주사위의 눈은 1, 2, 3, 4, 5, 6인데 이 중 2의 배수는 2, 4, 6이므로 2의 배수가 나올 확률은 $\dfrac{3}{6} = \dfrac{1}{2}$이다.

예제 02

부모와 세 자녀로 이루어진 한 가족이 원탁에 둘러앉아 식사를 할 때, 부모가 서로 이웃해서 앉을 확률은?

① $\dfrac{1}{6}$　　　　　② $\dfrac{1}{5}$　　　　　③ $\dfrac{1}{4}$

④ $\dfrac{1}{3}$　　　　　⑤ $\dfrac{1}{2}$

| 정답 | ⑤

| 해설 | 일어날 수 있는 모든 경우의 수는 부모와 세 자녀로 이루어진 한 가족이 원탁에 앉을 수 있는 경우의 수이다. 그러므로 원순열이고 모두 5명이므로 (5−1)!=4×3×2×1=24(가지)이다.

사건이 일어나는 경우의 수는 부모가 서로 이웃해서 앉을 경우의 수이다. 부모가 서로 이웃해야 하므로 한 명으로 간주하면 $(n-1)!=(4-1)!=3×2×1=6$(가지)이고, 부모가 서로 자리를 바꿔 앉아 서로 이웃해서 앉을 경우를 고려하면 총 6×2=12(가지)이다.

따라서 부모가 서로 이웃해서 앉을 확률은 $\dfrac{12}{24} = \dfrac{1}{2}$이다.

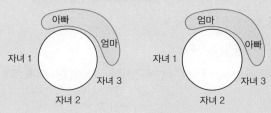

테마
19
확
률

이것만은 꼭

원순열

n개의 서로 다른 것을 원형으로 배열하는 경우의 수는
$$\dfrac{n!}{n} = (n-1)!$$

예제 **03**

> **학습 TIP**
>
> 1. 세로 a블록, 가로 b블록의 길을 최단경로로 가려면 $_{a+b}C_a$가지의 조합이 있다.
> 2. 출발지부터 차례로 덧셈을 이용하여 최단경로를 찾는 방법도 있다.
>
> a지점으로부터 오른쪽 위 교차점까지 가는 방법은 ○ + △가지이다.

다음과 같은 길이 있다. 어떤 사람이 A에서 출발하여 C로 가려고 할 때 B를 거쳐서 갈 확률은? (단, 최단경로로 이동한다)

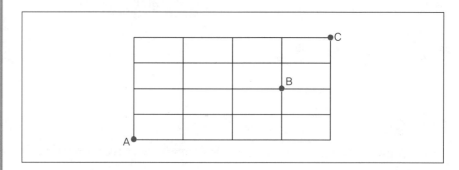

① $\dfrac{1}{7}$　　　　② $\dfrac{3}{7}$　　　　③ $\dfrac{5}{7}$

④ $\dfrac{9}{14}$　　　　⑤ $\dfrac{13}{29}$

| 정답 | ②

| 해설 | A에서 C로 가는 전체 경로의 수는 $_8C_4 = \dfrac{8 \times 7 \times 6 \times 5}{4 \times 3 \times 2 \times 1} = 70$(가지)이다. A에서 B를 거쳐 C로 가는 경우인 A ~ B, B ~ C에 대한 경로의 수를 구하면 다음과 같다.

• A ~ B : $_5C_2 = \dfrac{5 \times 4}{2 \times 1} = 10$(가지)

• B ~ C : $_3C_2 = \dfrac{3 \times 2}{2 \times 1} = 3$(가지)

A ~ B ~ C의 경로의 수는 $_5C_2 \times _3C_2 = 10 \times 3 = 30$(가지)이다. 따라서 A에서 B를 거쳐 C로 갈 확률은 $\dfrac{30}{70} = \dfrac{3}{7}$이다.

예제 04

정수, 현민, 지혜 세 사람이 A 대학에 합격할 수 있는 확률은 각각 $\frac{1}{4}$, $\frac{1}{5}$, $\frac{1}{2}$이다. 이 중 적어도 한 명이 대학에 합격할 확률은?

① 0.5   ② 0.6   ③ 0.7

④ 0.8   ⑤ 0.9

|정답| ③

|해설| 적어도 한 명이 합격한다는 것은 두 명이 합격하는 것과 세 명 모두 합격하는 것까지 포함되므로, 전체 확률인 1에서 모두 불합격할 확률을 빼면 된다. 정수가 합격할 확률은 $\frac{1}{4}$이므로 불합격할 확률은 $\frac{3}{4}$이고, 같은 식으로 현민이 불합격할 확률은 $\frac{4}{5}$, 지혜가 불합격할 확률은 $\frac{1}{2}$이다. 따라서 $1 - \left(\frac{3}{4} \times \frac{4}{5} \times \frac{1}{2} \right) = \frac{7}{10} = 0.70$이다.

테마
19
확률

예제 05

기상청에서 A 지역에 비가 올 확률이 0.7이고 A와 B 지역 모두에 비가 올 확률이 0.4라고 발표하였다. B 지역에 비가 오지 않을 확률은?

① $\frac{1}{7}$ ② $\frac{2}{7}$ ③ $\frac{3}{7}$

④ $\frac{4}{7}$ ⑤ $\frac{5}{7}$

One Point Lesson

A와 B 지역 모두 비가 올 확률
=A 지역에 비가 올 확률×
B 지역에 비가 올 확률

|정답| ③

|해설| A 지역에 비가 올 확률이 0.7이므로 A 지역에 비가 오지 않을 확률은 0.3이다. 또한 A와 B 지역 모두 비가 올 확률이 0.4라고 하였으므로 B 지역에 비가 올 확률을 x라 하면 $0.7 \times x = 0.4$이다. $x = \frac{4}{7}$이고 따라서 B 지역에 비가 오지 않을 확률은 $\frac{3}{7}$이다.

동전을 5개 던졌을 때 적어도 한 개가 앞면이 나올 확률은?

① $\frac{30}{32}$ ② $\frac{31}{32}$ ③ $\frac{3}{5}$

④ $\frac{4}{5}$ ⑤ $\frac{5}{6}$

| 정답 | ②

| 해설 | 동전을 5개 던질 때 나오는 모든 경우의 수는 $2^5=32$(개)이다. 이때 적어도 한 개가 앞면이 나와야 하므로 전체 확률 1에서 모두 뒷면이 나올 확률인 $\frac{1}{32}$을 빼면 $\frac{31}{32}$이 된다.

어느 카페에서 25칸으로 구성된 박스의 5칸에 음료 무료 쿠폰을 넣어 개업 이벤트를 하려고 한다. 한 사람당 3번의 기회가 있다면, 2번째에 쿠폰이 있는 칸을 고를 확률은? (단, 소수점 아래 첫째 자리에서 반올림한다)

① 9% ② 11% ③ 14%
④ 16% ⑤ 17%

| 정답 | ⑤

| 해설 | 25칸 중 빈칸은 20칸이므로 처음 선택 시 빈칸을 고를 확률은 $\frac{20}{25}$이다. 그리고 두 번째 선택에서 쿠폰이 있는 칸을 고를 확률은 처음 선택한 빈칸을 제외한 $\frac{5}{24}$이다. 따라서 2번째에 쿠폰이 있는 칸을 고를 확률은 $\frac{20}{25} \times \frac{5}{24} = \frac{1}{6}$, 즉 약 17%이다.

예제 08

H가 연금복권에 당첨될 확률이 일정하고 복권을 넉 장 샀을 때 하나라도 당첨될 확률이 $\frac{175}{256}$라면 연금복권의 당첨 확률은?

① $\frac{1}{8}$

② $\frac{1}{4}$

③ $\frac{3}{8}$

④ $\frac{5}{8}$

⑤ $\frac{3}{4}$

|정답| ②

|해설| 복권이 당첨되지 않을 확률을 x라고 한다면 하나라도 당첨될 확률은

$1 - x \times x \times x \times x = 1 - x^4 = \frac{175}{256}$

$x^4 = \frac{81}{256}$ $x = \frac{3}{4}$

따라서 연금복권에 당첨될 확률은 $1 - \frac{3}{4} = \frac{1}{4}$이다.

예제 09

○○기업의 출근 시간은 오전 8시까지인데 A 부서에 소속된 B 대리가 일정 기간 중 8시 정각에 출근할 확률은 $\frac{1}{4}$이고, 지각할 확률은 $\frac{2}{5}$이다. B 대리가 이틀 연속 정해진 시간보다 일찍 출근할 확률은?

① $\frac{49}{400}$

② $\frac{27}{144}$

③ $\frac{13}{200}$

④ $\frac{64}{225}$

⑤ $\frac{7}{20}$

|정답| ①

|해설| B 대리가 정각에 출근하거나 지각할 확률은 $\frac{1}{4} + \frac{2}{5} = \frac{13}{20}$이므로, 정해진 출근 시간보다 일찍 출근할 확률은 $1 - \frac{13}{20} = \frac{7}{20}$이다. 따라서 이틀 연속 제시간보다 일찍 출근할 확률은 $\frac{7}{20} \times \frac{7}{20} = \frac{49}{400}$가 된다.

예제 **10**

길이가 각각 1cm, 2cm, 3cm, 4cm, 5cm인 막대 5개 중에서 3개를 임의로 선택하여 삼각형을 만들 때, 삼각형이 만들어질 확률은?

① $\dfrac{3}{10}$　　　　② $\dfrac{5}{7}$　　　　③ $\dfrac{2}{5}$

④ $\dfrac{7}{15}$　　　　⑤ $\dfrac{3}{7}$

| 정답 | ①

| 해설 | 5개의 막대 중에서 순서에 관계없이 3개를 선택하는 경우의 수는 $_5C_3=10$(가지)이다. 삼각형이 만들어지려면 가장 긴 막대의 길이가 나머지 두 막대의 길이의 합보다 작아야 하므로 가능한 경우는 다음과 같다.
1) 가장 긴 막대의 길이가 5cm인 경우 : 2cm, 4cm, 5cm / 3cm, 4cm, 5cm
　∴ 2가지
2) 가장 긴 막대의 길이가 4cm인 경우 : 2cm, 3cm, 4cm
　∴ 1가지
따라서 3가지의 경우가 해당되므로 삼각형이 만들어질 확률은 $\dfrac{2}{10}+\dfrac{1}{10}=\dfrac{3}{10}$이 된다.

예제 **11**

영수, 희선, 준호는 가위바위보로 한번에 승부를 내려고 한다. 이때 아무도 이기지 않을 확률은?

① $\dfrac{1}{9}$　　　　② $\dfrac{1}{6}$　　　　③ $\dfrac{2}{9}$

④ $\dfrac{1}{3}$　　　　⑤ $\dfrac{1}{2}$

| 정답 | ④

| 해설 | 가위, 바위, 보의 3종류이므로 3명의 모든 경우의 수는 3×3×3=27(가지)이다. 한편, 아무도 이기지 않는 경우는 3명 모두 같은 종류를 내놓을 경우 3가지와 3명 모두 다른 종류를 내놓을 경우 6가지($_3P_3=3!$)이므로 총 9가지가 된다. 따라서 구하는 확률은 $\dfrac{9}{27}=\dfrac{1}{3}$이 된다.

예제 12

한 개의 동전과 주사위판이 있다. 동전을 던져서 앞면이 나오면 주사위를 주사위판 앞으로 두 칸 움직이고, 뒷면이 나오면 뒤로 한 칸 움직이는 놀이를 하려고 한다. 동전을 세 번 던졌을 때 주사위가 주사위판의 출발점으로 돌아올 확률은?

① $\dfrac{1}{8}$　　　　② $\dfrac{1}{4}$　　　　③ $\dfrac{3}{8}$

④ $\dfrac{1}{2}$　　　　⑤ $\dfrac{7}{8}$

|정답| ③

|해설| 동전을 세 번 던졌을 때 나올 수 있는 모든 경우의 수는 앞앞앞, 앞앞뒤, 앞뒤앞, 앞뒤뒤, 뒤앞앞, 뒤앞뒤, 뒤뒤앞, 뒤뒤뒤로 총 8가지이다. 동전의 앞면이 나오면 앞으로 두 칸, 뒷면이 나오면 뒤로 한 칸 움직인다 했으므로 주사위가 출발점으로 돌아오려면 동전의 앞면이 한 번, 뒷면이 두 번 나와야 한다. 따라서 앞뒤뒤, 뒤앞뒤, 뒤뒤앞 3가지의 경우가 해당되므로 확률은 $\dfrac{3}{8}$이다.

테마

19

확률

예제 13

A 상자에 진짜 보석 4개와 가짜 보석 5개가 들어 있고, B 상자에 진짜 보석 3개와 가짜 보석 5개가 들어 있다. A 상자에서 한 개를 꺼내서 보지 않고 B 상자에 넣은 뒤 B 상자에서 다시 한 개를 꺼낼 때 두 번 다 진짜 보석이 나올 확률은?

① $\dfrac{8}{81}$　　　　② $\dfrac{15}{81}$　　　　③ $\dfrac{16}{81}$

④ $\dfrac{32}{81}$　　　　⑤ $\dfrac{38}{81}$

|정답| ③

|해설| 먼저 A 상자에서 진짜 보석이 나올 확률은 $\dfrac{4}{4+5}=\dfrac{4}{9}$이다. 이때 A 상자에서 꺼낸 진짜 보석을 B 상자에 넣으면 B 상자에는 진짜 보석 4개와 가짜 보석 5개가 있게 되므로 B 상자에서 진짜 보석을 꺼낼 확률은 $\dfrac{4}{4+5}=\dfrac{4}{9}$이다.

따라서 두 번 다 진짜 보석을 꺼낼 확률은 $\dfrac{4}{9}\times\dfrac{4}{9}=\dfrac{16}{81}$이다.

유형 1

확률 공략

정답과 해설 153 쪽

01. 어떤 의사가 암에 걸린 사람을 암에 걸렸다고 진단할 확률은 98%이고, 암에 걸리지 않은 사람을 암에 걸리지 않았다고 진단할 확률은 92%라고 한다. 이 의사가 실제로 암에 걸린 사람 400명과 실제로 암에 걸리지 않은 사람 600명을 진찰하여 암에 걸렸는지 아닌지를 진단하였다. 이들 1,000명 중 임의로 한 사람을 택하였을 때, 그 사람이 암에 걸렸다고 진단받은 사람일 확률은?

① 39.2% ② 40.0% ③ 40.4%

④ 40.8% ⑤ 44.0%

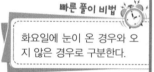

빠른 풀이 비법

화요일에 눈이 온 경우와 오지 않은 경우로 구분한다.

02. 눈이 온 다음 날 또다시 눈이 올 확률은 $\dfrac{2}{5}$이고, 눈이 오지 않은 다음 날에 눈이 올 확률은 $\dfrac{1}{6}$이다. 만약 월요일에 눈이 왔다면, 이틀 후인 수요일에 눈이 올 확률은?

① $\dfrac{13}{50}$ ② $\dfrac{29}{50}$ ③ $\dfrac{11}{30}$

④ $\dfrac{17}{30}$ ⑤ $\dfrac{19}{30}$

03. 남자 100명, 여자 150명으로 구성된 집단에서 심리검사를 실시하였는데, 그 결과로 남자와 여자 각각 50%가 긍정적인 반응을 나타냈다. 이들 중 한 사람을 선택했을 때 긍정적 반응을 나타낸 여자일 확률은?

① 20% ② 25% ③ 28%

④ 30% ⑤ 35%

04. ○○극장에서 초연되는 뮤지컬 공연의 티켓 예매가 성황리에 이루어지고 있다. 여러 날짜 중 공연 티켓이 매진된 다음 날에 또다시 매진될 확률이 $\frac{3}{5}$이라면, 수요일에 매진되었을 때 그 주 금요일까지 연속하여 매진될 확률은?

① $\frac{4}{25}$　　　　② $\frac{3}{10}$　　　　③ $\frac{6}{25}$

④ $\frac{9}{20}$　　　　⑤ $\frac{9}{25}$

05. A 상자에는 당첨 복권 2장과 비당첨 복권 7장이 들어 있고, B 상자에는 당첨 복권 1장과 비당첨 복권 7장이 들어 있다. A 상자에서 한 장을 꺼내서 보지 않고 B 상자에 넣은 뒤 B 상자에서 다시 한 장을 꺼낼 때, 두 번 다 당첨 복권이 나올 확률은?

① $\frac{2}{81}$　　　　② $\frac{4}{81}$　　　　③ $\frac{6}{81}$

④ $\frac{8}{81}$　　　　⑤ $\frac{10}{81}$

06. A 팀과 B 팀이 축구경기를 하고 있다. A 팀이 골을 넣을 확률이 70%, B 팀이 골을 넣을 확률이 40%일 때, 이 두 팀이 승부차기까지 갈 확률은? (단, 골 득실차로 인해 두 골을 먼저 넣는 팀이 이기는 것으로 한다)

① 0.45　　　　② 0.46　　　　③ 0.47

④ 0.48　　　　⑤ 0.49

> **학습 TIP**
>
> • A와 B가 동시에 일어날 확률
> = A가 일어날 확률 × B가 일어날 확률
> • A 또는 B가 일어날 확률
> = A가 일어날 확률 + B가 일어날 확률

테마
19
확률

07. 영희와 철수는 500원짜리 동전 2개와 50원짜리 동전 3개를 던져서 앞면이 나온 동전은 영희가 갖고, 뒷면이 나온 동전은 철수가 갖기로 하였다. 철수가 150원 이상을 가질 수 있는 확률은?

① $\dfrac{7}{15}$ ② $\dfrac{3}{27}$ ③ $\dfrac{25}{32}$

④ $\dfrac{29}{38}$ ⑤ $\dfrac{32}{41}$

08. A 백화점은 가을을 맞아 홍보 현수막을 걸려고 하는데, 현수막 비용은 1,000,000원이다. 이번 가을 홍보가 성공할 경우의 이익 예상액은 15,000,000원이며, 실패할 경우의 이익 예상액은 평상시의 이익 예상액과 동일하다. 백화점 점주는 가을 홍보의 성공 확률이 최소 몇 % 이상일 때 홍보를 진행하겠는가? (단, A 백화점의 평상시 이익 예상액은 9,000,000원이고, 이익 예상액에 현수막 비용은 포함되어 있지 않으며, 확률은 소수점 아래 첫째 자리에서 반올림한다)

① 13% ② 14% ③ 15%

④ 16% ⑤ 17%

09. 갑, 을, 병, 정, 무가 긴 의자에 나란히 앉으려고 한다. 무작위로 자리를 배치한다고 할 때, 갑과 을이 서로 인접한 자리에 앉을 확률은?

① $\dfrac{1}{5}$ ② $\dfrac{2}{5}$ ③ $\dfrac{3}{5}$

④ $\dfrac{1}{4}$ ⑤ $\dfrac{1}{2}$

10. 윷놀이에서 4개의 윷짝을 두 번 던질 때 첫 번째는 개가 나오고, 두 번째는 걸이 나올 확률은 얼마인가?

① $\dfrac{2}{5}$

② $\dfrac{2}{25}$

③ $\dfrac{5}{16}$

④ $\dfrac{3}{32}$

⑤ $\dfrac{5}{38}$

11. 빨간색 주사위와 파란색 주사위를 동시에 던졌을 때, 빨간색 주사위의 눈의 수가 파란색 주사위의 눈의 수보다 크면서 두 눈의 수의 곱이 짝수일 확률은?

① $\dfrac{1}{3}$

② $\dfrac{2}{3}$

③ $\dfrac{4}{5}$

④ $\dfrac{5}{12}$

⑤ $\dfrac{7}{12}$

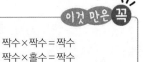

이것 만은 꼭

짝수×짝수＝짝수
짝수×홀수＝짝수

12. 소희는 배 5개, 현욱이는 딸기 5개를 가지고 있다. 가위바위보를 해서 한 번 질 때마다 자신이 가지고 있는 과일을 상대방에게 한 개씩 준다고 할 때, 가위바위보 세 판을 하고 난 뒤 현욱이가 딸기 4개, 배 2개를 가지고 있을 확률은 얼마인가?

① $\dfrac{1}{3}$

② $\dfrac{1}{6}$

③ $\dfrac{1}{9}$

④ $\dfrac{1}{12}$

⑤ $\dfrac{1}{15}$

13. K사의 영업팀에는 3명의 대리와 4명의 사원이 있다. 영업팀장은 사내 홍보행사에 참여해 봉사할 직원 2명을 제비뽑기를 통해 결정하기로 하였다. 7명의 이름이 적힌 종이가 들어 있는 통에서 2개의 종이를 차례로 꺼낼 때, 적어도 1명의 대리가 포함되어 있을 확률은?

① $\dfrac{2}{7}$

② $\dfrac{3}{7}$

③ $\dfrac{4}{7}$

④ $\dfrac{5}{7}$

⑤ $\dfrac{6}{7}$

14. 상자 안에 파란 공 3개, 빨간 공 5개가 들어 있다. 2개의 공을 동시에 꺼냈을 때 파란 공과 빨간 공이 1개씩 나올 확률은?

① $\dfrac{3}{28}$ ② $\dfrac{9}{28}$ ③ $\dfrac{11}{28}$

④ $\dfrac{15}{28}$ ⑤ $\dfrac{17}{28}$

15. 양궁 선수 A와 B는 각각 $\dfrac{7}{8}$과 $\dfrac{8}{9}$의 확률로 10점 과녁을 명중시킨다고 한다. 두 선수가 동시에 화살을 날렸을 때 두 명 모두 10점 과녁에 명중시키지 못할 확률은?

① $\dfrac{1}{72}$ ② $\dfrac{7}{9}$ ③ $\dfrac{1}{36}$

④ $\dfrac{1}{9}$ ⑤ $\dfrac{5}{36}$

16. K 회사 신입사원으로 지원하여 승아가 합격할 확률은 $\dfrac{1}{3}$, 재연이 합격할 확률은 $\dfrac{1}{4}$, 윤수가 합격할 확률은 $\dfrac{1}{6}$이다. 이 중 적어도 한 명이 합격할 확률은?

① $\dfrac{2}{9}$ ② $\dfrac{7}{12}$ ③ $\dfrac{13}{24}$

④ $\dfrac{31}{42}$ ⑤ $\dfrac{37}{42}$

17. 바구니에 사과 3개, 배 7개가 들어 있다. 은솔이와 수지가 순서대로 과일을 한 개씩 꺼내 가질 때, 수지가 배를 꺼낼 확률은?

① $\dfrac{3}{10}$ ② $\dfrac{7}{10}$ ③ $\dfrac{7}{30}$

④ $\dfrac{11}{30}$ ⑤ $\dfrac{17}{30}$

18. 정사면체의 네 면에 각각 1, 1, −1, 0이 적혀 있다. 이 정사면체를 두 번 던졌을 때 바닥에 깔리는 숫자의 합이 0이 될 확률은?

① $\dfrac{5}{9}$　　　　② $\dfrac{2}{3}$　　　　③ $\dfrac{3}{8}$

④ $\dfrac{5}{16}$　　　　⑤ $\dfrac{8}{17}$

19. 프로야구 통계에 따르면 S 야구팀은 이전 경기에서 승리했을 경우 다음 경기에서도 승리할 확률은 $\dfrac{1}{5}$이고, 이전 경기에서 패배했을 경우 다음 경기에서 승리할 확률은 $\dfrac{3}{5}$이다. 만약 S 야구팀이 1차전에서 패배했다면, 3차전에서 승리할 확률은 얼마인가? (단, 무승부는 없다)

① $\dfrac{9}{25}$　　　　② $\dfrac{11}{25}$　　　　③ $\dfrac{13}{25}$

④ $\dfrac{14}{25}$　　　　⑤ $\dfrac{16}{25}$

☀ One Point Lesson

3차전에서 승리할 경우는 두 가지이다.
1. 1차전 패배 → 2차전 승리 → 3차전 승리
2. 1차전 패배 → 2차전 패배 → 3차전 승리

테마
19
확률

20. 지난 5년간 C 지역의 강우 기록을 정리하니 비가 온 다음 날에 비가 올 확률은 $\dfrac{3}{5}$이고, 비가 오지 않은 다음 날에 비가 올 확률은 $\dfrac{2}{7}$이었다. 오늘은 비가 오지 않았는데 내일 비가 오고, 모레에는 다시 비가 오지 않을 확률은 얼마인가?

① $\dfrac{3}{7}$　　　　② $\dfrac{5}{7}$　　　　③ $\dfrac{4}{35}$

④ $\dfrac{4}{49}$　　　　⑤ $\dfrac{10}{49}$

유형 2 조건부확률

핵심 Check

1 조건부확률

(1) 확률이 0이 아닌 두 사건 A, B에 대하여 사건 A가 일어났다고 가정할 때, 사건 B가 일어날 확률

(2) '~일 때, ~일 확률'이라는 표현이 있으면 조건부확률을 활용하는 문제이다.

2 공식

사건 A가 일어났을 때 사건 B가 일어날 확률

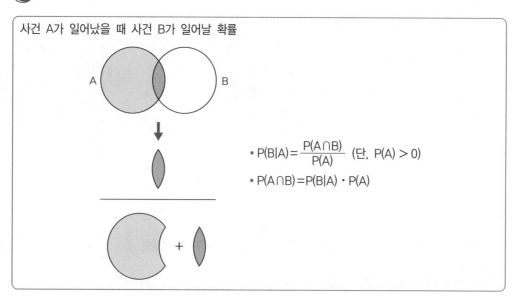

- $P(B|A) = \dfrac{P(A \cap B)}{P(A)}$ (단, $P(A) > 0$)

- $P(A \cap B) = P(B|A) \cdot P(A)$

예제 01

어느 해 우리나라에 입국한 외국인을 대상으로 국적과 방문 목적을 조사하였다. 조사에 참여한 외국인 중 중국인이 전체의 30%이고, 관광을 목적으로 우리나라에 온 중국인은 20%였다. 이 조사에 참여한 외국인 중에서 임의로 뽑은 한 명이 중국인일 때, 그 사람이 관광을 목적으로 우리나라에 방문했을 확률은?

① $\dfrac{2}{3}$　　　　　　② $\dfrac{1}{2}$　　　　　　③ $\dfrac{1}{3}$

④ $\dfrac{1}{4}$　　　　　　⑤ $\dfrac{1}{5}$

| 정답 | ①

| 해설 | 중국인인 사건을 A, 관광을 목적으로 온 사건을 B라 하면, P(A)=0.3, P(A∩B)=0.2이다. 따라서 조사에 참여한 외국인 중에서 임의로 뽑은 한 명이 중국인일 때, 그 사람이 관광을 목적으로 우리나라에 방문했을 확률은 $P(B|A) = \dfrac{P(A\cap B)}{P(A)} = \dfrac{0.2}{0.3} = \dfrac{2}{3}$ 이다.

테마
19
확률

예제 02

5개의 숫자 0, 1, 2, 3, 5를 모두 나열하여 5자리 자연수를 만들 때 이 수가 짝수일 확률은?

① $\dfrac{11}{32}$　　　　　　② $\dfrac{7}{16}$　　　　　　③ $\dfrac{15}{32}$

④ $\dfrac{1}{2}$　　　　　　⑤ $\dfrac{11}{16}$

| 정답 | ②

| 해설 | 맨 앞자리는 0이 아니어야 하므로 나열할 수 있는 5자리 자연수 전체의 개수는 4×4!=96 (개)이고, 구하는 수가 짝수가 되는 경우는 다음과 같다.
(i) 일의 자리의 수가 0일 때 4!=24(개)
(ii) 일의 자리의 수가 2일 때 3×3!=18(개)
따라서 구하는 확률은 $\dfrac{24+18}{96} = \dfrac{42}{96} = \dfrac{7}{16}$ 이다.

○○기업은 신입사원을 대상으로 지난 한 달 동안 스마트폰을 사용한 시간에 대하여 조사하여, 스마트폰을 매일 1시간 이상 사용한 집합 A와 그렇지 않은 집합 B로 분류하였다. 집합 A에 속한 사원은 전체 사원의 60%이었고 이 중에서 70%의 사원은 안경을 착용하고 있었다. 그리고 집합 B에 속한 사원의 40%가 안경을 착용하고 있는 것으로 나타났다. 임의로 한 신입사원을 선택하였더니 안경을 착용하고 있었을 때, 이 사원이 집합 A에 속할 확률은?

① $\dfrac{13}{29}$ ② $\dfrac{15}{29}$ ③ $\dfrac{17}{29}$

④ $\dfrac{19}{29}$ ⑤ $\dfrac{21}{29}$

|정답| ⑤

|해설| 전체 신입사원의 수를 100명이라 가정하고 집합 A, B와 안경을 착용한 사원을 표로 나타내면 다음과 같다.

구분	합계	안경 착용
A	100×0.6=60(명)	60×0.7=42(명)
B	100×0.4=40(명)	40×0.4=16(명)

따라서 P(A|안경 쓴 사원) $= \dfrac{\text{A에서 안경 쓴 사원}}{\text{안경 쓴 사원}} = \dfrac{42}{42+16} = \dfrac{21}{29}$ 이다.

예제 04

감염병 A의 감염을 확인할 수 있는 검사법이 있다. 감염병 A에 감염된 과일에 이 검사를 실시하면 96%의 확률로 양성으로 판정되지만 정상적인 과일에 실시해도 4%의 확률로 양성으로 잘못된 판정이 나온다. 또, 감염병 A가 아닌 다른 병에 감염된 과일을 검사하면 2%의 확률로 양성이라고 판정된다. 1개의 과일 상자 안에 감염병 A에 감염된 과일이 4%, 정상적인 과일이 88%, 다른 병에 감염된 과일이 8% 있다. 이 상자에서 임의로 고른 과일이 양성으로 판정되었을 때 이 과일이 감염병 A에 감염되어있을 확률은?

① $\dfrac{24}{47}$

② $\dfrac{8}{17}$

③ $\dfrac{13}{28}$

④ $\dfrac{9}{22}$

⑤ $\dfrac{4}{11}$

|정답| ①

|해설| 임의로 고른 과일이 양성으로 판정되었을 때, 이 과일이 감염병 A에 감염되어 있을 확률은 $\dfrac{\text{양성으로 판정된 과일이 감염병 A에 감염된 경우}}{\text{임의로 고른 과일이 양성으로 판정된 경우}}$ 로 구해야 하므로 다음과 같이 계산한다.

1. • 감염병 A에 걸린 과일을 고를 확률 : 4%
   • 감염병 A에 걸린 과일이 양성으로 나올 확률 : 96%
   • 감염병 A에 걸린 과일을 고르고 양성으로 판정될 확률 : $\dfrac{4}{100} \times \dfrac{96}{100} = \dfrac{1}{25} \times \dfrac{24}{25} = \dfrac{24}{25^2}$

2. • 정상 과일을 고를 확률 : 88%
   • 정상 과일이 양성으로 판정될 확률 : 4%
   • 정상 과일을 고르고 양성으로 판정될 확률 : $\dfrac{88}{100} \times \dfrac{4}{100} = \dfrac{22}{25} \times \dfrac{1}{25} = \dfrac{22}{25^2}$

3. • 다른 병에 감염된 과일을 고를 확률 : 8%
   • 다른 병에 감염된 과일이 양성으로 판정될 확률 : 2%
   • 다른 병에 감염된 일을 고르고 양성으로 판정될 확률 : $\dfrac{8}{100} \times \dfrac{2}{100} = \dfrac{2}{25} \times \dfrac{1}{50} = \dfrac{1}{25^2}$

따라서 구하는 확률은 $\dfrac{\dfrac{24}{25^2}}{\dfrac{24}{25^2} + \dfrac{22}{25^2} + \dfrac{1}{25^2}} = \dfrac{24}{47}$ 이다.

조건부확률 공략

정답과 해설 157쪽

01. S사 신입사원 가운데 40%는 여러 번 지원하여 합격한 경우이고 60%는 한 번에 합격한 것으로 나타났다. 이후 전자의 20%, 후자의 30%가 우수사원으로 선정되었다. 어떤 사람이 우수사원으로 선정되었다고 할 때, 그 사람이 한 번에 합격한 사원일 확률은?

① $\dfrac{1}{9}$ ② $\dfrac{4}{9}$ ③ $\dfrac{2}{13}$

④ $\dfrac{4}{13}$ ⑤ $\dfrac{9}{13}$

02. H 기업의 출근 시간은 오전 9시까지이다. A 사원이 회사에 제시간에 출근할 확률은 전날에 제시간에 출근했을 경우 $\dfrac{9}{10}$, 전날에 지각했을 경우 $\dfrac{11}{15}$이며, 월요일에는 항상 제시간에 출근한다. A 사원이 지난주 수요일에 지각했을 때, 지난주 화요일에도 지각했을 확률은 얼마인가?

① $\dfrac{1}{5}$ ② $\dfrac{3}{14}$ ③ $\dfrac{8}{35}$

④ $\dfrac{9}{35}$ ⑤ $\dfrac{2}{7}$

이것 만은 꼭

'올바르게 판단할 확률'이 90%이면 '올바르게 판단하지 못한 확률'은 10%이다.

03. A 질병에 대해 양성 여부를 판단할 수 있는 시약이 있다. A 질병을 앓고 있는 사람은 전체 인구의 약 10%이며, 이 시약으로 감염 여부를 올바르게 판단할 확률은 90%이다. 어떤 사람이 이 시약을 사용하여 A 질병의 양성 반응이 나왔을 때, 실제 이 질병에 걸렸을 확률은?

① 50% ② 60% ③ 80%

④ 90% ⑤ 95%

04. G 노트북에 들어가는 부품을 생산하는 업체로 A사와 B사가 있다. 이들의 제품 생산량 비율은 3 : 7이며, A사의 제품 불량률은 2%이고 B사의 제품 불량률은 3%이다. 임의로 부품 하나를 선택하였을 때 그것이 불량품이었다면, B사의 불량품일 확률은?

① $\dfrac{7}{9}$

② $\dfrac{7}{12}$

③ $\dfrac{13}{27}$

④ $\dfrac{13}{38}$

⑤ $\dfrac{17}{38}$

테마

19

확
률

05. K사는 동일한 생산품을 갑 공장과 을 공장에서 각각 전체 생산량의 6 : 4 비율로 생산하며 두 공장의 불량 비율은 각각 1%, 2%이다. 임의로 선택한 제품이 불량품일 때, 갑 공장에서 생산된 불량품일 확률은? (단, 소수점 아래 둘째 자리에서 반올림한다)

① 42.9%

② 43.5%

③ 44.3%

④ 45.2%

⑤ 46.7%

06. AA 기업의 2021년 신입사원에 대한 정보가 다음과 같다. 신입사원 중에서 경력자 1명을 임의로 뽑았을 때, 그 신입사원이 여성일 확률은?

- 신입사원 전체의 60%는 여성이다.
- 신입사원 전체의 20%는 여성이면서 경력자이다.
- 신입사원 전체의 80%는 여성이거나 경력자이다.

① 25%

② 35%

③ 40%

④ 50%

⑤ 60%

One Point Lesson

확률의 덧셈정리
표본공간 S인 두 사건 A, B에
대하여 $P(A \cup B) = P(A) + P(B) - P(A \cap B)$이다.

심화문제

정답과 해설 158쪽

01

상자에 빨간 공 4개와 파란 공 1개가 들어 있다. 두 개의 공을 동시에 꺼낸 후 다시 넣지 않고 두 개의 공을 동시에 또 꺼낸다고 할 때, 나중에 꺼낸 두 공이 모두 빨간색일 확률은?

① $\dfrac{1}{5}$ ② $\dfrac{2}{5}$ ③ $\dfrac{3}{5}$

④ $\dfrac{4}{5}$ ⑤ $\dfrac{5}{7}$

02

과일 가게를 운영하는 A는 매출을 더 올리기 위해 전단지를 배포하려고 한다. 이때, 전단지 광고 여부에 따른 이익은 다음과 같이 예상된다. 전단지 제작 비용이 500,000원일 경우 A는 홍보에 성공할 확률이 최소 몇 % 이상일 때 전단지 광고를 진행하게 되는가? (단, 이익 예상액에 전단지 제작 비용은 포함되어 있지 않으며 소수점 아래 첫째 자리에서 올림한다)

구분	이익 예상액(원)	
	홍보에 성공할 경우	홍보에 실패할 경우
전단지 광고를 하는 경우	8,000,000	4,500,000
전단지 광고를 하지 않는 경우	4,500,000	

① 11% ② 12% ③ 13%
④ 14% ⑤ 15%

03

주사위 2개를 던져서 나온 수의 합이 10 이상인 경우 300원을 받고, 두 사람이 가위바위보를 해서 이기거나 비기는 경우 120원을 받는다고 한다. 이를 각각 20번 반복했을 때 얻을 수 있는 기댓값의 차이는 얼마인가?

① 320원 ② 500원 ③ 540원
④ 580원 ⑤ 600원

04

AA 기업은 다음과 같은 방식으로 제비뽑기를 하여 20XX년 9월 당직근무를 정하기로 했다. B 대리가 가장 먼저 제비뽑기를 할 때, B 대리가 하루라도 휴일에 당직근무를 할 확률은 기약분수로 $\dfrac{a}{b}$이다. 이때 $b - a$의 값은?

- 직원 15명 모두 각 날짜에 해당하는 제비 30개 중에서 두 개씩 뽑는다. 뽑은 제비는 다시 집어넣지 않는다.
- 토요일, 일요일, 공휴일은 휴일 근무로 간주한다.
- 20XX년 9월 1일은 일요일이고 30일까지 있다. 12, 13, 14일은 추석연휴로 공휴일에 해당한다.

① 43 ② 57 ③ 88
④ 171 ⑤ 172

05

A 기관의 B 부서에 근무하는 Y가 다음과 같은 상황에서 출장을 가게 되는 확률은?

A 기관 B 부서에서는 지방 출장자 인원을 편성하기 위하여 다음의 지침을 만들었다.

[지침] 지방 출장은 과장 1명, 대리 1명이 한 조를 이루어 이동한다.
[상황 1] B 부서에는 과장 3명, 대리 4명이 있다.
[상황 2] Y는 대리이다.

① 75% ② 50% ③ 25%
④ 12.5% ⑤ 6%

06

가전제품을 생산하는 A사는 불량률을 감소시키기 위한 프로젝트를 진행하고 있다. A사 공장의 불량률이 다음과 같을 때, 어떤 검사한 불량품이 (나) 공장에서 생산한 제품일 확률은?

• A사의 공장은 (가), (나), (다), (라) 4곳에 있다.
• (가) 공장은 전체 생산량 중 20%를 차지하고 있고, 불량률은 5%이다.
• (나) 공장은 전체 생산량 중 50%를 차지하고 있고, 불량률은 30%이다.
• (다) 공장은 전체 생산량 중 10%를 차지하고 있고, 불량률은 20%이다.
• (라) 공장은 그 외 나머지를 생산하고 있고, 불량률은 10%이다.

① 15% ② 25% ③ 55%
④ 60% ⑤ 75%

07

A와 B는 빨간 구슬, 파란 구슬, 하얀 구슬이 각각 한 개씩 담겨 있는 주머니를 가지고 다음 〈규칙〉에 따라 게임을 하려고 한다. 빨간 구슬을 뽑는 사람이 이긴다고 할 때, A가 이길 확률은?

규칙

• A부터 번갈아서 구슬을 한 개씩 뽑는다.
• 빨간 구슬을 뽑으면 게임이 종료된다.
• 파란 구슬을 뽑으면 구슬을 주머니에 다시 넣지 않는다.
• 하얀 구슬을 뽑으면 하얀 구슬을 제외한 모든 구슬을 주머니에 다시 넣는다.

① $\frac{1}{2}$ ② $\frac{7}{12}$ ③ $\frac{2}{3}$
④ $\frac{3}{4}$ ⑤ $\frac{5}{6}$

08

두 명이 대전하는 게임에서 A가 B에게 이길 확률은 0.6, B가 C에게 이길 확률은 0.4, C가 A에게 이길 확률은 0.7이다. A, B, C 3명 중 추첨을 통해 2명이 먼저 게임을 하고, 다음에 그 승자가 남은 1명과 게임을 해서 우승을 다투기로 한다. 이때 A가 우승할 확률은 얼마인가? (단, 이 게임에 비기는 경우는 없다)

① 0.22 ② 0.24 ③ 0.26
④ 0.28 ⑤ 0.30

09

주머니 A, B, C에 아래 표와 같이 붉은색, 흰색, 검정색의 공이 들어있다. 임의로 하나의 주머니를 선택하여 그 속에서 공 1개를 꺼냈더니 붉은 공이었다. 이 공이 주머니 B에서 꺼내졌을 확률은?

(단위 : 개)

주머니	붉은색	흰색	검정색
A	3	4	1
B	1	2	3
C	4	3	2
합계	8	9	6

① $\dfrac{43}{71}$ ② $\dfrac{38}{71}$ ③ $\dfrac{12}{71}$

④ $\dfrac{24}{71}$ ⑤ $\dfrac{25}{71}$

10

A와 B가 회의실을 예약하기 위해 빈방을 찾고 있다. B가 방을 확인했을 때 2번째가 빈방이 아닐 확률에서 A가 방을 확인했을 때 2번째가 빈방일 확률을 뺀 값은?

- A와 B가 처음으로 문을 열었을 때 빈방일 확률은 $\dfrac{1}{3}$이다.
- A가 빈방을 확인하고 그다음 방문을 열었을 때 또 빈방일 확률은 $\dfrac{1}{4}$이다.
- B가 빈방을 확인하고 그다음 방문을 열었을 때 또 빈방일 확률은 $\dfrac{1}{5}$이다.
- A와 B가 물건이 가득 차 있는 방을 확인하고 그다음 방문을 열었을 때 빈방일 확률은 $\dfrac{1}{5}$이다.

① $\dfrac{9}{20}$ ② $\dfrac{7}{12}$ ③ $\dfrac{11}{20}$

④ $\dfrac{29}{60}$ ⑤ $\dfrac{31}{60}$

11

양돈업을 하는 농부가 열병 방제를 위해 전문업체에 방역을 맡기려고 하는데 방역 여부에 따라 다음과 같은 이익이 예상된다. 방역비가 500원일 경우 농부는 열병이 유행할 확률이 몇 % 이상일 때 방역을 맡기게 되는가? (단, 이익 예상액에 방역비는 포함되어 있지 않다)

구분	이익 예상액(원)	
	열병이 유행할 경우	열병이 없는 경우
방역관리를 하는 경우	4,500	3,000
방역관리를 하지 않는 경우	2,000	3,000

① 16% ② 20% ③ 33%

④ 44% ⑤ 50%

12

○○기업에 근무하는 K는 대중교통을 이용해 회사에서 집으로 가려면 두 번을 환승해야 한다. 다음과 같이 지하철이나 버스로 갈아타고 집으로 갈 때, 버스를 두 번 이용할 확률은?

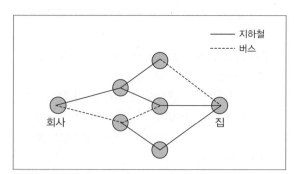

① $\dfrac{1}{4}$ ② $\dfrac{1}{3}$ ③ $\dfrac{1}{2}$

④ $\dfrac{2}{3}$ ⑤ $\dfrac{3}{4}$

13

S 회사의 기획 부서는 야유회 장소를 정하기 위해 투표를 진행하였다. 표를 가장 많이 얻은 곳으로 장소를 정하되, 표를 가장 많이 받은 장소가 2개 이상일 경우에는 재투표를 한다. 〈조건〉에 따라 투표를 진행할 때, 1차 투표 한 번으로 장소가 A로 결정될 확률은 얼마인가?

조건

- 투표 대상 장소는 A, B, C의 3곳이고 무효표는 없었다.
- 현재 총 팀원 8명 중 6명이 투표하고 A가 3표, B가 1표, C가 2표를 얻었다.
- 남은 팀원이 장소 3곳 중 하나를 선택할 확률은 $\frac{1}{3}$로 모두 같다.

① $\frac{1}{3}$ ② $\frac{4}{9}$ ③ $\frac{5}{9}$

④ $\frac{2}{3}$ ⑤ $\frac{7}{9}$

14

다음 상황을 참고할 때, 최 대리와 강 사원 중 어느 한 명이라도 식사 당번이 될 확률은? (단, 한 번 뽑은 종이는 다시 넣지 않는다)

1박 2일간 야유회를 떠난 영업본부 직원 11명은 야외에서 식사를 직접 준비해 먹으려 한다. 11장의 종이 중 4장에 '식사' 표기를 한 후 통 속에 넣어 '식사'가 쓰인 종이를 뽑게 되면 식사당번이 된다. 맨 처음 뽑는 최 대리는 자신의 종이를 뽑은 후 장을 보러 간 강 사원의 종이까지 대신 뽑아 주기로 하였다.

① $\frac{21}{55}$ ② $\frac{3}{7}$ ③ $\frac{5}{9}$

④ $\frac{17}{33}$ ⑤ $\frac{34}{55}$

15

A 기업의 홍보팀이 업무 실적을 치하하기 위하여 영화상품권과 외식상품권 2장을 직원들에게 주고자 한다. 박 대리가 영화상품권 4장과 외식상품권 5장이 든 상자에서 동시에 2장을 뽑았을 때 2장 모두 영화상품권이거나 외식상품권일 확률은?

① $\frac{3}{18}$ ② $\frac{2}{9}$ ③ $\frac{4}{9}$

④ $\frac{5}{9}$ ⑤ $\frac{7}{18}$

16

○○공사에서는 일자리창출본부와 전략사업본부를 신설하고 본부장을 각각 채용하려고 한다. 각 부서의 팀장들 중에서 본부장으로 승진 발령을 내리려 할 때 자산관리본부 또는 주택기금본부에서 일자리창출본부장이 나오고 주택기금본부에서 전략사업본부장이 나올 확률은? (단, 각 팀의 장은 모두 한 명이고 한 명이 두 본부장직을 동시에 맡을 수 없다)

〈○○공사 조직표〉

구분	경영관리본부	심사평가본부	자산관리본부	주택기금본부
팀장	인사관리팀 기획/총무팀 재무회계팀	A 심사평가단 B 심사평가단 C 심사평가단 D 심사평가단	채권관리팀 보증이행팀	임대주택지원팀 도시재생운영팀

① $\frac{1}{55}$ ② $\frac{2}{55}$ ③ $\frac{3}{55}$

④ $\frac{4}{55}$ ⑤ $\frac{5}{55}$

[17 ~ 18] 다음 자료를 보고 이어지는 질문에 답하시오.

윷놀이는 일 년 열두 달 남녀노소가 장소의 구애를 받지 않고 즐길 수 있는 게임이다. 윷놀이의 유래에 대한 여러 설 중 하나에 의하면 윷놀이는 다섯 가축을 다섯 부락에 나누어주고 그 가축들을 경쟁적으로 번식시키는 것을 설정하여 만들어진 놀이라고 한다.

그래서 윷가락을 던졌을 때 나오는 도, 개, 걸, 윷, 모는 각각 동물에 비유된다. 도는 돼지, 개는 개, 걸은 양, 윷은 소, 모는 말에 해당하는데, 이는 속도를 고려한 것이다. 예를 들어 돼지는 가장 느리고 말은 가장 빠르기 때문에 도가 한 칸을 움직일 때, 모는 다섯 칸을 움직이도록 정하였다.

도는 네 개 중 한 윷가락의 평면이 위를 향하는 경우이고, 개는 네 개 중 두 윷가락의 평면이 위로 향하는 경우이고, 걸은 도와 반대로 네 개 중 한 윷가락의 곡면이 위를 향하는 경우이다. 모든 윷가락의 평면이 위로 향하고, 모든 윷가락의 곡면이 위를 향하는 경우는 윷과 모이다.

수학에서는 평면이 위를 향하는 확률과 곡면이 위를 향하는 확률이 같다고 가정하고 문제를 해결하지만 실제로는 차이가 있다. 윷가락의 단면은 정확히 반원이 아니라 약간 더 원에 가까운 형태이므로 평면이 위로 나오는 확률이 곡면이 위로 나오는 확률보다 약간 높다. 윷을 깎은 모양에 따라 조금 차이가 있겠지만, 윷의 무게중심 등을 고려해 계산한 연구에 따르면 평면이 위로 나오는 비율이 60% 정도로 약간 높다고 한다.

17

제시된 자료의 내용을 근거로 윷의 무게중심을 고려할 때, 나올 확률이 높은 것부터 순서대로 나열한 것은?

① 걸=개>도
② 걸>도>개
③ 개>도>걸
④ 도>개>걸
⑤ 도>걸>개

18

다음 중 옳은 진술을 모두 고른 것은?

A. 윷의 무게중심 등을 고려하면 모가 나올 확률보다 윷이 나올 확률이 더 낮다.
B. 윷의 무게중심 등을 고려하면 윷이 나올 확률보다 모가 나올 확률이 더 낮다.
C. 도, 개, 걸, 윷, 모 각각이 나왔을 때 움직이는 거리는 동물의 크기와 속도를 고려한 것이다.

① A
② B
③ C
④ A, B
⑤ B, C

→ 테마

20

Mathematics

통계

유형 1 평균

핵심 Check

1 통계

(1) 사람이나 사물, 사건 등을 대상으로 조사하고 그 결과를 구체적인 숫자로 나타낸 것이다.

(2) 모든 사회 및 자연현상을 나타내 주는 의미를 가진 수치이다.

(3) **집중화 경향** : 자료들이 어느 위치에 집중되어 있는가를 나타내는 것으로 평균, 중앙값, 최빈값 등으로 나타낸다.

2 평균

(1) 여러 수나 같은 종류의 양의 중간값을 갖는 수

(2) 대상 집단의 성격을 함축하여 나타내고 계산이 용이해 많이 사용된다.

$$\cdot \text{평균} = \frac{\text{자료의 총합}}{\text{자료의 총 개수}} = \frac{1}{n}\left(\sum_{i=1}^{n} x_i\right)$$

$\cdot$ 자료의 총합 = 자료의 총 개수 $\times$ 평균

예 시험 결과가 다음과 같을 때 평균 점수는?

구분	국어	수학	사회	과학
점수(점)	90	100	78	84

⇨ 전체 과목 점수의 합은 $90+100+78+84=352$(점)이다.

⇨ 전체 과목 점수의 합을 과목 수로 나누면 평균은 $\frac{352}{4}=88$(점)이다.

3 가중평균

중요도나 영향도에 해당하는 각각의 가중치를 곱하여 구한 평균값

주어진 값 x_1, x_2, $\cdots$, x_n에 대한 가중치가 각각 w_1, w_2, $\cdots$, w_n이라 하면

$$\text{가중평균} = \frac{x_1 w_1 + x_2 w_2 + \cdots + x_n w_n}{w_1 + w_2 + \cdots + w_n}$$

예제 01

어떤 학생의 시험 성적이 59점, 68점, 83점일 때, 이 학생의 시험 평균 점수는?

① 68점   ② 69점   ③ 70점

④ 71점   ⑤ 72점

| 정답 | ③

| 해설 | 평균 $= \dfrac{\text{자료의 총합}}{\text{자료의 총 개수}}$ 이므로 이 학생의 시험 평균 점수는 $\dfrac{59+68+83}{3}=70$(점)이다.

예제 02

다음은 B사 관리본부 직원들의 3월과 4월의 제안실적 점수를 나타낸 자료이다. 3월의 점수가 9점 이상인 직원들의 4월 점수 평균은 약 몇 점인가? (단, 소수점 아래 둘째 자리에서 반올림한다)

(단위 : 명)

3월＼4월	6점	7점	8점	9점	10점
6점	3	7	4		
7점	2	5	4	3	
8점	8	4	5	6	2
9점		9	10	4	3
10점		4	4	2	3

① 8.8점   ② 8.6점   ③ 8.4점

④ 8.1점   ⑤ 7.8점

| 정답 | ④

| 해설 | 3월의 점수가 9점 이상인 직원의 수는 $9+10+4+3+4+4+2+3=39$(명)이다. 따라서 이들의 4월 점수 평균은 다음과 같이 구할 수 있다.

$$\dfrac{7\times(9+4)+8\times(10+4)+9\times(4+2)+10\times(3+3)}{39}\fallingdotseq 8.1(\text{점})$$

예제 03

A ～ E 다섯 명의 영어시험 평균 점수는 72점이다. A, B의 점수가 65점, C, D의 점수가 75점이라고 할 때 E의 점수는 몇 점인가?

① 70점   ② 75점   ③ 80점

④ 85점   ⑤ 90점

| 정답 | ③

| 해설 | E의 점수를 x점으로 놓고 식을 세우면 다음과 같다.

$$\frac{(65\times2)+(75\times2)+x}{5}=72$$

$130+150+x=360$

$x=80(점)$

따라서 E의 점수는 80점이다.

예제 04

다음은 연령집단별 1,000명씩을 대상으로 작년 한 해 동안 병원을 방문한 횟수를 조사한 자료이다. ⓐ와 ⓑ의 차는? (단, 소수점 아래 셋째 자리에서 반올림한다)

(단위 : 명)

구분	0 ～ 14세	15 ～ 64세	65세 이상	전체 연령대 평균
0회	420	334	175	ⓐ
1회	320	280	180	260
2회	125	278	250	ⓑ
3회 이상	135	108	395	212.67

① 72   ② 77   ③ 82

④ 87   ⑤ 92

| 정답 | ⑤

| 해설 | 각 연령집단별 조사 대상자가 1,000명으로 동일하기 때문에 각 집단의 명수를 산술평균하여 구할 수 있다.

ⓐ=(420+334+175)÷3≒309.67

ⓑ=(125+278+250)÷3≒217.67

따라서 두 수의 차이는 309.67-217.67=92이다.

예제 05

갑은 중간고사에서 네 과목의 평균이 89.5점이 나왔다. 마지막 영어시험까지 합하여 다섯 과목의 총 평균이 90점 이상 나오려면, 영어는 최소한 몇 점을 받아야 하는가?

① 88점　　　② 90점　　　③ 92점
④ 93점　　　⑤ 95점

One Point Lesson

다섯 과목의 총 평균이 90점 이상 나오기 위해서는 다섯 과목 점수의 총합이 450점 이상 나와야 한다.

| 정답 | ③

| 해설 | 네 과목의 평균이 89.5점이라고 하였으므로 네 과목의 총점수는 $89.5 \times 4 = 358$(점)이다. 다섯 과목의 시험에서 총 평균이 90점 이상 나오기 위해서는 총점수가 $90 \times 5 = 450$(점) 이상이 나와야 하므로 영어 점수를 x점이라 하면 다음과 같은 식이 성립한다.

$358 + x \geq 450$

$x \geq 92$

따라서 받아야 할 최소 점수는 92점이다.

예제 06

신제품 A, B, C, D에 대한 선호도 조사 결과, 100점 만점에 가중평균이 66점으로 조사되었다. 신제품 B, C, D의 평가 점수가 다음과 같을 때 신제품 A의 평가 점수는?

구분	A	B	C	D
평가 점수(점)		70	60	65
가중치(%)	30	20	30	20

① 55점　　　② 60점　　　③ 65점
④ 70점　　　⑤ 75점

| 정답 | ④

| 해설 | 신제품 A의 평가 점수를 x점이라 하면 다음과 같은 식이 성립한다.

$$\frac{(x \times 30) + (70 \times 20) + (60 \times 30) + (65 \times 20)}{30 + 20 + 30 + 20} = 66$$

$(x \times 30) + (70 \times 20) + (60 \times 30) + (65 \times 20) = 66 \times (30 + 20 + 30 + 20)$

$4,500 + 30x = 6,600$

$x = 70$

따라서 신제품 A의 평가 점수는 70점이다.

테마 **20** 통계

평균 공략

정답과 해설 162 쪽

01. 다음은 지난 월요일 A사의 제품 생산 현황이다. 이날 생산된 B 제품의 평균 중량은?

- A사는 3개의 공장에서 B 제품을 생산한다.
- ㉠ 공장에서 생산한 B 제품은 584개이고, 평균 중량은 680g이다.
- ㉡ 공장에서 생산한 B 제품은 730개이고, 평균 중량은 690g이다.
- ㉢ 공장에서 생산한 B 제품은 511개이고, 평균 중량은 670g이다.

---

① 679.7g   ② 681.2g   ③ 683.4g
④ 684.2g   ⑤ 686.3g

One Point Lesson

3명의 평균 체중이 69kg이라고 하였으므로 3명에 대한 체중의 합은 207kg이다. 방정식을 세우지 않더라도, 3명의 체중 합이 207kg인 것을 고르면 빠르게 해결할 수 있다.

02. A, B, C 3명의 평균 체중은 69kg이다. B는 C보다 2kg 가볍고, A는 B보다 5kg 가볍다고 할 때 A, B, C의 체중은 각각 몇 kg인가?

	A	B	C			A	B	C
①	64kg	69kg	71kg		②	65kg	70kg	72kg
③	66kg	71kg	73kg		④	67kg	72kg	74kg
⑤	68kg	73kg	75kg					

03. X와 Y의 평균값이 Z와 $2Y$의 평균값보다 크다고 할 때 다음 중 반드시 참인 것은?

① $Y > 0$ ② $X > Y$ ③ $X > Y + Z$
④ $X + Z > Y$ ⑤ $X - Y - Z < 0$

04. 다음은 ○○공단 민원팀 직원 20명에 대한 고객 평가의 결과이다. '전문성 영역'의 평균 점수가 85점이라면 '친절 영역'의 평균 점수는 몇 점인가?

(단위 : 명)

전문성 영역 / 친절 영역	100점	90점	80점	70점
100점	Ⓐ	2	Ⓑ	1
90점	1	3	2	1
80점	0	2	3	0
70점	1	0	0	1

① 83.5점　　　　　② 85.5점　　　　　③ 86점
④ 88.5점　　　　　⑤ 90.5점

05. 다음은 A 회사 직원들의 3 ～ 4월 업무 평가 결과이다. 4월 점수가 7점 이하인 직원들의 3월 점수 평균과 4월 점수가 8점인 직원들의 3월 점수 평균 차이는 약 몇 점인가? (단, 모든 계산은 소수점 아래 셋째 자리에서 반올림한다)

(단위 : 명)

3월 / 4월	6점	7점	8점	9점	10점
6점	3	7	4		
7점	2	5	4	3	
8점	8	4	5	6	2
9점		9	10	4	3
10점		4	4	2	3

① 0.82점　　　　　② 0.68점　　　　　③ 0.53점
④ 0.46점　　　　　⑤ 0.28점

테마
20
통계

06. C 기업에서는 매년 상/하반기마다 인사 평가를 수행하고 있다. 하 대리는 입사 4년차 하반기 인사 평가를 앞두고 있는데, 지난 4년간 인사 평가점수의 전체 평균이 7.5점 이상이 되려면 하 대리는 4년차 하반기에 최소 몇 점을 받아야 하는가?

- 1년차 상/하반기 평가점수 : 평균 6.8점
- 2년차 상/하반기 평가점수 : 평균 7.1점
- 3년차 상/하반기 평가점수 : 평균 8.2점
- 4년차 상반기 평가점수 : 7.6점

---

① 8.2점   ② 8.4점   ③ 8.6점

④ 8.8점   ⑤ 9.0점

07. 취업준비생 A는 취업 시 가산점을 받을 수 있는 국가자격증 시험을 앞두고 모의고사를 보았다. A의 모의고사 점수가 다음과 같을 때, 94점을 받은 횟수는?

- A는 모두 10번의 모의고사를 보았다.
- 모의고사 점수는 89점이거나 94점이다.
- 10번의 모의고사 평균은 91점이다.

---

① 3회   ② 4회   ③ 5회

④ 6회   ⑤ 7회

08. 어느 중국집의 짜장면과 짬뽕 가격의 평균은 5,550원, 짬뽕과 볶음밥 가격의 평균은 6,200원, 짜장면과 볶음밥 가격의 평균은 5,950원이다. 짜장면, 짬뽕, 볶음밥 가격의 평균은 얼마인가?

① 5,600원   ② 5,750원   ③ 5,800원

④ 5,900원   ⑤ 6,000원

09. 12명의 학생 가운데 9명의 점수의 총합은 630점이고 나머지 3명 중 두 명의 평균 점수는 84점이며 나머지 한 명의 점수는 12명의 평균 점수보다 16점 높다고 한다. 학생 12명의 평균 점수는?

① 70점   ② 74점   ③ 86점

④ 90점   ⑤ 92점

테마
20
통계

10. 어떤 시험에 응시한 100명 중 합격자는 40명이고, 그중 40%가 여자이고 남자의 합격률은 40%였다. 응시생 전체의 평균이 32점, 남자 응시생의 평균이 30점일 때 여자 응시생의 평균은 몇 점인가?

① 33점   ② 34점   ③ 35점

④ 36점   ⑤ 37점

11. 어떤 시험에 450명이 응시하였다. 응시생 전체의 평균 점수가 59점이고 합격자의 평균 점수가 68점, 불합격자의 평균 점수가 53점일 때 합격자는 몇 명인가?

① 140명   ② 160명   ③ 180명

④ 200명   ⑤ 220명

12. 다음은 ○○기업 상반기 신입사원 최종 합격자 점수에 관한 내용이다. 아래 내용을 토대로 할 때, 남자와 여자의 합격자 수는 각각 몇 명인가?

- ○○기업 상반기 신입사원 합격자 수는 40명이다.
- 남자 최종 합격자의 평균 점수는 82점, 여자 최종 합격자의 평균 점수는 85점이다.
- 최종 합격자 전체의 평균 점수는 83.35점이다.

	남자	여자		남자	여자		남자	여자
①	18명	22명	②	19명	21명	③	20명	20명
④	21명	19명	⑤	22명	18명			

13. 채용시험을 본 100명의 응시생 중 20명의 응시생이 기준 점수에 미달하여 불합격하였다. 기준 점수는 전체 응시생들의 평균 점수보다 4점이 높고, 불합격한 응시생들의 평균 점수의 2배와 같았다. 또 기준 점수가 합격한 응시생들의 평균 점수보다 5점이 낮았다고 할 때, 기준 점수는 몇 점인가?

① 74점   ② 76점   ③ 78점

④ 80점   ⑤ 82점

14. 기준 점수 이상을 얻어야 합격하는 자격증 시험에 응시한 30명 중 합격자는 10명이다. 합격한 사람의 평균 점수는 불합격한 사람의 평균 점수의 2배보다 33점이 낮고, 불합격한 사람의 평균 점수는 응시자 전체의 평균 점수보다 9점이 낮다고 한다. 합격자 중 만점자가 3명 배출되었을 때, 가능한 합격 기준 점수는 최대 몇 점인가? (단, 자격증 시험은 100점 만점이다)

① 78점   ② 79점   ③ 80점

④ 81점   ⑤ 82점

15. 상위 30%가 합격하는 어느 필기시험에 200명이 응시하였다. 전체 응시생의 평균 점수가 58.4점이고 합격자와 불합격자의 평균 점수의 차이가 28점이라면 불합격자의 평균 점수는? (단, 동점자는 발생하지 않았다)

① 44점   ② 47점   ③ 50점

④ 53점   ⑤ 56점

테마

20

통계

16. 다음 표와 같이 A 지역에 40분간 집중호우가 계속되었다면 A 지역에 내린 시간당 평균 강수량은 얼마인가?

시간(분)	0 ~ 5	5 ~ 10	10 ~ 15	15 ~ 20	20 ~ 25	25 ~ 30	30 ~ 35	35 ~ 40
우량(mm)	3	5	2	6	8	7	3	2

$$* \text{강수량} = \frac{\text{우량}}{\text{시간}}$$

① 54mm/h   ② 58mm/h   ③ 62mm/h

④ 66mm/h   ⑤ 70mm/h

유형 2 분산 · 표준편차

핵심 Check

① 편차

(1) 자료의 각 변량에서 평균을 뺀 값이다.
(2) 편차의 합은 항상 0이다.

$$편차 = 변량 - 평균$$

② 분산

변량이 평균으로부터 떨어져 있는 정도를 나타내는 값

- 분산 $= \dfrac{(편차)^2의 \ 총합}{변량의 \ 개수}$

- 집단 $\{x_1, \ x_2, \ \cdots, \ x_n\}$에 대하여 $V = \dfrac{1}{n}\displaystyle\sum_{i=1}^{n}(x_i - m)^2 = \dfrac{1}{n}\displaystyle\sum_{i=1}^{n}x_i^2 - m^2$

  (V : 분산, m : 평균, n : 변량의 개수)

③ 표준편차

(1) 자료가 평균을 중심으로 얼마나 퍼져 있는지를 나타내는 대표적인 수치
(2) 표준편차가 크면 자료들이 넓게 퍼져있고 이질성이 큰 것을 의미하고 작으면 자료들이 집중하여 있고 동질성이 큰 것을 의미한다.

- 표준편차 $= \sqrt{분산} = \sqrt{\dfrac{(편차)^2의 \ 총합}{변량의 \ 개수}}$

- 집단 $\{x_1, \ x_2, \ \cdots, \ x_n\}$에 대하여 $\sigma = \sqrt{V} = \sqrt{\dfrac{1}{n}\displaystyle\sum_{i=1}^{n}(x_i - m)^2}$

  (σ : 표준편차, V : 분산, m : 평균, n : 변량의 개수)

예제 01

K 기업에 다니는 한 사원은 이번 주의 근무시간을 아래와 같이 작성하였다. 주말을 제외한 이번 주 근무시간의 분산은 얼마인가?

구분	월	화	수	목	금
시간	9	8	9	10	7

① 1   ② 1.04   ③ 1.08

④ 1.12   ⑤ 1.16

| 정답 | ②

| 해설 | 근무시간의 평균을 구하면 $\dfrac{9+8+9+10+7}{5}=8.6$이다.

분산 $=\dfrac{(편차)^2의 \; 총합}{변량의 \; 개수}$ 이므로 $\dfrac{(9-8.6)^2+(8-8.6)^2+(9-8.6)^2+(10-8.6)^2+(7-8.6)^2}{5}=1.040$이다.

예제 02

양궁대회에서 한 선수가 화살을 10회 쏘아 다음과 같은 결과를 얻었다. 이 선수가 얻은 점수의 표준편차는?

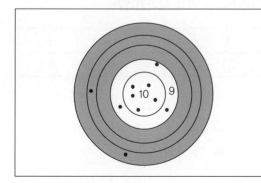

① $\sqrt{1.8}$

② 1.8

③ $\sqrt{33}$

④ 3

⑤ $\sqrt{55}$

| 정답 | ①

| 해설 | 10점에 5발, 9점에 3발, 7점에 1발, 6점에 1발 명중하였으므로 평균과 표준편차는 다음과 같다.

• 평균 : $\dfrac{10\times5+9\times3+7\times1+6\times1}{10}=9$

• 표준편차 : $\sqrt{\dfrac{(10-9)^2\times5+(9-9)^2\times3+(7-9)^2+(6-9)^2}{10}}=\sqrt{1.8}$

분산·표준편차 공략

정답과 해설 165 쪽

01. 다음은 A 팀 다섯 명과 B 팀 다섯 명의 업무 평가 점수를 나타낸 표이다. 두 팀의 업무 평가 점수 평균이 모두 100점이라고 할 때, 두 팀의 분산은 각각 얼마 인가?

(단위 : 점)

A 팀	120	90	90	100	100
B 팀	97	104	96	100	103

  A 팀　　B 팀　　　　　　　　　A 팀　　B 팀
① 110　　5　　　　　　② 110　　10
③ 120　　5　　　　　　④ 120　　10
⑤ 130　　10

이것 만은 꼭

표준편차 = $\sqrt{분산}$ 이므로 답은 ③ 또는 ⑤임을 알 수 있다.

02. 직원 A ~ F의 사내 업무 평가 점수 평균을 구하여 편차를 계산하였더니 결과 가 다음과 같았다. 이들의 분산과 표준편차는 각각 얼마인가?

직원	A	B	C	D	E	F
편차	3	−1	x	2	0	−3

  분산　　표준편차　　　　　　　분산　　표준편차
① 4　　　1　　　　　　② 6　　　2
③ 9　　　3　　　　　　④ 9　　　2
⑤ 4　　　2

03. 보험회사 A와 B를 대상으로 한 영업팀당 팀원수를 조사하였다. 보험회사 A의 영업팀은 1팀부터 6팀까지 있고, 6개의 팀은 평균이 9명, 표준편차가 8명이었다. 보험회사 B의 영업팀은 1팀부터 4팀까지 있고, 4개의 팀은 평균이 9명, 표준편차가 3명이었다. 이때 보험회사 A와 B의 전체 10개 팀의 한 영업팀당 팀원수의 표준편차를 바르게 구한 것은?

① $\sqrt{24}$ 명   ② $\sqrt{30}$ 명   ③ 6명

④ $\sqrt{42}$ 명   ⑤ $\sqrt{48}$ 명

04. 다음은 학생 A ~ D의 쪽지시험 점수이다. 네 학생의 쪽지시험 점수의 평균을 m, 분산을 V 라고 할 때, $\dfrac{V}{m}$ 의 값은? (단, 소수점 아래 둘째 자리에서 반올림 한다)

구분	A	B	C	D
점수(점)	70	80	60	90

① 0   ② 1.3   ③ 1.5

④ 1.7   ⑤ 1.9

05. 10명으로 구성된 어느 반의 수학 과목 점수가 중간고사와 기말고사를 비교하여 모든 학생이 3점씩 올랐다. 〈보기〉에서 옳은 것을 모두 고르면? (단, 두 시험 모두 만점자는 없다)

> **보기**
>
> ㄱ. 이 반의 수학 과목 평균 점수는 3점 올랐다.
> ㄴ. 이 반의 수학 과목의 분산은 3 상승하였다.
> ㄷ. 이 반의 수학 과목의 표준편차는 3 상승하였다.

① ㄱ   ② ㄷ   ③ ㄱ, ㄴ

④ ㄴ, ㄷ   ⑤ ㄱ, ㄴ, ㄷ

유형 3 [도수분포표] 통계

핵심 Check

1 계급

(1) **계급** : 변량을 일정한 간격으로 나눈 구간
(2) **계급의 크기** : 구간의 너비
(3) **계급값** : 계급을 대표하는 값으로 계급의 중앙값

2 변량 · 도수

(1) **변량** : 자료를 수량으로 나타낸 것
(2) **도수** : 각 계급에 속하는 자료의 개수

3 도수분포표

자료를 몇 개의 계급으로 나누고, 각 계급에 속하는 도수를 조사하여 나타낸 표

몸무게(kg)	계급값	도수
30 이상 ~ 35 미만	32.5	3
35 ~ 40	37.5	5
40 ~ 45	42.5	9
45 ~ 50	47.5	13
50 ~ 55	52.5	7
55 ~ 60	57.5	3

[도수분포표 작성 방법]

① 자료에서 가장 작은 변량과 가장 큰 변량을 찾는다.
② 계급의 개수와 크기를 정한다.
③ 각 계급에 속하는 변량을 세어 도수를 정한다.

4 도수분포표에서의 평균

$$평균 = \frac{\{(계급값) \times (도수)\}의\ 총합}{(도수)의\ 총합}$$

5 도수분포표에서의 분산

$$\text{분산} = \frac{\{(\text{편차})^2 \times (\text{도수})\}\text{의 총합}}{(\text{도수})\text{의 총합}}$$

6 도수분포표에서의 표준편차

$$\text{표준편차} = \sqrt{\text{분산}} = \sqrt{\frac{\{(\text{편차})^2 \times (\text{도수})\}\text{의 총합}}{(\text{도수})\text{의 총합}}}$$

7 상대도수

(1) 도수분포표에서 도수의 총합에 대한 각 계급의 도수의 비율을 상대도수라고 한다.

(2) 상대도수의 총합은 반드시 1이다.

$$\text{계급의 상대도수} = \frac{\text{각 계급의 도수}}{\text{도수의 총합}}$$

테마
20

통계

8 도수분포표 그래프

(1) 히스토그램 : 도수분포표의 각 계급의 양 끝 값을 가로축에 표시하고 도수를 세로축에 표시하여 직사각형 모양으로 나타낸 그래프

(2) 도수분포다각형 : 히스토그램에서 각 직사각형의 윗변의 중점을 차례로 선분으로 연결하고 양 끝은 도수가 0인 계급을 하나씩 추가하여 그 중점과 연결해서 만든 그래프

〈히스토그램〉

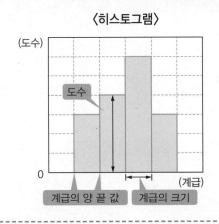

〈도수분포다각형〉

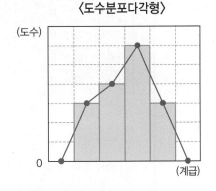

이것만은 꼭

계급의 중앙값을 계급값으로 계산한다.

예제 **01**

직원들을 대상으로 대중교통을 이용하는 횟수에 대한 설문 조사를 하였다. 응답자 전원의 월 평균 대중교통 이용 횟수가 65회라면, ㉠에 들어갈 알맞은 인원수는?

월 평균 대중교통 이용 횟수(회)	인원수(명)
0 이상 ~ 20 미만	10
20 ~ 40	20
40 ~ 60	30
60 ~ 80	35
80 ~ 100	㉠
100 ~ 120	20

① 32
② 30
③ 28
④ 25
⑤ 22

| 정답 | ④

| 해설 | 정확한 변량을 알 수 없는 경우에는 중앙값인 계급값을 사용하여 평균을 구할 수 있다. 따라서 ㉠의 인원수를 x명으로 두고 계산하면 다음과 같다.

$\{(10 \times 10) + (30 \times 20) + (50 \times 30) + (70 \times 35) + (90 \times x) + (110 \times 20)\} \div (10 + 20 + 30 + 35 + x + 20) = 65$

$(6,850 + 90x) \div (115 + x) = 65$ $\therefore x = 25$

예제 **02**

다음은 어느 동아리 학생 10명의 봉사 활동 시간을 조사하여 나타낸 도수분포표이다. 봉사 활동 시간의 평균이 16시간일 때 분산을 a라 한다면, $10a$의 값은?

봉사 활동 시간(시간)	인원수(명)
11 이상 ~ 13 미만	1
13 ~ 15	1
15 ~ 17	5
17 ~ 19	3

① 20
② 24
③ 28
④ 32
⑤ 36

| 정답 | ④

| 해설 | 도수분포표에서 분산은 $\dfrac{\{(\text{편차})^2 \times (\text{도수})\}의 총합}{(\text{도수})의 총합}$ 으로 구할 수 있다. 따라서

$a = \dfrac{(12-16)^2 + (14-16)^2 + (16-16)^2 \times 5 + (18-16)^2 \times 3}{10} = 3.2$이므로 $10a = 32$이다.

예제 **03**

H 전자회사에서는 새롭게 출시한 건조기를 테스트하기 위하여 고객에게 사용하도록 한 후 사용후기를 점수로 받았다. 이를 바탕으로 다음과 같은 자료를 만들었을 때 건조기에 대한 고객 점수의 평균값은? (단, 소수점 아래 둘째 자리에서 반올림한다)

건조기 평가 점수	응답자 수
0점 이상~20점 미만	2명
20점 이상~40점 미만	6명
40점 이상~60점 미만	18명
60점 이상~80점 미만	25명
80점 이상~100점 미만	5명
100점	4명
합계	60명

① 61.7점

② 62.3점

③ 62.4점

④ 63.2점

⑤ 63.7점

테마
20

통
계

| 정답 | ①

| 해설 | 정확한 변량이 제시되어 있지 않으므로 각 구간의 중앙값인 계급값을 구간의 점수로 하여 계산한다. 따라서 평균값을 구하는 식은 다음과 같다.

$$\frac{10\times2+30\times6+50\times18+70\times25+90\times5+100\times4}{60} \fallingdotseq 61.7$$

따라서 고객 점수의 평균값은 61.7점이다.

[도수분포표] 통계 공략

정답과 해설 166쪽

01. 다음은 S 전자 서비스센터에 걸려 온 일별 고객 문의전화 건수를 나타낸 자료이다. 하루에 걸려 온 고객 문의전화는 평균 몇 건인가?

고객 문의전화	일수(일)
10건 이상 ~ 20건 미만	4
20건 이상 ~ 30건 미만	13
30건 이상 ~ 40건 미만	10
40건 이상 ~ 50건 미만	3
합계	30

① 27건   ② 28건   ③ 29건
④ 30건   ⑤ 31건

02. K 은행 S 지점의 직원들이 매월 잔업을 하는 횟수와 해당 인원수가 다음과 같다. 전체 직원들의 평균 잔업일이 10일일 경우, 빈칸에 들어갈 알맞은 인원수는?

잔업일수(일)	인원수(명)
0 이상 ~ 3 미만	9
4 이상 ~ 6 미만	13
7 이상 ~ 11 미만	( )
12 이상 ~ 17 미만	14
18 이상 ~ 19 미만	11

① 12   ② 13   ③ 14
④ 15   ⑤ 16

03. 다음은 ○○기업 고객센터에 지난주 접수된 소비자 문의에 대한 응답시간을 나타낸 표이다. 소비자 문의 240건에 대한 평균 응답시간이 50분이라고 할 때, A 와 B는 각각 몇 건인가? (단, 고객센터에 접수된 모든 질문은 2시간 이내에 응답되었다)

응답시간	문의 건수(건)
0 ~ 20분 미만	26
20분 이상 ~ 40분 미만	58
40분 이상 ~ 60분 미만	89
60분 이상 ~ 80분 미만	33
80분 이상 ~ 100분 미만	A
100분 이상 ~ 120분 미만	B
합계	240

	A	B		A	B		A	B
①	25	9	②	26	8	③	27	7
④	28	6	⑤	29	5			

테마
20
통계

해결 전략

1단계
도수의 합계를 이용하여 식을 세운다.

⬇

2단계
평균 수면시간을 이용하여 식을 세운다.

⬇

3단계
위에서 세운 식을 연립하여 해를 구한다.

04. 다음은 ○○공사에서 직원 40명을 대상으로 수면시간을 조사한 표이다. 평균 수면시간이 6.55시간이라고 할 때, $3A + 4B$의 값은?

〈직원 수면시간 현황〉

수면시간(시간)	인원수(명)
4 이상 ~ 5 미만	3
5 이상 ~ 6 미만	9
6 이상 ~ 7 미만	A
7 이상 ~ 8 미만	8
8 이상 ~ 9 미만	B
9 이상 ~ 10 미만	1
합계	40

① 54　　　　② 56　　　　③ 58

④ 60　　　　⑤ 62

05. 다음은 (주)AA 기업 내 사원 30명의 이번 달 인사고과 평가점수에 대한 도수분포표이다. 평균이 77점일 때, 분산은 얼마인가?

점수	50점 초과 60점 이하	60점 초과 70점 이하	70점 초과 80점 이하	80점 초과 90점 이하	90점 초과 100점 이하
인원수	3	5	9	?	?

① 124 ② 127 ③ 130

④ 133 ⑤ 136

06. 다음은 N 회사 지원자들의 면접 점수에 대한 도수분포표이다. 이 도수분포표의 평균을 m, 분산을 V라고 할 때 $V-m$의 값은?

점수	인원(명)
0점 이상 ~ 6점 미만	3
6점 이상 ~ 12점 미만	7
12점 이상 ~ 18점 미만	10
18점 이상 ~ 24점 미만	3
24점 이상 ~ 30점 이하	1

① 18 ② 20 ③ 22

④ 24 ⑤ 26

07. 다음은 A가 근무하는 부서 직원들의 연말평가 점수를 나타낸 자료이다. 이 부서 직원들의 점수 평균과 표준편차는 각각 얼마인가?

점수(점)	인원(명)
45 이상 ~ 55 미만	2
55 이상 ~ 65 미만	9
65 이상 ~ 75 미만	27
75 이상 ~ 85 미만	11
85 이상 ~ 95 미만	1

	평균	표준편차		평균	표준편차		평균	표준편차
①	64점	6	②	64점	8	③	64점	10
④	70점	8	⑤	70점	10			

08. 다음은 어느 날의 20개 지역의 최고 기온을 조사한 결과이다. 해당 날짜의 최고기온의 평균과 분산, 표준편차를 순서대로 바르게 나열한 것은?

기온(℃)	지역 수(개)
11 이상~13 미만	2
13 이상~15 미만	3
15 이상~17 미만	9
17 이상~19 미만	5
19 이상~21 미만	1

	평균	평균	표준편차			평균	평균	표준편차
①	16	4	2		②	16	3	$\sqrt{3}$
③	16	2	$\sqrt{2}$		④	12	4	2
⑤	12	3	$\sqrt{3}$					

09. 다음은 F 낚시방송에서 하루 동안 진행한 붕어 낚시 대회 결과를 집계한 표이다. 이번 대회에서 낚은 붕어 크기의 평균과 분산, 표준편차를 순서대로 바르게 나열한 것은?

크기(cm)	마리 수(마리)
14 이상~16 미만	1
16 이상~18 미만	0
18 이상~20 미만	2
20 이상~22 미만	4
22 이상~24 미만	1

	평균	평균	표준편차			평균	평균	표준편차
①	20	6	$\sqrt{6}$		②	20	5	$\sqrt{5}$
③	20	4	2		④	15	5	$\sqrt{5}$
⑤	15	4	2					

최빈값·중앙값

핵심 Check

① 최빈값

(1) 자료 중 빈도수가 가장 높은 값을 최빈값이라고 한다.

(2) 성질

① 변량 중에서 도수가 가장 큰 값이 한 개 이상이면 그 값이 모두 최빈값이고, 각 변량의 도수가 모두 같으면 최빈값은 없다.

② 자료의 평균이나 중앙값이 자료의 특징을 대표할 수 없을 경우 최빈값을 이용할 수 있다.

② 중앙값

(1) 자료를 크기순으로 나열했을 때 한가운데에 위치하는 값을 중앙값이라고 한다.

(2) 중앙값의 계산

① 자료의 개수(n)가 홀수인 경우

- 중앙에 있는 값

- 중앙값 $= \dfrac{n+1}{2}$ 번째의 변량

> 예 다음 나열된 숫자의 중앙값은?
>
> $$1 \quad 3 \quad 3 \quad ⑥ \quad 7 \quad 8 \quad 9$$
>
> 중앙값$=6$

② 자료의 개수(n)가 짝수인 경우

- 중앙에 있는 두 값의 평균

- 중앙값 $= \dfrac{n}{2}$ 번째와 $\left(\dfrac{n}{2}+1\right)$ 번째 변량의 산술평균

> 예 다음 나열된 숫자의 중앙값은?
>
> $$1 \quad 2 \quad 3 \quad ④ \quad ⑤ \quad 6 \quad 8 \quad 9$$
>
> 중앙값$= \dfrac{4+5}{2}=4.5$

예제 01

다음은 영업본부 진급예정자들의 진급 평가 시험 성적이다. 성적의 최빈값과 중앙값을 순서대로 알맞게 나열한 것은?

(단위 : 점)

76	98	79	85	93	88
88	92	88	88	92	82
82	88	79	93	82	85

　　　최빈값　　중앙값　　　　　　최빈값　　중앙값
① 88점　　　88점　　　　② 88점　　　86.5점
③ 82점　　　87점　　　　④ 82점　　　86점
⑤ 82점　　　86.5점

해결 전략

1단계
최빈값과 중앙값의 개념을 숙지한다.

↓

2단계
자료가 짝수 개일 때는 가운데 두 값의 평균을 내어 중앙값을 구한다.

↓

3단계
동점자가 있으므로 계산에 유의한다.

테마
20

통
계

| 정답 | ①

| 해설 | 성적을 정리해 보면 다음과 같다.

성적(점)	76	79	82	85	88	92	93	98
인원수(명)	1	2	3	2	5	2	2	1

따라서 최빈값은 88점, 중앙값은 9번째와 10번째 변량의 산술평균인 $\dfrac{88+88}{2}$ =88(점)이다.

최빈값·중앙값 공략

정답과 해설 168쪽

- **최빈값**
  주어진 자료 중 가장 많은 빈도로 나타나는 변량 또는 자료

- **중앙값**
  자료를 크기 순서대로 나열했을 때 중앙에 위치하는 값

01. 다음 자료의 최빈값을 a, 중앙값을 b라 할 때 $a+b$는?

구분	A	B	C	D	E	F	G	H	I
자료	18	8	7	17	4	8	1	6	3

① 13 ② 14 ③ 15
④ 16 ⑤ 17

02. 다음 표는 10년 동안 우리나라에서 발생한 진도 3 이상의 지진 발생 건수를 나타내고 있을 때, 중앙값은?

연도	건수	연도	건수
20X0년	7	20X5년	7
20X1년	11	20X6년	2
20X2년	9	20X7년	10
20X3년	5	20X8년	8
20X4년	15	20X9년	5

① 6.5 ② 7 ③ 7.5
④ 8 ⑤ 8.5

03. 다음은 16명의 학생이 하루에 컴퓨터를 이용하는 시간에 대한 조사 자료이다. 다음 자료에서 최빈값을 a, 중앙값을 b라 할 때 $a+b$는?

구분	A	B	C	D	E	F	G	H	I	J	K	L	M	N	O	P
자료	3	2	12	0	0	3	2	3	0	1	1	3	0	1	0	2

① 1.4 ② 1.5 ③ 1.6

④ 1.7 ⑤ 1.8

04. 다음은 A 기업 인턴 선발 시험에 응시한 30명의 시험 점수이다. 이 집단의 최빈값과 중앙값을 순서대로 바르게 나열한 것은? (단, 중앙값을 구할 때 결시자는 고려하지 않는다)

〈A 기업 인턴 선발 시험 결과〉

(단위 : 점)

번호	점수	번호	점수	번호	점수	번호	점수	번호	점수
A01	85	A07	65	A13	85	A19	75	A25	85
A02	60	A08	70	A14	90	A20	85	A26	결시
A03	80	A09	60	A15	70	A21	75	A27	65
A04	85	A10	85	A16	85	A22	80	A28	90
A05	65	A11	95	A17	65	A23	75	A29	75
A06	75	A12	75	A18	90	A24	70	A30	70

① 75, 80 ② 75, 75 ③ 85, 80

④ 85, 75 ⑤ 95, 80

심화문제

01

서로 다른 어떤 세 자연수의 평균은 그 자연수 중 두 번째로 큰 자연수보다 크며, 가장 큰 자연수와 가장 작은 자연수의 곱은 두 번째로 큰 자연수의 제곱을 3으로 나눈 것과 같다고 한다. 다음 중 이를 만족하는 자연수 세 쌍은 무엇인가?

① 1, 3, 9　　　　　② 1, 9, 27
③ 2, 6, 6　　　　　④ 3, 9, 27
⑤ 3, 12, 16

02

A, B 2개 교실에서 수학 시험을 시행한 결과 A 반의 평균 점수는 73점이고, B 반의 평균 점수는 69점이었다. 두 반을 합친 평균 점수가 70.2점이었다고 한다면 A 반과 B 반의 인원의 비는 얼마인가?

① 1 : 3　　　② 2 : 5　　　③ 3 : 7
④ 4 : 9　　　⑤ 5 : 11

03

유진이는 중간고사에서 5과목 시험을 치렀다. 그 결과가 A ~ D와 같을 때, 국어 점수와 수학 점수의 평균은 몇 점인가? (단, 각 과목은 100점 만점이다)

> A. 국어와 사회 점수의 평균은 71점이다.
> B. 사회와 과학, 수학 점수의 평균은 55점이다.
> C. 수학과 영어 점수의 평균은 75점이다.
> D. 과학 점수는 5과목 평균과 같다.

① 70점　　　② 75점　　　③ 80점
④ 85점　　　⑤ 90점

04

정원이 A명인 학급의 영어시험 평균 점수를 계산해 보니 B점이었다. 하지만 한 학생의 점수는 8점 높게, 또 한 학생의 점수는 5점 낮게 잘못 계산한 것을 발견했다. 이 학급의 평균 점수를 다시 계산하면 몇 점인가?

① $\dfrac{A-B+3}{A \times B}$점　　　　② $\dfrac{A+B+13}{B}$점

③ $\dfrac{A \div B-3}{A}$점　　　　④ $\dfrac{A \times B-13}{A-B}$점

⑤ $\dfrac{A \times B-3}{A}$점

05

어떤 회사에 사원 Y명과 사장 한 명이 근무하는데, 사원들의 평균 월급은 X원이고, 사장의 월급은 $3X$원이다. 사원들과 사장의 월급을 더한 회사 전체의 평균 월급은 얼마인가?

① $\dfrac{X(3X+1)}{Y}$원　　　　② $\dfrac{3(X+XY)}{XY}$원

③ $\dfrac{3(X+1)}{X+Y}$원　　　　④ $\dfrac{X(Y+3)}{Y+1}$원

⑤ $\dfrac{XY}{3(X+Y)}$원

06

S 중학교 1학년인 민주, 수원, 지은의 중간고사 시험 결과, 세 명의 평균 점수는 108점이고 민주의 점수는 115점이었다. 세 명의 점수의 분산이 26이고 수원의 점수가 지은의 점수보다 높다면 지은의 점수는 몇 점인가?

① 97점 ② 100점 ③ 103점
④ 106점 ⑤ 109점

07

대학수학능력시험의 전국 평균이 300점이고 표준편차가 50점이라고 가정할 때, 모든 응시자의 점수를 25점씩 올려 준다면 평균과 표준편차는 각각 얼마인가?

	평균	표준편차		평균	표준편차
①	325점	50점	②	320점	55점
③	325점	75점	④	350점	50점
⑤	350점	75점			

08

다음은 주사위를 30번 굴려서 나온 수의 빈도를 나타낸 표이다. 평균값과 중앙값의 차는?

나온 수	1	2	3	4	5	6
빈도	4	5	4	6	5	6

① 0.1 ② 0.2 ③ 0.3
④ 0.4 ⑤ 0.5

09

제시된 표는 축구팀 A 팀의 한 시즌 득점에 대한 대푯값을 정리한 것이다. 선수는 총 10명이고 최다 득점자가 30골을 넣었다고 할 때, 다음 중 옳지 않은 것은? (단, 선수 10명 모두 골을 넣었다)

평균	중앙값	최빈값
7점	2점	1점, 2점

① A 팀의 시즌 총 득점은 70점이다.
② A 팀의 두 번째 최다 득점자는 11골 이상을 넣었다.
③ A 팀에서 한 골을 넣은 선수의 수와 두 골을 넣은 선수의 수는 같다.
④ 골을 많이 넣은 순서대로 나열했을 때 여섯 번째 최다 득점자는 3골을 넣었다.
⑤ 다섯 번째 최다 득점자와 여섯 번째 최다 득점자의 점수의 평균은 2점이다.

10

다음은 A ~ C 반의 수행 평가 점수이다. 이에 대한 설명으로 옳지 않은 것은?

- A 반 : 12, 8, 5, 9, 9, 11, 3, 20, 18, 15
- B 반 : 10, 11, 8, 13, 10, 10, 9, 12, 7, 7
- C 반 : 4, 6, 6, 11, 19, 7, 10, 15, 17, 15

① B 반의 평균이 가장 낮다.
② B 반 점수의 최빈값은 10이다.
③ C 반 점수의 중앙값은 11.50이다.
④ A 반과 C 반의 수행 평가 점수의 평균은 같다.
⑤ A 반의 최저 점수와 B 반의 최저 점수의 차이는 4점이다.

11

다음은 3개 본부 간의 직원 평균 성과급 및 표준편차를 비교한 통계표이다. 이 통계표에 대한 해석으로 옳지 않은 것은? (단, 각 본부의 직원 수는 동일하다고 가정한다)

구분	1인당 평균 성과급	표준편차
A 본부	100만 원	10만
B 본부	100만 원	40만
C 본부	100만 원	0

① A 본부와 B 본부의 1인당 평균 성과급은 동일하더라도 본부 내 직원의 성과급 규모 분포의 차이는 존재한다.

② 직원 간 성과급 편차의 규모 순서는 B > A > C이다.

③ B 본부는 성과급 배분에 있어 구성원 간 위화감이 발생할 가능성이 가장 크다.

④ A 본부와 B 본부의 1인당 평균 성과급과 표준편차로 최솟값은 알 수 있으나 최댓값은 알 수 없다.

⑤ C 본부 직원 성과급의 최솟값과 최댓값은 모두 100만 원이다.

12

다음은 표준화와 표준점수에 대한 설명이다. 상대점수(T–점수) 제도가 실시될 경우, 〈보기〉의 3개 과목 상대점수의 평균과 표준편차는 어떻게 변화되는가?

n개의 관측치들이 포함된 데이터를 표준화(standardize)함으로써 표준점수(standard score) 또는 Z값으로 변환할 수 있다. 표준화는 표준편차를 단위로 하여 변수들의 단위를 통일하는 것으로 (관측치)−(평균), 즉 편차값을 표준편차로 나눈 것이다. 이러한 이유로 Z값(Z–value) 또는 Z점수(Z–score)로도 부른다. 표준점수의 계산식은 다음과 같다.

$$Z = \frac{X - \overline{X}}{s}$$

X＝관측치, $\overline{X}$＝평균, s＝표준편차

n개의 관측치들이 들어 있는 데이터를 표준화하면 평균＝0, 표준편차＝1인 데이터로 변환된다. 특정 관측치의 Z값은 해당 관측치가 평균보다 Z표준편차만큼 크거나 작다는 것을 보여 준다. 이처럼 표준화를 통해 관측치의 단위를 표준편차로 나타냄으로써 척도가 다른 관측치들 간에 상대적 크기에 대한 비교가 가능해진다.

보기

○○공단은 5급 신입사원 공채시험에서 직업기초능력(60문항), 한국사(20문항), 영어(20문항)의 3개 과목을 시험과목으로 채택하고 있다. 각 문항별 점수는 동일하게 1점씩이다. 향후 ○○공단은 과목 간 난이도 차이를 고려하여 최종 성적표에는 원점수 대신 상대점수(T–점수)를 공개하는 방안을 검토 중이다. 상대점수는 원점수를 표준화한 후 다시 "50+(표준점수×10)"이 되도록 변환한 점수이다. 다음은 5급 공채시험에 응시한 지원자들의 3개 과목 평균과 표준편차이다.

구분	직업기초능력	한국사	영어
평균(점)	52	15	16
표준편차	20	3	11

① 3개 과목 모두 평균은 50이 되고, 표준편차는 10이 된다.

② 3개 과목 모두 평균은 60이 되고, 표준편차는 10이 된다.

③ 직업기초능력 과목의 평균은 50, 표준편차는 10이 되지만, 한국사와 영어는 평균이 50, 표준편차 5로 같게 된다.

④ 직업기초능력 과목의 평균은 60, 표준편차는 10이 되지만, 한국사와 영어는 평균이 50, 표준편차 10으로 같게 된다.

⑤ 직업기초능력 과목의 평균은 50, 표준편차는 10이 되며, 한국사 과목은 평균이 60, 표준편차가 10이 되며, 영어 과목은 평균이 50, 표준편차가 5가 된다.

→ 테마

21

Mathematics

평면도형

유형 1 대각선 개수

핵심 Check

① 대각선

다각형에서 서로 이웃하지 않는 두 꼭짓점을 이은 선분

삼각형 : 없음

사각형 : 2개

오각형 : 5개

② 대각선의 개수

n각형의 꼭짓점의 개수는 n개, 한 꼭짓점에서 그릴 수 있는 대각선의 개수는 $(n-3)$개이다. 모든 꼭짓점에서 대각선을 그리면 2번씩 중복되므로 $n(n-3)$을 2로 나누어 $\dfrac{n(n-3)}{2}$이 된다.

$$n\text{각형의 대각선 개수} = \dfrac{n(n-3)}{2}\,(\text{단, } n \geq 4)$$

예

육각형의 대각선 개수	십이각형의 대각선 개수
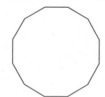	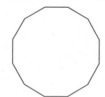
$\dfrac{6(6-3)}{2} = \dfrac{6 \times 3}{2} = 9(\text{개})$	$\dfrac{12(12-3)}{2} = \dfrac{12 \times 9}{2} = 54(\text{개})$

예제 01

십오각형의 대각선 개수는?

① 82개   ② 84개   ③ 86개

④ 88개   ⑤ 90개

| 정답 | ⑤

| 해설 | n각형의 대각선 개수는 $\dfrac{n(n-3)}{2}$ 개이므로, 15각형은 $\dfrac{15 \times 12}{2} = 90$(개)이다.

보충 플러스 대각선의 개수

n각형 $A_1 A_2 A_3 A_4 \cdots A_n$의 대각선의 개수를 구해보자.
먼저 점 A_1을 출발점으로 하는 대각선은 A_1과 이웃하지
않는 꼭짓점 A_3, A_4, $\cdots$, A_{n-1}로 이어지므로 그 개수는
$(n-3)$개이다. 다른 꼭짓점도 그것을 출발점으로 하는
대각선은 $(n-3)$개씩 있다.
꼭짓점은 n개 있으므로 전부 $n \times (n-3)$개의 대각선이
이어지게 되나, 2번씩 중복이 생긴다. 따라서 이것을 2로
나눈 $\dfrac{n(n-3)}{2}$개가 대각선의 개수가 된다.

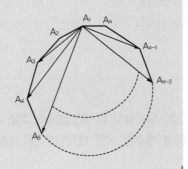

예제 02

38각형의 대각선 개수는 5각형의 대각선 개수의 몇 배인가?

① 7배   ② 30배   ③ 58배

④ 120배   ⑤ 133배

| 정답 | ⑤

| 해설 | n각형의 대각선 개수는 $\dfrac{n(n-3)}{2}$ 개이므로, 38각형은 $\dfrac{38(38-3)}{2} = 665$(개)의 대각선이 있고,

5각형은 $\dfrac{5(5-3)}{2} = 5$(개)의 대각선이 있다. 따라서 38각형의 대각선 개수는 5각형 대각선 개수의

$665 \div 5 = 133$(배)이다.

테마

21

평면도형

대각선 개수 공략

정답과 해설 172쪽

01. 다음 〈조건〉을 모두 만족하는 다각형은?

> **조건**
>
> • 모든 변의 길이가 같고, 모든 내각의 크기가 같다.
> • 대각선의 개수는 14개이다.

① 칠각형   ② 정칠각형   ③ 정팔각형

④ 십각형   ⑤ 정십각형

> **이것만은 꼭!**
>
> n각형의 한 꼭짓점에서 그을 수 있는 대각선의 개수는 $(n-3)$개이므로 이때 생기는 삼각형의 개수는 $(n-2)$개이다.

02. 팔각형의 한 꼭짓점에서 그을 수 있는 대각선의 개수를 a개, 이때 생기는 삼각형의 개수를 b개, 대각선의 총 개수를 c개라고 할 때, $a+b+c$의 값은?

① 26   ② 28   ③ 31

④ 32   ⑤ 35

03. 다음 그림과 같이 대각선의 길이가 $2\sqrt{2}$ cm인 정오각형의 모든 대각선 길이의 합은?

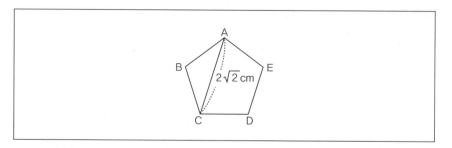

① $4\sqrt{2}$ cm   ② $6\sqrt{2}$ cm   ③ $8\sqrt{2}$ cm

④ $10\sqrt{2}$ cm   ⑤ $12\sqrt{2}$ cm

04. 다음 정팔각형에서 $\overline{CF}$와 한 점에서 만나는 대각선의 개수는?

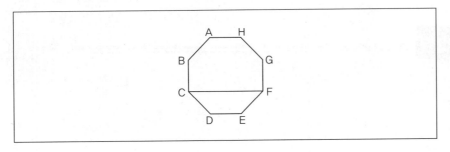

⏱ **빠른 풀이 비법**

전체 대각선 개수에서 $\overline{CF}$와 만나지 않는 사다리꼴 ABGH 의 대각선 개수와 $\overline{BG}$, $\overline{CF}$를 제외하는 방식으로도 구할 수 있다.

① 20개   ② 19개   ③ 17개

④ 16개   ⑤ 15개

05. 다음 그림과 같이 A ~ F 상점 사이에 길을 뚫어 하나의 상점에서 다른 상점으로 한 번에 향할 수 있도록 연결시키려고 한다. 인접한 상점끼리는 이미 길이 뚫려 있다고 할 때, 연결되지 않은 나머지 상점 각각을 직접 연결하려면 몇 개의 길을 뚫어야 하는가?

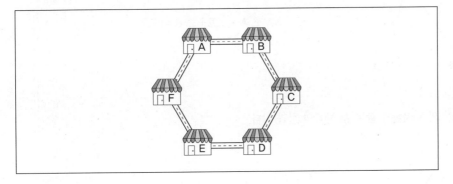

① 5개   ② 6개   ③ 7개

④ 8개   ⑤ 9개

테마 **21**

평면도형

유형 **2** **각도**

핵심 Check

① 내각과 외각

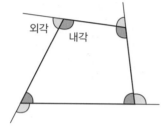

(1) **내각** : 꼭짓점을 이루는 두 변의 내부의 각

(2) **외각** : 한 변의 연장선과 이웃하는 다른 한 변이 이루는 각

(3) **내각과 외각의 관계** : 내각과 외각의 크기는 보각의 관계가 있다.

② 삼각형의 각

(1) 세 내각의 크기의 합

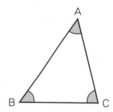

$$\Rightarrow \angle A + \angle B + \angle C = 180°$$

(2) 한 외각의 크기는 그와 이웃하지 않는 두 내각의 합과 같다.

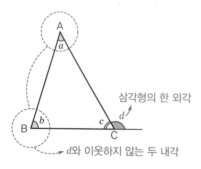

$$\Rightarrow \angle a + \angle b = \angle d$$

3 다각형의 각

(1) n각형의 내각의 크기의 합 : $180° \times (n-2)$

예

사각형	오각형	육각형
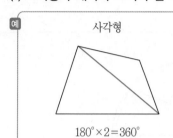	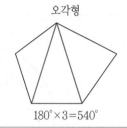	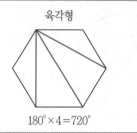
$180° \times 2 = 360°$	$180° \times 3 = 540°$	$180° \times 4 = 720°$

(2) n각형의 외각의 크기의 합 : $360°$

4 정다각형의 각

(1) 정n각형의 한 꼭짓점에서 대각선을 그려 만들 수 있는 삼각형 : $(n-2)$개

(2) 정n각형의 한 내각의 크기 : $\dfrac{180° \times (n-2)}{n}$

5 접선과 현이 이루는 각[접현 정리 공식]

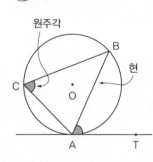

원의 접선과 그 접점을 지나는 현이 이루는 각의 크기는 그 각의 내부에 있는 호에 대한 원주각의 크기와 같다.

One Point Lesson

원에 내접하는 사각형의 성질

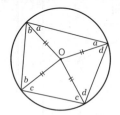

$$2(a+b+c+d)=360°$$
$$a+b+c+d=180°$$

다음 그림에서 $\angle ABC = \angle AED = 90°$, $\overline{DE} = \overline{BE}$이다. 이를 참고하여, $\angle DAC$를 구하면?

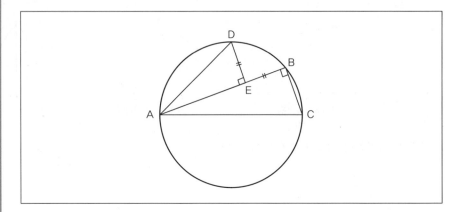

① 30° ② 36° ③ 45°

④ 50° ⑤ 60°

| 정답 | ③

| 해설 | 먼저 $\angle AED = 90°$이므로 $\angle DEB = 90°$이고, $\overline{DE} = \overline{BE}$이므로 △DBE는 직각이등변삼각형이다.

▱ DACB는 원에 내접하는 사각형이므로 $\angle DBC + \angle DAC = 180°$가 된다. 이때 △DBE는 직각이등변삼각형이므로 $\angle EBD = 45°$이며, $\angle DBC = 90° + 45° = 135°$가 된다. 따라서 $\angle DAC = 180° - 135° = 45°$이다.

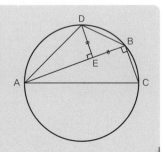

예제 02

다음 그림과 같이 원 위의 점 A에서 원 위의 점 B를 지나는 직선을 긋고, 이 직선과 원 위의 점 C를 지나는 접선과의 교점을 P라고 한다. 점 C와 점 A, 점 C와 점 B를 잇는 직선을 그은 결과 ∠CPB＝46°, ∠CBA＝72°일 때, ∠CAB는 얼마인가?

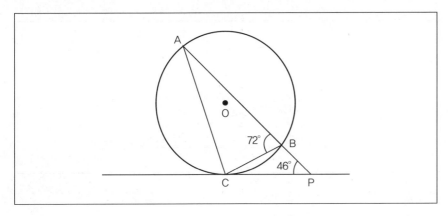

① 26°   ② 27°   ③ 28°

④ 29°   ⑤ 30°

|정답| ①

|해설| 점 C는 원과 직선의 접점이므로, 접현 정리 공식에 의해, ∠CAB＝∠BCP＝x이다. 따라서 다음과 같은 식이 성립한다.

$x + ∠BPC = ∠ABC$

$x + 46° = 72°$

$x = 26°$

따라서 ∠CAB는 26°이다.

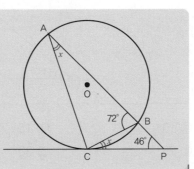

유형 2

각도 공략

정답과 해설 172 쪽

01. 다음 △ABC에서 $x+y$의 값을 구하면?

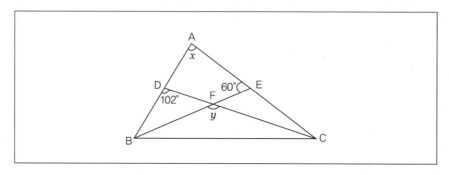

① 162°   ② 198°   ③ 222°
④ 248°   ⑤ 262°

02. 어떤 삼각형의 세 각 중 가장 큰 각은 가장 작은 각 크기의 2배이고 다른 한 각의 크기는 60°이다. 이때 가장 큰 각의 크기는?

① 70°   ② 80°   ③ 90°
④ 100°   ⑤ 110°

03. 다음 △ABC에서 x의 값을 구하면?

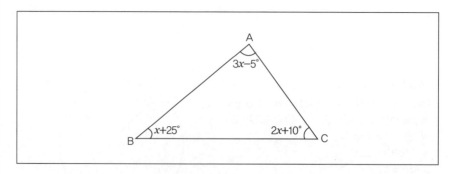

① 10   ② 15   ③ 20
④ 25   ⑤ 30

04. 다음 그림에서 $\overline{AB}=\overline{AC}=\overline{CD}$, $\angle CDE=120°$일 때, $\angle x$의 크기는?

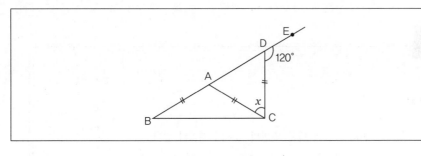

① 35°　　　　　② 45°　　　　　③ 50°

④ 55°　　　　　⑤ 60°

05. 다음 직사각형 ABCD를 6개의 정사각형으로 나누어 점 A와 점 E, 점 E와 점 F를 직선으로 이었더니 $\angle DAE=a$, $\angle CFE=b$가 되었다. $a+b$는 몇 도인가?

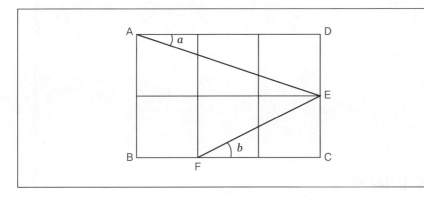

① 30°　　　　　② 40°　　　　　③ 45°

④ 50°　　　　　⑤ 60°

테마
21

평면도형

유형 3 길이

핵심 Check

1 피타고라스의 정리

직각삼각형에서 직각을 끼고 있는 두 변의 제곱의 합은 빗변의 길이의 제곱과 같다.

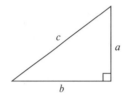

$$c^2 = a^2 + b^2$$
$$c = \sqrt{a^2 + b^2}$$

2 원과 부채꼴의 둘레 길이

(1) 원의 둘레(원주)

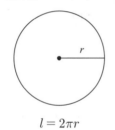

$$l = 2\pi r$$

※ l = 길이, r = 반지름

(2) 부채꼴의 둘레

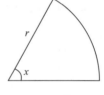

$$l = 2\pi r \times \frac{x}{360} + 2r$$

3 닮은 도형의 둘레 길이의 비

닮음비가 $1 : n$인 도형은 둘레 길이의 비도 $1 : n$이다.

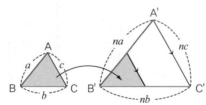

$$a : na = b : nb = c : nc = 1 : n$$
$$a + b + c : na + nb + nc = 1 : n$$

4 삼각형의 무게중심

(1) 중선 : 삼각형의 한 꼭짓점과 그 대변의 중점을 이은 선분

(2) 삼각형의 무게중심 : 삼각형의 세 중선의 교점

(3) 삼각형의 무게중심의 성질 : 무게중심은 세 중선의 길이를 각 꼭짓점으로부터 2 : 1로 나눈다.

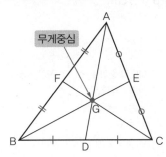

$$\overline{AG} : \overline{GD} = \overline{BG} : \overline{GE} = \overline{CG} : \overline{GF} = 2 : 1$$

5 특수각의 삼각비

삼각비 $\diagdown$ A	30°	45°	60°
$\sin A$	$\dfrac{1}{2}$	$\dfrac{\sqrt{2}}{2}$	$\dfrac{\sqrt{3}}{2}$
$\cos A$	$\dfrac{\sqrt{3}}{2}$	$\dfrac{\sqrt{2}}{2}$	$\dfrac{1}{2}$
$\tan A$	$\dfrac{\sqrt{3}}{3}$	1	$\sqrt{3}$

직각이등변삼각형

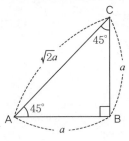

$$\overline{AB} : \overline{BC} : \overline{AC} = 1 : 1 : \sqrt{2}$$

세 각의 크기가 30°, 60°, 90°인 삼각형

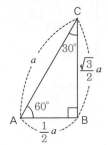

$$\overline{AB} : \overline{BC} : \overline{AC} = 1 : \sqrt{3} : 2$$

테마

21

평면도형

예제 01

직각삼각형의 밑변의 길이가 4cm, 높이가 2cm일 때, 빗변의 길이는 몇 cm인가?

① 2cm ② $2\sqrt{3}$ cm ③ $3\sqrt{3}$ cm

④ $2\sqrt{5}$ cm ⑤ $5\sqrt{2}$ cm

| 정답 | ④

| 해설 |

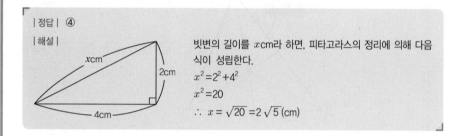

빗변의 길이를 $x$cm라 하면, 피타고라스의 정리에 의해 다음 식이 성립한다.

$x^2 = 2^2 + 4^2$

$x^2 = 20$

$\therefore x = \sqrt{20} = 2\sqrt{5}$ (cm)

예제 02

다음 도형을 보고 xy의 값을 구하면?

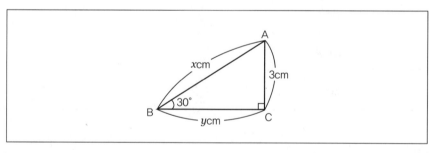

① $6\sqrt{3}$ ② $6\sqrt{6}$ ③ 18

④ $18\sqrt{3}$ ⑤ $18\sqrt{6}$

| 정답 | ④

| 해설 | 특수각의 삼각비에 따라 $\overline{AB} : \overline{BC} : \overline{CA} = 2 : \sqrt{3} : 1$이므로

$x : y : 3 = 2 : \sqrt{3} : 1 = 6 : 3\sqrt{3} : 3$이 성립한다.

따라서 $xy = 6 \times 3\sqrt{3} = 18\sqrt{3}$이다.

보충 플러스

$\sin 30° = \dfrac{3}{x} = \dfrac{1}{2}$이므로 $x = 6$(cm)이고, $\tan 30° = \dfrac{3}{y} = \dfrac{1}{\sqrt{3}}$이므로 $y = 3\sqrt{3}$(cm)이다.

$\therefore xy = 6 \times 3\sqrt{3} = 18\sqrt{3}$

예제 03

다음 그림과 같이 넓이가 각각 9m², 16m², 25m²인 세 개의 정사각형 모양의 정원을 이어 붙여 하나의 정원으로 만들려고 할 때, 이 정원의 둘레는 몇 m인가?

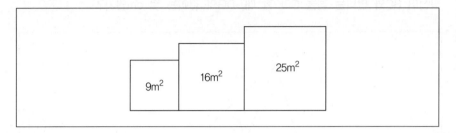

① 34m
② 36m
③ 38m
④ 40m
⑤ 42m

| 정답 | ①

| 해설 | 세 개의 정원이 정사각형 모양이므로 정원 한 변의 길이는 각각 3m, 4m, 5m이다. 다음 그림과 같이 합쳐진 정원의 둘레는 가로 길이가 12m, 세로 길이가 5m인 직사각형의 둘레의 길이로 구할 수 있다.

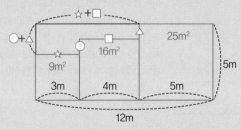

따라서 합쳐진 정원의 둘레는 (12+5)×2=34(m)이다.

예제 04

△ABC에서 $\overline{BC}$는 3cm이고, $\overline{BC}$를 1 : 2로 나눈 점을 D라 한다. 또한 점 D에서 $\overline{AB}$와 평행한 직선을 그어 $\overline{AC}$와 만나는 점을 E라 한다. $\overline{DE}$의 중점 F와 점 A를 지나는 직선이 $\overline{BC}$와 만나는 점을 G라 할 때, $\overline{DG}$의 길이는 몇 cm인가?

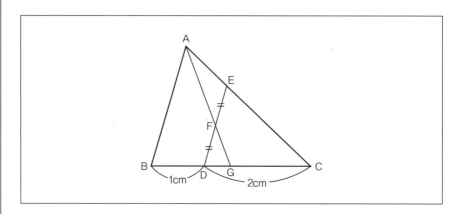

① 0.2cm   ② 0.3cm   ③ 0.5cm

④ 0.6cm   ⑤ 0.8cm

|정답| ③

|해설|

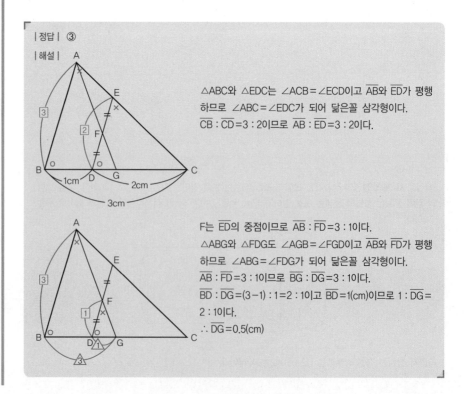

△ABC와 △EDC는 ∠ACB＝∠ECD이고 $\overline{AB}$와 $\overline{ED}$가 평행하므로 ∠ABC＝∠EDC가 되어 닮은꼴 삼각형이다.
$\overline{CB}$: $\overline{CD}$＝3 : 2이므로 $\overline{AB}$: $\overline{ED}$＝3 : 2다.

F는 $\overline{ED}$의 중점이므로 $\overline{AB}$: $\overline{FD}$＝3 : 1이다.
△ABG와 △FDG도 ∠AGB＝∠FGD이고 $\overline{AB}$와 $\overline{FD}$가 평행하므로 ∠ABG＝∠FDG가 되어 닮은꼴 삼각형이다.
$\overline{AB}$: $\overline{FD}$＝3 : 1이므로 $\overline{BG}$: $\overline{DG}$＝3 : 1이다.
$\overline{BD}$: $\overline{DG}$＝(3－1) : 1＝2 : 1이고 $\overline{BD}$＝1(cm)이므로 1 : $\overline{DG}$＝2 : 1이다.
∴ $\overline{DG}$＝0.5(cm)

예제 05

△ABC의 $\overline{AB}$를 1 : 2로 나눈 점을 D, $\overline{AC}$를 2 : 1로 나눈 점을 E, $\overline{BC}$의 연장선과 $\overline{DE}$의 연장선의 교점을 F라 하면, $\overline{BF} : \overline{CF}$는 얼마인가?

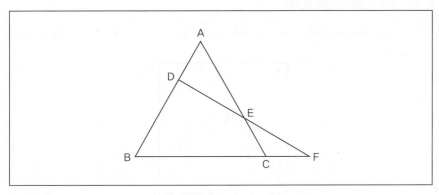

① 3 : 1   ② 4 : 1   ③ 5 : 1

④ 5 : 2   ⑤ 7 : 2

| 정답 | ②

| 해설 | $\overline{BF}$에 평행하고 점 A를 지나는 직선과 $\overline{FD}$의 연장선과의 교점을 G라 한다.

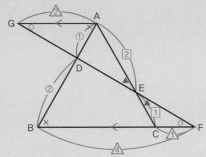

△ECF와 △EAG는 ∠EFC=∠EGA이고 ∠CEF=∠AEG이므로 닮은꼴이다.

$\overline{CE} : \overline{AE}$=1 : 2이므로 $\overline{CF} : \overline{AG}$=1 : 2가 성립한다.

또한 △DAG와 △DBF는 ∠DAG=∠DBF이고 ∠AGD=∠BFD이므로 닮은꼴이다.

$\overline{AD} : \overline{BD}$=1 : 2이므로 $\overline{AG} : \overline{BF}$=1 : 2가 성립한다.

$\overline{AG} : \overline{BF}$=1 : 2=2 : 4이므로 $\overline{CF} : \overline{AG} : \overline{BF}$=1 : 2 : 4이다.

∴ $\overline{BF} : \overline{CF}$=4 : 1

테마

21

평면도형

예제 06

그림과 같이 한 변의 길이가 10cm인 정사각형 ABCD가 있다. $\overline{AD}$를 7 : 3으로 내분하는 점을 P, $\overline{CD}$를 3 : 7로 내분하는 점을 Q라 하고, $\overline{AQ}$와 $\overline{BP}$의 교점을 M이라 할 때, $\overline{BM} : \overline{MP}$는 얼마인가?

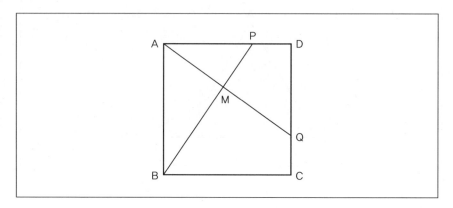

① 60 : 37

② 70 : 31

③ 80 : 41

④ 90 : 43

⑤ 100 : 49

| 정답 | ⑤

| 해설 | 닮은꼴 삼각형을 만들기 위해 $\overline{AQ}$와 $\overline{BC}$를 연장하여 교점 N을 그리면 다음과 같다.

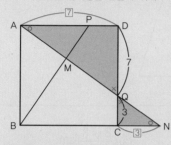

△AQD와 △NQC는 ∠AQD = ∠NQC이고
∠ADQ = ∠NCQ = 90°이므로 닮은꼴이다.
따라서 $\overline{CQ} : \overline{DQ} = \overline{CN} : \overline{AD} = 3 : 7$이다.
$\overline{AD} = 10$(cm)이므로
$\overline{CN} : 10 = 3 : 7$
$\overline{CN} = 10 \times 3 \div 7 = \dfrac{30}{7}$
$\therefore \overline{BN} = 10 + \dfrac{30}{7} = \dfrac{100}{7}$(cm)

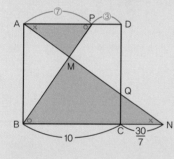

△AMP와 △NMB는 ∠AMP = ∠NMB이고
∠APM = ∠NBM이므로 닮은꼴이다.
$\overline{PA} : \overline{PD} = 7 : 3$, $\overline{AD} = 10$(cm)이므로 $\overline{PA} = 7$(cm)이다.
따라서 $\overline{BN} : \overline{PA} = \dfrac{100}{7} : 7 = 100 : 49$
$\therefore \overline{BM} : \overline{MP} = 100 : 49$

테마
21
평면도형

보충 플러스 다른 닮은꼴을 사용하는 방법
$\overline{AB}$와 평행으로 점 P에서 직선을 긋고, $\overline{AQ}$와의 교점을 R이라 한다.

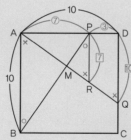

△APR과 △ADQ는 두 쌍의 대응하는 각의 크기가 같으므로 닮은꼴이고 점 Q가 $\overline{CD}$를 3 : 7로 내분하고 있으므로 $\overline{DQ} = 7$(cm)이다.
또한 $\overline{PR} : \overline{DQ} = \overline{AP} : \overline{AD} = 7 : 10$이므로
$\overline{PR} : 7 = 7 : 10$
$\overline{PR} = 7 \times 7 \div 10 = \dfrac{49}{10}$
또한 △ABM과 △RPM도 닮은꼴이므로
$\overline{BM} : \overline{MP} = \overline{AB} : \overline{PR} = 10 : \dfrac{49}{10} = 100 : 49$

예제 **07**

$\overline{AB}=4$(cm), $\overline{AC}=3$(cm), $\angle BAC=60°$, $\overline{AD}$는 $\angle BAC$의 이등분선일 때, $\overline{AD}$의 길이는 몇 cm인가?

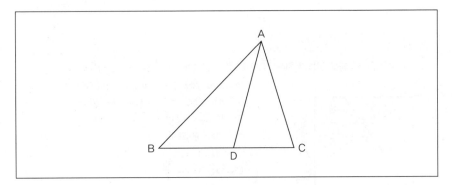

① $\dfrac{4\sqrt{3}}{3}$ cm

② $\dfrac{3\sqrt{3}}{2}$ cm

③ $\dfrac{8\sqrt{3}}{5}$ cm

④ $\dfrac{5\sqrt{3}}{3}$ cm

⑤ $\dfrac{12\sqrt{3}}{7}$ cm

| 정답 | ⑤

| 해설 |

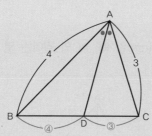

각의 이등분선의 성질에 따라 $\overline{BD} : \overline{CD} = \overline{AB} : \overline{AC} = 4 : 3$이다. 닮은꼴 삼각형을 만들기 위해 $\overline{AD}$를 점 D의 아래로 연장하고 점 B에서 $\overline{AD}$의 연장선으로, 점 C에서 $\overline{AD}$로 각각 수선을 내리고, 그 교점을 각각 E, F라 하면 다음과 같다.

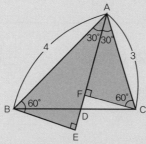

△ABE에서 3개 각의 크기가 30°, 60°, 90°이므로 특수각의 삼각비에 따라 $\overline{AB} : \overline{AE} = 2 : \sqrt{3}$, $\overline{AB} = 4$(cm)이므로

$4 : \overline{AE} = 2 : \sqrt{3}$

$\therefore \overline{AE} = 4 \times \sqrt{3} \div 2 = 2\sqrt{3}$ (cm)

$\overline{AF} : \overline{AC} = \sqrt{3} : 2$, $\overline{AC} = 3$(cm)이므로

$\overline{AF} : 3 = \sqrt{3} : 2$

$\therefore \overline{AF} = \sqrt{3} \times 3 \div 2 = \dfrac{3\sqrt{3}}{2}$(cm)

따라서 $\overline{FE} = \overline{AE} - \overline{AF} = 2\sqrt{3} - \dfrac{3\sqrt{3}}{2} = \dfrac{\sqrt{3}}{2}$(cm)이다.

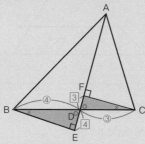

△BED와 △CFD는 닮은꼴 삼각형이므로 $\overline{DE} : \overline{DF} = \overline{BD} : \overline{CD} = 4 : 3$이다.

$\overline{EF} = \dfrac{\sqrt{3}}{2}$(cm)이므로 $\overline{DE} = \dfrac{\sqrt{3}}{2} \times \dfrac{4}{7} = \dfrac{2\sqrt{3}}{7}$(cm)이다.

$\therefore \overline{AD} = \overline{AE} - \overline{DE} = 2\sqrt{3} - \dfrac{2\sqrt{3}}{7} = \dfrac{12\sqrt{3}}{7}$(cm)

유형 3

길이 공략

01. 다음 도형에서 $\overline{AB}=1(cm)$일 때, $\overline{AC}$의 길이는 몇 cm인가?

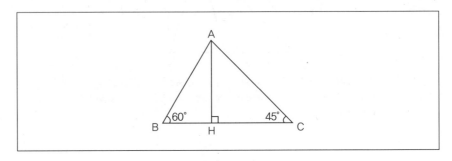

① $\dfrac{\sqrt{6}}{2}$ cm 　　　② $\sqrt{2}$ cm 　　　③ $\sqrt{6}$ cm

④ $2\sqrt{6}$ cm 　　　⑤ $3\sqrt{6}$ cm

One Point Lesson

점 G가 무게중심이므로
$\overline{AG}:\overline{GF}=2:1$이다.

02. 점 G는 △ABC의 무게중심이며 $\overline{DE}$ // $\overline{BC}$, $\overline{GE}=2(cm)$이다. $\overline{FC}$의 길이는 몇 cm인가?

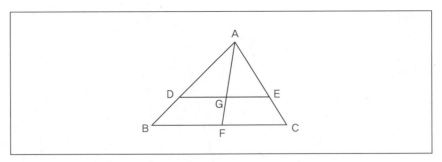

① 2cm 　　　② 2.3cm 　　　③ 2.6cm

④ 3cm 　　　⑤ 3.3cm

03. 다음 그림과 같이 △ABC에 원이 내접해 있을 때, $x+y$의 값은 얼마인가?

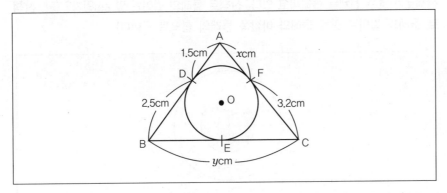

① 4.6cm
② 5.8cm
③ 6.7cm
④ 7.2cm
⑤ 7.8cm

04. 그림과 같이 A 점에서 나무의 꼭짓점을 측정한 각이 30°, A 점에서 16m 나무에 접근한 B 점에서 나무의 꼭짓점을 측정한 각이 45°였다. 이 나무의 높이는 몇 m인가?

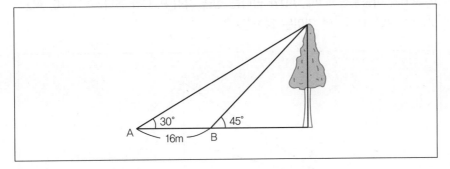

① $2(\sqrt{3}+1)$m
② $4(\sqrt{3}+1)$m
③ $6(\sqrt{3}+1)$m
④ $8(\sqrt{3}+1)$m
⑤ $10(\sqrt{3}+1)$m

05. 어느 마을에 반지름이 $r$km인 호수가 있고, 그 호수의 반지름과 동일한 폭의 산책로가 호수 전체를 둘러싸고 있다. 산책로 둘레의 길이는 몇 km인가? (단, 산책로 둘레의 길이는 안쪽 둘레와 바깥쪽 둘레의 합으로 구한다)

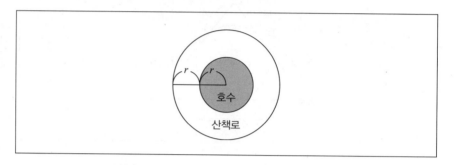

① $\dfrac{1}{2}\pi r$km

② $3\pi r$km

③ $5\pi r$km

④ $6\pi r$km

⑤ $7\pi r$km

One Point Lesson

삼각형의 각의 이등분선과 닮음

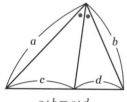

$a : b = c : d$

06. 그림과 같이 직각삼각형 ABC의 점 A에서 $\overline{BC}$에 내린 수선의 발을 점 D라 하고, ∠B의 이등분선이 $\overline{AC}$, $\overline{AD}$와 만나는 점을 각각 P, Q라 한다. $\overline{AC}=20$, $\overline{AQ} : \overline{QD}=3 : 2$일 때, $\overline{AP}$의 길이는 얼마인가?

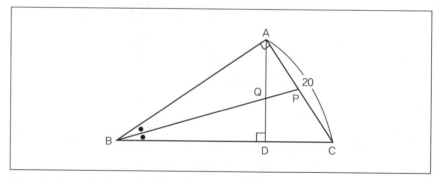

① 8

② 9

③ 10

④ 11

⑤ 12

07. 세 변의 길이가 4cm, 5cm, 6cm인 △ABC에 외접원을 그리고, ∠B의 이등분선과 $\overline{AC}$ 및 외접원과의 교점을 각각 P, D라 한다. $\overline{BP}=\dfrac{10}{3}$(cm)일 때, $\overline{AD}$의 길이는 몇 cm인가?

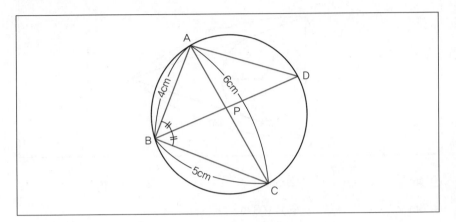

① $\dfrac{10}{3}$cm

② $\dfrac{11}{3}$cm

③ $\dfrac{15}{4}$cm

④ 4cm

⑤ $\dfrac{17}{4}$cm

08. 반지름이 5cm인 원의 원주 위에 2개의 점 A, B를 둔다. $\overline{AB}=6$(cm)이고, 점 B에서 $\overline{OA}$에 내린 수선의 발을 점 H라 할 때 $\overline{BH}$의 길이는 몇 cm인가?

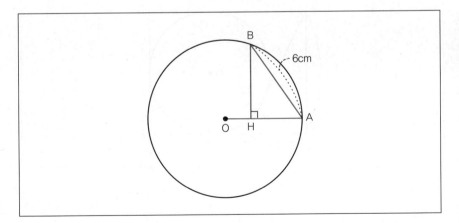

① 4.4cm

② 4.6cm

③ 4.8cm

④ 5.0cm

⑤ 5.2cm

테마 **21** 평면도형

09. 그림과 같이 한 변의 길이가 8m이고, 나머지 두 변의 길이가 12m인 이등변삼 각형 모양의 화단에 원형 꽃 시계를 만들려고 한다. 화단에서 튀어나오지 않도록 만 들 수 있는 꽃 시계의 최대 직경은 몇 m인가?

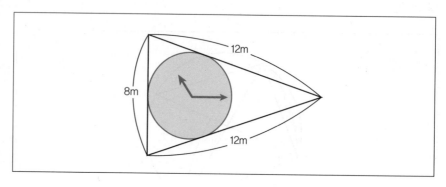

① 4m   ② 5m   ③ $4\sqrt{2}$ m

④ 6m   ⑤ $4\sqrt{3}$ m

10. 그림과 같이 $\overline{AB}=8$인 직사각형 ABCD의 $\overline{BC}$, $\overline{CD}$, $\overline{AD}$에 접하는 원이 있다. 점 A에서 원에 그은 접선과 $\overline{BC}$의 교점을 E라 할 때, $\overline{BE}=4$라면 $\overline{AD}$의 길이는 얼마 인가?

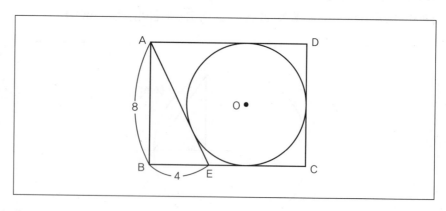

① $6+\sqrt{5}$ ② $5+2\sqrt{5}$ ③ $8+\sqrt{5}$

④ $6+2\sqrt{5}$ ⑤ $8+2\sqrt{5}$

11. 그림과 같이 한 변의 길이가 1인 정사각형에 반경이 1인 부채꼴을 그리고, 이 부채꼴과 정사각형의 두 변에 접하도록 반경 x의 큰 원과, 반경 y의 작은 원을 그렸다. $x : y$와 가장 근접한 것은?

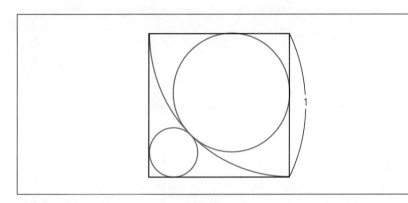

① 25 : 8
② 25 : 9
③ 5 : 2
④ 25 : 11
⑤ 25 : 12

12. 한 변의 길이가 12cm인 정사각형에 그림과 같은 선분을 그었을 때, 그림의 내부에 생기는 정사각형의 한 변의 길이를 $x$cm라고 하면 x의 값은 얼마인가?

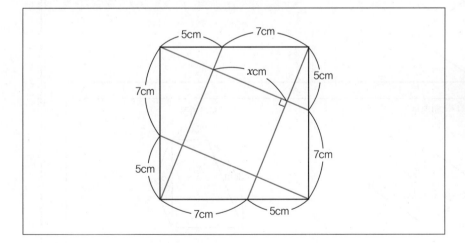

① $\dfrac{71}{11}$
② $\dfrac{84}{13}$
③ $\dfrac{97}{15}$
④ $\dfrac{110}{17}$
⑤ $\dfrac{123}{19}$

핵심 Check

1 사각형의 넓이

정사각형의 넓이	직사각형의 넓이
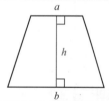 $S = a^2$	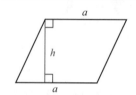 $S = ab$
사다리꼴의 넓이	평행사변형의 넓이
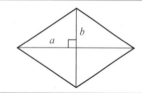 $S = \dfrac{1}{2}(a+b)h$	$S = ah$
마름모의 넓이	
$S = \dfrac{1}{2}ab$	

예

마름모	사다리꼴
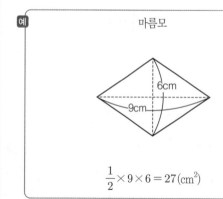	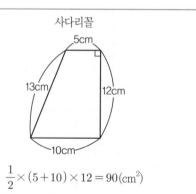
$\dfrac{1}{2} \times 9 \times 6 = 27 (\text{cm}^2)$	$\dfrac{1}{2} \times (5+10) \times 12 = 90 (\text{cm}^2)$

② 삼각형의 넓이

삼각형의 넓이	정삼각형의 넓이
$S = \dfrac{1}{2}bh$	$S = \dfrac{\sqrt{3}}{4}a^2$
직각삼각형의 넓이	이등변삼각형의 넓이
$S = \dfrac{1}{2}ab$	$S = \dfrac{a}{4}\sqrt{4b^2 - a^2}$

③ 원과 부채꼴의 넓이

원의 넓이	부채꼴의 넓이
$S = \pi r^2$	$S = \dfrac{1}{2}r^2\theta = \dfrac{1}{2}rl$ (θ는 중심각(라디안))

④ 닮은 도형의 넓이의 비

닮음비가 $m : n$인 두 평면도형에서 넓이의 비는 $m^2 : n^2$이다.

테마

21

평면도형

그림과 같이 반지름 5cm인 원에 평행사변형의 두 꼭짓점이 접해 있다. 이 평행사변형의 넓이는 몇 cm^2인가?

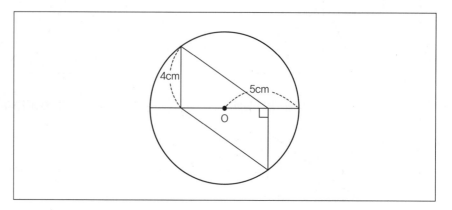

① $16cm^2$ ② $20cm^2$ ③ $24cm^2$

④ $28cm^2$ ⑤ $32cm^2$

| 정답 | ③

| 해설 |

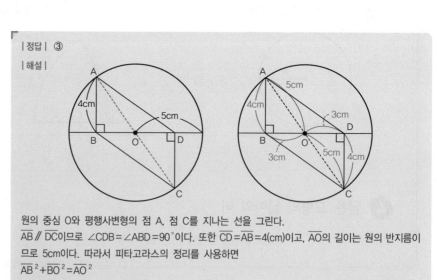

원의 중심 O와 평행사변형의 점 A, 점 C를 지나는 선을 그린다.

$\overline{AB} \parallel \overline{DC}$이므로 $\angle CDB = \angle ABD = 90°$이다. 또한 $\overline{CD} = \overline{AB} = 4$(cm)이고, $\overline{AO}$의 길이는 원의 반지름이므로 5cm이다. 따라서 피타고라스의 정리를 사용하면

$\overline{AB}^2 + \overline{BO}^2 = \overline{AO}^2$

$4^2 + \overline{BO}^2 = 5^2$

$16 + \overline{BO}^2 = 25$

$\overline{BO}^2 = 9$

$\therefore \overline{BO} = 3$

$\triangle ABO$와 $\triangle CDO$는 합동이므로 $\overline{DO} = 3$(cm)가 된다.

따라서 밑변 $\overline{AB}$가 4cm, 높이 $\overline{BD}$가 6cm인 평행사변형이므로 넓이는 $6 \times 4 = 24$(cm^2)이다.

예제 02

그림과 같은 동심원이 있다. 안쪽 원에 접하는 직선과 바깥쪽 원과의 교점을 각각
A, B라고 하면 $\overline{AB}=20$(cm)이다. 색칠된 영역의 넓이는 몇 cm²인가? (단, $\pi=3.14$
로 계산한다)

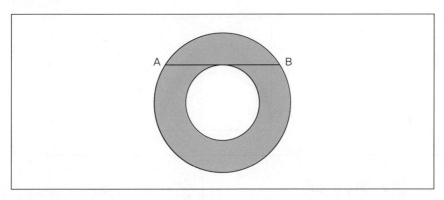

① 105cm²   ② 157cm²   ③ 210cm²
④ 314cm²   ⑤ 419cm²

| 정답 | ④

| 해설 |

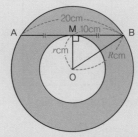

위 그림과 같이 원의 중심 O에서 $\overline{AB}$에 수선을 그리고 점 O와 점 B를 연결하여 직각삼각형 OBM을
만든다. 바깥 원의 반지름을 Rcm, 안쪽 원의 반지름을 $r$cm로 두고 피타고라스의 정리를 적용하면
다음과 같다.

$\overline{OB}^2=\overline{OM}^2+\overline{MB}^2$

$R^2=r^2+10^2$

$R^2-r^2=10^2$ ······ ㉠

이때 색칠된 영역의 넓이는 바깥 원의 넓이에서 안쪽 원의 넓이를 뺀 것이므로

$\pi R^2-\pi r^2$ ······ ㉡

㉠을 ㉡에 대입하면,

$\pi R^2-\pi r^2=(R^2-r^2)\pi=10^2\pi=100\times3.14=314(\text{cm}^2)$

한 변의 길이가 10cm인 정사각형 ABCD에 반지름이 10cm인 사분원 두 개와 지름이 10cm인 반원 한 개가 겹쳐져 있다. 색칠된 부분의 넓이는?

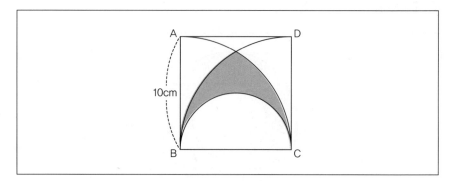

① $\left(\dfrac{125}{6}\pi - 25\sqrt{3}\right)\text{cm}^2$

② $\left(\dfrac{127}{6}\pi - 25\sqrt{3}\right)\text{cm}^2$

③ $\left(\dfrac{43}{2}\pi - 25\sqrt{3}\right)\text{cm}^2$

④ $\left(\dfrac{131}{6}\pi - 25\sqrt{3}\right)\text{cm}^2$

⑤ $\left(\dfrac{133}{6}\pi - 25\sqrt{3}\right)\text{cm}^2$

|정답| ①

|해설| 사분원 두 개가 만나는 점을 E라 하면 다음 그림과 같이 △EBC는 정삼각형이다.

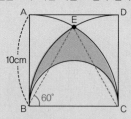

따라서 색칠된 부분의 넓이는 다음과 같이 계산할 수 있다.

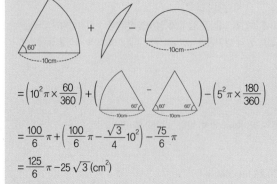

$$= \left(10^2\pi \times \frac{60}{360}\right) + \left(\frac{100}{6}\pi - \frac{\sqrt{3}}{4}10^2\right) - \left(5^2\pi \times \frac{180}{360}\right)$$

$$= \frac{100}{6}\pi + \left(\frac{100}{6}\pi - \frac{\sqrt{3}}{4}10^2\right) - \frac{75}{6}\pi$$

$$= \frac{125}{6}\pi - 25\sqrt{3}\,(\text{cm}^2)$$

예제 04

그림과 같이 한 변의 길이가 10인 정사각형이 있다. $\overline{EP}=3$, $\overline{FQ}=2$일 때, 색칠된 부분의 넓이는?

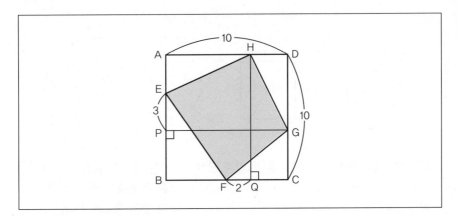

① 47   ② 49   ③ 51

④ 53   ⑤ 55

One Point Lesson

직사각형을 대각선에 따라서 자르면 서로 합동인 두 개의 직각삼각형이 나온다.

테마

21

평면도형

| 정답 | ④

| 해설 |

위 그림과 같이 점 E에서 $\overline{HQ}$에 수선을 긋고, 점 F에서 $\overline{EL}$에 수선을 그어 □EFGH를 4개의 직각삼각형과 1개의 직사각형으로 분할한다. 직사각형 IJKL의 넓이는 3×2=6이고, 각 직각삼각형의 넓이는 구할 수 없지만 넓이의 합은 구할 수 있다.

□ABCD의 넓이는 4개의 직각삼각형 2개씩과 직사각형 IJKL 넓이의 합이므로 직사각형 넓이만 빼면 100−6=94는 4개의 직각삼각형 2개씩의 넓이이다.

따라서 직각삼각형 1개씩의 넓이 합은 94÷2=47이므로 색칠된 부분의 넓이는 6+47=53이다.

중점연결정리

$\overline{AD}=\overline{DB}$, $\overline{AE}=\overline{EC}$이면
$\overline{BC} /\!/ \overline{DE}$, $\overline{DE}=\dfrac{1}{2}\overline{BC}$이다.

예제 05

그림 A, B, C의 색칠된 부분의 넓이 S_A, S_B, S_C의 크고 작은 관계를 바르게 나타낸 것은?

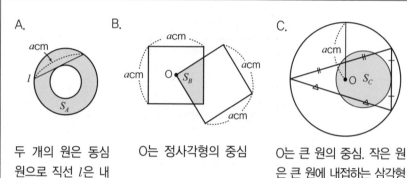

A.

두 개의 원은 동심원으로 직선 l은 내부의 원의 접선

B.

O는 정사각형의 중심

C.

O는 큰 원의 중심. 작은 원은 큰 원에 내접하는 삼각형 각 변의 중심을 지나는 원

① $S_C > S_A > S_B$
② $S_A > S_C > S_B$
③ $S_A = S_C > S_B$
④ $S_C > S_B > S_A$
⑤ S_A, S_C, S_B의 대소관계는 불분명하다.

| 정답 | ③

| 해설 |

• S_A

큰 원의 반지름을 r_1, 작은 원의 반지름을 r_2로 두면

$$r_1{}^2 = r_2{}^2 + \left(\frac{a}{2}\right)^2 \qquad r_1{}^2 - r_2{}^2 = \left(\frac{a}{2}\right)^2$$

$$S_A = \pi r_1{}^2 - \pi r_2{}^2 = \pi(r_1{}^2 - r_2{}^2) = \frac{\pi a^2}{4}$$

• S_B

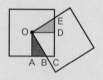

점 O에서 정사각형에 수선을 그려서 만들어진 $\triangle OAB$, $\triangle ODE$가 합동이 되므로, S_B는 □OACD의 넓이와 같다. 즉 $\dfrac{a}{2} \times \dfrac{a}{2} = \dfrac{a^2}{4}$이다.

• S_C

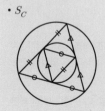

삼각형과 작은 원의 교점이 만드는 삼각형은 큰 원에 내접하는 삼각형과 닮음이다. 작은 삼각형의 한 변은 중점연결정리에 의해서 큰 삼각형의 대응변 각각의 $\dfrac{1}{2}$, 즉 닮음비는 2 : 1이고, 넓이비는 4 : 1이 된다. 그러므로 $S_C = \dfrac{\pi a^2}{4}$이다.

따라서 $S_A = \dfrac{\pi a^2}{4}$, $S_B = \dfrac{a^2}{4}$, $S_C = \dfrac{\pi a^2}{4}$이므로, $S_A = S_C > S_B$가 성립한다.

예제 **06**

다음 도형에서 색칠된 부분의 넓이는?

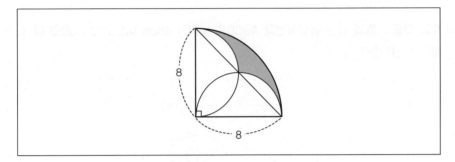

① $2\pi - 4$　　　　② $6\pi - 1$　　　　③ $8\pi - 16$

④ $12\pi - 10$　　　⑤ $10\pi - 4$

| 정답 | ③

| 해설 | 반지름이 8인 큰 부채꼴의 넓이를 구한 후, 거기에서 한 변이 4인 정사각형의 넓이와 반지름이 4인 작은 부채꼴 2개의 넓이를 빼면 된다.

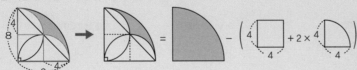

• 큰 부채꼴의 넓이 : $\dfrac{90}{360} \times 8^2\pi = 16\pi$

• 작은 부채꼴의 넓이 : $\dfrac{1}{4} \times 4^2\pi = 4\pi$

• 정사각형의 넓이 : $4 \times 4 = 16$

∴ 색칠된 부분의 넓이 $= 16\pi - (16 + 2 \times 4\pi) = 16\pi - 16 - 8\pi = 8\pi - 16$

유형 4 넓이 공략

이것 만은 꼭

점 G가 △ABC의 무게중심이면
$S_1 = S_2 = S_3$

01. 다음 그림과 같은 평행사변형 ABCD의 넓이가 48cm²이고, $\overline{CQ}=\overline{QD}$일 때 △ACP의 넓이는?

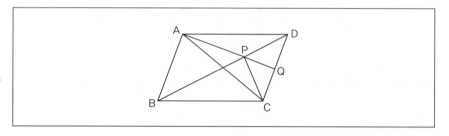

① 8cm²　　　　　② 9cm²　　　　　③ 10cm²

④ 12cm²　　　　　⑤ 14cm²

02. 그림과 같이 반지름이 6cm인 원에 정육각형이 내접해 있을 때, 색칠된 부분의 넓이는?

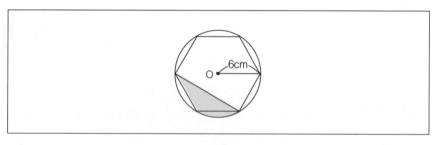

① 6πcm²　　　　　② $6\sqrt{3}\,\pi$cm²　　　　　③ 9πcm²

④ $9\sqrt{3}\,\pi$cm²　　　　　⑤ $10\sqrt{3}\,\pi$cm²

03. 어느 햄버거 가게에서 지름이 8cm인 햄버거와 지름이 12cm인 햄버거를 판매하고 있다. 햄버거 안에 내접하는 정사각형 모양의 치즈를 넣을 때 두 치즈의 넓이 차이는 몇 cm²인가?

① 36cm²
② 38cm²
③ 40cm²
④ 42cm²
⑤ 44cm²

04. 다음 그림과 같이 반지름이 14cm인 원 안에 반지름이 7cm인 원 4개가 겹쳐져 있다. 4개의 원 모두가 반지름이 14cm인 원의 중심과 만난다고 할 때, 색칠된 부분의 넓이는?

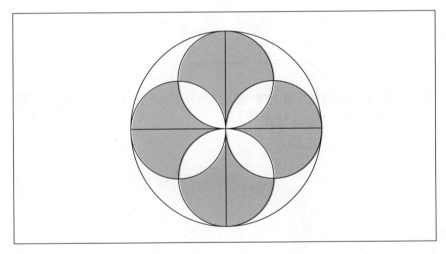

① 98cm²
② 200cm²
③ 242cm²
④ 338cm²
⑤ 392cm²

05. 다음은 한 변의 길이가 12cm인 정사각형 ABCD에 지름이 12cm인 반원을 붙여 만든 도형이다. 색칠된 부분의 넓이는?

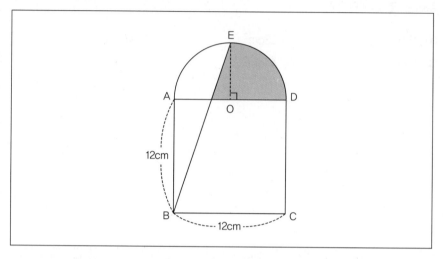

① $(4+9\pi)\text{cm}^2$ ② $(5+9\pi)\text{cm}^2$ ③ $(6+9\pi)\text{cm}^2$

④ $(7+9\pi)\text{cm}^2$ ⑤ $(8+9\pi)\text{cm}^2$

06. 다음은 두 개의 반원과 한 개의 직각삼각형을 붙여 만든 도형이다. $\overline{AB}=x$, $\overline{AC}=y$ 라 할 때 색칠된 부분의 넓이는?

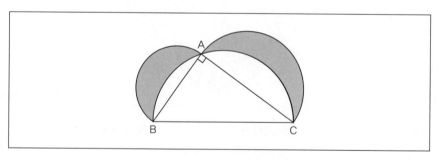

① $\dfrac{1}{4}xy$ ② $\dfrac{1}{2}(x+y)$ ③ $\dfrac{1}{2}xy$

④ $\dfrac{1}{8}(x^2+y^2)$ ⑤ $\dfrac{1}{8}xy^2$

07. 다음 내용에서 제시된 지방 영업소 건축 부지의 넓이는?

○○기관은 새로운 지방 영업소를 건축하기 위하여 부지를 알아보고 있으며, 다음과 같은 부채꼴 형태의 부지를 우선순위로 고려하고 있다.

- 반지름 : 30m   - 호의 길이 : 20m

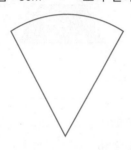

① 260m²   ② 280m²   ③ 300m²
④ 320m²   ⑤ 340m²

08. 다음 그림과 같이 한 변의 길이가 10cm인 정사각형 ABCD에서 $\overline{BC}$를 지름으로 하는 반원과 $\overline{CD}$를 지름으로 하는 반원을 그릴 때, 색칠된 부분의 넓이는?

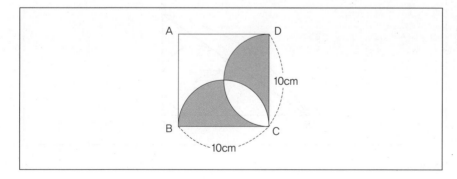

① 40cm²   ② 45cm²   ③ 50cm²
④ 55cm²   ⑤ 60cm²

09. 삼각형이 밑변과 평행한 두 선에 의해 같은 높이로 삼등분되어 있다. 삼각형의 높이가 h이고 밑변의 길이가 다음과 같다면, 색칠한 가운데 영역의 넓이는?

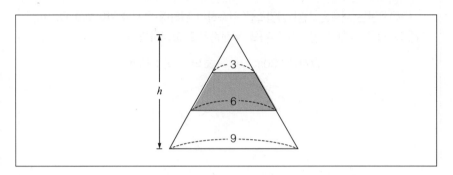

① $0.5h$　　　　　② $1h$　　　　　③ $1.5h$

④ $2h$　　　　　⑤ $2.5h$

10. 다음 그림과 같이 $\overline{AB}=20$(cm)인 직각삼각형 ABC에 반지름 4cm인 원이 내접하고 있을 때, 직각삼각형 ABC의 넓이는?

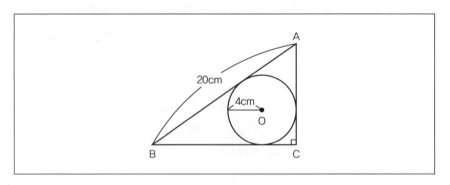

① 95cm^2　　　　　② 96cm^2　　　　　③ 97cm^2

④ 98cm^2　　　　　⑤ 99cm^2

11. 다음 그림과 같이 한 변이 a인 정사각형 각각의 꼭짓점을 중심으로 하는 반지름 a의 원의 원호로 만들어진 도형의 색칠된 부분의 넓이는?

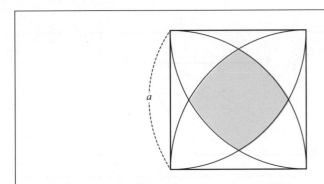

① $\left(1-\sqrt{3}+\dfrac{\pi}{3}\right)a^2$

② $\left(2+\dfrac{\sqrt{3}}{4}-\dfrac{2}{3}\pi\right)a^2$

③ $\left(\sqrt{2}-\dfrac{\pi}{3}\right)a^2$

④ $\left(1-\sqrt{2}+\dfrac{\pi}{4}\right)a^2$

⑤ $\left(1+\dfrac{\sqrt{3}}{4}-\dfrac{\pi}{3}\right)a^2$

12. 다음 그림과 같이 평행사변형 ABCD의 내부에 점 P를 두고, 각 꼭짓점과 점 P를 연결한 결과 $\triangle ADP = 8(\text{cm}^2)$, $\triangle ABP = 9(\text{cm}^2)$, $\triangle BCP = 16(\text{cm}^2)$가 되었다. 점 P에서 $\overline{AD}$에 평행한 선분을 그어 $\overline{CD}$와의 교점을 Q로 했을 때, $\triangle DPQ$의 넓이는?

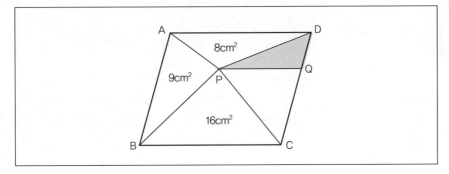

① 3cm^2

② 4cm^2

③ 5cm^2

④ 6cm^2

⑤ 7cm^2

13. 다음 그림과 같이 평행사변형 ABCD의 $\overline{AB}$를 3 : 1로 내분하는 점을 E로 하고, $\overline{DB}$와 $\overline{CE}$의 교점을 F로 한다. 이때, △DEF의 넓이는? (단, 평행사변형 ABCD의 넓이는 240cm²이다)

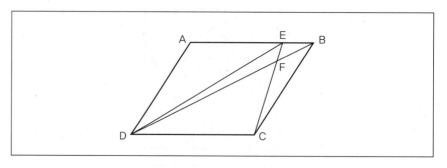

① 16cm²　　　　② 20cm²　　　　③ 24cm²

④ 28cm²　　　　⑤ 32cm²

14. 다음 그림과 같은 도형 ABCD에 대각선 $\overline{AC}$와 $\overline{BD}$를 긋고, 그 교점을 E로 한다. △ADE의 넓이가 64, △CBE의 넓이가 144일 때, △ABC의 넓이는?

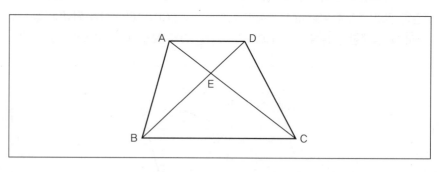

① 196　　　　② 225　　　　③ 240

④ 256　　　　⑤ 272

15. 다음 그림과 같이 △ABC에서 $\overline{AD}:\overline{DC}=3:2$, $\overline{BE}=\overline{EC}$가 되도록 $\overline{AE}$, $\overline{BD}$를 긋고, 그 교차점을 P라고 한다. 이때 △BEP의 넓이와 △CDP의 넓이의 비는 얼마인가?

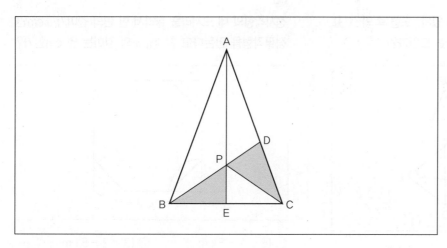

① 1:1   ② 2:3   ③ 3:4

④ 4:5   ⑤ 5:6

심화문제

정답과 해설 182쪽

01

다음과 같은 오각형 ABCDE가 있다. 도형 속의 · 표시가 있는 부분의 각의 합은 몇 도인가?

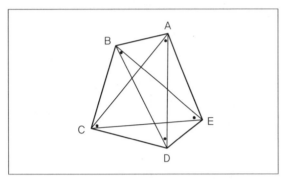

① 90°　　　② 100°　　　③ 120°
④ 160°　　　⑤ 180°

02

다음 도형의 점 A에서 $\overline{BC}$의 점 P를 통과하여 점 D에 이르는 최단거리는 몇 cm인가?

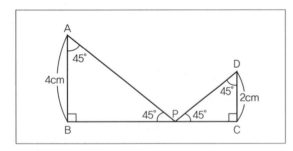

① $6\sqrt{2}$ cm　　　② $7\sqrt{2}$ cm
③ $6\sqrt{3}$ cm　　　④ $7\sqrt{3}$ cm
⑤ $8\sqrt{3}$ cm

03

정사각형의 네 모서리를 잘라서 한 변의 길이가 $x$cm인 정팔각형을 만든다고 할 때, x의 길이는 몇 cm인가?

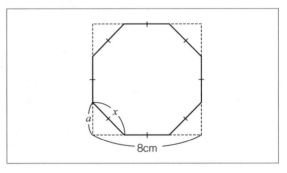

① $(8\sqrt{2}-8)$cm　　　② $(9\sqrt{2}-8)$cm
③ $(10\sqrt{2}-6)$cm　　④ $(11\sqrt{2}-6)$cm
⑤ $(12\sqrt{2}-6)$cm

04

그림과 같이 직사각형 ABCD의 $\overline{CD}$ 위의 점 P와 점 A를 지나는 직선을 긋고, $\overline{BC}$를 연장한 선과의 교점을 Q로 했을 때, △APD의 넓이는 450cm²이고, △PCQ의 넓이는 800cm²이다. 이때, □ABCP의 넓이는 몇 cm²인가?

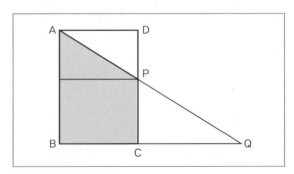

① 1,450cm²　　　② 1,500cm²
③ 1,550cm²　　　④ 1,600cm²
⑤ 1,650cm²

05

그림과 같이 30°로 교차되는 직선 사이에 △OAB와 같은 넓이의 삼각형을 늘어놓았을 때, $\overline{AD}$의 길이는 얼마인가?

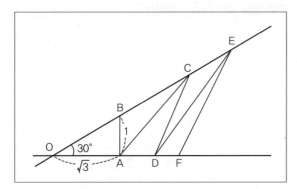

① $\dfrac{\sqrt{3}}{2}$　　② $\dfrac{\sqrt{3}}{3}$　　③ $\dfrac{\sqrt{3}}{4}$

④ $\dfrac{\sqrt{3}}{5}$　　⑤ $\dfrac{\sqrt{3}}{6}$

06

다음 직사각형에서 A, B, C의 넓이가 같다고 할 때, $(x+y)^2$은 얼마인가?

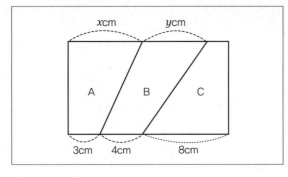

① 121　　② 144　　③ 169

④ 196　　⑤ 225

07

다음 그림과 같이 한 변의 길이가 24cm인 정사각형이 있다. $\overline{AB}$ 위에 있는 점 P는 점 A에서 점 B로 3cm/s로 이동하고 $\overline{BC}$ 위에 있는 점 Q는 점 B에서 점 C로 2cm/s로 이동한다. △PBQ의 넓이가 최대가 되는 순간 △PBQ의 둘레 길이는?

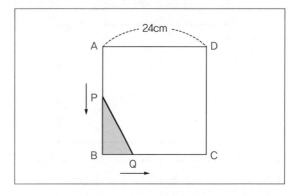

① $(20+3\sqrt{13})$cm　　② $(20+4\sqrt{13})$cm

③ $(20+5\sqrt{13})$cm　　④ $(20+6\sqrt{13})$cm

⑤ $(20+7\sqrt{13})$cm

08

다음 그림과 같이 가로 18m, 세로 10m 크기의 공원에 산책로를 만들었다. 산책로를 제외한 공원의 넓이가 153m²일 때 산책로의 폭은 몇 m인가? (단, 산책로의 폭은 일정하다)

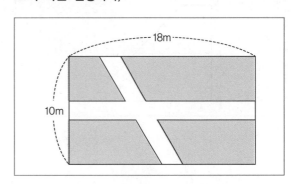

① 1m　　② 1.5m　　③ 2m

④ 2.5m　　⑤ 3m

09

다음 그림의 □ABCD는 $\overline{AB}$=4(cm), $\overline{AD}$=6(cm)의 직사각형이다. △ABP와 △CDP의 넓이 비가 1 : 2, △ADP와 △BCP의 넓이 비가 1 : 3이라면 △BDP의 넓이는?

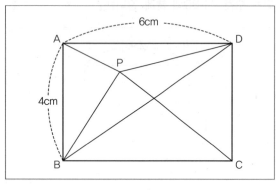

① 3cm²   ② 4cm²   ③ 5cm²
④ 6cm²   ⑤ 7cm²

10

$\overline{AB}$=6, $\overline{BC}$=8, $\overline{AD}$=2의 사다리꼴 ABCD에서 $\overline{AD}$와 평행을 이루는 $\overline{PQ}$를 그었다. $\overline{AP}$=x라 할 때, 다음 중 $\overline{PQ}$를 x로 나타낸 식으로 옳은 것은?

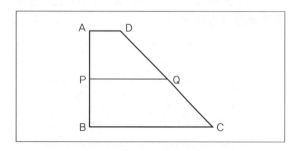

① x+1   ② $2x$ ③ x+2
④ $2x$+2   ⑤ $2x$+3

11

반지름이 2cm인 원 A와 반지름이 5cm인 원 B가 그림과 같이 접하고 있다. 직선 t는 원 A, 원 B에 점 M, 점 N에서 접하고 있다. 원 A, 원 B의 중심을 각각 O, P로 했을 때, $\overline{ON}$의 길이는?

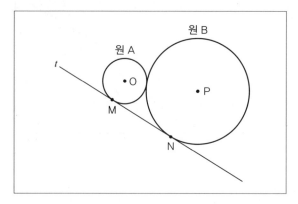

① $\sqrt{42}$ cm   ② $2\sqrt{11}$ cm   ③ $3\sqrt{5}$ cm
④ $\sqrt{46}$ cm   ⑤ $4\sqrt{3}$ cm

12

다음 □ABCD에서 $\overline{CD}$의 이등분점을 E, $\overline{AE}$와 $\overline{BD}$의 교차점을 O라 한다. △ABO의 넓이가 16cm²일 때, □ABCD의 넓이는?

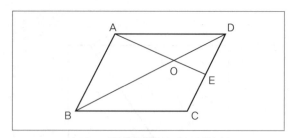

① 40cm²   ② 44cm²   ③ 48cm²
④ 52cm²   ⑤ 56cm²

13

다음 △ABC의 넓이가 84m²이고, 각 선분의 길이가 다음과 같을 때 △DBE의 넓이는?

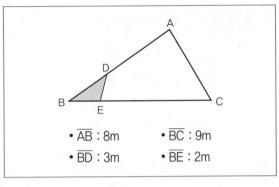

- $\overline{AB}$: 8m
- $\overline{BC}$: 9m
- $\overline{BD}$: 3m
- $\overline{BE}$: 2m

① 2m² ② 4m² ③ 7m²
④ 12m² ⑤ 14m²

14

다음과 같은 가로 6m, 세로 3m의 마구간 바깥에 풀이 심어져 있다. A에 7m의 끈으로 말을 묶는다면 말은 몇 m² 넓이의 풀을 먹을 수 있는가? (단, 말은 마구간 안에는 들어가지 못하며, 원주율(π)은 3.14로 한다)

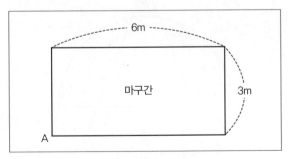

① 128.74m² ② 148.25m²
③ 171.66m² ④ 196.35m²
⑤ 217.23m²

15

$\overline{AB}$=8, $\overline{AD}$=10, ∠ABC=60°인 □ABCD에 그림과 같이 평행선 $\overline{EF}$, $\overline{GH}$를 그었을 때, ∠BEF=60°, $\overline{CH}$ =3, $\overline{AE}$: $\overline{CF}$=2 : 3이라면 △EBF의 넓이(S_1)와 △GHD의 넓이(S_2)의 비는?

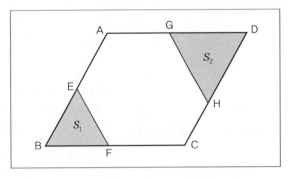

① 3 : 5 ② 4 : 9 ③ 9 : 16
④ 9 : 25 ⑤ 16 : 25

16

한 변이 12cm인 정사각형에 그림과 같이 선분을 그었을 때, 그림 내부에 만들어지는 정사각형 한 변의 길이를 $x$cm로 하면, x의 값은?

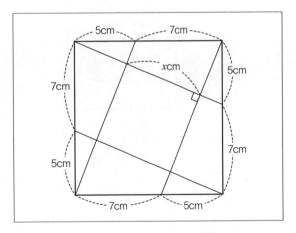

① $\frac{80}{11}$ ② $\frac{84}{13}$ ③ $\frac{90}{13}$
④ $\frac{81}{17}$ ⑤ $\frac{89}{17}$

17

정사다리꼴 ABCD에서 $\overline{AD}:\overline{BC}:\overline{DC}=1:2.5:1.25$, $3\overline{AE}=2\overline{EB}$일 때 $\overline{AD}=7$(cm)라면 색칠된 삼각형의 넓이는?

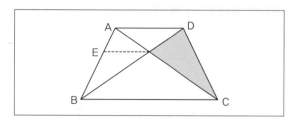

① 20.5cm² ② 22.5cm² ③ 24.5cm²
④ 26.5cm² ⑤ 28.5cm²

18

그림과 같이 직각삼각형에서 직각을 끼운 두 변 a와 b, 대각선 c를 한 변으로 하는 정삼각형을 만들고, 각각의 삼각형에 내접하는 원의 넓이를 S_a, S_b, S_c라고 할 때, S_a, S_b와 S_c의 관계로 옳은 것은?

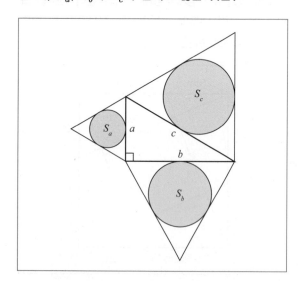

① $\sqrt{S_a}+\sqrt{S_b}=\sqrt{S_c}$ ② $S_a+S_b=S_c$
③ $S_a+S_b>S_c$ ④ $S_a^2+S_b^2=S_c^2$
⑤ $S_a^2+S_b^2>S_c^2$

19

다음과 같이 반지름이 3cm인 원기둥 3개를 끈으로 묶으려고 할 때 필요한 끈의 총 길이는?

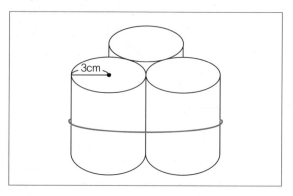

① $(6\pi+12)$cm ② $(6\pi+15)$cm
③ $(6\pi+16)$cm ④ $(6\pi+18)$cm
⑤ $(6\pi+24)$cm

20

다음 부채꼴 ABC와 반원 DE에 대해 $\overline{AB}=\overline{DE}$, 색칠된 부분 P, Q, R, S의 넓이에 관해 $(P+Q)=(R+S)$일 때 ∠BAC의 크기는?

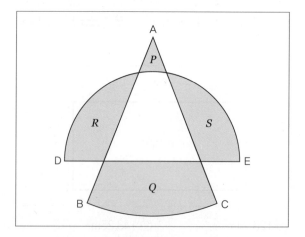

① 30° ② 45° ③ 60°
④ 75° ⑤ 90°

21

다음 점 O를 중점으로 하는 반원 AB에서 호 BD의 길이가 10π이고 $\overline{BD}$와 $\overline{OC}$가 평행일 때, 부채꼴 AOC의 넓이는?

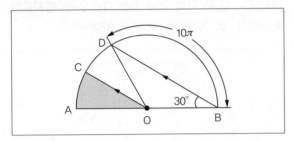

① 16.25π   ② 18.75π   ③ 20.25π

④ 22.75π   ⑤ 24.25π

22

다음 그림과 같이 $\overline{AC}$를 지름으로 하는 반원과 그 지름을 3 : 1로 나누는 점 B와 그 수직 위에 위치한 호 AC 위의 점 D를 연결하는 $\overline{BD}$를 반지름으로 하는 반원이 있다. $\overline{BD}=\overline{BE}=\overline{BF}$, $\overline{BC}=4$라면 색칠한 부분의 넓이의 합은?

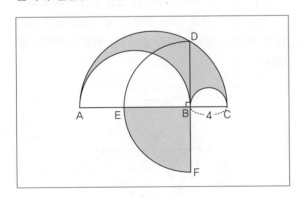

① 12π   ② 16π   ③ 20π

④ 24π   ⑤ 28π

23

다음 그림과 같이 한 변의 길이가 1인 정사각형 A에 30° 기울어져 내접한 정사각형 B가 있다. 또한, 정사각형 B에 30° 기울어져 내접한 정사각형 C가 있다. 정사각형 C의 한 변의 길이는?

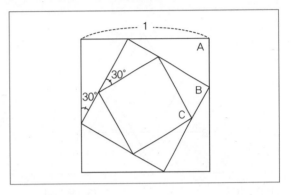

① $\sqrt{\dfrac{2}{3}}$ ② $\dfrac{3}{4}$ ③ $\sqrt{3}-1$

④ $\dfrac{1}{\sqrt{2}}$ ⑤ $4-2\sqrt{3}$

테마

21

평면도형

24

△ABC의 넓이가 32m²일 때, △DBE의 넓이는?

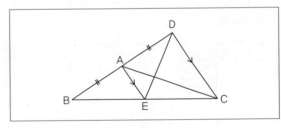

① 14m²   ② 18m²   ③ 21m²

④ 32m²   ⑤ 38m²

25

크기가 다른 두 개의 정삼각형을 그림과 같이 중심을 맞추고, BC∥B′C′가 되도록 겹치면, 각 삼각형에서 삼각형이 겹치지 않는 부분의 넓이 합의 비는 4 : 9가 된다. 2개의 정삼각형의 넓이의 비는?

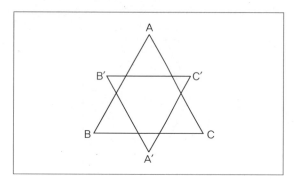

① 9 : 16　　　② 9 : 20　　　③ 49 : 64

④ 49 : 75　　　⑤ 49 : 81

26

△ABC는 ∠A=60°, ∠B=90°, $\overline{AB}=1+\sqrt{3}$ 인 직각삼각형으로, 이와 내접한 원이 있다. 이때, 색칠된 부분의 넓이는?

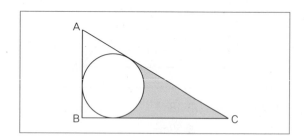

① $3-\dfrac{\pi}{3}$

② $\sqrt{5}-\dfrac{5}{12}\pi$

③ $1+\sqrt{3}-\dfrac{\pi}{3}$

④ $1+\sqrt{3}-\dfrac{5}{12}\pi$

⑤ $2+\sqrt{3}-\dfrac{5}{12}\pi$

27

다음 그림과 같이 정사각형 내부에 4개의 원 $O_1 \sim O_4$ 가 있다. 정사각형의 각각 다른 변 2개에 접하고 있는 O_1, O_2는 반지름이 9cm이고, 정사각형의 다른 변 2개와 O_1, O_2에 각각 접해 있는 O_3, O_4는 반지름이 4cm이다. 이 정사각형 한 변의 길이는?

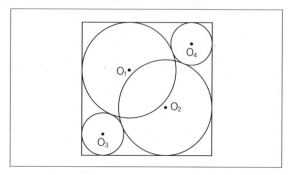

① 23cm　　　② 23.5cm　　　③ 24cm

④ 24.5cm　　　⑤ 25cm

28

다음은 반지름의 길이가 6cm인 원을 이용하여 정육각형을 그린 뒤 정육각형의 한 변을 공통현이 되도록 두 개의 작은 원을 그린 것이다. 두 개의 작은 원에 있는 세 개의 현의 길이가 같을 때, 색칠된 부분의 넓이는?

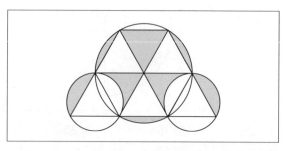

① $6\pi\,cm^2$　　　② $12\pi\,cm^2$　　　③ $18\pi\,cm^2$

④ $24\pi\,cm^2$　　　⑤ $30\pi\,cm^2$

Mathematics

입체도형

유형 1 겉넓이

핵심 Check

① 다면체의 겉넓이

(1) 정육면체

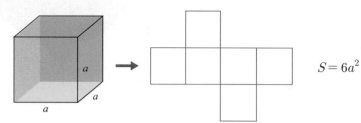

$$S = 6a^2$$

(2) 직육면체

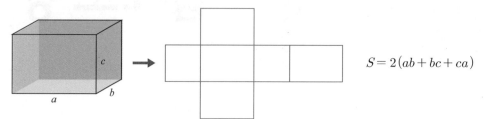

$$S = 2(ab + bc + ca)$$

(3) 정사면체

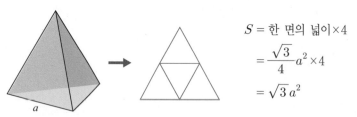

$$S = \text{한 면의 넓이} \times 4$$
$$= \frac{\sqrt{3}}{4} a^2 \times 4$$
$$= \sqrt{3}\, a^2$$

(4) 정사각뿔

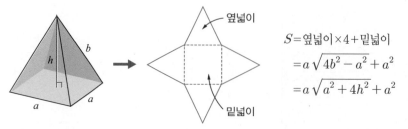

옆넓이

밑넓이

$$S = \text{옆넓이} \times 4 + \text{밑넓이}$$
$$= a\sqrt{4b^2 - a^2} + a^2$$
$$= a\sqrt{a^2 + 4h^2} + a^2$$

② 회전체의 겉넓이

(1) 구

① 구

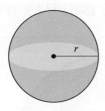

$$S = 4\pi r^2$$

② 반구

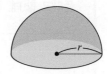

$$S = \frac{1}{2} \times 구의\ 겉넓이 + 밑면인\ 원의\ 넓이$$

$$= \frac{1}{2} \times 4\pi r^2 + \pi r^2 = 3\pi r^2$$

(2) 원기둥

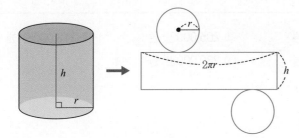

$$S = 밑넓이 \times 2 + 옆넓이$$

$$= 2\pi r^2 + 2\pi rh$$

(3) 원뿔

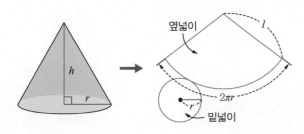

$$S = 옆넓이 + 밑넓이$$

$$= \pi r\sqrt{r^2 + h^2} + \pi r^2$$

테마

22

입체도형

예제 01

(주)□□건설에서는 아래 그림과 같은 모양의 건물을 지으려고 한다. 반구 모양의 천장은 1m²당 10만 원, 원기둥 모양의 벽면은 1m²당 7만 원의 건설 자재비용이 든다고 할 때, 전체 건물의 건설 자재비용은 얼마인가? (단, 원주율은 3으로 계산한다)

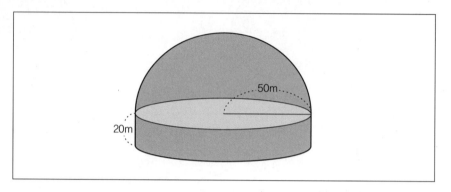

① 192,000만 원
② 205,000만 원
③ 215,000만 원
④ 220,000만 원
⑤ 230,000만 원

| 정답 | ①

| 해설 | 반구 모양의 천장, 원기둥 모양의 벽면의 건설 자재비용을 구하면 다음과 같다.
• 반구 모양의 천장
  $4\pi r^2 \div 2 = 4 \times 3 \times 50^2 \div 2 = 15,000(m^2)$이므로 $15,000 \times 10 = 150,000$(만 원)이 든다.
• 원기둥 모양의 벽면
  $2\pi rh = 2 \times 3 \times 50 \times 20 = 6,000(m^2)$이므로 $6,000 \times 7 = 42,000$(만 원)이 든다.
따라서 전체 건물의 건설 자재비용은 $150,000 + 42,000 = 192,000$(만 원)이다.

예제 02

아래 그림과 같이 8층짜리 빌딩의 외벽에 태양광 패널을 설치하려고 한다. 태양광 패널은 건물의 옥상과 7층, 8층의 옆면에만 설치하려고 하며, 패널의 설치비용은 1m²당 30만 원이라고 한다. 이 건물의 태양광 패널 설치비용의 총액은 얼마인가?

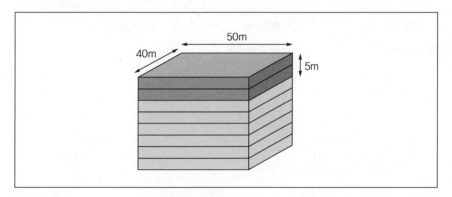

① 87,000만 원 ② 90,000만 원 ③ 92,000만 원

④ 95,000만 원 ⑤ 98,000만 원

🔅 **One Point Lesson**

직육면체의 겉넓이는 $2(ab + bc + ca)$로 구할 수 있다. 하지만 해당 문제는 태양광 패널이 옥상과 7, 8층의 옆면에만 설치되므로 밑면 하나의 면적은 제외된다는 것에 유의해서 풀어야 한다.

| 정답 | ①

| 해설 | 태양광 패널을 설치해야 하는 면적을 구하면 다음과 같다.

• 옥상 : 40×50=2,000(m²)

• 7층, 8층의 옆면 : (40×5×2)+(50×5×2)=900(m²)

총 2,000+900=2,900(m²)에 태양광 패널을 설치해야 하므로 설치비용의 총액은 2,900×30=87,000(만 원)이다.

겉넓이 공략

정답과 해설 192 쪽

1단계

모든 모서리 길이의 합을 통해 정육면체 한 모서리의 길이를 구한다.

↓

모서리의 길이를 정육면체의 겉넓이를 구하는 공식에 대입한다.

01. 모든 모서리 길이의 합이 144cm인 정육면체의 겉넓이는 몇 cm²인가?

① 144cm²　　　　② 288cm²　　　　③ 432cm²
④ 720cm²　　　　⑤ 864cm²

02. 다음은 어떤 직육면체를 위와 앞에서 본 모양이다. 이 직육면체의 겉넓이는 몇 cm²인가?

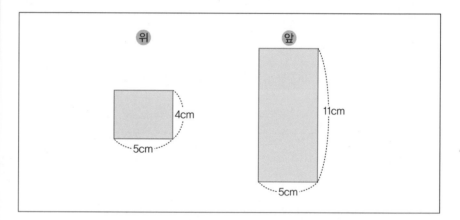

① 40cm²　　　　② 119cm²　　　　③ 165cm²
④ 238cm²　　　　⑤ 302cm²

03. 다음은 직육면체에서 밑면과 옆면에 각각 평행하게 일부를 잘라낸 입체도형이
다. 이 입체도형의 겉넓이는 몇 cm²인가?

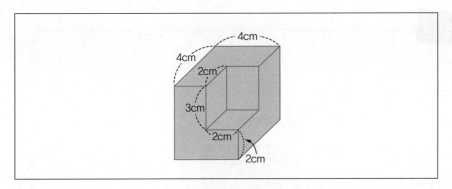

① 112cm²   ② 114cm²   ③ 116cm²
④ 118cm²   ⑤ 120cm²

04. 정육면체 모양으로 자른 고구마를 두 가지 방법으로 잘라 끓는 물에 넣고 어느
쪽이 더 빨리 익는지 알아보려 한다. ⓒ과 같이 밑면, 옆면에 수직으로 자르면 ⓐ보
다 겉넓이가 몇 cm² 늘어나는가?

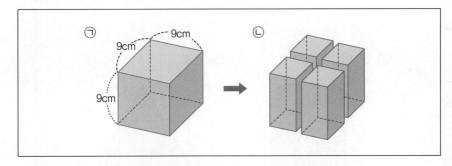

① 162cm²   ② 243cm²   ③ 324cm²
④ 412cm²   ⑤ 506cm²

유형 2 부피

핵심 Check

1 다면체의 부피

(1) 정육면체

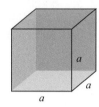

$V = a^3$

(2) 직육면체

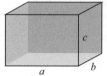

$V = abc$

(3) 정사면체

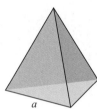

$V = \dfrac{1}{3} \times 밑넓이 \times 높이$

$= \dfrac{\sqrt{2}}{12} a^3$

(4) 정사각뿔

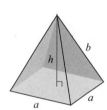

$V = \dfrac{1}{3} \times 밑넓이 \times 높이$

$= \dfrac{1}{3} a^2 h$

$= \dfrac{1}{3} a^2 \sqrt{b^2 - \dfrac{a^2}{2}}$

2 회전체의 부피

(1) 구

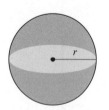

$V = \dfrac{4}{3} \pi r^3$

(2) 원기둥

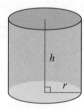

$V = 밑넓이 \times 높이$

$= \pi r^2 h$

(3) 원뿔

$V = \dfrac{1}{3} \times 밑넓이 \times 높이$

$= \dfrac{1}{3} \pi r^2 h$

예제 01

다음 그림에서 색칠된 부분의 부피는?

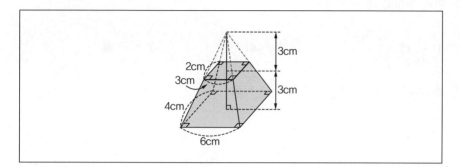

① 38cm³   ② 40cm³   ③ 42cm³

④ 44cm³   ⑤ 46cm³

|정답| ③

|해설| i) 큰 뿔의 부피 : $\frac{1}{3} \times 6 \times 4 \times 6 = 48$(cm³)

ii) 작은 뿔의 부피 : $\frac{1}{3} \times 3 \times 2 \times 3 = 6$(cm³)

따라서 색칠된 부분의 부피는 48−6=42(cm³)이다.

예제 02

가로의 길이가 $(A+5)$cm, 세로의 길이가 $(A+3)$cm인 직사각형 종이의 네 귀퉁이를 한 변의 길이가 1.5cm인 정사각형 모양으로 자른 뒤 튀어나온 네 부분의 종이를 접어 만들어진 상자의 부피는?

① $A(A+2)$cm³   ② $1.5A(A+2)$cm³   ③ $1.5A(A+3)$cm³

④ $2A(A+2)$cm³   ⑤ $2A(A+3)$cm³

|정답| ②

|해설| '상자의 부피=가로×세로×높이'이므로

$(A+5-1.5-1.5) \times (A+3-1.5-1.5) \times 1.5$

$= 1.5A(A+2)$(cm³)이다.

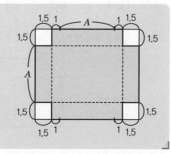

이것 만은 꼭

한 모서리의 길이가 a일 때,

• 정사면체의 높이 $= \sqrt{\dfrac{2}{3}}\,a$

• 정사면체의 부피 $= \dfrac{\sqrt{2}}{12}a^3$

• 정육면체의 부피 $= a^3$

예제 03

정사면체와 정육면체의 한 모서리의 길이가 같다고 할 때, 정육면체의 부피는 정사면체 부피의 몇 배인가?

① $\dfrac{1}{12}$배

② $\dfrac{\sqrt{2}}{12}$배

③ $\dfrac{12}{\sqrt{2}}$배

④ 3배

⑤ $\dfrac{12\sqrt{2}}{5}$배

|정답| ③

|해설| 정사면체는 4개의 정삼각형 면으로 이루어진 삼각뿔을 말하며, 정육면체는 6개의 정사각형 면으로 이루어진 입체도형을 말한다.

한 모서리의 길이를 a라고 하면 정육면체의 부피는 a^3(밑면의 넓이×높이)이며, 정사면체의 부피는 $\dfrac{\sqrt{2}}{12}a^3\left(\text{밑면의 넓이×높이×}\dfrac{1}{3}\right)$이다.

따라서 정육면체의 부피는 정사면체 부피의 $a^3 \div \dfrac{\sqrt{2}}{12}a^3 = \dfrac{12}{\sqrt{2}}$(배)이다.

예제 04

다음 전개도로 만들어지는 입체도형의 부피는?

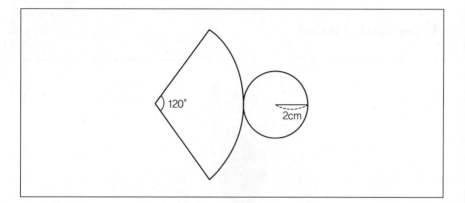

① $\dfrac{10}{3}\pi\,cm^3$ ② $\dfrac{14}{3}\pi\,cm^3$ ③ $\dfrac{16\sqrt{2}}{3}\pi\,cm^3$

④ $\dfrac{20\sqrt{2}}{3}\pi\,cm^3$ ⑤ $\dfrac{22\sqrt{2}}{3}\pi\,cm^3$

테마

22

입
체
도
형

| 정답 | ③

| 해설 | 1. 원뿔의 부피를 구하는 공식은 '$\dfrac{1}{3}\times$밑넓이$\times$높이'이므로 밑넓이를 먼저 구한다.

    밑넓이 : $\pi r^2=\pi\times2^2=4\pi(cm^2)$

2. 다음으로 원뿔의 높이를 알기 위해서는 모선의 길이(R)를 구해야 한다.

    부채꼴의 호의 길이는 밑면인 원의 둘레 길이와 같으므로

    $2\pi R\times\dfrac{120}{360}=4\pi$

    $\dfrac{2\pi R}{3}=4\pi$

    $\therefore R=6(cm)$

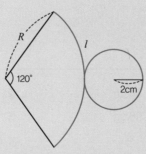

3. (높이)$^2=6^2-2^2=32$이므로 높이는 $4\sqrt{2}\,cm$이다.

4. 따라서 원뿔의 부피는 $\dfrac{1}{3}\times4\pi\times4\sqrt{2}=\dfrac{16\sqrt{2}}{3}\pi(cm^3)$이다.

유형 2 부피 공략

정답과 해설 192쪽

01. 다음 각기둥의 부피는?

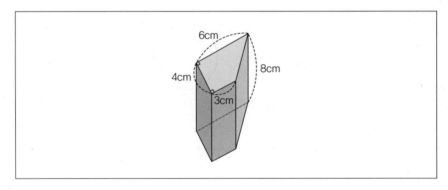

① 114cm³　　　② 124cm³　　　③ 136cm³

④ 144cm³　　　⑤ 156cm³

02. 다음 전개도로 만들어지는 입체도형 중 색칠된 부분의 부피는?

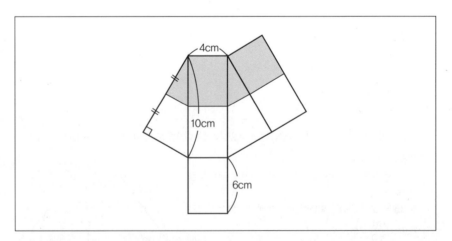

① 24cm³　　　② 48cm³　　　③ 72cm³

④ 96cm³　　　⑤ 120cm³

03. 다음은 전개도로 만들어지는 입체도형 중 색칠된 부분의 부피는? (단, 점 G는 삼각형의 무게중심이다)

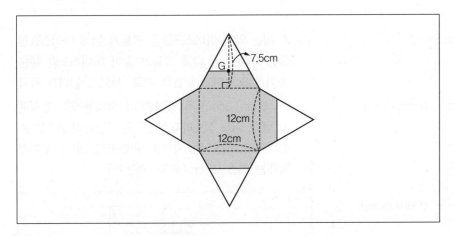

① 64cm³　　　　　② 72cm³　　　　　③ 152cm³

④ 216cm³　　　　　⑤ 240cm³

04. 다음 속이 뚫린 원기둥의 부피는?

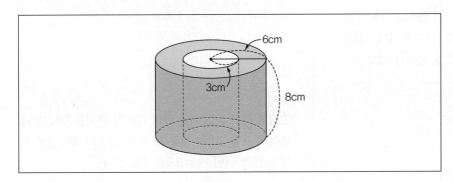

① 96π cm³　　　　② 126π cm³　　　　③ 216π cm³

④ 326π cm³　　　　⑤ 408π cm³

> **학습 TIP**
>
> **속이 뚫린 기둥의 부피를 구하는 공식**
> (큰 기둥의 부피)−(작은 기둥의 부피)=(큰 기둥의 밑넓이−작은 기둥의 밑넓이)×(높이)

테마
22
입체도형

심화문제

정답과 해설 193 쪽

01

다음 입체도형의 높이는 몇 cm인가?

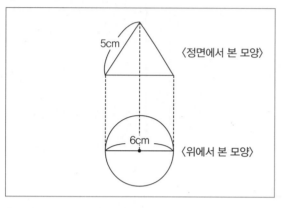

5cm 〈정면에서 본 모양〉

6cm 〈위에서 본 모양〉

① 3cm   ② 4cm   ③ 5cm

④ 6cm   ⑤ 7cm

02

다음과 같이 밑면은 반지름이 1인 원이고 $\overline{OA}=12$인 원뿔이 있다. 이 원뿔의 점 A에서 $\overline{OA}$의 중점 M까지 끈으로 2바퀴 감을 때, 끈의 최소 길이는 얼마인가?

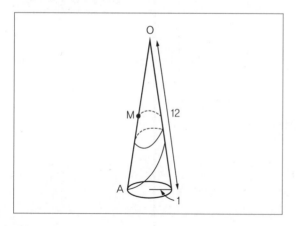

① $4\sqrt{2}$ ② $4\sqrt{3}$ ③ $4\sqrt{5}$

④ $6\sqrt{3}$ ⑤ $6\sqrt{5}$

03

A 씨는 막대 아이스크림을 만들기 위해 아이스크림 틀을 구매했다. 다음 그림과 같이 아이스크림 틀은 높이가 8cm이고 밑면의 가로, 세로의 길이가 각각 $3\sqrt{3}$ cm, 3cm인 직육면체이다. 막대를 어느 방향에서 넣고, 어느 정도까지 넣는지와 상관없이 최소한 손잡이가 2cm는 남는 막대를 구매하려고 한다. 구매할 막대는 최소 몇 cm이어야 하는가?

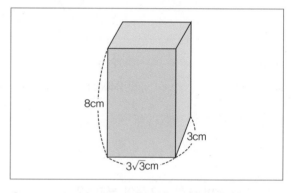

8cm

$3\sqrt{3}$cm   3cm

① 10cm   ② 11cm   ③ 12cm

④ 13cm   ⑤ 14cm

04

그림과 같이 지름 1m, 길이 10m인 원기둥 형태의 막대에 로프를 3바퀴 두를 때 로프 길이의 최솟값은 약 몇 m인가? (단, $\pi=3$으로 계산한다)

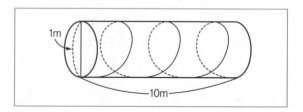

1m

10m

① 12.5m   ② 13.5m   ③ 14.5m

④ 15.5m   ⑤ 16.5m

05

다음 그림과 같이 정사각형의 점선을 접어올리고 △ABC를 밑면으로 하는 삼각뿔을 만들어서 밑면에서 12cm인 곳까지 물을 넣었다. 이 삼각뿔을 △ABD가 밑면이 되도록 두고 같은 양의 물을 넣었을 때 물의 높이는 밑면에서 몇 cm가 되는가?

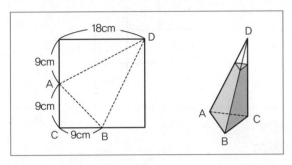

① 3cm ② 4cm ③ $4\sqrt{3}$ cm
④ 6cm ⑤ $6\sqrt{3}$ cm

06

한 변의 길이가 2cm인 정사각형을 그림과 같이 이어 $\overline{AB}$를 축으로 회전시켰을 때 나타나는 입체도형의 부피는?

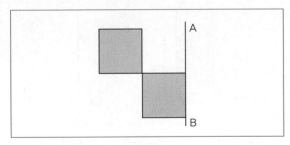

① 24πcm³ ② 32πcm³ ③ 34πcm³
④ 40πcm³ ⑤ 42πcm³

07

그림과 같은 종이 Ⅰ ~ Ⅲ이 있다. Ⅰ ~ Ⅲ은 모두 평행사변형으로 $\overline{AB}$의 길이는 a, 마주보는 $\overline{AB}$와 $\overline{CD}$의 거리도 a이다. Ⅰ ~ Ⅲ의 ∠ABC의 크기를 각각 $\theta_{Ⅰ}$, $\theta_{Ⅱ}$, $\theta_{Ⅲ}$라 하면, 그 대소 관계는 $\theta_{Ⅰ} > \theta_{Ⅱ} > \theta_{Ⅲ}$이다. 종이 Ⅰ ~ Ⅲ을 각각 말아서 모두 사각형 ABCD가 측면, $\overline{AB}$가 하단에 오도록 원통을 만든다. Ⅰ, Ⅱ, Ⅲ으로 만든 원통의 부피를 각각 $V_{Ⅰ}$, $V_{Ⅱ}$, $V_{Ⅲ}$라 할 때, 그 대소 관계를 바르게 나타낸 것은?

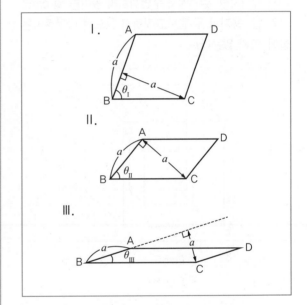

① $V_{Ⅰ} = V_{Ⅱ} = V_{Ⅲ}$ ② $V_{Ⅰ} > V_{Ⅱ} > V_{Ⅲ}$
③ $V_{Ⅰ} < V_{Ⅱ} < V_{Ⅲ}$ ④ $V_{Ⅰ} = V_{Ⅱ} > V_{Ⅲ}$
⑤ $V_{Ⅰ} < V_{Ⅱ} = V_{Ⅲ}$

08

그림과 같이 한 변이 8cm인 정육면체의 용기가 수평인 바닥에 놓여있고, 그 안에 한 변이 4cm인 정육면체의 나무토막이 들어있다. 용기의 점 A를 바닥에 붙이고, 대각선 AB가 수직이 되도록 용기를 세웠을 때, 나무토막의 점 P가 점 A에 접했다. 이 상태를 유지하며 점 B에 작은 구멍을 뚫어 물을 넣고, 수면이 점 Q에 닿았을 때 물 붓는 것을 멈췄다. 용기의 물을 흘리지 않도록 밑면을 다시 바닥에 대고, 나무토막을 용기에서 제거하면, 밑면에서 수면까지의 높이는 몇 cm인가? (단, 용기의 두께는 고려하지 않으며 나무토막은 물에 뜨지 않는다)

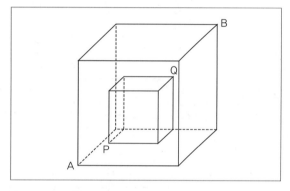

① 1.5cm   ② 2cm   ③ 2.5cm
④ 3cm   ⑤ 3.5cm

09

다음 그림은 정육면체의 전개도이다. 이 정육면체의 점 P에 모이는 면에 적혀 있는 수의 합은 얼마인가?

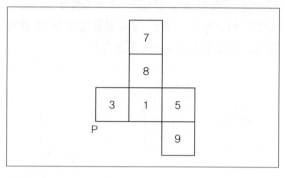

① 9   ② 13   ③ 19
④ 20   ⑤ 22

10

원기둥 모양의 병에 높이가 15cm가 되도록 물을 채웠다. 이 병을 거꾸로 뒤집어 수면이 병의 밑면과 평행이 되도록 하였더니 물이 없는 부분의 높이가 7cm가 되었다. 이 병의 부피는 몇 cm³인가? (단, 병뚜껑의 두께는 고려하지 않는다)

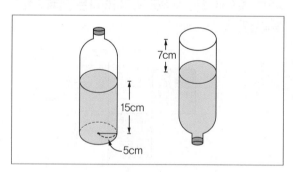

① $375\pi\,cm^3$ ② $465\pi\,cm^3$ ③ $550\pi\,cm^3$
④ $572\pi\,cm^3$ ⑤ $612\pi\,cm^3$

Mathematics

사물(사람)의 이동

유형 1 진로와 방향

1 방향

① 주체를 기준으로 오른쪽·왼쪽 혹은 동·서·남·북으로 주어진다.

② 북쪽은 위, 남쪽은 아래, 서쪽은 왼쪽, 동쪽은 오른쪽으로 정해둔다.

> **예** 북쪽을 향해 선 A 씨의 기준에서 왼쪽은 서쪽이다.
>
>

2 진로

이동하는 방향과 거리가 제시된다.

> **예** A는 북쪽으로 5m 걸어간 후, 서쪽으로 10m 걸어간다.
>
>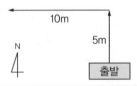

3 풀이 방법

(1) 거리와 방향을 정확하게 그리면서 객체의 이동방향을 따라간다.

(2) 문제에 쓰인 대로 따라가며 길이도 적어둔다. 길이 비율을 대략적으로 맞추어 그리면 출발 지점과 도착 지점을 쉽게 비교할 수 있다.

(3) 이동방향을 그려나갈 때 주체의 시선에 따라 동·서·남·북의 방향이 바뀜에 유의한다.

예제 01

현수는 회사에서 나와 동쪽으로 50m를 이동한 후, 자전거를 타고 남쪽으로 300m를 이동하여 그곳에 있는 마트를 들렸다. 다시 마트에서 나와 서쪽으로 100m를 이동하여 공원 입구를 지나 200m를 더 이동하여 집에 도착하였다. 회사는 현수의 집에서 어느 방향에 있는가?

① 북　　　　② 북서　　　　③ 북동　　　　④ 남　　　　⑤ 남서

| 정답 | ③

| 해설 | 출발지점인 회사를 기준으로 현수가 이동한 경로를 따라 그림으로 나타내면 다음과 같다.

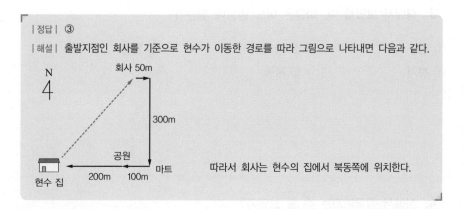

따라서 회사는 현수의 집에서 북동쪽에 위치한다.

예제 02

주혜가 집에서 출발하여 서쪽으로 300m를 이동하여 도착한 학교에서 오른쪽으로 꺾어 200m를 이동했다. 그곳에 있는 편의점에서 오른쪽으로 꺾어 150m를 이동한 후 다시 왼쪽으로 꺾어 50m 이동하자 친구의 집에 도착했다. 주혜가 도착지점에서 집을 바라보았을 때, 집은 어느 방향에 있는가?

① 동　　　　② 남서　　　　③ 남동　　　　④ 북서　　　　⑤ 북동

해결 전략

이동방향을 그려나갈 때 주체의 시선에 따라 오른쪽, 왼쪽의 방향이 바뀜에 유의한다.

테마

23

사물(사람)의 이동

| 정답 | ③

| 해설 | 출발지점인 주혜의 집을 기준으로 주혜가 이동한 경로를 따라 그림으로 나타내면 다음과 같다.

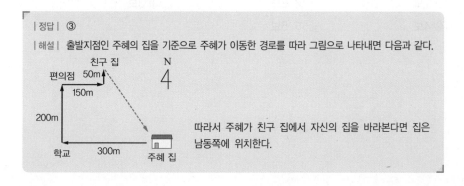

따라서 주혜가 친구 집에서 자신의 집을 바라본다면 집은 남동쪽에 위치한다.

예제 03 ~ 05

롤플레잉 게임의 주인공이 성에서 주어진 퀘스트를 모두 수행하고 마을로 이동하려 한다. 성을 나와서 북쪽으로 30보 걸은 후 서쪽으로 10보를 걷고, 다리를 3보로 건넌 후 10보를 더 걸은 다음 북쪽으로 20보를 걸었다. 2보를 더 걷자 동굴에 도착하였다. 동굴에 들어갔다 입구로 다시 나와 2보 걸은 후 거기에서 동쪽을 향해 40보 걸어 간 곳에 마을이 있었다. 이어지는 질문에 답하시오.

03. 성에서 보았을 때, 마을은 어느 방향에 있는가?

① 동　　　　　　　　② 남서　　　　　　　　③ 남동
④ 북서　　　　　　　　⑤ 북동

04. 성에서 동굴까지는 총 몇 보인가?

① 72보　　　　　　　　② 73보　　　　　　　　③ 75보
④ 77보　　　　　　　　⑤ 80보

05. 동굴에 들어가지 않고 성에서 마을까지 28초 안에 가려고 할 때, 1초에 최소 몇 보를 가야 하는가?

① 1보　　　　　　　　② 2보　　　　　　　　③ 3보
④ 4보　　　　　　　　⑤ 5보

이것 만은 꼭

진로와 방향 테마에서는 거리, 속력, 시간 등을 계산하는 문항이 함께 출제된다. 테마 10에서 학습한 '거리＝속력×시간'을 활용하여 해결한다.

03

| 정답 | ⑤

| 해설 | 출발지점인 성을 기준으로 이동한 경로를 그림으로 나타내면 다음과 같다.

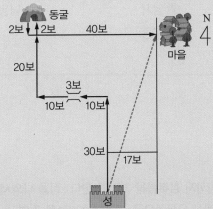

보폭을 기준으로 생각해 보면, 40-(10+3+10)=17(보)이므로 동쪽으로 17보 이동한 곳에 위치한다. 따라서 북동쪽에 마을이 있다.

04

| 정답 | ③

| 해설 | 성에서 북으로 30보, 동으로 10보 걷다가 3보 거리의 다리를 건넌 후 10보를 더 걸어서 북으로 20보 걷고 2보를 더 걸으면 동굴에 도착한다. 따라서 총 걸음은 30+10+3+10+20+2=75(보)이다.

05

| 정답 | ⑤

| 해설 | 성에서 마을까지 동굴을 들어가지 않을 때 걸음 수의 합계는 30+10+3+10+20+40=113(보)이다. 113÷28≒4.04(보/초)이므로 28초 안에 이동하기 위해서는 최소 초당 5보씩 가야 한다.

테마 **23** 사물(사람)의 이동

진로와 방향 공략

정답과 해설 197 쪽

01. A가 B의 남서쪽에 서 있을 때, B는 A를 기준으로 어느 방향에 있는가?

① 동   ② 남서   ③ 남동

④ 북서   ⑤ 북동

02. 현수는 집에서 출발하여 북동쪽으로 5m를 이동한 후, 편의점에서 서쪽으로 꺾어 8m를 이동하여 도서관에 도착했다. 현수네 집에서 도서관은 어느 방향에 있는가?

① 동   ② 남서   ③ 남동

④ 북서   ⑤ 북동

해결 전략

1단계

동 · 서 · 남 · 북을 각각 오른쪽, 왼쪽, 아래쪽, 위쪽으로 정해 두고 객체의 이동경로를 따라 그림을 그려 나간다.

2단계

그림을 그릴 때 이동한 거리를 함께 써 두어야 답을 찾을 때 혼동하지 않는다.

03. 슬기는 할머니 집까지 심부름을 가려고 한다. 집을 나와서 바로 동쪽으로 300보를 걸은 후, 우체통에서 오른쪽으로 꺾어서 200보를 걸었다. 거기에 있는 편의점을 기점으로 오른쪽으로 꺾어 600보를 걸은 곳에 있는 경찰서에서 다시 왼쪽으로 꺾어 100보를 걷자 할머니 집에 도착했다. 할머니 집은 슬기네 집에서 보았을 때 어느 방향에 있는가?

① 남동   ② 남서   ③ 북동

④ 북서   ⑤ 동

[04 ~ 06] 은희는 오늘 자전거를 타고 하나네 집에 놀러 가기로 했다. 은희는 집을 나와 북쪽으로 50m 이동한 곳의 신호등 앞에서 왼쪽으로 30m 이동하여 교차로에 도착하였다. 그리고 그 교차로에서 오른쪽으로 40m 이동한 곳의 편의점에서 과자와 주스를 샀다. 다시 교차로까지 온 길을 되돌아가 오른쪽으로 60m 이동한 후, 약국에서 왼쪽으로 40m를 가다 보니 공원 입구가 있었다. 그대로 100m를 공원 벽을 따라 이동하여 공원 입구와 반대쪽으로 나온 후 20m를 이동하여 막다른 곳에서 오른쪽으로 꺾어 10m를 더 이동하여 하나네 집에 도착하였다. 이어지는 질문에 답하시오.

04. 은희가 만약 편의점을 들르지 않았다면 이동거리는 몇 m인가?

① 300m   ② 310m   ③ 320m

④ 330m   ⑤ 340m

05. 은희네 집에서 보았을 때, 하나네 집은 어느 방향에 있는가?

① 동   ② 북서   ③ 남서

④ 북동   ⑤ 남동

06. 하나네 집은 편의점에서 몇 m 떨어져 있는가? (단, 은희가 이동한 거리를 기준으로 계산한다)

① 270m   ② 280m   ③ 290m

④ 300m   ⑤ 310m

테마

23

사물(사람)의 이동

유형 2 흐름과 비율

핵심 Check

① 흐름과 비율

(1) **흐름** : 화살표 방향에 따라 사람, 물건, 무게 등이 이동한다.

(2) **비율** : 화살표에 표시된 미지수 또는 수치이다.

> **예**
>
> $$\text{A 역의 사람 수} \xrightarrow{\quad 0.6 \quad} \text{B 역의 사람 수}$$
>
> A 역에 있던 사람 수의 0.6의 비율(60%)이 B 역으로 이동했다는 것을 의미한다. 즉, A 역에 100명이 있다면, 그중 60명(100×0.6)이 B 역으로 이동한 것이다.

② 풀이 방법

(1) 주어진 그림과 문제를 함께 확인하며 흐름을 이해한다.

(2) 합쳐지는 구간, 경유하는 구간 등 화살표가 의미하는 흐름을 파악한다.

> **예**
>
> • 합쳐지는 구간
>
> A 역의 사람 수 $\xrightarrow{\quad 0.6 \quad}$
>
> $\qquad\qquad\qquad\qquad$ C 역의 사람 수
>
> B 역의 사람 수 $\xrightarrow{\quad 0.4 \quad}$
>
> ⇨ C 역의 사람 수=A 역의 사람 수×0.6+B 역의 사람 수×0.4
>
> ⋯⋯⋯⋯⋯⋯⋯⋯⋯⋯⋯⋯⋯⋯⋯⋯⋯⋯⋯⋯⋯⋯
>
> • 경유하는 구간
>
> $$\text{A 역의 사람 수} \xrightarrow{\ 0.6\ } \text{B 역의 사람 수} \xrightarrow{\ 0.7\ } \text{C 역의 사람 수}$$
>
> ⇨ B 역의 사람 수=A 역의 사람 수×0.6
> ⇨ C 역의 사람 수=B 역의 사람 수×0.7=A 역의 사람 수×0.6×0.7

(3) 공식을 적용하여 그림을 따라 이동하며 식을 작성해 나간다.

> 출발점의 기호×비율=종점의 기호

예제 01

다음 그림에서 V, W, X, Y, Z는 대회장에 참가한 인원수, c, d, e, f, g는 다음 대회장으로 이동하는 인원수의 비율을 나타낸다. V 대회장과 W 대회장의 인원수가 동일하다면 Z 대회장의 대회에 참가한 사람 중 V 대회장에서 참가한 인원수는 W 대회장에서 참가한 인원수의 어느 정도인가? (단, $c=0.8$, $d=0.9$, $e=0.4$, $f=0.5$, $g=1$이다)

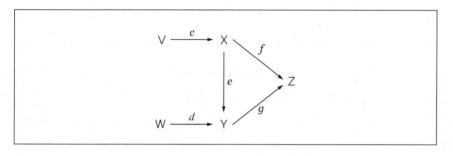

① 0.44   ② 0.68   ③ 0.72
④ 0.8   ⑤ 0.9

해결 전략

1단계
규칙을 정확하게 이해한다.

2단계
그림을 따라 이동하며 식을 작성해 나간다.

|정답| ④

|해설| 도착점 Z에서 시작점 V, W까지 거슬러 올라가며 흐름을 식으로 나타내면 다음과 같다.

$Z = fX + gY$ ...... ㉠

$Y = eX + dW$ ...... ㉡

$X = cV$ ...... ㉢

㉢을 ㉡에 대입하면, $Y = ceV + dW$ ...... ㉣

㉢과 ㉣을 ㉠에 대입하면, $Z = cfV + g(ceV + dW)$

$Z = cfV + cegV + dgW$ ...... ㉤

㉤에 주어진 비율을 대입하면,

$Z = (0.8 \times 0.5)V + (0.8 \times 0.4 \times 1)V + (0.9 \times 1)W$

$\quad = 0.4V + 0.32V + 0.9W$

$\quad = 0.72V + 0.9W$

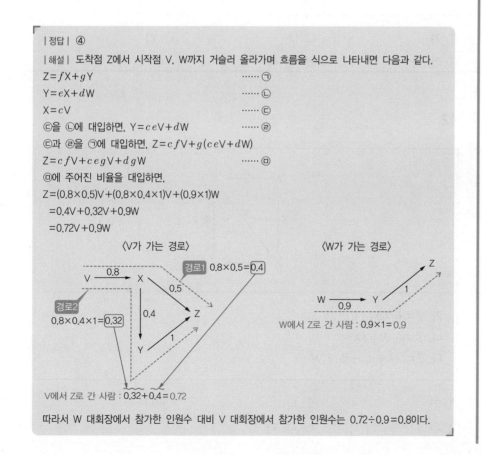

〈V가 가는 경로〉

경로1 $0.8 \times 0.5 = \boxed{0.4}$

경로2 $0.8 \times 0.4 \times 1 = \boxed{0.32}$

V에서 Z로 간 사람 : $0.32 + 0.4 = 0.72$

〈W가 가는 경로〉

W에서 Z로 간 사람 : $0.9 \times 1 = 0.9$

따라서 W 대회장에서 참가한 인원수 대비 V 대회장에서 참가한 인원수는 $0.72 \div 0.9 = 0.80$이다.

테마
23
사물(사람)의 이동

정답과 해설 198 쪽

유형 2

흐름과 비율 공략

먼저 도착지점을 파악하고, 도착지점을 기준으로 식을 작성한다.

[01 ~ 02] 다음 그림의 소문자는 대문자의 지점으로 이동하는 비율을 나타낸 것이다. 그림을 나타내고 있는 식을 모두 고르시오.

01.

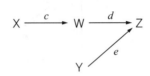

가. $Z = dcX + eY$

나. $Z = eW + dY$

다. $Z = cX + dW + eY$

① 가   ② 나   ③ 다

④ 가, 나   ⑤ 나, 다

02.

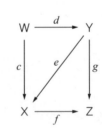

가. $Z = dgX + (c+e)fY$

나. $Z = dgW + fX$

다. $Z = (cf + dg + def)W$

① 가   ② 나   ③ 다

④ 가, 나   ⑤ 나, 다

03. 다음은 어느 전시회가 열리는 미술관의 전시실을 지나는 사람의 흐름에 대한 그림이다. A, B, C, D는 전시실에 방문하는 인원수, x, y, z는 다음 장소를 화살표 방향으로 이동하는 인원수의 비율을 나타낸다. D를 나타내는 올바른 식은 무엇인가?

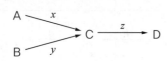

(가) $D = zC + xA + yB$

(나) $D = xyz$

(다) $D = xzA + yzB$

① (가)   ② (나)   ③ (다)

④ (가), (다)   ⑤ (나), (다)

04. 다음은 석탄이 종착지점인 공장 Z에 도착하는 흐름을 나타내고 있다. $a \sim f$는 각 창고를 통과할 때 석탄의 배송 비율을 나타낸다. W 창고에서 400kg, S 창고에서 600kg, T 창고에서 300kg을 채취하였으며 a의 비율이 60%, b의 비율이 30%, c의 비율이 80%, d의 비율이 20%, e의 비율이 50%, f의 비율이 40%이다. 최종적으로 Z 창고에 도착하는 석탄은 몇 kg인가?

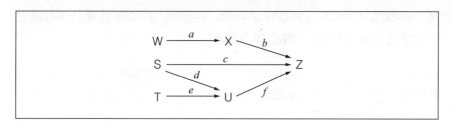

① 320kg   ② 450kg   ③ 580kg

④ 620kg   ⑤ 660kg

[05 ~ 06] D 대학 역사교육과 학생들이 학술답사를 떠났다. 그런데 유적지 공간이 협소하여 수용인원에 한계가 있어 코스를 나누어 이동하기로 하였다. V, W, X, Y, Z는 해당 유적지를 관람하는 인원수, a, b, c, d, e, f는 이동하는 비율을 나타낸다. 이어지는 질문에 답하시오.

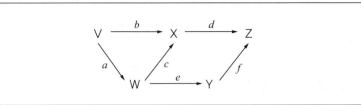

05. 위 그림의 Z를 옳게 나타낸 식을 모두 고르면?

(가) $Z = dX + fY$

(나) $Z = (bd + acd + aef)V$

(다) $Z = \{bd + ac(d + f)\}V$

① (가)   ② (나)   ③ (다)

④ (가), (나)   ⑤ (가), (나), (다)

06. $a = 50\%$, $b = 40\%$, $c = 35\%$, $d = 60\%$, $e = 60\%$, $f = 35\%$일 때, V에서 출발한 학생 중 Z에 도착하는 비율은 몇 %인가?

① 40%   ② 45%   ③ 50%

④ 55%   ⑤ 60%

[07 ~ 08] 놀이공원 방문객의 흐름을 다음 그림과 같이 나타냈다. A, B, C 각각의 입구에서 들어간 방문객이 K, L, M의 놀이기구를 경유하여 N으로 향하는 것을 조사한 것으로, $r \sim w$는 다음 장소로 이동하는 인원수의 비율이다. 이어지는 질문에 답하시오.

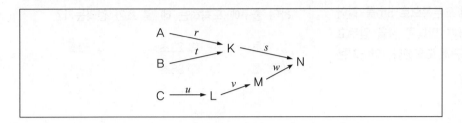

07. 위 그림을 나타내고 있는 식으로 옳은 것을 모두 고르면?

(가) N$=s(r$A$+t$B$)+vw$L
(나) N$=s$K$+vw$C
(다) N$=rs$A$+st$B$+uvw$C

① (가)   ② (나)   ③ (다)
④ (가), (다)   ⑤ (나), (다)

08. $r=0.8$, $s=0.4$, $t=0.7$, $u=0.8$, $v=0.5$, $w=0.3$일 때, 입구 C에서 들어온 사람의 몇 %가 놀이기구 L을 경유하여 놀이기구 M으로 향하는가?

① 12%   ② 20%   ③ 32%
④ 40%   ⑤ 56%

심화문제

[01 ~ 03] 동민이가 어떤 역에 도착하였다. 개찰구를 나와 통로를 따라 북쪽으로 20m 걸어간 후, 왼쪽으로 30m를 걸어가고, 다시 오른쪽으로 5m를 걸어간 후 왼쪽으로 15m를 걸어가, 막다른 길을 앞두고 왼쪽으로 10m 걸어가서 출구에 도착했다. 이어지는 질문에 답하시오.

01
동민이가 출구에 도착했을 때 바라보고 있는 방향은?

① 북　　　　　② 북서　　　　③ 북동
④ 남　　　　　⑤ 남서

02
개찰구에서 보았을 때 출구는 어느 방향에 있는가?

① 서　　　　　② 북서　　　　③ 남서
④ 동　　　　　⑤ 북동

03
동민이가 매초 2.5m를 걸어간다면, 개찰구에서 출발하여 출구에 도착하는 데 몇 초가 걸리는가?

① 19초　　　　② 23초　　　　③ 30초
④ 32초　　　　⑤ 38초

04
남준이가 x 지점을 출발하여 동쪽으로 50m, 북쪽으로 200m, 그리고 서쪽으로 250m 이동하여 y 지점에 도착하였다. 이때 y 지점은 x 지점에서 볼 때 어느 방향에 있는가?

① 북동　　　　② 북서　　　　③ 남서
④ 남동　　　　⑤ 북

[05 ~ 06] 라희는 학교에서 동쪽으로 출발하여 20m를 걸어가다 왼쪽으로 꺾어 20m를 더 걸어 도서관에 도착하였다. 도서관에서 왼쪽으로 꺾어 50m를 걸어간 후 오른쪽으로 꺾어 골목에서 10m를 걷고 교차로에서 왼쪽으로 꺾어 10m를 더 걸은 후 집에 도착하였다. 이어지는 질문에 답하시오.

05

라희의 집에서 보았을 때 학교는 어느 방향에 있는가?

① 동   ② 남서   ③ 남동
④ 북서   ⑤ 북동

06

라희의 집은 학교에서 몇 m 떨어져 있는가? (단, 라희가 이동한 거리를 기준으로 계산한다)

① 100m   ② 110m   ③ 120m
④ 130m   ⑤ 140m

[07 ~ 08] 다음 그림은 모바일 콘텐츠 제작을 함께 하는 거래처와 로열티의 흐름을 표시한 것이다. A, B, C, K는 관련 회사, $w \sim z$는 거래처와의 로열티 비율을 나타낸다. 이어지는 질문에 답하시오.

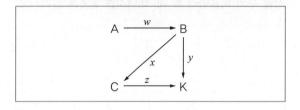

07

$w=0.8$, $x=0.4$, $y=0.6$, $z=0.9$일 때, 위 그림의 K를 옳게 나타낸 식을 모두 고르면?

(가) K＝0.9C＋0.6B
(나) K＝0.36B＋0.48B
(다) K＝0.48A＋0.288A

① (가)   ② (나)   ③ (다)
④ (가), (나)   ⑤ (가), (다)

08

K에 운반되어 온 상품의 총 수가 9,984개일 때, A에서 배송된 개수는 몇 개인가?

① 13,000개   ② 12,000개   ③ 10,000개
④ 9,300개   ⑤ 8,000개

[09 ~ 10] 어느 기업에서 신제품 시식 행사를 개최하려고 한다. 행사장에는 V, X, Y, Z 총 네 제품의 시식부스가 설치되고, 체험단은 Y 부스에서 시작해 Z 부스에 도착한다. $a \sim f$를 각각의 방향으로 이동한 사람 수의 비율이라 할 때, 이어지는 질문에 답하시오.

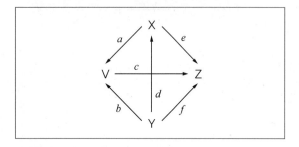

09

Z를 Y와 $a \sim f$를 이용해 바르게 나타낸 것은?

① $Z = abef Y$
② $Z = cdY + aY + bcdef Y$
③ $Z = edY + fY + acdY + bcY$
④ $Z = bdY + bY + abcdY$
⑤ $Z = abcdef g Y$

10

Y 부스를 출발한 사람이 Z 부스에 도착했을 때, X 부스를 경유한 비율은 몇 %인가? (단, $a = 0.5$, $b = 0.2$, $c = 1.0$, $d = 0.3$, $e = 0.5$, $f = 0.5$이다)

① 10%   ② 20%   ③ 30%
④ 40%   ⑤ 50%

응용수리

Mathematics

실전모의고사

1회 실전모의고사

정답과 해설 **201**쪽

[01 ~ 02] 다음 식을 계산하시오.

01

$$31.415 + 12.469 - 24.941$$

① 17.884   ② 17.953   ③ 18.874
④ 18.943   ⑤ 19.243

02

$$19.1 \times 2.9$$

① 55.39   ② 56.42   ③ 57.77
④ 58.94   ⑤ 59.19

[03 ~ 05] 다음 숫자들의 배열 규칙을 찾아 '?'에 들어갈 알맞은 숫자를 고르시오.

03

| 36 3 6 | 44 7 4 | 32 5 (?) |

① 3   ② 5   ③ 6
④ 7   ⑤ 8

04

| 1 | 6 | −7 | 18 | −23 | 38 | (?) |

① −41   ② −47   ③ −53
④ −69   ⑤ −70

05

5	27	22
4	8	14
3	1	8
7	125	(?)

① 40   ② 42   ③ 44
④ 46   ⑤ 48

06

어떤 학급에 남학생 20명, 여학생 10명이 있다. 이 학급 전체의 수학 평균은 72점이고 여학생의 수학 평균은 78점일 때 남학생의 수학 평균은 몇 점인가?

① 58점   ② 62점   ③ 65점
④ 69점   ⑤ 70점

07

상자에 사탕을 5개씩 담으면 마지막 상자에 사탕 3개가 들어가고, 6개씩 담으면 빈 상자 2개가 남을 때, 상자는 총 몇 개인가? (단, 6개씩 담을 경우 상자 2개를 제외한 모든 상자에 6개씩 담을 수 있다)

① 10개   ② 11개   ③ 12개
④ 13개   ⑤ 14개

08

○○전자의 20X0년 7월 매출액은 5,000만 원이고 8월과 9월 매출액은 직전월에 비하여 각각 10%, 20%가 증가하였다. 매출액의 구성은 현금매출 80%와 외상매출 20%이며 외상매출은 해당 달에 50%, 그 다음 달에 50%가 회수된다고 한다. ○○전자의 현금예상표상 20X0년 9월의 현금유입액은?

① 6,190만 원   ② 6,290만 원
③ 6,390만 원   ④ 6,490만 원
⑤ 6,590만 원

09

A와 B는 같은 지점에서 출발하여 동일한 방향으로 이동한다. A는 4m/s로 걸어가고, B는 A가 출발하고 10초 후 10m/s로 달려간다고 할 때, B가 이동한 거리가 A가 이동한 거리의 2배가 되는 시점에서 B가 이동한 거리는? (단, 소수점 이하는 버린다)

① 33m   ② 66m   ③ 100m
④ 200m   ⑤ 400m

10

J 그룹에서는 멘토 프로그램을 실시하고 있다. 사원 5명과 이들의 멘토가 될 과장 5명을 서로 번갈아가며 한 줄로 서게 하는 경우의 수는 몇 가지인가?

① 12,200가지   ② 14,400가지
③ 18,400가지   ④ 24,600가지
⑤ 28,800가지

11

T 회사의 사원 100명은 모두 특식과 일반식이 있는 사내식당에서 점심을 먹는데, 일반식은 2,500원이고 특식은 일반식 가격의 2배이다. 오늘 점심의 특식 매출액이 점심 총 매출액보다 4만 5천 원이 적다고 할 때, 특식의 매출액은 얼마인가? (단, 특식과 일반식 중 한 개만 선택할 수 있다)

① 380,000원   ② 410,000원
③ 480,000원   ④ 510,000원
⑤ 520,000원

12

톱니의 수가 각각 6개, 10개, 15개인 톱니바퀴 A, B, C가 어느 한 지점에서 맞물려 있다. 세 톱니바퀴가 회전하기 시작하여 다시 그 지점에서 맞물리려면 톱니바퀴 B가 최소 몇 바퀴 회전해야 하는가?

① 3바퀴   ② 4바퀴   ③ 5바퀴
④ 6바퀴   ⑤ 7바퀴

1회

실전모의고사

13

성진과 성재는 가위바위보를 하여 이긴 사람은 두 계단씩 올라가고 진 사람은 한 계단씩 올라가기로 하였다. 한참 후 성진은 31계단, 성재는 41계단 올라가 있었다면 성진과 성재가 이긴 횟수의 합은 몇 회인가? (단, 비긴 경우는 없다고 가정한다)

① 20회   ② 21회   ③ 22회
④ 23회   ⑤ 24회

14

현재 채용을 진행 중인 G 회사는 아직 합격자 수를 확정짓지 못하였다. 〈조건〉에 따를 때, G 회사 신입사원이 각 팀에 배정되는 경우의 수는 몇 가지인가?

보기

- 현재 진행 중인 채용을 통해 입사한 신입사원들은 인사팀, 총무팀, 마케팅팀에 배정된다.
- 입사하는 신입사원의 수는 3명 이상 10명 이하이다.
- 각 팀에는 적어도 1명의 신입사원이 배정된다.
- 경우의 수를 계산할 때 신입사원 간 구분은 하지 않으며, 각 팀에 배정되는 인원수만 고려한다.
---

① 120가지   ② 144가지   ③ 160가지
④ 192가지   ⑤ 210가지

15

○○공사는 56명의 직원을 대상으로 관람을 희망하는 경기종목에 대한 설문조사를 실시했다. 농구 경기를 관람하겠다고 답한 직원은 32명, 축구 경기를 관람하겠다고 답한 직원은 41명, 두 경기 모두를 관람하겠다고 답한 직원은 28명이었다. 어느 경기도 관람하지 않겠다고 답한 직원은 몇 명인가?

① 7명   ② 9명   ③ 11명
④ 13명   ⑤ 15명

16

중력가속도가 G, 질량이 M인 행성 주위를 공전하는 인공위성의 공전반지름의 길이가 r일 때, 인공위성의 공전주기 $T = k\sqrt{\dfrac{r^3}{GM}}$ (k는 상수)으로 구할 수 있다. P 행성의 중력가속도가 Q 행성의 3배이고, P 행성의 질량이 Q 행성의 5배이며, P 행성 주위를 공전하는 인공위성의 공전반지름의 길이가 Q 행성 주위를 공전하는 인공위성의 공전반지름의 길이의 $\dfrac{5}{3}$배라고 할 때, P 행성 주위를 공전하는 인공위성의 공전주기는 Q 행성 주위를 공전하는 인공위성의 공전주기의 몇 배인가?

① $\dfrac{5}{9}$배   ② $\dfrac{\sqrt{3}}{9}$배   ③ $\dfrac{\sqrt{5}}{9}$배
④ $\dfrac{2\sqrt{3}}{9}$배   ⑤ $\dfrac{\sqrt{3}}{3}$배

17

다음 표를 보고 A+B+C+D의 값을 구하면?

합계	34	34	44
36	A	C	C
32	A	D	D
44	B	A	B

① 44   ② 46   ③ 48

④ 50   ⑤ 52

18

○○공사는 매달 각 직원의 고객 만족도 점수를 산출하여 인사평가에 반영하고 있다. 100명의 고객을 대상으로 만족도를 조사하여 만족한 경우에는 3점을 주고 불만족한 경우에는 4점을 감점한다고 할 때, 고객 만족도 점수가 80점 이상이 되려면 불만족한 고객을 최대 몇 명 이하로 관리해야 하는가?

① 29명   ② 30명   ③ 31명

④ 32명   ⑤ 33명

19

전체 인원이 55명인 모임에서 남성의 $\frac{1}{6}$, 여성의 $\frac{2}{5}$ 가 스마트폰을 사용하고 있다. 스마트폰을 사용하는 사람이 전체의 $\frac{3}{11}$일 때, 이 모임을 구성하는 남성과 여성의 비는?

① 2 : 9   ② 3 : 8   ③ 5 : 6

④ 6 : 5   ⑤ 8 : 3

20

윤채원 씨는 연 10%의 복리 이자를 주는 예금에 10만 원을 예금하였다. 이자가 6개월마다 지급된다고 할 때, 1년 후 윤채원 씨가 받을 이자액은? (단, 과세는 고려하지 않는다)

① 10,000원   ② 10,250원

③ 12,500원   ④ 21,000원

⑤ 22,500원

21

김으뜸 씨는 다음과 같은 〈규정〉에 따라 급여를 지급받고 있다. 12월의 공휴일을 제외한 평일은 22일이라고 할 때, 김으뜸 씨의 12월 급여는 얼마인가?

규정

- 급여는 (근로일수)×(10만 원)으로 계산한다.
- 주말과 공휴일을 제외한 평일에만 출근하며, 휴가 등의 사유로 출근하지 않을 경우에는 해당 일수 급여의 70%만 지급된다.

김으뜸 씨는 지난 여름에 사용하지 않은 휴가를 12월에 사용하려고 한다. 휴가는 주말·공휴일과 겹치지 않게 5일을 사용할 예정이다.

① 170만 원   ② 205만 원

③ 220만 원   ④ 255만 원

⑤ 275만 원

22

다음 그림과 같이 직선 도로 위에 세 지점 A, B, C가 있다. 윤 대리는 A에서 출발하여 B를 지나 C를 향하고 있으며, 윤 대리가 B를 지날 때 홍 대리도 B에서 출발하여 두 명이 동시에 C에 도착하였다. 〈조건〉을 참고할 때 a에 해당하는 거리는?

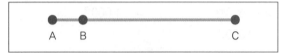

조건

- A에서 C까지의 거리는 300m이다.
- 윤 대리와 홍 대리는 같은 속도로 움직인다.
- 윤 대리가 A에서 출발하여 a만큼 이동했을 때, 홍 대리가 이동한 거리는 A에서 C까지 거리의 $\frac{1}{2}$ 이다.
- 홍 대리가 B에서 출발하여 a만큼 이동했을 때, 윤 대리가 이동한 거리는 B에서 C까지의 거리와 같다.
- a는 A에서 B까지의 거리보다 길다.

① 180m ② 190m ③ 200m
④ 210m ⑤ 220m

23

어떤 회사에서 컴퓨터를 구입하고자 한다. 컴퓨터는 A와 B 두 종류가 있으며, 예산으로는 A 24대를 사거나 B 30대를 살 수 있다. 같은 예산으로 A를 8대 구입할 때 B는 최대 몇 대를 살 수 있는가?

① 16대 ② 18대 ③ 20대
④ 22대 ⑤ 24대

24

R 기업에서는 집중 점검 기간인 5일간 모든 가맹점을 방문하여야 한다. 처음 4일간 방문한 매장의 내역이 다음과 같을 때, 마지막 날에 방문해야 할 매장 수는 전체의 약 몇 %인가? (단, 소수점 아래 첫째 자리에서 반올림한다)

- 전체 가맹점 수는 80개이다.
- 첫째 날, 전체 매장의 15%를 방문하였다.
- 둘째 날, 12개의 매장을 방문하였다.
- 셋째 날, 남은 매장의 25%를 방문하였다.
- 넷째 날, 전날 방문한 매장 수보다 50% 더 방문하였다.

① 14% ② 20% ③ 24%
④ 26% ⑤ 28%

25

어느 초등학교의 남녀 비는 원래 3 : 2였는데 여학생 몇 명이 전학을 와서 5 : 4가 되었다. 현재 총인원이 189명이라면 전학을 온 여학생은 몇 명인가?

① 7명 ② 10명 ③ 12명
④ 14명 ⑤ 16명

26

진호는 3회에 걸쳐 본 수학시험 성적표를 받았는데 받은 점수가 각각 달랐다. 2회는 1회보다 10점이 높았고 3회는 2회보다 4점이 낮았으며, 2회와 3회를 합한 점수는 162점이었다. 진호가 3회에서 받은 점수는 몇 점인가?

① 76점 ② 77점 ③ 79점
④ 81점 ⑤ 86점

27

다음은 각 지점별 매출액과 매출 비율을 나타낸 자료이다. ㉠~㉣에 들어갈 수치를 모두 더하면? (단, A~E 5개 지점 이외의 지점은 없다고 가정한다)

구분	A 지점	B 지점	C 지점	D 지점	E 지점
매출액 (만 원)	㉠	4,350	㉡	1,500	1,350
비율(%)	37	㉢	15	㉣	9

① 7,839   ② 7,841   ③ 7,853
④ 7,865   ⑤ 7,869

28

1부터 1,000까지의 숫자가 적힌 카드 1,000장이 있다. 첫 번째 주머니에는 1이 적힌 카드 1장을 넣고, 두 번째 주머니에는 2, 3이 적힌 카드 2장을 넣고, 세 번째 주머니에는 4, 5, 6이 적힌 카드 3장을 넣었다. 이와 같이 주머니에 카드를 한 장씩 늘려가며 넣을 때, 1,000이 적힌 카드가 들어있는 주머니에는 총 몇 장의 카드가 들어 있는가?

① 10장   ② 11장   ③ 12장
④ 13장   ⑤ 14장

29

높이가 3m인 물건의 겉넓이가 90m²라고 할 때, 높이가 5m인 닮은꼴 물건의 겉넓이는 몇 m²인가?

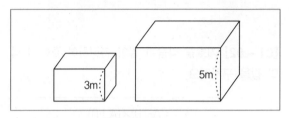

① 150m²   ② 250m²   ③ 315m²
④ 450m²   ⑤ 480m²

30

다음 그림과 같은 원뿔 모양의 그릇이 있다. 이 그릇 높이의 $\frac{1}{4}$만큼 물을 부었을 때, 수면의 넓이는 몇 cm²인가? (단, π는 3으로 계산한다)

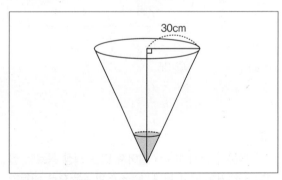

① 126.75cm²   ② 147cm²   ③ 168.75cm²
④ 192cm²   ⑤ 206.75cm²

2회 실전모의고사

정답과 해설 206쪽

[01 ~ 02] 기호를 다음과 같이 가정하여 주어진 식의 값을 구하시오.

$$A▣B=(A-B)×(A+B)$$

01

10▣7

① 50   ② 51   ③ 52
④ 53   ⑤ 54

02

$-2▣-6$

① -33 ② -32 ③ 32
④ 33   ⑤ 35

03

정 사원은 집에서 10km 떨어져 있는 직장 동료의 집까지 자전거를 타고 평균 20km/h의 속력으로 이동한 후 직장 동료의 집에서 10km 떨어져 있는 직장까지 자동차를 타고 평균 60km/h의 속력으로 출근한다. 정 사원이 출근할 때의 평균 속력은?

① 25km/h   ② 30km/h   ③ 35km/h
④ 40km/h   ⑤ 45km/h

04

어느 공장에서 생산한 제품 1,200개를 대상으로 불량 여부 검사를 하고 있다. 다음 〈조건〉을 바탕으로 할 때 1,200개 제품에 대한 불량률은?

> **조건**
> • 현재 미검수율은 45%이다.
> • 검사가 끝난 제품 중 20개는 불량 제품이다.
> • 검사를 하지 않은 제품 중 500개는 정상 제품이다.

① 3%   ② 5%   ③ 7%
④ 9%   ⑤ 11%

05

박 사원은 워크숍에 사용할 버스를 렌트했다. 버스 렌트 내역이 다음과 같을 때 렌트한 45인승 버스는 몇 대인가?

> • 워크숍 참석 인원은 모두 268명이다.
> • 버스는 45인승과 25인승을 대절하였다.
> • 각 버스에는 운전기사를 제외하고 사원들이 44명, 24명씩 탑승하였다.
> • 버스를 대절하는 데 45인승 버스는 한 대에 45만 원, 25인승 버스는 한 대에 30만 원이었고 모두 285만 원을 지불하였다.

① 2대   ② 3대   ③ 4대
④ 5대   ⑤ 6대

06

6명의 사원이 4인승 승용차를 타고 이동하려고 한다. 2대의 승용차가 동일한 차종이라면 사원들이 나누어 탈 수 있는 경우의 수는 몇 가지인가? (단, 좌석배치는 고려하지 않는다)

① 25가지   ② 26가지   ③ 27가지
④ 28가지   ⑤ 29가지

07

한 변의 길이가 12cm인 정사각형 ABCD가 있다. 여기에 점 B가 중심이고 점 A와 점 C를 지나는 부채꼴과 점 C가 중심이고 점 B와 점 D를 지나는 부채꼴을 그렸을 때, 호 AC와 호 BD가 만나는 점을 점 E라고 한다. 이때 색칠된 부분의 넓이는?

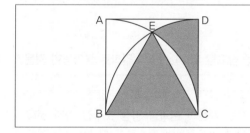

① $(72\sqrt{3}-12\pi)$cm²   ② $(72\sqrt{3}-13\pi)$cm²
③ $(72\sqrt{3}-14\pi)$cm²   ④ $(72\sqrt{3}-15\pi)$cm²
⑤ $(72\sqrt{3}-16\pi)$cm²

08

어떤 일을 끝내는 데 다솜이가 혼자 하면 6시간, 은영이가 혼자 하면 4시간이 걸린다. 다솜이와 은영이가 같이 일을 한다면 끝내는 데 걸리는 시간은?

① 2시간 12분   ② 2시간 24분
③ 2시간 36분   ④ 2시간 48분
⑤ 3시간

09

작년 수입은 4,000만 원이고 소득공제는 수입의 5%였다. 올해 수입은 작년과 같으며 소득공제는 수입의 10%로 늘어났다. 작년 대비 올해의 납부세액 감소 금액은? (단, 다음은 단순누진세율이 적용되는 것이며 다른 공제액은 변동이 없다)

〈과세표준 및 소득세율〉

과세표준	세율
1,200만 원 이하	6%
1,200만 원 초과~ 4,600만 원 이하	72만 원+(1,200만 원 초과금액의 15%)

※ 작년과 올해의 과세표준별 세율은 동일함.

① 10만 원   ② 20만 원   ③ 30만 원
④ 40만 원   ⑤ 50만 원

10

대기 중에서는 상공으로 갈수록 기압이 낮아지므로 온도가 하강한다. 기온이 하강하는 비율을 기온 감률이라 하는데, 산을 오를 때 점점 시원해지는 것도 이 때문이다. 다음 제시된 체감온도 계산법에 따랐을 때 해발 고도 1,600m 지점에서 5m/s의 바람이 불고 있을 때의 체감온도는 몇 ℃인가? (단, 해발 고도 0m 지점의 기온은 5℃이다)

체감온도=해발 고도 0m 지점의 기온−(해발 고도 ×기온 감률)−(1.6×바람의 초속)

※ 기온 감률은 0.7℃/100m라 가정한다.

① −14.0℃   ② −14.2℃   ③ −14.4℃
④ −14.6℃   ⑤ −14.8℃

11

6,600m 떨어져 있는 A와 B는 서로를 향해 가고 있다. A는 4km/h, B는 7km/h의 속력으로 가고, 두 사람이 출발함과 동시에 B의 머리 위에 있던 까마귀가 42km/h의 속력으로 날기 시작했다. 까마귀는 A를 향해 날아가다가 A를 만나면 B에게 돌아오고, B를 만나면 다시 A에게 가는 식으로 A와 B 사이를 날고 있다. A와 B가 만날 때까지 까마귀가 이동한 거리는 총 몇 km인가?

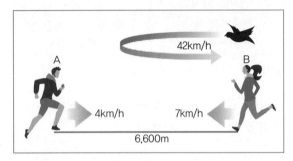

① 25km   ② 25.2km   ③ 25.4km
④ 25.6km   ⑤ 25.8km

12

A 회사의 연구직은 30명, 생산직은 50명이다. 연구직 직원 중 40%는 여성이고, 남성 중 60%는 생산직이라고 할 때, 연구직 남성 직원 수와 생산직 여성 직원 수의 합은?

① 39명   ② 40명   ③ 41명
④ 42명   ⑤ 43명

13

N 은행 사옥의 주차장에는 다음과 같은 주차요금 규정이 마련되어 있다. A, B 두 명의 주차요금이 다음과 같을 때, 주차 기본요금은?

- A와 B의 주차시간과 총 주차요금은 각각 3시간 /26,000원과 1시간 30분/10,000원이다.
- 최초 1시간까지는 정해진 기본요금만 지불한다.
- 주차요금은 주차시간 2시간(최초 1시간 포함)까지는 15분당 일정 금액, 2시간 이후는 15분당 일정 금액의 1.5배이다.

① 5,000원   ② 5,500원   ③ 6,000원
④ 6,500원   ⑤ 7,000원

14

〈조건〉을 참고할 때, $4a + b$의 결과로 불가능한 것은?

조건

- P와 Q는 계산의 결과를 항상 소수점 아래 첫째 자리에서 반올림하여 정수로 나타내는 계산기를 가지고 있다.
- P가 b를 소수점 아래 첫째 자리에서 반올림한 값에서 a를 소수점 아래 첫째 자리에서 반올림한 값을 뺐더니 3이 나왔다.
- Q가 계산기에 $a + 3$을 입력하였더니 5, $5 - b$를 입력하였더니 1이 나왔다.

① 10   ② 11   ③ 12
④ 13   ⑤ 14

15

창고를 정리하는 데 영수가 혼자서 하면 4일이 걸리고, 영희가 혼자서 하면 12일이 걸린다. 만약 둘이 같이 창고를 정리한다면 소요되는 시간은?

① 1일 　② 2일 　③ 3일
④ 4일 　⑤ 5일

16

꽃집을 운영하는 동윤이는 장미, 국화, 튤립 세 종류의 꽃으로 꽃다발을 만들었다. 〈조건〉을 참고할 때, 다음 중 옳지 않은 것은?

조건

• 국화로만 만든 꽃다발의 수는 튤립으로만 만든 꽃다발 수의 두 배이다.
• 장미로만 만든 꽃다발의 수는 국화로만 만든 꽃다발 수보다 한 개 더 많다.
• 장미로만 만든 꽃다발의 수와 국화와 튤립만 섞어서 만든 꽃다발의 수는 같다.
• 튤립으로만 만든 꽃다발의 수는 장미와 튤립만 섞어서 만든 꽃다발의 수보다 한 개 더 적다.
• 장미, 국화, 튤립을 모두 섞어서 만든 꽃다발의 수는 장미와 국화만 섞어서 만든 꽃다발의 수보다 한 개 더 많다.
• 튤립으로만 만든 꽃다발은 2개이고, 튤립이 하나도 없는 꽃다발은 18개이다.

① 동윤이는 총 38개의 꽃다발을 만들었다.
② 장미만으로 만든 꽃다발은 5개이다.
③ 국화만으로 만든 꽃다발은 4개이다.
④ 두 종류의 꽃으로만 만들어진 꽃다발은 17개이다.
⑤ 장미, 국화, 튤립을 모두 섞어서 만든 꽃다발은 8개이다.

17

현수막을 생산하는 ○○기업은 10대의 현수막 제작 기계를 가지고 있다. 5대는 구입한 지 채 3년이 안 된 A 기계이고, 나머지 5대는 구입한 지 5년이 된 B 기계이다. A 기계 3대와 B 기계 2대를 사용하여 1시간에 300개의 현수막을 만들 수 있고, A 기계 2대와 B 기계 3대를 사용하여 1시간에 250개의 현수막을 만들 수 있었다. 그렇다면 A 기계 1대를 1시간 사용할 경우 생산할 수 있는 현수막의 개수는?

① 80개 　② 85개 　③ 90개
④ 95개 　⑤ 100개

18

물속에서 A 금속은 원래 무게의 $\frac{4}{5}$만큼, B 금속은 원래 무게의 $\frac{2}{3}$만큼 나간다고 한다. A와 B의 합금 58g의 물속에서 무게가 42g일 때, 이 합금에는 A 금속이 몇 g 들어 있는가?

① 18g 　② 20g 　③ 23g
④ 25g 　⑤ 28g

19

H사가 보유한 A, B 두 기계 중 A의 불량률은 1.2%, B의 불량률은 0.8%이다. A가 1,500개, B가 750개의 제품을 생산했을 때, H사 생산품 전체의 불량률은? (단, 소수점 아래 셋째 자리에서 반올림한다)

① 1.02% 　② 1.04% 　③ 1.07%
④ 1.10% 　⑤ 1.14%

20

A 전공 졸업생의 전공 평균 성적은 87점, 표준편차는 10점이고, 토익 점수 평균은 700점, 표준편차는 20점이라고 한다. A 전공 졸업생인 재현의 전공 평균 성적과 토익 점수가 각각 90점, 800점이라고 할 때, 다음 중 옳지 않은 것은?

① Z-값은 표본평균에서 재현의 점수를 차감하고 표본표준편차로 나누어 계산한다.

② 재현의 전공 점수의 Z-값은 0.3이다.

③ 재현의 토익 점수의 Z-값은 5이다.

④ 재현의 토익 성적이 전공 성적보다 상대적으로 우수하다고 할 수 있다.

⑤ Z-값을 통하여 표준화하여 전공과 토익의 점수를 비교할 수 있다.

21

A 기업에 갓 입사한 윤제는 회사 정문으로부터 7km 거리에 있는 후문까지 이동하는 데 1시간 30분이 걸렸다. 만약 처음에 시속 4km로 걷다가 중간에 시속 6km로 속력을 높였다면 시속 6km로 이동한 시간은 얼마인가? (단, 속력을 변경하는 데 걸리는 시간은 없다)

① 20분   ② 30분   ③ 40분
④ 50분   ⑤ 60분

22

아들의 나이는 11세, 아버지의 나이는 39세이다. 아버지의 나이가 아들 나이의 3배가 되는 것은 몇 년 후인가?

① 1년 후   ② 2년 후   ③ 3년 후
④ 4년 후   ⑤ 5년 후

23

물이 가득 찬 컵에서 매일 담긴 물 양의 10%가 증발한다고 한다. 물의 양이 현재의 절반 이하가 되는 때는 지금으로부터 며칠 후부터인가? (단, $\log 2 = 0.301$, $\log 3 = 0.477$로 계산한다)

① 5일 후   ② 6일 후   ③ 7일 후
④ 8일 후   ⑤ 9일 후

24

용적률이란 대지면적에 대한 연면적의 비율, 즉 용적률(%) $= \dfrac{\text{연면적}}{\text{대지면적}} \times 100$이다. 건물 M과 건물 N의 연면적과 대지면적이 다음 표와 같고 두 건물 모두 용적률이 120%라고 할 때, a의 값은?

(단위 : m^2)

구분	연면적	대지면적
건물 M	a	b
건물 N	$300 - a$	$b + 70$

① 105m^2 ② 108m^2 ③ 112m^2
④ 115m^2 ⑤ 120m^2

25

가로의 길이가 315cm, 세로의 길이가 180cm인 벽에 같은 크기의 정사각형 모양 타일을 붙이려고 한다. 타일의 개수를 최소로 한다면, 몇 개의 타일이 필요한가?

① 11개 ② 28개 ③ 45개
④ 60개 ⑤ 72개

26

다혜와 지영이는 268m 길이의 거리에 전단지를 붙이고 있다. 다혜는 9m마다, 지영이는 12m마다 전단지를 한 장씩 붙인다고 할 때, 전단지 두 장이 모두 붙어 있는 곳은 총 몇 곳인가? (단, 거리의 시작점부터 전단지를 붙인다)

① 7곳 ② 8곳 ③ 9곳
④ 10곳 ⑤ 11곳

27

○○공사에서는 코로나19 예방을 위하여 보유하고 있는 마스크 만 장을 전직원 480명에게 매일 한 장씩 나누어 주기로 하였다. 4월 2일부터 마스크를 나눠주고, 이로부터 12일 후에 신입직원 50명이 입사할 예정일 때, 보유한 마스크를 모두 소진하는 날짜는 언제인가? (단, 주말과 공휴일에도 마스크를 나누어 준다고 가정한다)

① 4월 20일 ② 4월 21일
③ 4월 22일 ④ 4월 23일
⑤ 4월 24일

28

연우의 통장에는 3,700만 원, 하영이의 통장에는 5,200만 원이 들어 있다. 연우는 매달 230만 원씩, 하영이는 매달 190만 원씩 저축을 한다면 연우의 통장에 들어 있는 액수가 하영이의 통장에 들어 있는 액수보다 커지는 것은 얼마 후부터인가?

① 3년 후 ② 3년 1개월 후
③ 3년 2개월 후 ④ 3년 3개월 후
⑤ 3년 4개월 후

29

A 기차는 690m 길이의 터널을 완전히 통과하는 데 46초가 걸리고, 115m 길이의 터널을 완전히 통과하는 데 23초가 걸린다. A 기차의 속력은 몇 m/s인가?

① 22m/s ② 23m/s ③ 24m/s
④ 25m/s ⑤ 26m/s

30

농도가 12%인 소금물 350g을 가지고 다음 과정을 거쳤더니 8%의 소금물이 만들어졌다. A의 값으로 적절한 것은?

(과정 1) 소금물 Ag을 따라 버린다.
(과정 2) 물 $3A$g을 넣고 섞는다.
(과정 3) 농도가 4.5%인 소금물 200g을 넣고 섞는다.

① 23 ② 25 ③ 27
④ 30 ⑤ 32

3회 실전모의고사

정답과 해설 **211**쪽

[01 ~ 02] □ 안에 들어갈 수로 알맞은 것을 고르시오.

01

$$□ \times 7 - 1 = 48$$

① 5   ② 7   ③ 9

④ 11   ⑤ 13

02

$$\frac{1}{2} + \frac{3}{8} = □ + \frac{1}{8}$$

① 0.45   ② 0.55   ③ 0.65

④ 0.75   ⑤ 0.85

[03 ~ 04] 다음 문자들의 배열 규칙을 찾아 '?'에 들어갈 알맞은 문자를 고르시오.

03

| ㅁ | ㅇ | ㅊ | ㅍ | ㄱ | (?) |

① ㄴ   ② ㄷ   ③ ㄹ

④ ㅁ   ⑤ ㅂ

04

| R | P | T | N | V | L | X | (?) |

① F   ② J   ③ L

④ N   ⑤ K

05

어떤 물건을 3명, 5명, 6명에게 동등하게 나누어도 2개씩 남는다면 이 물건의 최소 개수는 몇 개인가?

① 30개   ② 32개   ③ 34개

④ 36개   ⑤ 38개

06

○○회사의 영업부 직원인 K 씨는 A 대리점에 다녀왔다. 차를 타고 A 대리점에 갈 때는 시속 70km로 가고, 다시 회사로 돌아올 때는 시속 80km로 달렸다. 왕복하는데 총 1시간 30분이 걸렸다면 A 대리점까지의 거리는 몇 km인가?

① 50km   ② 53km   ③ 56km

④ 62km   ⑤ 65km

07

A는 동우회 회원들과 함께 프로야구 경기를 관람하러 야구경기장을 찾았다. A가 응원하는 팀이 이길 확률은 비가 올 경우 $\frac{2}{5}$, 비가 오지 않을 경우 $\frac{2}{3}$라고 할 때, A가 응원하는 팀이 이길 확률은? (단, 야구장은 돔구장으로 비가 내려도 경기를 치를 수 있으며 비가 올 확률은 $\frac{1}{4}$이다)

① $\frac{3}{5}$ ② $\frac{1}{3}$ ③ $\frac{3}{4}$

④ $\frac{1}{10}$ ⑤ $\frac{7}{10}$

08

E 매장에서는 원가가 4,000원인 화장품에 25%의 이윤을 추가한 금액을 정가로 정하여 판매하다가 연말 이벤트로 400원의 이익만 남기고 소비자에게 판매하였다. 정가의 몇 %를 할인한 것인가?

① 6%   ② 8%   ③ 10%

④ 12%   ⑤ 14%

09

○○기업 홍 대리는 계약직 직원의 무기계약직 전환 채용을 담당하고 있다. 채용 기준은 근무평점, 필기시험, 면접을 각각 100점 만점으로 하여 순서대로 40%, 40%, 20%의 가중치를 부여하고, 가중치를 포함한 세 점수의 합으로 직원의 최종 점수를 매긴다. 계약직 직원 A 씨의 근무평점이 95점, 필기시험이 86점이며, 최종 점수가 367.40점일 경우 A 씨의 면접 점수는?

① 58.4점   ② 88.5점   ③ 90.4점
④ 95점   ⑤ 97점

10

다음 그림과 같이 반지름이 6cm인 원에 지름이 6cm인 반원 두 개가 겹쳐져 있다. 색칠된 부분의 넓이는?

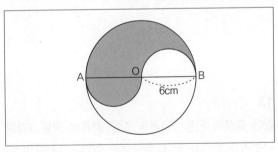

① 16πcm²   ② 17πcm²   ③ 18πcm²
④ 20πcm²   ⑤ 21πcm²

3회

실전모의고사

11

8% 소금물 600g에 15% 소금물 300g을 섞어 12%의 소금물을 만들려고 한다. 몇 g의 물을 증발시켜야 하는가?

① 120g   ② 125g   ③ 130g
④ 135g   ⑤ 140g

12

A 도시의 와인과 B 도시의 와인 20병이 15점 만점으로 평가되는 평가를 받았다. 전체 평균은 11.5점이며, A 도시 와인의 평균 점수는 10점, B 도시 와인의 평균 점수는 13점일 때, B 도시의 와인은 몇 병인가?

① 9병   ② 10병   ③ 11병
④ 12병   ⑤ 13병

13

같은 종류의 연필 7자루를 같은 종류의 필통 3개에 나누어 담으려고 한다. 필통에는 적어도 1자루의 연필을 넣어야 한다고 할 때, 필통에 연필을 넣는 경우의 수는 몇 가지인가?

① 4가지   ② 12가지   ③ 24가지
④ 35가지   ⑤ 40가지

14

환율 변동에 따라 어떤 제품을 한 개에 320원일 때 사고, 250원일 때 팔았다. 제품을 68% 사용하고 남은 제품을 팔았다고 할 때, 팔아서 얻은 금액은 처음 제품을 사기 위해 지불한 금액의 몇 %인가?

① 25%   ② 35%   ③ 45%
④ 55%   ⑤ 65%

15

7월 기준 클라이밍 파크에서 1달 정기 이용권을 구매한 수강생은 35명, 클라이밍 10회 이용권을 구매한 수강생은 55명, 1달 강습권을 구매한 수강생은 40명이다. 이용권 및 강습권 요금에 관한 정보가 다음과 같을 때, 클라이밍 파크의 7월 매출액은 얼마인가? (단, 클라이밍 파크에서 기타 이용권이나 강습권은 판매하고 있지 않다)

> • 클라이밍 10회 이용권과 1달 강습권의 요금 합은 460,000원이다.
> • 1달 정기 이용권과 1달 강습권의 요금 합은 300,000원이다.
> • 클라이밍 10회 이용권과 1달 정기 이용권의 요금 합은 400,000원이다.

① 2,180만 원   ② 2,360만 원
③ 2,420만 원   ④ 2,680만 원
⑤ 2,840만 원

16

다음과 같이 구분된 구역에 색을 칠하고자 한다. 인접한 구역은 서로 같은 색으로 칠할 수 없으며 모든 구역을 색칠하는 데 최소 종류의 색을 이용한다고 할 때, 그림을 색칠하는 방법은 몇 가지인가?

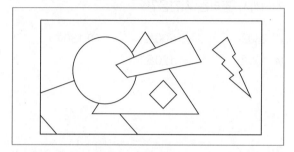

① 120가지　　② 288가지　　③ 432가지
④ 648가지　　⑤ 720가지

17

○○공사는 최근 직원 100명을 대상으로 직무이해도 평가를 실시하였다. 평가는 총 3문제로 구성되어 있고, 그 배점은 1번이 2점, 2번이 3점, 3번이 5점이었다. 직원들이 받은 평가 점수의 총 합계가 596점일 때, A와 B에 들어갈 수치의 차이는 몇 명인가?

〈직무이해도 평가 점수〉

총점	0점	2점	3점	5점	7점	8점	10점
직원 수	?	8명	12명	18명	?	20명	14명

〈문항별 정답을 맞힌 직원 수〉

구분	1번	2번	3번
직원 수	A	54명	B

① 12명　　② 14명　　③ 16명
④ 18명　　⑤ 20명

18

어느 박물관의 성인 입장료는 8,000원, 어린이 입장료는 성인 입장료에서 20% 할인된 금액이다. 성인과 어린이로 구성된 50명이 박물관을 방문하여 입장료로 총 371,200원을 지불했을 때, 성인은 어린이보다 몇 명이 더 많은가?

① 14명　　② 20명　　③ 26명
④ 32명　　⑤ 35명

19

A 기업에서는 얼마 전 승진 평가 시험이 있었다. 80명의 응시자 중에서 70%의 인원이 1차 시험을 통과하였고 그중 $\frac{3}{4}$의 인원이 2차 시험을 통과하였다. 마지막 3차 시험에서 18명을 제외한 인원이 최종 승진에 합격했다면, 승진한 사람은 처음 80명 중 몇 %인가? (단, 시험을 통과한 인원은 모두 다음 시험에 응시하였다)

① 10%　　② 20%　　③ 30%
④ 40%　　⑤ 45%

20

십의 자리 숫자가 3인 두 자리 자연수가 있다. 십의 자리 숫자와 일의 자리 숫자를 서로 바꾸면 처음 수보다 27이 커진다고 할 때, 처음 수를 구하면?

① 31　　② 32　　③ 34
④ 35　　⑤ 36

3회

실전모의고사

21

A가 오후 1시에 출발하여 거래처로 이동하는 데 예상보다 20% 시간이 단축되어서 오후 2시에 도착하였다. 처음 도착 예상 시간은 몇 시인가?

① 2시 15분   ② 2시 20분
③ 2시 25분   ④ 2시 30분
⑤ 2시 35분

22

김 대리는 이번 연봉 협상을 통해 작년보다 30% 인상된 금액의 연봉을 받게 되었다. 이 금액은 올해 신입사원 연봉의 2배라고 할 때 작년 김 대리의 연봉은 올해 신입사원 연봉의 약 몇 배인가?

① 1.52배   ② 1.54배   ③ 1.7배
④ 1.84배   ⑤ 1.86배

23

지수는 3회에 걸쳐서 토익시험을 보았는데 2회는 1회보다 A점이 높았으며, 3회는 2회보다 B점이 낮았다. 또한 1회와 3회를 합한 점수는 $7(A+B)$점이었다. 지수가 3회에서 받은 점수는 몇 점인가?

① $(4A+3B)$점   ② $(3A+3B)$점
③ $(4A+4B)$점   ④ $(3A+4B)$점
⑤ $(4A+5B)$점

24

회사 앞 교차로에는 두 신호등 A, B가 있다. 신호등 A는 30초 동안 켜져 있다가 10초 동안 꺼지고, 신호등 B는 20초 동안 켜져 있다가 5초 동안 꺼진다. 두 신호등이 동시에 켜진 다음 처음으로 다시 동시에 켜지기까지 걸리는 시간은?

① 240초   ② 200초   ③ 180초
④ 160초   ⑤ 120초

25

사람들에게 사탕을 나눠주던 수영이는 15명에게 3개씩 나눠주면 나머지 사람들이 4개씩 받아도 사탕이 남고, 10명에게 5개씩 나눠주면 나머지 사람들이 3개씩 받아도 사탕이 모자란다는 것을 알았다. 사탕의 개수가 총 103개라면 사람들은 최대 몇 명이 있는가?

① 27명   ② 28명   ③ 29명
④ 30명   ⑤ 31명

26

어느 건물의 물탱크를 가득 채우는 데 A 호스를 이용하면 10분, B 호스를 이용하면 15분, C 호스를 이용하면 9분이 걸린다. 세 호스를 동시에 사용할 때, 물탱크를 가득 채우는 데 걸리는 시간은?

① 2분 45초   ② 3분 12초
③ 3분 36초   ④ 4분 10초
⑤ 4분 25초

27

다음은 ○○신용평가기관의 투자등급 변화 확률 자료이다. 20X1년에 [B⁻]등급인 투자자가 20X3년에 [B⁻]등급 이상이 될 확률은? (단, 투자등급 변화 확률은 매년 동일하다)

〈투자등급 변화 확률〉

t년 \ t+1년	A⁺	A⁻	B⁺	B⁻	C
A⁺	0.3	0.2	0.2	0.2	0.1
A⁻	0.2	0.3	0.3	0.1	0.1
B⁺	0.1	0.2	0.3	0.2	0.2
B⁻	0.05	0.1	0.4	0.25	0.2
C	0.0	0.05	0.1	0.15	0.7

① 0.620   ② 0.655   ③ 0.715
④ 0.730   ⑤ 0.860

28

숫자 1부터 150까지 쓰여 있는 공 150개와 1부터 7까지 쓰여 있는 상자 7개가 있다. 이 공을 1부터 순서대로 하나씩 상자에 넣으려고 한다. 상자에 넣는 방식은 〈보기〉와 같을 때, 148이 쓰여진 공이 들어가는 상자 번호는?

> **보기**
>
> 상자 번호대로 1-2-3-4-5-6-7-6-5-4-3-2-1-2-3 ⋯ 순서로 넣는다

① 2번   ② 3번   ③ 4번
④ 5번   ⑤ 6번

29

둘레가 7km인 호수의 한 지점에서 남자와 여자가 반대 방향으로 걷기 시작했다. 남자는 6km/h, 여자는 4km/h로 걷는다면 두 사람은 몇 분 후에 만나는가?

① 40분 후   ② 41분 후   ③ 42분 후
④ 43분 후   ⑤ 44분 후

30

$f(x)=\dfrac{1}{x+1}$ 이라 할 때, 다음 식을 계산한 값은?

$$f\left(\frac{1}{10}\right)+f\left(\frac{1}{9}\right)+\cdots+f\left(\frac{1}{1}\right)+f(0)+f(1)+\cdots+f(9)+f(10)$$

① 21   ② 20   ③ 15
④ 11   ⑤ 10

3회 실전모의고사

비전공 '경알못'을 위한

공기업 전공필기 경영학

공기업부터 금융권까지

빈출테마 149와 최신기출

- NCS 전공시험 -

직무수행능력평가

응용수리 만점

1회 실전모의고사

감독관 확인란

성명표기란

수험번호

문번	답란
1	① ② ③ ④ ⑤
2	① ② ③ ④ ⑤
3	① ② ③ ④ ⑤
4	① ② ③ ④ ⑤
5	① ② ③ ④ ⑤
6	① ② ③ ④ ⑤
7	① ② ③ ④ ⑤
8	① ② ③ ④ ⑤
9	① ② ③ ④ ⑤
10	① ② ③ ④ ⑤
11	① ② ③ ④ ⑤
12	① ② ③ ④ ⑤
13	① ② ③ ④ ⑤
14	① ② ③ ④ ⑤
15	① ② ③ ④ ⑤

문번	답란
16	① ② ③ ④ ⑤
17	① ② ③ ④ ⑤
18	① ② ③ ④ ⑤
19	① ② ③ ④ ⑤
20	① ② ③ ④ ⑤
21	① ② ③ ④ ⑤
22	① ② ③ ④ ⑤
23	① ② ③ ④ ⑤
24	① ② ③ ④ ⑤
25	① ② ③ ④ ⑤
26	① ② ③ ④ ⑤
27	① ② ③ ④ ⑤
28	① ② ③ ④ ⑤
29	① ② ③ ④ ⑤
30	① ② ③ ④ ⑤

gosinet (주)고시넷

응용수리 만점

2회 실전모의고사

감독관
확인란

성명표기란

수험번호

(주민등록 앞자리 생년제외) 월일

수험생 유의사항

※ 답안은 반드시 컴퓨터용 사인펜으로 보기와 같이 바르게 표기해야 합니다.
〈보기〉 ① ② ③ ❹ ⑤

※ 성명표기란 위 칸에는 성명을 한글로 쓰고 아래 칸에는 성명을 정확하게 표기하십시오. (단 이름은

※ 쪽 칸부터 성과 이름은 붙여 씁니다.

※ 수험번호/월일 위 칸에는 아라비아 숫자로 숫자와 일치하게 표기하십시오.

※ 월일은 반드시 본인 주민등록번호의 생년을 제외한 월 두 자리, 일 두 자리를 표기하십시오.
(예) 1994년 1월 12일 → 0112

문번	답란				
1	①	②	③	④	⑤
2	①	②	③	④	⑤
3	①	②	③	④	⑤
4	①	②	③	④	⑤
5	①	②	③	④	⑤
6	①	②	③	④	⑤
7	①	②	③	④	⑤
8	①	②	③	④	⑤
9	①	②	③	④	⑤
10	①	②	③	④	⑤
11	①	②	③	④	⑤
12	①	②	③	④	⑤
13	①	②	③	④	⑤
14	①	②	③	④	⑤
15	①	②	③	④	⑤

문번	답란				
16	①	②	③	④	⑤
17	①	②	③	④	⑤
18	①	②	③	④	⑤
19	①	②	③	④	⑤
20	①	②	③	④	⑤
21	①	②	③	④	⑤
22	①	②	③	④	⑤
23	①	②	③	④	⑤
24	①	②	③	④	⑤
25	①	②	③	④	⑤
26	①	②	③	④	⑤
27	①	②	③	④	⑤
28	①	②	③	④	⑤
29	①	②	③	④	⑤
30	①	②	③	④	⑤

응용수리 만점

3회 실전모의고사

감독관 확인란

성명표기란

수험번호

(주민등록 앞자리 생년제외) 월일

문번	답란					문번	답란				
1	①	②	③	④	⑤	16	①	②	③	④	⑤
2	①	②	③	④	⑤	17	①	②	③	④	⑤
3	①	②	③	④	⑤	18	①	②	③	④	⑤
4	①	②	③	④	⑤	19	①	②	③	④	⑤
5	①	②	③	④	⑤	20	①	②	③	④	⑤
6	①	②	③	④	⑤	21	①	②	③	④	⑤
7	①	②	③	④	⑤	22	①	②	③	④	⑤
8	①	②	③	④	⑤	23	①	②	③	④	⑤
9	①	②	③	④	⑤	24	①	②	③	④	⑤
10	①	②	③	④	⑤	25	①	②	③	④	⑤
11	①	②	③	④	⑤	26	①	②	③	④	⑤
12	①	②	③	④	⑤	27	①	②	③	④	⑤
13	①	②	③	④	⑤	28	①	②	③	④	⑤
14	①	②	③	④	⑤	29	①	②	③	④	⑤
15	①	②	③	④	⑤	30	①	②	③	④	⑤

잘라서 활용하세요.

응용수리 만점

실전모의고사_연습용

수험번호

성명표기란

주민등록 앞자리 생년월일) 월일

수험생 유의사항

※ 답안은 반드시 컴퓨터용 사인펜으로 보기와 같이 바르게 표기해야 합니다.
 〈보기〉 ① ② ③ ❹ ⑤

※ 성명표기란 위 칸에는 성명을 한글로 쓰고 아래 칸에는 성명을 정확하게 표기하십시오. (펜 한 쪽 칸부터 성과 이름은 붙여 씁니다)

※ 수험번호/월일 위 칸에는 아라비아 숫자로 쓰고 아래 칸에는 숫자와 일치하게 표기하십시오.

※ 월일은 반드시 본인 주민등록번호의 생년을 제외한 월 두 자리, 일 두 자리를 표기하십시오.
 (예) 1994년 1월 12일 → 0112

문번	답란					문번	답란					문번	답란				
1	①	②	③	④	⑤	6	①	②	③	④	⑤	11	①	②	③	④	⑤
2	①	②	③	④	⑤	7	①	②	③	④	⑤	12	①	②	③	④	⑤
3	①	②	③	④	⑤	8	①	②	③	④	⑤	13	①	②	③	④	⑤
4	①	②	③	④	⑤	9	①	②	③	④	⑤	14	①	②	③	④	⑤
5	①	②	③	④	⑤	10	①	②	③	④	⑤	15	①	②	③	④	⑤
16	①	②	③	④	⑤	21	①	②	③	④	⑤	26	①	②	③	④	⑤
17	①	②	③	④	⑤	22	①	②	③	④	⑤	27	①	②	③	④	⑤
18	①	②	③	④	⑤	23	①	②	③	④	⑤	28	①	②	③	④	⑤
19	①	②	③	④	⑤	24	①	②	③	④	⑤	29	①	②	③	④	⑤
20	①	②	③	④	⑤	25	①	②	③	④	⑤	30	①	②	③	④	⑤

gosi*net*
(주)고시넷

고용보건복지_NCS

SOC_NCS

금융_NCS

저마다의 일생에는,

특히 그 일생이 동터 오르는 여명기에는

모든 것을 결정짓는 한 순간이 있다.

그 순간을 다시 찾아내는 것은 어렵다.

그것은 다른 수많은 순간들의 퇴적 속에

깊이 묻혀있다.

– 장 그르니에, 섬 LES ILES

고시넷

응용수리
만점 위드
류준상

기초에서 **완성**까지
모든 **유형** **단기**공략 경이로운 **빠른풀이**

- 응용수리 23개 유형 기초이론에서 고난도 문제까지
- 핵심체크와 예제문제 → 유형공략문제 → 심화문제 → 실전모의고사

 류준상교수의 **실전비법 강의**

정답과 해설

(주)고시넷

독학 &
인강

고시넷

응용수리

만점 위드 류준상

기초에서 완성까지
모든 유형 단기공략 경이로운 빠른풀이

■ 응용수리 23개 유형 기초이론에서 고난도 문제까지
■ 핵심체크와 예제문제 → 유형공략문제 → 심화문제 → 실전모의고사

동영상 강의

류준상교수의 실전비법 강의

정답과 해설

gosinet
(주)고시넷

테마 1 사칙연산

유형 1 단순계산 공략

문제 26쪽

01	④	02	③	03	④	04	③	05	①
06	④	07	①	08	③	09	②	10	②
11		12	⑤	13	②	14	②	15	②
16	⑤		③	18	③	19	②	20	①
21	③	22	②	23	⑤	24	②	25	①
26	④	27	⑤	28	④	29	②	30	③

01

| 정답 | ④

| 해설 | $4,835 + 2,156 \rightarrow 5,000 + 2,000 = 7,000$
따라서 가까운 답인 ④를 선택한다.

02

| 정답 | ③

| 해설 | $631 - 154 \rightarrow 630 - 150 = 480$
따라서 가까운 답인 ③을 선택한다.

03

| 정답 | ④

| 해설 | 정답은 소수점 아래 셋째 자리까지 있는 수이며, 소수점 아래 셋째 자리 숫자는 4여야 하므로 답은 ④이다.

04

| 정답 | ③

| 해설 | $152 \times 115 = (150 + 2) \times (110 + 5)$
$= 16,500 + 750 + 220 + 10 = 17,480$

05

| 정답 | ①

| 해설 | $84 \div 8 \times 2.24 = 10.5 \times 2.24 = 23.52$

06

| 정답 | ④

| 해설 | $0.07 \times 0.035 = 0.00245$

07

| 정답 | ①

| 해설 | $79 + 14 \times 23 - 95 = 79 + 322 - 95 = 306$

08

| 정답 | ③

| 해설 | $45 \times 56 = (50 - 5)(50 + 6)$
$= 2,500 + 300 - 250 - 30 = 2,520$

09

| 정답 | ②

| 해설 | $5.5 + 35 \times 35 = 5.5 + 1,225 = 1,230.5$

10

| 정답 | ②

| 해설 | 일의 자리에서 내려 0으로 떨어지는 숫자로 만든 다음 다시 양쪽의 수치에서 0을 1개씩 버려 자릿수를 줄인 뒤 계산한다. 계산한 뒤 버린 0을 다시 되돌려야 하지만, 나눗셈의 경우에서는 다시 되돌리지 않는다.
$684 \div 20 \rightarrow 680 \div 20 \rightarrow 68 \div 2 = 34$
따라서 가까운 답인 ②를 선택한다.

11

| 정답 | ①

| 해설 | 수치를 반올림하여 계산하기 쉬운 형태로 만든 뒤 양쪽의 수치에서 0을 하나씩 제거해 계산한다.

$3,400 \div 68 \rightarrow 3,400 \div 70 \rightarrow 340 \div 7 \fallingdotseq 48.6$

따라서 가까운 답인 ①을 선택한다.

12

| 정답 | ⑤

| 해설 | 소수점을 각각 4자리씩 이동해 정수로 만든 다음 계산한다. 나눗셈이므로 결과 값의 소수점은 그대로 두어도 된다.

$0.008 \div 0.0004 \rightarrow 80 \div 4 = 20$

13

| 정답 | ②

| 해설 | 답은 소수점 아래 셋째 자리까지 있는 수이다.

$1.8 + 0.008 + 0.9 \rightarrow 1.8 + 0 + 0.9 = 2.7$

따라서 가까운 답인 ②를 선택한다.

14

| 정답 | ②

| 해설 | $665 + 6,545 + 65 \rightarrow 700 + 6,500 + 100 = 7,300$

따라서 가까운 답인 ②를 선택한다.

15

| 정답 | ②

| 해설 | 선택지 수치들 간의 차이가 크므로 일의 자리 이하의 수는 버리고 계산한다.

$13.22 + 154.22 + 21.79 \rightarrow 10 + 150 + 20 = 180$

따라서 가까운 답인 ②를 선택한다.

16

| 정답 | ⑤

| 해설 | 13은 다른 수치들에 비해 값이 현저히 작으므로 0으로 계산해도 영향을 주지 않는다.

$7,741 - 521 - 13 \rightarrow 7,700 - 500 - 0 = 7,200$

따라서 가까운 답인 ⑤를 선택한다.

17

| 정답 | ③

| 해설 | 3.8은 다른 수치들에 비해 값이 현저히 작으므로 0으로 계산해도 영향을 주지 않는다.

$676 - 3.8 - 225 \rightarrow 680 - 0 - 230 = 450$

따라서 가까운 답인 ③을 선택한다.

18

| 정답 | ③

| 해설 | 163은 다른 수치들에 비해 값이 현저히 작으므로 0으로 계산해도 영향을 주지 않는다.

$41,778 - 38,533 - 163 \rightarrow 42,000 - 39,000 - 0 = 3,000$

따라서 가까운 답인 ③을 선택한다.

19

| 정답 | ②

| 해설 | $1,455 + 715 + \underline{258 + 39} \rightarrow 1,500 + 700 + 300 = 2,500$

따라서 가까운 답인 ②를 선택한다.

20

| 정답 | ①

| 해설 | $85 - 14 \times 4 + 35 = 85 - 56 + 35 = 29 + 35 = 64$

21

| 정답 | ③

| 해설 | $480 \times 10^{-2} = 480 \times \dfrac{1}{100} = 4.8$

22

| 정답 | ②

| 해설 | $30.14 \div (-2.2) + 3.5 \rightarrow 30 \div (-2) + 3.5$
$$= -15 + 3.5 = -11.5$$
따라서 가까운 답인 ②를 선택한다.

23

| 정답 | ⑤

| 해설 | $39 + 765 \div 17 - 25 = 39 + 45 - 25 = 59$

24

| 정답 | ②

| 해설 | $\dfrac{44}{3} \div \dfrac{4}{9} = \dfrac{44}{3} \times \dfrac{9}{4} = 33$

25

| 정답 | ①

| 해설 | $3\sqrt{8} + \sqrt{18} = 6\sqrt{2} + 3\sqrt{2} = 9\sqrt{2}$

26

| 정답 | ④

| 해설 | 일의 자리 숫자가 같고, 십의 자리 숫자의 합이 10인 두 수의 곱이다.
$3 \times 7 + 7 = 28$, $7^2 = 49$이므로 2,849이다.

27

| 정답 | ⑤

| 해설 | 십의 자리 숫자가 같은 두 수의 곱이다.
$94 \times 98 = (94 + 8) \times 90 + 4 \times 8 = 102 \times 90 + 32 = 9,212$

28

| 정답 | ④

| 해설 | $7\dfrac{2}{3} + \dfrac{5}{9} \times 3\dfrac{3}{10} = \dfrac{23}{3} + \dfrac{5}{9} \times \dfrac{33}{10} = \dfrac{23}{3} + \dfrac{11}{6}$

$= \dfrac{46}{6} + \dfrac{11}{6} = \dfrac{57}{6} = \dfrac{19}{2} = 9\dfrac{1}{2}$

29

| 정답 | ②

| 해설 | $\dfrac{2}{\sqrt{3}+1} - \sqrt{3} = \dfrac{2(\sqrt{3}-1)}{(\sqrt{3}+1)(\sqrt{3}-1)} - \sqrt{3}$

$= \dfrac{2(\sqrt{3}-1)}{3-1} - \sqrt{3} = \sqrt{3} - 1 - \sqrt{3} = -1$

30

| 정답 | ③

| 해설 | $\dfrac{5}{6} \div \dfrac{2}{3} \times \dfrac{8}{9} = \dfrac{5}{6} \times \dfrac{3}{2} \times \dfrac{8}{9} = \dfrac{10}{9} = 1\dfrac{1}{9}$

유형 2 **암기 공략**

								문제 38쪽
01	④	02	①	03	③	04	②	05	④
06	④	07	⑤						

01

| 정답 | ④

| 해설 | $\sqrt{289} \times \sqrt{121} = 17 \times 11 = 187$

02

| 정답 | ①

| 해설 | $19^2 + 2^7 = 361 + 128 = 489$

03

| 정답 | ③

| 해설 | $35^2 - 5^4 = 1,225 - 625 = 600$

04

| 정답 | ②

| 해설 | $\sqrt{2} + \sqrt{3} \fallingdotseq 1.414 + 1.732 = 3.146 \fallingdotseq 3.1$

05

| 정답 | ④

| 해설 | $2^5 + 2^6 + 2^7 + 2^8 = 32 + 64 + 128 + 256 = 480$

| 별해 | $2^5 + 2^6 + 2^7 + 2^8 = 2^5(1 + 2 + 2^2 + 2^3)$
$= 32 \times 15 = 480$

06

| 정답 | ④

| 해설 | $5^4 + 17^2 = 625 + 289 = 914$

07

| 정답 | ⑤

| 해설 | $2^5 \times 3^2 \times 5^6 = (2 \times 5)^5 \times 3^2 \times 5 = 10^5 \times 9 \times 5$
$= 4,500,000$

유형 3 **수의 비교 공략**

								문제 48쪽
01	②	02	①	03	②	04	③	05	②
06	①	07	④	08	②	09	③	10	①

01

| 정답 | ②

| 해설 | $389 \times 104 \fallingdotseq 389 \times 100 = 38,900 < 42,000$

| 별해 | $389 \times 104 = 389 \times 100 + 389 \times 4$
$= 38,900 + 1,556 = 40,456 < 42,000$

02

| 정답 | ①

| 해설 | $\times$부터 계산한다.

$50 + 88 \times 36 \square 89 \times 32 - 19$

$50 + 3,168 \square 2,848 - 19$

$3,218 \square 2,829$

따라서 $\square$는 $>$이다.

03

| 정답 | ②

| 해설 | $45 - 27 + 66 = 18 + 66 = 84$

| 오답풀이 |

① $83 - 9 + 12 = 74 + 12 = 86$

  | 별해 | $83 - 9 + 12 = 83 + 3 = 86$

③ $49 + 16 + 23 = 65 + 23 = 88$

④ $52 - 14 + 47 = 38 + 47 = 85$

  | 별해 | $52 - 14 + 47 = 52 + 33 = 85$

⑤ $73 - 21 + 35 = 52 + 35 = 87$

  | 별해 | $73 - 21 + 35 = 73 + 14 = 87$

04

| 정답 | ③

| 해설 | $111 + 22 - 33 = 133 - 33 = 100$

(별해) $111 + 22 - 33 = 111 - 11 = 100$

| 오답풀이 |

① $123 - 4 - 5 = 119 - 5 = 114$

(별해) $123 - 4 - 5 = 123 - 9 = 114$

② $88 - 22 + 44 = 66 + 44 = 110$

④ $100 + 11 + 2 = 111 + 2 = 113$

(별해) $100 + 11 + 2 = 100 + 13 = 113$

⑤ $113 + 29 - 27 = 142 - 27 = 115$

(별해) $113 + 29 - 27 = 113 + 2 = 115$

05

| 정답 | ②

| 해설 | $9 \times 2 + 7 = 18 + 7 = 25$

| 오답풀이 |

① $26 \div 2 + 14 = 13 + 14 = 27$

③ $18 + 5 + 6 = 18 + 11 = 29$

④ $7 + 29 - 8 = 7 + 21 = 28$

(별해) $7 + 29 - 8 = 29 - 1 = 28$

⑤ $36 \div 3 + 18 = 12 + 18 = 30$

06

| 정답 | ①

| 해설 | $297 - 186 - 37 = 111 - 37 = 74$

(별해) $297 - 186 - 37 = 297 - 223 = 74$

| 오답풀이 |

② $208 - 87 - 32 = 121 - 32 = 89$

(별해) $208 - 87 - 32 = 208 - 119 = 89$

③ $267 - 79 - 93 = 188 - 93 = 95$

(별해) $267 - 79 - 93 = 267 - 172 = 95$

④ $231 - 67 - 78 = 164 - 78 = 86$

(별해) $231 - 67 - 78 = 231 - 145 = 86$

⑤ $207 - 24 - 95 = 183 - 95 = 88$

(별해) $207 - 24 - 95 = 207 - 119 = 88$

07

| 정답 | ④

| 해설 | $180 - 150 + 12 = 30 + 12 = 42$

| 오답풀이 |

① $350 - 300 - 21 = 50 - 21 = 29$

② $260 - 200 - 26 = 60 - 26 = 34$

③ $220 - 190 + 9 = 30 + 9 = 39$

⑤ $247 - 170 - 37 = 77 - 37 = 40$

08

| 정답 | ②

| 해설 | $268 + 47 - 26 = 315 - 26 = 289$

(별해) $268 + 47 - 26 = 268 + 21 = 289$

| 오답풀이 |

① $225 + 31 - 56 = 256 - 56 = 200$

(별해) $225 + 31 - 56 = 225 - 25 = 200$

③ $294 + 15 - 39 = 309 - 39 = 270$

(별해) $294 + 15 - 39 = 294 - 24 = 270$

④ $277 + 29 - 61 = 306 - 61 = 245$

⑤ $259 + 56 - 42 = 315 - 42 = 273$

(별해) $259 + 56 - 42 = 259 + 14 = 273$

09

| 정답 | ③

| 해설 | $367 + 424 + 7 = 791 + 7 = 798$

(별해) $367 + 424 + 7 = 367 + 431 = 798$

| 오답풀이 |

① $757 - 119 + 5 = 638 + 5 = 643$

(별해) $757 - 119 + 5 = 757 - 114 = 643$

② $621+165-9=786-9=777$

별해 $621+165-9=621+156=777$

④ $145+578+6=723+6=729$

별해 $145+578+6=151+578=729$

⑤ $723+53-46=776-46=730$

별해 $723+53-46=723+7=730$

10

|정답| ①

|해설| $352+119-218=471-218=253$

별해 $352+119-218=352-99=253$

|오답풀이|

② $417+329-497=746-497=249$

별해 $417+329-497=329-80=249$

③ $616+148-513=764-513=251$

별해 $616+148-513=148+103=251$

④ $475+209-432=684-432=252$

별해 $475+209-432=209+43=252$

⑤ $348+138-238=486-238=248$

별해 $348+138-238=348-100=248$

02

|정답| ④

|해설| $1t=1,000kg$이므로 $20,000,000kg$은 $20,000,000 \div 1,000=20,000(t)$이다.

03

|정답| ④

|해설| $1GB=1,024MB$이므로 $5,120MB$는 $5,120 \div 1,024 =5(GB)$이다.

04

|정답| ④

|해설| $1kg=1,000g$이므로 $3.25kg$은 $3.25 \times 1,000=3,250 (g)$이다.

05

|정답| ①

|해설| 1분$=60$초이므로 6분 37초는 $6 \times 60+37=397$(초)이다.

유형 4 **단위변환 공략**

01	④	02	④	03	④	04	④	05	①
06	①	07	④	08	②	09	⑤	10	②
11	②	12	③	13	①					

문제 54쪽

06

|정답| ①

|해설| $1yd=3ft$이므로 $76yd$는 $76 \times 3=228(ft)$이다.

01

|정답| ④

|해설| 1시간$=60$분$=3,600$초이므로 4시간은 $3,600 \times 4 =14,400$(초)이다.

07

|정답| ④

|해설| $1m/s=3.6km/h$이므로 $180m/s$는 $180 \times 3.6=648 (km/h)$이다.

08

| 정답 | ②

| 해설 | 화씨 212도와 화씨 32도의 온도차는 180도이고, 화씨 92도는 화씨 32도와 60도 차이가 난다. 따라서 화씨 92도는 화씨 32도와 화씨 212도의 $\frac{1}{3}$ 지점에 있음을 알 수 있다.

따라서 화씨 92도를 섭씨로 바꾸면, 섭씨 0도와 섭씨 100도의 $\frac{1}{3}$ 지점인 섭씨 33.3도이다.

09

| 정답 | ⑤

| 해설 | 1m=39.37in이므로 120m는 120×39.37=4,724.4 (in)이다.

10

| 정답 | ②

| 해설 | 1ft=12in이므로 100ft는 100×12=1,200(in)이다. 따라서 100ft는 100in의 12배이다.

11

| 정답 | ②

| 해설 | 1kg=2.2lb이므로 32kg은 32×2.2=70.4(lb)이다.

12

| 정답 | ③

| 해설 | 1lb=16oz이므로 200oz는 200×16=3,200(lb)이다. 따라서 200oz는 200lb의 16배이다.

13

| 정답 | ①

| 해설 | 1근=0.6kg이므로 115근은 115×0.6=69(kg)이다.

| 오답풀이 |

②, ⑤ 1근=1.32lb이므로 115근은 115×1.32=151.8(lb)이다.

③ 1근=21.16oz이므로 115근은 115×21.16=2,433.4(oz)이다.

유형 5 기호로 푸는 연산 공략

문제 64쪽

01	③	02	④	03	⑤	04	②	05	④
06	⑤	07	④	08	③	09	①	10	②
11	④	12	④	13	④	14	④	15	①
16	④	17	③	18	⑤				

01

| 정답 | ③

| 해설 | $21 \blacklozenge 3 = (21+3) - (21-3) = 24 - 18 = 6$

[별해] 먼저 연산을 정리하면 간단하게 풀 수 있다.

$A \blacklozenge B = (A+B) - (A-B) = A+B-A+B = 2B$

$21 \blacklozenge 3 = 3 \times 2 = 6$

02

| 정답 | ④

| 해설 | $38 \blacklozenge 15 = (38+15) - (38-15) = 53 - 23 = 30$

[별해] 01 해설에서 정리한 식에 따라

$38 \blacklozenge 15 = 15 \times 2 = 30$

03

| 정답 | ⑤

| 해설 | $17 \blacklozenge (-3) = \{17 + (-3)\} - \{17 - (-3)\} = 14 - 20 = -6$

별해 **01** 해설에서 정리한 식에 따라

$17 ◆ (-3) = (-3) \times 2 = -6$

04

| 정답 | ②

| 해설 | $3 ■ 9 = (3-9) \times (3+9) = (-6) \times 12 = -72$

별해 먼저 연산을 정리하면 간단하게 풀 수 있다.

$A ■ B = (A-B) \times (A+B) = A^2 - B^2$

$3 ■ 9 = 3^2 - 9^2 = 9 - 81 = -72$

05

| 정답 | ④

| 해설 | $8 ■ (-13) = \{8-(-13)\} \times \{8+(-13)\} = 21 \times (-5)$
$= -105$

별해 **04** 해설에서 정리한 식에 따라

$8 ■ (-13) = 8^2 - (-13)^2 = 64 - 169 = -105$

06

| 정답 | ⑤

| 해설 | $(-17) ■ 10 = (-17-10) \times (-17+10) = (-27) \times$
$(-7) = 189$

별해 **04** 해설에서 정리한 식에 따라

$(-17) ■ 10 = (-17)^2 - 10^2 = 289 - 100 = 189$

07

| 정답 | ④

| 해설 | $25 ◎ 18 = 25 + 18 = 43$

08

| 정답 | ③

| 해설 | $10 ◎ (12 ◆ 5) = 10 ◎ (12 \times 5) = 10 + 60 = 70$

09

| 정답 | ①

| 해설 | $(9 ◎ 2) ◆ (7 ◎ 5) = (9+2) ◆ (7+5) = 11 ◆ 12 = 11 \times 12$
$= 132$

10

| 정답 | ②

| 해설 | $5 ♤ 20 = 5 + 20 \times 2 = 5 + 40 = 45$

11

| 정답 | ④

| 해설 | $3 ♤ (6 ♤ 4) = 3 ♤ (6 + 4 \times 2) = 3 ♤ 14 = 3 \times 14 + 2 = 44$

12

| 정답 | ④

| 해설 | $(7 ♤ 8) ♤ 2 = (7 + 8 \times 2) ♤ 2 = 23 ♤ 2 = 23 \times 2 + 2 = 48$

13

| 정답 | ④

| 해설 | $7 ◆ (-2) = 7 \times \{7 + (-2)\} = 7 \times 5 = 35$

14

| 정답 | ④

| 해설 | $3 ★ (15 ◆ 4) = 3 ★ \{15(15+4)\} = 3 ★ 285$
$= 3 \times 285 + \dfrac{285-3}{2} = 855 + 141 = 996$

15

| 정답 | ①

| 해설 | $2 ★ \{(-8) ◆ 5\} = 2 ★ \{-8(-8+5)\} = 2 ★ 24$
$= 2 \times 24 + \dfrac{24-2}{2} = 48 + 11 = 59$

16

|정답| ④

|해설| $(5*6)◎(3*2)=(5×6-5+6)◎(3×2-3+2)$
$=31◎5=31×5+31+5=191$

17

|정답| ③

|해설| $(4◎1)*5◎2=(4×1+4+1)*5◎2$
$=9*5◎2=(9×5-9+5)◎2$
$=41◎2=41×2+41+2=125$

18

|정답| ⑤

|해설| $(3*7)*(6◎2)=(3×7-3+7)*(6×2+6+2)$
$=25*20=25×20-25+20=495$

유형 6 **복면산 공략**

						문제 74쪽	
01	④	02	⑤	03	④	04	①

01

|정답| ④

|해설| AB, AC, DE, DF, DG, DA, DD, … 순서로 숫자가 1씩 증가할 때, AC→DE에서 십의 자리 숫자가 바뀌었으므로 C=9, E=0임을 알 수 있다. 여기에 1씩 증가하므로 F=1, G=2, A=3, D=4가 된다. 따라서 DE=40이므로 AB는 38이 된다.

02

|정답| ⑤

|해설| 먼저 B+C=B에서 C는 0임을 알 수 있다. 두 번째 식 DC-I=I를 보면, C=0이므로 10-5=5가 성립하여 D=1, I=5가 된다. 마지막으로 J+A+E+H+B+G=JC에서 일의 자리 숫자는 0이 되어야 하는데, 아직 사용되지 않은 7개의 숫자 2, 3, 4, 6, 7, 8, 9의 합을 구하면 39이므로 9를 빼면 30이 되어 일의 자리 숫자가 0이 됨을 알 수 있다. 따라서 사용되지 않은 카드 F의 뒷면에 적힌 숫자는 9이다.

03

|정답| ④

|해설| $x+x=y$에서 (x, y)의 조합으로는 (1, 2), (2, 4), (3, 6), (4, 8)이 가능하다. 세 번째 식인 $z-y=x$를 변형하면 $x+y=z$이므로 가능한 (x, y, z)의 조합은 (1, 2, 3), (2, 4, 6), (3, 6, 9)이다. 이 중 $3y÷x=z$가 성립하는 조합은 $x=2$, $y=4$, $z=6$일 때뿐이므로 x, y, z의 합은 2+4+6=12이다.

[빠른 풀이]

방정식으로 풀면 다음과 같다.

$x+x=y$이므로 $y=2x$가 되는데 이를 $3y÷x=z$에 대입하면 $6x÷x=z$가 되어 $z=6$이 된다. 또한 $6-y=x$이므로 $6-2x=x$가 되어 $x=2$, $y=4$가 된다.

04

|정답| ①

|해설|

위와 같이 □에 A ~ M이라고 이름을 붙이면 $\boxed{A}\boxed{B}\times7=$ $\boxed{F}\boxed{G}$이며, $\boxed{F}\boxed{G}$는 $8\boxed{E}$보다 작기 때문에 $\boxed{A}\boxed{B}$는 11 또는 12가 된다.

또, $\boxed{C}\boxed{D}8$의 부분에 주목하면, $\boxed{A}\boxed{B}$에 한 자리 수를 곱하여 세 자리 수가 되었으므로 $\boxed{A}\boxed{B}=12$인 것을 알 수 있다. 그리고 $\boxed{K}\boxed{L}\boxed{M}$은 108 이외에는 없으며 $\boxed{F}\boxed{G}=$ $12\times7=84$이므로 $8\boxed{E}=85$이다.

따라서 나눠지는 수는 1,088,508이며, 각 자릿수의 합은 30이다.

유형 7 **등식의 완성 공략**

문제 82쪽

01	④	02	⑤	03	①	04	①	05	②
06	③	07	④	08	⑤	09	①	10	③
11	④	12	④	13	①	14	③	15	①
16	④	17	①	18	②	19	②	20	②

01

| 정답 | ④

| 해설 | '25×'를 우변으로 이항한다.

$\square=18.5\times4\div25$

$\therefore \square=2.96$

02

| 정답 | ⑤

| 해설 | '÷4'를 우변으로 이항한다.

$\square=3\times7\times4\times4$

$\therefore \square=336$

03

| 정답 | ①

| 해설 | 먼저 '+75'를 우변으로 이항한다.

$3\times\square=15\times9-75$

$3\times\square=60$

다음으로 '3×'를 우변으로 이항한다.

$\square=60\div3$

$\therefore \square=20$

04

| 정답 | ①

| 해설 | '×1.5'를 우변으로 이항한다.

$2.5\div\square=7.5\div1.5$

$2.5\div\square=5$

□를 우변으로 이항한다.

$\therefore \square=2.5\div5=0.5$

05

| 정답 | ②

| 해설 | '0.3×'를 우변으로 이항한다.

$\square=30\div0.4\div0.3$

$\therefore \square=250$

보충 플러스+

나눗셈을 연속해서 해야 하는 경우, 비교적 작은 수들끼리 먼저 계산한 뒤 그 값으로 나눈다. 문제에서는 $30\div0.4\div0.3=$ $30\div(0.4\times0.3)$이므로 $30\div0.12$로 계산된다.

06

| 정답 | ③

| 해설 | '0.04×'를 우변으로 이항한다.

$\square=2\div400\div0.04$

$\therefore \square=0.125$

07

| 정답 | ④

| 해설 | 먼저 '+6'을 우변으로 이항한다.

$\square\div4=14-6=8$

다음으로 '÷4'를 우변으로 이항한다.

$\square = 8 \times 4$

$\therefore \square = 32$

08

| 정답 | ⑤

| 해설 | 먼저 우변을 계산하여 정리한다.

$64 \div \square = 4$

'÷□'를 우변으로, 4를 좌변으로 이항한다.

$\square = 64 \div 4$

$\therefore \square = 16$

09

| 정답 | ①

| 해설 | '0.2×'를 우변으로 이항한다.

$\square = 13.3 \div 19 \div 0.2$

$\therefore \square = 3.5$

보충 플러스+

19를 어림잡아 20으로 생각하면 $13.3 \div 19 \div 0.2 = 13.3 \div (20 \times 0.2) = 13.3 \div 4 = 3.3$으로 간단하게 계산할 수 있다.

10

| 정답 | ③

| 해설 | 먼저 우변을 계산하여 정리한다.

$7 \times (\square + 0.7) = 8.4$

'7×'를 우변으로 이항한다.

$\square + 0.7 = 8.4 \div 7 = 1.2$

$\square = 1.2 - 0.7$

$\therefore \square = 0.5$

보충 플러스+

우변을 $0.7 \times 12 = 7 \times 1.2$로 바꾸면 $\square + 0.7 = 1.2$가 된다. 따라서 $\square = 1.2 - 0.7 = 0.5$이다.

11

| 정답 | ④

| 해설 | 먼저 소수와 분수가 섞여 있기 때문에 분수로 통일한다.

$\dfrac{7}{10} + \square = \dfrac{1}{4} + \dfrac{1}{2}$

'$+\dfrac{7}{10}$'을 우변으로 이항한다.

$\square = \dfrac{1}{4} + \dfrac{1}{2} - \dfrac{7}{10}$

분수의 덧셈과 뺄셈은 분모를 통분한 뒤 계산한다.

$\square = \dfrac{5}{20} + \dfrac{10}{20} - \dfrac{14}{20}$

$\therefore \square = \dfrac{1}{20}$

12

| 정답 | ④

| 해설 | 먼저 좌변을 계산하여 정리한다. 선택지가 소수이므로 소수로 통일한다.

$2.3 = \square + 0.5$

'+0.5'를 좌변으로 이항한다.

$\square = 2.3 - 0.5$

$\therefore \square = 1.8$

13

| 정답 | ①

| 해설 | $4 \square 8 = 12$ $4 + 8 = 12$

$\therefore \square = +$

14

| 정답 | ③

| 해설 | $(5 \square 2) - 2 = 8$ $(5 \square 2) = 8 + 2$

$5 \square 2 = 10$ $5 \times 2 = 10$

$\therefore \square = \times$

15

| 정답 | ①

| 해설 | $2.1\square7.8-4.3=5.6$

$2.1\square7.8=5.6+4.3$

$2.1\square7.8=9.9$ $2.1+7.8=9.9$

∴ $\square=+$

16

| 정답 | ④

| 해설 | $(23-18)\square(2+3)=1$

$5\square5=1$ $5\div5=1$

∴ $\square=\div$

17

| 정답 | ①

| 해설 | $(3\div3)\square(3\times3)=10$

$1\square9=10$ $1+9=10$

∴ $\square=+$

18

| 정답 | ②

| 해설 | $8=(3\times3)\square(3\div3)$

$8=9\square1$ $8=9-1$

∴ $\square=-$

19

| 정답 | ②

| 해설 | $64\div8-5+3=8-5+3=6$

| 오답풀이 |

① $64\div8-5\times3=8-15=-7$

③ $64\div8-5-3=8-5-3=0$

④ $64\times8+5-3=512+5-3=514$

⑤ $64+8\div5\times3=64+4.8=68.8$

20

| 정답 | ②

| 해설 | 연산기호가 ㉠에는 2개이고 ㉡에는 1개이므로 ㉡의 연산기호를 먼저 구하고 ㉠을 찾으면 된다.

혼동을 막기 위해 +는 ○, ÷는 □로 바꾸어 생각한다.

㉡ $5○4=1 → 5-4=1$이므로 $○=-$이다.

㉠ $(8\square2)○1=9$ $(8\square2)-1=9$ $8\square2=10$

→ $8+2=10$이므로 $\square=+$이다.

㉢에 $○=-$, $\square=+$를 대입하면 다음과 같다.

㉢ $8○(6\square3) → 8-(6+3)=-1$

∴ '?' $=-1$

심화문제

테마 1. 사칙연산

									문제 88쪽
01	③	02	④	03	②	04	③	05	①
06	②	07	③	08	①	09	②	10	⑤
11	④	12	⑤	13	①	14	④	15	⑤
16	①	17	④	18	③	19	①	20	④
21	①	22	④	23	④	24	③	25	④
26	④	27	①	28	②	29	①	30	②
31	③	32	③	33	④	34	①	35	③
36	③	37	①	38	③	39	②	40	①
41	⑤	42	⑤	43	②	44	④	45	③
46	④	47	①	48	③	49	④	50	②
51	②	52	③	53	①	54	②	55	②
56	③	57	①	58	②	59	③	60	④

01

| 정답 | ③

| 해설 | $59.745+38.496-25.951≒60+38-26=72$

$≒72.29$

02

| 정답 | ④

| 해설 | $\dfrac{1}{3}+\dfrac{5}{6}\times\left(-\dfrac{8}{9}\right)=\dfrac{1}{3}+\left(-\dfrac{20}{27}\right)$

$=\dfrac{9}{27}+\left(-\dfrac{20}{27}\right)=-\dfrac{11}{27}$

03

| 정답 | ②

| 해설 | $\dfrac{2}{3}\div\left(\dfrac{3}{5}-\dfrac{2}{7}\right)=\dfrac{2}{3}\div\dfrac{21-10}{35}=\dfrac{2}{3}\times\dfrac{35}{11}=\dfrac{70}{33}$

04

| 정답 | ③

| 해설 | $1,250\times10^{-2}=1,250\times\dfrac{1}{100}=12.50$

05

| 정답 | ①

| 해설 | $\left\{\left(\dfrac{2}{5}-\dfrac{3}{10}\right)+\dfrac{1}{4}\right\}\times\dfrac{6}{5}$

$=\left\{\left(\dfrac{4}{10}-\dfrac{3}{10}\right)+\dfrac{1}{4}\right\}\times\dfrac{6}{5}$

$=\left(\dfrac{1}{10}+\dfrac{1}{4}\right)\times\dfrac{6}{5}=\left(\dfrac{2}{20}+\dfrac{5}{20}\right)\times\dfrac{6}{5}=\dfrac{21}{50}$

06

| 정답 | ②

| 해설 | 부호를 정리한 뒤 분수를 통분하여 계산한다.

$\left(-\dfrac{1}{2}\right)-\left(-\dfrac{1}{4}\right)-\dfrac{2}{3}=-\dfrac{1}{2}+\dfrac{1}{4}-\dfrac{2}{3}=\dfrac{-6+3-8}{12}$

$=-\dfrac{11}{12}$

07

| 정답 | ③

| 해설 | $3(\sqrt{3}+2\sqrt{2})+2(4\sqrt{3}-5\sqrt{2})$

$=3\sqrt{3}+6\sqrt{2}+8\sqrt{3}-10\sqrt{2}$

$=11\sqrt{3}-4\sqrt{2}$

08

| 정답 | ①

| 해설 | $7\times(-5)^2\div\dfrac{7}{10}=7\times25\times\dfrac{10}{7}=250$

09

| 정답 | ②

| 해설 | $-15\div5\ (\ 3)^2=\ 3\ 9=-12$

10

| 정답 | ⑤

| 해설 | $\dfrac{2}{3}+\dfrac{3}{7}\times\left(\dfrac{4}{9}+\dfrac{2}{3}\right)\div\dfrac{3}{7}$

$=\dfrac{2}{3}+\dfrac{3}{7}\times\left(\dfrac{4}{9}+\dfrac{6}{9}\right)\div\dfrac{3}{7}$

$=\dfrac{2}{3}+\dfrac{3}{7}\times\dfrac{10}{9}\times\dfrac{7}{3}$

$=\dfrac{2}{3}+\dfrac{10}{9}=\dfrac{6}{9}+\dfrac{10}{9}=\dfrac{16}{9}$

11

| 정답 | ④

| 해설 | $4\sqrt{6}\times2\sqrt{2}-4\sqrt{3}$

$=(4\times2)\sqrt{6\times2}-4\sqrt{3}$

$=8\sqrt{3\times2\times2}-4\sqrt{3}$

$=16\sqrt{3}-4\sqrt{3}=12\sqrt{3}$

12

| 정답 | ⑤

| 해설 | $(\sqrt{27} + 4\sqrt{3}) \times 2\sqrt{2}$

$= (\sqrt{3^3} + 4\sqrt{3}) \times 2\sqrt{2}$

$= (3\sqrt{3} + 4\sqrt{3}) \times 2\sqrt{2}$

$= 7\sqrt{3} \times 2\sqrt{2} = 14\sqrt{6}$

13

| 정답 | ①

| 해설 | $(-\sqrt{3})^3 + \sqrt{24} \times \sqrt{8} \div \sqrt{3} + (\sqrt{3}+2)^2$

$= -3\sqrt{3} + \sqrt{\dfrac{24 \times 8}{3}} + (\sqrt{3}+2)^2$

$= -3\sqrt{3} + 8 + (3 + 4\sqrt{3} + 4) = \sqrt{3} + 15$

14

| 정답 | ④

| 해설 | 대분수 계산문제는 대분수를 가분수로 고치거나 대분수를 자연수와 분수로 풀어 계산해야 한다.

$\left(89 + \dfrac{17}{27}\right) \times \dfrac{1}{11} + \left(21 + \dfrac{23}{81}\right) \times 3$

$= \dfrac{89}{11} + \dfrac{17}{27 \times 11} + 63 + \dfrac{23}{27}$

$= \dfrac{89 \times 27 + 17 + 23 \times 11}{27 \times 11} + 63$

$= \dfrac{2,403 + 17 + 253}{297} + 63$

$= \dfrac{2,673}{297} + 63 = 9 + 63 = 72$

15

| 정답 | ⑤

| 해설 | $\dfrac{2}{1 \times 3} + \dfrac{2}{2 \times 4} + \dfrac{2}{3 \times 5} + \dfrac{2}{4 \times 6} + \cdots$

$+ \dfrac{2}{12 \times 14} + \dfrac{2}{13 \times 15}$

$= \left(\dfrac{1}{1} - \dfrac{1}{3}\right) + \left(\dfrac{1}{2} - \dfrac{1}{4}\right) + \left(\dfrac{1}{3} - \dfrac{1}{5}\right) + \left(\dfrac{1}{4} - \dfrac{1}{6}\right) +$

$\cdots + \left(\dfrac{1}{12} - \dfrac{1}{14}\right) + \left(\dfrac{1}{13} - \dfrac{1}{15}\right)$

$= \left(\dfrac{1}{1} + \dfrac{1}{2} + \dfrac{1}{3} + \dfrac{1}{4} + \cdots + \dfrac{1}{12} + \dfrac{1}{13}\right) -$

$\left(\dfrac{1}{3} + \dfrac{1}{4} + \dfrac{1}{5} + \dfrac{1}{6} + \cdots + \dfrac{1}{14} + \dfrac{1}{15}\right)$

$= \dfrac{1}{1} + \dfrac{1}{2} - \dfrac{1}{14} - \dfrac{1}{15} = \dfrac{143}{105}$

16

| 정답 | ①

| 해설 | 1시간 동안 Q 세균은 10번 분열하므로 그때의 Q 세균의 수는 $1 \times 2^{10} = 1,024$(마리)이다. 또 42분 동안은 7번 분열하므로 그때의 Q 세균의 수는 $1 \times 2^7 = 128$(마리)이다. 따라서 1시간 후 Q 세균의 수는 42분 후의 Q 세균의 수보다 $1,024 - 128 = 896$(마리) 더 많다.

17

| 정답 | ④

| 해설 | $\dfrac{7}{6} = 1.166\cdots$

| 오답풀이 |

① $\dfrac{5}{4} = 1.25$

② $\sqrt{3} = 1.732\cdots$

③ $\dfrac{4}{3} = 1.33\cdots$

⑤ $2^{-1} + 1 = \dfrac{1}{2} + 1 = 1.5$

18

| 정답 | ③

| 해설 | 제곱수는 1, 4, 9, 16, 25, 36, 49, 64, … 이 있고 세제곱수는 1, 8, 27, 64, … 이 있다. 제곱수이면서 동시에 세제곱수가 되는 수 중 가장 작은 수는 $8^2 = 4^3 = 64$이다.

19

| 정답 | ①

| 해설 | $186+399+407=585+407=992$

| 오답풀이 |

② $295+357+339=652+339=991$

③ $318+449+222=767+222=989$

  [별해] $318+449+222=540+449=989$

④ $547+192+241=739+241=980$

  [별해] $547+192+241=547+433=980$

⑤ $503+103+371=606+371=977$

20

| 정답 | ④

| 해설 | $889-267-126=622-126=496$

[별해] $889-267-126=889-393=496$

| 오답풀이 |

① $99+194+199=293+199=492$

② $666-388+217=278+217=495$

  [별해] $666-388+217=666-171=495$

③ $531-214+176=317+176=493$

⑤ $329+314-149=643-149=494$

  [별해] $329+314-149=180+314=494$

21

| 정답 | ①

| 해설 | $291+374-318=665-318=347$

| 오답풀이 |

② $249+498-451=747-451=296$

③ $364+408-429=772-429=343$

④ $372+403-431=775-431=344$

⑤ $385+416-461=801-461=340$

22

| 정답 | ④

| 해설 | $593+92-407=685-407=278$

[별해] $593+92-407=593-315=278$

| 오답풀이 |

① $742-598+136=144+136=280$

  [별해] $742-598+136=742-462=280$

② $808-624+99=184+99=283$

③ $414-279+145=135+145=280$

  [별해] $414-279+145=414-134=280$

⑤ $527+127-366=654-366=288$

23

| 정답 | ④

| 해설 | $233+264-158=497-158=339$

[별해] $233+264-158=233+106=339$

| 오답풀이 |

① $74\times11-453=814-453=361$

② $145\times3-92=435-92=343$

③ $156+852\div4=156+213=369$

⑤ $475-520\div5=475-104=371$

24

| 정답 | ③

| 해설 | 괄호 안에 있는 수식부터 계산한다.

$(6,745+6,710)\div15 \ \square \ 13\times(4,223-4,154)$

$13,455\div15 \ \square \ 13\times69$

$897 \ \square \ 897$

따라서 □는 =이다.

25

| 정답 | ④

| 해설 | $A=\left(\dfrac{189}{21}+2.8\right)\times10$

$=(9+2.8)\times10=11.8\times10=118$

B$=(11^2+18)-4^2$
$\quad =(121+18)-16=139-16=123$
C$=(15-32+1)^2\div2$
$\quad =(-16)^2\div2=256\div2=128$
따라서 C>B>A이다.

26

| 정답 | ④

| 해설 | 1,000kg=1t이므로 100,000,000kg은 100,000,000 ÷1,000=100,000(t)이다.

27

| 정답 | ①

| 해설 | 1in=2.54cm이므로 28in는 28×2.54=71.12(cm) 이다.

28

| 정답 | ③

| 해설 | 1돈=3.75g이므로 1등이 받게 되는 5돈의 순금 두 꺼비는 18.75g이고 2등과 3등은 10g의 순금 열쇠를 받게 되므로 추가로 20g의 금이 필요하다. 따라서 총 필요한 금은 38.75g이다. 1,000g=1kg이므로 38.75÷1,000= 0.03875(kg)이다.

29

| 정답 | ①

| 해설 | 150개를 생산하는 데 걸리는 시간은 90×150= 13,500(초)이다. 1시간=3,600초이므로 13,500÷3,600 =3.75(시간)이 소요된다.

30

| 정답 | ②

| 해설 | $\dfrac{68-32}{1.8}=20$이므로 실내 적정 온도인 68℉는 20℃이다. 따라서 6℃ 더 낮은 물품창고의 온도는 14℃ 이다.

31

| 정답 | ③

| 해설 | 12★32=12×32-12=384-12=372

32

| 정답 | ③

| 해설 | (8◇7)★3=(2×8+7)★3=23★3 =23×3-23=69-23=46

33

| 정답 | ④

| 해설 | 13◉11=3×13+11=39+11=50

34

| 정답 | ①

| 해설 | (7▼7)◉(6▼5)=(2×7-7)◉(2×6-5) =7◉7=3×7+7=28

35

| 정답 | ③

| 해설 | (2◉4)▼3=(3×2+4)▼3=10▼3=2×10-3=17

36

| 정답 | ③

| 해설 | 5□4=4×4-5=11

37

| 정답 | ①

| 해설 | $4 ▲ 9 ○ 6 = (4 × 9 - 9) ○ 6 = 27 ○ 6 = 6 × 6 - 27 = 9$

38

| 정답 | ③

| 해설 | $12 ○ (9 ▲ 2) = 12 ○ (9 × 2 - 2) = 12 ○ 16 = 16 × 16 - 12$
$= 244$

39

| 정답 | ②

| 해설 | $8 □ 3 = 8^2 - 3 = 61$

40

| 정답 | ①

| 해설 | $(2 □ 6) ∞ 3 = (2^2 - 6) ∞ 3 = (-2) ∞ 3 = 3^2 + (-2) = 7$

41

| 정답 | ⑤

| 해설 | $(4 ∞ 2) □ (1 ∞ 5) = (2^2 + 4) □ (5^2 + 1) = 8 □ 26$
$= 8^2 - 26 = 38$

42

| 정답 | ⑤

| 해설 | $15 △ 8 = (15 + 8) - (15 - 8) = 23 - 7 = 16$

(별해) 먼저 연산을 정리하면 간단하게 풀 수 있다.
$A △ B = (A + B) - (A - B) = A + B - A + B = 2B$
$15 △ 8 = 2 × 8 = 16$

43

| 정답 | ②

| 해설 | $(6 △ 11) △ (13 ● 22)$
$= \{(6 + 11) - (6 - 11)\} △ (13 - 22)^2 = 22 △ 81$
$= (22 + 81) - (22 - 81) = 162$

(별해) **42** 해설에서 정리한 식에 대입하면 다음과 같다.
$(6 △ 11) △ (13 ● 22) = (2 × 11) △ (13 - 22)^2 = 22 △ 81 = 2 × 81$
$= 162$

44

| 정답 | ⑤

| 해설 |

$$\begin{array}{ccccc}
& Ⓐ & 5 & Ⓑ \\
\times & & Ⓒ & Ⓓ & Ⓔ \\
\hline
& & Ⓕ & 1 & 8 \\
& 7 & Ⓖ & Ⓗ \\
6 & Ⓘ & Ⓙ \\
\hline
6 & Ⓧ & Ⓨ & Ⓩ & 8
\end{array}$$

왼쪽과 같이 공란에 A~J, X~Z라고 이름을 붙인다.

$$\begin{array}{cccc}
& Ⓐ & 5 & Ⓑ \\
\times & & & Ⓓ \\
\hline
& 7 & Ⓖ & Ⓗ
\end{array}$$

이때 A×D+(십의 자리에서 올라온 수)=7이므로 (A, D)는 (1, 5), (2, 3), (3, 2)이어야 한다.

$$\begin{array}{cccc}
& Ⓐ & 5 & Ⓑ \\
\times & & & Ⓒ \\
\hline
& 6 & Ⓘ & Ⓙ
\end{array}$$

이때 A×C+(십의 자리에서 올라온 수)=6이므로 (A, C)는 (1, 4)만 가능하다. 따라서 A=1, C=4, D=5이다.

이를 정리하면 다음과 같다.

$$\begin{array}{ccccc}
& 1 & 5 & Ⓑ \\
\times & & 4 & 5 & Ⓔ \\
\hline
& & Ⓕ & 1 & 8 \\
& 7 & Ⓖ & Ⓗ \\
6 & Ⓘ & Ⓙ \\
\hline
6 & Ⓧ & Ⓨ & Ⓩ & 8
\end{array}$$

E가 홀수라고 하면, 점선 부분의 곱셈이 5×E=□5가 될 것이고, B×E=68이 되어야 하지만, 이 경우는 존재하지 않는다. 따라서 E는 짝수이며 B×E=18이다. (B, E)의 후보는 (9, 2), (3, 6)이다.

또한 7+I에서 자릿수가 올라가지 않으므로(7+I=X), I ≤ 2임을 알 수 있다.

(i) B=9일 때
　159×4=636
　I=3이므로 부적절하다.

(ii) B=3일 때
　153×4=612이므로 모든 조건을 충족한다.

$$\begin{array}{r} 1\ 5\ 3 \\ \times\ 4\ 5\ 6 \\ \hline 9\ 1\ 8 \\ 7\ 6\ 5 \\ 6\ 1\ 2 \\ \hline 6\ 9\ 7\ 6\ 8 \end{array}$$

따라서 X+Y+Z=9+7+6=22이다.

45

|정답| ③

|해설|

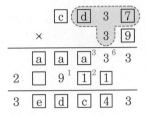

X×Y의 일의 자리 숫자가 3이 되어야 하므로 1×3, 3×1, 7×9, 9×7을 생각할 수 있다.

ⅰ) X=1, Y=3일 경우
　cd31×3을 했을 때 십의 자리 숫자가 9가 되므로 aaa33을 만족하지 않는다.

ⅱ) X=3, Y=1일 경우
　cd33×1=cd33이므로 aaa33을 만족하지 않는다.

ⅲ) X=9, Y=7일 경우
　cd39×7을 했을 때 십의 자리 숫자가 7이 되므로 aaa33을 만족하지 않는다.

ⅳ) X=7, Y=9일 경우
　cd37×9일 때 aaa33을 만족한다. 또한 이때 cd37×3=2□911이 되므로 b=1임을 알 수 있다.

$$\begin{array}{r} c\ \boxed{d}\ 3\ \boxed{7} \\ \times\ \ \ 3\ \boxed{9} \\ \hline a\ a\ a^3\ 3^6\ 3 \\ 2\ \boxed{}\ 9^1\ \boxed{1}^2\ \boxed{1} \\ \hline 3\ e\ d\ c\ \boxed{4}\ 3 \end{array}$$

위 식을 보면 d37×3은 십의 자리에서 1이 올라오고 백의 자리 숫자가 9이므로 d=6임을 알 수 있다. 즉, c637×9=aaa33이므로 a=7, c=8이 되고 이를 정리하면 다음과 같다.

$$\begin{array}{r} 8\ 6\ 3\ 7 \\ \times\ \ \ 3\ 9 \\ \hline 7\ 7\ 7\ 3\ 3 \\ 2\ 5\ 9\ 1\ 1 \\ \hline 3\ 3\ 6\ 8\ 4\ 3 \end{array}$$

따라서 a+b+c+d+e=7+1+8+6+3=25이다.

46

|정답| ④

|해설| 먼저 '+17'을 우변으로 이항한다.

$-□×4.4=1.6-17$　　$-□×4.4=-15.4$

$□×4.4=15.4$

'×4.4'를 우변으로 이항한다.

∴ $□=15.4÷4.4=3.5$

47

|정답| ①

|해설| 먼저 '+75'를 우변으로 이항하여 정리한다.

$6×□=17×9-75$

$6×□=78$

'6×'를 우변으로 이항한다.

∴ $□=78÷6=13$

48

|정답| ③

|해설| '$\frac{1}{4} \times$'를 좌변으로 이항하여 정리한다.

$$\frac{5}{24} \div \frac{1}{4} = \square$$

$$\therefore \square = \frac{5}{6}$$

49

|정답| ④

|해설| $34 + 765 \square 17 - 25 = 54$

$765 \square 17 = 54 - 34 + 25$

$765 \square 17 = 45 \qquad 765 \div 17 = 45$

$\therefore \square = \div$

50

|정답| ②

|해설| $\frac{5}{6} \div \frac{2}{3} \times \frac{8}{9} \square \frac{1}{3} = \frac{7}{9}$

$\frac{5}{\cancel{6}_{\cancel{3}_1}} \times \frac{\cancel{3}^1}{\cancel{2}_1} \times \frac{\cancel{8}^2}{9} \square \frac{1}{3} = \frac{7}{9}$

$\square$ 왼쪽의 식을 먼저 계산하고 분모를 통분한다.

$\frac{10}{9} \square \frac{3}{9} = \frac{7}{9} \qquad \frac{10}{9} - \frac{3}{9} = \frac{7}{9}$

$\therefore \square = -$

51

|정답| ②

|해설| $(7 \square 7) \div 7 + 7 = 7$

$7 \square 7 = (7 - 7) \times 7$

$7 \square 7 = 0 \qquad 7 - 7 = 0$

$\therefore \square = -$

52

|정답| ③

|해설| 곱셈과 나눗셈을 덧셈과 뺄셈보다 먼저 계산해야 한다는 점에 유의한다. 나올 수 있는 최댓값은 $10 \div 2 \times 8 - 4 + 6 = 42$이다.

53

|정답| ①

|해설| $0 = 6 \div 6 \times 6 - 6 = 6 \times 6 \div 6 - 6$

$= 6 - 6 \div 6 \times 6 = 6 - 6 \times 6 \div 6$

54

|정답| ②

|해설| 먼저 좌변의 식을 계산한다.

$0.6 \div \frac{20}{3} = 0.6 \times \frac{3}{20} = \frac{6}{10} \times \frac{3}{20} = \frac{9}{100} = 0.09$

$0.09 = \square \times \square$

$\therefore \square = 0.3$

55

|정답| ②

|해설| a는 양의 정수(자연수)이므로 $9 \times a > 0$이다. b도 한 자리의 양의 정수(자연수)이므로, 연산결과를 -25로 하기 위해서는 $\bigcirc = -$, $\triangle = \times$여야 한다.

$9 \times a - b \times 10 = -25$

-25는 5의 배수이므로 $(9 \times a)$도 5의 배수여야 한다. 그러므로 $a = 5$가 된다.

$45 - (b \times 10) = -25$

$b \times 10 = 70$

$b = 7$

$\therefore a + b = 5 + 7 = 12$

56

| 정답 | ③

| 해설 | 혼동을 막기 위해 ×는 □, +는 ○로 바꾸어 생각한다.

먼저 가장 간단한 ㉡부터 확인한다.

㉡ $89 \times 13 = 76 \rightarrow 89 \square 13 = 76$
$89 - 13 = 76$이므로 □ = −이다.

이를 ㉠에 대입한다.

㉠ $(105 \times 32) + 4 = 292 \rightarrow (105 \square 32) \bigcirc 4 = 292$
$(105 - 32) \bigcirc 4 = 292$
$73 \bigcirc 4 = 292$
$73 \times 4 = 292$이므로 ○ = ×이다.

□ = −, ○ = ×를 ㉢에 대입하면 다음과 같다.

㉢ $(66 + 12) \times 177 = ? \rightarrow (66 \bigcirc 12) \square 177 = ?$
$(66 \times 12) - 177 = ?$

∴ '?' = 615

57

| 정답 | ①

| 해설 | 문제에서의 연산이 성립하지 않으므로 ×, +가 의미하는 연산기호를 찾는다. ×는 ÷, +, −, +는 −, ×, ÷가 될 수 있고 서로 같은 연산기호를 나타내지 않으므로 다음과 같은 7가지 조합에서 찾으면 된다.

- ⊠ → ÷, +, −
- ⊕ → −, ×, ÷

$(\boxtimes, \oplus) \Rightarrow (\div, -), (\div, \times),$
$(+, -), (+, \times),$
$(+, \div), (-, \times)$
$(-, \div)$

$\begin{cases} ㉠ (28 \boxtimes 4) \oplus 3 = 8 \\ ㉡ (48 \oplus 6) \boxtimes 2 = 6 \end{cases} \Rightarrow \begin{array}{l} (28 \boxtimes 4) = 8 \bigcirc 3 \\ (48 \oplus 6) = 6 \square 2 \end{array}$

㉠과 ㉡ 중 비교적 셈하기 편한 것을 골라 등호가 성립하는 연산기호를 찾고 이것이 다른 연산식에도 성립하는지 확인해 본다. 이 문제의 경우 ㉠의 ⊕3, ㉡의 ⊠2를 우변으로 이항하여 놓고 셈하면 연산기호를 찾기가 좀 더 용이하다. 단, 다른 연산식에서 확인할 때 이항했던 연산기호를 + ↔ −, × ↔ ÷와 같이 바꿔주어야 하는 것만 유의하면 된다.

---

1. 먼저 ㉠의 이항한 식에서 좌변에 어떤 연산기호를 넣어도 정수가 되므로 우변의 ◎는 ÷가 될 수 없다.
   - $\square \rightarrow \div, +, -$
   - $\bigcirc \rightarrow -, \not\times, \div$ (우변) $\Rightarrow$ 이항 $\bigcirc \rightarrow +, \not\div, \times$

   우변에 +나 ×를 넣어 연산식이 성립될 수 있는 좌변의 연산기호가 무엇일지 찾는다.

좌변		우변
$28 \div 4 = 7$		$8 + 3 = 11$
$28 + 4 = 32$	≠	$\boxed{8 \times 3 = 24}$
$\boxed{28 - 4 = 24}$		

   우변의 ×를 원래대로 좌변으로 이항하면 ÷이므로 (−, ÷) 성립

2. (−, ÷)가 ㉡의 연산에서도 성립하는지 확인한다.
   ㉡ $(48 \div 6) - 2 = 8 - 2 = 6 \Rightarrow$ 성립

3. ㉠과 ㉡을 통해 ⊠는 −로, ⊕는 ÷로 사용되었음을 알 수 있다.
   ∴ ㉢ $77 \boxtimes (66 \oplus 22) \Rightarrow 77 - (66 \div 22) = 77 - 3 = 74$

별해 혼동을 막기 위해 ×는 ○, +는 □로 바꾸어 생각한다.

㉠ $(28 \times 4) + 3 = 8 \rightarrow (28 \bigcirc 4) \square 3 = 8$
$(28 - 4) \div 3 = 8$이므로 ○ = −, □ = ÷이다.

㉠의 결과값을 ㉡에 대입하여 확인한다.

㉡ $(48 + 6) \times 2 = 6 \rightarrow (48 \square 6) \bigcirc 2 = 6$
$(48 \div 6) - 2 = 6$이므로 성립한다.

따라서 ○ = −, □ = ÷를 ㉢에 대입하면 다음과 같다.

㉢ $77 \times (66 + 22) = ? \rightarrow 77 \bigcirc (66 \square 22) = ?$
$77 - (66 \div 22) = 74$

∴ '?' = 74

58

| 정답 | ②

| 해설 | 혼동을 막기 위해 −는 ⊖로 ÷는 ⊞로 바꾸어 생각한다.

$(\ominus, \boxplus) \Rightarrow (\times, +), (\div, +), (+, -), (\times, -),$
$(\div, -), (+, \times), (\div, \times)$ 중 하나.

㉠의 값이 자연수이므로 ⊞는 ×가 될 수 없다. 또한, ㉡의 좌변 23이 5보다 크기 때문에 ⊖는 +나 ×가 될 수

없다. 그러므로 이들 중 답이 될 수 있는 것은 ($\div$, $+$)와 ($\div$, $-$)뿐이다.

이를 ㉠에 차례로 대입해 보면,

㉠ • $55 \div 11 + 86 = 91$ ⇨ 성립
 • $55 \div 11 - 86 = -81 \neq 91$

($\div$, $+$)가 ㉡에서도 성립하는지 확인한다.

㉡ $(78+37) \div 23 = 5$ ⇨ 성립

최종적으로, ㉢에 대입하여 답을 구한다.

∴ ㉢ $(96 \div 24) + (126 \div 42) = 4 + 3 = 7$

[별해] 혼동을 막기 위해 $-$는 ○로 $\div$는 □로 바꾸어 생각한다.

㉠ $(55-11) \div 86 = 91 \rightarrow (55○11)□86 = 91$
 $(55 \div 11) + 86 = 91$이므로 ○ = $\div$, □ = $+$이다.

㉠의 결과값을 ㉡에 대입하여 확인한다.

㉡ $(78 \div 37) - 23 = 5 \rightarrow (78□37)○23 = 5$
 $(78+37) \div 23 = 5$이므로 성립한다.

따라서 ○ = $\div$, □ = $+$를 ㉢에 대입하면 다음과 같다.

㉢ $(96○24)□(126○42) = ?$
 $(96 \div 24) + (126 \div 42) = 7$

∴ '?' = 7

59

| 정답 | ③

| 해설 | 혼동을 막기 위해 $\div$는 □으로, $-$는 ○로 바꾸어 생각한다.

㉠, ㉡ 중 비교적 수가 간단한 ㉠에서 등호가 성립하는 연산기호를 찾는다.

㉠ $34 \div (7-3) = 13 \rightarrow 34□(7○3) = 13$

○가 $\div$일 경우, $7 \div 3 = \dfrac{7}{3} = 2.33\cdots$이므로 □에 어떤 연산기호가 들어가도 등식이 성립하지 않는다. 따라서 ○은 $\div$가 될 수 없다.

또한, 좌변의 34가 우변의 13보다 크므로 □는 $\times$, $+$가 될 수 없다. 이에 따라 □는 $-$가 되고, ○는 $\times$, $+$ 중 하나가 된다.

($-$, $\times$) : $34 - (7 \times 3) = 34 - 21 = 13$

($-$, $+$) : $34 - (7+3) = 34 - 10 = 24 \neq 13$

($-$, $\times$)가 ㉡의 연산에서도 성립하는지 확인한다.

㉡ $28 - (15 \div 10) = 140 \rightarrow 28○(15□10) = 140$
 $28 \times (15 - 10) = 28 \times 5 = 140$

따라서 ㉢을 구하면 다음과 같다.

㉢ $(25○4)□75 = ?$
 $(25 \times 4) - 75 = 100 - 75 = 25$

∴ '?' = 25

60

| 정답 | ④

| 해설 | 혼동을 막기 위해 $\div$는 □로, $-$는 ○로 바꾸어 생각한다.

㉠ $95 \div (2-13) = 69 \rightarrow 95□(2○13) = 69$

㉡ $37 - (7 \div 4) = 111 \rightarrow 37○(7□4) = 111$

㉠의 좌변 95가 우변의 69보다 크기 때문에 □는 $+$나 $\times$가 될 수 없다. 또한 ㉡의 좌변 37이 111보다 작기 때문에 ○는 $-$나 $\div$가 될 수 없다. 그러므로 7가지 경우 중 답이 될 수 있는 것은 ($-$, $+$)와 ($-$, $\times$)뿐이다.

이를 ㉠에 차례로 대입해 보면

㉠ $95 - (2+13) = 80 \neq 69$ ⇨ 성립하지 않음.

㉠ $95 - (2 \times 13) = 69$ ⇨ 성립

($-$, $\times$)가 ㉡에서도 성립하는지 확인한다.

㉡ $37 \times (7-4) = 111$ ⇨ 성립

따라서 ㉢을 구하면 다음과 같다.

㉢ $(22 \div 3) - 3 = ? \rightarrow (22□3)○3 = ?$
 $(22-3) \times 3 = 57$

∴ '?' = 57

유형 1 수추리 공략

문제 110쪽

01	③	02	①	03	③	04	②	05	②
06	①	07	③	08	③	09	①	10	④
11	①	12	④	13	④	14	②	15	①
16	③	17	③	18	③

01

| 정답 | ③

| 해설 |

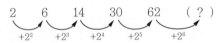

따라서 '?'에 들어갈 숫자는 $62+2^6=126$이다.

02

| 정답 | ①

| 해설 |

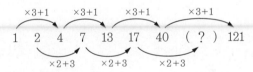

따라서 '?'에 들어갈 숫자는 $17×2+3=37$이다.

03

| 정답 | ③

| 해설 | 각 자리의 숫자를 더한 값만큼씩 숫자가 증가한다.

따라서 '?'에 들어갈 숫자는 $129+12=141$이다.

04

| 정답 | ②

| 해설 |

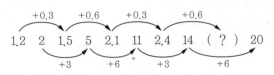

따라서 '?'에 들어갈 숫자는 $2.4+0.6=3$이다.

05

| 정답 | ②

| 해설 |

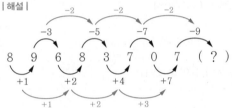

따라서 '?'에 들어갈 숫자는 $7-9=-2$이다.

06

| 정답 | ①

| 해설 | 앞의 두 수를 곱한 값의 각 자릿수를 더한 값이 다음 숫자가 된다.

- $7×8=56,\ 5+6=11$
- $8×11=88,\ 8+8=16$
- $11×16=176,\ 1+7+6=14$
- $16×14=224,\ 2+2+4=8$
- $14×8=112,\ 1+1+2=4$
- $8×4=32,\ 3+2=5$
- $4×5=20,\ 2+0=(?)$
- $5×2=10,\ 1+0=1$

따라서 '?'에 들어갈 숫자는 $2+0=2$이다.

07

| 정답 | ③

|해설| 첫 번째 수와 두 번째 수를 곱하고 그 수의 각 자릿수를 더한 값이 세 번째 숫자가 된다.

• 2 7 5 → 2×7=14, 1+4=5
• 8 9 9 → 8×9=72, 7+2=9
• 13 3 (?) → 13×3=39, 3+9=(?)

따라서 '?'에 들어갈 숫자는 3+9=12이다.

08

|정답| ③

|해설| 두 번째 수를 세 번째 수로 나누고 2를 더한 값이 첫 번째 숫자가 된다.

• 4 4 2 → 4÷2+2=4
• 6 8 (?) → 8÷(?)+2=6
• 7 10 2 → 10÷2+2=7

따라서 '?'에 들어갈 숫자는 $\frac{8}{6-2}$=2이다.

09

|정답| ①

|해설| 두 번째 수와 세 번째 수를 곱하고 1을 더한 값이 첫 번째 숫자가 된다.

• 13 4 3 → 4×3+1=13
• 22 7 3 → 7×3+1=22
• 16 5 (?) → 5×(?)+1=16

따라서 '?'에 들어갈 숫자는 $\frac{16-1}{5}$=3이다.

10

|정답| ④

|해설| 첫 번째 수와 두 번째 수의 합을 제곱한 뒤 세 번째 수를 곱한 값이 네 번째 숫자가 된다.

• 2 1 2 18 → $(2+1)^2$×2=18
• 2 3 10 250 → $(2+3)^2$×10=250
• 3 4 5 (?) → $(3+4)^2$×5=(?)

따라서 '?'에 들어갈 숫자는 49×5=245이다.

11

|정답| ①

|해설| 12시 방향의 4부터 시계 방향으로 다음과 같은 규칙으로 배열되어 있다.

따라서 '?'에 들어갈 숫자는 $34+2^5$=66이다.

12

|정답| ④

|해설| 그림을 보면 맨 아래부터 인접해 있는 두 블록의 숫자를 합한 값이 그 위에 있는 블록의 숫자임을 알 수 있다. 따라서 '?'에 들어갈 숫자는 18+19=37이다.

13

|정답| ④

|해설| 왼쪽 변의 수와 아래 변의 수를 곱하고 오른쪽 변의 수를 뺀 값이 삼각형 내부의 숫자가 된다.

• 3×5-1=14   • 4×6-4=20   • 5×7-9=(?)

따라서 '?'에 들어갈 숫자는 5×7-9=26이다.

14

|정답| ②

|해설| 분할된 각 칸을 다음과 같이 칭한다.

가	나
다	라

왼쪽 상자를 보면 '나+다=가+라'의 규칙임을 알 수 있다. 따라서 '?'에 들어갈 숫자는 17+13-11=19이다.

15

|정답| ①

|해설| 두 수의 십의 자리 수끼리 더한 값을 앞 두 자리

에, 일의 자리 수끼리 더한 값을 뒤 두 자리에 배치하는 규칙이다. 단, 두 수의 십의 자리 수끼리 더한 값이 한 자리 숫자라면 앞에 0을 붙이지 않고, 두 수의 일의 자리 수끼리 더한 값이 한 자리 숫자라면 앞에 0을 붙인다.

· $3+9=12,\ 4+0=04\ \rightarrow\ 1204$
· $8+7=15,\ 5+7=12\ \rightarrow\ 1512$
· $5+1=6,\ 4+5=09\ \rightarrow\ 609$
· $4+3=7,\ 8+9=17\ \rightarrow\ (?)$

따라서 '?'에 들어갈 숫자는 717이다.

16

|정답| ③

|해설| 수열을 4개씩 끊어 보면 처음 4개의 숫자는 작아지는 순서, 다음 4개의 숫자는 커지는 순서, 다음 4개의 숫자는 작아지는 순서로 나열되고 있음을 알 수 있다. 이 규칙을 고려하여 수열을 8개씩 끊어 보면 다음과 같다.

$$
\begin{array}{llllllll}
4 & 3 & 2 & 1 & 2 & 3 & 4 & 5 \quad (4-2)\div2=1행 \\
6 & 5 & 4 & 3 & 4 & 5 & 6 & 7 \quad (6-2)\div2=2행 \\
8 & 7 & 6 & 5 & 6 & 7 & 8 & 9 \quad (8-2)\div2=3행 \\
10 & 11 & \cdots & & & & & \quad (10-2)\div2=4행 \\
\vdots & & & & & & & \quad \vdots \\
n & & & & & n+1 & & (n-2)\div2행
\end{array}
$$

각 그룹의 가장 첫 번째 숫자는 4, 6, 8, 10, …와 같이 2씩 늘어나고 있다. 이에 따라 첫 번째 숫자가 28인 행은 28, 27, 26, 25, 26, 27, 28, 29로 그 행의 마지막에 처음으로 29가 나온다.

첫 번째 숫자가 28인 행은 $(28-2)\div2=13(행)$으로 $8\times12+1=97(번째)$ 숫자이다. 따라서 처음 29가 나오는 것은 13행의 가장 마지막인 $97+7=104(번째)$이다.

17

|정답| ③

|해설| 1의 직선상 아래에 있는 숫자들이 이루는 수열의 차를 계산하면 다음과 같다.

1 5 13 25 41 …
+4 +8 +12 +16

이를 토대로 규칙을 파악하면 다음과 같다.

· 1번째 : 1
· 2번째 : $5=1+4$
· 3번째 : $13=1+4+8=1+4\times(1+2)$
· 4번째 : $25=1+4+8+12=1+4\times(1+2+3)$
· 5번째 : $41=1+4+8+12+16=1+4\times(1+2+3+4)$

따라서 31번째 수는 $1+4(1+2+3+\cdots+30)$이 된다.

$$1+2+3+\cdots+30=\frac{30\times(30+1)}{2}=465$$이므로 31번째 수는 $1+4\times465=1,861$이다.

18

|정답| ③

|해설| 한 변의 검은색 바둑돌 수가 6개인 정사각형 중 가장 작은 정사각형을 그림으로 나타내면 다음과 같다.

이때 검은 바둑돌의 수는 두 단계마다 4개씩 늘어나므로 총 $3+7+11=21(개)$이다.

이를 토대로 규칙을 파악하면 다음과 같다.

$$
\begin{array}{ll}
3 & \\
3+7 & =10 \\
3+7+11 & =21 \\
3+7+11+15 & =36 \\
\vdots & \\
3+7+11+15+\cdots+3+(n-1)\times4 & =\frac{2\times3+(n-1)\times4}{2}\times n
\end{array}
$$

따라서 검은 바둑돌의 개수가 총 171개일 때, 검은색 바둑돌이 변을 이루는 몇 번째 정사각형인지를 구하면 다음과 같다.

$$\frac{2\times3+(n-1)\times4}{2}\times n=171$$
$$2n^2+n-171=0$$
$$(n-9)(2n+19)=0(단,\ n은 자연수)$$
$$\therefore n=9$$

따라서 검은색 바둑돌이 9번째로 정사각형의 변을 이룰 때, 그 두 변을 이루는 바둑돌의 개수는 $3+(9-1)\times4$ $=35$(개)이며, 이때 한 변을 이루는 바둑돌의 개수는 $\dfrac{35+1}{2}=18$(개)이다.

유형 2 문자추리 공략

문제 122쪽

01	③	02	④	03	④	04	①	05	③
06	②	07	②	08	②	09	③	10	③
11	④	12	①	13	②	14	③	15	②
16	④

01

| 정답 | ③

| 해설 | 일반 자음 순서를 이용하여 푼다.

따라서 '?'에 들어갈 문자는 13에 해당하는 ㅍ이다.

02

| 정답 | ④

| 해설 | 일반 자음 순서를 이용하여 푼다.

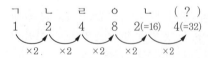

따라서 '?'에 들어갈 문자는 4(=32)에 해당하는 ㄹ이다.

03

| 정답 | ④

| 해설 | 일반 자음 순서를 이용하여 푼다.

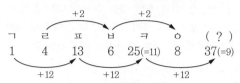

짝수항(ㄹ, ㅂ, ㅇ)의 법칙은 2씩 커지는 등차수열이고, 홀수항(ㄱ, ㅍ, ㅋ)의 법칙은 12씩 커지는 등차수열이다. 따라서 '?'에 들어갈 문자는 9에 해당하는 ㅈ이다.

04

| 정답 | ①

| 해설 | 쌍자음이 포함된 자음 순서를 이용하여 푼다.

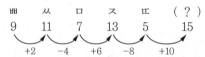

따라서 '?'에 들어갈 문자는 15에 해당하는 ㅊ이다.

05

| 정답 | ③

| 해설 | 알파벳 순서를 이용하여 푼다.

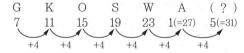

따라서 '?'에 들어갈 문자는 5(=31)에 해당하는 E이다.

06

| 정답 | ②

| 해설 | 알파벳 순서를 이용하여 푼다.

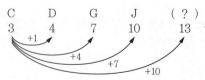

수의 증가는 1-4-7로 각 항마다 3씩 증가한 것을 알 수 있다. 따라서 '?'에 들어갈 문자는 13에 해당하는 M이다.

07

| 정답 | ②

| 해설 | 주어진 문자를 보면 앞의 문자는 D-E-F-G로 D부터 순서대로 나열되어 있고 뒤의 문자는 A-B-C-D로 A부터 순서대로 나열되어 있다. 따라서 '?'에 들어갈 문자는 G 다음 H와 D 다음 E로 구성된 HE이다.

08

| 정답 | ②

| 해설 | CDEFGHIJKLMNOPQRSTUVWXYZ

1개 2개 3개 4개 5개

• C와 E 사이의 문자 : 1개
• E와 H 사이의 문자 : 2개
• H와 L 사이의 문자 : 3개
• L과 ? 사이의 문자 : 4개
• ?와 W 사이의 문자 : 5개

따라서 '?'에 들어갈 문자는 Q이다.

09

| 정답 | ③

| 해설 | ③을 제외한 나머지는 세 번째 문자가 나머지 문자보다 1이 크다.

③ 도도노도-3, 3, 2, 3

| 오답풀이 |

① 가가나가-1, 1, 2, 1

② AABA-1, 1, 2, 1

④ HHIH-8, 8, 9, 8

⑤ 류류르류-8, 8, 9, 8 (또는 18, 18, 19, 18)

10

| 정답 | ③

| 해설 | ③을 제외한 나머지는 앞 문자에 +2가 차례대로 적용된다(사전에 실리는 순서).

③ 유으의이-18, 19, 20, 21

| 오답풀이 |

① 아야어여-1, 3, 5, 7

② 애얘에예-2, 4, 6, 8

④ 예와외우-8, 10, 12, 14

⑤ 여오왜요-7, 9, 11, 13

11

| 정답 | ④

| 해설 | ④를 제외한 나머지는 앞 문자에 $+2^0$, $+2^1$, $+2^2$이 차례대로 적용된다(사전에 실리는 순서).

④ 뷰슈유쮸 - 8, 10, 12, 14

| 오답풀이 |

① ABDH - 1, 2, 4, 8

③ 쇄쇠수슈 - 11, 12, 14, 18

⑤ JKMQ - 10, 11, 13, 17

12

| 정답 | ①

| 해설 | ①을 제외한 나머지는 앞 문자에 ×2, -1, +1이 차례대로 적용된다(일반 모음 순서 및 일반 자음 순서).

① ㅓㅡㅠㅡ-3, 9, 8, 9

| 오답풀이 |

② ㅂㅌㅋㅌ-6, 12, 11, 12

③ IRQR-9, 18, 17, 18

④ CFEF-3, 6, 5, 6

⑤ ㅕㅠㅜㅠ - 4, 8, 7, 8

13

| 정답 | ②

| 해설 | ②를 제외한 나머지는 앞 문자에 -3, -2, -1이 차례대로 적용된다(사전에 실리는 순서).

② VTRQ-22, 20, 18, 17

| 오답풀이 |

① 짜싸빠바 – 14, 11, 9, 8

③ 위우외왜 – 17, 14, 12, 11

④ 오에애야 – 9, 6, 4, 3

⑤ ROML – 18, 15, 13, 12

14

| 정답 | ③

| 해설 | ③을 제외한 나머지는 앞 문자에 +1, +2, −1이 차례대로 적용된다(일반 자음 순서).

③ 사자차타 – −7, 9, 10, 12

| 오답풀이 |

① 가나라다 – 1, 2, 4, 3

② 다라바마 – 3, 4, 6, 5

④ 아자카차 – 8, 9, 11, 10

⑤ 자차타카 – 9, 10, 12, 11

15

| 정답 | ②

| 해설 | ②를 제외한 나머지는 앞 문자에 +2, +3, +5가 차례대로 적용된다.

② KMOS – 11, 13, 15, 19

| 오답풀이 |

① BDGL – 2, 4, 7, 12

③ GILQ – 7, 9, 12, 17

④ MORW – 13, 15, 18, 23

⑤ OQTY – 15, 17, 20, 25

16

| 정답 | ④

| 해설 | ④를 제외한 나머지는 앞 문자에 각각 +1, −2, +3이 차례대로 적용된다(일반 자음 순서 및 일반 모음 순서).

④ 요죠뵤쵸 – 8, 9, 6, 10

| 오답풀이 |

① 크트츠프 – 11, 12, 10, 13

② NOMP – 14, 15, 13, 16

③ 서셔샤소 – 3, 4, 2, 5

⑤ IJHK – 9, 10, 8, 11

심화문제

테마 2. 수적추리

								문제 126쪽	
01	①	02	②	03	②	04	②	05	④
06	②	07	③	08	④	09	③	10	②
11	①	12	③	13	④	14	①	15	②
16	③	17	④	18	①	19	③	20	④
21	①								

01

| 정답 | ①

| 해설 | 2부터 시작하여 점점 큰 소수를 더하고 있다.

따라서 '?'에 들어갈 숫자는 30+13=43이다.

02

| 정답 | ②

| 해설 | 홀수항에는 소수가 2부터 나열되어 있고, 짝수 항은 짝수가 2부터 나열되어 있다.

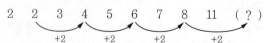

따라서 '?'에 들어갈 숫자는 8+2=10이다.

03

| 정답 | ②

| 해설 |

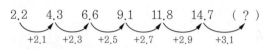

2.2   4.3   6.6   9.1   11.8   14.7   (?)
+2.1   +2.3   +2.5   +2.7   +2.9   +3.1

따라서 '?'에 들어갈 숫자는 14.7+3.1=17.8이다.

04

| 정답 | ②

| 해설 |

(?)   9.5   19.5   39.5   79.5
×2+0.5   ×2+0.5   ×2+0.5   ×2+0.5

따라서 '?'에 들어갈 숫자는 $(9.5-0.5)÷2=4.5$이다.

05

| 정답 | ④

| 해설 |

×2−1   ×2−1   ×2−1   ×2−1

$$\frac{5}{10} \quad \frac{(?)}{(?)} \quad \frac{17}{86} \quad \frac{33}{257} \quad \frac{65}{770}$$

×3−1   ×3−1   ×3−1   ×3−1

따라서 '?'에 들어갈 숫자는 $\dfrac{5\times2-1}{10\times3-1}=\dfrac{9}{29}$이다.

06

| 정답 | ②

| 해설 |

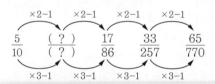

$$\frac{4}{9} \quad (?) \quad \frac{24}{54} \quad \frac{48}{162} \quad \frac{144}{324}$$

$\times\frac{2}{3}$ $\times\frac{3}{2}$ $\times\frac{2}{3}$ $\times\frac{3}{2}$

따라서 '?'에 들어갈 숫자는 $\dfrac{4}{9}\times\dfrac{2}{3}=\dfrac{8}{27}$이다.

07

| 정답 | ③

| 해설 |

$$\frac{1}{3} \quad \frac{5}{6} \quad \frac{8}{6}\left(=\frac{4}{3}\right) \quad \frac{11}{6} \quad \frac{14}{6}\left(=\frac{7}{3}\right) \quad (?)$$

$+\frac{1}{2}$ $+\frac{1}{2}$ $+\frac{1}{2}$ $+\frac{1}{2}$ $+\frac{1}{2}$

따라서 '?'에 들어갈 숫자는 $\dfrac{14}{6}+\dfrac{1}{2}=\dfrac{17}{6}$이다.

08

| 정답 | ④

| 해설 | 주어진 숫자를 세 개씩 묶어 보면 연관성이 나타난다.

(5 7 9) (6 14 12) (7 28 15) (8 ? 18)

첫 번째 숫자들은 1씩 더한 값이다.

5   6   7   8
+1   +1   +1

두 번째 숫자들은 2씩 곱한 값이다.

7   14   28   (?)
×2   ×2   ×2

세 번째 숫자들은 3씩 더한 값이다.

9   12   15   18
+3   +3   +3

따라서 '?'에 들어갈 숫자는 28×2=56이다.

09

| 정답 | ③

| 해설 | 주어진 숫자는 다음과 같은 규칙이 있다.

a	b	c

$a^2 \div b = c$

- $1^2 \div 2 = \dfrac{1}{2}$ • $10^2 \div 5 = 20$ • $6^2 \div 18 = 2$

따라서 '?'에 들어갈 숫자는 $12^2 \div 18 = 8$이다.

10

| 정답 | ②

|해설| 주어진 숫자는 다음과 같은 규칙에 따라 배열되어 있다.

따라서 '?'에 들어갈 숫자는 9이다.

11

|정답| ①

|해설| 주어진 숫자는 다음과 같은 규칙에 따라 배열되어 있다.

- $8 \times 13 \div 4 = 26$
- $5 \times 16 \div 4 = 20$
- $9 \times 12 \div 4 = 27$
- $4 \times 11 \div 4 = (\ ?\ )$

따라서 '?'에 들어갈 숫자는 $4 \times 11 \div 4 = 11$이다.

12

|정답| ③

|해설| 왼쪽 두 수를 곱한 값을 두 수를 더한 값으로 나누면 오른쪽 값이 된다.

- $(10 \times 10) \div (10 + 10) = 100 \div 20 = 5$
- $(3 \times 6) \div (3 + 6) = 18 \div 9 = 2$
- $(6 \times 12) \div (6 + 12) = 72 \div 18 = 4$

따라서 '?'에 들어갈 숫자는 $(10 \times 15) \div (10 + 15) = 150 \div 25 = 6$이다.

13

|정답| ④

|해설| 제시된 연산은 거울에 비췄을 때 성립하는 규칙이 있다.

$$11 + 1 = 51 \qquad 12 = 1 + 11$$
$$55 + 82 = 08 \qquad 80 = 58 + 22$$
$$18 + 15 = 501 \qquad 102 = 21 + 81$$
$$21 \times 21 = \boxed{A} \qquad \boxed{B} = 15 \times 15$$

거울

따라서 $\boxed{B}$ 에 들어갈 수는 225가 되어 $\boxed{A}$ 에 들어갈 수는 255가 된다.

14

|정답| ①

|해설| 17^1, 17^2, 17^3, … 의 일의 자리 숫자는 전 단계의 계산 값의 일의 자리 숫자에 7을 곱하면 구할 수 있다.

17^1의 일의 자리 숫자는 7
17^2의 일의 자리 숫자는 $7 \times 7 = 49$이므로 9
17^3의 일의 자리 숫자는 $9 \times 7 = 63$이므로 3
17^4의 일의 자리 숫자는 $3 \times 7 = 21$이므로 1
17^5의 일의 자리 숫자는 $1 \times 7 = 7$이므로 7
17^6의 일의 자리 숫자는 $7 \times 7 = 49$이므로 9

따라서 17을 계속 곱했을 때 일의 자리 숫자는 7, 9, 3, 1, 7, 9, 3, 1로 반복되는 것을 알 수 있다. 즉, 17^{13}의 일의 자리는 13번째 숫자 7이 된다.

같은 방법으로 13^1, 13^2, 13^3, … 의 일의 자리 숫자를 구한다.

13^1의 일의 자리 숫자는 3
13^2의 일의 자리 숫자는 $3 \times 3 = 9$이므로 9
13^3의 일의 자리 숫자는 $9 \times 3 = 27$이므로 7
13^4의 일의 자리 숫자는 $7 \times 3 = 21$이므로 1
13^5의 일의 자리 숫자는 $1 \times 3 = 3$이므로 3
13^6의 일의 자리 숫자는 $3 \times 3 = 9$이므로 9

따라서 13을 계속 곱했을 때 일의 자리 숫자는 3, 9, 7, 1, 3, 9, 7, 1로 반복되는 것을 알 수 있다. 즉, 13^{17}의 일의 자리는 17번째 숫자 3이 된다.

따라서 $17^{13} + 13^{17}$의 일의 자리 숫자는 $7 + 3 = 10$이므로 0이 된다.

15

|정답| ②

|해설| 2단까지의 연결 부분 수는 $1 + 2 = 3$(개)이므로 길이는 $10 \times 3 = 30$(cm)이다.

3단까지의 연결 부분 수는 $1 + 2 + 3 + 4 = 10$(개)이므로 길이는 $10 \times 10 = 100$(cm)이다.

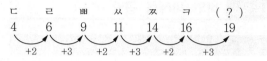

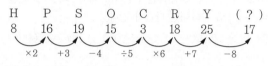

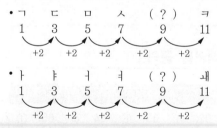

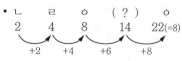

4단까지의 연결 부분 수는 1+2+3+4+5+6=21(개)이
므로 길이는 10×21=210(cm)이다.

즉, n단까지의 연결 부분 수는 1부터 $2n-2$까지의 자연
수의 합이다.

$\frac{1}{2} \times (2n-2) \times (2n-2+1) = \frac{1}{2}(2n-2)(2n-1)$이므로

$0.1 \times \frac{1}{2}(2n-2)(2n-1) > 200$

$(2n-2)(2n-1) > 4,000$

$60 \times 61 = 3,660$, $70 \times 71 = 4,970$이므로 $2n-2$는 60보다
크고 70보다 작은 수이다. 순서대로 숫자를 n에 대입해
서 처음 4,000을 넘는 값을 구하면

$n=32$일 때, $62 \times 63 = 3,906$

$n=33$일 때, $64 \times 65 = 4,160$

따라서 처음 200m를 넘는 것은 33단째이다.

16

| 정답 | ③

| 해설 | 자음과 모음을 분리해 숫자로 치환하여 푼다.

- ㄱ　ㄷ　ㅁ　ㅅ　(?)　ㅋ
  1　3　5　7　9　11
  +2　+2　+2　+2　+2

- ㅏ　ㅑ　ㅓ　ㅕ　(?)　ㅐ
  1　3　5　7　9　11
  +2　+2　+2　+2　+2

따라서 자음에 들어갈 문자는 9에 해당하는 ㅈ이고, 모
음에 들어갈 문자는 9에 해당하는 ㅗ이므로 '?'에 들어갈
문자는 두 자모음을 합친 조이다.

17

| 정답 | ④

| 해설 | 요일 순서를 이용하여 푼다.

수　목　토　화　(?)
3　4　6　2(=9)　6(=13)
+1　+2　+3　+4

따라서 '?'에 들어갈 문자는 6(=13)에 해당하는 토이다.

18

| 정답 | ①

| 해설 | 사전에 실리는 한글 자음 순서를 이용하여 푼다.

ㄷ　ㄹ　ㅃ　ㅆ　ㅉ　ㅋ　(?)
4　6　9　11　14　16　19
+2　+3　+2　+3　+2　+3

따라서 '?'에 들어갈 문자는 19에 해당하는 ㅎ이다.

19

| 정답 | ③

| 해설 | 알파벳 순서를 이용하여 푼다.

H　P　S　O　C　R　Y　(?)
8　16　19　15　3　18　25　17
×2　+3　-4　÷5　×6　+7　-8

따라서 '?'에 들어갈 문자는 17에 해당하는 Q이다.

20

| 정답 | ④

| 해설 | 사전에 실리는 한글 자음 순서를 이용하여 푼다.

ㅌ　ㅉ　ㅋ　ㅊ　ㅇ　ㅉ　ㅈ　(?)
17　14　16　15　12　14　13　10
-3　+2　-1　-3　+2　-1　-3

따라서 '?'에 들어갈 문자는 10에 해당하는 ㅅ이다.

21

| 정답 | ①

| 해설 | 숫자와 문자를 분리하여 푼다.

- 15　30　32　(?)　66
  ×2　+2　×2　+2

- ㄴ　ㄹ　ㅇ　(?)　ㅇ
  2　4　8　14　22(=8)
  +2　+4　+6　+8

따라서 숫자의 '?'에 들어갈 숫자는 64이고, 문자의 '?'에
들어갈 문자는 숫자 14에 해당하는 ㅎ이므로, '?'에 들어
갈 문자는 64 ㅎ이다.

테마 3 비와 비율

유형 1 비와 비례식 공략

문제 134쪽

01	①	02	③	03	③	04	③	05	③

01

| 정답 | ①

| 해설 | A가 가진 돈을 x원이라 하고, A와 B가 가진 돈을 비례식으로 나타내면 다음과 같다.

$$5:4=x:2{,}000 \qquad 4x=10{,}000 \qquad x=2{,}500(원)$$

02

| 정답 | ③

| 해설 | 전체 응시자 수에서 행정직렬에 지원한 사람의 수와 행정직렬과 기술직렬을 제외한 나머지 직렬에 지원한 사람의 수를 빼면 $6{,}400-5{,}200-710=490$(명)이다. 따라서 기술직렬에 지원한 사람의 수는 490명임을 알 수 있다. 기술직렬은 490명 중 35명을 선발한다고 하였으므로 경쟁률은 $490:35$, 즉 $14:1$이다.

03

| 정답 | ③

| 해설 | 총 해외 파견 주재원의 수는 120명이다. 이 중 해외 근무 무경험자와 해외 근무 경험자의 비가 $2:1$이므로 각각 $120\times\dfrac{2}{3}=80$(명)과 $120\times\dfrac{1}{3}=40$(명)이 된다. 이 40명 중 과장급 이하와 차장급 이상의 비가 $2:3$이므로 과장급 이하 주재원은 $40\times\dfrac{2}{5}=16$(명), 차장급 이상 주재원은 $40\times\dfrac{3}{5}=24$(명)이 된다.

04

| 정답 | ③

| 해설 | 길이 비가 $3:5$이므로 면적 비는 $3^2:5^2$, 즉 $9:25$이다. 가로 길이가 3m일 때 투사하는 면적이 12m^2였으므로, 가로 길이가 5cm일 때 투사하는 화면의 면적을 $x\,\text{m}^2$라 하면 다음과 같은 비례식이 성립한다.

$$9:25=12:x \qquad 9x=25\times12=300 \qquad x\fallingdotseq33$$

따라서 33m^2이다.

05

| 정답 | ③

| 해설 | 제품 A와 제품 B를 $7:5$의 비로 총 4톤 생산할 때 필요한 원재료 Y의 양은 다음과 같다.

- 제품 A : $4\times\dfrac{7}{12}\times\dfrac{4}{7}=\dfrac{4}{3}$(t)

- 제품 B : $4\times\dfrac{5}{12}\times\dfrac{7}{10}=\dfrac{7}{6}$(t)

- 총 필요한 원재료 Y : $\dfrac{4}{3}+\dfrac{7}{6}=2.5$(t)

따라서 원재료 Y는 2.5t, 즉 2,500kg이 필요하다.

유형 2 백분율 공략

문제 140쪽

01	③	02	④	03	⑤	04	②	05	①
06	②	07	③	08	①				

01

| 정답 | ③

| 해설 | 선택지가 %로 되어 있으므로 소수로 고쳐 계산한 뒤 결과를 다시 %로 되돌린다.

먼저 우변을 계산하면 다음과 같다.

$$\dfrac{1}{5}+\dfrac{1}{25}=0.2+0.04=0.24$$

$$\square=\dfrac{0.24}{0.4}=0.6$$

따라서 빈칸에 들어갈 숫자는 $0.6\times100=60$(%)이다.

02

|정답| ④

|해설| 현재 갑 도시에서 신문을 구독하고 있는 전체 가구 수를 x가구라 하면, A 신문을 구독하는 가구는 $\frac{1}{2}x$ 가구, A 신문이 아닌 타 신문을 구독하는 가구는 $\frac{1}{2}x$가 구이다. 매년 같은 비율로 구독 상황에 변동이 생긴다고 하였으므로, 이를 적용하면 다음과 같다.

• 1년 뒤의 구독 가구 상황 : A 신문을 구독하는 가구는 $\left(\frac{1}{2}x\times\frac{80}{100}+\frac{1}{2}x\times\frac{30}{100}\right)$가구, 타 신문을 구독하는 가구는 $\left(\frac{1}{2}x\times\frac{70}{100}+\frac{1}{2}x\times\frac{20}{100}\right)$가구이다. 이를 정리 하면 A 신문을 구독하는 가구는 $0.55x$가구, 타 신문을 구독하는 가구는 $0.45x$가구이다.

• 2년 뒤의 구독 가구 상황 : A 신문을 구독하는 가구는 $\left(\frac{55}{100}x\times\frac{80}{100}+\frac{45}{100}x\times\frac{30}{100}\right)$가구, 타 신문을 구독 하는 가구는 $\left(\frac{45}{100}x\times\frac{70}{100}+\frac{55}{100}x\times\frac{20}{100}\right)$가구이 다. 이를 정리하면 A 신문을 구독하는 가구는 $0.575x$ 가구, 타 신문을 구독하는 가구는 $0.425x$가구이다. 따라서 2년 뒤 A 신문을 구독하는 가구는 신문 구독 전 체 가구의 57.5%이다.

03

|정답| ⑤

|해설| 이 학교의 전체 학생 수를 x명이라고 할 때, 수영 대회에 참가한 학생은 $0.78x$명이다. 이 중 장거리 수영 경기에 출전한 학생은 $0.78x\times0.35=0.273x$(명)이고, 이 중 완주를 한 학생은 $0.273x\times0.70=0.1911x$(명)이 다. 따라서 장거리 수영 경기에서 완주를 한 학생은 전체 학생 수의 약 19%이다.

04

|정답| ②

|해설| 2번 라인은 $5,000\times1.1=5,500$(개), 3번 라인은 $5,500-500=5,000$(개)의 제품을 하루 동안 생산한다.

각 라인의 불량률을 곱하여 불량품의 개수를 계산하면 1번 라인부터 각각 $5,000\times\frac{0.8}{100}=40$(개), $5,500\times\frac{1}{100}$ $=55$(개), $5,000\times\frac{0.5}{100}=25$(개)이다.

따라서 하루 생산량 전체에서 불량품이 차지하는 비율은 $\frac{40+55+25}{5,000+5,500+5,000}\times100\fallingdotseq0.77(\%)$이다.

05

|정답| ①

|해설| 연간 임대수익률 공식에 각각의 수치를 대입해 보 면 다음과 같다.

$$\frac{1,000,000\times12}{500,000,000-100,000,000}\times100=3.0$$

따라서 연간 임대수익률은 3.0%이다.

06

|정답| ②

|해설| 90점 이상이 '우수'이므로 능력과 태도 모두 '우수' 인 직원은 $2+3+3+4=12$(명)이다. 전체 직원 수가 60 명이므로 능력과 태도 모두 '우수'인 직원은 경영지원팀 전체의 $\frac{12}{60}\times100=20(\%)$이다.

07

|정답| ③

|해설| ○○기업의 부채는 65억 원, 자본은 130억 원으 로 부채비율은 $\frac{65}{130}\times100=50(\%)$이다.

08

|정답| ①

|해설| 각 선택지에 따른 수익을 계산하면 다음과 같다.

① A : $1,600\times0.11=176$(원)

② B+E : $1,400\times0.1+600\times0.05=170$(원)

③ C+D : $1,200\times0.09+800\times0.07=164$(원)

④ C+E : $1,200\times0.09+600\times0.05=138$(원)

⑤ D+E : 800×0.07+600×0.05=86(원)

따라서 수익을 극대화하는 투자 방법은 ①이다.

| 해설 | $\frac{8}{25}=\frac{8\times4}{25\times4}=\frac{32}{100}=0.32$, 즉 3할2푼이다.

06

| 정답 | ①

| 해설 | $\frac{13}{25}=\frac{13\times4}{25\times4}=\frac{52}{100}=0.52$, 즉 5할2푼이다.

유형 3 할푼리 공략

문제 148쪽

| 01 | ③ | 02 | ④ | 03 | ④ | 04 | ② | 05 | ② |
| 06 | ① |

01

| 정답 | ③

| 해설 | 3,690×0.072=265.68

02

| 정답 | ④

| 해설 | 1L=1,000mL이므로 8,000(mL)×0.05=400(mL)이다.

03

| 정답 | ④

| 해설 | 5km=5,000m이므로 5,000(m)×0.7=3,500(m)이다.

04

| 정답 | ②

| 해설 | 9×0.03=0.27(kg)

05

| 정답 | ②

심화문제

테마 3. 비와 비율

문제 150쪽

01	③	02	②	03	①	04	④	05	④
06	①	07	①	08	⑤	09	②	10	④
11	④	12	⑤

01

| 정답 | ③

| 해설 | 두 시합에서 삼성이는 총 8타수 5안타를 친 것이므로 타율은 $\frac{5}{8}=0.625$, 즉 6할2푼5리이다.

02

| 정답 | ②

| 해설 | 인터넷 심화 활용 정도가 차지하는 점수는 500(디지털정보격차지수의 총점)×0.4(디지털정보활용지수)×0.2(인터넷 심화 활용 정도)=40(점)이다.

03

| 정답 | ①

| 해설 | $\frac{23}{50}=\frac{23\times2}{50\times2}=\frac{46}{100}=0.46$, 즉 4할6푼이다.

04

|정답| ④

|해설| A4용지의 세로 길이를 x, 가로 길이를 y라 하면, A5용지의 세로 길이는 A4용지의 가로 길이인 y, 가로 길이는 A4용지 세로 길이의 절반인 $\dfrac{x}{2}$이다. 모든 등급들의 가로 길이와 세로 길이 비율은 동일하다고 했으므로,

$$x:y=y:\dfrac{x}{2}$$

$$y^2=\dfrac{x^2}{2} \qquad\qquad y=\dfrac{x}{\sqrt{2}}=\dfrac{x}{1.4}$$

따라서 복사기 제어판에 표시되는 축소 비율은

$$y:\dfrac{x}{2}=\dfrac{x}{1.4}:\dfrac{x}{2}=1:0.7,\ \text{즉 }70\%\text{이다.}$$

05

|정답| ④

|해설| B 회사의 국내 판매 비율은 $100-25-20-15=40(\%)$, 해외 판매 비율은 $100-32-17-9=42(\%)$이다. 해외 판매량은 국내 판매량의 5배이므로 B 회사의 전체 제품 판매량 대비 국내 판매량의 비율은 $\dfrac{40}{40+42\times5}\times100=16(\%)$이다.

06

|정답| ①

|해설| $\dfrac{2,149}{5,882}\times100\fallingdotseq36.5(\%)$이다.

07

|정답| ①

|해설| 나라별 총 메달 수 대비 금메달 수의 비율을 계산하면 다음과 같다.

- 노르웨이 : $\dfrac{14}{39}\times100\fallingdotseq35.9(\%)$

- 캐나다 : $\dfrac{11}{29}\times100\fallingdotseq37.9(\%)$

- 미국 : $\dfrac{9}{23}\times100\fallingdotseq39.1(\%)$

- 네덜란드 : $\dfrac{8}{20}\times100=40(\%)$

따라서 획득한 총 메달 수 대비 금메달 수의 비율이 낮은 순서대로 배열하면 노르웨이-캐나다-미국-네덜란드이다.

08

|정답| ⑤

|해설| 차장급 이하 직원들에게 배정된 좌석은 연회장 좌석의 50%로 $270\times\dfrac{50}{100}=135(\text{석})$이고, 임원들에게 배정된 좌석은 $270-135=135(\text{석})$의 20%인 $135\times\dfrac{20}{100}=27(\text{석})$이 된다. 남은 좌석은 $135-27=108(\text{석})$으로 주주들과 협력업체 관계자들이 각각 $108\times\dfrac{50}{100}=54(\text{석})$씩 배정받게 된다.

09

|정답| ②

|해설| 각 연령대별 저축자의 비율을 계산하면 다음과 같다.

- 20대 : $\dfrac{178}{250}\times100=71.2(\%)$

- 30대 : $\dfrac{175}{200}\times100=87.5(\%)$

- 40대 : $\dfrac{201}{300}\times100=67(\%)$

- 50대 : $\dfrac{136}{200}\times100=68(\%)$

- 60대 : $\dfrac{21}{50}\times100=42(\%)$

따라서 저축자의 비율이 가장 높은 연령대는 30대이다.

10

|정답| ④

|해설| $\dfrac{136}{178+175+201+136+21}\times100\fallingdotseq19.1(\%)$이다.

11

| 정답 | ④

| 해설 | 불량률 = $\dfrac{\text{불량품의 개수}}{\text{하루 생산량}} \times 100$ 이므로 각 기계의 불량률을 계산하면 다음과 같다.

- a 기계 : $\dfrac{17}{5,610} \times 100 ≒ 0.30(\%)$

- b 기계 : $\dfrac{19}{5,830} \times 100 ≒ 0.33(\%)$

- c 기계 : $\dfrac{16}{5,400} \times 100 ≒ 0.30(\%)$

- d 기계 : $\dfrac{21}{5,950} \times 100 ≒ 0.35(\%)$

- e 기계 : $\dfrac{18}{5,670} \times 100 ≒ 0.32(\%)$

따라서 불량률은 d 기계가 가장 높다.

12

| 정답 | ⑤

| 해설 | 취업률 = $\dfrac{\text{취업자 수}}{\text{졸업자 수}} \times 100$ 이므로 연도별 취업률을 계산하면 다음과 같다.

- 20X5년 : $\dfrac{19}{70} \times 100 ≒ 27.1(\%)$

- 20X6년 : $\dfrac{20}{74} \times 100 ≒ 27.0(\%)$

- 20X7년 : $\dfrac{17}{65} \times 100 ≒ 26.2(\%)$

- 20X8년 : $\dfrac{23}{82} \times 100 ≒ 28.0(\%)$

- 20X9년 : $\dfrac{22}{77} \times 100 ≒ 28.6(\%)$

따라서 졸업 당시 취업률이 가장 높았던 해는 20X9년 이다.

테마 4 기수법

유형 1 진법 공략

문제 160쪽

01	③	02	②	03	⑤	04	③	05	③
06	④	07	④	08	⑤	09	①		

01

| 정답 | ③

| 해설 | 10진수는 우리가 일상에서 사용하는 0 ~ 9의 10종류 숫자로 나타낸 수이며 이는 다른 체계로 변환이 가능하다.

- 김 사원 : 2진수는 0과 1로 나타내는 수이다. 10진수를 2진수로 변환하기 위해서는 10진수를 2로 계속 나눈 나머지를 반대 순서로 나열하면 된다.

$$
\begin{array}{r}
2\,)\,\underline{21} \\
2\,)\,\underline{10}\ \cdots\ 1 \\
2\,)\,\underline{\ 5}\ \cdots\ 0 \\
2\,)\,\underline{\ 2}\ \cdots\ 1 \\
1\ \cdots\ 0
\end{array}
\qquad \therefore 21 = 10101_{(2)}
$$

따라서 김 사원의 답변은 옳다.

- 이 사원 : 8진수는 0 ~ 7의 8종류 숫자로 나타낸 수이다. 21을 8진수로 변환하려면 위와 같은 방법으로 21을 8로 나누면 된다.

$$
\begin{array}{r}
8\,)\,\underline{21} \\
2\ \cdots\ 5
\end{array}
\qquad \therefore 21 = 25_{(8)}
$$

따라서 이 사원의 답변은 옳다.

- 박 사원 : 16진수는 0 ~ 9의 10종류 숫자와 A ~ F의 6개 문자를 사용해 나타낸 수이다. 0부터 9는 10진수와 같이 표현하고 10, 11, 12, …, 15는 A, B, C, …, F로 나타낸다.

$$
\begin{array}{r}
16\,)\,\underline{21} \\
1\ \cdots\ 5
\end{array}
\qquad \therefore 21 = 15_{(16)}
$$

따라서 박 사원의 답변은 옳지 않다.

강 부장의 질문에 올바른 답변을 한 사원은 김 사원, 이 사원이다.

02

|정답| ②

|해설| 10진수 17을 8진수로 변환하면 다음과 같다.

$8\,)\,\underline{17}$
　　　　$2\ \cdots\ 1$　　　　　　$\therefore\ 17=21_{(8)}$

|오답풀이|

• A : 10진수 17을 2진수로 변환하면 다음과 같다.

$2\,)\,\underline{17}$
$2\,)\,\underline{\ 8}\ \cdots\ 1$
$2\,)\,\underline{\ 4}\ \cdots\ 0$
$2\,)\,\underline{\ 2}\ \cdots\ 0$
　　　　$1\ \cdots\ 0$　　　　$\therefore\ 17=10001_{(2)}$

• C : 8진수 17을 10진수로 변환하면 $17_{(8)}=1\times 8^1+7\times 8^0$ $=15$이다.

• D : 10진수 15를 2진수로 변환하면 다음과 같다.

$2\,)\,\underline{15}$
$2\,)\,\underline{\ 7}\ \cdots\ 1$
$2\,)\,\underline{\ 3}\ \cdots\ 1$
　　　　$1\ \cdots\ 1$　　　　$\therefore\ 15=1111_{(2)}$

03

|정답| ⑤

|해설| 2진수 '111000'을 변환하면 다음과 같다.

• 甲 사원 : 10진수로 변환하면 $1\times 2^5+1\times 2^4+1\times 2^3+0\times 2^2+0\times 2^1+0\times 2^0=56$이 되므로 옳은 대답이다.

• 乙 사원 : 10진수 56을 이용하여 8진수로 변환하면 다음과 같다.

$8\,)\,\underline{56}$
　　　　$7\ \cdots\ 0$

따라서 70은 옳은 대답이다.

• 丙 사원 : 10진수 56을 이용하여 16진수로 변환하면 다음과 같다.

$16\,)\,\underline{56}$
　　　　$3\ \cdots\ 8$

따라서 38은 옳은 대답이다.

• 丁 사원 : 1의 보수는 주어진 2진수의 0을 1로, 1을 0으로 대체하면 되므로 '000111'은 옳은 대답이다.

• 戊 사원 : 2의 보수는 1의 보수에 1을 더하여 구하므로 '001000'은 옳은 대답이다.

따라서 모두 정답을 맞혔으므로 봉준호 부장이 주어야 할 상품권의 총 금액은 5만 원이다.

04

|정답| ③

|해설| 먼저 2진수 110001을 10진수로 변환하면 $110001_{(2)}=1\times 2^5+1\times 2^4+1\times 2^0=49$이다.

10진수 49를 3진수로 변환하면 다음과 같다.

$3\,)\,\underline{49}$
$3\,)\,\underline{16}\ \cdots\ 1$
$3\,)\,\underline{\ 5}\ \cdots\ 1$
　　　　$1\ \cdots\ 2$　　　　$\therefore\ 49=1211_{(3)}$

이와 같은 방법으로 10진수 49를 4~9진수로 나타내면 $301_{(4)}$, $144_{(5)}$, $121_{(6)}$, $100_{(7)}$, $61_{(8)}$, $54_{(9)}$이다. 따라서 세 자리의 수로 나타낼 수 있는 표현법은 4가지이다.

05

|정답| ③

|해설| 2진수와 3진수를 직접 계산하는 것은 불가능하므로 10진수로 고쳐서 계산한다.

• 2진수 111을 10진수로 변환
$111_{(2)}=1\times 2^2+1\times 2^1+1\times 2^0=7$

• 3진수 111을 10진수로 변환
$111_{(3)}=1\times 3^2+1\times 3^1+1\times 3^0=13$

따라서 두 수를 곱하면 $7\times 13=91$이 된다.

따라서 10진수 91을 4진수로 변환하면 다음과 같다.

$4\,)\,\underline{91}$
$4\,)\,\underline{22}\ \cdots\ 3$
$4\,)\,\underline{\ 5}\ \cdots\ 2$
　　　　$1\ \cdots\ 1$　　　　$\therefore\ 91=1123_{(4)}$

06

|정답| ④

|해설| ㉠ $6B_{(16)}=6\times 16^1+B\times 16^0=96+11=107$

ⓒ 먼저 16진수 AD를 10진수로 변환하면

$AD_{(16)} = A \times 16^1 + D \times 16^0 = 160 + 13 = 173$이다.

10진수 173을 8진수로 변환하면 다음과 같다.

```
8 ) 173
8 )  21 … 5
      2 … 5      ∴ 173 = 255_(8)
```

ⓔ $96_{(16)} = 9 \times 16^1 + 6 \times 16^0 = 150$

| 오답풀이 |

ⓛ 먼저 16진수 53을 10진수로 변환하면

$53_{(16)} = 5 \times 16^1 + 3 \times 16^0 = 83$이다.

10진수 83을 2진수로 변환하면 다음과 같다.

```
2 ) 83
2 ) 41 … 1
2 ) 20 … 1
2 ) 10 … 0
2 )  5 … 0
2 )  2 … 1      ∴ 83 = 1010011_(2)
      1 … 0
```

07

| 정답 | ④

| 해설 | 4진법과 5진법으로 나타낸 수를 먼저 10진법으로 변환하여 계산한 뒤 그 결과를 6진법으로 나타낸다.

$123_{(4)}$, $210_{(5)}$를 10진법으로 나타내면 다음과 같다.

$123_{(4)} = 1 \times 4^2 + 2 \times 4^1 + 3 \times 4^0 = 27$

$210_{(5)} = 2 \times 5^2 + 1 \times 5^1 + 0 \times 5^0 = 55$

두 수를 더하면 $27 + 55 = 82$이다.

10진수 82를 6진수로 변환하면 다음과 같다.

```
6 ) 82
6 ) 13 … 4
      2 … 1      ∴ 82 = 214_(6)
```

08

| 정답 | ⑤

| 해설 | ㄱ. 소수가 포함된 수를 변환할 경우, 정수 부분과 소수 부분을 분리하여 계산한다.

ㄴ. 10진수 0.8125를 2진수로 변환하면 다음과 같다.

$0.6875 = \frac{1}{2}(① + ⓪.375)$

$0.375 = \frac{1}{2}(⓪ + ⓪.75)$

$0.75 = \frac{1}{2}(① + ⓪.5)$

$0.5 = \frac{1}{2}(① + 0)$

∴ $0.8125 = 0.1011_{(2)}$

ㄷ. • 정수 부분 : $1 \times 2^3 + 1 \times 2^1 = 10$

• 소수 부분 : $\frac{1}{2^1} \times 1 + \frac{1}{2^2} \times 1 = \frac{3}{4} = 0.75$

∴ $1010.11_{(2)} = 10.75$

따라서 ㄱ, ㄴ, ㄷ 모두 옳다.

09

| 정답 | ①

| 해설 | 제시된 그림을 보면 16진수를 2진수로 변환한 뒤 값에 따라 잉크를 분사하고 있으며, 맨 아래 칸은 2^0을 의미하고 맨 위 칸은 2^7을 의미함을 알 수 있다.

나머지 $86_{(16)}$, $8A_{(16)}$, $72_{(16)}$를 10진수로 변환하면 다음과 같다.

• $86_{(16)} = 8 \times 16^1 + 6 \times 16^0 = 128 + 6 = 134$

• $8A_{(16)} = 8 \times 16^1 + A \times 16^0 = 128 + 10 = 138$

• $72_{(16)} = 7 \times 16^1 + 2 \times 16^0 = 112 + 2 = 114$

이들을 다시 2진수로 변환하면 각각 $10000110_{(2)}$, $10001010_{(2)}$, $1110010_{(2)}$이 되므로 순서대로 신호를 보내 출력한 모양은 다음과 같다.

이들을 다시 2진수로 변환하면 각각 $10000110_{(2)}$, $10001010_{(2)}$, $1110010_{(2)}$이 되므로 순서대로 신호를 보내 출력한 모양은 다음과 같다.

	●	●	
●			●
			●
			●
		●	
	●		
●	●	●	●

심화문제

테마 4. 기수법

문제 164쪽

01	②	02	②	03	③	04	③	05	⑤
06	④	07	①	08	③	09	①	10	④
11	③	12	③						

01

|정답| ②

|해설| 5진법에서 나타낼 수 있는 4자리 수 중 최소는 $1000_{(5)}$이고, 최대는 $4444_{(5)}$이다. 이를 10진법으로 변환하면 다음과 같다.

$1000_{(5)} = 1 \times 5^3 = 125$

$4444_{(5)} = 4 \times 5^3 + 4 \times 5^2 + 4 \times 5^1 + 4 \times 5^0 = 624$

7진법에서 나타낼 수 있는 4자리 수 중 최소는 $1000_{(7)}$이고, 최대는 $6666_{(7)}$이다. 이를 10진법으로 변환하면 다음과 같다.

$1000_{(7)} = 1 \times 7^3 = 343$

$6666_{(7)} = 6 \times 7^3 + 6 \times 7^2 + 6 \times 7^1 + 6 \times 7^0 = 2,400$

따라서 5진법으로도 7진법으로도 4자리인 수는 10진법으로 최소 343, 최대 624가 된다. 이를 3진법으로 변환하면

```
3 ) 343            3 ) 624
3 ) 114 … 1        3 ) 208 … 0
3 )  38 … 0        3 )  69 … 1
3 )  12 … 2        3 )  23 … 0
3 )   4 … 0        3 )   7 … 2
      1 … 1              2 … 1
```

$343 = 110201_{(3)}$, $624 = 212010_{(3)}$이므로 모두 6자리 수가 된다.

02

|정답| ②

|해설| 조건에 따라 a와 b를 정리하면 다음과 같다.

$1 \leq a \leq 6,\ 1 \leq b \leq 6$ …… ㉠

$9a + b = 7b + a$ …… ㉡

㉡을 정리하면 $4a = 3b$가 되고

㉠에서 ㉡을 충족하는 수를 찾으면 a=3, b=4이다.

$34_{(9)}$ 또는 $43_{(7)}$을 10진법으로 변환하면,

$3 \times 9^1 + 4 \times 9^0 = 31$

이를 다시 5진법으로 변환하면,

```
5 ) 31
5 )  6 … 1
     1 … 1          ∴ 31 = 111_(5)
```

따라서 첫 번째 자리의 수는 1이다.

03

|정답| ③

|해설| 4를 제외한 9개 숫자로 방 번호를 만들므로 9진법을 이용하면 된다. 120를 9진법으로 변환하면

```
9 ) 120
9 )  13 … 3
     1  … 4          ∴ 120 = 143_(9)
```

이때 4는 사용하지 않으므로 4 이외의 숫자는 1씩 옮겨가야 한다. 따라서 120번째로 붙인 방 번호는 153이다.

04

|정답| ③

|해설| 3과 4를 사용하지 않고 그 이외의 7개 숫자로 나타내는 것이므로 7진법을 이용하면 된다. 150을 7진법으로 변환하면

```
7 ) 150
7 )  21 … 3
     3  … 0          ∴ 150 = 303_(7)
```

이때 3, 4는 사용하지 않으므로 3→5가 되어 505가 150대째 주차 공간의 번호가 된다.

05

|정답| ⑤

|해설| 6종류의 도형과 숫자(0～5)의 대응관계를 알아야 한다. 일단 주어진 그림을 다음과 같은 문자로 나타낸 후 계산한다.

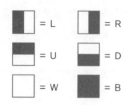

- L+U=W … ㉠
- R+D=D … ㉡
- B+W=LU … ㉢
- L+W=D … ㉣
- W+W=LR … ㉤

㉠ ~ ㉤ 모두 6진법으로 계산되었음에 유의한다.

먼저 ㉡을 통해 R=0임을 알 수 있으므로 ㉤은 'W+W=L0'이 된다. 이때 6진수 W가 최대로 가질 수 있는 한 자리 수는 5이므로 ㉤의 합은 최대 $5_{(6)}+5_{(6)}=14_{(6)}$가 된다. 즉, 합이 20 이상이 될 수 없으므로 $L=1_{(6)}$이고, $W=3_{(6)}$인 것을 알 수 있다.

㉠은 $1_{(6)}+U=3_{(6)}$이므로 $U=2_{(6)}$가 되고, ㉣은 $1_{(6)}+3_{(6)}$ $=D$이므로 $D=4_{(6)}$가 되며, 남은 B는 5인 것을 알 수 있다(㉢ : $5_{(6)}+3_{(6)}=12_{(6)}$).

따라서 주어진 식을 계산하면 $D+B=4_{(6)}+5_{(6)}=13_{(6)}=$ LW가 되고, 문자를 다시 그림으로 나타내면 ⑤가 답이 된다.

06

| 정답 | ④

| 해설 | ㄱ. 2진수와 8진수의 상호 변환 방법을 활용한다.
  - 2진수 : 010 110. 101
  - 8진수 : 2   6 . 5
  따라서 8진수로 변환하면 26.5가 된다.

ㄷ. 정수 부분과 소수 부분을 분할하여 계산한다.
  - 정수 부분 : $1×2^4+1×2^2+1×2^1=16+4+2=22$
  - 소수 부분 : $1×\dfrac{1}{2^1}+1×\dfrac{1}{2^3}=\dfrac{5}{8}=0.625$
  따라서 10진수로 변환하면 22.625가 된다.

| 오답풀이 |

ㄴ. 2진수와 16진수의 상호 변환 방법을 활용한다.
  - 2진수 : 0001 0110. 1010
  - 16진수 : 1   6 . 10
  따라서 16진수로 변환하면 16.1이 된다.

07

| 정답 | ①

| 해설 | 2진법을 16진법으로 변환할 시 4자리씩 끊어 변환하는 것이 쉽다. 경유지와 목적지를 16진법으로 변환하면 다음과 같다.

- 경유지 : $\underline{1111}\ \underline{1010}\ \underline{1100}\ \underline{1110}_{(2)}$

  　　　　F　　A　　C　　$E_{(16)}$

- 목적지 : $\underline{1011}\ \underline{1110}\ \underline{1010}\ \underline{1101}_{(2)}$

  　　　　B　　E　　A　　$D_{(16)}$

따라서 철수가 이동한 총 거리는 $1_{(16)}+4_{(16)}=5_{(16)}$이다.

08

| 정답 | ③

| 해설 | $222_{(p)}$는 $2×p^2+2×p^1+2×p^0$이고, $333_{(p)}$은 $3×p^2+3×p^1+3×p^0$이다. $21222_{(3)}$는 $2×3^4+1×3^3+2×3^2+2×3^1+2×3^0=162+27+18+6+2=215$이다. 이를 통해 식을 세우면 다음과 같다.

i) $2×p^2+2×p^1+2×p^0+3×p^2+3×p^1+3×p^0$
$=5p^2+5p+5$

ii) $5p^2+5p+5=215$
$p^2+p-42=0$
$(p-6)(p+7)=0$
$∴ p=6$ 또는 -7

p는 반드시 자연수여야 하므로 6이다.

09

| 정답 | ①

| 해설 | 코드 번호의 규칙은 A부터 Z까지의 알파벳에 차례대로 숫자 1부터 26까지를 부여해 2진법으로 변환하는 것이다. 따라서 'GIFTED'를 숫자로 변환하면 '7 9 6 20 5 4'이다. 각각의 수를 2진법으로 변환하면 다음과 같다.

- $7=00111_{(2)}$
- $9=01001_{(2)}$
- $6=00110_{(2)}$
- $20=10100_{(2)}$
- $5=00101_{(2)}$
- $4=00100_{(2)}$

따라서 0의 개수는 18개, 1의 개수는 12개로 개수의 차이는 6개이다.

10

| 정답 | ④

| 해설 | 아홉 칸으로 분할된 정사각형이 나타내는 2진법의 자릿수는 다음과 같다.

2^8	2^5	2^2
2^7	2^4	2^1
2^6	2^3	2^0

이 순서대로 읽으면 제시된 그림에 해당하는 2진법은 $1101010_{(2)}$이다. 이를 10진법으로 변환하면 $2^0 \times 0 + 2^1 \times 1 + 2^2 \times 0 + 2^3 \times 1 + 2^4 \times 0 + 2^5 \times 1 + 2^6 \times 1 = 106$이다.

11

| 정답 | ③

| 해설 | 2진법으로 나타낼 때 $10_{(2)}$으로 끝난다면 2의 배수이지만, $100_{(2)}$으로 끝나지 않으므로 4의 배수는 아님을 알 수 있다. 5진법으로 나타낼 때 $0_{(5)}$로 끝난다면 5의 배수임을 알 수 있다. 2와 5의 배수지만 4의 배수가 아닌 수의 수열은 {10, 30, 50, ……}로 초항이 10, 공차가 20인 등차수열이다. 따라서 10번째 항은 $10 + 20 \times (10-1) = 190$이고, 10번째 항까지의 합은 $\dfrac{(10+190) \times 10}{2} = 1,000$이다.

12

| 정답 | ③

| 해설 | 일단 $1000_{(r)} - 330_{(r)} = 340_{(r)}$이라는 식을 세울 수 있다. 각각의 수를 10진법으로 나타내면 다음과 같다.

- $1000_{(r)}$: $0 \times r^0 + 0 \times r^1 + 0 \times r^2 + 1 \times r^3 = r^3$
- $330_{(r)}$: $0 \times r^0 + 3 \times r^1 + 3 \times r^2 = 3r + 3r^2$
- $340_{(r)}$: $0 \times r^0 + 4 \times r^1 + 3 \times r^2 = 4r + 3r^2$

이를 이용해 식을 세우면,

$r^3 - (3r + 3r^2) = 4r + 3r^2$ $r^3 - 6r^2 - 7r = 0$

$r(r+1)(r-7) = 0$ $r = 0$ 또는 -1 또는 7

단, r진수로 표현한 숫자에 4가 들어가므로 r은 5 이상의 자연수여야 한다. 따라서 이 가게에서 사용하는 진법은 7진법이다.

테마 5 방정식

유형 1 일차방정식 공략

								문제 176쪽
01	④	02	③	03	②	04	③	05 ④
06	②	07	②	08	①	09	①	10 ③
11	③	12	②	13	③	14	④	15 ③
16	⑤	17	⑤					

테마
5
방정식

01

| 정답 | ④

| 해설 | 작년 바둑동호회 남성 회원 수를 x명이라 하면 작년 바둑동호회 여성 회원 수는 $(60-x)$명이다. 따라서 다음과 같은 식이 성립한다.

$1.05x + 0.9(60-x) = 60$

$0.15x = 6$ $\therefore x = 40$(명)

올해의 남성 회원 수는 작년에 비해 5% 증가했으므로 $40 \times 1.05 = 42$(명)이다.

02

| 정답 | ③

| 해설 | 남성의 70%가 14명이므로 A 팀에 속한 총 남성의 수(x)는 다음과 같이 구할 수 있다.

$x \times \dfrac{70}{100} = 14$ $\therefore x = 20$(명)

남성이 20명이므로 A 팀의 총인원은 $12 + 20 = 32$(명)이다.

03

| 정답 | ②

| 해설 | 두 달 동안 사용한 볼펜의 개수가 600개이고, 빨간색 볼펜의 개수를 x개라고 하였으므로 다음과 같은 식이 성립한다.

$2 \times (120 + 60 + x) = 600$

$240 + 120 + 2x = 600 \qquad 2x = 240$

$\therefore x = 120$(개)

따라서 한 달 동안 사용한 빨간색 볼펜의 개수는 120개이다.

04

| 정답 | ③

| 해설 | 생산한 빵의 개수를 x개라 하면 다음과 같은 식이 성립한다.

$\dfrac{1}{8}x \times \dfrac{3}{5} = 15$

$\therefore x = 200$(개)

따라서 판매한 빵의 개수는 $200 \times \dfrac{7}{8} = 175$(개)이다.

05

| 정답 | ④

| 해설 | 무사히 운반한 접시를 x장이라 하면 다음과 같은 식이 성립한다.

$25,200 = 20x - 300(1,500 - x)$

$320x = 475,200$

$\therefore x = 1,485$(장)

따라서 깨지 않고 옮긴 접시는 모두 1,485장이다.

06

| 정답 | ②

| 해설 | 네 번째 정류장에서 하차하고 남은 직원이 3명이므로 오늘 퇴근 버스를 탄 직원을 x명이라 하면 다음과 같은 식이 성립한다.

$x \times \dfrac{2}{3} \times \dfrac{3}{4} \times \dfrac{1}{2} \times \dfrac{1}{3} = 3$

$\dfrac{1}{12}x = 3$

$\therefore x = 36$(명)

따라서 퇴근 버스를 탄 직원은 총 36명이다.

07

| 정답 | ②

| 해설 | 연속된 세 개의 짝수이므로 가장 큰 숫자를 x라고 한다면 가운데 숫자는 $x-2$, 가장 작은 숫자는 $x-4$이므로 다음과 같은 식이 성립한다.

$x + (x-2) + (x-4) = 54$

$3x - 6 = 54$

$3x = 60$

$\therefore x = 20$

따라서 더한 값이 54가 되는 세 개의 연속된 짝수 중 가장 큰 수는 20이다.

[별해] 연속된 세 개의 짝수 : $x-2$, x, $x+2$

$x - 2 + x + x + 2 = 3x = 54$

$\therefore x = 18$

따라서 가장 큰 수는 $18 + 2 = 20$이다.

08

| 정답 | ①

| 해설 | 직사각형의 세로 길이를 xm라고 한다면 가로 길이는 $2x$m이므로 다음과 같은 식이 성립한다.

$(2 \times x) + (2 \times 2x) = 3$

$2x + 4x = 3$

$\therefore x = 0.5$(m)

즉 세로 길이는 0.5m, 가로 길이는 1m이므로 이 직사각형의 넓이는 $0.5 \times 1 = 0.5$(m^2)이다.

09

| 정답 | ①

| 해설 | 준비되었던 아파트의 전체 분양 가구 수를 x가구라 하면 다음과 같은 식이 성립한다.

$x - \left(\dfrac{1}{5}x + \dfrac{1}{12}x + \dfrac{1}{4}x \right) = 560$

$60x - (12x + 5x + 15x) = 33,600$

$28x = 33,600$

$\therefore x = 1,200$(가구)

따라서 전체 분양 가구 수는 1,200가구이다.

10

| 정답 | ③

| 해설 | 5세트씩 넣을 때 필요한 박스의 개수를 x개라 하면 다음과 같은 식이 성립한다.

$5x+2=6(x-2)+4$

$\therefore x=10$

5세트씩 넣을 때 필요한 박스의 개수가 10개이므로 준비한 구호물품은 총 $5\times10+2=52$(세트)임을 알 수 있다.

11

| 정답 | ③

| 해설 | 원래 수의 십의 자리 숫자는 2이므로 일의 자리 숫자를 x라 하면, 올바른 금액은 $20+x$가 되고, 바뀐 수는 $10x+2$가 되므로 다음과 같은 식이 성립한다.

$(20+x)\times2+10=10x+2$

$8x=48$

$\therefore x=6$

따라서 올바른 금액은 $20+6=26$(원)이다.

12

| 정답 | ②

| 해설 | 전체 참석자 수 x=남성 참석자 수+여성 참석자 수이며 남성 참석자 수=$\dfrac{x}{5}+65$, 여성 참석자 수=$\dfrac{x}{2}-5$이다. 이를 정리하면 다음과 같은 식이 성립한다.

$\dfrac{x}{5}+65+\dfrac{x}{2}-5=x$

$2x+650+5x-50=10x$

$3x=600$

$\therefore x=200$(명)

따라서 공청회 전체 참석자 수는 200명이다.

13

| 정답 | ③

| 해설 | 1층에서 탄 인원수를 x명으로 놓고 식을 세우면 다음과 같다.

- 3층 엘리베이터에 남아 있는 인원수 : $x\times\dfrac{2}{3}+4$

- 5층 엘리베이터에 남아 있는 인원수 :

$$\left(\dfrac{2x}{3}+4\right)\times\dfrac{3}{4}+2$$

7층에서 내린 인원수가 1층에서 탄 인원수보다 4명이 적으므로 다음과 같은 식이 성립한다.

$$\left(\dfrac{2x}{3}+4\right)\times\dfrac{3}{4}+2=x-4$$

$\dfrac{x}{2}+3+2=x-4 \qquad \dfrac{x}{2}=9$

$\therefore x=18$(명)

따라서 1층에서 18명이 탑승했다.

14

| 정답 | ④

| 해설 | 벽걸이 달력의 개수를 x개라 하면 탁상용 달력의 개수는 $(12-x)$개이므로 다음과 같은 식이 성립한다.

$7,500(12-x)+9,000x+3,000=105,000$

$(9,000-7,500)x+90,000+3,000=105,000$

$1,500x=12,000$

$\therefore x=8$

따라서 A가 주문한 벽걸이 달력은 8개이다.

15

| 정답 | ③

| 해설 | 첫 월급을 x원이라 하면 두 번째 월급은 $1.1x$원, 세 번째 월급은 $1.2x$원이므로 다음과 같은 식이 성립한다.

$(1-0.55)x+(1-0.3)\times1.1x+(1-0.25)\times1.2x$

$=5,300,000$

$0.45x+0.77x+0.9x=5,300,000$

$2.12x=5,300,000$

$\therefore x=2,500,000$(원)

따라서 첫 월급은 2,500,000원이다.

테마
5
방정식

16

| 정답 | ⑤

| 해설 | 매뉴얼의 전체 분량을 x페이지라 하면 다음과 같은 식이 성립한다.

$$\left(x \times \frac{2}{3} - 100\right) \times 0.5 = 30$$

$$\frac{2}{3}x - 100 = 60$$

$$\therefore x = 240(페이지)$$

따라서 매뉴얼의 전체 분량은 240페이지이다.

17

| 정답 | ⑤

| 해설 | 벽에 16장의 도화지를 붙이면 도화지 사이 간격은 15개가 있다. 도화지의 간격을 $x$cm로 두면 양 끝의 간격은 2.5배이므로 $2.5x$cm이다. 단위를 cm로 통일하여 식을 세우면 다음과 같다.

$$1,200 = 30 \times 16 + 15x + 2 \times 2.5x$$

$$1,200 = 480 + 20x \qquad 720 = 20x$$

$$\therefore x = 36(cm)$$

따라서 도화지의 간격은 36cm이다.

유형 2 이차방정식 공략

									문제 186쪽
01	③	02	④	03	③	04	①	05	③

01

| 정답 | ③

| 해설 | 처음 넓이와 같아질 때 줄어든 가로의 길이를 $x$cm라 하면, 늘어난 세로의 길이는 $2x$cm가 되므로, 다음과 같은 식이 성립한다.

$$(25 - x) \times (16 + 2x) = 25 \times 16$$

$$-2x^2 + 34x + 400 = 400$$

$$2x^2 - 34x = 0$$

$$x(2x - 34) = 0$$

$$\therefore x = 0 \text{ or } x = 17$$

x가 0일 때는 변화가 시작되기 전이므로 $x = 17$(cm)이다. 따라서 처음 넓이와 같게 되는 때의 세로 길이는 $16 + 2x = 16 + 2 \times 17 = 50$(cm)이다.

02

| 정답 | ④

| 해설 | 도형의 가로, 세로가 동일한 비율로 늘어났으므로 이 비율 값(배)을 x라 하면 다음과 같은 식이 성립한다.

$$20x \times 15x = 588$$

$$300x^2 = 588$$

$$x^2 = 1.96$$

$$\therefore x = 1.4(배)(\because x > 0)$$

따라서 40% 늘어난 것이다.

03

| 정답 | ③

| 해설 | 연속하는 4개의 홀수를 $x - 2$, x, $x + 2$, $x + 4$라 하면 다음과 같은 식이 성립한다.

$$(x-2)^2 + x^2 + (x+2)^2 + (x+4)^2 = 1,044$$

$$(x - 15)(x + 17) = 0$$

$$\therefore x = 15 \text{ or } x = -17$$

이때 x는 자연수이므로 $x = 15$이다. 따라서 가장 큰 홀수는 $15 + 4 = 19$이다.

04

| 정답 | ①

| 해설 | 가장 작은 숫자와 가운데 숫자(18), 그리고 가장 큰 숫자 사이의 동일한 간격을 x라 한다면 가장 작은 숫자는 $18 - x$, 가장 큰 숫자는 $18 + x$가 된다. 따라서 다음과 같은 식이 성립한다.

$18^2 = (18-x) \times (18+x) + 4$

$324 - 4 = (18-x) \times (18+x)$

$320 = 324 - x^2$

$x^2 = 4$

$\therefore \ x = 2 (\because x > 0)$

따라서 가장 작은 숫자는 $18-2=16$, 가장 큰 숫자는 $18+2=20$이다.

05

| 정답 | ③

| 해설 | $h=190$, $g=9.8$이므로 다음과 같은 식이 성립한다.

$67.5 = 190 - \dfrac{1}{2} \times 9.8 x^2$

$4.9 x^2 = 190 - 67.5 = 122.5$

$x^2 = 25$

$\therefore \ x = 5 (\because x \geq 0)$

따라서 5초 후에 지면으로부터 높이가 67.5m인 지점에 도달하게 된다.

유형 3 연립방정식 공략

01	①	02	①	03	③	04	④	05	①
06	①	07	②	08	②	09	④	10	②
11	③	12	③	13	⑤	14	③	15	②

01

| 정답 | ①

| 해설 | 2만 원에서 4,500원을 빼면 시장에서 쓴 비용은 15,500원임을 알 수 있다.

무의 가격을 x원, 배추의 가격을 y원이라 하면 다음 식이 성립한다.

$\begin{cases} 5x + 8y = 15,500 & \cdots\cdots \ \bigcirc \\ x = y + 500 & \cdots\cdots \ \bigcirc\!\!\!\bigcirc \end{cases}$

$\bigcirc\!\!\!\bigcirc$을 $\bigcirc$에 대입하여 풀면

$5(y+500) + 8y = 15,500$

$13y = 13,000$

$\therefore \ x = 1,500(원), \ y = 1,000(원)$

02

| 정답 | ①

| 해설 | 2020년의 남자 사원수를 x명, 여자 사원수를 y명이라 하면 다음 식이 성립한다.

$\begin{cases} x + y = 300 & \cdots\cdots \ \bigcirc \\ 0.08x - 0.05y = 11 & \cdots\cdots \ \bigcirc\!\!\!\bigcirc \end{cases}$

$\bigcirc$, $\bigcirc\!\!\!\bigcirc$을 연립하면 $x=200(명)$, $y=100(명)$이다.

따라서 2020년에 입사한 여사원 수는 100명이다.

03

| 정답 | ③

| 해설 | 말하기, 독해, 문법, 듣기 네 영역의 점수를 각각 a, b, c, d점으로 나타내면 다음과 같다.

$\begin{cases} a + c = b & \cdots\cdots \ \bigcirc \\ d = 2c & \cdots\cdots \ \bigcirc\!\!\!\bigcirc \\ a + b + c + d = 250 & \cdots\cdots \ \bigcirc\!\!\!\!\bigcirc \end{cases}$

$\bigcirc$과 $\bigcirc\!\!\!\bigcirc$을 $\bigcirc\!\!\!\!\bigcirc$에 대입하여 풀면,

$2a + 4c = 250$

이때 $a=55$이므로 $110+4c=250$

$\therefore \ c = 35$

c의 값을 $\bigcirc\!\!\!\bigcirc$에 대입하면 $d=70(점)$이다.

04

| 정답 | ④

| 해설 | A 제품의 개수를 x개, B 제품의 개수를 y개라 하면 다음 식이 성립한다.

$\begin{cases} 120x + 200y = 7,000 & \cdots\cdots \ \bigcirc \\ 180x + 200y = 10,000 & \cdots\cdots \ \bigcirc\!\!\!\bigcirc \end{cases}$

$\bigcirc$, $\bigcirc\!\!\!\bigcirc$을 연립하여 풀면 $x=50(개)$, $y=5(개)$이다.

테마 5 방정식 **45**

05

| 정답 | ①

| 해설 | 원래 화단의 가로 길이를 $x$cm, 세로 길이를 $y$cm 라 하면 가로와 세로 길이의 비가 1 : 2라고 했으므로 다음 식이 성립한다.

$2x = y$ ...... ㉠

가로 길이를 20%, 세로 길이를 29cm 늘리면 원래 화단 둘레의 3배가 된다고 했으므로

$3\{2(x+y)\} = 2(1.2x+y+29)$

$1.8x + 2y = 29$ ...... ㉡

㉠을 ㉡에 대입하여 풀면 $x=5$(cm), $y=10$(cm)이다. 따라서 원래 화단의 둘레는 $2\times(5+10)=30$(cm)이다.

06

| 정답 | ①

| 해설 | A가 가진 짐의 개수를 x개, B가 가진 짐의 개수를 y개로 놓고 식을 세운다.

$\begin{cases} 3(x-1)=y+1 & \cdots\cdots ㉠ \\ x+1=y-1 & \cdots\cdots ㉡ \end{cases}$

㉡을 정리하여 ㉠에 대입하면

$3(y-3)=y+1$

$3y-9=y+1$ $\qquad$ $2y=10$

$\therefore y=5$(개), $x=3$(개)

따라서 A와 B가 가지고 있는 짐은 총 8개이다.

07

| 정답 | ②

| 해설 | A가 가진 붉은 콩의 수를 x개, B가 가진 붉은 콩의 수를 y개라 하면 다음 식이 성립한다.

$\begin{cases} x+y=50 & \cdots\cdots ㉠ \\ x+8=4(y-8) & x-4y=-40 \cdots\cdots ㉡ \end{cases}$

㉠, ㉡을 연립하여 풀면 $x=32$(개), $y=18$(개)이다.

08

| 정답 | ②

| 해설 | 직사각형 둘레의 길이=2×(가로의 길이+세로의 길이)이므로 다음 식이 성립한다.

$\begin{cases} 2(B+C)=A & \cdots\cdots ㉠ \\ B=8C & \cdots\cdots ㉡ \end{cases}$

㉡을 ㉠에 대입하면,

$2(8C+C)=A$

$18C=A$

$\therefore C=\dfrac{A}{18}$(cm)

09

| 정답 | ④

| 해설 | 작년 A 공장의 컴퓨터 생산량을 x대, B 공장의 컴퓨터 생산량을 y대라 하면 다음 식이 성립한다.

$\begin{cases} x+y=2,500 & \cdots\cdots ㉠ \\ 0.1x : 0.2y=1 : 3 & y=1.5x \cdots\cdots ㉡ \end{cases}$

㉡을 ㉠에 대입하면,

$x+1.5x=2,500$

$\therefore x=1,000$(대), $y=1,500$(대)

따라서 작년 A 공장의 컴퓨터 생산량은 1,000대이므로 올해의 생산량은 $1,000\times1.1=1,100$(대)가 된다.

10

| 정답 | ②

| 해설 | 처음에 들어 있던 사탕의 개수를 x개, 초콜릿의 개수를 y개라 하면 다음 식이 성립한다.

$\begin{cases} x+y=30 & \cdots\cdots ㉠ \\ 15\times\dfrac{1}{2}x+20\times\dfrac{3}{4}y=285 & \cdots\cdots ㉡ \end{cases}$

㉡을 정리하면,

$\dfrac{15}{2}x+15y=285$

$x+2y=38$ ...... ㉡'

㉠과 ㉡'을 연립하면 $x=22$, $y=8$이다.

따라서 처음에 들어 있던 초콜릿은 8개이다.

11

| 정답 | ③

| 해설 | 10초짜리 광고를 x개, 30초짜리 광고를 y개라고 하면 다음 식이 성립한다.

$$\begin{cases} 10x+30y=200 & \cdots\cdots \text{㉠} \\ x+y=10 & \cdots\cdots \text{㉡} \end{cases}$$

㉠, ㉡을 연립하여 풀면 $x=5$, $y=5$이다.

따라서 10초짜리 광고는 5개, 30초짜리 광고도 5개이다.

12

| 정답 | ③

| 해설 | 작년에 선발된 신입사원 중 남성의 수를 x명, 여성의 수를 y명이라 하면 다음 식이 성립한다.

$$\begin{cases} x+y=325 & \cdots\cdots \text{㉠} \\ 0.08x+0.12y=32 & \cdots\cdots \text{㉡} \end{cases}$$

㉡을 정리하면, $2x+3y=800$ $\cdots\cdots$ ㉡′

㉡′$-2\times$㉠을 풀면, $y=150$(명)이므로 이를 ㉠에 대입하면 $x=175$(명)이다.

따라서 올해 선발된 남성 사원 수는 작년보다 8% 증가한 $175\times1.08=189$(명)이다.

13

| 정답 | ⑤

| 해설 | 지난달 단팥빵 판매량을 x개, 크림빵 판매량을 y개라 하면 다음 식이 성립한다.

$$\begin{cases} x+y=1,600 \\ -0.03x+0.05y=16 \end{cases}$$

$\therefore$ $x=800$, $y=800$

따라서 이번 달 ○○베이커리에서 판매된 크림빵은 $800\times1.05=840$(개)이다.

14

| 정답 | ③

| 해설 | 사원의 수를 x명, 각 사원의 월급을 y만 원이라 하면 다음 식이 성립한다.

$$\begin{cases} (x+10)(y-100)=0.8xy & \cdots\cdots \text{㉠} \\ (x-20)y=0.6xy & \cdots\cdots \text{㉡} \end{cases}$$

㉡을 정리하면,

$x-20=0.6x$

$0.4x=20$

$\therefore$ $x=50$(명)

x의 값을 ㉠에 대입하면,

$60(y-100)=40y$

$\therefore$ $y=300$(만 원)

따라서 사원의 수는 50명, 각 사원의 월급은 300만 원이 되어 전 사원들에게 지급되고 있는 월급의 총액은 $50\times300=15,000$(만 원)이 된다.

15

| 정답 | ②

| 해설 | 십의 자리 숫자를 x, 일의 자리 숫자를 y라고 하면 다음 식이 성립한다.

$$\begin{cases} y=2x+1 & \cdots\cdots \text{㉠} \\ 2(10x+y)+2=10y+x & \cdots\cdots \text{㉡} \end{cases}$$

(처음 수 : $10x+y$, 자리를 바꾼 수 : $10y+x$)

㉡을 정리하면 $19x+2=8y$ $\cdots\cdots$ ㉡′

㉠을 ㉡′에 대입하면,

$19x+2=8(2x+1)$

$\therefore$ $x=2$, $y=5$

따라서 처음의 수는 25이다.

심화문제
테마 5. 방정식

문제 202쪽

01	③	02	②	03	④	04	②	05	②
06	③	07	③	08	⑤	09	②	10	②
11	④	12	①	13	④	14	③	15	③
16	①	17	④	18	③	19	④	20	③
21	③	22	④	23	②	24	③	25	⑤

테마 5

방정식

01

| 정답 | ③

| 해설 | 민혜의 생일 날짜를 x일이라 하면, 생일 날짜 바로 위 칸의 왼쪽은 $(x-8)$일, 생일 날짜 바로 아래 칸의 왼쪽은 $(x+6)$일이 된다.

$(x-8)+x+(x+6)=55$

$3x=57$

$\therefore x=19$(일)

02

| 정답 | ②

| 해설 | 집의 시계가 가리키는 시각과 실제 시각의 차이를 x분이라 하면, 집의 시계가 실제 시각보다 빠르게 맞추어져 있으므로 A가 출근할 때 걸리는 시간은 $(15+x)$분, 퇴근할 때 걸리는 시간은 $(35-x)$분으로 동일하다. 이때 출퇴근 속력이 같으므로 다음 식이 성립한다.

$15+x=35-x$

$2x=20$

$\therefore x=10$(분)

03

| 정답 | ④

| 해설 | A 금속의 무게를 xg, B 금속의 무게를 yg이라 하면 다음 식이 성립한다.

$\begin{cases} x+y=200 & \cdots\cdots ㉠ \\ \dfrac{9}{10}x+\dfrac{7}{8}y=178 & \cdots\cdots ㉡ \end{cases}$

㉡$\times 40-$㉠$\times 35$를 하면 $x=120$, $y=80$이다.
따라서 두 금속 A와 B의 무게의 차는 40g이다.

04

| 정답 | ②

| 해설 | 데이터베이스에 접속하는 데 걸리는 시간을 x분, 파일을 내려받는 데 걸리는 시간을 y분이라 하면 다음

식이 성립한다.

$\begin{cases} x+y=10 & \cdots\cdots ㉠ \\ y=50x & \cdots\cdots ㉡ \end{cases}$

㉡을 ㉠에 대입하면,

$x+50x=10$

따라서 $x=\dfrac{10}{51}$(분), $y=\dfrac{500}{51}$(분)이다.

프로젝트 파일을 1초당 80MB의 속도로 내려받았으므로 $\dfrac{500}{51}$분 동안 내려받은 파일의 크기는 $\dfrac{500}{51}\times 60\times 80$≒ 47,058.82(MB)이다. 1GB=1,024MB이므로 47,058.82 ÷1,024≒46(GB)이다.

05

| 정답 | ②

| 해설 | A가 첫 번째로 지불한 비용을 x원, B가 첫 번째로 지불한 비용을 y원이라 하면 A가 두 번째로 지불한 비용은 $0.5x$원이 되고, B가 두 번째로 지불한 비용은 $1.5y$원이 된다. 식을 세우면 다음과 같다.

$\begin{cases} 1.5x+2.5y=32,000 & \cdots\cdots ㉠ \\ 1.5x+5,000=2.5y & \cdots\cdots ㉡ \end{cases}$

㉡을 ㉠에 대입하면,

$1.5x+1.5x+5,000=32,000$

$3x=27,000$

$\therefore x=9,000$(원)

06

| 정답 | ③

| 해설 | $\overline{AB}=a$, $\overline{BC}=b$, $\overline{CA}=c$라고 하면 다음 식이 성립한다.

$a+b+c=72$

$a=18$이므로 $18+b+c=72$

$c=54-b$ $\cdots\cdots ㉠$

직각삼각형의 성질(피타고라스의 정리)에 의해

$a^2+b^2=c^2$

$c^2=b^2+18^2$ $\cdots\cdots ㉡$

㉠을 ㉡에 대입하면,

$(54-b)^2=b^2+18^2$

$b^2-108b+2,916=b^2+324$

$108b=2,592$

$\therefore b=24$

따라서 공원의 넓이는 $\dfrac{1}{2}\times24\times18=216(\text{m}^2)$이다.

07

| 정답 | ③

| 해설 | 202X년 2월은 28일까지 있고 1일이 월요일이므로 총 4주가 되며 평일은 $4\times5=20$(일), 주말은 $4\times2=8$(일)이 있는 것을 알 수 있다.

평일 하루 평균 접속 횟수를 x회로 두면 주말 하루 평균 접속 횟수는 평일 하루 평균 접속 횟수의 절반이므로 $0.5x$회이다. 2월의 총 접속 횟수를 기준으로 식을 세우면 다음과 같다.

$1,680=20x+8\times0.5x=24x$

$\therefore x=70$(회)

08

| 정답 | ⑤

| 해설 | 20초 광고를 x개, 25초 광고를 y개라 하고, 다음 광고로 바뀔 때마다 1초의 간격이 있다고 했으므로 11개의 상품 광고 사이에 10초가 추가됨에 유의해서 식을 세우면 다음과 같다.

$\begin{cases} x+y=11 & \cdots\cdots ㉠ \\ 20x+25y+10=270 \quad 4x+5y=52 & \cdots\cdots ㉡ \end{cases}$

㉡$-$㉠$\times4$를 풀면 $x=3$, $y=8$이다.

따라서 25초로 광고할 수 있는 상품은 8개이다.

09

| 정답 | ②

| 해설 | 디스플레이 화면의 가로 길이를 Acm, 세로 길이를 Bcm라 하면, 부피 공식에 따라,

$5\times A\times B=6,000$

$AB=1,200$ $\cdots\cdots ㉠$

디스플레이 화면의 대각선 길이인 20인치가 $20\times2.5=50$(cm)이므로 피타고라스의 정리에 따라,

$A^2+B^2=50^2$ $\cdots\cdots ㉡$

$(A+B)^2=A^2+B^2+2AB$이므로 ㉠, ㉡을 대입하면,

$(A+B)^2=50^2+2\times1,200=4,900$

$\therefore A+B=70$

$B=70-A$ $\cdots\cdots ㉢$

㉢을 ㉠에 대입하면,

$A(70-A)=1,200$

$A^2-70A+1,200=0$

$(A-30)(A-40)=0$

$\therefore A=30 \text{ or } 40$

이때 $A>B$이므로 A는 40cm, B는 30cm가 된다.

따라서 가로 : 세로$=A:B=40:30=4:3$이다.

10

| 정답 | ②

| 해설 | 채권에 투자한 금액을 x억 원이라 하면 예금에 투자한 금액은 $(100-x)$억 원이므로 다음 식이 성립한다.

$\{0.14x+0.1\times(100-x)\}\times0.8=10$

$0.04x=2.5$

$\therefore x=62.5$(억 원)

따라서 채권에 62억 5천만 원을 투자해야 한다.

11

| 정답 | ④

| 해설 | a와 b는 다음과 같이 구할 수 있다.

• a

　– 청소년이 2명 이하면 $7,500\times(2X+2)=30,000$이므로 $X=1$이다.

　– 청소년이 3명 이상이면 $7,500X+(7,500+5,000)(X+2)=30,000$이므로 $X=0.25$이다(X는 3 이상이어야 하므로 모순).

따라서 a는 1이다.

• b

– 청소년이 2명 이하면 청소년과 어른의 입장료가 모두 무료가 되기 때문에 성립하지 않는다.

– 청소년이 3명 이상이면 $(0+5,000)(X+2)=30,000$이므로 $X=4$이다. 따라서 b는 4이다.

그러므로 $a+b=1+4=5$이다.

12

|정답| ①

|해설| A, B가 처음에 가지고 있던 돈을 각각 a원, b원이라 하고 빵값을 x원이라 하면 다음과 같은 비례식이 성립한다.

• 빵값을 A가 낼 경우

$(a-x):b=5:6$

• 빵값을 B가 낼 경우

$a:(b-x)=9:2$

비례식에서 외항의 곱과 내항의 곱은 같으므로 다음 식이 성립한다.

$$\begin{cases} 5b=6(a-x) & \cdots\cdots\ ㉠ \\ 9(b-x)=2a & \cdots\cdots\ ㉡ \end{cases}$$

㉠, ㉡을 연립하여 풀면,

$$22b=33x \qquad b=\frac{3}{2}x \quad\cdots\cdots\ ㉢$$

㉢을 ㉡에 대입하면,

$$9\left(\frac{3}{2}x-x\right)=2a$$

$$\therefore a=\frac{9}{4}x$$

따라서 A와 B가 처음에 가지고 있었던 돈의 비는

$a:b=\dfrac{9}{4}x:\dfrac{3}{2}x=3:2$이다.

13

|정답| ④

|해설| 1차 시험에 합격한 지원자 중 남자의 수를 x명, 여자의 수를 y명이라고 하면 2차 시험에 합격한 남자의 수는 $50\times\dfrac{3}{10}=15$(명), 여자의 수는 $50\times\dfrac{7}{10}=35$(명)

이므로 다음 식이 성립한다.

$$\begin{cases} x:y=4:5 \\ (x-15):(y-35)=21:23 \end{cases}$$

비례식에서 내항의 곱은 외항의 곱과 같으므로

$$\begin{cases} 5x-4y=0 \\ 23x-21y=-390 \end{cases}$$

두 식을 연립하여 풀면 $x=120$, $y=150$이다.

따라서 1차 시험에 합격한 지원자는 270명이며 총 지원자 수는 그 2배인 540명이다.

14

|정답| ③

|해설| 두 기둥의 물에 잠긴 높이는 동일하므로 이를 기준으로 길이를 비교하면 수면 위로 올라오는 기둥 A의 $\dfrac{1}{5}$보다 기둥 B의 $\dfrac{1}{3}$의 길이가 더 길기 때문에 기둥 A가 더 짧다는 것을 알 수 있다.

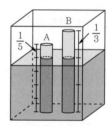

따라서 짧은 기둥 A의 길이를 $x\,$cm, 긴 기둥 B의 길이를 $(x+6)\,$cm라 하면 다음 식이 성립한다.

$$x\times\frac{4}{5}=(x+6)\times\frac{2}{3}$$

$$3\times4x=(x+6)\times10$$

$$12x=10x+60$$

$$2x=60$$

$$\therefore x=30(\text{cm})$$

15

|정답| ③

|해설| A 사원이 상반기에 읽은 교양서적의 수는 $32\times\dfrac{3}{4}$ $=24$(권), 전문서적의 수는 $32\times\dfrac{1}{4}=8$(권)이다. 하반기

에 읽은 교양서적과 전문서적의 수를 각각 $3y$권, $5y$권이라고 하면 1년 동안 읽은 교양서적과 전문서적의 수는 각각 $(24+3y)$권, $(8+5y)$권이다.

이를 비례식으로 나타내면 다음과 같다.

$24+3y : 8+5y = 5 : 3$

$3(24+3y) = 5(8+5y)$

$72+9y = 40+25y$

$\therefore y = 2$

따라서 1년 동안 읽은 책의 수는 $(24+3y)+(8+5y) = 32+8y = 48$(권)이다.

16

|정답| ①

|해설| 첫째 해의 직원 수를 x명이라 하면 급여지출액은 다음과 같다.

- 첫째 해 : $200x$만 원
- 둘째 해 : $(200-30)(x+3) = 170(x+3)$만 원
- 셋째 해 : $200(x-5)$만 원

마지막 조건에 따라 식을 정리하면,

$170(x+3) = 200x \times 0.952$

$\therefore x = 25$(명)

따라서 셋째 해의 총 급여지출액 $200 \times 20 = 4,000$(만 원)은 첫째 해 $200 \times 25 = 5,000$(만 원)의 $\frac{4,000}{5,000} \times 100 = 80(\%)$에 해당한다.

17

|정답| ④

|해설| 처음에 A가 가지고 있던 떡의 수를 x개, B가 가지고 있던 떡의 수를 y개라 하면 다음 식이 성립한다.

$\begin{cases} x : y = 3 : 1 & \cdots\cdots \bigcirc \\ (x-6) : (y+6) = 9 : 7 & \cdots\cdots \bigcirc\!\!\bigcirc \end{cases}$

비례식을 정리하면

$\begin{cases} x = 3y & \cdots\cdots \bigcirc' \\ 7(x-6) = 9(y+6) \quad 7x-9y=96 & \cdots\cdots \bigcirc\!\!\bigcirc' \end{cases}$

$\bigcirc'$을 $\bigcirc\!\!\bigcirc'$에 대입하면,

$7 \times 3y - 9y = 96$

$\therefore y = 8$(개), $x = 24$(개)

따라서 A가 처음에 가지고 있던 떡의 개수는 24개이다.

18

|정답| ③

|해설| 가위바위보를 하여 A가 이긴 경우를 x회, 진 경우를 y회라 하고, 사탕을 얻는 것을 +, 잃는 것을 −로 표시하면 다음 방정식을 만들 수 있다.

$\begin{cases} ax - by = 15 & \cdots\cdots \bigcirc \\ x + y = 10 & \cdots\cdots \bigcirc\!\!\bigcirc \end{cases}$

$\bigcirc\!\!\bigcirc$을 $\bigcirc$에 대입하여 풀면,

$ax - b(10-x) = 15$

$ax - 10b + bx = 15$

$(a+b)x = 15 + 10b$

$\therefore x = \dfrac{15+10b}{a+b}$ (회)

19

|정답| ④

|해설| 마케팅팀 사원의 수를 x명이라 하면 다음 식이 성립한다.

$Ax - 7 = Bx + 3$

$Ax - Bx = 10$

$(A-B)x = 10$

$\therefore x = \dfrac{10}{A-B}$ (명)

20

|정답| ③

|해설| A, B, C의 구슬의 개수를 각각 a, b, c개로 두면 다음 식이 성립한다.

$\begin{cases} a-1 = b+1 & a = b+2 & \cdots\cdots \bigcirc \\ 2(c-4) = b+4 & 2c = b+12 & \cdots\cdots \bigcirc\!\!\bigcirc \\ a+b+c = 18 & & \cdots\cdots \bigcirc\!\!\bigcirc\!\!\bigcirc \end{cases}$

ⓒ×2에 ㉠, ㉡을 대입하면,

$2a+2b+2c=36$

$2(b+2)+2b+b+12=36$

$5b+16=36$

$\therefore b=4$

따라서 b의 값을 ㉡에 대입하면 $c=8$(개)이다.

21

| 정답 | ③

| 해설 | 네 명의 점수가 a, b, c, d점이고 $a<b<c<d$라고 할 때, 최댓값(d)과 최솟값(a)의 합인 $a+d$를 구하면 된다. 이때 $a<b<c<d$이므로 $a+b<a+c<a+d=b+c<b+d<c+d$가 된다.

여기에서 $a+d$와 $b+c$의 크기 관계는 문제에서 175점이 두 개 있으므로 이 두 값이 같음을 알 수 있다. 따라서 $a+b=168$, $a+c=170$, $a+d=b+c=175$, $b+d=180$, $c+d=182$이므로 최댓값과 최솟값의 합은 175점이다.

22

| 정답 | ④

| 해설 | A의 무게를 a, B의 무게를 b, C의 무게를 c라고 하면 다음 식이 성립한다.

$$\begin{cases} 3a+b+c=2a+4b & a+c=3b \quad \cdots\cdots ㉠ \\ b+2c=a+3b+c & c=a+2b \quad \cdots\cdots ㉡ \end{cases}$$

두 식을 연립하면 $c=5a$이므로 C의 무게는 A의 무게의 5배이다.

23

| 정답 | ②

| 해설 | 공 A, B, C, D의 무게를 미지수 A, B, C, D로 두고 방정식을 세우면 다음과 같다.

- (가) : $3A=C$ $\qquad \cdots\cdots ㉠$
- (나) : $A+2D=3C$ $\qquad \cdots\cdots ㉡$
- (다) : $3B+C=3A+D$ $\qquad \cdots\cdots ㉢$

㉠을 ㉡에 대입하면,

$A+2D=3\times3A$

$2D=8A$

$D=4A$ $\qquad \cdots\cdots ㉣$

㉠, ㉣을 ㉢에 대입하면,

$3B+3A=3A+4A$

$3B=4A$

$B=\dfrac{4}{3}A$ $\qquad \cdots\cdots ㉤$

㉠, ㉣, ㉤에서 A를 기준으로 하여 정리하면, 공의 무게 비는 $A:B:C:D=1:\dfrac{4}{3}:3:4=3:4:9:12$가 된다.

이 문제에서는 A, B, C, D의 비밖에 알 수가 없으므로, 선택지에 적용하여 확인해야 한다. 선택지에 제시된 무게를 비로 나타내면 다음과 같다.

선택지	A	B	C	D
①			7	11
②	3	4		
③	3			10
④		3	7	
⑤		4		11

따라서 $A:B:C:D=3:4:9:12$가 될 수 있는 것은 ②뿐이다.

보충 플러스+

다수결의 법칙에 의한 시간 단축 팁

1. '다수결의 법칙'에 의해 'A는 150g인 듯하다'라고 추리할 수 있다. 바로 대입하여 문제를 풀어본다.

2. (가)의 저울에서 A를 150g이라 하면, C는 450g, (나)의 저울에서 A를 150g, C를 450g이라 하면,

$150+2D=450\times3$ $\qquad 150+2D=1,350$

$2D=1,200$ $\qquad \therefore D=600g$

3. (다)의 저울에서 A를 150g, C를 450g, D를 600g이라 하면,

$3B+450=150\times3+600$

$3B=600$ $\qquad B=200(g)$

$\therefore$ A=150g, B=200g, C=450g, D=600g

이 결과는 ② A 150g, B 200g과 일치하므로 옳다고 판단할 수 있다. 주어진 시간 내에 많은 문제를 풀어야 하므로 이렇듯 바로 대입을 하여 풀이시간을 단축하는 것도 요령이 될 수 있다.

24

|정답| ③

|해설| 주어진 조건을 토대로 식을 정리하면 다음과 같다.

$$\begin{cases} A+O=105 \\ B+O=82 \\ AB+O=75 \\ A+B+AB+O=200 \end{cases}$$

$$\begin{aligned} A&=105-O \quad \cdots\cdots \text{㉠} \\ B&=82-O \quad \cdots\cdots \text{㉡} \\ AB&=75-O \quad \cdots\cdots \text{㉢} \\ &\qquad\qquad \cdots\cdots \text{㉣} \end{aligned}$$

㉠, ㉡, ㉢을 ㉣에 대입하면,

$$105-O+82-O+75-O+O=200$$

$$2O=62$$

$$\therefore O=31$$

O의 값을 ㉠, ㉡, ㉢에 대입하면 A=74(명), B=51(명), AB=44(명), O=31(명)이다.

따라서 O형이 가장 적다.

25

|정답| ⑤

|해설| 스크린의 좌표를 A(9, 12), 컴퓨터의 좌표를 B(0, 3), 복합기의 좌표를 C(3, 0), 무선통신기의 좌표를 P(a, b)라고 하면, $\overline{PA}=\overline{PB}=\overline{PC}$이다. 따라서 $\begin{cases} \overline{PA}=\overline{PB} \\ \overline{PB}=\overline{PC} \end{cases}$ 를 이용하여 P의 좌표를 구할 수 있다.

$\overline{PA}=\overline{PB}$에서 $\overline{PA}^2=\overline{PB}^2$이므로

$$(a-9)^2+(b-12)^2=(a-0)^2+(b-3)^2$$

$$a^2+b^2-18a-24b+225=a^2+b^2-6b+9$$

$$18a+18b=216$$

$$\therefore a+b=12 \qquad \cdots\cdots \text{㉠}$$

$\overline{PB}=\overline{PC}$에서 $\overline{PB}^2=\overline{PC}^2$이므로

$$(a-0)^2+(b-3)^2=(a-3)^2+(b-0)^2$$

$$a^2+b^2-6b+9=a^2+b^2-6a+9$$

$$\therefore a=b \qquad \cdots\cdots \text{㉡}$$

㉠, ㉡을 연립하면 $a=6$, $b=6$이다.

따라서 무선통신기의 좌표는 P(6, 6)이고, 무선통신기와 프로젝터 사이의 거리는 $\sqrt{(9-6)^2+(9-6)^2}=3\sqrt{2}$ 이다.

테마 6 부등식

유형 1 일차부등식 공략

									문제 216쪽
01	①	02	①	03	⑤	04	③	05	①
06	③	07	②	08	②	09	②	10	④
11	③	12	①	13	⑤	14	②		

01

|정답| ①

|해설| x일 뒤 지연이의 저금통에 들어 있는 액수가 소연이의 저금통에 들어 있는 액수보다 더 크다고 한다면 다음 식이 성립한다.

$$3,000+500x>5,000+200x$$

$$300x>2,000$$

$$\therefore x>6.666\cdots\cdots$$

따라서 지연이의 저금통에 들어 있는 액수가 소연이의 저금통에 들어 있는 액수보다 커지는 것은 7일 후이다.

02

|정답| ①

|해설| 매장에서 x개를 구입하는 경우의 가격은 $4,000x$원, 온라인으로 x개를 구입하는 경우의 가격은 $4,000\times0.9\times x+5,000+200(x-10)=3,800x+3,000$(원)이다 (단, $x\geq10$).

온라인으로 사는 것이 이득이 되려면 다음 식이 성립해야 한다.

$$4,000x>3,800x+3,000$$

$$200x>3,000$$

$$\therefore x>15$$

따라서 온라인으로 사는 게 이득이 되려면 16개 이상 구입해야 한다.

03

|정답| ⑤

|해설| 7,000원짜리 계산기 두 대를 사면 볼펜을 사는 데 쓸 수 있는 돈은 $50,000-(7,000\times2)=36,000$(원)이다. 볼펜의 개수를 x개라 하면 다음 식이 성립한다.

$500\times0.8\times x\leq36,000$

$400x\leq36,000$

$\therefore x\leq90$

따라서 최 사원은 최대 90개의 볼펜을 살 수 있다.

04

|정답| ③

|해설| B 보험에 가입한 사람의 수를 x명이라 하면, A 보험에 가입한 사람의 수는 $(120-x)$명이다. A 보험은 월 9만 원, B 보험은 월 12만 원을 납부해야 하므로 다음 식이 성립한다.

$9(120-x)+12x>1,150$

$3x>70$

$\therefore x>23.33\cdots$

따라서 최소 24명이 B 보험에 가입해야 한다.

05

|정답| ①

|해설| x개월 후 A의 잔액은 $(30,000+6,000x)$원, B의 잔액은 $(12,000+5,000x)$원이므로 다음 식이 성립한다.

$(30,000+6,000x)-(12,000+5,000x)\geq20,000$

$1,000x\geq2,000$

$\therefore x\geq2$

따라서 2개월 후부터 통장 잔액의 차이가 20,000원 이상이 된다.

06

|정답| ③

|해설| 공기청정기를 x개라 하면 TV는 $(8-x)$개이므로 다음 식이 성립한다.

$450\times(8-x)+180x\geq2,700$

$3,600-450x+180x\geq2,700$

$270x\leq900$

$\therefore x\leq3.33\cdots$

따라서 8개 제품의 판매 가격이 최소 2,700만 원이 되기 위해 최대로 판매할 수 있는 공기청정기의 개수는 3개이다.

07

|정답| ②

|해설| 매일 경빈이의 구슬은 2개씩 줄어들고, 민수의 구슬은 경빈이로부터 받은 구슬과 새로 구매한 구슬을 포함하여 5개씩 늘어난다. x일 후 민수의 구슬이 경빈이보다 많아진다고 하면 다음 식이 성립한다.

$200-2x<120+5x$

$7x>80$

$\therefore x>11.42\cdots$

따라서 12일 후부터 민수의 구슬이 경빈이보다 많아진다.

08

|정답| ②

|해설| x일 후 윤아의 색종이가 미영이의 색종이보다 많아진다고 하면 다음 식이 성립한다.

$120+32x>200+24x$

$8x>80$

$\therefore x>10$

따라서 11일 후에 윤아의 색종이가 미영이의 색종이보다 많아진다.

09

|정답| ②

|해설| 20개의 문제 중 오답의 개수를 x개라 하면, 맞힌 문제의 개수는 $(20-x)$개이므로 다음 식이 성립한다.

$8(20-x)-5x \geq 80$

$-13x \geq -80$

$\therefore x \leq 6.1538\cdots$

따라서 합격을 위해 허용 가능한 최대 오답 수는 6개이다.

10

| 정답 | ④

| 해설 | 이동한 거리를 $x\,\mathrm{km}$(단, $x>10$)라 하면, 택시 요금은 $2,200+180\times(x-10)=180x+400$(원)이다. 전체 요금이 1km당 200원 이하가 되려면 다음과 같은 식을 만족해야 한다.

$\dfrac{180x+400}{x} \leq 200$

$180x+400 \leq 200x$

$20x \geq 400$

$\therefore x \geq 20$

따라서 20km를 이동했을 때부터 전체 요금이 1km당 200원 이하가 된다.

11

| 정답 | ③

| 해설 | 노트 가격을 a원이라 가정할 때 100개를 구입하면 전체 가격은 $a\times0.8\times100=80a$(원)이 된다.

10% 할인했을 때의 가격이 $80a$원보다 비싸지는 경우의 노트 개수를 x개라 하면 다음 식이 성립한다.

$a\times0.9\times x>80a$

$0.9ax>80a$

$\therefore x>88.8\cdots$

따라서 89개를 구입할 때부터 가격이 더 비싸지게 된다.

12

| 정답 | ①

| 해설 | 자유이용권을 구입한 횟수를 x회라고 하면 다음

식이 성립한다.

$50,000x>70,000+\{50,000\times(1-0.15)x\}$

$7,500x>70,000$

$\therefore x>9.33\cdots$

따라서 자유이용권을 10회 이상 구입해야 연간회원에 가입하는 것이 더 이익이 된다.

13

| 정답 | ⑤

| 해설 | B 기업이 A 기업의 누적 생산량을 추월하는 데 x개월이 걸린다고 하면 다음 식이 성립한다.

$600+100x>800+80x$

$20x>200$

$\therefore x>10$

따라서 B 기업이 A 기업의 누적 생산량을 추월하는 데는 11개월이 걸린다.

14

| 정답 | ②

| 해설 | 50명이 단체할인을 받으면 $1,000\times0.7\times50=35,000$(원)이 되고, 30명 이상이 입장할 경우 50명의 단체입장보다 비싸지는 인원을 x명이라 하면 다음 식이 성립한다.

$1,000\times(1-0.15)x>35,000$

$850x>35,000$

$\therefore x>41.176\cdots$

따라서 42명부터 입장료가 더 비싸지게 된다.

유형 2 **연립부등식 공략**

문제 | 222쪽

| 01 | ③ | 02 | ② | 03 | ② | 04 | ③ | 05 | ③ |

테마 6
부등식

01

| 정답 | ③

| 해설 | 친구의 수를 x명이라 하면 사탕의 개수는 $(4x+2)$개이므로 다음 식이 성립한다.

$5(x-1) \leq 4x+2 < 5(x-1)+3$

$5x-5 \leq 4x+2 < 5x-2$

$5x-7 \leq 4x < 5x-4$

$4 < x \leq 7$

따라서 친구는 최소 5명이 있어야 한다.

02

| 정답 | ②

| 해설 | 한 세트에 들어 있는 A 제품의 개수를 x개, B 제품의 개수를 y개라 하면 다음 식이 성립한다.

$\begin{cases} 300x+200y=5,000 \quad 3x+2y=50 & \cdots\cdots \text{㉠} \\ x < y < 2x & \cdots\cdots \text{㉡} \end{cases}$

㉡$\times 2+3x$를 하면,

$3x+2x < 3x+2y < 3x+4x$

$5x < 3x+2y < 7x$ $\quad\quad\quad \cdots\cdots$ ㉡′

㉠을 ㉡′에 대입하면,

$5x < 50 < 7x$

따라서 $7.1428\cdots < x < 10$이다.

이를 만족하는 자연수 x는 8, 9이지만 x가 9일 경우 ㉠에 의해 y는 11.5로 자연수가 아니다. 따라서 한 세트에 들어 있는 A 제품의 개수는 8개이다.

03

| 정답 | ②

| 해설 | 부서의 수를 x개라 하면 전체 신입사원의 수는 $(5x+3)$명이므로 다음 식이 성립한다.

$6(x-1) \leq 5x+3 < 6(x-1)+4$

$6x-6 \leq 5x+3 < 6x-2$

$6x-9 \leq 5x < 6x-5$

$5 < x \leq 9$

따라서 부서는 최소 6개 있다.

04

| 정답 | ③

| 해설 | 객실의 개수를 x개로 두면 직원은 총 $(4x+12)$명이므로 다음 식이 성립한다.

$6(x-3) < 4x+12 < 6(x-3)+6$

$6x-18 < 4x+12 < 6x-12$

$6x-30 < 4x < 6x-24$

$12 < x < 15$

x가 최대일 때 직원의 수도 최대이다. x는 최대 14이므로, 직원의 수는 최대 $14\times4+12=68$(명)이다.

05

| 정답 | ③

| 해설 | 임원의 수를 x명, 사원의 수를 y명이라고 하면

$\begin{cases} 6x+4y=70 \quad\quad y=\dfrac{70-6x}{4} & \cdots\cdots \text{㉠} \\ 10x+4y \leq 100 & \cdots\cdots \text{㉡} \end{cases}$

㉠을 ㉡에 대입하면,

$10x+4\times\dfrac{70-6x}{4} \leq 100$

$4x \leq 30$

$x \leq 7.5$

그런데 x와 y는 인원이므로 전부 양의 정수이고 ㉠, ㉡을 만족시켜야 하므로, 1부터 7까지 x에 대입해 보면 x =1, 3, 5, 7일 때 y=16, 13, 10, 7이다.

따라서 팀 구성원은 최소 사원 7명, 임원 7명으로 구성된 14명이다.

심화문제
테마 6. 부등식

문제 224쪽

01	③	02	⑤	03	③	04	③	05	①
06	③	07	①	08	④	09	②	10	①
11	④	12	④	13	④	14	④		

01

| 정답 | ③

| 해설 | 직원 수를 x명이라 하면 다음 식이 성립한다.

$$\begin{cases} \dfrac{1}{7}x \le 10 & \cdots\cdots ㉠ \\ \dfrac{2}{3}x - \dfrac{1}{7}x \ge 25 & \cdots\cdots ㉡ \end{cases}$$

㉠과 ㉡을 정리하면

$x \le 70$ $\cdots\cdots ㉠'$

$14x - 3x \ge 525$

$11x \ge 525$

$x \ge 47.72\cdots$ $\cdots\cdots ㉡'$

㉠', ㉡'을 연립하면,

$47.72\cdots \le x \le 70$

기업의 직원 수는 자연수이면서, 3과 7의 공배수여야 한다. 즉 21의 배수여야 하므로 조건을 만족하는 직원 수는 63명이다.

02

| 정답 | ⑤

| 해설 | A 집의 월세와 교통비를 합한 값이 B 집의 월세보다 저렴하면 이득을 보게 된다. B 집의 월세를 x원이라고 하면 다음 식이 성립한다.

$300,000 + (1,300 \times 2 \times 20) < x$

$352,000 < x$

선택지 중 352,000원보다 금액이 높은 것은 ⑤이다.

03

| 정답 | ③

| 해설 | Q 타이머의 불량률을 x%라 하면 다음 식이 성립한다.

$900(100 - x) \ge 2,100x$

$9(100 - x) \ge 21x$

$900 \ge 30x$

$\therefore x \le 30$

따라서 불량률은 최대 30%까지 허용된다.

04

| 정답 | ③

| 해설 | A4용지 가격을 a원이라 가정할 때, A4용지 30박스를 구입할 때의 총 가격은 $a \times (1-0.2) \times 30 = 24a$(원)이고, 이보다 10% 할인받을 때의 가격이 비싸지는 A4용지 박스의 개수를 x개라 하면 다음 식이 성립한다.

$a(1 - 0.1)x > 24a$

$0.9xa > 24a$

$\therefore x > 26.666\cdots$

따라서 A4용지 27박스를 주문하면 30박스를 주문할 때보다 가격이 더 비싸지게 된다.

05

| 정답 | ①

| 해설 | 포스터를 x장 인쇄한다고 하면 다음 식이 성립한다.

$$\dfrac{120(x - 100) + 20,000}{x} \le 150$$

$120x + 8,000 \le 150x$

$30x \ge 8,000$

$\therefore x \ge 266.66\cdots$

따라서 최소한 267장 인쇄를 맡겨야 한다.

06

| 정답 | ③

| 해설 | 고화질 파일을 x개라 하면 일반화질 파일은 $(12 - x)$개이므로 다음 식이 성립한다.

$$\begin{cases} x > 12 - x & \qquad x > 6 \\ 3x + 2(12 - x) \le 32 & \qquad x \le 8 \end{cases}$$

따라서 $6 < x \le 8$이므로 x의 최댓값은 8이 된다.

07

| 정답 | ①

| 해설 | 직원 수를 x명, A 기프트 카드의 수를 a개라 하면 B 기프트 카드의 수는 $(100 - a)$개이며 제시된 조건을 식으로 나타내면 다음과 같다.

테마 **6** 부등식

$$\begin{cases} a = 2x - 4 & \cdots\cdots \text{㉠} \\ 3x + \dfrac{x}{2} \leq 100 - a < 4x & \cdots\cdots \text{㉡} \end{cases}$$

㉠을 ㉡에 대입하여 정리하면,

$$3x + \frac{x}{2} \leq 100 - (2x - 4) < 4x$$

$$\frac{7}{2}x \leq -2x + 104 < 4x$$

$$\frac{7}{2}x - 104 \leq -2x < 4x - 104$$

$$17.3\cdots < x \leq 18.9\cdots$$

x는 직원의 수이므로 정수여야 한다. 따라서 조건을 만족하는 x는 18명뿐이다. x값을 ㉠, ㉡에 대입하면 A 기프트 카드의 수는 $2 \times 18 - 4 = 32$(장), B 기프트 카드의 수는 $100 - 32 = 68$(장)이다.

따라서 A, B 기프트 카드의 합계 금액은 $10,000 \times 32 + 5,000 \times 68 = 660,000$(원)이다.

08

| 정답 | ④

| 해설 | 회원의 수를 n명, 남은 회비를 x만 원으로 하면 회원의 수는 15명 이상이므로 $n \geq 15$ $\cdots\cdots$ ㉠

모든 회원에게 2만 원씩 나눠 줘도 회비가 남으므로
$x - 2n > 0$, $x > 2n$ $\cdots\cdots$ ㉡

20만 원을 제외하고 만 원씩 나눠 주면 남는 돈이 없으므로 $x - 20 - n = 0$, $x = n + 20$ $\cdots\cdots$ ㉢

㉢을 ㉡에 대입하면 $n + 20 > 2n$, $20 > n$이며 ㉠과 정리하면 $15 \leq n < 20$이다.

• $n = 15$일 때, $x = 15 + 20 = 35$(만 원)
• $n = 19$일 때, $x = 19 + 20 = 39$(만 원)

따라서 최대 금액과 최소 금액의 차이는 $39 - 35 = 4$(만 원)이다.

09

| 정답 | ②

| 해설 | 놀이기구에 승차할 수 있는 정원을 x명이라 하면 19시 10분에 운행 후 19시 15분부터 20시 15분까지 총 13번 운행했으므로(단, 마지막 승차 시 정원만큼 다 탔는지

는 알 수 없다) 다음 식이 성립한다.

$$12x < 204 < 13x \begin{cases} 12x < 204 & \Rightarrow & x < 17 \\ 204 < 13x & \Rightarrow & 15.69\cdots < x \end{cases}$$

이를 정리하면 $15.69\cdots < x < 17$, $x = 16$(명)이다.

따라서 18시 45분부터 19시 10분까지 총 6회 운행했으므로 총 대기자의 수는 $16 \times 6 + 204 = 300$(명)이다.

10

| 정답 | ①

| 해설 | '이익 = 총 매출액 − 총비용', '총 매출액 = 판매량 × 단위당 가격'이므로 '이익 = (판매량 × 단위당 가격) − 총비용'으로 구할 수 있다. 그러므로 단위당 가격이 6,500원, 판매량이 N개, 총비용이 $(2,000,000 + 1,000N)$원일 경우 이익은 $6,500N - (2,000,000 + 1,000N)$원이다.

따라서 이익이 50,000,000원 이상인 경우를 나타내는 식은 다음과 같다.

$$50,000,000 \leq 6,500N - (2,000,000 + 1,000N)$$

$$\therefore 50,000,000 \leq 5,500N - 2,000,000$$

11

| 정답 | ④

| 해설 | 프로그램에 참여하는 국내 대학생의 수를 x명, 외국인 대학생의 수를 y명이라고 할 때 문제의 조건을 부등식으로 나타내면 다음과 같다.

$$\begin{cases} x + y \leq 126 \\ 200x + 300y \leq 31,500 \end{cases} \Rightarrow \begin{cases} x + y \leq 126 \\ 2x + 3y \leq 315 \end{cases}$$

프로그램 운영 평가 점수를 k점이라고 할 때,
$k = 3x + 4y$이다.

이를 그래프로 나타내면 아래와 같다.

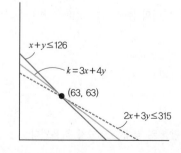

두 부등식의 경계가 만나는 점은 $(x, y) = (63, 63)$으로, 이 점을 지날 때 k의 값은 최대가 된다. 따라서 $k = 3 \times 63 + 4 \times 63 = 441$(점)이 최대로 받을 수 있는 운영 평가 점수이다.

12

| 정답 | ④

| 해설 | 과장이 대리에게 주는 공책의 개수를 x권이라 하면 다음 식이 성립한다.

$$2 \le \frac{42-x}{12+x} \le 3$$

부등식을 각각 나누어 풀면

$$\frac{42-x}{12+x} \ge 2$$
$$42-x \ge 2(12+x)$$
$$42-x \ge 24+2x$$
$$3x \le 18$$
$$x \le 6 \qquad \cdots\cdots ㉠$$

$$\frac{42-x}{12+x} \le 3$$
$$42-x \le 3(12+x)$$
$$42-x \le 36+3x$$
$$4x \ge 6$$
$$x \ge \frac{3}{2} \qquad \cdots\cdots ㉡$$

㉠, ㉡을 정리하면 $\frac{3}{2} \le x \le 6$

공책의 개수는 정수여야 하므로 과장이 대리에게 줄 수 있는 개수는 최소 2권에서 최대 6권이다.

13

| 정답 | ④

| 해설 | 단말기 이용료로 인한 수입은 (단말기 이용료)×(가입 회원 수)로 구할 수 있다. 한 달 단말기 이용료를 $x\%$ 인상하면 기존 단말기 이용료의 $\left(1+\frac{x}{100}\right)$배이고, 가입 회원 수가 $0.5x\%$ 감소하면 기존 가입 회원 수의 $\left(1-\frac{0.5x}{100}\right)$배이다. 따라서 다음과 같은 식이 성립한다.

$$\left(1+\frac{x}{100}\right)\left(1-\frac{0.5x}{100}\right) \ge 1+\frac{8}{100}$$
$$10,000+100x-50x-0.5x^2 \ge 10,800$$
$$x^2-100x+1,600 \le 0$$
$$(x-20)(x-80) \le 0$$
$$20 \le x \le 80$$

따라서 최솟값 x는 20이다.

14

| 정답 | ④

| 해설 | 올해 자전거로 출퇴근한 직원의 수는 $500 \times 0.1 = 50$(명)이다. 자전거를 이용하는 직원이 전체의 40%인 $500 \times 0.4 = 200$(명)이 되는 해를 n년 후라 하면, 매년 전년 대비 20%씩 증가한다고 했으므로 다음 식이 성립한다.

$$50 \times 1.2^n \ge 200$$
$$1.2^n \ge 4$$

양변에 $\log$를 붙이고 정리하면

$$n\log 1.2 \ge 2\log 2$$
$$0.08n \ge 2 \times 0.3$$
$$\therefore n \ge 7.5$$

따라서 전체 직원의 40% 이상이 자전거로 출퇴근하게 되는 때는 8년 후가 된다.

테마 6 부등식

테마 7 집합

유형 1 집합 공략

문제 236쪽

01	②	02	⑤	03	③	04	②	05	②
06	②	07	④	08	③	09	④	10	③
11	③	12	②	13	③	14	⑤	15	②
16	⑤	17	②	18	⑤	19	③	20	③
21	①	22	①	23	④	24	②	25	④

01

| 정답 | ②

| 해설 | 3과목 모두 싫어하는 학생의 수를 x명으로 두고 제시된 조건을 토대로 벤다이어그램을 그리면 다음과 같다.

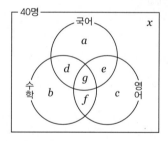

• 3과목 모두 좋아하는 학생이 4명이므로 $g=4$(명)이다.

• 국어와 수학을 모두 좋아하는 학생이 10명이므로 d는 $10-4=6$(명)이다.

• 수학과 영어를 모두 좋아하는 학생이 8명이므로 f는 $8-4=4$(명)이다.

• 영어와 국어를 모두 좋아하는 학생이 9명이므로 e는 $9-4=5$(명)이다.

• 국어를 좋아하는 학생은 25명이므로 a는 $25-6-5-4=10$(명)이다.

• 수학을 좋아하는 학생은 19명이므로 b는 $19-6-4-4=5$(명)이다.

• 영어를 좋아하는 학생은 13명이므로 c는 $13-4-5-4=0$(명)이다.

이를 정리하면 다음과 같다.

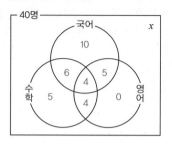

따라서 3과목 모두 싫어하는 학생은 $40-(10+5+0+6+4+5+4)=6$(명)이다.

02

| 정답 | ⑤

| 해설 | 세 음료수 모두 맛있다고 응답한 학생 수를 x명이라 하면 다음과 같은 식을 세울 수 있다.

$$n(A \cup B \cup C) = n(A) + n(B) + n(C) - n(A \cap B) - n(B \cap C) - n(A \cap C) + n(A \cap B \cap C)$$
$$30 - 6 = 15 + 17 + 16 - 11 - 13 - 7 + x$$
$$24 = 17 + x$$
$$\therefore x = 7(명)$$

03

| 정답 | ③

| 해설 | 제시된 조건을 벤다이어그램으로 그리고, 각 영역을 $a \sim g$로 나누면 다음과 같다.

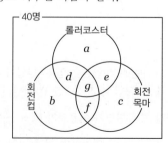

• 회전컵과 회전목마 2개에만 응답을 한 유치원생은 4명이므로 f는 4이다.

- 회전목마와 롤러코스터 2개에만 응답을 한 유치원생은 3명이므로 e는 3이다.
- 3개 놀이기구 모두에 응답을 한 유치원생은 1명이므로 g는 1이다.
- 회전목마에 응답을 한 유치원생은 18명이므로 c는 $18-3-4-1=10$이다.
- 회전컵에 응답한 유치원생은 13명이므로 $b+d=13-4-1=8$이다.
- 총 유치원생의 수는 40명이므로, $a+b+d+10+4+1+3=40$인데 $b+d$가 8이므로 a는 $40-(8+10+4+1+3)=40-26=14$이다.

따라서 롤러코스터에만 응답한 유치원생의 수는 14명이다.

04

| 정답 | ②

| 해설 | 제시된 조건을 벤다이어그램으로 그리고, 각 영역을 $a \sim g$로 나누면 다음과 같다.

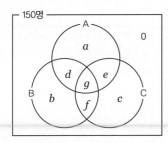

- $a+d=50$
- $c+e=45$
- $b+f=40$

전체 인원이 150명이므로,

$g=150-(a+b+c+d+e+f)=150-135=15$

따라서 세 가지를 모두 선택한 사람은 15명이다.

05

| 정답 | ②

| 해설 | 제시된 조건을 벤다이어그램으로 그리고, 각 영역을 $a \sim h$로 나누면 다음과 같다.

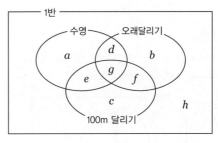

(가) $a+d+e+g=17$ (나) $b+d+f+g=19$
(다) $c+e+f+g=23$ (라) $d+g=8$
(마) $e+g=11$ (바) $f+g=10$
(사) $g=5$ (아) $h=4$

따라서 3학년 1반의 총 학생 수인 $a \sim h$의 합은 다음과 같다.

(가)+(나)+(다)−(라)−(마)−(바)+(사)+(아)
$=17+19+23-8-11-10+5+4=39$(명)

06

| 정답 | ②

| 해설 | 제시된 조건을 벤다이어그램으로 그리고 각 영역을 $a \sim h$로 나누면 다음과 같다.

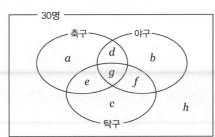

- $a+d+e+g=14$
- $b+d+f+g=8$
- $c=7$
- $h=3$

$a+b+c+d+e+f+g+h=30$

$a+b+d+e+f+g=30-c-h=30-7-3=20$

$b+f=20-14=6$

$a+e=20-8=12$

$(a+b+d+e+f+g)-(b+f)-(a+e)=d+g$
$=20-6-12=2$

따라서 축구와 야구를 모두 좋아하는 직원은 2명이다.

07

| 정답 | ④

| 해설 | 제시된 조건을 벤다이어그램으로 그리고 각 영역을 $a \sim g$로 나누면 다음과 같다.

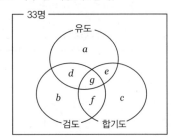

$a+b+c+d+e+f+g=33$ ······ ㉠
$a+d+e+g=19$ ······ ㉡
$b+d+f+g=24$ ······ ㉢
$c+e+f+g=26$ ······ ㉣
$d+g=15$ ······ ㉤
$f+g=19$ ······ ㉥
$e+g=16$ ······ ㉦
$(㉡+㉢+㉣)-㉠=d+e+f+2g=36$
$(㉤+㉥+㉦)-(d+e+f+2g)=g=14$

따라서 유도, 검도, 합기도 셋 모두를 경험해 본 사람은 14명이다.

08

| 정답 | ③

| 해설 | 제시된 조건을 벤다이어그램으로 그리면 다음과 같다.

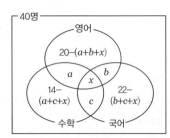

$40=\{20-(a+b+x)\}+\{14-(a+c+x)\}+\{22-(b+c+x)\}+(a+b+c)+x$
$=56-a-b-c-2x$
$=56-(a+b+c)-2x$

두 과목을 좋아한다고 대답한 학생 수$(a+b+c)$는 10명이므로 세 과목을 좋아한다고 대답한 학생 수(x)는 다음과 같다.

$40=56-10-2x$ $\qquad$ $2x=6$
$\therefore x=3$(명)

09

| 정답 | ④

| 해설 | 제시된 조건을 벤다이어그램으로 그리면 다음과 같다.

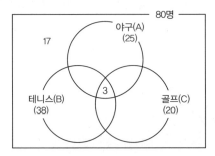

• $n(A\cap B)=8$ $\qquad$ • $n(B\cap C)=10$
• $n(A\cap C)=x$
$n(A\cup B\cup C)=n(A)+n(B)+n(C)-\{n(A\cap B)+n(B\cap C)+n(C\cap A)\}+n(A\cap B\cap C)$이므로
$80-17=25+38+20-(8+10+x)+3$
$63=68-x$
$\therefore x=5$(명)

10

| 정답 | ③

| 해설 | A$\sim$C지 모두를 구독하는 세대 수를 x세대라 하고 벤다이어그램을 그려 보면 다음과 같다.

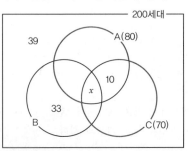

A 또는 C지를 구독하고 있는 세대 수는 $80+70-(10+x)$이고, 이는 전체에서 B지만 구독하는 세대와 아무것도 구독하지 않는 세대를 제외한 값과 같으므로 다음과 같은 식이 성립한다.

$80+70-(10+x)=200-(39+33)$

$140-x=128$

$\therefore x=12$(세대)

11

| 정답 | ③

| 해설 | 탁구 동아리에만 가입을 신청한 직원의 수를 x명이라고 한다면 배드민턴 동아리에만 가입을 신청한 직원의 수는 $\frac{1}{2}x$명이다. 어떤 동아리에도 가입을 신청하지 않은 직원이 6명이므로 $40-6=34$(명)의 직원이 동아리에 가입을 신청하였다. 그중 16명이 배드민턴 동아리에 가입을 신청하였기 때문에 탁구 동아리에만 가입을 신청한 직원은 $x=34-16=18$(명)이며, 두 동아리 모두에 가입을 신청한 직원의 수는 $\left(16-\frac{1}{2}x\right)$명이다.

따라서 두 동아리 모두에 가입을 신청한 직원은 $16-\frac{1}{2}\times18=7$(명)이다.

12

| 정답 | ②

| 해설 | 내 집이 없이 대출만 있는 직원을 x명으로 두고, 제시된 조건을 벤다이어그램으로 그리면 다음과 같다.

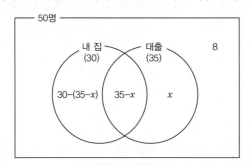

내 집이 있거나 대출이 있는 직원의 수는 42명이므로

$42=30-(35-x)+35-x+x$

$42=30+x$

$\therefore x=12$

따라서 내 집이 없이 대출만 있는 직원의 수는 12명이다.

13

| 정답 | ③

| 해설 | A 시험의 최종 합격자 중에 A 시험의 1차 시험 불합격자는 없다. 즉, A 시험의 최종 합격자는 반드시 A 시험의 1차 시험 합격자에 포함되어 있을 것이고, 여기에 B 시험의 합격자를 조합하면 다음과 같은 벤다이어그램을 그릴 수 있다.

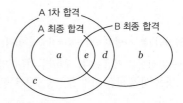

A 시험 최종 합격자 중 21명이 B 시험에 최종 합격했으므로 $e=21$이다.

A 시험의 최종 합격자는 49명이므로,

$a+21=49$

$a=28$

또한 A 시험의 1차 시험 합격자 중 25명이 B 시험에도 합격했으므로,

$21+d=25$

$d=4$

A 시험 1차 시험 합격자는 66명이므로,

$c+28+21+4=66$

$\therefore c=66-28-21-4=13$

따라서 A 시험의 1차 시험 합격자 중에서 최종적으로 A 시험, B 시험 모두에 불합격한 사람은 13명이다.

14

| 정답 | ⑤

| 해설 | 쇼핑과 영화 관람을 모두 한 사람의 인원을 x명이라고 정한 뒤 벤다이어그램을 그리면 다음과 같다.

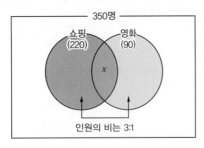

쇼핑만 한 사람은 $(220-x)$명, 영화만 본 사람은 $(90-x)$명이다. 쇼핑만 한 사람과 영화만 본 사람의 비가 $3:1$이므로 다음의 식이 성립한다.

$(220-x):(90-x)=3:1$

$220-x=(90-x)\times 3$

$220-x=270-3x$

$2x=50$

$\therefore x=25$

따라서 영화만 본 사람은 $90-25=65$(명)이다.

[별해] 연립방정식을 사용한다. 구하려 하는 '영화를 보았지만 쇼핑을 하지 않은 사람'을 x명, '모두 한 사람'을 y명으로 하면,

• 쇼핑을 한 사람 : $3x+y=220$ …… ㉠

• 영화를 본 사람 : $x+y=90$ …… ㉡

연립방정식의 가감법으로 ㉠－㉡을 하면,

$2x=130$

$\therefore x=65$(명)

15

| 정답 | ②

| 해설 | 스트레스 해소를 위해 여행을 간다고 응답한 사람의 $\frac{1}{4}$은 $180\times\frac{1}{4}=45$(명)이다. 따라서 스트레스 해소를 위해 영화를 보지만 여행을 가지는 않는 사람은 $70-45=25$(명)이다.

16

| 정답 | ⑤

| 해설 | 스트레스 해소를 위해 쇼핑도 하고 영화도 보는

사람의 수를 x명이라고 하면, 쇼핑은 하지만 영화를 보지 않는 사람은 $(200-x)$명, 영화를 보지만 쇼핑은 하지 않는 사람은 $(70-x)$명이다. 이들의 비가 $6:1$이므로 식을 세우면 다음과 같다.

$200-x=6(70-x)$

$200-x=420-6x$

$5x=220$

$\therefore x=44$

따라서 스트레스 해소를 위해 영화를 보지만 쇼핑은 하지 않는 사람은 $70-44=26$(명)이다.

17

| 정답 | ②

| 해설 | 한자 시험에서 80점 이상을 받은 학생의 집합을 $n(A)$라고 할 때 $n(A)=83$이고, 영단어 시험에서 80점 이상을 받은 학생의 집합을 $n(B)$라고 할 때 $n(B)=75$이다. 두 시험 모두에서 80점 이상을 받은 학생의 집합은 $n(A\cap B)=63$이다. 따라서 둘 중 하나라도 80점 이상을 받은 학생은 $83+75-63=95$(명)으로, 두 시험 모두에서 80점 미만을 받은 학생은 $100-95=5$(명)이다.

18

| 정답 | ⑤

| 해설 | **17**의 해설을 참조한다. 한자 시험에서만 80점 이상을 받은 학생은 $83-63=20$(명)이고, 영단어 시험에서만 80점 이상을 받은 학생은 $75-63=12$(명)이다. 따라서 두 시험 중 한 과목에서만 80점 이상을 받은 학생의 수는 32명이다.

19

| 정답 | ③

| 해설 | 두 시험 모두 불합격한 사람을 x명으로 놓고 벤다이어그램을 그리면 다음과 같다.

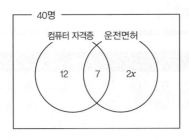

$12 + 7 + 2x + x = 40$

$3x = 21$

$\therefore \ x = 7$(명)

20

| 정답 | ③

| 해설 | 전체 학생 24명의 $\frac{1}{4}$인 6명이 안경을 착용하였

으므로 렌즈를 착용한 학생은 나머지 18명 중 $\frac{1}{3}$인 6명

이 된다. 따라서 안경이나 렌즈를 착용하지 않은 학생은

$24 - (6 + 6) = 12$(명)이다.

21

| 정답 | ①

| 해설 | 제시된 조건을 토대로 벤다이어그램을 그리고 각
영역을 $a \sim h$로 나누어 정리하면 다음과 같다.

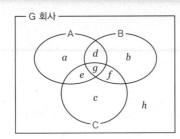

- A $= a + d + e + g = 55$ • B $= b + d + f + g = 54$
- C $= c + e + f + g = 58$ • A $\cap$ B $= d + g = 27$
- A $\cap$ C $= e + g = 30$ • B $\cap$ C $= g + f = 31$
- A $\cap$ B $\cap$ C $= g = 16$

g의 값이 주어졌으므로 나머지 값들을 구하면

$e = 30 - 16 = 14$, $f = 31 - 16 = 15$, $d = 27 - 16 = 11$,

$a = 55 - (11 + 14 + 16) = 14$, $b = 54 - (11 + 15 + 16) = 12$,

$c = 58 - (14 + 15 + 16) = 13$이다.

$$\begin{aligned} \therefore \ h &= 100 - (A \cup B \cup C) \\ &= 100 - (a + b + c + d + e + f + g) \\ &= 100 - (14 + 12 + 13 + 11 + 14 + 15 + 16) \\ &= 100 - 95 \\ &= 5(명) \end{aligned}$$

22

| 정답 | ①

| 해설 | 제시된 조건에 따라 벤다이어그램을 그리면 다음
과 같다.

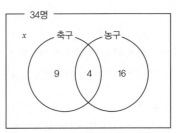

따라서 어느 동아리에도 가입하지 않은 학생은 $34 - (9 + 4 + 16) = 5$(명)이다.

23

| 정답 | ④

| 해설 | 두 시험 모두 불합격인 사람 수를 x명이라 두고,
벤다이어그램을 그리면 다음과 같다.

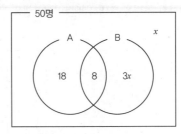

$18 + 8 + 3x + x = 50$

$4x = 50 - 18 - 8$

$4x = 24$

$\therefore \ x = 6$(명)

24

|정답| ②

|해설| 제시된 조건을 토대로 벤다이어그램을 그리고 각 영역을 a, b, c, x, y, z, n으로 나누면 다음과 같다.

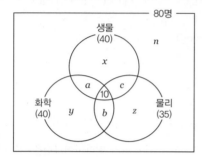

한 과목만 선택한 학생은 35명이므로,

$$x+y+z=35 \qquad \cdots\cdots \text{㉠}$$

$40(\text{생물})+40(\text{화학})+35(\text{물리})=(x+y+z)+2(a+b+c)+30$이므로 이에 ㉠을 대입하여 정리하면,

$$a+b+c=\frac{(40+40+35)-(35+30)}{2}=25$$

생물, 화학, 물리 중 적어도 한 과목을 선택한 학생 수는

$$(x+y+z)+(a+b+c)+10=35+25+10=70(\text{명})$$

따라서 세 과목 모두 선택하지 않은 학생은 $n=80-70$ $=10(\text{명})$이다.

25

|정답| ④

|해설| 제시된 조건을 토대로 벤다이어그램을 그리면 다음과 같다.

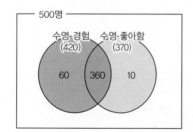

따라서 수영을 싫어하고 경험도 없는 중학생은 $500-$ $(60+360+10)=70(\text{명})$이다.

심화문제

테마 7. 집합

									문제 246쪽

01	②	02	③	03	③	04	③	05	④
06	⑤	07	⑤	08	①	09	④	10	①
11	②	12	④	13	④	14	③	15	⑤
16	①	17	③	18	②	19	⑤	20	④
21	⑤								

01

|정답| ②

|해설| 중국어 점수만 90점 이상인 학생 수를 x명이라 놓고, 제시된 조건을 토대로 벤다이어그램을 그리면 다음과 같다.

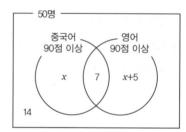

두 과목 모두 90점 미만인 학생이 14명이므로 한 과목이라도 90점 이상을 받은 학생은 $50-14=36(\text{명})$이다.

$$x+(x+5)+7=36 \qquad x=12$$

따라서 중국어가 90점 이상인 학생은 $12+7=19(\text{명})$이다.

02

|정답| ③

|해설| 사과, 감, 귤을 산 손님의 수를 벤다이어그램으로 그리면 다음과 같다.

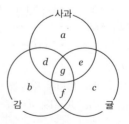

일단 3종류의 과일을 모두 산 손님은 4명이라고 하였으므로 $g=4$이다. 사과와 감을 같이 산 손님은 15명이므로 $d=15-4=11$이다. 감과 귤을 같이 산 손님은 21명이므로 $f=21-4=17$이고, 사과와 귤을 같이 산 손님은 11명이므로 $e=11-4=7$이다. 사과를 산 손님은 32명이므로 $a=32-11-4-7=10$이고, 감을 산 손님은 47명이므로 $b=47-11-4-17=15$이다. 마지막으로 귤을 산 손님은 83명이므로 $c=83-4-7-17=55$이다.

따라서 세 과일 중 적어도 1종류를 산 손님의 수는 10+15+55+11+7+17+4=119(명)이다.

03

| 정답 | ③

| 해설 | 축구가 좋은 학생을 x명, 야구가 좋은 학생을 y명이라 하면 축구가 좋은 학생 중에서 야구가 좋은 학생은 $0.8x$명, 야구를 좋아하지 않는 학생은 $0.2x$명으로 나타낼 수 있다. 또한 야구가 좋은 학생 중 축구가 좋은 학생은 $0.6y$명, 축구를 좋아하지 않는 학생은 $0.4y$명이 된다. 이를 벤다이어그램으로 나타내면 다음과 같다.

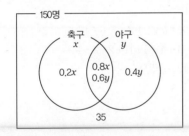

축구와 야구를 모두 좋아하는 학생의 수가 같아야 하므로
$$0.8x=0.6y \qquad 4x=3y \qquad \cdots\cdots \ \text{㉠}$$
학생수가 150명이므로
$$0.2x+y+35=150$$
$$x+5y=575 \qquad x=575-5y \qquad \cdots\cdots \ \text{㉡}$$
㉡을 ㉠에 대입시키면
$$4(575-5y)=3y$$
$$2,300-20y=3y$$
$$23y=2,300$$
$$y=100(\text{명})$$
$$\therefore x=575-5\times100=75$$
따라서 축구가 좋다고 대답한 학생은 75명이다.

04

| 정답 | ③

| 해설 | 제시된 조건을 토대로 벤다이어그램을 그리고 각 영역을 $a\sim h$로 나누면 다음과 같다.

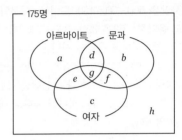

(가) $a+d+e+g=37$ (나) $d+g=21$
(다) $h=17$ (라) $c=85$

$$a+b+c+d+e+f+g+h=175$$
$$b+c+f+h=175-37=138$$
$$b+f=138-85-17=36$$
$$\therefore (d+g)+(b+f)=21+36=57(\text{명})$$

05

| 정답 | ④

| 해설 | 노트북을 A, 휴대 전화를 B, CD플레이어를 C, 노트북만 구입한 손님을 x명이라 하면 다음과 같은 벤다이어그램을 그릴 수 있다.

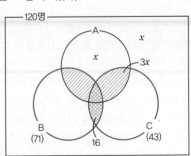

$$n(B\cup C)=n(B)+n(C)-n(B\cap C)=71+43-16=98$$
$$\therefore n(A\cup B\cup C)=x+98$$
$$(x+98)+x=120$$
$$x=11$$
$$\therefore n(A)=x+3x=4x=4\times11=44(\text{명})$$

테마 **7** 집합

06

| 정답 | ⑤

| 해설 | 야구와 배구를 모두 싫어한다고 답한 사람이 50명이므로 야구와 배구 중 적어도 한 개 이상을 좋아한다고 답한 사람은 500−50=450(명)이다. 야구와 배구를 좋아한다고 응답한 사람은 390+330=720(명)이므로 두 항목을 모두 좋아한다고 응답한 사람은 720−450=270(명)이다. 따라서 야구만 좋아한다고 응답한 사람은 390−270=120(명), 농구만 좋아한다고 응답한 사람은 330−270=60(명)으로 둘 중 어느 하나만 좋다고 대답한 사람은 총 180명이다.

07

| 정답 | ⑤

| 해설 | 세 회사를 모두 지원한 사람의 수를 x명이라 하면 다음과 같은 식이 성립한다.

$$n(A \cup B \cup C) = n(A) + n(B) + n(C) - n(A \cap B) - n(A \cap C) - n(B \cap C) + n(A \cap B \cap C)$$

$$70 - 4 = 45 + 48 + 48 - 31 - 32 - 37 + x$$

$$66 = 41 + x$$

$$\therefore x = 25(명)$$

08

| 정답 | ①

| 해설 | 최소 1개, 최대 2개의 강좌를 신청할 수 있으므로 세 강좌를 동시에 신청하는 경우는 없다. 각각의 강좌를 신청한 인원의 합은 74+80+85=239(명)이므로 전체 200명 중에서 39명은 2개의 강좌를 신청했음을 알 수 있다. 이 중 A, B 강좌를 동시에 신청한 사원이 12명, B, C 강좌를 동시에 신청한 사원이 20명이므로 A, C 강좌를 동시에 신청한 사원의 수는 39−12−20=7(명)이다.

09

| 정답 | ④

| 해설 | 제시된 정보에 따라 벤다이어그램을 작성하고 각

영역을 $a \sim h$로 나누면 다음과 같다.

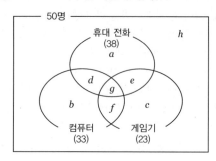

- $d + g = 25$
- $f + g = 18$
- $e + g = 16$
- $g = 14$

휴대 전화와 컴퓨터는 소유하고 있으나 게임기는 소유하지 않은 학생은 d이므로

$$\therefore d = 25 - g = 25 - 14 = 11(명)$$

10

| 정답 | ①

| 해설 | 09 해설을 참고한다. 어느 것도 소유하지 않은 학생은 h이므로

$$h = 50 - (a + b + c + d + e + f + g)$$
$$= 50 - (11 + 4 + 3 + 11 + 2 + 4 + 14)$$
$$= 50 - 49 = 1(명)$$

11

| 정답 | ②

| 해설 | 조사에 참여한 고객의 수가 최소인 경우와 최대인 경우는 다음과 같다.

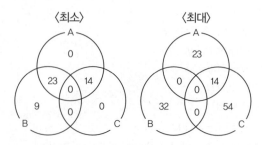

따라서 $M - m = 123 - 46 = 77$이다.

12

| 정답 | ④

| 해설 | $n(A \cup B) = n(A) + n(B) - n(A \cap B)$이므로, 춘천과 무주 중 한 곳 이상을 가 본 사람의 수는 $25+14-9=30$(명)이다. 따라서 두 곳 중 어느 곳도 가 본 적이 없는 사람은 $60-30=30$(명)이다.

13

| 정답 | ④

| 해설 | 지하철을 이용하는 직원이 80명이고 버스를 이용하는 직원은 53명이며 지하철과 버스를 모두 이용하는 사람은 20명이므로, 지하철과 버스 중 적어도 하나를 이용하는 사람의 수는 $80+53-20=113$(명)이다. 전체 사원이 180명이고 자전거, 버스, 지하철 중 하나 이상을 이용하는 사람은 $48+113=161$(명)이므로, 세 교통수단 중 아무것도 이용하지 않는 사람은 $180-161=19$(명)이다.

14

| 정답 | ③

| 해설 | 버스와 자전거를 모두 이용하는 사람은 자전거만 이용하는 사람의 $\frac{1}{4}$이므로, $48 \times \frac{1}{4} = 12$(명)이다. 지하철, 버스, 자전거를 모두 이용하는 사람이 5명이므로 버스와 자전거는 이용하지만 지하철은 이용하지 않는 사람은 $12-5=7$(명)이다.

15

| 정답 | ⑤

| 해설 | 세미나 Q를 수강한 사람은 52명이고, P와 Q 모두를 수강한 사람은 20명이므로, 세미나 Q만 수강한 사람은 $52-20=32$(명)이다.

16

| 정답 | ①

| 해설 |

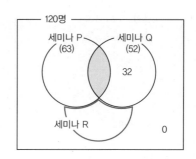

Q만 수강한 사람은 32명이고, P를 수강한 사람은 63명이므로 P나 Q 중 하나는 수강한 사람은 $32+63=95$(명)이다. 따라서 R만 수강한 사람은 $120-95=25$(명)이다.

17

| 정답 | ③

| 해설 |

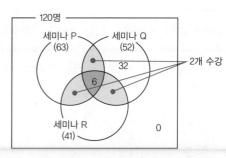

세 세미나를 수강한 인원은 $63+52+41=156$(명)이고 세 세미나를 모두 수강한 인원은 6명이므로, 두 개 이상의 세미나를 수강한 인원은 $156-120-6=30$(명)이다.

18

| 정답 | ②

| 해설 | 피아노를 배우고 있는 학생은 20명이고, 피아노와 영어회화를 모두 배우고 있는 학생은 8명이므로, 피아노만 배우고 영어회화를 배우지 않는 학생은 $20-8=12$(명)이다.

19

| 정답 | ⑤

| 해설 |

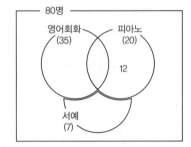

영어 회화와 피아노 중 피아노만 배우고 있는 학생은 12명, 영어 회화를 배우는 학생은 35명, 서예만 배우고 있는 학생은 7명이므로, 세 개 중 한 개 이상은 배우고 있는 학생은 12+35+7=54(명)이다. 따라서 아무것도 배우지 않고 있는 학생은 80-54=26(명)이다.

20

| 정답 | ④

| 해설 | 피아노만 배우고 있는 학생을 x명이라고 하면, 피아노와 서예를 배우고 있지만 영어회화는 배우고 있지 않은 학생은 $(12-x)$명이다. 이를 이용해 다음과 같은 식을 세울 수 있다.

$$\frac{1}{3}x=12-x \qquad 4x=36$$

$$\therefore x=9$$

따라서 피아노만 배우고 있는 학생은 9명이다.

21

| 정답 | ⑤

| 해설 | 제시된 조건을 토대로 다음과 같은 벤다이어그램을 그릴 수 있다.

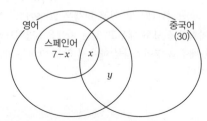

3개 국어의 강의를 모두 이수한 학생을 x명이라고 하면 영어와 스페인어 강의만을 이수하는 학생은 $(7-x)$명이다. 2개 국어의 강의만을 이수하는 학생은 12명이므로,

$$(7-x)+y=12$$

$$\therefore y=x+5$$

따라서 3개 국어의 강의를 이수하는 학생 수는 x명, 중국어와 영어 강의만을 이수하는 학생 수는 $(x+5)$명으로 5명 차이가 난다.

| 오답풀이 |

①, ② 중국어 강의만을 이수하는 학생은

$$30-(x+y)=25-2x\,(0\leq x\leq 7)$$

$$11\leq 25-2x\leq 25$$

따라서 최소일 경우 11명, 최대일 경우 25명이다.

③, ④ 주어진 정보만으로는 파악할 수 없다.

테마 8 약수 · 배수

유형 1 약수 공략

문제 258쪽

01	⑤	02	④	03	②	04	③	05	②
06	②								

01

| 정답 | ⑤

| 해설 | 가로 42cm, 세로 60cm의 벽에 가장 적은 수의 정사각형 타일로 남는 부분 없이 붙이려면 가로, 세로 길이의 최대공약수에 해당하는 크기의 타일을 사용하면 된다.

$$\begin{array}{c|cc} 2 & 42 & 60 \\ \times \\ 3 & 21 & 30 \\ \hline {}_{6} & 7 & 10 \end{array}$$

42와 60의 최대공약수는 $2 \times 3 = 6$이므로 정사각형 타일의 한 변의 길이는 6cm이고, 벽의 가로에는 $42 \div 6 = 7$(개), 세로에는 $60 \div 6 = 10$(개) 붙일 수 있다.

따라서 필요한 타일의 최소 총 개수는 $7 \times 10 = 70$(개)이다.

02

| 정답 | ④

| 해설 | 차량의 가로, 세로, 높이의 최대공약수를 구하면 $2 \times 2 \times 7 = 28$이다.

$$\begin{array}{c|ccc} 2 & 112 & 140 & 168 \\ \times \\ 2 & 56 & 70 & 84 \\ \times \\ 7 & 28 & 35 & 42 \\ \hline {}_{28} & 4 & 5 & 6 \end{array}$$

이때 가로의 길이가 세로의 절반이기 때문에 문서 다발은 가로 14cm, 세로와 높이는 28cm인 직육면체일 때 최소로 실을 수 있다. 이때 문서 다발은 가로에 8줄, 세로에 6줄, 높이 5줄이 들어갈 수 있으므로 총 $8 \times 6 \times 5 = 240$(개)가 들어가게 된다.

03

| 정답 | ②

| 해설 | A, B 두 사원의 주당 운동 볼륨이 동일하다고 하였으므로 식을 세우면 다음과 같다.

$96 \times 10 \times 5 \times 2 = 80 \times$(B의 반복 횟수)×(B의 세트 수)×2

$60 = $(B의 반복 횟수)×(B의 세트 수)

따라서 반복 횟수와 세트 수는 60의 약수여야 하며 선택지 중 60의 약수가 아닌 것은 9이다.

04

| 정답 | ③

| 해설 | 정육면체의 한 모서리의 길이는 24, 30, 48의 공약수이다. 이때 가능한 한 큰 정육면체로 만들기 위해서 한 모서리의 길이는 24, 30, 48의 최대공약수 6이 되어야 한다. 이때 만들어지는 정육면체의 개수는 $(24 \div 6) \times (30 \div 6) \times (48 \div 6) = 4 \times 5 \times 8 = 160$(개)이다.

05

| 정답 | ②

| 해설 | 말뚝 사이 간격은 네 변의 길이의 공약수에서 20을 넘지 않는 가장 큰 수여야 한다.

$96 = 2^5 \times 3$, $160 = 2^5 \times 5$, $192 = 2^6 \times 3$, $224 = 2^5 \times 7$

네 수의 최대공약수가 $2^5 = 32$이므로 말뚝 사이의 간격은 32의 약수 중 20을 넘지 않는 가장 큰 수인 16cm이다. 따라서 필요한 말뚝의 개수는 $(96 + 160 + 192 + 224) \div 16 = 42$(개)이다.

06

| 정답 | ②

| 해설 | 준비한 품목들을 남김없이 모두 같은 개수로 나누어야 하므로, 모든 품목의 최대공약수만큼 선물 꾸러미를 준비할 수 있다. $180 = 2^2 \times 3^2 \times 5$, $270 = 2 \times 3^3 \times 5$, $225 = 3^2 \times 5^2$, $135 = 3^3 \times 5$이므로, 모든 품목들의 최대공약수는 $3^2 \times 5 = 45$이다.

따라서 선물 꾸러미 45개를 만들 때 꾸러미 1개에 들어갈 비스킷 개수는 5개, 사탕 개수는 3개이므로, 선물 꾸러미 1개당 비스킷과 사탕 개수의 합은 8개이다.

유형 2 배수 공략

문제 266쪽

01 ①	02 ⑤	03 ②	04 ③	05 ④
06 ③	07 ⑤	08 ④	09 ④	10 ②
11 ③	12 ④	13 ④	14 ④	15 ②
16 ⑤	17 ②	18 ⑤		

01

|정답| ①

|해설|

$$
\begin{array}{r|ccc}
2 & 4 & 6 & 8 \\
2 & 2 & 3 & 4 \\
\hline
 & 1 \times 3 \times 2 & & =24
\end{array}
$$

4, 6, 8의 최소공배수를 구하는 문제이다. 세 사람은 24일에 한 번 함께 산책을 하므로 8주, 즉 $8 \times 7 = 56$(일) 동안 함께 산책을 하는 날은 24일의 배수인 24일과 48일 총 2일이다.

02

|정답| ⑤

|해설|

$$
\begin{array}{r|ccc}
5 & 25 & 35 & 50 \\
5 & 5 & 7 & 10 \\
\hline
 & 1 \times 7 \times 2 & & =350
\end{array}
$$

25, 35, 50의 최소공배수는 350이므로 350분 동안 생산되는 물건 수의 비를 구한다.

A 공장은 $25 : 2 = 350 : a$ $a = 28$(개)

B 공장은 $35 : 3 = 350 : b$ $b = 30$(개)

C 공장은 $50 : 5 = 350 : c$ $c = 35$(개)

따라서 일정 시간 동안 생산되는 물건 수의 비는 $28 : 30 : 35$이다.

03

|정답| ②

|해설| 각 톱니바퀴의 톱니는 동일하게 회전하므로, 서로 다른 톱니 수를 가진 A, B, C는 처음 회전을 시작한 지점으로 각각 24의 배수, 54의 배수, 36의 배수만큼 움직이다가 공통의 공배수에서 만나게 된다.

$$
\begin{array}{r|ccc}
6 & 24 & 54 & 36 \\
2 & 4 & 9 & 6 \\
3 & 2 & 9 & 3 \\
\hline
 & 2 \times 3 \times 1 & & =216
\end{array}
$$

세 톱니바퀴의 최소공배수는 216이므로 톱니바퀴는 톱니바퀴 A가 $216 \div 24 = 9$(번) 회전한 후 처음 위치로 돌아오게 된다.

04

|정답| ③

|해설| 난방 설비 센터와 난방 서비스 센터는 9와 12의 공배수마다 세워져 있으므로 두 센터는 9와 12의 최소공배수인 36의 배수마다 동시에 세워져 있다. 244 이하의 수 중 36의 배수는 6개이므로 총 6곳에 설비 센터와 서비스 센터가 동시에 세워져 있다.

05

|정답| ④

|해설| 2부터 20까지의 수에서 3단계에 따라 2의 배수를 지우면 다음과 같다.

2	3	4̶	5	6̶	7	8̶	9	1̶0̶
11	1̶2̶	13	1̶4̶	15	1̶6̶	17	1̶8̶	19	2̶0̶

다음에는 3이 '시작 수'가 되므로 3의 배수인 9와 15를 지운다.

2	3	4̶	5	6̶	7	8̶	9̶	1̶0̶
11	1̶2̶	13	1̶4̶	1̶5̶	1̶6̶	17	1̶8̶	19	2̶0̶

다음에는 5가 '시작 수'가 되므로 5의 배수를 지워야 하는데 더 이상 해당하는 수가 없다. '시작 수'는 7, 11, 13, 17, 19로 변경되지만 이들 수의 배수에 해당하는 수가 없으므로 종료한다.

따라서 2, 3, 5, 7, 11, 13, 17, 19를 가진 직원들이 선물을 받게 되며 18은 해당되지 않는다.

06

| 정답 | ③

| 해설 |

$$3) \underline{12 \quad 21}$$
$$\times \quad 4 \times 7 = 84$$

12분과 21분의 최소공배수를 구하면 $3 \times 4 \times 7 = 84$, 즉 A 버스와 B 버스는 84분 간격으로 동시에 출발한다. 두 버스는 서울역 환승센터에서 오전 5시부터 출발하므로 동시에 출발하는 시간은 05 : 00, 06 : 24, 07 : 48, 09 : 12, 10 : 36, 12 : 00, …가 된다.
따라서 오전 10시와 11시 사이에 출발하는 시간은 10시 36분이다.

07

| 정답 | ⑤

| 해설 | 90개의 톱니를 가진 톱니바퀴가 8번 회전하였으므로 720번씩 맞물리게 된다. A 톱니바퀴는 15회 회전하였고, B 톱니바퀴는 18회 회전하였으므로 두 톱니바퀴의 톱니 수는 각각 $720 \div 15 = 48$(개), $720 \div 18 = 40$(개)가 된다. 따라서 톱니 수의 합은 $48 + 40 = 88$(개)이다.

08

| 정답 | ④

| 해설 | 4월 10일 이후 세 가지 화초에 동시에 물을 주는 날은 6, 8, 9의 최소공배수인 72일이 지난 후이다. 4월은 30일, 5월은 31일이므로 $20(4월) + 31(5월) + x(6월) = 72$(일)의 조건을 충족해야 한다. 따라서 $x = 21$이므로 세 가지 화초에 동시에 물을 주는 날짜는 6월 21일이다.

09

| 정답 | ④

| 해설 | 3명, 4명, 5명에게 똑같이 나누어 주면 항상 3개가 남는다는 것은 상자 안에 구슬이 3, 4, 5의 공배수에 3을 더한 값만큼 있다는 것을 의미한다. 3, 4, 5의 최소공배수는 60이고 상자 안에 들어 있는 구슬이 100개가 넘는다고 하였으므로 조건을 만족하는 최솟값은 123개이다.

10

| 정답 | ②

| 해설 | 영규는 3일간 일하고 하루를 쉬므로 4일을 주기로, 샛별이는 5일간 일하고 하루를 쉬므로 6일을 주기로 쉬는 날이 반복된다. 따라서 4와 6의 최소공배수인 12일마다 둘의 휴가가 겹친다는 사실을 알 수 있고 4월 1일에 함께 쉬었다고 하였으므로 이후 겹치는 날은 $1 + 12 = 13$(일), $13 + 12 = 25$(일)이 된다.
따라서 4월 한 달 동안 영규와 샛별이는 1일, 13일, 25일 총 3일을 함께 쉰다.

11

| 정답 | ③

| 해설 | 모든 열차는 A 역과 B 역 사이를 편도로 이동하며 1시간이 소요되므로 A 역과 B 역에서 동시에 출발하면 30분 후에 50km 지점에서 만나게 된다. 10시부터 열차가 출발하므로 두 번째로 동시에 출발하는 시간은 20과 15의 최소공배수인 60분 후이다. 따라서 50km 지점에서 두 번째로 만나는 시간은 A 역과 B 역에서 다시 동시에 출발하는 시간인 11시에서 30분이 지난 시점인 11시 30분이다.

12

| 정답 | ④

| 해설 | A 마을 주민의 수는 4와 7의 최소공배수 28의 배수가 되며, (마을 주민 수−12), 즉 (마을 주민 수+1)은 13으로 나누어떨어진다. 28의 배수는 28, 56, 84, 112, 140, 168, 196, 224, 252, 280, …이고, 이 수에 +1을 하였을 때 13으로 나누어떨어지는 수는 168, 532, 896, … 이므로 A 마을 주민은 최소 168명이다.

13

| 정답 | ④

테마 8 약수 · 배수

| 해설 | 3과 4의 최소공배수는 12이므로 주차장의 차는 12분 경과할 때마다 8대가 들어오고, 3대가 나간다. 즉, 12분이 지날 때마다 5대만큼 늘어난다. 따라서 48분 후에는 $5 \times 4 = 20$(대)가 늘어나 오후 2시 48분에는 $78 + 20 = 98$(대)가 되고, 3분 후에는 2대 늘어나 100대가 되므로 주차장은 2시 51분에 만차가 된다.

14

| 정답 | ④

| 해설 | 7과 8의 최소공배수는 56이므로 두 사람이 5.6m를 이동했을 때 동시에 같은 지점에 발을 내딛는다. 하지만 이때 A는 8걸음을 걸어서 왼발을 내딛고, B는 7걸음을 걸어서 오른발을 내딛는다. 따라서 그 다음으로 동시에 같은 지점에 발을 내딛는 11.2m에는 A가 16걸음을 걸어서 왼발, B도 14걸음을 걸어서 왼발을 동시에 내딛게 된다.

15

| 정답 | ②

| 해설 | 매일 7문제씩 풀면 마지막 날은 1문제를 풀게 되므로, 문제집의 문제 수는 (7의 배수 -6)개가 된다. 마찬가지로 9문제씩 풀면 마지막 날에 3문제를 풀게 된다는 단서를 통해 문제집의 문제 수는 (9의 배수 -6)개임을 알 수 있다. 즉, 최소 문제 수는 7과 9의 최소공배수 -6 이므로 $7 \times 9 - 6 = 57$(개)이다.

문제집을 7문제씩 풀면 $57 \div 7 = 8 \cdots 1$로, 남은 한 문제를 푸는 날도 1일로 치므로 9일이 걸린다. 문제집을 9문제씩 풀면 $57 \div 9 = 6 \cdots 3$이므로 7일이 걸린다. 따라서 두 경우의 일수 차이는 $9 - 7 = 2$(일)이다.

16

| 정답 | ⑤

| 해설 | 주어진 전구들의 점멸 주기 2, 3, $4 = 2^2$, 5, $6 = 2 \times 3$, 7, $8 = 2^3$, $9 = 3^2$의 최소공배수를 구하면 $2^3 \times 3^2 \times 5 \times 7 = 2,520$(초)이다. 즉 42분마다 모든 전구가 동시에 켜졌다가 꺼짐을 알 수 있다. 0시부터 오후 7시 30분 까지의 시간을 분으로 환산하면 1,170분이므로 $\frac{1,170}{42}$

늑 27.86이다. 따라서 오후 7시 30분까지 모든 전구가 점멸하는 횟수는 27회이다. 그러나 이는 처음 0시에 모든 전구가 동시에 점멸한 것을 고려하지 않은 값이므로, 1회를 더하여 총 28회이다.

17

| 정답 | ②

| 해설 | A 버스는 30분마다, B 버스는 60분마다, C 버스는 80분마다 출발한다. 따라서 7시에 동시에 출발한 후 다시 동시에 출발하는 시간은 30, 60, 80의 최소공배수인 240분(4시간) 후이므로 7시 이후 다시 동시에 출발하는 시간은 11시이다.

18

| 정답 | ⑤

| 해설 | 두 매미의 대발생 주기 및 개시년도의 차가 모두 2년이므로, 2004년의 17년 전(2006년의 19년 전)에 동시에 대발생했던 것을 알 수 있다. 17과 19는 둘 다 소수이므로 최소공배수는 $17 \times 19 = 323$이다. 따라서 동시에 대발생하는 가장 가까운 연도는 $2004 - 17 + 323 = 2310$(년)이다.

심화문제

테마 8. 약수 · 배수

문제 272쪽									
01	①	02	①	03	②	04	①	05	④
06	③	07	③	08	②	09	③	10	⑤
11	②	12	②	13	②	14	②	15	③
16	③	17	②	18	③	19	①		

01

| 정답 | ①

| 해설 | 어린이는 자신이 받은 번호표의 약수 개수만큼 사

탕을 받는다. 모든 어린이는 1의 배수인 숫자를 가지고 있으므로 사탕을 1개 받는다. 따라서 사탕을 2개 받은 경우는 약수가 1과 자기 자신뿐인 소수의 번호를 받은 어린이다. 1~50 중에서 소수는 2, 3, 5, 7, 11, 13, 17, 19, 23, 29, 31, 37, 41, 43, 47로 총 15개이므로, 사탕을 2개 받은 어린이는 15명이다.

02

| 정답 | ①

| 해설 | 공터의 세로 길이의 합계 : 12+18=30(m)

공터의 가로 길이의 합계 : 12+24=36(m)

30과 36의 공약수를 구하면 1, 2, 3, 6이므로 최대공약수는 6이다. 그러므로 세로의 말뚝 수는 30÷6=5(개), 가로의 말뚝 수는 36÷6=6(개)이다.

세로와 가로가 각각 2개씩 있으므로 말뚝의 최소 개수는 (5+6)×2=22(개)이다.

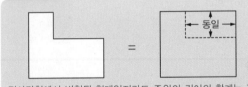

직사각형에서 변형된 형태일지라도 주위의 길이의 합계는 직사각형과 동일함에 유의한다.

03

| 정답 | ②

| 해설 | 남녀 합쳐서 300명이고 여자의 인원수가 더 많으므로 남자의 인원수는 150명 미만이다. 남자 그룹은 총 37그룹이므로 남자 1그룹의 인원수를 x명이라고 하면,

$37x<150$ $x=2, 3, 4$

청소당번을 하지 않았던 여자는 35명이므로, 여자 1그룹의 인원수는 35의 약수가 된다(5, 7, 35).

(i) $x=4$일 때
  • 남자 인원수 : 4×37=148(명)
  • 여자 인원수 : 300-148=152(명)
  여자 1그룹을 5명이나 7명으로 나눌 수 없으므로 적절하지 않다.

(ii) $x=3$일 때
  • 남자 인원수 : 3×37=111(명)
  • 여자 인원수 : 300-111=189(명)
  여자 1그룹을 7명으로 나눌 수 있다. 그러므로 청소를 한 여자 그룹의 수는 (189-35)÷7=22(그룹)이다.

(iii) $x=2$일 때
  • 남자 인원수 : 2×37=74(명)
  • 여자 인원수 : 300-74=226(명)
  여자 1그룹을 5명이나 7명으로 나눌 수 없으므로 적절하지 않다.

따라서 남녀 22그룹씩 청소 당번이 된다.

04

| 정답 | ①

| 해설 | a, b는 자연수이므로 a, $a-b$는 23의 약수이다. 23의 약수는 1, 23뿐이므로 $a=23$, $b=22$일 때만 $a(a-b)=23$을 만족한다.

따라서 $a^2-b^2=(a+b)(a-b)=(23+22)(23-22)=45$이다.

05

| 정답 | ④

| 해설 | i) A가 6을 썼을 때
  B는 6의 약수인 1, 2, 3을 적을 수 없으므로 4나 5를 적는다.

A	6	4
B	5	X

A	6	5
B	4	X

모든 경우에서 반드시 A가 승리하게 된다.

ii) A가 5를 썼을 때
  B는 1과 5를 제외한 나머지 숫자를 적을 수 있다.

A	5	4
B	6	X

A	5	6
B	4	X

A	5	2	4
B	3	6	X

A	5	3	6
B	2	4	X

모든 경우에서 반드시 A가 승리하게 된다.

따라서 A는 1회에 5나 6을 적으면 반드시 이긴다.

테마 **8** 약수·배수

| 오답풀이 |

A가 최초에 쓴 숫자가 다음과 같을 경우 B가 이길 수 있다.

• 1일 때 ⇒ B는 6을 쓴다.

• 2일 때 ⇒ B는 6을 쓴다.

• 3일 때 ⇒ B는 4 또는 6을 쓴다.

• 4일 때 ⇒ B는 3을 쓴다.

06

| 정답 | ③

| 해설 |

$$6 \underset{\times}{)} \frac{A \quad B}{C \times D} = 90$$

두 자연수가 A, B라고 할 때 최대공약수와 최소공배수의 관계에 따라 90=6×C×D, 즉 C, D의 곱은 15가 되어야 한다. 두 수를 곱하여 15가 될 수 있는 조합은 (1, 15), (3, 5)가 있는데, (1, 15)는 6을 곱하였을 때, 두 수 중 하나가 두 자리 수 자연수가 될 수 없기 때문에 조건을 충족할 수 없다.

따라서 두 자연수는 6×3=18과 6×5=30이고, 두 수의 차는 30-18=12이다.

07

| 정답 | ③

| 해설 | x는 100보다 작고 18과 4의 배수이므로 $x=36$ 또는 $x=72$이다. 그런데 x가 72라면 72와 40의 최대공약수는 4가 아닌 8이 되므로 조건에 맞지 않는다. 즉, $x=36$이고 a와 b의 값을 각각 구하면 다음과 같다.

$$
\begin{array}{r|rr}
2 & 36 & 54 \\
\hline
3 & 18 & 27 \\
\hline
3 & 6 & 9 \\
\hline
 & 2 & 3
\end{array}
\qquad \therefore a = 2 \times 3 \times 3 \times 2 \times 3 = 108
$$

$$
\begin{array}{r|rr}
2 & 36 & 40 \\
\hline
2 & 18 & 20 \\
\hline
 & 9 & 10
\end{array}
\qquad \therefore b = 2 \times 2 \times 9 \times 10 = 360
$$

따라서 $a+b=108+360=468$이다.

08

| 정답 | ②

| 해설 | 부장을 $a(a \geq 2)$명, 부장 한 명의 부하인 과장을 $b(b \geq 2)$명, 과장 한 명의 부하인 일반사원을 c명이라고 하면 다음과 같이 정리할 수 있다.

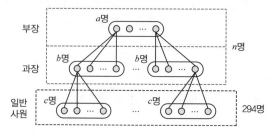

주어진 조건에서 $a \times b \times c = 294$이고 이는 $2 \times 3 \times 7^2$으로 소인수분해를 할 수 있다. 부장과 과장의 인원수의 합계는 $n=a(1+b)$로 나타낼 수 있으므로,

$(a, b) = (2, 3) \Rightarrow n = 8$

$(a, b) = (3, 2) \Rightarrow n = 9$

a 또는 b가 7의 배수라면 $n \geq 7 \times 2$이므로, n의 최솟값은 8이 된다.

09

| 정답 | ③

| 해설 | 롤러가 최소한으로 움직이기 위해서는 벽지의 폭이 롤러의 폭과 일치해야 하고 벽지의 길이에 의해 면적이 조정되어야 한다. 반지름이 $r$cm, 폭이 $h$cm인 롤러가 한 바퀴 움직였을 때 칠할 수 있는 벽지의 면적은 $2\pi rh$이다. 그러므로 반지름이 10cm인 롤러가 한 바퀴 움직였을 때 칠해진 면적은 $20\pi h$cm²가 되며 반지름이 3cm인 롤러의 경우에는 $6\pi h$cm²가 된다. 같은 크기의 벽지를 전부 칠하기 위한 면적은 20과 6의 최소공배수에 해당하므로 최소 면적은 $60\pi h$cm²가 된다. 따라서 최소 면적을 칠하기 위한 롤러의 최소 회전수는 10cm인 롤러는 3바퀴, 3cm인 롤러는 10바퀴이며 이 둘의 합은 3+10=13(바퀴)가 된다.

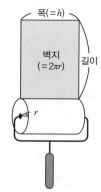

10

|정답| ⑤

|해설| 굴렁쇠가 이동한 거리를 구하는 문제이므로 원의 둘레를 이용한다. A 굴렁쇠의 둘레는 $2 \times \pi \times 16 = 32\pi$ (cm)이고 B 굴렁쇠의 둘레는 $2 \times \pi \times 20 = 40\pi$ (cm), C 굴렁쇠의 둘레는 $2 \times \pi \times 26 = 52\pi$ (cm)이다. 32π, 40π, 52π의 최소공배수는 $2,080\pi$ cm이므로 A 굴렁쇠가 $\frac{2,080\pi}{32\pi} = 65$(바퀴), B 굴렁쇠가 $\frac{2,080\pi}{40\pi} = 52$(바퀴), C 굴렁쇠가 $\frac{2,080\pi}{52\pi} = 40$(바퀴) 돌았을 때 같은 위치에서 멈추게 된다.

11

|정답| ②

|해설| 3개마다 칠하면서 역 둘레를 한 바퀴 돌았더니 처음에 칠한 말뚝으로 돌아왔다는 말은 역 둘레의 말뚝 개수가 3의 배수라는 뜻이다. 또 4개마다 칠하면 2바퀴 돌아서 처음의 말뚝으로 돌아왔다는 말은 말뚝 개수는 4의 배수가 아닌 2의 배수라는 뜻이다.

95 ~ 110 사이의 수 중에서 3의 배수는 96, 99, 102, 105, 108이고, 4의 배수가 아닌 2의 배수는 98, 102, 106, 110 이므로 공통되는 숫자는 102이다. 따라서 말뚝 개수는 102개이고, 3개마다 칠하면 $102 \div 3 = 34$(개)가 된다.

12

|정답| ②

|해설| 귤 x개, 사과 y개로 두면 다음 식이 성립한다.

$70x + 110y = 7,700$

$7x + 11y = 770$

$11y = 770 - 7x$

11과 770은 11의 배수이므로 $7x$도 11의 배수여야 한다. 따라서 x는 11의 배수이다. 또한 $y \geq 1$이므로

$770 - 7x \geq 11$ $x \leq \frac{759}{7}$

따라서 $x = 11$, 22, 33, 44, 55, 66, 77, 88, 99의 9개이다.

13

|정답| ②

|해설| 2분짜리 모래시계는 2분(짝수 분)마다 뒤집히고 3분짜리, 5분짜리 모래시계를 뒤집을 때도 동시에 뒤집어져야 하므로 2, 3, 5의 배수일 때마다 뒤집힌다.

2, 3, 5의 최소공배수 30까지 뒤집히는 경우는 2, 3, 4, 5, 6, 8, 9, 10, 12, 14, 15, 16, 18, 20, 21, 22, 24, 25, 26, 27, 28, 30으로 22개인데, 뒤집는 것이 60분간 계속 되며 마지막은 횟수에 포함하지 않으므로 $22 \times 2 - 1 = 43$(회)이다.

14

|정답| ②

|해설| n을 자연수로 보고, $(7n+1)^{10}$의 전개를 생각하면, 이항정리에 의해

$$(7n+1)^{10} = {}_{10}C_0(7n)^{10} \cdot 1^0 + {}_{10}C_1(7n)^9 \cdot 1^1 + \cdots$$
$$+ {}_{10}C_9(7n)^1 \cdot 1^9 + {}_{10}C_{10} \cdot 1^9$$

가 되어 마지막 항 이외에는 모든 항이 7의 배수가 된다. 따라서 $(7n+1)^{10}$을 7로 나누면 나머지는 ${}_{10}C_{10} \cdot 1^9 = 1$이 된다.

7의 배수마다 같은 요일이 되므로, $29^{10} = $(7의 배수)$+1$ 에서 하루씩 밀려서 월요일이 된다.

[별해] $(7n+1)(7n+1)(7n+1) \times \cdots \times (7n+1) = $(7의 배수)$+1$

15

|정답| ③

|해설| 조건을 정리하면 다음과 같다.

ㄱ. $A = \frac{1}{5}E = \frac{7}{35}E$

ㄴ. $B = \frac{1}{7}E = \frac{5}{35}E$

ㄷ. $C = \frac{1}{3}(A+B) = \frac{4}{35}E$

ㄹ. $D = \frac{1}{2}(A+B) = \frac{6}{35}E$

E는 우선 35의 배수가 되어야 하므로 E=35k라고 하면 A=7k, B=5k, C=4k, D=6k가 된다. 여기서 최소 금액인 C가 1,000원 이상, 최대인 E가 10,000원 미만이므로, $1,000 \leq 4k$, $35k < 10,000$

$\therefore 250 \leq k \leq 285$ ...... ㉠

그리고 A~E는 10의 배수이므로 k는 10의 배수이고, 100의 배수가 아니므로 k는 20의 배수도 25의 배수도 아니다. ㉠의 범위에서 이 조건들을 만족하는 것은 $k=$270뿐이다.

따라서 D=6×270=1,620(원)이다.

16

| 정답 | ③

| 해설 | 현재 승객 수를 x명, 좌석 수를 a석이라고 할 때, 승객의 52%가 앉을 수 있다고 하였으므로

$$a = \frac{52}{100}x \qquad a = \frac{13}{25}x \qquad x = \frac{25}{13}a$$

좌석 수는 정수이므로 a는 13의 배수이다. 이때 $70 \leq a < 90$이므로 좌석 수는 78석이다.

17

| 정답 | ②

| 해설 | 총 금액은 500원이고 사용하고 남은 우표는 10원 우표의 $\frac{2}{3}$이므로 사용한 10원 우표의 수, 남은 10원 우표의 수, 남은 우표의 금액, 사용한 우표의 금액을 순서대로 나타내면 다음과 같다.

선택지	①	②	③	④	⑤
10원 우표 수(장)	18	21	24	27	30
남은 수(장)	12	14	16	18	20
남은 금액(원)	120	140	160	180	200
지불한 금액(원)	380	360	340	320	300

우편 하나당 금액은 90원이므로 지불한 금액은 90의 배수이다. 따라서 ②가 조건에 부합하며 10원 우표의 수는 21장임을 알 수 있다.

18

| 정답 | ③

| 해설 | 공식에 대입하면 다음과 같다.

• 파장의 길이가 4×10^{-7}m인 전자기파의 에너지 :

$$6.6 \times 10^{-34} \times \frac{3 \times 10^8}{4 \times 10^{-7}} = 6.6 \times 10^{-19} \times \frac{3}{4}$$

• 주파수가 2.5×10^4Hz인 전자기파의 에너지 :

$$6.6 \times 10^{-24} \times 2.5 \times 10^4 = 6.6 \times 10^{-20} \times 2.5$$

따라서 $\dfrac{6.6 \times 10^{-19} \times \dfrac{3}{4}}{6.6 \times 10^{-20} \times 2.5} = 3$(배)이다.

19

| 정답 | ①

| 해설 | 인사팀에서 김치볶음밥을 선택한 직원의 수를 a명, 총무팀에서 돈가스를 선택한 직원의 수를 b명이라 하면, 인사팀은 김치볶음밥, 총무팀은 돈가스를 가장 선호한다고 했기 때문에 a와 b는 모두 12보다 큰 수이다.

구분	자장면	김치볶음밥	돈가스	육개장	치킨	합계
인사팀 팀원 수	12	a ($a>12$)		6		41
총무팀 팀원 수	6		b ($b>12$)	12		40

만약 총무팀에서 김치볶음밥을 선택한 직원의 수가 $2a$라면, 팀원 수의 합이 40이라는 조건을 충족시키지 못한다($2a>24$이므로). 마찬가지로 인사팀에서 돈가스를 선택한 직원의 수도 $2b$가 될 수 없다. 따라서 인사팀에서 돈가스를 선택한 직원의 수는 $\frac{b}{2}$명, 총무팀에서 김치볶음밥을 선택한 직원의 수는 $\frac{a}{2}$명이다. 이때 $\frac{a}{2}$와 $\frac{b}{2}$도 자연수여야 하므로 a와 b는 12보다 큰 짝수이다. 합계를 만족시키고, 치킨을 선택한 직원의 수가 0명이 되지 않기 위해서는 $a=b=14$가 되어야 하며, 따라서 치킨을 선호하는 직원의 수는 인사팀 2명, 총무팀 1명으로 총 3명이다.

테마 9 간격[나무 심기]

유형 1 [직선] 나무 심기 공략

문제 282쪽

01	④	02	⑤	03	③	04	②	05	⑤
06	⑤	07	②						

01

| 정답 | ④

| 해설 | 길이가 500m인 길에 10m 간격으로 깃발을 꽂는 다고 하였으므로 간격의 수는 $500 \div 10 = 50$(개)가 되는데 양쪽 끝에도 깃발을 꽂아야 하므로 여기에 깃발 1개를 더해 총 51개의 깃발을 꽂아야 한다.

02

| 정답 | ⑤

| 해설 | 역에서 우체국까지의 거리는 150m이고 미루나무가 7.5m 간격으로 심어져 있으므로 길 한쪽의 나무의 수는 $150 \div 7.5 + 1 = 21$(그루)이다. 이때 길 양쪽에 나무가 심어져 있으므로 총 42그루의 미루나무가 심어져 있다.

03

| 정답 | ③

| 해설 | 양쪽 끝에도 나무를 심으므로 $250 \div 5 + 1 = 51$(그루)의 은행나무가 필요하다.

04

| 정답 | ②

| 해설 | 보도의 양쪽에 나무를 심어야 하므로 한 쪽에 심는 나무의 수의 2배를 하면 구할 수 있다. 보도 한쪽에 심는 나무의 수는 $(280 \div 7) + 1 = 41$(그루)이므로 필요한 은행나무의 수는 $41 \times 2 = 82$(그루)이다.

05

| 정답 | ⑤

| 해설 | 324m의 보도에 6m 간격으로, 양 끝에도 나무를 심어야 하므로 나무의 수=간격의 수+1=$324 \div 6 + 1 =$ 55(그루)이다.

06

| 정답 | ⑤

| 해설 | 먼저 선택지의 단위가 전부 m이므로 3.6km를 m로 바꾸면 3,600m가 된다. 10개 급수대 사이 간격은 총 9개 이므로 $3,600 \div 9 = 400$(m)마다 설치해야 한다.

07

| 정답 | ②

| 해설 | 도로 양쪽으로 가로등을 세우는 것이기 때문에 한 쪽에 55개의 가로등을 세우면 된다. 그런데 양 끝에 가로등을 세워야 하기 때문에 가로등 수는 간격보다 1개가 더 많게 된다. 따라서 $\frac{810}{55-1} = 15$(m)의 간격으로 가로등을 세우면 된다.

유형 2 [원형] 나무 심기 공략

문제 286쪽

01	②	02	②	03	④	04	③	05	③
06	⑤								

01

| 정답 | ②

| 해설 | 직선이 아닌 연못의 둘레에 심어져 있는 나무이므로, 연못 둘레의 길이를 나무가 심어진 간격으로 나누면 된다. 즉, $258 \div 3 = 86$(그루)이다.

테마
9
간격
[나무 심기]

02

| 정답 | ②

| 해설 | 가로와 세로의 길이가 3의 배수이므로 한 모서리를 시작점으로 잡고 3m 간격으로 일정하게 나무를 심으면 반드시 네 모서리에 심게 된다. 따라서 둘레의 길이 $(57+42)\times2=198$(m)를 3으로 나눈 66그루의 나무가 필요하다.

03

| 정답 | ④

| 해설 | 가로 153m, 세로 27m의 구역을 둘러싸는 3m 간격의 기둥을 설치할 때 필요한 기둥의 수는 기둥을 설치했을 때의 간격의 수, 즉 둘레의 길이를 간격의 길이로 나눈 것과 같다. 따라서 기둥은 $\frac{(153+27)\times2}{3}=120$(개)가 필요하다.

04

| 정답 | ③

| 해설 | 원형 공원의 둘레는 $2\pi r=2\times3.14\times200=1,256$(m)이고, 나무를 심을 수 있는 거리는 원형 공원의 둘레에서 입구의 길이를 뺀 1,253m이다. 공원 입구의 양옆에서부터 나무를 심어야 하므로 나무의 수=간격 수+1이다. 따라서 $1,253\div7+1=180$(그루)이다.

05

| 정답 | ③

| 해설 | 호수 둘레의 길이를 xm라 하면 다음과 같은 식이 성립한다.

$\frac{x}{10}-\frac{x}{15}=5$

$3x-2x=150$

$\therefore x=150$

따라서 호수 둘레의 길이가 150m이므로 25m 간격으로 나무를 심는다면 $\frac{150}{25}=6$(그루)를 심을 수 있다.

06

| 정답 | ⑤

| 해설 | 야구장의 둘레에 설치하기 위해 필요한 펜스의 개수는 펜스를 지탱하기 위한 기둥의 개수와 같다. 따라서 야구장의 둘레는 $98\times2=196$(m)이다.

심화문제
테마 9. 간격[나무 심기]

문제 288쪽
01	②	02	③	03	④	04	②	05	④
06	④	07	④	08	④	09	④	10	②
11	②	12	④	13	③					

01

| 정답 | ②

| 해설 | 1. 먼저 리본의 전체 길이를 구해야 한다. 노란색 표시의 수를 x개라 하면,

• 노란색 표시로 알 수 있는 전체의 길이 : $(3x+2)$cm
• 파란색 표시로 알 수 있는 전체의 길이 : 파란색은 노란색보다 41개 많으므로 $\{2(x+41)+1\}$cm

두 표시는 하나의 리본에 표시한 것으로 길이가 동일하므로

$3x+2=2(x+41)+1$

$3x+2=2x+83$

$x=81$(개)

노란색 표시의 수가 81개이므로, 파란색 표시의 수는 81+41=122(개)임을 알 수 있다.

따라서 전체 길이는 $3\times81+2=245$(cm)이다.

2. 두 가지 색이 각각 3cm와 2cm의 간격이므로 이들이 겹치는 곳의 간격은 이 둘의 최소공배수인 6cm가 된다. 리본의 전체 길이가 245cm이므로, 6cm 간격의 개수는 40개이다.

리본 6cm마다 파란색과 노란색 표시는 3+2로 모두 5개가 있지만, 겹치는 곳은 한 군데로 해야 한다.

6cm마다 두 표시가 겹쳐져 있으므로 1개씩 빼준다. 즉 리본 6cm에는 표시가 $5-1=4$(개) 있으므로 240cm에 대한 표시의 수는 $40×4=160$(개)이다. 여기에 마지막 남은 5cm에 대한 표시의 수도 더해야하므로 표시의 개수는 $160+3=163$(개)이다.

02

| 정답 | ③

| 해설 | $16.2km/h=4.5m/s$이고, 첫 번째 가로등부터 마지막 가로등까지 5분 20초=320초가 걸렸으므로 이 사이의 거리는 $4.5×320=1,440$(m)이다. 1,440m에 가로등 25개가 있으므로 가로등은 $1,440÷(25-1)=60$(m)마다 세워져 있다.

03

| 정답 | ④

| 해설 | 출발역과 종착역 사이에 같은 간격으로 간이역을 설치하고자 하므로 약수를 구해야 한다. 210의 약수는 1, 2, 3, 5, 6, 7, 10, 14, 15, 21, 30, 35, 42, 70, 105, 210이며, 역 사이의 간격이 14km 이상 21km 미만이라고 하였으므로 역 사이의 간격은 14km 또는 15km가 되어야 한다. 역 사이의 간격이 14km일 때는 간이역이 16개가 설치되며, 15km일 때는 간이역이 15개가 설치된다.

따라서 역 사이의 간격이 15km일 때 설치해야 할 간이역이 최소가 되며 그 개수는 15개이다.

04

| 정답 | ②

| 해설 | 현수막은 모두 A 지점에 있으므로 현수막을 가지러 되돌아가는 것까지를 감안하여 ①～⑤ 지점에 현수막을 설치하기 위해 이동해야 하는 거리는 다음과 같다.

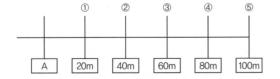

① 지점 : 20m
② 지점 : 20(① 지점 → A 지점)+40(A 지점 → ② 지점)
　　　　 =60(m)
③ 지점 : 40(② 지점 → A 지점)+60(A 지점 → ③ 지점)
　　　　 =100(m)
④ 지점 : 60(③ 지점 → A 지점)+80(A 지점 → ④ 지점)
　　　　 =140(m)
⑤ 지점 : 80(④ 지점 → A 지점)+100(A 지점 → ⑤ 지점)
　　　　 =180(m)

따라서 총 이동거리는 $20+60+100+140+180=500$(m)이다.

05

| 정답 | ④

| 해설 | 원래 있던 가로등과 정문 사이의 거리가 1.8km이므로 이 사이에 가로등을 300m 간격으로 새로 세우면 (정문에도 가로등 설치), 설치할 가로등의 개수는 $1,800÷300=6$(개)이다.

벤치는 새로 설치할 가로등 옆 벤치 6개에서 정문에는 벤치를 설치하지 않으므로 -1개, 추가적으로 전체 가로등 사이에 설치할 벤치가 6개이므로 설치할 벤치의 개수는 $(6-1)+6=11$(개)이다. 따라서 필요한 가로등과 벤치의 총 개수는 $6+11=17$(개)이다.

06

| 정답 | ④

| 해설 | 30m 공원 둘레에 첫 번째 나무는 1m를 띄고, 그 다음 나무부터는 2m 간격으로 심으므로 나무가 심어지는 지점은 1m, 3m, 5m, …, 27m, 29m가 되어 총 15그루의 나무가 심어진다. 그러므로 나무를 심는 데 걸리는 시간은 10(분)$×15$(그루)$=150$(분)이다. 그리고 30m 둘레의 공원에 담장을 설치하는 데 걸리는 시간은 30(m)×

5(분)=150(분)이다. 따라서 공원에 나무와 담장을 모두 설치하는 데 걸리는 시간은 150+150=300(분), 즉 5시간 이다.

07

| 정답 | ④

| 해설 | 역의 최소 개수를 구해야 하므로 350, 840, 1,120 의 최대공약수인 70km 간격으로 역을 설치하면 된다. 따라서 역의 최소 개수는 1,120÷70+1=17(개)이다.

08

| 정답 | ④

| 해설 | 3과 2의 최소공배수는 6이므로 6m마다 있는 좌 대는 이동시키지 않아도 된다. 따라서 이동시키지 않아도 되는 좌대는 246÷6=41(개) 이다.

09

| 정답 | ④

| 해설 | 원래는 246÷3=82(개)가 있었으나 새로이 간격 을 바꾸려면 246÷2=123(개)가 필요하다. 따라서 새로운 좌대 123-82=41(개)가 더 필요하다.

10

| 정답 | ②

| 해설 | 다음과 같이 각각 계산할 수 있다.

• 단풍나무 : 한 변의 길이가 20m인 정사각형 모양의 공 원이므로 전체 둘레의 길이는 80m이다. 따라서 20그 루의 단풍나무가 필요하다.

• 벚꽃나무 : 120m 길이의 산책로에 4m 간격으로 나무 를 심으면 0m, 4m, 8m, 12m, … 지점에 나무를 심게 된다. 따라서 벚꽃나무는 30+1=31(그루)가 필요하다.

• 미루나무 : 둘레인 경우 양 끝이 없기 때문에 3m 간격 으로 9그루가 필요하다.

따라서 필요한 나무는 총 20+31+9=60(그루)이다.

11

| 정답 | ②

| 해설 | 간격이 7m일 때 필요한 말뚝 수를 x개라 하면 다음과 같은 식이 성립한다.

$7(x-1)=5(x-1+6)$

$\therefore x=16$(개)

따라서 골프코스의 길이는 $7 \times (16-1)=105$(m)이다.

12

| 정답 | ④

| 해설 | 240과 96의 공약수는 1, 2, 3, 4, 6, 8, 12, 16, 24, 48인데, 간격이 10m를 넘으면 안 되기 때문에 공약 수 중 10 이하의 가장 큰 간격인 8m의 간격으로 배치되 어야 한다. 따라서 식을 세워 구하면 다음과 같다.

(가로 길이+세로 길이)×2=672(m)

672÷8=84

따라서 최소 84명을 배치할 수 있다.

13

| 정답 | ③

| 해설 | 정원의 모퉁이에 반드시 나무를 심어야 하므로 나 무 사이의 간격은 110과 40의 공약수여야 하는데, 나무 를 최대한 적게 심으려고 하므로 최대공약수여야 한다. 따라서 나무를 최대한 적게 심었을 때의 나무 사이의 간 격은 10m이다.

테마 10 **거리 · 속력 · 시간 기초**

$5t + 7t = 600$

$12t = 600$

$t = 50(초)$

첫 번째로 만난 지점에서 출발하여 두 번째로 만나는 지점까지 걸리는 시간도 50초, 두 번째로 만난 지점에서 출발하여 세 번째로 만나는 지점까지 걸리는 시간도 50초이므로 출발점에서 세 번째로 만나는 지점까지 걸리는 시간은 총 150초이다. 150초 동안 A가 이동한 거리는 $5 \times 150 = 750(m)$이므로 여기에서 경기장의 둘레(1바퀴 길이)를 빼면 출발점에서부터 떨어진 거리가 된다. 따라서 $750 - 600 = 150(m)$이다.

유형 1 거리 공략

01	⑤	02	④	03	②	04	⑤	05	③
06	①	07	③	08	⑤	09	③	10	④

문제 300쪽

01

| 정답 | ⑤

| 해설 | 역에서 유적지까지 갈 수 있는 최대한의 거리를 x km라고 하면, 주영이가 역에서 유적지까지 가는 데 걸리는 시간은 $\frac{x}{3}$시간, 유적지에서 역까지 돌아오는 데 걸리는 시간은 $\frac{x}{2}$시간이다. 구경하는 시간 30분을 제외하고 3시간 안에 유적지를 갔다가 돌아와야 하므로 다녀올 수 있는 최대한의 거리는 $\frac{x}{3} + \frac{x}{2} \leq 3$, $x \leq 3.6$ 즉, 최대 3.6km 떨어진 유적지까지 다녀올 수 있다.

02

| 정답 | ④

| 해설 | A가 넘어진 후 B가 A에게 오기까지 걸린 시간이 15초이므로 A가 넘어질 때 A와 B 사이의 거리는 $8 \times 15 = 120(m)$ 떨어져 있었음을 알 수 있다. A는 B보다 5m/s 빠르게 이동하였으므로 시작점부터 120m의 거리가 벌어질 때까지 달린 시간은 $120 \div 5 = 24(초)$이다. 따라서 A가 달린 거리는 $13 \times 24 = 312(m)$이다.

03

| 정답 | ②

| 해설 | A, B 두 사람이 출발점에서 달리기 시작하여 첫 번째로 만나는 데 걸리는 시간을 t초라 하면 다음과 같

04

| 정답 | ⑤

| 해설 | 시속 60km로 달린 시간을 x시간이라고 두면 조건에 따라 영화제에 실제로 도착하기까지 걸린 시간은 $(x+1)$시간으로, 이는 영화제 시간보다 30분 이른 시간이다. 출발할 때부터 계속 시속 45km로 달릴 경우에는 영화제 시간보다 1시간이 늦을 것이므로 이 경우 걸리는 시간은 $(x+2.5)$시간이다. 이를 바탕으로 식을 세우면 다음과 같다.

$(1 \times 45) + (60 \times x) = 45 \times (x+2.5)$

$45 + 60x = 45x + 112.5$

$\therefore x = 4.5(시간)$

따라서 영화제 장소까지의 거리는 $45 + 60 \times 4.5 = 315(km)$이다.

05

| 정답 | ③

| 해설 | (가) 직원과 (나) 직원이 만나게 되는 지점이 A 지역으로부터 x km 떨어진 지점이라고 하면, (가) 직원과 (나) 직원은 같은 시간 동안 각각 $(x-40)$km, $(150-x)$km를 이동한 것이 된다[(가) 직원이 30분 일찍 출발하였으므로]. (가) 직원은 시속 80km, (나) 직원은 시속 100km의 속력으로 이동하므로 다음과 같은 식이 성립한다.

$$\frac{x-40}{80}=\frac{150-x}{100}$$

$$80(150-x)=100(x-40)$$

$$12{,}000-80x=100x-4{,}000$$

$$180x=16{,}000$$

$$\therefore x \fallingdotseq 89$$

따라서 (가) 직원과 (나) 직원이 만나게 되는 지점은 A 지역으로부터 약 89km 떨어진 지점이다.

06

| 정답 | ①

| 해설 | 강아지의 총 이동거리를 구하기 위해서는 강아지가 달린 시간을 알아야 하는데, 이것은 A와 B가 만나는 데 걸린 시간과 같다.

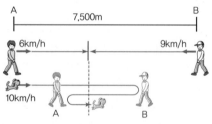

A와 B가 만나는 데 걸린 시간(=강아지가 달린 시간)은 $\frac{7.5}{6+9}=\frac{1}{2}$(h)이므로 강아지가 이동한 거리는 10(km/h) $\times \frac{1}{2}$(h)=5(km)이다.

07

| 정답 | ③

| 해설 | C가 골인하기 전 상황과 골인했을 때의 상황 두 가지로 나누어 순서대로 생각해 본다.

i)

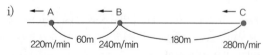

C가 A를 따라잡는 시간은 $\frac{60+180}{280-220}=4$(분) 후이며, C가 B를 따라잡는 시간은 $\frac{180}{280-240}=4.5$(분)

후이다. 또한 B가 A를 따라잡는 시간은 $\frac{60}{240-220}$ $=3$(분) 후이다. 즉, B가 A를 먼저 따라잡은 후 1분 뒤에 C가 A를 따라잡게 되며 0.5분 뒤에 C가 B를 따라잡게 된다.

그러므로 C가 1위로 골인했을 때, 2위는 B, 3위는 A 이다.

ii)

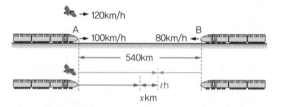

C가 B를 따라잡은 후 40m의 차이가 나게 되는 시간 (C가 골인한 시간)은 $\frac{40}{280-240}=1$(분) 후이다. 즉, C는 i)의 상황에서 5.5분 뒤에 결승선에 골인한 것이 되며, 이때 B는 A를 따라잡은 후 2.5분 뒤의 경우이므로 C가 결승선에 골인했을 때 B와 A의 차이는 $(240-220) \times 2.5=50$(m)이다.

08

| 정답 | ⑤

| 해설 | '거리=속력×시간'이므로 A 지역에서 출발한 독수리와 B 지역에서 출발한 기차가 만나는 데 걸리는 시간을 t시간이라 하면 다음과 같은 식이 성립한다.

$$120t+80t=540$$

$$200t=540$$

$$t=2.7(시간)$$

A 지역에서 출발한 기차가 2.7시간 동안 달린 거리는 $100 \times 2.7=270$(km), B 지역에서 출발한 기차가 2.7시간 동안 달린 거리는 $80 \times 2.7=216$(km)이다. 독수리가 B 지역에서 출발한 기차와 만났을 시점에 두 기차 사이의 거리를 $x$km라 하면 $540=270+216+x$이므로 $x=54$ (km)이다.

09

| 정답 | ③

| 해설 | 직선거리를 x km라 하면 다음과 같은 식이 성립한다.

• A 배가 이동한 시간 : $\dfrac{2x}{12}+\dfrac{150-2x}{6}$

• B 배가 이동한 시간 : $\dfrac{2x}{20}+\dfrac{150-2x}{15}$

A 배가 B 배보다 7시간 늦게 도착했으므로,

$\dfrac{2x}{12}+\dfrac{150-2x}{6}=\dfrac{2x}{20}+\dfrac{150-2x}{15}+7$

$10x+1,500-20x=6x+600-8x+420$

$8x=480$

$\therefore x=60$

따라서 선착장에서 섬의 앞까지의 직선거리는 60km이다.

10

| 정답 | ④

| 해설 | 처음 떨어져 있던 거리는 A와 B가 만날 때 A가 이동한 거리와 B가 이동한 거리의 합을 이용하여 구할 수 있다. '속력 $=\dfrac{거리}{시간}$'이므로 A의 속력은 $\dfrac{1}{6}$ km/분, B의 속력은 $\dfrac{1}{4}$ km/분이다.

A와 B가 만나는 데 걸리는 시간은 3분 36초이므로 $3+\dfrac{36}{60}=\dfrac{18}{5}$ (분)이다. 따라서 A가 이동한 거리는 $\dfrac{1}{6}\times\dfrac{18}{5}$ $=0.6$(km), B가 이동한 거리는 $\dfrac{1}{4}\times\dfrac{18}{5}=0.9$(km)이다.

단위를 m로 바꿔서 A와 B가 이동한 거리를 합하면 600 $+900=1,500$(m)이며 문제에서는 A와 B가 떨어져 있던 거리를 작은 값으로 계산한다고 하였다. 따라서 $2,000-$ $1,500=500$(m)이다.

유형 2 속력 공략

문제 | 310쪽

01	②	02	④	03	②	04	④	05	③
06	①	07	③	08	③	09	④		

01

| 정답 | ②

| 해설 | 자전거를 타고 간 거리와 걸어간 거리의 비가 2 : 1이고 두 속력의 비가 5 : 2이므로, 걸린 시간의 비는 $\dfrac{2}{5}:\dfrac{1}{2}=4:5$이다. 총 1시간이 걸렸으므로 자전거를 탄 시간은 $\dfrac{4}{9}$ 시간이다. 따라서 자전거를 탄 속력은 $4\div\dfrac{4}{9}$ $=9$(km/h)이다.

02

| 정답 | ④

| 해설 | 전철이 B 역을 출발하여 7.5km 지점까지 오는 데 걸린 시간은 $\dfrac{7.5}{30}=0.25$(시간)$=15$(분)이다. 전철은 B 역에서 10시 40분에 출발했으므로 민수가 자전거를 타고 7.5km를 이동하는 데 걸린 시간은 20분이다. 따라서 민수가 탄 자전거의 평균 속력은 $7.5\div\dfrac{20}{60}=22.5$(km/h)이다.

03

| 정답 | ②

| 해설 | 일반구간은 $490-40=450$(km)이고 시속 100km/h로 운전했으므로 소요된 시간은 $\dfrac{450}{100}=4.5$(시간)이다. 따라서 구간단속구간 40km를 가는 데 30분($=0.5$시간)이 걸렸음을 알 수 있다. '속력$=\dfrac{거리}{시간}$'이므로 구간단속구간의 제한 속도는 $\dfrac{40}{0.5}=80$(km/h)이다.

04

| 정답 | ④

| 해설 | G−F 지점 간의 이동시간은 7 : 50 ～ 8 : 20으로 30(분)= $\frac{1}{2}$ (시간)이며, F−K 지점 간의 이동시간은 8 : 30 ～ 10 : 20으로 1시간 50분 즉, $\frac{11}{6}$ 시간이다. $\frac{1}{2} + \frac{11}{6} = \frac{14}{6}$ (시간) 동안 11.2km를 이동하였으므로 평균 이동속력은 $11.2 \div \frac{14}{6} = 11.2 \times \frac{6}{14} = 4.8$ (km/h)이다.

05

| 정답 | ③

| 해설 | A와 B는 서로 반대 방향으로 달리기 시작했으므로 'B가 트랙의 $\frac{2}{5}$ 를 달렸을 때 A와 지나쳤다.'는 것은 동일한 시간 동안 A가 트랙의 $\frac{3}{5}$ 을 달렸을 때에 B와 지나쳤음을 의미한다. 속력은 거리에 비례하므로, A와 B의 속력의 비는 3 : 2이다.

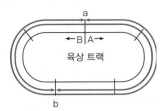
육상 트랙

다음으로 두 사람이 마주치는 지점이 a가 되기 위해서는 A는 트랙의 $\frac{2}{5}$ 를, B는 $\frac{3}{5}$ 을 더 달려야 한다. 이때의 거리의 비 또한 속력의 비와 같으므로 A와 B의 속력의 비는 2 : 3이 된다. B의 속력은 일정하다고 하였고 A의 처음 속력에 대한 나중 속력의 비율을 구해야 하므로, B의 속력의 비를 기준으로 하여 수치를 동일하게 맞춘다.

(A : B)×3 ⇨ 3 : 2=(3×3) : (2×3) = 9 : 6

(A : B)×2 ⇨ 2 : 3=(2×2) : (3×2) = 4 : 6

따라서 A는 처음 속력 9에서 나중 속력은 4가 되므로 이때까지의 $\frac{4}{9}$ 배의 속력으로 달리면 된다.

06

| 정답 | ①

| 해설 | 다섯 사원의 두 센서 사이에서의 평균 속력은 다음과 같다.

- A : $\frac{60(\text{m})}{2.5(\text{s})} = 24\text{m/s} = 86.4\text{km/h}$
- B : $\frac{60(\text{m})}{2(\text{s})} = 30\text{m/s} = 108\text{km/h}$
- C : $\frac{60(\text{m})}{3(\text{s})} = 20\text{m/s} = 72\text{km/h}$
- D : $\frac{60(\text{m})}{2.7(\text{s})} = 22.222\cdots\text{m/s} = 80\text{km/h}$
- E : $\frac{60(\text{m})}{2.4(\text{s})} = 25\text{m/s} = 90\text{km/h}$

제한속도보다 15% 더 높은 속력은 92km/h이므로 이를 넘긴 사람은 B 한 명뿐이다. 따라서 부담해야 할 총 범칙금은 3만 원이다.

07

| 정답 | ③

| 해설 | 윤 대리 차량의 속도는 황 대리보다 빠르지만 윤 대리가 황 대리보다 4시간 30분 늦게 K 지점에 도착했으므로 K 지점−대전−부산 순으로 일직선상에 위치함을 알 수 있다.

┌── 200km ──┬──── 500km ────┐
K 지점   대전   부산

윤 대리의 속도를 x km/h라고 하면 다음과 같은 식이 성립한다.

$$\frac{200}{80} + 4.5 = \frac{200+500}{x}$$

$$7 = \frac{700}{x}$$

$$\therefore x = 100$$

따라서 윤 대리의 속도는 100km/h이다.

08

| 정답 | ③

| 해설 | X 씨가 차에 탄 장소를 B 지점이라고 한다.

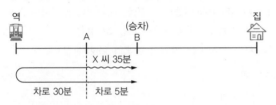

A 지점에서 차에 탔을 경우에는 평소보다 30분 빨리 집에 도착한다고 했으므로 A→역→A를 차로 가면 30분이 걸림을 알 수 있다.

A 지점에서 차와 X 씨가 스쳐간 후, X 씨가 B 지점에서 차에 승차하기까지의 시간은 35분이지만 이 사이에 차가 달린 거리는 A→역→B이다. 그러므로 A 지점→B 지점에 가는 데 차로는 5분이 걸림을 알 수 있다.

따라서 속력은 시간에 반비례하므로 X 씨가 걷는 속력과 차의 속력의 비율은 X 씨 : 차=5 : 35=1 : 7이다.

09

|정답| ④

|해설| 예정된 계획은 S 공장에서 12 : 30에 출발하여 T 공장에 13 : 00에 도착하는 것이다. 평균 속력 30km/h에 소요되는 시간이 30분이므로 S-T 공장 구간의 거리는 30×0.5=15(km)이다. 견학 당일 S 공장에서의 출발이 10분 늦어졌으나 T 공장에는 제시간에 도착했다고 했으므로 15km 거리를 20분 동안 달린 것이 된다. 따라서 견학 당일 S-T 공장 구간에서 버스의 평균 속력은 15÷$\frac{20}{60}$=45(km/h)이다.

유형3 **시간 공략**

문제 320쪽

| 01 | ④ | 02 | ① | 03 | ② | 04 | ③ | 05 | ② |

01

|정답| ④

|해설| A가 자전거로 이동하는 거리는 6×2=12(km)이고, 속력이 10km/h이므로 A가 자전거를 타는 시간은 다음과 같다.

시간=$\frac{이동거리}{속력}$=$\frac{12(km)}{10(km/h)}$=1.2(h)=72(분)

10분에 85kcal를 소모한다고 했으므로, 72분 동안에는 $\frac{72}{10}$×85=612(kcal)가 소모된다.

02

|정답| ①

|해설| 먼저 A가 30분 동안 이동한 거리를 계산하면 4.2(km/h)×0.5(h)=2.1(km)이다. A와 B의 속력 차이는 16.8-4.2=12.6(km/h)이므로 1시간에 12.6km의 거리가 좁혀진다. 따라서 2.1km를 따라잡는 데는 2.1÷12.6=$\frac{1}{6}$(시간)이 걸리므로 A를 따라잡는 것은 11시 10분이다.

03

|정답| ②

|해설| 갑 씨는 자신과 같은 방향으로 달리는 버스에는 7분 간격으로 추월당하고, 자신과 반대 방향으로 달리는 버스와는 5분 간격으로 마주친다.

버스와 버스 사이의 간격을 Lm, 버스의 속력을 X m/min, 갑의 속력을 Ym/min이라고 하면 다음과 같은 식이 성립한다.

$5=\frac{L}{X+Y}$

$7=\frac{L}{X-Y}$

정리하면,

$X+Y=\frac{L}{5}$ ······ ㉠

$X-Y=\frac{L}{7}$ ······ ㉡

㉠+㉡을 하면 $2X = \dfrac{L}{5} + \dfrac{L}{7} = \dfrac{12L}{35}$ 이므로 $\dfrac{L}{X} = \dfrac{35}{6}$ (min), 즉 5분 50초이다.

04

| 정답 | ③

| 해설 | 콩쥐가 달린 시간은 $\dfrac{42}{4} = 10.5$(시간)이며, 2km/h 더 빨랐던 팥쥐가 낮잠을 자지 않았을 경우의 달린 시간은 $\dfrac{42}{6} = 7$(시간)이다. 팥쥐가 낮잠을 자는 바람에 콩쥐가 팥쥐보다 2시간 빨리 도착하였다고 했으므로 팥쥐가 결승점에 도착하기까지 걸린 시간은 12시간 30분이 된다. 따라서 팥쥐가 낮잠 잔 시간은 5시간 30분이다.

05

| 정답 | ②

| 해설 | C와 같은 방향으로 달리고 있는 A가 C를 12분 만에 앞질렀으므로, 12분에 A와 C는 연못 한 바퀴의 차이를 벌리고 있다. 한편, 반대 방향으로 달리고 있는 B와 C는 8분 만에 만났으므로 B와 C 두 명을 합쳐서 8분에 연못을 1바퀴 돌았다.

A와 B는 속력이 같으므로 이 두 명이 달리는 속력을 a, C의 속력을 c라 하면, 다음과 같은 식이 성립한다.

$(a-c) : (a+c) = 8 : 12$

$8(a+c) = 12(a-c)$

$-4a = -20c$

$a = 5c$

따라서 $a : c = 5 : 1$이다.

B와 C가 만나는 상황을 생각하면 그림과 같이 B는 8분 동안 연못 주변의 $\dfrac{5}{6}$만 달리는 것이 되므로, B가 연못을 한 바퀴 도는 데 걸리는 시간은 $8 + 8 \times$

$\dfrac{1}{5} = 9 + \dfrac{3}{5}$(min), 즉 9분 36초이다. A와 B의 속력이 같으므로 A가 연못을 한 바퀴 도는 데 걸리는 시간도 9분 36초가 된다.

심화문제

테마 10. 거리 · 속력 · 시간 기초

									문제 322쪽
01	④	02	④	03	③	04	④	05	③
06	③	07	⑤	08	③	09	⑤	10	④
11	②	12	①	13	③	14	③		

01

| 정답 | ④

| 해설 | A와 B가 이동한 시간을 t시간이라고 한다면 A의 이동거리는 $3t$, B의 이동거리는 $5t$이다.

두 사람이 이동한 거리의 합은 16km이므로

$16 = 8t$

$\therefore t = 2$(시간)

따라서 두 사람이 이동한 시간은 2시간이고 A이 이동거리는 $3 \times 2 = 6$(km), B의 이동거리는 $5 \times 2 = 10$(km)이므로 두 사람이 이동한 거리의 차이는 $10 - 6 = 4$(km)이다.

02

| 정답 | ④

| 해설 | A가 출발한 시각을 0분이라 하고, t분이 경과한 시점에서 A, B 각각이 달린 거리 $x$km를 그래프로 나타내면 다음과 같다.

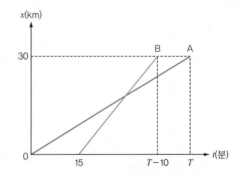

$x = 0$은 출발시점이고, T는 A가 목적지에 도착한 시각이다.

속력에 관한 조건으로부터

$1.5 \times \dfrac{30}{T} = \dfrac{30}{T - 10 - 15}$

$$\frac{45}{T}=\frac{30}{T-25}$$

$$45(T-25)=30T$$

$$15T=1,125$$

$$\therefore T=75$$

따라서 A의 속력은 $\frac{30}{75}=0.4$(km/min), 즉 24km/h이다.

03

| 정답 | ③

| 해설 |

〈그림 1〉20분 후

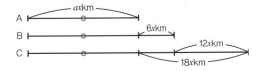

A, B 각각의 속력을 $a$km/min, $b$km/min이라 하면, 20분 후 A가 중간지점에 도착했을 때 B는 A의 6km 뒤에 있었으므로,

$$20b=20a-6 \qquad \cdots\cdots ㉠$$

출발해서 t분 후에 B가 중간지점에 도착했다고 한다면 A는 B의 9km 앞에 있으므로,

$$at=bt+9 \qquad \cdots\cdots ㉡$$

㉠, ㉡에 의해서,

$$\begin{cases} 20b=20a-6 \\ at=bt+9 \end{cases}$$

㉠에서, $20(a-b)=6 \qquad a-b=\frac{3}{10} \quad \cdots\cdots ㉢$

㉡에서, $(a-b)t=9 \qquad\qquad\qquad \cdots\cdots ㉣$

㉢을 ㉣에 대입하면,

$$\frac{3}{10}\times t=9$$

$$t=30(\text{min})$$

또한, A는 〈그림 1〉에서 〈그림 2〉 사이의 10분간 9km를 달렸으므로,

$$a=\frac{9}{10}(\text{km/min})$$

A는 중간지점까지 20분 걸렸으므로, 나 지점까지는 40분 걸리는 것이 된다.

$$\therefore \text{가-나 사이의 거리}=\frac{9}{10}\times 40=36(\text{km})$$

04

| 정답 | ④

| 해설 | 학교에서 편의점까지의 거리를 $x$km, 편의점에서 도서관까지의 거리를 $y$km라 하면 다음 식이 성립한다.

• 첫째 날 : $\dfrac{x}{5}+\dfrac{y}{3}=\dfrac{x+y}{4}+\dfrac{8}{60}$

$$-3x+5y=8 \qquad\qquad \cdots\cdots ㉠$$

• 둘째 날 : $\dfrac{x}{3}+\dfrac{y}{5}=\dfrac{x+y}{4}$

$$x=\frac{3}{5}y \qquad\qquad \cdots\cdots ㉡$$

㉠, ㉡을 연립하여 풀면 $x=1.5$(km), $y=2.5$(km)이다. 따라서 편의점에서 도서관까지의 거리는 2.5km이다.

05

| 정답 | ③

| 해설 | 총 20km의 등산로를 등산 시에는 4km/h, 하산 시에는 5km/h의 속력으로 움직이므로 등산할 때는 5시간, 하산할 때는 4시간이 소요된다. 그러므로 등산할 때 소모하는 열량은 230(cal)×5(시간)×60=69,000(cal), 하산할 때 소모하는 열량은 180(cal)×4(시간)×60=43,200(cal)이다. 따라서 소모하는 총 열량은 112,200cal이고 1kcal=1,000cal이므로 112.2kcal이다.

06

| 정답 | ③

| 해설 | B의 시속은 A보다 6km 빠르고, C의 시속은 B보다 12km 빠르므로 A의 시속을 $a$km라고 하면 x시간 동안 A, B, C가 이동하는 거리는 다음과 같다.

A $axkm$
B $6xkm$
C $12xkm$ $18xkm$

따라서 (A, B의 이동거리의 차) : (A, C의 이동거리의 차)=$6x:18x=1:3$이다.

A가 호수를 1바퀴 돌았을 때, B는 도착하고 나서 30분,

테마 **10** 거리 · 속력 · 시간 기초

C는 도착하고 나서 1시간 후이므로 A가 연못을 1바퀴 돌 때까지 B와 C가 계속 간다면 3명이 이동한 거리는 다음과 같다.

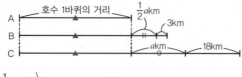

$\left(\dfrac{1}{2}a+3\right):(a+18)=1:3$이므로

$a+18=3\left(\dfrac{1}{2}a+3\right)$

$a+18=\dfrac{3}{2}a+9$

$2a+36=3a+18$

$a=18$

A의 시속이 18km이므로 B의 시속은 $18+6=24$(km), C의 시속은 $24+12=36$(km)이다.

A가 호수를 한 바퀴 도는 시간에 C는 호수를 한 바퀴 돌고, 1시간만큼인 36km를 더 이동한다. 36km가 차이나는 것은 A가 $36\div18=2$(시간) 동안 달렸을 때이다. 따라서 A가 호수 한 바퀴를 돌 때 2시간이 걸리므로 B는 30분이 적은 1시간 30분이 걸린다.

07

| 정답 | ⑤

| 해설 | 2개의 폴의 위치를 P, Q라 하고, A와 B가 처음 만난 지점과 두 번째로 만난 지점을 각각 M₁, M₂라 한다. 그리고 A의 움직임을 실선으로, B의 움직임을 점선으로 나타내고 B가 A와 처음 만나기까지 나아간 거리(QM₁)를 xm라 하면, 다음과 같이 나타낼 수 있다.

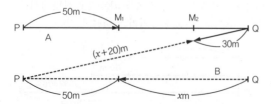

A, B의 속력은 일정하므로 두 명이 동일한 시간에 나아가는 거리의 비는 두 명의 속력 비와 동일하다. 따라서 다음과 같은 식이 성립한다.

$\mathrm{PM_1:QM_1=M_1Q+QM_2:M_1P+PM_2}$

$50:x=(x+30):(50+x+20)$

$x^2+30x=50x+3,500$

$x^2-20x-3,500=0$

$(x-70)(x+50)=0$

$\therefore x=70$

따라서 A, B의 속력 비는 $50:70=5:7$이다.

08

| 정답 | ③

| 해설 | A의 속력을 $a$km/min, B의 속력을 $b$km/min으로 하면 같은 방향으로 갈 때 (A와 B 사이의 거리)=(A와 B의 속력 차)×(시간)이다. A는 15분마다 B를 추월한다는 것은 코스 1바퀴 5km를 A와 B 속력의 차이와 같은 속력으로 가면 15분 걸린다는 것이다. 반대 방향으로 갈 때 (A와 B 사이의 거리)=(A와 B 속력 합)×(시간)이므로 A와 B가 3분마다 지나친다는 것은 코스 1바퀴 5km를 A와 B 속력의 합과 같은 속력으로 가면 3분이 걸린다는 것이다.

구분	A와 B 속력의 차	A와 B 속력의 합
속력	$a-b$	$a+b$
시간	15분	3분

A와 B는 반대 방향으로 갈 때 3분마다 지나치므로
$(a+b)\times3=5$ ⋯⋯ ㉠

또한 같은 거리를 갈 때, 속력의 비는 시간의 역비이므로
$a-b:a+b=1:5$

$5(a-b)=a+b$

$5a-5b=a+b$

$5a-a=b+5b$

$4a=6b$

a를 구하는 것이므로 이것을 $b=$의 형태로 나타내면

$b=\dfrac{2}{3}a$

㉠에 대입하면

$\left(a+\dfrac{2}{3}a\right)\times3=5$

$\dfrac{5}{3}a\times3=5$

$5a=5$

$a=1$

따라서 1.0km/min이다.

A의 속력을 $a$km/min, B의 속력을 $b$km/min으로 하면 15분에 $(15a-15b)$km의 차가 난다. 한 바퀴의 차가 만들어지므로 $15a-15b=5$　　　……①
똑같이 3분에 2대의 차가 달린 거리의 합은 $(3a+3b)$km이므로 $3a+3b=5$　　　……②
①, ②의 연립방정식을 풀면 $a=1$(km/min)이다.

09

| 정답 | ⑤

| 해설 | 60km/h의 속력으로 15분$\left(\dfrac{1}{4}$시간$\right)$ 동안 이동한 거리는 $60\times\dfrac{1}{4}=15$(km)이다. 이 거리가 집에서 회사까지 거리의 절반이므로 총 거리는 30km임을 알 수 있다. 택시를 8시 20분에 타고 15(km)$\div 75$(km/h)$=\dfrac{1}{5}$(시간) 이 걸려 돌아갔으므로 집까지 12분$\left(\dfrac{1}{5}$시간$\right)$이 소요되어 8시 32분에 도착하였다. 서류를 챙겨서 나오는 데 3분이 걸렸으므로 승용차로 출발한 시간은 8시 35분이다. 따라서 25분 안에 30km 떨어진 회사까지 도착해야 하므로 최소 $30\div\dfrac{25}{60}=72$(km/h)로 운전해야 한다.

10

| 정답 | ④

| 해설 | P의 속력을 am/min, Q의 속력을 bm/min이라 하면 6분 후에 P는 Q와 만나고, P는 A−B 사이를 10분에 걸으므로 다음 식이 성립한다.
$6(a+b)=10a$
$b=\dfrac{2}{3}a$　　　……㉠
한 번 스쳐 지나가고 24분 후에 다시 스쳐 지나가므로, 연못 주위의 거리는
$24(a+b)$　　　……㉡
㉠을 ㉡에 대입하면 $24a+24\times\dfrac{2}{3}a=40a$(m)

따라서 P가 연못 한 바퀴를 돌 때 걸린 시간은 40분이다. 또, B−C 간의 거리는 $20a$, C−A 간의 거리는 $10a$가 된다.

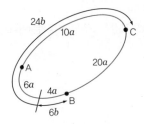

동시에 출발점에 도착하기 위해서는 Q는 C−B 구간($20a$)을 $20a\div 10=2a$(m/min)의 속력으로 걸어야 한다. 따라서 $2a\div\dfrac{2}{3}a=3$(배)의 속력으로 걸어야 한다.

11

| 정답 | ②

| 해설 | 평소 걸린 시간은 $\left(\dfrac{4}{10}+\dfrac{10}{25}\right)\times 60=48$(분)인데 10분 늦게 출발하였으므로 38분 이내에 도착해야 한다. 자전거 도로에서의 속력을 $x$km/h라 하면 다음과 같은 식이 성립한다.

$\dfrac{4}{10}+\dfrac{10}{x}\le\dfrac{38}{60}$　　　　　$\dfrac{10}{x}\le\dfrac{7}{30}$

$x\ge 42.85\cdots$

따라서 지각하지 않고 정시 전에 도착하려면 자전거 도로에서 43km/h 이상으로 달려야 한다.

12

| 정답 | ①

| 해설 | 다음과 같이 1)→2)로 이동해야 소요시간이 최소가 된다.

1) 도보로 이동 : 회사 → 카페(문구점) → 문구점(카페) → 회사

4km/h는 $\dfrac{200}{3}$m/min이므로

$\dfrac{800(\text{m})+400(\text{m})+600(\text{m})}{\dfrac{200}{3}(\text{m/min})}=27$(min)

2) 자전거로 이동 : 회사 → 서점 → 회사

12km/h는 200m/min이므로

$$\frac{800(m) \times 2}{200(m/min)} = 8(min)$$

따라서 총 소요시간은 $27 + 8 = 35$(분)이다.

13

| 정답 | ③

| 해설 | 감시 구간 통과 시간에 따른 범칙금은 다음과 같다.

구분	감시 구간 1	감시 구간 2	감시 구간 3
0원	1.8분 이상	2.4분 이상	3분 이상
3만 원	약 1.64분 초과 ~ 1.8분 미만	약 2.18분 초과 ~ 2.4분 미만	약 2.73분 초과 ~ 3분 미만
7만 원	1.5분 초과 ~ 약 1.64분 이하	2분 초과 ~ 약 2.18분 이하	2.5분 초과 ~ 약 2.73분 이하
20만 원	1.5분 이하	2분 이하	2.5분 이하

• A : $7 + 20 + 0 = 27$(만 원)
• B : $20 + 0 + 0 = 20$(만 원)
• C : $0 + 3 + 20 = 23$(만 원)
• D : $0 + 7 + 3 = 10$(만 원)
• E : $20 + 0 + 0 = 20$(만 원)

따라서 범칙금이 두 번째로 많은 차량은 C이다.

14

| 정답 | ③

| 해설 | 본사에서 A 지사까지 60km/h의 속력으로 240km를 이동한다면, 이동시간은 총 4시간이 걸린다. 그리고 A 지사에서 B 지사까지 80km/h의 속력으로 남은 160km를 이동한다면 걸리는 시간은 총 2시간이다.

K 사원이 A 지사를 거쳐 B 지사에 도착하려면 6시간이 소요되고, A 지사에서 1시간 동안 업무를 처리한다고 하였으므로 총 7시간이 걸리게 된다. 따라서 오전 10시에 출발할 경우 B 지사에 도착하는 예상 시각은 오후 5시이다.

유형 1 **[열차 통과] 거리 · 속력 · 시간 공략**

문제 332쪽

| 01 | ③ | 02 | ④ | 03 | ② | 04 | ④ | 05 | ④ |
| 06 | ③ | | | | | | | | |

01

| 정답 | ③

| 해설 | '열차의 통과 시간 $= \dfrac{열차의 \ 길이}{열차의 \ 속력}$'이므로 시속 180km를 초속으로 바꿔 계산하면 다음과 같다.

$$\frac{180 \times 1,000(m)}{60 \times 60(s)} = 50(m/s)$$

따라서 걸리는 시간은 $\dfrac{300}{50} = 6$(초)이다.

02

| 정답 | ④

| 해설 | 전체 이동거리는 '터널의 길이 + 기차의 길이'이므로 $150 + 130 = 280$(m)이다. 이때 소요된 시간을 계산하면 다음과 같다.

$$\frac{280(m)}{108(km/h)} \times \frac{3,600}{10^3} ≒ 9.3(초)$$

03

| 정답 | ②

| 해설 | 철교의 길이를 xm라 할 때, A 열차의 속력은 $\dfrac{360 + x}{30}$ m/s이고, B 열차의 속력은 $\dfrac{200 + x}{25}$ m/s이다. 이 두 속력이 같다고 했으므로 다음 식이 성립한다.

$$\frac{360 + x}{30} = \frac{200 + x}{25}$$

$25(360+x)=30(200+x)$

$x=600$(m)

따라서 철교의 길이는 600m이고, 두 열차의 속력은

$\dfrac{200+600}{25}=32$(m/s)이다.

04

| 정답 | ④

| 해설 | 기차 B가 기차 A를 완전히 추월하기 위해서는 기차 A의 끝에 닿은 후로부터 $1,500+1,200=2,700$(m)를 더 앞서야 한다. 기차 A와 기차 B의 속력 차이는 20km/h이므로 2,700m를 20km/h로 지나가는 데 걸리는 시간을 계산하면 다음과 같다.

$\dfrac{2,700}{20,000}=0.135$(시간), $0.135\times60=8.1$(분)

따라서 기차 B가 기차 A를 완전히 추월하는 데까지 걸리는 시간은 8분 6초이다.

05

| 정답 | ④

| 해설 | 기차의 속력을 초속 $x$km, 터널의 길이를 ym라고 하면 다음과 같은 식이 성립한다.

$30x=y+300$ ······ ㉠

$55x=2y+300$ ······ ㉡

㉠을 ㉡에 대입하면

$55x=2(30x-300)+300$

$55x=60x-600+300$

$5x=300$

∴ $x=60$, $y=1,500$

따라서 터널의 길이는 1,500m이다.

06

| 정답 | ③

| 해설 | 두 기차의 앞부분이 서로 교차하는 순간부터 뒷부분이 완전히 떨어지는 순간까지 달려야 하는 거리는 기

차 A, B의 길이의 합이므로 $94+98=192$(m)이다. 또한 기차 B의 속력은 25m/s이고 기차 A의 속력을 xm/s라고 하면 식은 다음과 같다.

$\dfrac{192}{25+x}=4$ $\qquad$ $100+4x=192$

∴ $x=23$(m/s)

심화문제 테마 11. [열차 통과] 거리·속력·시간

문제 334쪽

01	④	02	①	03	④	04	③	05	①
06	③	07	②	08	⑤	09	⑤	10	②
11	①	12	③

01

| 정답 | ④

| 해설 |

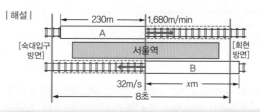

열차 A의 분속을 초속으로 나타내면 1,680m/min= 28m/s이다.

회현 방면에서 달려오는 열차 B의 길이를 xm라 하면 8초 동안 두 열차가 이동한 거리의 합은 $(230+x)$m이므로 다음과 같은 식이 성립한다.

$(28\times8)+(32\times8)=230+x$

$224+256=230+x$

∴ $x=250$(m)

02

| 정답 | ①

| 해설 | KTX의 길이를 xm로 두면 1,300m의 터널을 완

전히 통과하기 위해 KTX가 이동한 거리는 $(x+1,300)$m 이고, 400m의 철교를 완전히 통과하기 위해 KTX가 이동한 거리는 $(x+400)$m이다. KTX의 속력은 일정하므로 다음 식이 성립한다.

$$\frac{x+1,300}{75} = \frac{x+400}{25}$$

$$25(x+1,300) = 75(x+400)$$

$$x+1,300 = 3(x+400)$$

$$2x = 100$$

$$\therefore x = 50(\text{m})$$

03

| 정답 | ④

| 해설 | 열차의 길이를 xm로 두면 다음 식이 성립한다.

$$\frac{x}{4} = \frac{x+240}{12}$$

$$12x = 4(x+240)$$

$$2x = 240$$

$$\therefore x = 120(\text{m})$$

04

| 정답 | ③

| 해설 | 열차의 길이를 xm로 두면 1,565m의 터널을 완전히 통과하기 위해 열차가 이동한 거리는 $(x+1,565)$m이고, 2,465m의 터널을 완전히 통과하기 위해 열차가 이동한 거리는 $(x+2,465)$m이다. 열차의 속력은 일정하므로 다음 식이 성립한다.

$$\frac{x+1,565}{60} = \frac{x+2,465}{90}$$

$$90(x+1,565) = 60(x+2,465)$$

$$9x+14,085 = 6x+14,790$$

$$3x = 705$$

$$\therefore x = 235(\text{m})$$

05

| 정답 | ①

| 해설 | KTX의 길이를 xm라고 하면, 터널을 완전히 통과할 때까지 움직인 거리는 $(510+x)$m이다. 또한 터널을 지나기 위해 보이지 않을 동안 움직인 거리는 $(1,290-x)$m이다. 따라서 다음과 같은 식이 나온다.

$$\frac{510+x}{40} = \frac{1,290-x}{80}$$

$$2(510+x) = 1,290-x$$

$$1,020+2x = 1,290-x$$

$$3x = 270$$

$$\therefore x = 90(\text{m})$$

따라서 KTX의 길이는 90m이다.

06

| 정답 | ③

| 해설 | **05**의 해설에 따라 KTX의 길이가 90m이므로 속력은 $\frac{90+510}{40} = 15(\text{m/s})$이다.

07

| 정답 | ②

| 해설 | • KTX의 속력 : $\frac{4.2-2.4}{16-10} = \frac{1.8}{6} = 0.3(\text{km/s})$

• KTX의 길이 : $0.3 \times 10 - 2.4 = 0.6(\text{km})$

KTX가 5.1km의 해저터널을 지나기 위해서는 총 $5.1+0.6=5.7(\text{km})$의 거리를 이동해야 한다. 따라서 $\frac{5.7}{0.3} = 19(\text{초})$가 걸린다.

08

| 정답 | ⑤

| 해설 | 자동차와 열차의 속력을 각각 v, V, 철교의 길이를 B, 열차의 길이를 L이라 하면 철교를 건너는 데 필요한 시간은 다음과 같다.

$$\frac{B}{v} = 24 \qquad \qquad \cdots\cdots \text{㉠}$$

$$\frac{B+L}{V}=64 \qquad \cdots\cdots \text{ⓛ}$$

자동차와 열차가 스쳐 지나가는데 9초가 걸렸으므로

$$\frac{L}{v+V}=9 \qquad \cdots\cdots \text{ⓒ}$$

㉠, ㉢을 정리하면

$$B=24v \qquad \cdots\cdots \text{㉠}'$$

$$L=9(v+V) \qquad \cdots\cdots \text{㉢}'$$

㉠′, ㉢′을 ⓛ에 대입하면,

$$\frac{24v+9(v+V)}{V}=64$$

$$\frac{v}{V}=\frac{5}{3}$$

따라서 자동차와 열차의 속력 비는 5 : 3이다.

09

| 정답 | ⑤

| 해설 | 철교의 길이를 xm, 화물 열차의 길이를 ym라 하면 다음과 같은 식이 성립한다.

• 여객 열차의 속력 $=\dfrac{x+80}{8}$m/s

• 화물 열차의 속력 $=\dfrac{x+y}{16}$m/s $\quad \cdots\cdots \text{㉠}$

300m 길이의 터널을 지나는 데 뒷부분이 완전히 터널에 들어간 순간부터 앞부분이 터널의 끝에 닿아 있는 순간까지 화물 열차가 이동한 거리는 $(300-y)$m이다. 12초가 걸렸으므로 화물 열차의 속력은

$$\frac{300-y}{12}\text{m/s} \qquad \cdots\cdots \text{ⓛ}$$

또한 두 열차가 서로 마주 보며 달려서 만난 후부터 서로를 완전히 지나는 데 걸린 시간이 5초였으므로

$$\frac{x+80}{8}\times 5+\frac{x+y}{16}\times 5=80+y \quad \cdots\cdots \text{ⓒ}$$

㉠, ㉡을 정리하면

$$3x+7y=1,200 \qquad \cdots\cdots \text{㉢}$$

㉢을 정리하면

$$15x-11y=480 \qquad \cdots\cdots \text{㉢}'$$

㉣, ㉢′을 연립하면

$$\therefore x=120, \ y=120$$

따라서 철교의 길이는 120m, 화물 열차의 길이는 120m 이다.

10

| 정답 | ②

| 해설 | 열차가 철교를 완전히 통과하려면 '철교의 길이+ 열차의 길이'만큼 이동해야 하며 A 열차의 길이를 xm라 하면 B 열차의 길이는 $(x-60)$m가 된다.

• A 열차의 속력 : $\dfrac{570+x}{50}$m/s

• B 열차의 속력 : $\dfrac{570+(x-60)}{23}$m/s

두 열차가 철교의 양 끝에서부터 서로 마주 보는 방향으로 동시에 출발하면 A 열차가 출발한 곳으로부터 다리 길이의 $\dfrac{1}{3}$이 되는 지점에서 마주친다고 했으므로 B 열차의 속력이 A 열차 속력의 2배임을 알 수 있다. 따라서 다음과 같은 식이 성립한다.

$$\frac{570+x}{50}\times 2=\frac{570+(x-60)}{23}$$

$$\frac{570+x}{25}=\frac{510+x}{23}$$

$$23(570+x)=25(510+x)$$

$$13,110+23x=12,750+25x$$

$$2x=360$$

$$\therefore x=180(\text{m})$$

11

| 정답 | ①

| 해설 | 3km/min=3,000m/60s=50m/s이므로 A 열차의 속력이 xm/s라면 B 열차의 속력은 $(x+50)$m/s이다. 열차가 터널을 완전히 빠져나오기 위해서는 '터널의 길이 +열차의 길이'만큼 이동해야 하므로 다음과 같은 식이 성립한다.

$$\frac{6,000+150}{x}-\frac{6,000+200}{x+50}=10$$

$$615(x+50)-620x=x(x+50)$$

$x^2 + 55x - 30,750 = 0$

$(x - 150)(x + 205) = 0$

속력 $x \geq 0$이므로 $x = 150$(m/s)이다.

따라서 A 열차의 속력은 150m/s, B 열차의 속력은 200m/s이다.

B 열차가 움직이지 않는다고 가정할 때, A 열차의 속력은 $150 + 200 = 350$(m/s)이고 B 열차를 완전히 지나가기 위해 이동해야 하는 거리는 $150 + 200 = 350$(m)이다. 따라서 걸리는 시간은 1초이다.

12

| 정답 | ③

| 해설 | 3.6km/h=1m/s이므로 A와 B는 1초에 1m씩 움직이고 있음을 알 수 있다. 또한 기차가 A를 지나가는 데 걸리는 시간이 B를 지나가는 데 걸리는 시간보다 길다는 것을 통해 A는 기차와 같은 방향, B는 기차와 반대 방향으로 움직이는 것을 알 수 있다.

• A : 기차의 길이를 xm라 하면, 기차가 A를 완전히 지나가는 데 25초가 걸리므로 기차의 속력은 $\left(\dfrac{x+25}{25}\right)$ m/s이다.

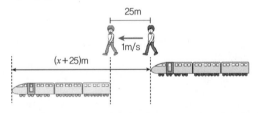

• B : 기차의 길이를 xm라 하면, 기차가 B를 완전히 지나가는 데 20초가 걸리므로 기차의 속력은 $\left(\dfrac{x-20}{20}\right)$ m/s이다.

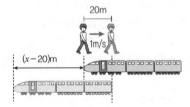

따라서 $\dfrac{x+25}{25} = \dfrac{x-20}{20}$ 이므로 기차의 길이 $x = 200$(m) 이다.

테마 12 [흐르는 물] 거리·속력·시간

유형 1 [흐르는 물] 거리·속력·시간 공략

문제 342쪽
01	④	02	③	03	②	04	③	05	②
06	④								

01

| 정답 | ④

| 해설 | 흐름이 있는 강을 거슬러 올라갈 경우의 속도는 '배의 속도−유속'이므로 $15 - 1.5 = 13.5$(km/h)이다.

02

| 정답 | ③

| 해설 | A가 배를 타고 이동한 거리는 $30 + 30 = 60$(km), 이동한 시간은 $3 + 2 = 5$(시간)이므로 A가 탄 배의 평균 속력은 $\dfrac{60(\text{km})}{5(\text{시간})} = 12$(km/h)이다.

03

| 정답 | ②

| 해설 | 상류 A 지점에서 하류 B 지점으로 내려갈 때의 속력은 $\dfrac{18}{2} = 9$(km/h), 하류 B 지점에서 상류 A 지점으로 올라갈 때의 속력은 $\dfrac{18}{5} = 3.6$(km/h)이다.

상류에서 하류로 내려갈 때의 속력은 배의 속력+유속이고, 하류에서 상류로 올라갈 때의 배의 속력은 배의 속력−유속이므로 해당 강의 유속은 $\dfrac{9 - 3.6}{2} = 2.7$(km/h)이다.

04

| 정답 | ③

| 해설 | • 강을 거슬러 올라갈 때의 속력＝흐름이 없는 물에서 배의 속력－강물의 속력

• 강을 따라 내려올 때의 속력＝흐름이 없는 물에서 배의 속력＋강물의 속력

흐름이 없는 물에서의 배의 속력을 $x$km/h, 강물의 속력을 $y$km/h라 할 때, 배가 이동한 거리는 일정하므로 '거리＝속력×시간'에 의해 다음 식이 성립한다.

$(x-y)\times 6=30$ ...... ㉠

$(x+y)\times 4=30$ ...... ㉡

㉠, ㉡을 연립하여 풀면 $x=6.25$(km/h), $y=1.25$(km/h)가 된다.

따라서 흐름이 없는 물에서의 배의 속력은 6.25km/h 이다.

보충 플러스+

강의 속력을 고려하여 전체의 속력을 구한다.

• 상류로 올라갈 때 배의 진행속력＝배의 속력－강의 속력

• 하류로 내려갈 때 배의 진행속력＝배의 속력＋강의 속력

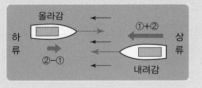

① ← : 강의 속력   ② → : 배의 속력

← : 실제 배의 진행 속력

05

| 정답 | ②

| 해설 | 강물을 따라 내려갈 때 유람선의 속력은 $\dfrac{36}{2}=18$ (km/h)이고 유람선의 속력은 강물의 속력을 뺀 $18-3=15$(km/h)가 된다. 그러나 유람선이 강을 거슬러 올라가기 위해서는 강의 흐름에 영향을 받게 되므로 올라갈 때의 유람선의 속력은 $15-3=12$(km/h)가 된다.

따라서 유람선이 18km까지 올라가는 데 소요되는 시간은 $\dfrac{18}{12}=1.5$(시간), 즉 1시간 30분이다.

06

| 정답 | ④

| 해설 | 강의 역방향으로 배가 움직인다고 하였으므로 배의 속력에서 유속을 뺀 $10-2=8$(m/s)가 배의 속력이 된다. 즉 배가 8m/s의 속력으로 가다가 물건을 떨어뜨린 때로부터 32초 후에 떨어뜨린 사실을 알아챘으므로 물건이 떨어진 곳에서 배가 있는 곳까지의 거리는 $8\times 32=256$(m)이다.

배가 다시 돌아갈 때는 강의 흐름과 같은 방향으로 움직이는 것이므로 이때의 속력은 $10+2=12$(m/s)가 되고, 배가 물건이 떨어진 곳으로부터 가야 하는 거리는 256m이므로 $256\div 12\fallingdotseq 21$(초) 후에 물건을 다시 찾을 수 있다.

심화문제 ─ 테마12. [흐르는 물] 거리·속력·시간

								문제 344쪽
01	③	02	③	03	②	04	③	05 ④
06	③	07	⑤	08	③	09	④	

01

| 정답 | ③

| 해설 | 영삼이가 탄 배의 속력을 $x$km/h라고 하면 다음과 같은 식이 성립한다.

$(x-10)\times 1.5=x+10$

$1.5x-15=x+10$ $0.5x=25$

∴ $x=50$(km/h)

02

| 정답 | ③

| 해설 | 두 지점의 거리를 $l$km, 올라갈 때와 내려갈 때의 소요시간은 각각 2h, 1h라 하면 올라갈 때와 내려갈 때의 속력은 각각 $\dfrac{1}{2}l$km/h, $l$km/h이므로 강의 흐름의 속

력은 $\frac{1}{2}\left(l-\frac{1}{2}l\right)=\frac{1}{4}(km/h)$이다. 따라서 흐르지 않는 물에서의 배의 속력은 $\frac{1}{2}l+\frac{1}{4}l=\frac{3}{4}(km/h)$이다.

여기에서 배의 속력을 $\frac{1}{2}$로 하면 $\frac{3}{8}l\,km/h$이므로 올라 갈 때와 내려갈 때의 속력은 각각 $\frac{3}{8}l-\frac{1}{4}l=\frac{1}{8}l(km/h)$, $\frac{3}{8}l+\frac{1}{4}l=\frac{5}{8}l(km/h)$가 된다. 따라서 올라갈 때와 내 려갈 때의 속력의 비가 $\frac{1}{8}l:\frac{5}{8}l=1:5$이므로, 소요시간 의 비는 $5:1$이다.

03

| 정답 | ②

| 해설 | 거슬러 올라갈 때의 속력은 배의 속력－유속이므 로 $15-3=12(km/h)$이고, 내려올 때의 속력은 배의 속 력＋유속이므로 $15+3=18(km/h)$이다. A 지점과 B 지 점 사이의 거리를 $x\,km$라고 하면 다음 식이 성립한다.

$$\frac{x}{12}+\frac{x}{18}=5 \qquad\qquad 3x+2x=5\times36$$

$$\therefore\ x=36(km)$$

04

| 정답 | ③

| 해설 | 배의 속력은 $25km/h$이고 강을 올라갈 때 높인 속 력을 $x\,km/h$로 두면 내려갈 때 배의 속력은 $(25+3)$ km/h, 올라갈 때 배의 속력은 $(25-3+x)km/h$이다. 왕 복 시간이 10시간 이내여야 하므로 다음 식이 성립한다.

$$\frac{150}{25-3+x}+\frac{150}{25+3}\le10$$

$$\frac{150}{22+x}+\frac{150}{28}\le10 \qquad \frac{30}{22+x}\le\frac{13}{14}$$

$$420\le13(22+x) \qquad\qquad 13x\ge134$$

$$\therefore\ x\ge10.30\cdots$$

x는 자연수이므로 올라갈 때 내야 할 배의 속력은 $25+$ $11=36(km/h)$ 이상이어야 한다.

05

| 정답 | ④

| 해설 | 정지된 물에서의 배 속력을 V, 강의 유속을 u로 하면 2척의 배의 정지된 물에서의 속력은 강의 유속의 2배 이므로 $V=2u$가 된다. 따라서 강을 거슬러 올라가는 속 력은 $V-u=u$, 강을 내려가는 속력은 $V+u=3u$이다. 또한 아래의 그림과 같이 두 척의 배가 만나는 지점부터 완전히 지나칠 때까지의 거리는 총 40m가 된다.

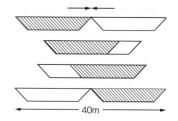

배가 이동한 거리와 속력의 비가 같으므로 상류에서 이 동한 배와 하류에서 이동한 배의 속력 비는 $3u:u=3:$ 1이 된다. 또한 상류에서 이동한 배와 하류에서 이동한 배의 이동 거리의 비도 $3:1$이 된다. 2척의 배가 이동한 거리의 합은 40m이므로 상류에서 온 배의 이동 거리를 $x\,m$라고 하면 다음과 같은 식이 성립한다.

$$x:40m=3:4 \qquad\qquad x=40\times3\div4$$

$$\therefore\ x=30(m)$$

06

| 정답 | ③

| 해설 | 무빙워크의 전체 길이를 15와 6의 최소공배수인 30으로 가정하면 무빙워크 위에 서서 출발점에서 목적지 까지 나아가면 15분이 걸리므로, 무빙워크의 속력은 매 분 2이다. 또한 같은 구간을 무빙워크에 타서 걸어가면 6분이 걸리므로, 이 경우의 빠르기는 매분 5이다. 그리 고 이 경우의 속력은 A가 걷는 속력과 무빙워크의 속력 의 합이 되므로, A가 걷는 속력은 매분 3인 것을 알 수 있다. 그리고 무빙워크의 위를 역방향으로 걷는 경우의 속력은 A가 걷는 속력에서 무빙워크의 속력을 뺀 $3-2$ $=1$이다.

따라서 A가 중간지점에서 출발점까지 되돌아오는데 걸 리는 시간은 $\frac{15}{1}=15$(분)이다.

07

| 정답 | ⑤

| 해설 | 승선부터 하선까지 소요되는 시간은 다음과 같다.

- 하류 선착장에서 승선 : 15분
- 하류 선착장에서 상류 관광지까지 이동 : 배의 속력은 $25-5=20(\text{km/h})$이므로, 소요 시간은 $\frac{30}{20}=1.5(\text{h})$, 즉 1시간 30분이다.
- 상류 관광지에서 하류 선착장까지 이동 : 배의 속력은 $25+5=30(\text{km/h})$이므로, 소요 시간은 $\frac{30}{30}=1(\text{시간})$이다.
- 하류 선착장에서 하선 : 15분

따라서 총 3시간이 소요된다.

08

| 정답 | ③

| 해설 | 유속이 2km/h이므로 수영 속력은 반환점을 기준으로 각각 2km/h, 6km/h이다.

- 모두 일반적인 속력으로 완주할 경우 :
$$\frac{0.75}{2}+\frac{0.75}{6}+\frac{40}{30}+\frac{10}{15}=2.5(\text{시간})$$

- 수영에서 최대 속력을 낸 경우 :
유속을 고려할 때 수영 속력은 반환점을 기준으로 각각 3km/h, 7km/h이므로
$$\frac{0.75}{3}+\frac{0.75}{7}+\frac{40}{25}+\frac{10}{15}≒2.62(\text{시간})$$

- 사이클에서 최대 속력을 낸 경우 :
$$\frac{0.75}{2}+\frac{0.75}{6}+\frac{40}{35}+\frac{10}{12}≒2.48(\text{시간})$$

따라서 철수가 완주할 수 있는 최소 시간은 약 2.48시간이다.

09

| 정답 | ④

| 해설 | A와 B가 달리는 속력을 V, 무빙워크의 속력을 u로 하면 A와 B의 달리는 속력은 무빙워크의 속력의 3배

이므로 $V=3u$가 된다. 따라서 무빙워크의 진행 방향으로 달릴 때의 속력은 $V+u=4u$이고, 무빙워크의 진행 방향의 역방향으로 달릴 때의 속력은 $V-u=3u-u=2u$가 된다.

입구를 X, 출구를 Y, 잊은 물건을 깨달은 시점을 P로 하고, A가 출구 Y에 도착했을 때 B가 달리고 있는 시점을 Q로 하면 A가 $P \to Y$로 이동한 시간과 B가 $P \to Q$로 이동한 시간은 같다.

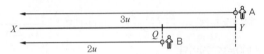

또한 A가 $Y \to X$로 이동한 시간과 B가 $Q \to X$로 이동한 시간도 같다.

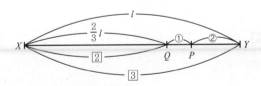

A와 B가 같은 시간 동안 이동할 때, 거리와 속력의 비는 같으므로

$$PY : PQ=4u : 2u=2 : 1 \quad \cdots\cdots ⊙$$
$$XQ : XY=2u : 3u=2 : 3 \quad \cdots\cdots ⓛ$$

입구에서 출구까지의 거리는 l이므로 XY에 l을 대입하면 ⓛ에 따라 XQ의 길이는 $XQ : l=2 : 3$

$$XQ=2×l÷3=\frac{2}{3}l$$이 된다.

⊙에 따라 $PQ : QY=1 : 3$이므로

$$PQ : \frac{1}{3}l=1 : 3$$

$$PQ=\frac{1}{3}l×1÷3=\frac{1}{9}l$$

따라서 입구와 잊어버린 물건을 깨달은 장소와의 거리는

$$XQ+PQ=\frac{2}{3}l+\frac{1}{9}l=\frac{7}{9}l$$이다.

테마 **12** [흐르는 물] 거리·속력·시간

테마 13 농도

유형 1 농도 기초 공략

문제 350쪽

01	③	02	①	03	④	04	④	05	④
06	③								

01

| 정답 | ③

| 해설 | 농도(%)= $\dfrac{소금의 \ 양}{소금물의 \ 양} \times 100$ 이므로, $\dfrac{75}{75+225}$ $\times 100 = 25(\%)$ 이다.

02

| 정답 | ①

| 해설 | 농도 20%의 소금물을 만들기 위해 필요한 물의 양을 xg이라고 하면 다음과 같은 식이 성립한다.

$$\dfrac{40}{40+x} \times 100 = 20 \qquad \therefore \ x = 160(g)$$

03

| 정답 | ④

| 해설 | 세제의 농도(%)= $\dfrac{세제의 \ 양}{물의 \ 양+세제의 \ 양} \times 100$ 이므로 세제의 양을 xg이라고 하면 다음과 같은 식이 성립한다.

$$\dfrac{x}{8,000} \times 100 = 0.2 \qquad \therefore \ x = 16(g)$$

04

| 정답 | ④

| 해설 | 소금의 양(g)=소금물의 양(g) $\times \dfrac{농도}{100}$ 이므로, $300 \times \dfrac{12}{100} = 36(g)$ 이다.

05

| 정답 | ④

| 해설 | 소금물의 양(g)= $\dfrac{소금의 \ 양}{농도} \times 100$ 이므로, $\dfrac{20}{10} \times 100 = 200(g)$ 이다. 소금물 200g 안에는 소금 20g이 포함되어 있으므로 필요한 물의 양은 $200-20=180(g)$ 이다.

06

| 정답 | ③

| 해설 | • 용액 B의 물의 양 : $200-65=135(g)$

• 용액 B의 원액의 양= $50-35=15(g)$

따라서 용액 B의 농도는 $\dfrac{15}{135+15} \times 100 = \dfrac{15}{150} \times 100 = 10(\%)$ 이다.

유형 2 용액+용액 공략

문제 358쪽

01	③	02	②	03	①	04	②	05	②
06	③	07	①	08	②	09	②	10	⑤
11	③	12	⑤	13	④	14	③	15	③

01

| 정답 | ③

| 해설 | 필요한 10% 소금물의 양을 xg이라고 하면 다음과 같은 식이 성립한다.

$$\dfrac{5}{100}(500-x) + \dfrac{10}{100}x = \dfrac{7}{100} \times 500$$
$$2,500 - 5x + 10x = 3,500$$
$$5x = 1,000$$
$$\therefore \ x = 200(g)$$

02

| 정답 | ②

| 해설 | 필요한 5% 소금물의 양을 x g이라고 하면 다음과 같은 식이 성립한다.

$$\frac{5}{100}x + \frac{11}{100}(400-x) = \frac{8}{100}\times 400$$

$$5x + 4,400 - 11x = 3,200 \qquad 6x = 1,200$$

$$\therefore \ x = 200(\text{g})$$

03

| 정답 | ①

| 해설 | A 소금물의 처음 농도를 x%, B 소금물의 처음 농도를 y%라 하면 다음 식이 성립한다.

$$\frac{x}{100}\times 300 + \frac{y}{100}\times 100 = \frac{5}{100}\times 400$$

$$3x + y = 20 \qquad \cdots\cdots \ \bigcirc$$

$$\frac{x}{100}\times 100 + \frac{y}{100}\times 300 = \frac{6}{100}\times 400$$

$$x + 3y = 24 \qquad \cdots\cdots \ \bigcirc$$

$\bigcirc$, $\bigcirc$을 연립하면 $x = 4.5(\%)$, $y = 6.5(\%)$이다.

따라서 A 소금물의 처음 농도는 4.5%이다.

04

| 정답 | ②

| 해설 | 10% 소금물의 양을 x g이라 하면 다음과 같은 식이 성립한다.

$$x\times\frac{10}{100} + 400\times\frac{4}{100} + 19\times\frac{5}{100} = (x+419)\times\frac{5.01}{100}$$

$$10x + 1,600 + 95 = 5.01x + 2,099.19$$

$$4.99x = 404.19$$

$$x = 81(\text{g})$$

따라서 원래 있던 10% 소금물의 양은 81g이다.

05

| 정답 | ②

| 해설 | 7% 소금물의 양을 x g이라 하면 다음과 같은 식이 성립한다.

$$\frac{7}{100}x + 140\times\frac{20}{100} = (140+x)\times\frac{14}{100}$$

$$7x + 2,800 = 1,960 + 14x \qquad 7x = 840$$

$$\therefore \ x = 120(\text{g})$$

따라서 원래 있던 7% 소금물의 양은 120g이다.

06

| 정답 | ③

| 해설 | 설탕물을 섞기 전 A에 들어 있는 설탕의 양은 16g, B에 들어 있는 설탕의 양은 26g이다. A에서 덜어낸 25g의 설탕물에 들어 있는 설탕의 양은 $25\times 0.16 = 4(\text{g})$이므로 이를 B에 넣으면 $\frac{26+4}{100+25}\times 100 = 24(\%)$의 설탕물이 만들어진다. 새로 만들어진 B에서 덜어낸 25g의 설탕물에 들어 있는 설탕의 양은 $25\times 0.24 = 6(\text{g})$이므로 이를 A에 넣으면 $\frac{16-4+6}{100-25+25}\times 100 = 18(\%)$의 설탕물이 만들어진다.

07

| 정답 | ①

| 해설 | B 소금물의 농도를 x%, C 소금물의 농도를 y%라고 하면 다음 식이 성립한다.

$$\left(\frac{10}{100}\times 200\right) + \left(\frac{x}{100}\times 400\right) + \left(\frac{y}{100}\times 300\right) = \frac{6}{100}\times 900$$

$$4x + 3y = 34 \qquad \cdots\cdots \ \bigcirc$$

$$\left(\frac{10}{100}\times 500\right) + \left(\frac{x}{100}\times 400\right) + \left(\frac{y}{100}\times 100\right)$$

$$= \frac{8}{100}\times 1,000$$

$$4x + y = 30 \qquad \cdots\cdots \ \bigcirc$$

$\bigcirc$, $\bigcirc$을 연립하여 풀면 $x = 7(\%)$, $y = 2(\%)$이다.

따라서 B, C 소금물의 농도는 각각 7%, 2%이다.

08

| 정답 | ②

| 해설 | • A 컵에 담긴 12% 소금물의 소금의 양 :

$$\frac{12}{100}\times 200 = 24(\text{g})$$

- B 컵에 담긴 18% 소금물의 소금의 양 :

$$\frac{18}{100} \times 200 = 36(g)$$

우선 A 컵 소금물의 절반을 B 컵으로 옮긴다면 B 컵은 소금물 300g(=A 컵 소금물의 절반 100g+200g), 소금 48g(=A 컵 소금의 절반 12g+36g)이 된다.

그리고 B 컵 소금물의 절반을 다시 A 컵으로 옮긴다면 A 컵은 소금물 250g(=A 컵에 남아 있던 소금물 100g+B 컵 소금물의 절반 150g), 소금 36g(=A 컵에 남아 있던 소금 12g+B 컵 소금의 절반 24g)이 된다.

$$\therefore \frac{36}{250} \times 100 = 14.4(\%)$$

09

|정답| ②

|해설| 필요한 8% 소금물의 양을 xg이라 하면 다음과 같은 식이 성립한다.

$$\left(100 \times \frac{5}{100}\right) + \left(x \times \frac{8}{100}\right) = (100+x) \times \frac{6}{100}$$

$$500 + 8x = 6(100+x) \qquad 2x = 100$$

$$x = 50$$

따라서 필요한 8% 소금물의 양은 50g이다.

10

|정답| ⑤

|해설| 두 소금물을 첫 번째로 섞는 과정을 정리하면 다음과 같다.

구분	15% 소금물	6% 소금물
A	$(100-M)$g	Mg
B	Mg	$(100-M)$g

- 용기 A

$$\frac{15}{100} \times (100-M) + \frac{6}{100} \times M = \frac{12}{100} \times 100$$

$$M = \frac{100}{3}(g)$$

- 용기 B

$$\frac{15}{100} \times M + \frac{6}{100} \times (100-M)$$

$$= \frac{9}{100} \times M + 6 = \frac{9}{100} \times \frac{100}{3} + 6 = 9(g)$$

따라서 B의 농도는 $\frac{9}{100} \times 100 = 9(\%)$이다.

즉, 다시 한 번 두 용기의 소금물을 교환하면 12% 소금물과 9% 소금물을 $\frac{100}{3}$g씩 덜어 교환하는 것이므로 최종적인 A의 소금의 양은 $\frac{12}{100} \times \left(100 - \frac{100}{3}\right) + \frac{9}{100} \times \frac{100}{3} = 11(g)$이다. 따라서 100g의 소금물에 11g의 소금이 들어 있으므로 농도는 11%이다.

11

|정답| ③

|해설| • 12%의 소금물 200g에 들어 있는 소금의 양 :

$$\frac{12}{100} \times 200 = 24(g)$$

- 9%의 소금물 500g에 들어 있는 소금의 양 :

$$\frac{9}{100} \times 500 = 45(g)$$

따라서 더한 소금물 속에 들어 있는 소금의 양은 21g이므로 농도는 $\frac{21}{300} \times 100 = 7(\%)$이다.

12

|정답| ⑤

|해설| 우선 각각의 용기에 들어 있는 설탕의 질량을 구하면 다음과 같다.

- A 용기 : $\frac{12}{100} \times 200 = 24(g)$

- B 용기 : $\frac{15}{100} \times 300 = 45(g)$

- C 용기 : $\frac{17}{100} \times 100 = 17(g)$

A 용기와 B 용기의 설탕물을 혼합하면 $\frac{24+45}{200+300} \times 100 = 13.8(\%)$의 설탕물이 만들어진다. 농도가 13.8%인 설탕물 300g 중 설탕의 질량은 $\frac{13.8}{100} \times 300 = 41.4(g)$이므로

C 용기의 설탕물과 혼합하면 $\dfrac{41.4+17}{300+100}\times100=14.6(\%)$ 의 설탕물이 만들어진다. 따라서 농도가 14.6%인 설탕물 300g 중 설탕의 질량은 $\dfrac{14.6}{100}\times300=43.8(g)$이다.

13

| 정답 | ④

| 해설 | 섞기 전의 6%와 10%의 두 소금물에 녹아 있는 소금의 양의 합은 섞은 후의 9% 소금물에 녹아 있는 소금의 양과 같다. 6%의 소금물이 9%로 되기까지 필요한 10% 소금물의 양을 xg이라 하면 다음 식이 성립한다.

$\dfrac{6}{100}\times300+\dfrac{10}{100}\times x=\dfrac{9}{100}\times(300+x)$

$1,800+10x=2,700+9x$

$x=900(g)$

10%의 소금물이 1분에 5g씩 방울방울 떨어지고 있으므로 900g이 다 더해지기까지는 $\dfrac{900}{5}=180(분)$이 소요된다.

14

| 정답 | ③

| 해설 | 넣어야 하는 6% 소금물의 양을 xg이라고 하면 다음과 같은 식이 성립한다.

$\left(\dfrac{9}{100}\times200\right)+\left(\dfrac{6}{100}\times x\right)=\dfrac{8}{100}\times(200+x)$

$1,800+6x=1,600+8x$

$2x=200$

$\therefore\ x=100(g)$

15

| 정답 | ③

| 해설 | 5% 소금물의 양을 xg이라 하면 다음 식이 성립한다.

$\dfrac{5}{100}x+\dfrac{8}{100}(600-x)=\dfrac{7}{100}\times600$

$3x=600$

$\therefore\ x=200(g)$

문제 366쪽

유형 3 **용액+물 공략**

01	③	02	②	03	③	04	③	05	②
06	④	07	②						

01

| 정답 | ③

| 해설 | 농도 4%의 소금물 300g에 들어 있는 소금의 양을 구하면 $\dfrac{4}{100}\times300=12(g)$이다. 물 xg을 더 넣어서 3%의 소금물이 되었다면 다음과 같은 식이 성립한다.

$\dfrac{12}{300+x}\times100=3$

$3(300+x)=1,200$

$\therefore\ x=100(g)$

02

| 정답 | ②

| 해설 | 8%의 소금물 250g에 들어 있는 소금의 양은 $\dfrac{8}{100}\times250=20(g)$이다. 따라서 추가해야 할 물의 양을 xg이라고 하면 다음과 같은 식이 성립한다.

$\dfrac{20}{250+x}\times100=5$

$5(250+x)=2,000 \qquad 250+x=400$

$\therefore\ x=150(g)$

따라서 추가해야 할 물의 양은 150g이다.

03

| 정답 | ③

| 해설 | 소금물 300g에 들어 있는 소금의 양을 xg이라 하면 다음 식이 성립한다.

$\dfrac{x}{300+200}\times100=6$

$x = 30(g)$

따라서 원래 소금물의 농도는 $\frac{30}{300} \times 100 = 10(\%)$이다.

04

| 정답 | ③

| 해설 | 물은 농도 0%인 식염수라고 생각한다.

농도 25%의 식염수를 30g 뺐으므로 이 단계에서 25%의 식염수는 $120 - 30 = 90(g)$이 된다. 그 후 60g의 물을 넣었으므로 아래와 같이 나타낼 수 있다.

$60 \times x = 90 \times (25 - x)$

$x = 15$

즉, 15% 식염수가 $90 + 60 = 150(g)$ 생긴다.

다음으로 60g의 식염수를 빼면 15%의 식염수는 $150 - 60 = 90(g)$이 된다. 그 후 60g의 물을 더하면 아래와 같이 나타낼 수 있다.

$60 \times y = 90 \times (15 - y)$

$y = 9$

따라서 최종적으로 만들어진 식염수의 농도는 9%이다.

05

| 정답 | ②

| 해설 | 먼저 4%의 소금물 400g에 들어 있던 소금의 양을 구하면 $\frac{4}{100} \times 400 = 16(g)$이다. 이때 더 넣은 물의 양을 xg으로 두고 식을 세우면 다음과 같다.

$\frac{16}{400 + x} \times 100 = 2.5$

$1,000 + 2.5x = 1,600$

$\therefore \ x = 240(g)$

06

| 정답 | ④

| 해설 | 농도 6%의 소금물 50g에 포함된 소금의 양은 $50 \times \frac{6}{100} = 3(g)$이다. 더 넣어야 하는 물의 양을 xg이라 하면 다음 식이 성립한다.

$\frac{3}{50 + x} \times 100 = 5$

$x = 10(g)$

따라서 농도 5%의 소금물을 만들기 위해서는 물 10g을 더 넣어야 한다.

07

| 정답 | ②

| 해설 | 24%의 소금물 200g에 포함된 소금의 양은 $200 \times \frac{24}{100} = 48(g)$이다. 넣어야 하는 물의 양을 xg이라고 하면 다음과 같은 식이 성립한다.

$\frac{48}{200 + x} \times 100 = 16(\%)$

$\therefore \ x = 100(g)$

유형 4 용액의 증발 공략

문제 370쪽

01	⑤	02	③	03	④	04	①	05	②
06	②								

01

| 정답 | ⑤

| 해설 | 25%의 소금물 600g에 녹아 있는 소금의 양은 $600 \times \frac{25}{100} = 150(g)$이므로 30%의 소금물을 만들기 위해

증발시켜야 하는 물의 양을 xg이라고 하면 식은 다음과 같다.

$$\frac{150}{600-x} \times 100 = 30$$

$$1,500 = 1,800 - 3x$$

$$\therefore \ x = 100$$

따라서 100g의 물을 증발시켜야 한다.

02

| 정답 | ③

| 해설 | ㉠에 들어갈 값은 $360 \times \frac{10}{100} = 36$(g)이다. 물을 증발시켜도 소금의 양은 변동이 없으므로 6% 소금물 100g에 들어 있는 소금의 양을 구하면 $\frac{6}{100} \times 100 = 6$(g)이다. ㉡에 들어갈 증발시켜야 하는 물의 양을 xg이라 했을 때, $\frac{6}{100-x} \times 100 = 8$이므로 $x = 25$(g)이 된다. 따라서 ㉠에는 36g, ㉡에는 25g이 들어가야 적절하다.

03

| 정답 | ④

| 해설 | 10%의 소금물 450g에 들어 있는 소금의 양은 $450 \times \frac{10}{100} = 45$(g)이다. 물을 증발시켜도 소금의 양은 줄어들지 않기 때문에 증발시킨 물의 양을 xg이라 하면 다음과 같은 식이 성립한다.

$$\frac{45}{450-x} \times 100 = 23$$

$$x \fallingdotseq 254$$

따라서 254g의 물을 증발시켜야 한다.

04

| 정답 | ①

| 해설 | 3%의 소금물 400g에 들어 있는 소금의 양은 $400 \times \frac{3}{100} = 12$(g)이다. 증발한 물의 양을 xg이라 하면 다음 식이 성립한다.

$$\frac{12}{400-x} \times 100 = 5$$

$$x = 160\text{(g)}$$

따라서 160g의 물이 증발하였다.

05

| 정답 | ②

| 해설 | 300g의 물이 증발한 뒤 남은 소금물의 소금의 양은 $(600-300) \times \frac{2}{100} = 6$(g)이다. 소금물이 증발해도 소금의 양은 변하지 않으므로 처음의 소금물의 농도는 $\frac{6}{600} \times 100 = 1$(%)이다.

06

| 정답 | ②

| 해설 | 6%의 설탕물 500g에 들어 있는 설탕의 양은 $500 \times \frac{6}{100} = 30$(g)이다. 이때 농도가 8%인 설탕물을 얻기 위해서 증발시켜야 하는 물의 양을 xg이라고 한다면 다음과 같은 식이 성립한다.

$$\frac{30}{500-x} \times 100 = 8$$

$$3,000 = 8(500-x)$$

$$x = 125\text{(g)}$$

따라서 125g의 물을 증발시켜야 한다.

유형 5 **용액＋용질 공략**

<table>
<tr><td colspan="10" style="text-align:right">문제 374쪽</td></tr>
<tr><td>01</td><td>②</td><td>02</td><td>④</td><td>03</td><td>③</td><td>04</td><td>②</td><td>05</td><td>①</td></tr>
<tr><td>06</td><td>③</td><td>07</td><td>①</td><td></td><td></td><td></td><td></td><td></td><td></td></tr>
</table>

01

| 정답 | ②

| 해설 | 5%의 소금물 Ag에 녹아 있는 소금의 양을 xg이

라 하면 다음과 같은 식이 성립한다.

$$\frac{x}{A} \times 100 = 5$$

$$100x = 5A$$

$$x = A \div 20$$

따라서 5%의 소금물 Ag에 소금 Bg을 넣으면

$$\left\{ \frac{(A \div 20) + B}{A + B} \times 100 \right\}\%의 소금물이 만들어진다.$$

02

|정답| ④

|해설| 농도$= \dfrac{\text{소금의 양}}{\text{소금물의 양}} \times 100$이므로, ㉠의 값은 다음과 같이 구할 수 있다.

$$25 = \frac{㉠}{150 + ㉠} \times 100$$

$$㉠ = 50(\text{g})$$

따라서 이 소금물에 소금 100g을 더 넣으면 $\dfrac{150}{150 + 150}$ $\times 100 = 50(\%)$이다.

03

|정답| ③

|해설| 더 넣을 소금의 양을 xg이라 하면 다음 식이 성립한다.

$$\left(\frac{4}{100} \times 200 \right) + x = \frac{6}{100} \times (200 + x)$$

$$x = 4.255 \cdots (\text{g})$$

따라서 5g이 들어 있는 소금이 필요하다.

04

|정답| ②

|해설| 먼저 7%의 소금물 300g에 들어 있는 소금의 양은 $\dfrac{7}{100} \times 300 = 21(\text{g})$이다. 여기에 소금을 xg 넣었더니 농도가 10%가 되었으므로 식을 세워 계산하면 다음과 같다.

$$\frac{21 + x}{300 + x} \times 100 = 10$$

$$2,100 + 100x = 3,000 + 10x$$

$$x = 10$$

따라서 10g의 소금을 넣었음을 알 수 있다.

05

|정답| ①

|해설| 먼저 8%의 소금물 400g에 들어 있는 소금의 양은 $\dfrac{8}{100} \times 400 = 32(\text{g})$이다. 여기에 소금을 xg 넣었더니 농도가 20%가 되었으므로 식을 세워 계산하면 다음과 같다.

$$\frac{32 + x}{400 + x} \times 100 = 20$$

$$3,200 + 100x = 8,000 + 20x$$

$$x = 60$$

따라서 60g의 소금을 넣었음을 알 수 있다.

06

|정답| ③

|해설| 먼저 12%의 소금물 300g에 들어 있는 소금의 양은 $\dfrac{12}{100} \times 300 = 36(\text{g})$이다. 여기에 소금 xg을 더 넣어 농도가 15%가 되었으므로 식을 세워 계산하면 다음과 같다.

$$\frac{36 + x}{300 + x} \times 100 = 15$$

$$3,600 + 100x = 4,500 + 15x$$

$$85x = 900$$

$$x = 10.588 \cdots$$

$$x \fallingdotseq 10.6$$

따라서 10.6g의 소금을 더 넣어야 한다.

07

|정답| ①

|해설| 먼저 15%의 소금물 600g에 들어 있는 소금의 양은 $\dfrac{15}{100} \times 600 = 90(\text{g})$이다. 여기에 소금 xg을 더 넣어 농도가 20%가 되었으므로 식을 세워 계산하면 다음과 같다.

$$\frac{90+x}{600+x}\times100=20$$

$$9,000+100x=12,000+20x$$

$$80x=3,000$$

$$x=37.5$$

$$x≒38$$

따라서 38g의 소금을 더 넣어야 한다.

심화문제
테마 13. 농도

문제 376쪽

01	①	**02**	④	**03**	③	**04**	①	**05**	④
06	②	**07**	①	**08**	⑤	**09**	③	**10**	③
11	①	**12**	②	**13**	③	**14**	②	**15**	③
16	①	**17**	①						

01

| 정답 | ①

| 해설 | 처음 만들려던 소금물의 농도를 식으로 나타내면 다음과 같다.

$$\frac{0.09A+0.18B}{A+B}\times100=12(\%)$$

$$0.09A+0.18B=0.12(A+B)$$

$$0.06B=0.03A$$

$$A=2B \quad\quad \cdots\cdots ㉠$$

9% 소금물 Bg과 18%의 소금물 Ag을 섞어 만들어진 소금물의 농도는 $\frac{0.09B+0.18A}{A+B}\times100$이며, 여기에 ㉠을 대입하면 $\frac{0.09B+0.18\times2B}{3B}\times100=15$이다.

따라서 15%의 소금물이 만들어진다.

02

| 정답 | ④

| 해설 | 3% 설탕물의 양을 xg, 5% 설탕물의 양을 yg, 10% 설탕물의 양을 zg이라고 두면 $x+y+z=1,000$이다. $\quad\quad\cdots\cdots ㉮$

세 가지 농도의 설탕물을 모두 섞으면 5% 설탕물이 된다고 할 때, 설탕의 양은 변하지 않으므로 설탕을 기준으로 식을 세우면 다음과 같다.

$$\frac{3}{100}x+\frac{5}{100}y+\frac{10}{100}z=1,000\times\frac{5}{100}$$

$$3x+5y+10z=5,000 \quad\quad\cdots\cdots ㉯$$

다음으로 5%와 10%의 설탕물을 섞으면 7% 설탕물이 되므로

$$\frac{5}{100}y+\frac{10}{100}z=\frac{7}{100}(y+z)$$

$$5y+10z=7y+7z$$

$$2y=3z \quad\quad\cdots\cdots ㉰$$

㉯−㉮×3을 하면

$$2y+7z=2,000$$

㉰를 대입하면 $3z+7z=2,000$, $z=200$이다.

z의 값을 다시 ㉰에 대입하면 $y=300$이고 y, z의 값을 ㉮에 대입하면 $x=500$이 된다.

따라서 ㉠은 500g, ㉡은 300g이다.

보충 플러스+

비례식을 활용하면 답을 쉽게 구할 수 있다. 설탕물을 모두 섞으면 5%의 설탕물이 된다고 했으므로 3% 설탕물과 10% 설탕물을 섞으면 5% 설탕물이 된다는 것을 알 수 있다.

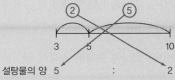

∴ (3% 설탕물의 양) : (10% 설탕물의 양)=5 : 2

5% 설탕물과 10% 설탕물을 섞으면 7% 설탕물이 된다고 했으므로

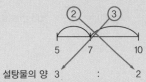

∴ (5% 설탕물의 양) : (10% 설탕물의 양)=3 : 2

따라서 3%, 5%, 10% 설탕물의 양의 비는 5 : 3 : 2이다. 설탕물의 총량이 1,000g이므로 3% 설탕물은 500g, 5% 설탕물은 300g, 10% 설탕물은 200g임을 알 수 있다.

03

| 정답 | ③

| 해설 | A의 용액 100cc를 B 비커에 옮기고 난 후 A 비커에 100cc를 옮기고 있으므로, 결국 A 비커에는 200cc가 들어 있다.

B 비커에 들어 있던 양을 $x$cc라 하고, P 용액의 이동만을 생각하여 식을 세우면 다음과 같다.

A에서 B로 100cc(P 용액 20cc 포함)를 옮기므로, B는 $(x+100)$cc가 되며, 그때 P 용액의 양은 $(0.7x+20)$cc가 된다.

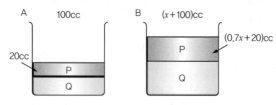

이 상태의 B에서 A로 100cc를 옮기면, A는 200cc(P 용액 80cc 포함)가 되므로 다음과 같은 식이 성립한다.

$$20 + 100 \times \frac{0.7x+20}{x+100} = 200 \times \frac{2}{5} = 80$$

$$20(x+100) + 100(0.7x+20) = 80(x+100)$$

$$\therefore \ x = 400(\text{cc})$$

04

| 정답 | ①

| 해설 | • 10%의 소금물 100g에 포함된 소금의 양 :

$$\frac{10}{100} \times 100 = 10(\text{g})$$

• 8%의 소금물 150g에 포함된 소금의 양 :

$$\frac{8}{100} \times 150 = 12(\text{g})$$

여기에 물 25g을 더한다고 하였으므로

$$\frac{10+12}{100+150+25} \times 100 = \frac{22}{275} \times 100 = 8(\%)\text{의 소금물이}$$
만들어진다.

05

| 정답 | ④

| 해설 | • 6% 소금물의 양 : $12 \times \frac{100}{6} = 200(\text{g})$

• 10% 소금물의 양 : $15 \times \frac{100}{10} = 150(\text{g})$

9%의 소금물을 만들기 위해 증발시켜야 하는 물의 양을 xg이라 하면 다음과 같은 식이 성립한다.

$$\frac{12+15}{200+150-x} \times 100 = 9$$

$$\frac{2,700}{350-x} = 9$$

$$\therefore \ x = 50(\text{g})$$

06

| 정답 | ②

| 해설 | 소금의 양 $= \dfrac{\text{소금물의 농도}}{100} \times$ 소금물의 양이고,

16% 소금물과 20% 소금물에 들어 있는 소금의 양은 동일하므로 더 넣어야 하는 소금의 양을 xg이라 하면 다음과 같은 식이 성립한다.

$$\frac{16}{100} \times 500 + x = \frac{20}{100} \times (500+100+x)$$

$$8,000 + 100x = 10,000 + 2,000 + 20x$$

$$80x = 4,000$$

$$\therefore \ x = 50(\text{g})$$

07

| 정답 | ①

| 해설 | • 10%의 소금물 350g에 녹아 있는 소금의 양 :

$$350 \times \frac{10}{100} = 35(\text{g})$$

• 7%의 소금물 xg에 녹아 있는 소금의 양 : $\dfrac{7}{100} \times x$

따라서 다음과 같은 식이 성립한다.

$$\frac{35+\dfrac{7x}{100}}{350+x-30} \times 100 = 9$$

$$\frac{3,500+7x}{320+x} = 9$$

$$3,500 + 7x = 9 \times (320+x)$$

$$3,500 + 7x = 2,880 + 9x$$

$$\therefore \ x = 310(\text{g})$$

08

| 정답 | ⑤

| 해설 | A 비커에 더 넣어야 하는 소금의 양을 xg이라 하면, 농도가 20%가 되는 식은 다음과 같다.

$$300 \times \frac{16}{100} + x = (300+x) \times \frac{20}{100}$$

$$48 + x = 60 + 0.2x$$

$$0.8x = 12$$

$$\therefore \ x = 15(g)$$

B 비커에서 증발시켜야 하는 물의 양을 yg이라 하면, 농도가 20%가 되는 식은 다음과 같다.

$$500 \times \frac{16}{100} = (500-y) \times \frac{20}{100}$$

$$80 = 100 - 0.2y$$

$$0.2y = 20$$

$$\therefore \ y = 100(g)$$

따라서 A 비커에는 15g의 소금을 더 넣고 B 비커에서 100g의 물을 증발시켜야 한다.

09

| 정답 | ③

| 해설 | 첨가된 12% 소금물의 양을 xg이라 하면 다음과 같은 식이 성립한다.

$$\frac{8}{100} \times (400-x) + \frac{12}{100}x = \frac{7}{100} \times 600$$

$$3,200 - 8x + 12x = 4,200$$

$$4x = 1,000$$

$$x = 250$$

따라서 첨가된 12% 소금물은 250g이다.

10

| 정답 | ③

| 해설 | • 20% 소금물 50g에 포함된 소금의 양 :

$$50 \times \frac{20}{100} = 10(g)$$

• x% 소금물 25g에 포함된 소금의 양 :

$$25 \times \frac{x}{100} = \frac{x}{4}(g)$$

두 소금물을 합친 후 물 25g을 더 넣었더니 소금물의 농도가 25%가 되었으므로 식은 다음과 같다.

$$\frac{10 + \frac{x}{4}}{50 + 25 + 25} \times 100 = 25$$

$$\frac{10 + \frac{x}{4}}{100} \times 100 = 25$$

$$10 + \frac{x}{4} = 25$$

$$\frac{x}{4} = 15$$

$$\therefore \ x = 60(\%)$$

11

| 정답 | ①

| 해설 | 최종적으로 만들어진 소금물의 양은 $300-220+20=100(g)$이다. 처음 소금물의 농도를 x%라 하면, 나중 소금물의 농도는 Ax%이므로 소금물 안에 들어 있는 소금의 양을 기준으로 식을 세워 보면 다음과 같다.

$$\left(\frac{x}{100} \times 300 \right) + 20 = \frac{Ax}{100} \times 100$$

$$3x + 20 = Ax$$

$$(A-3)x = 20$$

$$\therefore \ x = \frac{20}{A-3}$$

따라서 처음 소금물의 농도는 $\frac{20}{A-3}$%이다.

12

| 정답 | ②

| 해설 | 10% 설탕물과 6% 설탕물을 3:5의 비로 혼합하였으므로 혼합액은 $\frac{0.1 \times 3 + 0.06 \times 5}{8} \times 100 = 7.5(\%)$ 농도의 설탕물이다. 이 혼합액의 질량을 xg이라고 하면 혼

합액 안에 들어 있는 설탕의 양은 $x \times \dfrac{7.5}{100} = 0.075x\,(\text{g})$ 이다. 여기에 10g의 설탕을 더 넣었을 때 11.2%의 설탕물이 되므로 $\dfrac{0.075x + 10}{x + 10} \times 100 = 11.2$를 만족한다. 이를 계산하면 $x = 240\,(\text{g})$을 얻는다.

따라서 11.2%의 설탕물 $240 + 10 = 250\,(\text{g})$이 만들어졌다.

13

| 정답 | ③

| 해설 | 15%의 소금물 200g에 들어 있는 소금의 양은 $200 \times \dfrac{15}{100} = 30\,(\text{g})$이므로 증발된 물의 양을 $x\,\text{g}$이라 하면 다음과 같은 식이 성립한다.

$$\frac{30 + 10}{200 + 10 - x} \times 100 = 25$$

$$\therefore \ x = 50\,(\text{g})$$

14

| 정답 | ②

| 해설 | 우선 초록색 컵의 물을 증발시켜도 설탕의 양은 변하지 않음에 유의한다. 노란색 컵에 더 넣을 설탕의 양을 $x\,\text{g}$이라 하면 다음과 같은 식이 성립한다.

$$\frac{8}{100} \times 300 + x = \frac{8}{100} \times 400$$

$$24 + x = 32$$

$$\therefore \ x = 8\,(\text{g})$$

15

| 정답 | ③

| 해설 | • 10%의 소금물 250g에 녹아 있는 소금의 양 :

$$250 \times \frac{10}{100} = 25\,(\text{g})$$

• 8%의 소금물 200g에 녹아 있는 소금의 양 :

$$200 \times \frac{8}{100} = 16\,(\text{g})$$

추가로 넣은 소금의 양을 $x\,\text{g}$이라 하면 다음과 같은 식이 성립한다.

$$\frac{25 + 16 + x}{250 + 200 + x} \times 100 = 12$$

$$\frac{41 + x}{450 + x} \times 100 = 12$$

$$4{,}100 + 100x = 5{,}400 + 12x$$

$$88x = 1{,}300$$

$$x = 14.77 \fallingdotseq 15\,(\text{g})$$

따라서 추가로 넣은 소금의 양은 약 15g이다.

16

| 정답 | ①

| 해설 | • 10%의 소금물 150g에 포함된 소금의 양 :

$$\frac{10}{100} \times 150 = 15\,(\text{g})$$

• 15%의 소금물 100g에 포함된 소금의 양 :

$$\frac{15}{100} \times 100 = 15\,(\text{g})$$

따라서 증발시킬 물의 양을 $x\,\text{g}$이라 하면,

$$\frac{30}{250 - x} \times 100 = 15\,(\%), \ x = 50\,(\text{g})$$이다.

17

| 정답 | ①

| 해설 | 6%의 소금물 100g에 들어 있는 소금의 양은 $100 \times \dfrac{6}{100} = 6\,(\text{g})$, 12%의 소금물 300g에 들어 있는 소금의 양은 $300 \times \dfrac{12}{100} = 36\,(\text{g})$이다. 넣은 물의 양을 $x\,\text{g}$이라 하면 다음과 같은 식이 성립한다.

$$\frac{6 + 36}{100 + 300 + x} \times 100 = 10$$

$$4{,}200 = 4{,}000 + 10x$$

$$\therefore \ x = 20\,(\text{g})$$

테마 14 일률

유형 1 소요시간 공략

문제 386쪽

01	⑤	02	②	03	③	04	③	05	②
06	②	07	④	08	⑤	09	②	10	③
11	②	12	④	13	②	14	②	15	③
16	③	17	⑤	18	③				

01

| 정답 | ⑤

| 해설 | 전체 일의 양을 1이라 하면 B는 1일당 $\frac{1}{50}$, C는 1일당 $\frac{1}{100}$의 일을 한다. B와 C의 작업일수를 각각 b일과 c일이라 하면 B는 $\frac{1}{50} \times b$만큼의 일을 하고, C는 $\frac{1}{100} \times c$만큼의 일을 한 것이 된다. 따라서 다음과 같은 식이 성립한다.

$\frac{1}{50}b + \frac{1}{100}c = 1$

$2b + c = 100$ ...... ㉠

또한 B, C의 1일당 임금은 각각 3만 원, 2만 원으로 총 160만 원을 지급했다고 하였으므로, 다음과 같은 식이 성립한다.

$3b + 2c = 160$ ...... ㉡

㉠×2-㉡을 하면 $b=40$, $c=20$이다.

따라서 B의 작업일수는 C의 2배이다.

02

| 정답 | ②

| 해설 | 전체 일의 양을 1이라 하면 시간당 A의 작업량은 $\frac{1}{10}$, B의 작업량은 $\frac{1}{12}$, C의 작업량은 $\frac{1}{8}$이다.

우선 A와 B가 둘이서 1시간 동안 일을 하였다고 했으므로 A와 B가 1시간 동안 일한 양은 $\frac{1}{10} + \frac{1}{12} = \frac{11}{60}$이다. 전체 과수원 사과의 90%인 $\frac{9}{10}$를 수확했으므로 세 사람이 함께 일한 양은 $\frac{9}{10} - \frac{11}{60} = \frac{43}{60}$이다. 따라서 셋이 함께 사과를 수확한 시간은 다음과 같이 구할 수 있다.

$$\frac{43}{60} \div \left(\frac{1}{10} + \frac{1}{12} + \frac{1}{8} \right) = \frac{43}{60} \div \left(\frac{12 + 10 + 15}{120} \right)$$
$$= \frac{43}{60} \times \frac{120}{37} = \frac{86}{37}$$

$\frac{86}{37} \times 60 ≒ 139$(분), 즉 2시간 19분이다.

03

| 정답 | ③

| 해설 | 전체 일의 양을 1이라 하면 우진이가 하루에 일한 양은 $\frac{1}{A}$, 정은이가 하루에 일한 양은 $\frac{1}{B}$이다.

따라서 우진이가 혼자 일을 한 기간은
$\left(1 - \frac{3}{B} \right) \div \frac{1}{A} = \frac{A(B-3)}{B}$ (일)이다.

04

| 정답 | ③

| 해설 | 전체 일의 양을 1이라 하면 남편이 한 시간 동안 하는 일은 $\frac{1}{5}$, 아내가 한 시간 동안 하는 일은 $\frac{1}{7}$이다.

즉 남편과 아내가 2시간 동안 같이 정리한 양은 $\left(\frac{1}{5} + \frac{1}{7} \right) \times 2 = \frac{24}{35}$이고, 남편이 떠난 후 아내가 혼자 정리해야 하는 양은 $1 - \frac{24}{35} = \frac{11}{35}$이다. 따라서 아내가 정리를 다 하기까지 더 필요한 시간은 $\frac{11}{35} \div \frac{1}{7} = \frac{11}{5} = 2 + \frac{12}{60}$, 즉 2시간 12분이다.

05

|정답| ②

|해설| 전체 일의 양을 1이라 하면 A 방식으로 1분 동안 할 수 있는 일의 양은 $\frac{1}{10}$, B 방식으로 1분 동안 할 수 있는 일의 양은 $\frac{1}{15}$이다.

A 방식으로 일을 한 시간을 x분이라 하면 B 방식으로 일을 한 시간은 $(x+10)$분이므로 다음과 같은 식이 성립한다.

$\frac{x}{10} + \frac{x+10}{15} = 1$

$3x + 2(x+10) = 30$ $5x = 10$

$x = 2$

따라서 A 방식으로 일을 한 시간은 2분, B 방식으로 일을 한 시간은 2+10=12(분)이다.

06

|정답| ②

|해설| 전체 일의 양을 1이라 하면 A 사원이 하루 동안 하는 일은 $\frac{1}{24}$, B 사원이 하루 동안 하는 일은 $\frac{1}{20}$, C 사원이 하루 동안 하는 일은 $\frac{1}{15}$이다. 세 사원이 함께 프로젝트를 진행하는 4일 동안 한 일의 양은 $4 \times \left(\frac{1}{24} + \frac{1}{20} + \frac{1}{15} \right) = 4 \times \left(\frac{5+6+8}{120} \right) = \frac{19}{30}$이다. 따라서 앞으로 더 진행해야 하는 일의 양은 $1 - \frac{19}{30} = \frac{11}{30}$이다.

세 명의 사원 중 일을 하는 데 가장 짧은 시간이 걸리는 사원은 C 사원으로, C 사원이 출장을 갔을 경우가 가장 오랜 시간이 걸린다.

따라서 A와 B 사원 둘에서 남은 일을 처리하기 위해 필요한 일수는 $\frac{11}{30} \div \left(\frac{1}{24} + \frac{1}{20} \right) = \frac{11}{30} \times \frac{120}{11} = 4$(일)이다.

07

|정답| ④

|해설| A, B 두 양초의 길이를 1이라 하고, 동시에 불을 붙여 B의 길이가 A의 두 배가 되는 데까지 걸리는 시간을 t시간이라 하면 시간당 A는 $\frac{1}{6}$씩, B는 $\frac{1}{10}$씩 녹고 t시간 후에 남는 길이는 A 양초가 $1 - \frac{1}{6}t$, B 양초가 $1 - \frac{1}{10}t$이다. B 양초의 길이가 A 양초의 2배여야 하므로 다음과 같은 식이 성립한다.

$2 \left(1 - \frac{1}{6}t \right) = 1 - \frac{1}{10}t$

$\frac{10-3}{30}t = 1$

$t = \frac{30}{7} \fallingdotseq 4.29$(시간)

따라서 두 양초에 동시에 불을 붙이고 약 4시간 17분이 지날 때 B 양초의 길이가 A 양초 길이의 두 배가 된다.

08

|정답| ⑤

|해설| 전체 일의 양을 1이라 하면 A는 1시간 동안 $\frac{1}{5}$만큼 일을 하고, B는 1시간 동안 $\frac{1}{7}$만큼 일을 한다.

따라서 두 사람이 함께 구슬을 꿰는 데 걸리는 시간은 $1 \div \left(\frac{1}{5} + \frac{1}{7} \right) = 1 \times \frac{35}{12} = \frac{35}{12}$(시간), 즉 2시간 55분이다.

09

|정답| ②

|해설| 수영장의 물을 가득 채우는 일을 1이라 하면 두 수도꼭지가 1시간당 하는 일의 양은 각각 $\frac{1}{6}$, $\frac{1}{4}$이다.

두 수도꼭지를 함께 사용하면 1시간당 하는 일은 $\frac{1}{6} + \frac{1}{4} = \frac{5}{12}$이므로 A와 B 수도꼭지를 모두 틀어 수영장 물을 다 채우는 데 걸리는 시간은 $1 \div \frac{5}{12} = 2.4$(시간)이다.

10

|정답| ③

|해설| 고무보트에 공기를 채우는 일을 1이라 할 때 사람이 입으로 공기를 불어넣으면 1시간 동안 $\frac{1}{3}$의 일을 하고, 기구로 공기를 넣으면 1시간 동안 $\frac{1}{2}$의 일을 하므로, 사람과 기구가 동시에 공기를 채운다면 1시간당 $\frac{1}{3}+\frac{1}{2}=\frac{5}{6}$의 일을 한다. 따라서 공기를 모두 채우는 데 걸리는 시간은 $1\div\frac{5}{6}=1.2$(시간)이다.

11

|정답| ②

|해설| 공급한 볼펜의 개수를 x개라 하면 하루 동안 각 부서가 소비하는 양은 다음과 같다.

• A 부서 : $\frac{x}{30}$

• B 부서 : $\frac{x}{60}$

• C 부서 : $\frac{x}{40}$

따라서 합쳐서 주는 경우 소비하는 데 걸리는 시간은

$$\frac{3x}{\dfrac{4x+2x+3x}{120}}=\frac{360x}{9x}=40(일)이다.$$

12

|정답| ④

|해설| A 관을 사용하여 1시간에 넣는 양을 xL, B 관을 사용하여 1시간에 넣는 양을 yL라 하면 다음과 같은 식이 성립한다.

$$\begin{cases} 4x+5y=100 & \cdots\cdots\,㉠ \\ 5x+4y=98 & \cdots\cdots\,㉡ \end{cases}$$

㉠, ㉡을 연립하여 풀면 $x=10$(L), $y=12$(L)이다.

따라서 60L짜리 물통에 A 관만 사용하여 물을 가득 넣을 때 걸리는 시간은 $60\div10=6$(시간)이다.

13

|정답| ②

|해설| 전체 일의 양을 1이라 하면 A가 1시간 동안 하는 일의 양은 $\frac{1}{10}$, B가 1시간 동안 하는 일의 양은 $\frac{1}{12}$, C가 1시간 동안 하는 일의 양은 $\frac{1}{15}$이므로, x는 다음과 같이 구할 수 있다.

$$x=1\div\left(\frac{1}{10}+\frac{1}{12}+\frac{1}{15}\right)=1\div\frac{15}{60}=4(시간)$$

B, C가 한 총 일의 양이 $\left(\frac{1}{12}+\frac{1}{15}\right)\times6=\frac{9}{10}$이므로 A가 일한 시간은 $\left(1-\frac{9}{10}\right)\div\frac{1}{10}=1$(시간)이다.

따라서 A 없이 B, C가 함께 일한 시간은 $y=6-1=5$(시간)이 된다.

$\therefore\;x+y=4+5=9$

14

|정답| ②

|해설| 전체 일의 양을 1이라 하면 A가 1분간 할 수 있는 작업량은 $\frac{1}{30}$, B가 1분간 할 수 있는 작업량은 $\frac{1}{45}$이다.

A 혼자 데이터를 입력한 시간을 x분이라 하면 B 혼자 데이터를 입력한 시간은 $(x-15)$분이므로 다음과 같은 식이 성립한다.

$$\frac{x}{30}+\frac{x-15}{45}=1$$

$5x-30=90$

$5x=120$

$x=24(분)$

따라서 A는 24분, B는 9분간 데이터를 입력한 것이므로, 총 33분이 걸렸다.

15

|정답| ③

|해설| 전체 일의 양을 1이라 하면 안 대리, 장 과장, 김

팀장이 1시간 동안 하는 일의 양은 각각 $\frac{1}{6}$, $\frac{1}{4}$, $\frac{1}{3}$이다. 따라서 세 명이 함께 일을 하면 1시간 동안 $\frac{1}{6}+\frac{1}{4}+\frac{1}{3}=\frac{3}{4}$만큼의 일을 할 수 있다. 그러므로 프로젝트를 마무리하는 데 소요되는 최소한의 시간은 $1\div\frac{3}{4}=\frac{4}{3}$(시간), 즉 80분이다.

16

|정답| ③

|해설| 1명이 1시간 동안 하는 일의 양을 x라 하면 전체 일의 양은 $10\times5\times20\times x=1,000x$이다. 따라서 매일 10시간씩 10명이 일하면 $\frac{1,000x}{10\times10\times x}=10$(일) 만에 끝마칠 수 있다.

17

|정답| ⑤

|해설| 전체 일의 양을 1이라 하면 A가 하루에 하는 일의 양은 $\frac{1}{18}$, B가 하루에 하는 일의 양은 $\frac{1}{27}$이다. A는 16일 모두 일한 것이므로 일한 양은 $\frac{1}{18}\times16=\frac{8}{9}$이고, B가 일한 양은 $1-\frac{8}{9}=\frac{1}{9}$이다. 따라서 B가 일한 기간은 $\frac{1}{9}\div\frac{1}{27}=3$(일)이므로 B가 참여하지 않은 날은 $16-3=13$(일)이다.

18

|정답| ③

|해설| 전체 작업량을 1이라 하면, A 복사기가 1분 동안 하는 일의 양은 $\frac{1}{12}$, B 복사기가 1분 동안 하는 일의 양은 $\frac{1}{8}$이다. 따라서 2분간 A 복사기의 작업량은 $\frac{1}{12}\times2$

$=\frac{2}{12}$이고, 남은 작업량은 $1-\frac{2}{12}=\frac{10}{12}$이다. 남은 작업량을 마치는 데 걸리는 시간을 x분이라 하면 다음 식이 성립한다.

$$\left(\frac{1}{12}+\frac{1}{8}\right)\times x=\frac{10}{12}$$

$x=4$

따라서 총 걸린 시간은 $2+4=6$(분)이다.

유형 2 일의 양 공략

문제 396쪽

| 01 | ③ | 02 | ② | 03 | ⑤ | 04 | ⑤ | 05 | ⑤ |
| 06 | ① | | | | | | | | |

01

|정답| ③

|해설| 갑, 을, 병에게 각자 할당된 풍선의 개수를 x개라고 하면, 갑이 작업을 마쳤을 때 을의 작업량은 $(x-30)$개, 병의 작업량은 $(x-42)$개이며, 을이 30개를 다 불었을 때 병의 작업량은 $42-18=24$(개)이다. 3명의 작업 속도는 각각 일정하므로 다음 비례식이 성립한다.

$(x-30):(x-42)=30:24$

$(x-30):(x-42)=5:4$

$5(x-42)=4(x-30)$

$x=90$

따라서 세 명에게 할당된 풍선의 개수는 $90\times3=270$(개)이다.

02

|정답| ②

|해설| 조립제품 1개를 완성하는 데 필요한 일의 양을 1, 시간당 A, B, C가 할 수 있는 일의 양을 각각 x, y, z라고 하면 다음과 같은 식이 성립한다.

$$4x + 4y + 4z = 1 \qquad \cdots\cdots \bigcirc$$
$$5x + 5y = 1 \qquad \cdots\cdots \bigcirc\!\!\!\bigcirc$$
$$6x + 6z = 1 \qquad \cdots\cdots \bigcirc\!\!\!\bigcirc\!\!\!\bigcirc$$

$\bigcirc$, $\bigcirc\!\!\!\bigcirc$, $\bigcirc\!\!\!\bigcirc\!\!\!\bigcirc$을 연립해서 풀면 $x = \dfrac{7}{60}$, $y = \dfrac{1}{12}$, $z = \dfrac{1}{20}$ 이 된다.

B와 C가 함께 1시간 동안 할 수 있는 일의 양은 $\dfrac{1}{12} + \dfrac{1}{20} = \dfrac{8}{60} = \dfrac{2}{15}$이므로, 두 명이 24시간 동안 할 수 있는 일의 양은 $\dfrac{2}{15} \times 24 = \dfrac{16}{5}$이다. 따라서 B와 C가 24시간 동안 함께 일할 경우 3개의 조립제품을 완성할 수 있다.

03

| 정답 | ⑤

| 해설 | 직원 1명이 1시간 동안 만들 수 있는 곰인형 개수는 $150 \div 10 \div 25 = 0.6$(개)이다. 따라서 20시간 동안 곰인형 300개를 만들기 위해서는 $300 \div 20 \div 0.6 = 25$(명)의 직원이 동원되어야 한다.

04

| 정답 | ⑤

| 해설 | A 요리사가 1분 동안 만들 수 있는 만두의 개수를 x개, B 요리사가 1분 동안 만들 수 있는 만두의 개수를 y개라 하고 제시된 조건을 식으로 나타내면 다음과 같다.

$$\begin{cases} 3x = 3y + 20 & \cdots\cdots \bigcirc \\ 30y = 5x \qquad x = 6y & \cdots\cdots \bigcirc\!\!\!\bigcirc \end{cases}$$

$\bigcirc\!\!\!\bigcirc$을 $\bigcirc$에 대입하면 $y = \dfrac{4}{3}$, $x = 8$이다.

따라서 두 사람이 만든 만두의 개수는 $10 \times 8 + 30 \times \dfrac{4}{3} = 80 + 40 = 120$(개)이다.

05

| 정답 | ⑤

| 해설 | 조립식 가구 1개를 완성시키기 위해 고정시켜야

하는 나사의 개수를 x개라 하면 A가 한 시간 동안 하는 일은 $\dfrac{x}{4}$, B가 한 시간 동안 하는 일은 $\dfrac{x}{5}$가 된다. 그리고 두 사람이 함께 일을 할 때 한 시간 동안 하는 일은 $\dfrac{x}{2}$이다. 두 사람이 함께 일을 한다면 각각 한 시간 동안 따로 일을 할 때보다 12개의 나사를 더 고정시킬 수 있다고 했으므로, 다음과 같은 식이 성립한다.

$$\dfrac{x}{2} = \left(\dfrac{x}{4} + \dfrac{x}{5} \right) + 12$$
$$10x = 5x + 4x + 240$$
$$x = 240$$

따라서 조립식 가구 1개를 만들기 위해서는 240개의 나사를 고정시켜야 한다.

06

| 정답 | ①

| 해설 | B 직원이 1분 동안 만드는 제품의 개수를 x개라고 하면, A 직원이 1분 동안 만드는 제품의 개수는 $(3 + x)$개이다. A 직원이 10분 동안 만든 제품의 개수와 B 직원이 25분 동안 만든 제품의 개수가 같다고 했으므로, 다음과 같은 식이 성립한다.

$$10(3 + x) = 25x$$
$$15x = 30$$
$$x = 2$$

1분 동안 B 직원은 2개의 제품을 만들고, A 직원은 5개의 제품을 만든다. 따라서 A 직원이 10분 동안 만든 제품의 개수는 $5 \times 10 = 50$(개)이다.

심화문제
테마 14. 일률

				문제 398쪽
01 ⑤	02 ②	03 ③	04 ④	05 ④
06 ②	07 ⑤	08 ③	09 ③	10 ①
11 ②	12 ④			

01

|정답| ⑤

|해설| 전체 일의 양을 1이라 하고 A, B, C가 혼자 일할 때 걸리는 시간을 각각 X, Y, Z시간이라 하면 1시간 동안 일하는 양은 각각 $\frac{1}{X}$, $\frac{1}{Y}$, $\frac{1}{Z}$이 되므로 식은 다음과 같다.

- A, B, C가 1시간 동안 일하는 양 : $\frac{1}{X}+\frac{1}{Y}+\frac{1}{Z}=\frac{1}{15}$

- A, B가 1시간 동안 일하는 양 : $\frac{1}{X}+\frac{1}{Y}=\frac{1}{20}$

- A, C가 1시간 동안 일하는 양 : $\frac{1}{X}+\frac{1}{Z}=\frac{1}{30}$

이를 이용하여 B, C가 1시간 동안 일하는 양을 구한다.

- B가 1시간 동안 일하는 양 :

$$\frac{1}{Y}+\frac{1}{30}=\frac{1}{15}$$

$$\frac{1}{Y}=\frac{2}{30}-\frac{1}{30}=\frac{1}{30}$$

- C가 1시간 동안 일하는 양 :

$$\frac{1}{Z}+\frac{1}{20}=\frac{1}{15}$$

$$\frac{1}{Z}=\frac{4}{60}-\frac{3}{60}=\frac{1}{60}$$

따라서 B와 C만 일한다면 $1÷\left(\frac{1}{30}+\frac{1}{60}\right)=20$(시간)이 걸린다.

02

|정답| ②

|해설| 전체 일의 양을 1로 두면 하루 동안 일하는 양은 김 대리가 $\frac{1}{20}$, 최 주임이 $\frac{1}{25}$, 박 사원이 $\frac{1}{40}$이다. 김 대리가 혼자 일한 날을 x일이라고 두면, 최 주임과 박 사원이 함께 4일, 김 대리 혼자 x일, 김 대리와 최 주임이 함께 $13-4-x-2=7-x$(일), 마지막으로 세 사람이 함께 2일간 일을 했다. 이를 식으로 정리하면 다음과 같다.

$$\left(\frac{1}{25}+\frac{1}{40}\right)×4+\frac{1}{20}x+\left(\frac{1}{20}+\frac{1}{25}\right)×(7-x)$$
$$+\left(\frac{1}{20}+\frac{1}{25}+\frac{1}{40}\right)×2=1$$

$(8+5)×4+10x+(10+8)×(7-x)+(10+8+5)×2=200$

$52+10x+126-18x+46=200$

$∴ x=3$

따라서 김 대리가 혼자 일한 날은 총 3일이다.

03

|정답| ③

|해설| 완전히 충전된 상태의 노트북 배터리를 1이라 하면 노트북 배터리의 분당 소모량은 $\frac{1}{20}$이고 분당 충전량은 $\frac{1}{10}$이다. P 군이 완전히 충전된 노트북을 10분 동안 사용하고 남은 배터리는 $1-\left(\frac{1}{20}×10\right)=\frac{1}{2}$이고 노트북을 사용하며 충전할 때의 분당 충전량은 $\frac{1}{10}-\frac{1}{20}=\frac{1}{20}$이다. 따라서 다시 완전히 충전되는 데 걸리는 시간은 $\frac{1}{2}÷\frac{1}{20}=10$(분)이다.

04

|정답| ④

|해설| 수조 전체의 물의 양을 1이라 하면 A ~ D의 1분당 작업량은 각각 $\frac{1}{3}$, $\frac{1}{9}$, $\frac{1}{6}$, $\frac{1}{12}$이다. 수조에 물이 가득 찰 때까지 걸리는 시간을 x분이라 할 때, 이미 절반의 물이 채워져 있으므로 더 채워야 할 물의 양은 $\frac{1}{2}$이 되므로 다음과 같이 식을 세울 수 있다.

$$\left(\frac{1}{3}+\frac{1}{9}-\frac{1}{6}-\frac{1}{12}\right)×x=\frac{1}{2}$$

$$\left(\frac{4}{9}-\frac{3}{12}\right)×x=\frac{1}{2}$$

$$∴ x=\frac{18}{7}$$(분)

05

| 정답 | ④

| 해설 | 가동 후 수위가 1m 낮아질 때까지 펌프 A는 40분, 펌프 B는 72분이 걸리므로, 두 경우의 배수되는 물의 양이 동일하다. 1분마다 흘러 들어오는 물의 양을 $x\,\mathrm{m}^3$라고 하면 다음과 같은 식이 성립한다.

• 펌프 A를 40분 가동했을 때의 배수량 :
$(40 \times 300) - 40x = 12,000 - 40x$

• 펌프 B를 72분 가동했을 때의 배수량 :
$(72 \times 200) - 72x = 14,400 - 72x$

두 펌프를 가동했을 때의 배수량은 동일하므로
$12,000 - 40x = 14,400 - 72x$
$32x = 2,400$
$x = 75(\mathrm{m}^3)$

06

| 정답 | ②

| 해설 | 전체 일의 양을 1이라 하면 유정이는 15일간 일을 하였으므로 유정이가 일한 양은 $\dfrac{1}{A} \times 15 = \dfrac{15}{A}$이며, 세영이가 일한 양은 전체에서 유정이가 일한 만큼을 뺀 $1 - \dfrac{15}{A} = \dfrac{A-15}{A}$가 된다. 따라서 세영이가 일한 날은 $\dfrac{A-15}{A} \div \dfrac{1}{B} = \dfrac{B(A-15)}{A}$(일)이므로, 일을 하지 않은 날은 $\left\{15 - \dfrac{B(A-15)}{A}\right\}$일이다.

07

| 정답 | ⑤

| 해설 | 펌프 한 대로 1분 동안 퍼낸 물의 양을 a, 1분 동안 저수지로 들어오는 물의 양을 b, 기존 저수지의 물의 양을 x라 하면, 다음과 같은 식이 성립한다.

$7a \times 2 = x + 7b$ ······ ㉠
$4a \times 3 = x + 4b$ ······ ㉡

㉠ - ㉡을 하면 $a = \dfrac{3}{2}b$가 되고, 이를 ㉠에 대입하면

$x = 14b$가 된다.
펌프 12대로 저수지의 물을 모두 퍼내는 데 걸리는 시간을 y분이라 하면,
$12a \times y = x + by$
$18by = 14b + by$
$y = \dfrac{14}{17}$ (분)

따라서 펌프 12대로 물을 모두 퍼내는 데 걸리는 시간은
$\dfrac{14}{17} \times 60 \fallingdotseq 49$(초)이다.

08

| 정답 | ③

| 해설 | 우물에서 물을 퍼 올리는 사이에도 물은 솟아난다는 점을 유의해야 한다. 원래 고여 있던 물의 양을 p, 1분간 솟아나는 양을 q, 1명이 1분간 퍼 올리는 양을 r이라 하면 다음과 같은 식이 성립한다.

$p + 30q = 4r \times 30$ ······ ㉠
$p + 10q = 8r \times 10$ ······ ㉡

㉠, ㉡을 연립하여 풀면 $p = 60r$, $q = 2r$이다.

이때 우물의 물을 5분 만에 퍼올리기 위해 필요한 사람 수를 x명이라 하면, $p + 5q = 5rx$이다. 이 식에 p, q를 대입하면
$60r + 5 \times 2r = 5rx$
$70r = 5rx$
$x = 14$

따라서 필요한 인원의 수는 14명이다.

09

| 정답 | ③

| 해설 | 탱크에 채워져 있는 물의 양을 V, 1분간 채워지는 물의 양을 a, 1대의 펌프가 1분간 퍼 올리는 물의 양을 b, 구하는 펌프의 수를 n이라고 하면 조건에 의해 다음과 같은 식이 성립한다.

$V + 7a = 8b \times 7$ ······ ㉠
$V + 21a = 3b \times 21$ ······ ㉡

ㄴ－ㄱ을 하면

$b = 2a$ ...... ㄷ

ㄷ을 ㄱ에 대입하면

$V = 105a$ ...... ㄹ

5분 만에 탱크를 비울 때,

$V + 5a = nb \times 5$ ...... ㅁ

ㄷ, ㄹ을 ㅁ에 대입하면

$105a + 5a = 10na$

$n = 11$(대)

따라서 11대가 필요하다.

10

| 정답 | ①

| 해설 | 전체 보고서의 양을 8과 14의 최소공배수인 56이라고 가정하면 박 사원은 하루에 $\frac{56}{8} = 7$만큼의 보고서를 작성하고, 김 사원은 하루에 $\frac{56}{14} = 4$만큼의 보고서를 작성한다. 처음 이틀과 마지막 이틀 동안 $4 \times (7+4) = 44$만큼의 보고서가 작성되었으므로 $56 - 44 = 12$만큼을 김 사원 혼자 작성해야 한다. 따라서 김 사원이 혼자 보고서를 작성하는 날은 $12 \div 4 = 3$(일)이다.

11

| 정답 | ②

| 해설 | 전체 물건의 양을 1이라 하면 A 컨베이어벨트로 1시간 동안 옮길 수 있는 양은 $\frac{1}{4}$, B 컨베이어벨트로 옮길 수 있는 양은 $\frac{1}{10}$이다. B 컨베이어벨트로 먼저 3시간 동안 물건을 옮겼으므로 $\frac{1}{10} \times 3 = \frac{3}{10}$만큼 물건을 옮긴 것이 되고, 남은 물건의 양은 $\frac{7}{10}$이 된다. 이것을 A, B 컨베이어벨트로 함께 옮겼다고 하였으므로 함께 옮긴 시간은 $\frac{7}{10} \div \left(\frac{1}{4} + \frac{1}{10} \right) = 2$(시간)이다. 따라서 물건을 옮기는 데 걸린 시간은 $3 + 2 = 5$(시간)이다.

12

| 정답 | ④

| 해설 | A, B, C 각각의 수도꼭지에서 1분간 나오는 식염수의 양은 $1,000 \div 24 = \frac{125}{3}$ (kg)이다.

1분간 A, B, C에서 나오는 식염수에 포함된 식염의 양을 각각 구하면,

A : $\frac{125}{3} \times 0.04 = \frac{5}{3}$ (kg)

B : $\frac{125}{3} \times 0.08 = \frac{10}{3}$ (kg)

C : $\frac{125}{3} \times 0.16 = \frac{20}{3}$ (kg)

또, 10%의 식염수를 1t 만들었을 때의 식염의 양을 구하면 $1,000 \times 0.1 = 100$(kg)이다.

10%의 식염수를 만드는 것이므로, 열어야 하는 두 개의 수도꼭지는 A(4%)와 C(16%) 또는 B(8%)와 C(16%)이다.

(i) A와 C를 사용할 경우

A가 열린 시간을 a분이라고 하면,

$\frac{5}{3}a + \frac{20}{3}(24 - a) = 100$

$5a + 20(24 - a) = 300$

$a = 12$

따라서 A를 12분, C를 12분 열어야 한다.

(ii) B와 C를 사용할 경우

B가 열린 시간을 b분이라고 하면,

$\frac{10}{3}b + \frac{20}{3}(24 - b) = 100$

$10b + 20(24 - b) = 300$

$b = 18$

따라서 B를 18분, C를 6분 열어야 한다.

따라서 ④만 적절한 설명이다.

테마 15 금액

유형 1 요금과 비용 계산 공략

문제 408쪽

01	③	02	②	03	③	04	①	05	②
06	②	07	①	08	②	09	②	10	②
11	①	12	①	13	③	14	②	15	②
16	④	17	③	18	①				

01

|정답| ③

|해설| 참석하는 인원에 여분으로 5인분을 더 준비하고 (=20인분) 총 75,000원이 지출되었으므로 물품별 지출은 다음과 같다.

• 물 : $600 \times 20 = 12,000$(원)
• 음료수 : $1,400 \times 20 = 28,000$(원)
• 과일 : 17,000원

총 지출액에서 물품별 지출금액을 빼면 과자값은 18,000원이다.

과자 한 상자에 10개가 들었고 1명에게 2개씩 배분되기 때문에 한 상자는 5인분이다. 20인분을 준비해야 하므로 과자는 4상자가 필요하다. 따라서 과자 한 상자의 가격은 $18,000 \div 4 = 4,500$(원)이다.

02

|정답| ②

|해설| 80% 정화된 폐수 1톤을 90% 정화시킬 때 발생하는 추가 비용은 (90% 정화시키는 데 들어가는 비용)−(80% 정화시키는 데 들어가는 비용)으로 구할 수 있다.

따라서 $\dfrac{5 \times 90}{100 - 90} - \dfrac{5 \times 80}{100 - 80} = 25$(만 원)이 추가로 발생한다.

03

|정답| ③

|해설| 필요한 물품의 개수는 핫팩 500개, 기념볼펜 125개, 배지 250개이다. 구매 가격을 계산하면 기념볼펜은 $125 \times 800 = 100,000$(원)이고 배지는 $250 \times 600 = 150,000$(원)이므로, 핫팩의 구매 가격은 $490,000 - (100,000 + 150,000) = 240,000$(원)이다. 이때 필요한 핫팩 상자 수는 $500 \div 16 = 31.25 \leq 32$(개)이므로 핫팩 한 상자당 가격은 $240,000 \div 32 = 7,500$(원)이다.

04

|정답| ①

|해설| 메뉴 조합에 따라 식사할 수 있는 최대 인원을 계산하면 다음과 같다.

• 치즈버거, 우유
$2,000 + 1,500 = 3,500$(원)
$100,000 \div 3,500 = 28.57 \cdots$(명)
따라서 최대 식사인원은 28명이다.

• 비프버거, 콜라
$3,500 + 1,000 = 4,500$(원)
$100,000 \div 4,500 = 22.22 \cdots$(명)
최대 식사인원은 22명이다. 그런데 비프버거는 20개 이상 구매 시 2개가 무료라고 하였으므로 2개의 가격을 제외하면 $4,500 \times 22 - 3,500 \times 2 = 92,000$(원)이다. 남은 8,000원으로 구입할 수 있는 비프버거와 콜라는 1명분이므로 최대 식사인원은 23명이다.

• 치킨버거, 사이다
$3,000 + 1,000 = 4,000$(원)
$100,000 \div 4,000 = 25$(명)
따라서 최대 식사인원은 25명이다. 치킨버거는 30개 이상 구매 시 1개가 무료이므로 25개 구매 시에는 해당되지 않는다.

• 비프버거, 커피
$3,500 + 1,200 = 4,700$(원)
$100,000 \div 4,700 = 21.27 \cdots$(명)
따라서 최대 식사인원은 21명이다. 그런데 21번째의 버거는 무료로 제공받을 수 있으므로 1개 가격을 제외하면 $4,700 \times 21 - 3,500 = 95,200$(원)이다. 남은 4,800원으로 커피 1개를 구입할 수 있고 무료로 제공받을 수 있는 버거가 1개 남아 있으므로 최대 식사인원은 22명이다.

- 치킨버거, 우유

  3,000+1,500=4,500(원)

  100,000÷4,500≒22.22…(명)

  최대 식사인원은 22명이 된다. 치킨버거는 30개 이상 구매 시 1개가 무료이므로 22개 구매 시에는 해당되지 않는다.

따라서 치즈버거, 우유가 가장 많은 인원이 식사할 수 있는 메뉴 조합이다.

05

| 정답 | ②

| 해설 | $25m^3$의 이사화물을 $3,000를 주고 이전할 경우 $1m^3$당 이사화물 이전비는 3,000÷25(m^3)=120($)이다.

이를 국외 화물 운송비 지급기준에 적용하면

15(m^3)×120+10(m^3)×120×0.5=2,400

따라서 K 차장이 지급받을 수 있는 국외 화물 운송비는 $2,400이다.

06

| 정답 | ②

| 해설 | • 경비 : 67,950(휘발유)+12,100(속초로 갈 때의 통행료)+43,500(점심)+12,100(집으로 올 때의 통행료)=135,650(원)

- 휘발유 주유량 $= \dfrac{\text{지불금액}}{\text{휘발유 단가}}$

  $= \dfrac{67,950}{1,510} = 45(L)$

따라서 총 경비는 135,650원이고, 휘발유는 45L 넣었다.

07

| 정답 | ①

| 해설 | 5억 원이 부동산 취득가격이 되므로 납부해야 하는 세금은 다음과 같다.

- 취득세 : 500,000,000×0.02=10,000,000(원)

- 농어촌특별세 : 10,000,000×0.1=1,000,000(원)
- 등록세 : 500,000,000×0.008=4,000,000(원)
- 지방교육세 : 4,000,000×0.2=800,000(원)

따라서 총 10,000,000+1,000,000+4,000,000+800,000 =15,800,000(원)을 납부해야 한다.

08

| 정답 | ②

| 해설 | 2억 5천만 원과 3억 원 중 큰 금액인 3억 원이 부동산 취득가격이 되므로 납부해야 하는 세금은 다음과 같다.

- 취득세, 농어촌특별세 : 자경농민이 농지를 상속으로 취득하는 경우이므로 비과세된다.
- 등록세 : 300,000,000×0.003=900,000(원)
- 지방교육세 : 900,000×0.2=180,000(원)

따라서 총 900,000+180,000=1,080,000(원)을 납부해야 한다.

09

| 정답 | ②

| 해설 | • 첫 해에 납부해야 하는 총 소득월액보험료

  −연간 소득 : 5,000만 원

  −3,400만 원을 초과하는 금액의 6% :

  (5,000−3,400)×0.06=96(만 원)

- 다음 해에 납부해야 하는 총 소득월액보험료

  −연간 소득 : 5,000+500=5,500(만 원)

  −3,400만 원을 초과하는 금액의 6% :

  (5,500−3,400)×0.06=126(만 원)

따라서 A가 향후 2년간 납부해야 하는 총 소득월액보험료는 96+126=222(만 원)이다.

10

| 정답 | ②

| 해설 | 구매해야 하는 다과는 사과맛 쿠키 2세트, 막대과자 2세트, 이온 음료 1세트, 비타민 음료 1세트, 샌드위치 2세트이다.

- A 마트 구입 금액 :

  $13,000 \times 2 + 14,000 \times 2 + 14,000 \times 1 + 21,000 \times 1 +$
  $42,000 \times 2 = 173,000$(원)이다. 10만 원 이상 구매 시 5%
  할인되므로 $173,000 \times (1-0.05) = 164,350$(원)이다.

- B 마트 구입 금액 :

  $12,000 \times 2 + 15,000 \times 2 + 22,000 \times 1 + 23,000 \times 1 +$
  $46,000 \times 2 = 191,000$(원)이다. 12만 원 이상 구매 시 8%
  할인되므로 $191,000 \times (1-0.08) = 175,720$(원)이다.

따라서 A 마트가 저렴하며 구입비용은 164,350원이다.

11

| 정답 | ①

| 해설 | C 농장의 부족한 할당량은 5,000개이다. B 농장
의 사과 여유분 3,000개 중 불량률을 고려한 양호한 상
태의 사과는 $3,000 \times 0.85 = 2,550$(개)이고 D 농장의 사
과 여유분 2,000개 중 불량률을 고려한 양호한 상태의
사과는 $2,000 \times 0.9 = 1,800$(개)이다. 두 농장에서 구입한
사과는 총 4,350개이므로 A 농장에서 구입할 사과는
650개이다.

따라서 총 비용은 $2,550 \times 2,000 + 1,800 \times 2,500 + 650 \times$
$3,000 = 11,550,000$(원)이다.

12

| 정답 | ①

| 해설 | A 기계 50대 중 16대만 B 기계로 교체하므로, A
기계 16대의 불량품으로 인한 1일 손실액에서 B 기계 16
대의 불량품으로 인한 1일 손실액을 빼면 된다.

- A 기계 16대의 불량품으로 인한 1일 손실액 :

  $16 \times 5,000 \times 0.02 \times 6,000 = 9,600,000$(원)

- B 기계 16대의 불량품으로 인한 1일 손실액 :

  $16 \times 8,500 \times 0.01 \times 7,000 = 9,520,000$(원)

따라서 기계 교체 후 하루 동안 불량품으로 인한 손실액
은 $9,600,000 - 9,520,000 = 80,000$(원) 줄어든다.

13

| 정답 | ③

| 해설 | 리터당 연비가 14km라는 것은 1L로 운행할 수 있
는 거리가 14km라는 것을 의미하므로 770km를 운행하
기 위해서는 $770 \div 14 = 55$(L)가 필요하다. 따라서 유류비
는 $55 \times 1,600 = 88,000$(원)이다.

14

| 정답 | ②

| 해설 | • 정보통신기획팀 : $9,000 \times 4 = 36,000$(원)

- 광대역통신망팀 : $9,000 \times 8 = 72,000$(원)
- 전력통신팀 : $(9,000+4,000) \times 6 = 78,000$(원)
- 전력ITS팀 : $(9,000+4,000) \times 4 = 52,000$(원)

따라서 총 비용은 $36,000 + 72,000 + 78,000 + 52,000 =$
$238,000$(원)이다.

15

| 정답 | ②

| 해설 | • $\dfrac{50,000}{1,550} \fallingdotseq 32$(L) 이하를 주유할 경우

  A 주유소는 $1,550 \times 32 = 49,600$(원)에 세차비가 포함되
  어 52,600원이고 B 주유소도 $1,500 \times 32 = 48,000$(원)
  으로 세차비가 포함되어 51,000원이므로 B 주유소를
  이용하는 것이 더 이득이다.

- $\dfrac{70,000}{1,500} \fallingdotseq 47$(L) 이상을 주유할 경우

  A 주유소는 $1,550 \times 47 = 72,850$(원), B 주유소는 $1,500$
  $\times 47 = 70,500$(원)으로 모두 세차비가 무료이므로 가격
  이 저렴한 B 주유소를 이용하는 것이 더 이득이다.

- 33L 이상 46L 이하를 주유할 경우

  A 주유소는 $1,550 \times 33 = 51,150$(원)으로 세차비가 무료
  이고 B 주유소는 $1,500 \times 46 = 69,000$(원)으로 세차비
  가 포함되어 총 72,000원이므로 A 주유소를 이용하는
  것이 더 이득이다.

16

| 정답 | ④

| 해설 | • A 씨와 아내의 요금

  $= 59,800$(원)$\times 2$(명)$\times 2$(왕복)$= 239,200$(원)

- 아들(50% 할인)의 요금
  =59,800(원)×(1−0.5)×2(왕복)=59,800(원)
- 딸(편도 75% 할인)의 요금
  =0(부산행 무료)+59,800(원)×(1−0.75)=14,950(원)

따라서 총 비용은 239,200+59,800+14,950=313,950 (원)이다.

17

| 정답 | ③

| 해설 | • 자녀의 교육비 공제액 : 250만 원

- 본인의 교육비 공제액 : 200(만 원)−100(만 원)=100 (만 원)

따라서 합계 350만 원이 세액공제 대상액이 된다.

18

| 정답 | ①

| 해설 | 각 호실별 본인부담금은 다음과 같다.

- 101호(4인실)
  −입원비 총액 : 50,000×(3+1+4)=400,000(원)
  −식비 총액 : 10,000×(3+1+4)=80,000(원)
  −본인부담금 : (400,000×0.3)+(80,000×0.5)
    =160,000(원)
- 102호(6인실)
  −입원비 총액 : 10,000×(2+12+5+3+4)
    =260,000(원)
  −식비 총액 : 10,000×(2+12+5+3+4)
    =260,000(원)
  −본인부담금 : (260,000×0.2)+(260,000×0.5)
    =182,000(원)
- 103호(4인실)
  −입원비 총액 : 30,000×(5+4+2+6)=510,000(원)
  −식비 총액 : 10,000×(5+4+2+6)=170,000(원)
  −본인부담금 : (510,000×0.3)+(170,000×0.5)
    =238,000(원)
- 201호(격리실)
  −입원비 총액 : 100,000×14=1,400,000(원)
  −식비 총액 : 10,000×14=140,000(원)

  −본인부담금 : (1,400,000×0.1)+(140,000×0.5)
    =210,000(원)

따라서 환자들의 본인부담금 총액은 160,000+182,000 +238,000+210,000=790,000(원)이다.

유형2 **손익계산 공략**

									문제 424쪽
01	②	02	③	03	③	04	③	05	②
06	③	07	②	08	③	09	④	10	④
11	③	12	⑤	13	①	14	③	15	②
16	③	17	②	18	①				

01

| 정답 | ②

| 해설 | • 60%의 이익을 더한 초기 정가 :
  83,000×1.6=132,800(원)

- 초기 정가로 김 씨가 얻는 개당 이익 :
  132,800−83,000=49,800(원)
- 정가에서 30%를 할인한 가격 :
  132,800×(1−0.3)=92,960(원)
- 할인된 가격으로 김 씨가 얻는 개당 이익 :
  92,960−83,000=9,960(원)

따라서 김 씨가 얻을 개당 이익은 49,800−9,960= 39,840(원)이 줄어든다.

02

| 정답 | ③

| 해설 | 정가를 a로, 원가를 b로 놓으면 $0.8a=1.2b$가 성립한다. 이를 정가에 관하여 정리하면 다음과 같다.

$$a = \frac{12}{8}b = 1.5b = b(1+0.5)$$

$$\therefore a = 1.5b$$

따라서 원가에 50%의 이익을 덧붙여 정가를 책정하면 된다.

03

| 정답 | ③

| 해설 | 목걸이 하나를 만들 때 발생하는 비용을 P원, 목걸이 하나의 판매가를 Q원이라 하면 다음과 같은 식이 성립한다.

$5Q-5P=6,000$(원)　　……㉠

$4Q-5P=1,000$(원)　　……㉡

㉠−㉡을 하면 $Q=5,000$(원)이다.

따라서 $P=3,800$(원)이다.

04

| 정답 | ③

| 해설 | 원가 할인율을 알기 위해서는 기존의 원가를 알아야 한다. 원가를 x원이라고 하면 정가는 원가와 이익을 더한 값이므로 다음과 같은 식이 성립한다.

$x+\left(x \times \dfrac{20}{100}\right)=96,000$

$1.2x=96,000$

$x=80,000$(원)

기존 원가 80,000원에서 60,000원으로 20,000원 낮아졌으므로 원가 할인율은 $\dfrac{20,000}{80,000} \times 100 = 25(\%)$이다.

05

| 정답 | ②

| 해설 | 남성 운동화의 원가를 x원이라 하면 다음과 같은 식이 성립한다.

$192,000=1.2x+(42,000\times0.9)$

$192,000=1.2x+37,800$

$1.2x=154,200$

$\therefore \ x=128,500$(원)

따라서 남성 운동화의 원가는 128,500원이다.

06

| 정답 | ③

| 해설 | 상품의 정가는 $4,000\times(1+0.2)=4,800$(원)이고 그중 $\dfrac{3}{4}$이 정가로 판매되었으므로 매출액은 $4,800 \times \left(200 \times \dfrac{3}{4}\right)=4,800\times150=720,000$(원)이다.

그리고 나머지 $\dfrac{1}{4}$의 판매가는 $4,800\times(1-0.75)=1,200$(원)이므로 매출액은 $1,200 \times \left(200 \times \dfrac{1}{4}\right)=1,200\times50=60,000$(원)이다.

따라서 전체 매출액은 $720,000+60,000=780,000$(원), 전체 매입가는 $4,000\times200=800,000$(원)이므로 $800,000-780,000=20,000$(원)의 손실이 발생하였다.

07

| 정답 | ②

| 해설 | B 상품의 원래 가격을 x원이라 하면, A 상품의 가격은 $3x$원이 된다. 할인율을 적용하여 그만큼의 금액을 가감한 두 상품의 가격을 나타내면 다음과 같은 식이 성립한다.

$3x \times 0.8 = x+(3x\times0.2)+12,000$

$2.4x=1.6x+12,000$

$0.8x=12,000$

$x=15,000$(원)

따라서 현재 판매되고 있는 A 상품의 가격은 $3\times15,000\times0.8=36,000$(원)이다.

08

| 정답 | ③

| 해설 | 상품의 원가를 x원이라 하면 다음과 같은 식이 성립한다.

$1.4x \times 0.85 - x = 2,660$

$0.19x=2,660$

$x=14,000$(원)

따라서 상품을 정가로 팔 때의 이익은 $14,000\times0.4=5,600$(원)이다.

09

| 정답 | ④

| 해설 | 총매출액은 $(3,000 \times 24) + (4,000 \times 40) = 232,000$ (원)이고, 총매출원가는 $(900 \times 24) + (1,200 \times 40) = 69,600$ (원)이다.

따라서 매출 총이익은 $232,000 - 69,600 = 162,400$(원) 이므로 총이익률은 $\frac{162,400}{232,000} \times 100 = 70(\%)$이다.

10

| 정답 | ④

| 해설 | 가습기의 정가를 x원, 서랍장의 정가를 y원이라고 하면 다음과 같은 식이 성립한다.

$$\begin{cases} 0.85x + 0.75y = 183,520 & \cdots\cdots \, ㉠ \\ 0.8(x+y) = 183,520 & \cdots\cdots \, ㉡ \end{cases}$$

㉠, ㉡을 연립하여 풀면

$0.05x = 0.05y$

$x = y$

이를 ㉠에 대입하면

$0.85x + 0.75x = 183,520$

$1.6x = 183,520$

$x = 114,700$(원)

따라서 가습기의 정가는 114,700원이다.

11

| 정답 | ③

| 해설 | A 제품의 원가를 x원, 정가를 y원, 할인판매가를 z원이라 하면 다음과 같은 식이 성립한다.

$y = 1.1x \qquad \cdots\cdots \, ㉠$

$z = y - 2,000 \qquad \cdots\cdots \, ㉡$

$z - x = 1,000 \qquad \cdots\cdots \, ㉢$

㉠ ~ ㉢을 연립하여 풀면

$z - 1.1x = -2,000$

$0.1x = 3,000$

$x = 30,000$

따라서 A 제품의 원가는 30,000원이고, 할인판매가는 $30,000 + 1,000 = 31,000$(원)이다.

12

| 정답 | ⑤

| 해설 | 우선 혜정이가 할인받아 구입한 백화점 상품권의 가격은 $100,000 \times 0.85 = 85,000$(원)이고, 상품권으로 구입한 구두의 할인된 가격은 $120,000 \times 0.6 = 72,000$(원) 이므로 상품권으로 구매하고 돌려받은 잔액은 28,000원 이다. 따라서 실제로 구두를 구입한 금액은 $85,000 - 28,000 = 57,000$(원)이다. 구두 구입 시 할인받은 금액은 $120,000 - 57,000 = 63,000$(원)으로, 구두의 최종 할인율은 $\frac{63,000}{120,000} \times 100 ≒ 53(\%)$가 되어 진행되고 있는 할인행사 40%보다 약 13% 더 할인받은 가격이다.

13

| 정답 | ①

| 해설 | 100개당 2개의 불량품이 나오므로 판매한 700개 중 14개가 불량품이다. 따라서 최종 이익은 총 이익에서 불량품으로 인한 손해를 뺀 금액이 된다.

따라서 최종 이익은 $(300 \times 700) - (1,600 \times 14) = 210,000 - 22,400 = 187,600$(원)이다.

14

| 정답 | ③

| 해설 | 두 상품의 정상·할인 판매 시의 매출은 다음과 같다.

• 정상 판매 시
  - A 상품의 매출 : $35,000 \times 30 = 1,050,000$(원)
  - B 상품의 매출 : $55,000 \times 20 = 1,100,000$(원)
  - 전체 매출 : 2,150,000원
• 할인 판매 시
  - A 상품의 매출 : $80,000 \times 12 = 960,000$(원)
  - B 상품의 매출 : $80,000 \times 12 = 960,000$(원)
  - 전체 매출 : 1,920,000원

따라서 매출액의 차이는 $2,150,000 - 1,920,000 = 230,000$(원)이다.

15

| 정답 | ②

| 해설 | 할인율을 x%라고 하면 다음과 같은 식이 성립한다.

$$88,000 \times \frac{100-x}{100} < 55,000$$

$$88(100-x) < 5,500$$

$$8(100-x) < 500$$

$$8x > 300$$

$$\therefore x > 37.5(\%)$$

따라서 학생 할인이 38% 이상이어야 S석보다 저렴한 가격으로 R석을 이용할 수 있다.

16

| 정답 | ③

| 해설 | 재료비가 5만 원인 상품 50개에 대한 10%의 이윤은 $50,000 \times 0.1 \times 50 = 250,000$(원)이다. 동일한 이윤을 남기도록 상품 20개에 대해 책정해야 할 이윤을 x라 하면 다음과 같은 식이 성립한다.

$$50,000x \times 20 = 250,000$$

$$1,000,000x = 250,000$$

$$\therefore x = 0.25$$

따라서 25%의 이윤을 남겨야 한다.

17

| 정답 | ②

| 해설 | 제작비용과 판매가격이 같아질 때의 판매 대수를 구하면 된다.

노트북의 정가는 1대당 2,000,000원이나 현재 프로모션으로 15%를 할인하여 1,700,000원에 팔고 있다. 총 생산비용은 $220,000,000 + 115,100,000 + 32,100,000 = 367,200,000$(원)이므로 $\frac{367,200,000}{1,700,000} = 216$(대)를 판매했을 때가 손익분기점이다.

18

| 정답 | ①

| 해설 | 원가가 2,000원인 상품에 x원의 이익을 붙였다고 하면, 정가는 $(2,000+x)$원이다. 여기에서 20% 할인하고 100개 팔았을 때의 판매액은

$$\left\{ (2,000+x) \times \frac{80}{100} \right\} \times 100 = 160,000 + 80x\,(원)\text{이다.}$$

'이익=판매액−원가'이므로 3,000원의 수익에 대해 식을 세우면 다음과 같다.

$$3,000 = (160,000 + 80x) - 2,000 \times 100$$

$$43,000 = 80x$$

$$\therefore x \fallingdotseq 538(원)$$

따라서 상품에 처음 매긴 정가는 $2,000 + 538 = 2,538$(원)이다.

유형 3 **환전 공략**

문제 434쪽

01	02	03	04	05
②	④	③	③	④
06	07			
②	④			

01

| 정답 | ②

| 해설 | 70만 원을 달러로 환전하면 $700,000 \div 1,114.67 = 627.9\cdots$(달러)인데, 100달러 지폐로만 환전했으므로 600달러를 환전하였다.

베트남에서 600달러를 다시 동으로 환전하면 $600 \times 22,810 = 13,686,000$(동)이다.

02

| 정답 | ④

| 해설 | 길동이가 최초 가지고 있던 원화 금액은 50만 원이다. 이 중 300달러를 환전하기 위해서는 $1,085 \times 300$

=325,500(원)이 필요하며, 100유로를 환전하기 위해서는 1,250×100=125,000(원)이 필요하다. 따라서 총 450,500원을 지출하고 49,500원의 원화가 남게 된다. 여행 후 잔액은 50달러와 20유로이므로 이를 원화로 환전하면 (1,050×50)+(1,220×20)=76,900(원)이 된다. 따라서 여행에서 돌아온 후 길동이가 가지고 있게 될 원화는 49,500+76,900=126,400(원)이다.

03

| 정답 | ③

| 해설 | 작년 수출액을 환율에 따라 원화로 환산하면 670,000,000×1,200=804,000,000,000(원)이다.

올해 수출액을 환율에 따라 원화로 환산하면 778,000,000×1,100=855,800,000,000(원)이다.

따라서 올해 수출액은 작년 대비 51,800,000,000원 증가하였다.

04

| 정답 | ③

| 해설 |
• 원화 → 위안화 : 800,000(원)÷162(원/위안)× 0.985≒4,864(위안)

• 경비로 사용한 후 남은 돈 : 4,864×0.25=1,216(위안)

• 위안화 → 원화(4월 4일 기준) : 1,216(위안)×167(원/위안)×0.985≒200,025(원)

• 위안화 → 원화(4월 5일 기준) : 1,216(위안)×165(원/위안)×0.985≒197,630(원)

∴ 200,025-197,630=2,395(원)

05

| 정답 | ④

| 해설 |
• 11월 12일에 100유로를 살 때 :
1,330.45×100=133,045(원)

• 11월 13일에 100유로를 팔 때 :
1,280.00×100=128,000(원)

따라서 133,045-128,000=5,045(원) 손해를 보았다.

06

| 정답 | ②

| 해설 | 엔화를 팔 때의 금액이 11월 13일보다 11월 12일에 더 높으므로 13일에 원화로 환전하는 사람이 100엔당 970.24-968.20=2.04(원)의 손해를 보게 된다. 따라서 8만 5천 엔을 환전하면 850×2.04=1,734(원)의 손해를 보게 된다.

07

| 정답 | ④

| 해설 | 6월 2일 300달러와 300유로를 사기 위해 필요한 원화는 1,080×300+1,250×300=699,000(원)이다. 이때 용돈 잔액은 301,000원이 된다.

유럽에서 달러화를 30%, 유로화를 60% 사용하고 돌아왔다면 6월 9일에 다시 원화로 환선할 금액은 각각 210달러와 120유로다. 이를 원화로 계산하면 각각 1,048×210=220,080(원)과 1,150×120=138,000(원)으로 원화 환전액은 모두 358,080원이 된다.

따라서 최초 잔액인 301,000원과 환전액 358,080원을 합한 659,080원이 총 잔액이다.

| 유형 4 | **원리합계 공략** |

문제 444쪽

| 01 | ② | 02 | ④ | 03 | ④ | 04 | ④ | 05 | ② |
| 06 | ④ | 07 | ③ | 08 | ⑤ | 09 | ⑤ | | |

01

| 정답 | ②

| 해설 | 원금 5,000,000원에 연리 2.1%가 합산되어야 하므로 5,000,000×1.021=5,105,000(원)이다.

02

| 정답 | ④

| 해설 | • 1년 후의 잔고 : $100 \times (1+0.05)^1$

• 2년 후의 잔고 : 1년 후의 잔고가 원금이 되므로
$100 \times (1+0.05)^2$

• 3년 후의 잔고 : 2년 후의 잔고가 원금이 되므로
$100 \times (1+0.05)^3$

$\vdots$

• 10년 후의 잔고 : $100 \times (1+0.05)^{10}$

03

| 정답 | ④

| 해설 | 만기 원금은 $1,000,000 \times 24(개월) = 24,000,000$ (원)이고, 이에 대한 이자는 주어진 공식에 따라
$\dfrac{1,000,000 \times (24+1)}{2} \times 0.026 \times 2 = 650,000$(원)이다.

세금우대를 받아 9.5%의 세금 공제를 해야 하므로 이자소득세는 $650,000 \times 0.095 = 61,750$(원)이다.

따라서 A 씨가 만기 시 받게 되는 세금 공제 후 금액은 $24,000,000 + 650,000 - 61,750 = 24,588,250$(원)이다.

04

| 정답 | ④

| 해설 | 단리로 계산하면 $1,000,000 \times (1+0.04 \times 3) = 1,120,000$(원)이 되며, 복리로 계산하면 $1,000,000 \times (1+0.04)^3 = 1,124,864$(원)이 된다.

따라서 두 계산 방식에 의한 원리금의 차이는 4,864원이 된다.

05

| 정답 | ②

| 해설 | 기수불 복리이므로 10년 동안 적립한 원리합계는
$\dfrac{30 \times 1.06(1.06^{10}-1)}{0.06} = \dfrac{30 \times 1.06(1.791-1)}{0.06}$
$\fallingdotseq 419$(만 원)이다.

06

| 정답 | ④

| 해설 | 1,000만 원을 넣은 후 2년 후의 만기 총액을 1.8%의 이자율로 계산하면 $10,000,000 \times (1+0.018)^2 = 10,363,240$ (원)이다. 여기에서 원금 1,000만 원을 제외한 이자 363,240원에 대한 이자소득세는 $363,240 \times 0.014 \fallingdotseq 5,085$ (원)이므로, 만기 총액에서 이자소득세를 공제하면 된다. 따라서 2년 후 A 씨가 받게 될 금액은 $10,363,240 - 5,085 = 10,358,155$(원)이다.

07

| 정답 | ③

| 해설 | '72의 법칙'을 이용하면 쉽게 풀 수 있다. 72를 연간 복리수익률로 나누면 원금이 2배가 되는 기간과 같아진다는 법칙이다. 따라서 원금이 2배가 되는 데 걸리는 기간은 $\dfrac{72}{3} = 24$(년)이다.

08

| 정답 | ⑤

| 해설 | $15,000,000 \times (1+0.0325)^2 \fallingdotseq 15,990,844$(원)이므로 만기 시 받게 되는 이자 금액은 $15,990,844 - 15,000,000 = 990,844$(원)이다.

09

| 정답 | ⑤

| 해설 | 매달 80만 원씩 $12 \times 3 = 36$(개월)을 납부했다면 원금은 28,800,000원이다. 여기에 금리 2.3%(기본금리 1.9%+우대금리 0.4%)를 적용하면 이자는 $800,000 \times \dfrac{36+1}{2} \times 0.023 \times 3 = 1,021,200$(원)이고, 농어촌특별세는 $1,021,200 \times 0.014 \fallingdotseq 14,297$(원)이다.

따라서 A 씨가 3년 뒤 받게 되는 금액은 $28,800,000 + 1,021,200 - 14,297 = 29,806,903$(원)이다.

유형 5 최댓값 · 최솟값 공략

문제 450쪽

01	①	02	②	03	③	04	④	05	④

01

| 정답 | ①

| 해설 | 참가비가 50,000원일 때 직원 90명이 참가하고, 참가비를 1,000원씩 내릴 때마다 참가하는 직원 수가 5명씩 늘어난다. 그러므로 1,000원씩 x번 내렸다고 가정하면 참가 인원수는 $(90+5x)$명이다. 이 경우의 직원 참가비를 계산하면 다음과 같다.

$$(50,000-1,000x)(90+5x)$$
$$=5,000(50-x)(18+x)$$
$$=5,000(-x^2+32x+900)$$
$$=-5,000(x^2-32x-900)$$
$$=-5,000(x-16)^2+5,780,000$$

따라서 x가 16일 때 직원 참가비는 최대가 되므로 참가비는 총 $16\times1,000=16,000$(원)을 내린 $50,000-16,000$ $=34,000$(원)으로 정해야 된다.

02

| 정답 | ②

| 해설 | 1kg에 10원씩 내릴 때마다 판매량은 2kg씩 증가하고, 10원씩 올릴 때마다 판매량은 2kg씩 감소하므로 판매금액이 $(3,000-10x)$원일 때, 판매량은 $(100+2x)$kg이다. 이때 1kg의 원가가 2,000원이므로 하루의 이익은 $(1,000-10x)(100+2x)$가 된다.

$$(1,000-10x)(100+2x)$$
$$=-20x^2+1,000x+100,000$$
$$=-20(x-25)^2+112,500$$

따라서 x가 25일 때 이익이 최대가 되므로 1kg당 $3,000$ $-250=2,750$(원)에 판매해야 한다.

03

| 정답 | ③

| 해설 | 가격을 x원 올리면 $(500+x)$원이고, 물건 판매 개수는 $(6,000-10x)$개이다. 순이익을 y원이라 하면 다음 식이 성립한다.

$$y=(500+x)(6,000-10x)\times\frac{20}{100}$$
$$=2(500+x)(600-x)$$
$$=-2x^2+200x+600,000$$
$$=-2(x-50)^2+605,000$$

따라서 최대 순이익은 605,000원이다.

04

| 정답 | ④

| 해설 | 가격을 x만 원 올리면 항공료는 $(6+x)$만 원이고, 하루 평균 승객 수는 $(300-30x)$명이므로 하루 매출액을 y만 원이라고 하면 다음 식이 성립한다.

$$y=(6+x)(300-30x)$$
$$=-30(x-2)^2+1,920 \quad (0\le x\le10)$$

따라서 하루 매출액의 최댓값은 x가 2일 때 1,920만 원이고, 이때 항공료는 8만 원이다.

05

| 정답 | ④

| 해설 | 순이익금을 y만 원이라 하면 다음 식이 성립한다.

$$y=x\left(100-\frac{x}{10}\right)-(50+10x)$$
$$=100x-\frac{1}{10}x^2-50-10x$$
$$=-\frac{1}{10}x^2+90x-50$$
$$=-\frac{1}{10}(x-450)^2+20,200$$

따라서 x가 450일 때 순이익금이 최대가 된다.

심화문제

문제 452쪽

01	⑤	02	②	03	②	04	②	05	⑤
06	③	07	④	08	②	09	②	10	②
11	②	12	①						

01

| 정답 | ⑤

| 해설 | 1달러가 1,000원일 때 원을 달러로 바꾸어 예금했다고 하면, 1년 후 만기 시에는 연 10%의 이자가 붙어 1달러가 1.1달러로 된다. 이 값을 원으로 환산하니 4.5%의 이자만 붙은 1,045원이었다고 했으므로, 만기 시 1달러는 $\frac{1,045}{1.1} = 950$(원)이다.

02

| 정답 | ②

| 해설 | 모자의 정가를 a원이라 하면 윤지가 지불한 금액은 $0.8a$원이고, 선희는 윤지보다 20% 더 주었으므로 $0.8a \times 1.2 = 0.96a$(원)을 지불했다. 윤지가 선희에게 준 금액을 b원이라 할 때, 두 사람이 지불한 총 금액이 같으므로 다음 식이 성립한다.

$0.8a + b = 0.96a - b$

$b = 0.08a$

b원은 정가와 선희가 지불한 금액의 차보다 500원이 많으므로

$0.08a = (a - 0.96a) + 500$

$a = 12,500$(원)

따라서 선희가 지불한 금액은 $0.96a = 0.96 \times 12,500 = 12,000$(원)이다.

03

| 정답 | ②

| 해설 | 가격 인상 후의 관람객 수는 $\frac{x}{2}$%가 감소되므로

$12,000 \times \left(1 - \frac{x}{200}\right) = 12,000 - 60x$(명)이 된다.

인상된 상영료는 $8,000 \times \left(1 + \frac{x}{100}\right) = 8,000 + 80x$(원),

인상 후 얻고자 하는 1일당 평균 상영료는 $12,000 \times 8,000 + 6,120,000 = 102,120,000$(원)이므로 다음 식이 성립한다.

$(12,000 - 60x)(8,000 + 80x) = 102,120,000$

$4,800x^2 - 480,000x + 6,120,000 = 0$

$x^2 - 100x + 1,275 = 0$

$(x - 15)(x - 85) = 0$

$x = 15$ or $x = 85$

따라서 15% 또는 85%의 가격 인상이 필요하다.

04

| 정답 | ②

| 해설 | 8박 연속으로 예약한 경우와 6박 연속과 2박 연속 두 번으로 나누어 예약한 경우, 할인율이 달라지는 것은 색으로 표시한 부분이다.

숙박 누계	8박 연속의 할인율	6박+2박의 할인율	
1박	0.05	0.05	
2박	0.1	0.1	
3박	0.2	0.2	
4박	0.25	0.25	
5박	0.25	0.25	
6박	0.25	0.25	→6박 연속
7박	0.25	0.05	
8박	0.25	0.1	→2박 연속

• 할인율의 차이

8박 연속일 때 7, 8박	6박+2박일 때 7, 8박	할인율의 차이
(0.25+0.25)	− (0.05+0.1)	= 0.35

• 숙박요금 총액의 차이

1박의 숙박요금	할인율의 차이	숙박요금 총액의 차이
12,000원 ×	0.35 =	4,200원

05

| 정답 | ⑤

| 해설 | 하루에 10시간씩 30일간 화장품 X를 생산하므로 제품 생산에 사용된 시간은 총 300시간이다. 1시간 동안 A 기계는 4개, B 기계는 6개의 X를 생산하므로 300시간 동안 A 기계는 1,200개, B 기계는 1,800개의 X를 생산한다. 따라서 30일간 X를 생산 시 얻는 이익은 A 기계는 $1,200 \times 14,000 = 16,800,000$(원), B 기계는 $1,800 \times 14,000 = 25,200,000$(원)이다. 두 기계가 얻는 이익의 차는 8,400,000원이므로 A 기계의 구매 가격은 최대 $21,600,000 - 8,400,000 = 13,200,000$(원) 미만이어야 한다.

06

| 정답 | ③

| 해설 | 지침에 따른 수수료는 다음과 같다.

• 기본 수수료=500만 원

• 평가 평균 수수료=$\dfrac{50(억\ 원)}{10}=5(억\ 원)$

• 평가 수수료=$5(억\ 원) \times \dfrac{10}{100}=0.5(억\ 원)$

평가 평균 수수료가 1억 원을 넘었으므로 평가 수수료가 20% 할인되어 검토 수수료는 $5,000 \times 0.8 = 4,000$(만 원)이 된다.

따라서 수수료 총액은 $500 + 4,000 = 4,500$(만 원)이다.

07

| 정답 | ④

| 해설 | 정가의 10%를 할인한 가격으로 5개를 팔았을 때의 이익과 정가의 15%를 할인한 가격으로 10개를 팔았을 때의 이익이 동일하다고 했으므로, 정가의 10%를 할인해서 팔았을 때의 1개당 이익은 정가의 15%를 할인해서 팔았을 때의 1개당 이익의 2배이다.

그림과 같이 원가를 정가의 a%라고 하면 다음과 같은 식이 성립한다.

$90 - a = 2(85 - a)$

$90 - a = 170 - 2a$

$a = 80$

이에 따라 원가는 정가의 80%이고, 정가로 팔았을 경우의 이익은 정가의 20%가 된다. 5,000원이 정가의 20%이므로 1개당 가격은 25,000원이다.

08

| 정답 | ②

| 해설 | 상품 A, B, C, D, E의 정가를 각각 a, b, c, d, e, 원가를 각각 a', b', c', d', e'라 하면 판매가, 원가, 이익은 다음과 같다.

구분＼상품	A	B	C	D	E
할인율(%)	25	20	15	10	5
이익률(%)	5	15	20	25	30
정가	a	b	c	d	e
판매가	$0.75a$	$0.8b$	$0.85c$	$0.9d$	$0.95e$
원가	a'	b'	c'	d'	e'
이익	$0.05a'$	$0.15b'$	$0.2c'$	$0.25d'$	$0.3e'$

'이익=판매가-원가'이므로 '원가+이익=판매가'이고,

$(1+0.05)a' = 0.75a$

$(1+0.15)b' = 0.8b$

$(1+0.2)c' = 0.85c$

$(1+0.25)d' = 0.9d$

$(1+0.3)e' = 0.95e$

가 성립한다.

원가 대비 정가의 비율, 즉 좌변을 $\dfrac{\square}{\square}$ 꼴로 정리하면 다음과 같다.

$\dfrac{a}{a'} = \dfrac{1.05}{0.75} = 1.4$

$\dfrac{b}{b'} = \dfrac{1.15}{0.8} ≒ 1.44$

$\dfrac{c}{c'} = \dfrac{1.2}{0.85} ≒ 1.41$

$$\frac{d}{d'} = \frac{1.25}{0.9} \fallingdotseq 1.39$$

$$\frac{e}{e'} = \frac{1.3}{0.95} \fallingdotseq 1.37$$

따라서 A ~ E 중 원가 대비 정가의 비율이 가장 높은 상품은 B이다.

09

| 정답 | ②

| 해설 | A 제품의 매출, 매출 이익, 매출 원가를 표로 정리하면 다음과 같다.

구분	작년	올해
매출	ⓐ	ⓐ×(1−0.2)
매출 이익	4,000만 원 (매출의 20%)	x
매출 원가	ⓑ	ⓑ×(1−0.1)

작년 매출의 20%가 4,000만 원이므로 계산해보면 ⓐ ×0.2=4,000(만 원), ⓐ는 2억 원이다. '매출 원가(ⓑ)= 매출−매출 이익'이라고 하였으므로 ⓑ는 1억 6,000만 원이다.

따라서 올해 매출 이익을 x만 원으로 두면 다음과 같은 식이 성립한다.

$16,000 \times (1-0.1) = 20,000 \times (1-0.2) - x$

$14,400 = 16,000 - x$

$\therefore x = 1,600$(만 원)

10

| 정답 | ②

| 해설 | 단가를 x원 올리면 1개 상품의 단가는 $(200+x)$ 원이고 하루 판매량은 $(600-2x)$개이다. 이때 1일 판매액을 P원이라고 하면 다음 식이 성립한다.

$P = (200+x)(600-2x)$

$\quad = -2(x+200)(x-300)$

이를 그래프로 표현하면 다음과 같다.

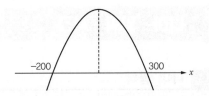

P가 최대가 되는 것은 $x = \dfrac{-200+300}{2} = 50$일 때이므로 1일 판매액이 최대가 되게 하는 단가는 $200+50=250$(원)이다.

11

| 정답 | ②

| 해설 | 첫 번째 조건을 수식화하면,

A 식품의 정가=원가+원가×0.15=원가×1.15 ······ ㉠

두 번째와 세 번째 조건을 수식화하면,

A 식품의 정가−700(원)=원가+원가×0.05 ······ ㉡

㉠을 ㉡에 대입하면,

원가×1.15=원가×1.05+700(원)

원가×0.1=700(원)

따라서 원가는 $\dfrac{700}{0.1} = 7,000$(원)이다.

12

| 정답 | ①

| 해설 | 지난달 A 기업은 상품 Y를 통해 6,000만 원의 이익을 얻었으므로 $60,000,000 \div (30,000-20,000)=6,000$ (개)의 상품을 판매했음을 알 수 있다. 지난달의 상품 Y 판매가격은 A 기업과 B 기업이 동일하므로 지난달 상품 Y의 총 판매량은 $6,000 \times 2 = 12,000$(개)이다.

이번 달 A 기업은 상품 Y를 22,000원에, B 기업은 26,000원에 판매하므로 A 기업과 B 기업의 상품 판매량 비는 $26,000 : 22,000 = 13 : 11$이다. 따라서 A 기업의 이번 달 상품 Y 판매량은 $12,000 \times \dfrac{13}{24} = 6,500$(개)가 되어 이익은 $6,500 \times (22,000-20,000)=13,000,000$(원)이 된다.

테마
15
금액

테마 16 나이·날짜·시간

유형 1 나이 공략

문제 462쪽

01	③	02	③	03	③	04	③	05	②
06	⑤	07	③	08	④	09	①	10	②
11	②	12	①	13	②	14	④	15	④

01

| 정답 | ③

| 해설 | 부모님의 나이를 a, b세, 지원이의 나이를 c세라 하면 다음 식이 성립한다.

$$\begin{cases} a+b=7c & \cdots\cdots \text{㉠} \\ (a+8)+(b+8)=5(c+8) & \cdots\cdots \text{㉡} \end{cases}$$

㉡을 정리하면,

$$a+b=5c+24 \qquad \cdots\cdots \text{㉡}'$$

㉠을 ㉡'에 대입하면,

$$7c=5c+24$$
$$2c=24 \qquad\qquad c=12(\text{세})$$

현재 지원이의 나이는 12세이고, 지원이 부모님 나이의 합은 84세이다.

따라서 6년 전 부모님 나이의 합은 $84-(6\times2)=72(\text{세})$ 이다.

02

| 정답 | ③

| 해설 | 지우의 나이를 x세라 하면 자매의 나이는 다음과 같다.

• 지아의 나이 : $(x+2)$세
• 지선의 나이 : $(x-5)$세

세 명의 평균 나이가 15세이므로 다음 식이 성립한다.

$$\frac{x+(x+2)+(x-5)}{3}=15$$
$$3x-3=45 \qquad\qquad 3x=48$$
$$\therefore x=16(\text{세})$$

03

| 정답 | ③

| 해설 | 현재 아버지의 나이를 x세라 하면 다음 식이 성립한다.

$$\frac{3}{4}x+6-\frac{1}{3}(x+6)=24$$
$$\frac{3}{4}x+6-\frac{1}{3}x-2=24 \qquad \frac{5}{12}x=20$$
$$\therefore x=48(\text{세})$$

04

| 정답 | ③

| 해설 | 수아의 현재 나이를 x세라 하면,

• 3년 후 수아의 나이 : $(x+3)$세
• 3년 후 엄마의 나이 : $x+3+29=x+32(\text{세})$
• 3년 후 아빠의 나이 : $x+3+29+7=x+39(\text{세})$

3년 후에 엄마와 아빠의 나이를 합하면 수아 나이의 7배이므로 이를 식으로 정리하면 다음과 같다.

$$(x+32)+(x+39)=7(x+3)$$
$$2x+71=7x+21 \qquad\qquad 5x=50$$
$$\therefore x=10(\text{세})$$

05

| 정답 | ②

| 해설 | 구하고자 하는 값을 x년 후라 하면 다음과 같은 식이 성립한다.

$$20+x=2(7+x)$$
$$\therefore x=6(\text{년 후})$$

따라서 언니의 나이가 동생의 2배가 되는 해는 6년 후인 2026년이다.

06

| 정답 | ⑤

| 해설 | x년 후에 아버지 나이가 아들 나이의 3배가 된다면 다음과 같은 식이 성립한다.

$$36+x=3(8+x) \qquad 36+x=24+3x$$
$$\therefore \ x=6(년 \ 후)$$

07

| 정답 | ③

| 해설 | 현재 서연이의 나이를 x세, 동갑인 부모님의 나이를 y세라 하면, 유준이의 나이는 $(x-2)$세가 된다. 조건을 식으로 정리하면 다음과 같다.

$$\begin{cases} x+(x-2)=\dfrac{2y}{4} & \cdots\cdots \ ㉠ \\ (x+5)+(x-2+5)=y+5-11 & \cdots\cdots \ ㉡ \end{cases}$$

㉠을 정리하면,

$$2x-2=\dfrac{y}{2} \qquad 4x-y=4 \qquad \cdots\cdots \ ㉠'$$

㉡을 정리하면,

$$2x+8=y-6 \qquad 2x-y=-14 \qquad \cdots\cdots \ ㉡'$$

㉠', ㉡'을 연립하여 풀면 $x=9$(세), $y=32$(세)이다.
따라서 현재 서연이의 나이는 9세이다.

08

| 정답 | ④

| 해설 | • 첫 번째 조건에서 20년 전 D 씨 동생의 나이를 x세라고 하면 $6x-4=32$, $x=6$이므로 20년 전 D 씨의 동생은 6세였다.

• 두 번째 조건에서 20년 전 D 씨의 나이는 $6×1.5=9$ (세)였다.

• 세 번째 조건에서 작년 D 씨 아버지의 나이는 $9×6=54$(세)였다.

따라서 내년 D 씨 아버지의 나이는 $54+2=56$(세), 동생의 나이는 $6+21=27$(세)이므로 이 둘의 합은 83이다.

09

| 정답 | ①

| 해설 | 형의 현재 나이를 x세, 동생의 현재 나이를 y세라 하면 다음과 같은 식이 성립한다.

$$\begin{cases} 4:1=x:y & \qquad x=4y \\ 7:5=(x+13):(y+13) & \qquad 5(x+13)=7(y+13) \end{cases}$$

두 식을 연립하여 풀면 $x=8$(세), $y=2$(세)이다.

10

| 정답 | ②

| 해설 | 5년 전 장남의 연령을 x세라고 하면, 5년 전의 부모의 연령의 합은 $18x$세가 된다. 현재 부모의 연령의 합이 장남의 연령의 8배이므로 다음 식이 성립한다.

$$18x+10=8(x+5)$$
$$18x+10=8x+40$$
$$\therefore x=3$$

5년 전 장남의 연령이 3세이므로 4년 전의 장남의 연령은 4세, 차남의 연령은 2세가 된다. 따라서 10년 후 장남의 나이는 18세, 차남의 나이는 16세이고, 부모 나이의 합은 84세이다. 즉 10년 후 부모 나이의 합은 아들 나이의 합의 $\dfrac{64+20}{18+16} ≒ 2.5$(배)이다.

11

| 정답 | ②

| 해설 | x년 후의 남편의 나이는 $(47+x)$세, 진희의 나이는 $(44+x)$세, 두 자녀의 나이는 각각 $(12+x)$세, $(9+x)$세이다.

x년 후 진희의 나이와 남편의 나이를 더한 값이 아이들 나이 합의 3배가 되므로 다음 식이 성립한다.

$$(47+x)+(44+x)=3\{(12+x)+(9+x)\}$$
$$2x+91=6x+63$$
$$\therefore \ x=7(년 \ 후)$$

12

| 정답 | ①

| 해설 | 현재 아버지의 나이를 x세라 하면,

• 2년 후 어머니의 나이 : $\left(\dfrac{4}{5}x+2\right)$세

• 2년 후 아들의 나이 : $\frac{1}{3}(x+2)$세

$\frac{4}{5}x+2+\frac{1}{3}(x+2)=65$

$12x+30+5x+10=975$

$17x=935$

$\therefore x=55$(세)

따라서 현재 아버지의 나이는 55세, 어머니와 아들의 나이는 각각 44세와 17세로, 이들 세 명의 나이를 모두 합하면 $55+44+17=116$(세)가 된다.

13

|정답| ②

|해설| B 씨의 현재 나이를 x세라 하면 A년 후의 남편의 나이는 $(43+A)$세, B 씨의 나이는 $(x+A)$세, 3명의 아이의 나이는 $(8+A)$세, $(6+A)$세, $(4+A)$세이다. 이에 따라 다음 식이 성립한다.

$(43+A)+(x+A)=2\{(8+A)+(6+A)+(4+A)\}$

$43+x+2A=2(3A+18)$

$x=4A-7$

$43+A=\{(8+A)+(6+A)+(4+A)\}+1$

$43+A=3A+19$

$\therefore A=12$(년)

따라서 B 씨의 현재 나이는 $4 \times 12-7=41$(세)이다.

14

|정답| ④

|해설| 현재 이모의 나이를 x세, 이모부의 나이를 y세라 할 때 다음 식이 성립한다.

$\dfrac{x-3}{(x-3)+(y-3)}=\dfrac{3}{7}$

$\dfrac{x-3}{x+y-6}=\dfrac{3}{7}$

$7(x-3)=3(x+y-6)$

$4x-3y=3$ ...... ㉠

수현이의 나이는 $\frac{1}{2}(y+5)$세이므로

$(y+5)+(x+5)+\frac{1}{2}(y+5)=128$

$x+\frac{3}{2}y+\frac{25}{2}=128$

$2x+3y=231$ ...... ㉡

㉠, ㉡을 연립하여 풀면 $x=39$(세), $y=51$(세)로 이모부의 현재 나이는 51세이다.

15

|정답| ④

|해설| 현재 홍구의 나이를 x세, 현재 어머니의 나이를 y세라고 하면 식은 다음과 같다.

$\begin{cases} y-x=x-9 \\ y-x=81-y \end{cases} \rightarrow \begin{cases} 2x=y+9 & \cdots\cdots ㉠ \\ x=2y-81 & \cdots\cdots ㉡ \end{cases}$

㉡을 ㉠에 대입한다.

$4y-162=y+9$ $3y=171$

$y=57$(세)

$x=2\times 57-81=33$(세)

따라서 홍구의 현재 나이는 33세이다.

유형 2 **시차** 공략

| 문제|468쪽 |
| 01 ③ | 02 ① | 03 ④ | 04 ④ |

01

|정답| ③

|해설| 서울은 오타와보다 13시간이 빠르며, 앙카라는 오타와보다 7시간이 빠르므로 서울이 앙카라보다 6시간 빠름을 알 수 있다. 따라서 서울에서 4월 20일 오후 7시 30분에 전화통화를 시작하여 30분 뒤인 오후 8시에 종료했다면, 앙카라에서는 4월 20일 오후 1시 30분에 전화통화를 시작하여 30분 뒤인 오후 2시에 종료했음을 알 수 있다.

02

|정답| ①

|해설| 오후 1시 35분(13시 35분)에 출발하는 비행기를 타고 3시간 45분 동안 첫 번째 비행을 하여 경유지에 도착하면 서울 시각으로 오후 5시 20분(17시 20분)이다. 경유지의 시간은 서울보다 1시간 빠르므로 경유지 현지 시각은 오후 6시 20분(18시 20분)이다. 이후 경유지에서 3시간 50분을 대기하고 경유지 현지 시각으로 오후 10시 10분에 출장지로 출발하게 된다.

출장지로 향하는 두 번째 비행은 9시간 25분이 소요되어 경유지 시각으로 6일 오전 7시 35분에 도착한다. 출장지의 시간이 경유지보다 2시간 느리므로 출장지 현지 시각으로는 6일 오전 5시 35분에 도착한 것이 된다.

보충 플러스+

(출발)서울 시각 5일 오후 1시 35분 → (이동)비행+대기시간 총 17시간 → (도착)서울 시각 6일 오전 6시 35분
이때 경유지의 시간은 서울보다 1시간 빠르고, 출장지는 경유지보다 2시간 느리므로 출장지는 서울보다 1시간 느리다. 따라서 현지 기준 도착시간은 6일 오전 5시 35분이다.

03

|정답| ④

|해설| '서울=파리+7시간'이므로 시차를 표로 정리하면 다음과 같다.

구분	서울 시간	파리 시간
B 과장 기준	9 : 00 ~ 18 : 00 (점심시간: 12 : 00 ~ 13 : 00)	2 : 00 ~ 11 : 00 (점심시간: 5 : 00 ~ 6 : 00)
협력사 기준	16 : 30 ~ 00 : 30 (점심시간: 19 : 00 ~ 20 : 00)	9 : 30 ~ 17 : 30 (점심시간: 12 : 00 ~ 13 : 00)

서울이 오후 5시면 파리는 오전 10시이다. 1시간 동안 회의를 진행하여도 서울은 오후 6시, 파리는 오전 11시이기 때문에 근무시간에 벗어나지 않는다. 또한 점심시간과 겹치지도 않으므로 화상회의 시간으로 가장 적절하다.

|오답풀이|

① 파리가 오전 10시 30분이면 서울은 오후 5시 30분이다. 회의 시간이 1시간이므로 B 과장의 근무시간이

지난 오후 6시 30분에 회의가 끝나게 되어 적절하지 않다.

② 파리가 오전 11시면 서울은 오후 6시이다. 회의 시간이 1시간이므로 B 과장의 근무시간이 지난 오후 7시에 회의가 끝나게 되어 적절하지 않다.

③ 파리가 오후 1시면 서울은 오후 8시이다. B 과장의 근무는 6시에 끝나므로 적절하지 않다.

⑤ 파리가 오후 1시 30분이면 서울은 오후 8시 30분이므로 B 과장의 근무시간 이후이다.

04

|정답| ④

|해설| 서울 시각으로 9월 10일 오전 9시(비행기 탑승) → 9월 10일 오후 9시(비행 12시간)

따라서 B 과장이 프랑스에 도착하였을 때의 현지 시각은 9월 10일 오후 2시이다. 파리 공항에서 입국수속에 1시간, 협력사 이동에 30분이 소요되므로 B 과장은 9월 10일 오후 3시 30분에 파리 협력사에 도착하게 된다.

유형 3 시계 각도 공략

문제 474쪽

| 01 | ① | 02 | ③ | 03 | ② | 04 | ② | 05 | ④ |
| 06 | ⑤ | 07 | ① | 08 | ③ | | | | |

01

|정답| ①

|해설| 시침은 12시간 동안 360° 회전하므로 1시간에 30°씩, 1분에 0.5°씩 움직인다. 분침은 1시간에 360° 회전하므로 1분에 6°씩 움직인다. 즉, X시 Y분일 때 시침의 각도는 $30°X+0.5°Y$이고, 분침의 각도는 $6°Y$이다.

따라서 4시 30분일 때 시침의 각도는 $30°×4+0.5°×30=135°$, 분침의 각도는 $6°×30=180°$이므로 시침과 분침 사이의 각은 $|135°-180°|=45°$이다.

02

| 정답 | ③

| 해설 | 시침은 1시간에 30°씩 이동하므로 1분에 0.5°씩 이동하며, 분침은 1시간에 360°씩 이동하므로 1분에 6°씩 이동한다. 따라서 시침과 분침이 이루는 각은 1분에 5.5°씩 벌어진다고 할 수 있다.

4시 정각을 기준으로 시침과 분침이 이루는 각은 120°이며 시침과 분침이 겹쳐지기 위해서는, 즉 0°가 되기 위해서는 시침과 분침 사이의 각이 120° 좁혀져야 한다. 따라서 120°÷5.5°≒21.82이므로 답은 4시 21.82분이다.

보충 플러스+

4시와 5시 사이에 시침은 시계의 숫자 '4'와 '5' 사이에 위치하므로 20분과 25분 사이에 시침과 분침이 겹치게 된다. 4시 30분이 되기 전에 시침과 분침이 겹쳤으므로 20분과 25분 중에서 20분에 더 가까운 시간에 둘은 겹쳐지게 될 것이다. 따라서 정답은 ③이다.

03

| 정답 | ②

| 해설 | 시침과 분침이 이루는 각도가 180°에 가장 가까운 시각을 찾으면 된다. 시침은 1시간에 30°씩, 1분에 0.5°씩 움직이고 분침은 1분에 6°씩 움직이므로 1시 x분에 일직선이 된다고 하면 다음과 같은 식이 성립한다.

$|(30° + 0.5° \times x) - 6° \times x| = 180°$

$|-5.5°x + 30| = 180°$

$x ≒ 38.18$

따라서 가장 일직선에 가까운 시각은 1시 38.18분이다.

04

| 정답 | ②

| 해설 | x시 y분일 때 시침의 각도는 $30°x + 0.5°y$이므로 $(30° \times 2) + (0.5° \times 40) = 80°$가 된다. 분침의 각도는 $6°y$이므로 240°이다.

따라서 시침과 분침 사이의 각도는 $|80° - 240°| = 160°$이다.

05

| 정답 | ④

| 해설 | 영화가 시작한 시각은 1시 45분이고, 끝나는 시각은 3시 40분이다. 시계 각도를 구하는 공식에 따라 시침과 분침 사이의 각도 중 크기가 작은 각을 구하면 다음과 같다.

$|30° \times 3 - 5.5° \times 40| = |90° - 220°| = |-130°| = 130°$

06

| 정답 | ⑤

| 해설 | 5시 정각을 기준으로 시침과 분침이 이루는 각은 $30° \times 5 = 150°$이고 시침과 분침이 겹치기 위해서는 분침과 시침의 각도가 0°가 되어야 하는데, 시침과 분침이 이루는 각은 1분에 5.5°씩 벌어지므로 이를 계산하면 다음과 같다.

$$150° \div 5.5° = \frac{1,500}{55} = \frac{300}{11}$$

따라서 5시 정각을 가리킨 후 처음으로 시침과 분침이 겹치는 것은 $\dfrac{300}{11}$분 후이다.

07

| 정답 | ①

| 해설 | 시계의 긴 바늘(분침)은 1시간에 360° 회전하므로 1분간 $360° \div 60 = 6°$ 회전한다. 짧은 바늘(시침)은 12시간 동안 360° 회전을 하기 때문에 1시간에는 $360° \div 12 = 30°$ 회전을 하고, 1분간 $30° \div 60 = 0.5°$ 회전한다.

따라서 긴 바늘과 짧은 바늘이 겹쳐진 후 또다시 겹쳐질 때까지의 시간을 x분이라 하면, x분 동안에 긴 바늘은 $6x°$ 회전하며, 짧은 바늘은 $0.5x°$ 회전한다. 분침은 한 바퀴 돌아 시침과 만나므로 분침에서 360°를 뺀 회전량이 시침의 회전량과 같아야 한다.

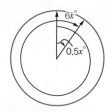

따라서 긴 바늘의 회전량과 짧은 바늘의 회전량의 차가 360°가 될 때를 구하면,

$6x° - 0.5x° = 360°$

$11x° = 720°$

$\therefore x = \dfrac{720}{11}$(분)

08

| 정답 | ③

| 해설 | 1시 25분에서 15분 전 수업이 시작하였으므로 수업 시작 시간은 1시 10분이고, 수업 시간이 2시간 20분이므로 수업이 끝나는 시간은 3시 30분이다. 따라서 이때의 시침과 분침 사이의 각도는 $|30° \times 3 - 5.5° \times 30| = |90° - 165°| = |-75°| = 75°$이다.

심화문제

테마 16. 나이·날짜·시간

문제 **476**쪽

01	③	02	①	03	⑤	04	④	05	①
06	③	07	④	08	③	09	①	10	③
11	④	12	③	13	②	14	③	15	③

01

| 정답 | ③

| 해설 | 첫째의 나이는 80세인 할아버지의 나이의 $\dfrac{1}{4}$보다 6살이 많다고 하였으므로 26세이다. 막내의 나이는 첫째의 나이의 $\dfrac{1}{2}$이므로 13세이고, 셋째는 막내보다 5살 많으므로 18세이다. 그리고 둘째와 셋째의 나이차가 2살이라고 하였으므로 둘째의 나이는 20세임을 알 수 있다.

02

| 정답 | ①

| 해설 | 아버지가 41세인 해로부터 x년 후 4남매의 나이의 합계가 아버지와 같아졌다고 하면 다음 식이 성립한다.

$(1+x) + (2+x) + (4+x) + (13+x) = 41+x$

$4x + 20 = x + 41$

$x = 7$(년)

그러므로 아버지가 48세일 때에 20세인 첫째가 딸을 낳은 것이 된다. 이 딸이 y세라면 첫째는 $(19+y)$세이므로, 딸의 나이가 첫째의 연령의 절반이 되는 때는,

$2y = 19 + y$

$y = 19$(세)

따라서 딸이 19세일 때 첫째의 나이는 38세이며, 이때 아버지의 나이는 $48 + 18 = 66$(세)가 된다.

03

| 정답 | ⑤

| 해설 | 정아의 현재 나이를 x세라 하고 A년 후 부부 나이의 합이 자녀들 나이 합의 4배가 된다고 하였으므로 다음 식이 성립한다.

$(x+A) + (43+A) = 4\{(10+A) + (6+A)\}$

$x + 43 + 2A = 4(16 + 2A)$

$x = 6A + 21$

또한 A년 후 남편의 나이가 자녀들의 나이 합보다 24살 많아진다고 하였으므로,

$43 + A = \{(10+A) + (6+A)\} + 24$

$43 + A = 16 + 2A + 24$

$A = 3$(년)

따라서 정아의 현재 나이는 $6 \times 3 + 21 = 39$(세)이다.

04

| 정답 | ④

| 해설 | 올해 형과 동생의 나이를 각각 x세, y세라고 하면 다음 식이 성립한다.

$\begin{cases} x = 5y & \cdots\cdots \ \bigcirc \\ (x+9) = 2(y+9) \quad x+9 = 2y+18 & \cdots\cdots \ \bigcirc \end{cases}$

①, ②을 연립하면

$5y+9=2y+18$

$3y=9$

$\therefore y=3, \ x=15$

따라서 9년 후의 형의 나이는 $15+9=24$(세), 동생의 나이는 $3+9=12$(세)이므로 형과 동생 나이의 합은 $24+12=36$(세)이다.

05

| 정답 | ①

| 해설 | 10년 전 3형제의 나이를 각각 A, B, C세라 하면, 처음 받은 상금 1억 4천만 원을 나이에 비례하게 나누어 첫째가 6천만 원을 받았으므로

$\dfrac{6{,}000}{14{,}000}$(만 원)$=\dfrac{A}{A+B+C}$ ...... ①

10년 후 받은 상금 1억 4천만 원 역시 나이에 비례하게 나누어 첫째가 5천6백만 원을 받았으므로

$\dfrac{5{,}600}{14{,}000}$(만 원)$=\dfrac{A+10}{(A+10)+(B+10)+(C+10)}$
...... ②이 성립한다.

①을 정리하면

$\dfrac{6{,}000}{14{,}000}=\dfrac{3}{7}=\dfrac{A}{A+B+C}$

$A+B+C=\dfrac{7}{3}A$ ...... ①′

②을 정리하면

$\dfrac{5{,}600}{14{,}000}=\dfrac{2}{5}=\dfrac{A+10}{A+B+C+30}$ ...... ②′

②′에 ①′을 대입하면

$\dfrac{2}{5}\left(\dfrac{7}{3}A+30\right)=A+10$

$\dfrac{14}{15}A+12=A+10 \qquad \dfrac{1}{15}A=2$

$\therefore A=30$(세)

따라서 10년이 지난 현재 첫째의 나이는 40세이다.

06

| 정답 | ③

| 해설 | 3명의 현재의 연령을 첫째 a세, 둘째 b세, 셋째 c세라고 하면, x년 후에 둘째가 20세가 된다고 하는 가정에 의해 다음 식이 성립한다.

$\begin{cases} a=2c & \cdots\cdots ① \\ (a+x):(c+x)=11:8 & \cdots\cdots ② \end{cases}$

②을 정리하면,

$8(a+x)=11(c+x)$ ...... ②′

②′을 ①에 대입하면,

$8(2c+x)=11(c+x)$

$16c+8x=11c+11x$

$\therefore 5c=3x$ ...... ©

5와 3은 서로소이므로 x는 5의 배수이다. 따라서 (5의 배수)년 후에 둘째는 20세가 된다. 이 조건에 들어맞는 것을 선택지에서 고르면 $x=10$이나 5가 된다.

(i) $x=10$, 즉 현재 둘째가 10세일 때
$x=10$을 ©에 대입하면 $c=6$이며, 이것을 ①에 대입하면 $a=12$가 되어 주어진 조건에 부합한다.

(ii) $x=5$, 즉 현재 둘째가 15세일 때
$x=5$를 ©에 대입하면 $c=3$이며, 이것을 ①에 대입하면 $a=6$이 되어 첫째가 6세인 것에 반해 둘째는 15세가 되므로 조건과 상충한다.

따라서 현재 둘째는 10세이다.

07

| 정답 | ④

| 해설 | 4명의 아이의 나이를 적은 순서대로 a세, b세, c세, d세라 한다. 합이 가장 작은 조합은 $(a+b)$세, 합이 가장 큰 조합은 $(c+d)$세, 합이 두 번째로 작은 조합은 $(a+c)$세, 합이 두 번째로 큰 조합은 $(b+d)$세가 되므로, $a+b=15$(세), $c+d=30$(세), $a+c=19$(세), $b+d=26$(세)가 된다. 이중 첫 번째 식과 네 번째 식을 연립하면 $d-a=11$이므로, 나이가 가장 많은 아이와 가장 적은 아이와 나이 차는 11세이다.

08

| 정답 | ③

| 해설 | 소희의 나이를 x세라고 하면 첫째 언니의 나이는

($x+6$)세가 된다. 소희와 첫째 언니의 나이를 합하면 둘째 언니 나이의 2배이므로 다음 식이 성립한다.

$x+x+6=2\{45-x-(x+6)\}$

$2x+6=78-4x$

$6x=72$

$x=12$(세)

따라서 소희의 나이는 12세, 첫째 언니의 나이는 $12+6=18$(세)이며, 둘째 언니의 나이는 $45-12-18=15$(세)가 된다.

09

|정답| ①

|해설| 서울이 런던보다 8시간이 빠르고 파리는 런던보다 1시간이 빠르다고 하였으므로 서울은 파리보다 7시간이 빠름을 알 수 있다. 서울에서 10월 6일 오후 4시에 출발하는 비행기를 타고 비행시간은 13시간이므로 파리에 도착하는 시각은 서울 시간 기준 10월 7일 오전 5시이다. 따라서 파리 현지 시각으로는 7시간을 뺀 10월 6일 오후 10시에 도착함을 알 수 있다.

10

|정답| ③

|해설| 헝가리 공장 현지 담당자가 화상회의를 할 수 있는 시간은 오전 10시부터 오후 5시까지, 즉 서울 기준으로 오후 5시부터 12시까지다. 김 과장의 업무시간은 오후 6시까지이므로 화상회의가 가능한 시간은 서울 기준 오후 5시부터 6시까지, 즉 헝가리 기준으로는 오전 10시부터 11시까지다.

11

|정답| ④

|해설| 분침은 1분에 6°씩 움직이며 시침은 1분에 0.5°씩 움직인다. 시침과 분침이 12시와 6시를 잇는 선을 중심으로 대칭이 되려면 12시를 중심으로 시침과 분침의 각도가 동일해야 한다. 9시 x분에 대칭이 된다고 할 때 식을 세우면 다음과 같다.

- 12시와 시침 사이의 각도 : $90°-0.5°x$
- 12시와 분침 사이의 각도 : $6°x$

$90°-0.5°x=6°x$

$6.5°x=90°$

$x=13.846\cdots$

따라서 대칭을 이루는 시각은 9시 13분이다.

12

|정답| ③

|해설| 인천공항에 도착해야 하는 시간은 비행기가 출발하기 1시간 전이므로 비행기 출발시간을 구해야 한다. 비행기 출발시간은 도착시간에서 시차와 비행시간을 고려하여 계산해야 한다. 먼저 시차를 고려하면 도착시간이 LA 시간으로 25일 9:00이고 LA가 한국보다 16시간이 느리다고 하였으므로 한국 시간은 25일 25:00, 즉 26일 1:00이다. 다음으로 비행시간을 고려하면 출발시간은 11시간 전인 25일 14:00이다. 따라서 A 대리가 인천공항에 도착해야 하는 시간은 13:00(PM 1:00)이다.

13

|정답| ②

|해설| 분침과 시침이 겹치기 5분 전에서부터 다시 겹치기 5분 전까지의 시간은 '시계의 분침과 시침이 겹치고 난 후에 다시 겹치기까지의 시간'과 같다. 시계의 시침과 분침이 겹치고 나서 다음에 다시 겹칠 때까지의 시간을 t분이라 하면 분침은 1분에 6°씩 움직이므로 $6t°$ 앞으로 나아가고 시침은 1분에 0.5°씩 움직이므로 $\frac{1}{2}t°$ 앞으로 나아간다. 여기에서 분침은 한 바퀴 돌고 시침을 좇아 만나게 된 것이므로 분침이 이동한 각도는 '360°+시침이 나아간 각도'와 같다.

$6t°=\frac{1}{2}t°+360°$

$t=\frac{720}{11}=65+\frac{5}{11}$ (분)

이때 $\frac{5}{11}$ 분을 초로 바꾸면 $\frac{5}{11}\times60≒27$(초)이다. 따라서 약 1시간 5분 27초 뒤에 뻐꾸기가 울게 된다.

14

| 정답 | ③

| 해설 | 시침과 분침이 겹치는 시각을 이후 '겹치는 시각'으로 칭하도록 한다. 0시(12시) 정각을 0회째의 '겹치는 시각'이라고 하면, 1시 이후의 k회째의 '겹치는 시각'은 $\frac{12}{11}k$시($k=1, 2, 3, \cdots$)로 나타낼 수 있다. 6시까지이므로 $\frac{12}{11}k \le 6$가 되며 결과적으로 $k \le 5.5$이다.

따라서 1시부터 6시까지의 사이의 '겹치는 시각'은

$\frac{12}{11} \times 1$(시), $\frac{12}{11} \times 2$(시), $\frac{12}{11} \times 3$(시), $\frac{12}{11} \times 4$(시), $\frac{12}{11} \times 5$(시)의 5회로, 그 총합은 $\frac{12}{11} \times (1+2+3+4+5)=\frac{180}{11}$이다.

15

| 정답 | ③

| 해설 | 두 시계의 바늘이 이루는 각도를 그래프로 만들어 겹치는 곳을 찾는다. 바늘 간의 각도는 $0° \sim 180°$로 생각한다고 하였으므로 $0°$와 $180°$일 때를 구하여 그래프(X축은 시간, Y축은 각도)를 그리면 다음과 같다.

먼저, 시계 A의 그래프를 그리기 위해 시계 A가 $0°$일 때를 구해야 하는데 이는 시침과 분침이 겹치는 시간을 의미한다. 따라서 12 : 00에 $0°$가 된다. 다음으로 겹치기 위해서는 분침이 한 바퀴를 돌아 시침을 만나야 한다. x분 후 다시 겹친다고 할 때 분침은 $6x°$, 시침은 $0.5x°$를 움직이므로,

$6x°-360°=0.5x°$

$5.5x°=360°$

$x=65+\frac{5}{11}$(분)이다.

같은 방법으로 생각해 보면 $180°$가 되는 6 : 00에서 다시 $180°$도가 되기 위해서도 같은 시간이 걸린다. 따라서 $0°$일 때와 $180°$일 때의 시간을 모두 구하면 다음과 같다.

• $0°$일 때

- $12 : 00$ - $1 : 05+\frac{5}{11}$
- $2 : 10+\frac{10}{11}$ - $3 : 16+\frac{4}{11}$
- $4 : 21+\frac{9}{11}$ - $5 : 27+\frac{3}{11}$
- $6 : 32+\frac{8}{11}$ - $7 : 38+\frac{2}{11}$
- $8 : 43+\frac{7}{11}$ - $9 : 49+\frac{1}{11}$
- $10 : 54+\frac{6}{11}$

• $180°$일 때

- $6 : 00$ - $7 : 05+\frac{5}{11}$
- $8 : 10+\frac{10}{11}$ - $9 : 16+\frac{4}{11}$
- $10 : 21+\frac{9}{11}$ - $11 : 27+\frac{3}{11}$
- $12 : 32+\frac{8}{11}$ - $1 : 38+\frac{2}{11}$
- $2 : 43+\frac{7}{11}$ - $3 : 49+\frac{1}{11}$
- $4 : 54+\frac{6}{11}$

시계 A의 그래프를 나타내면 〈그래프 1〉과 같다. 시계 B의 그래프는 30분 차이가 나므로 30분 간격으로 같은 그래프를 그리면 〈그래프 2〉와 같고 두 선이 만나는 횟수는 22회가 된다.

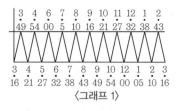

〈그래프 1〉

〈그래프 2〉

테마 17 경우의 수

유형 1 합의 법칙 공략

문제 482쪽

| 01 | ① | 02 | ③ | 03 | ② | 04 | ④ | 05 | ④ |

01

| 정답 | ①

| 해설 | • C, D에게 1장씩 나누어 주었을 경우 A, B에게 나누어 주는 경우 : (5, 1), (4, 2), (3, 3), (2, 4), (1, 5)
• C, D에게 2장씩 나누어 주었을 경우 A, B에게 나누어 주는 경우 : (3, 1), (2, 2), (1, 3)
• C, D에게 3장씩 나누어 주었을 경우 A, B에게 나누어 주는 경우 : (1, 1)
따라서 나누어 줄 수 있는 모든 경우의 수는 5+3+1=9(가지)이다.

02

| 정답 | ③

| 해설 | • 차가 3인 경우 : (1, 4), (2, 5), (3, 6), (4, 1), (5, 2), (6, 3)
• 차가 4인 경우 : (1, 5), (2, 6), (5, 1), (6, 2)
따라서 모든 경우의 수는 6+4=10(가지)이다.

03

| 정답 | ②

| 해설 | • 합이 5인 경우 : (1, 4), (2, 3), (3, 2), (4, 1)
• 합이 8인 경우 : (2, 6), (3, 5), (4, 4), (5, 3), (6, 2)
따라서 모든 경우의 수는 4+5=9(가지)이다.

04

| 정답 | ④

| 해설 | • 합이 3인 경우 : (1, 2), (2, 1)
• 합이 5인 경우 : (1, 4), (2, 3), (3, 2), (4, 1)
• 합이 7인 경우 : (3, 4), (4, 3)
따라서 모든 경우의 수는 2+4+2=8(가지)이다.

05

| 정답 | ④

| 해설 | 합창 동호회에서 가능한 합창의 구성은 다음과 같다.
• 여성 2부 합창 : (B, A), (B, C), (E, A), (E, C)
• 여성 3부 합창 : (E, B, A), (E, B, C)
• 남성 2부 합창 : (D, F)
• 혼성 3부 합창 : (B, A, F), (B, C, F), (B, D, F), (E, A, F), (E, C, F), (E, D, F)
따라서 가능한 합창의 구성은 4+2+1+6=13(가지)이다.

유형 2 곱의 법칙 공략

문제 486쪽

| 01 | ④ | 02 | ① | 03 | ⑤ | 04 | ③ | 05 | ② |

01

| 정답 | ④

| 해설 | (홀수)×(홀수)=(홀수)이고 십의 자리와 일의 자리에 들어갈 수 있는 홀수는 각각 5개씩이므로 곱의 법칙에 의해 5×5=25(개)이다.

02

|정답| ①

|해설| 1개의 상자와 1개의 구슬 색이 일치하는 방법은 다섯 가지, 4개의 상자와 4개의 구슬 색이 완전히 일치하지 않는 방법은 아홉 가지가 있다. 따라서 한 개의 상자와 한 개의 구슬 색만이 일치하고, 남은 4세트가 전부 다르게 되는 방법은 $5 \times 9 = 45$(가지)가 있다.

03

|정답| ⑤

|해설|

구분	동전을 사용하지 않을 경우	동전 1개의 경우	동전 2개의 경우	동전 3개의 경우	
10원짜리 동전 3개	0원	10원	20원	30원	4가지
50원짜리 동전 1개	0원	50원	−	−	2가지
100원짜리 동전 2개	0원	100원	200원	−	3가지
500원짜리 동전 1개	0원	500원	−	−	2가지

가지고 있는 동전으로 만들 수 있는 가격의 경우의 수는 ($4 \times 2 \times 3 \times 2$)가지인데 여기에서 동전을 한 개도 사용하지 않아 그 합이 0이 되는 경우는 제외해야 하므로 ($4 \times 2 \times 3 \times 2$)−1=47(가지)이다.

04

|정답| ③

|해설| 비밀번호 각 자리에 들어갈 수 있는 숫자의 개수는 6개다. 따라서 만들 수 있는 비밀번호는 총 $6 \times 6 \times 6 \times 6 = 1,296$(가지)이다.

05

|정답| ②

|해설| 세 가지 색을 칠하는 방법은 다음과 같다.

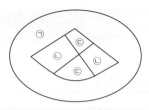

㉠ : 빨간색, 파란색, 노란색 세 가지
㉡ : ㉠ 이외의 두 가지 색
㉢ : ㉠, ㉡ 이외의 한 가지 색
따라서 $3 \times 2 \times 1 = 6$(가지)이다.

유형 3 경기 방식 공략

문제 490쪽

01	④	02	③	03	④	04	④

01

|정답| ④

|해설| 리그전에서 치르는 경기 횟수는 (팀의 수)×(팀의 수−1)÷2이므로 5팀이 리그전을 할 경우 경기 횟수는 $\frac{5 \times 4}{2} = 10$(번)이다. 5팀씩 4개 조로 나누어 조별 리그전을 하기 때문에 총 $4 \times 10 = 40$(번)의 경기를 하게 된다. 그리고 토너먼트전에서 치르는 경기 횟수는 (팀의 수)−1이다. 토너먼트전에 각 조의 상위 2팀씩 참여하면 총 8팀이므로 8−1=7(번)의 경기를 하게 된다.
따라서 전체 경기의 수는 40+7=47(경기)이다.

02

|정답| ③

|해설| 총 10개 구단이 리그전으로 1차전을 치를 경우 경기 횟수는 10×9÷2=45(경기)이다. 이를 총 9차전에 걸쳐서 진행한다고 하였으므로, 진행될 야구 경기는 45×9=405(경기)이다.

03

| 정답 | ④

| 해설 | 8개 구단의 토너먼트전으로 진행되는 하나의 토너먼트는 7경기로 구성된다. 따라서 포스트시즌은 두 개의 토너먼트에서 진행되는 $7 \times 2 = 14$(경기)와 최종 결승전인 월드 시리즈까지 총 15경기로 진행된다.

04

| 정답 | ④

| 해설 | • 조별 리그전에서 치르는 경기 횟수=$\{$(팀의 수) $\times$(팀의 수$-1)\} \div 2$
조별 리그전 경기의 수=$\{4 \times (4-1)\} \div 2 = 6$(경기)
따라서 전체 리그전 경기의 수는 $6 \times 4 = 24$(경기)이다.
• 토너먼트전에서 치르는 경기 횟수=팀의 수-1
팀의 수=4(조)$\times 2$(팀)$= 8$(팀)
따라서 전체 토너먼트전 경기의 수는 $8-1=7$(경기)이다.

심화문제
테마 17. 경우의 수

문제 492쪽

01	②	02	③	03	④	04	④	05	④
06	④	07	④	08	②	09	①	10	③

01

| 정답 | ②

| 해설 | 삼각형을 만들기 위해서는 가장 긴 변의 길이가 나머지 두 변의 길이의 합보다 짧아야 한다. 문제의 조건에서 세 변 중 한 변의 길이를 5개의 철사 중 가장 긴 7cm로 하였으므로, 나머지 두 변의 길이의 합이 7보다 큰 경우를 생각하면 된다. 따라서 삼각형을 만들 수 있는 경우는 (3, 5, 7), (3, 6, 7), (4, 5, 7), (4, 6, 7), (5, 6, 7) 총 5개이다.

02

| 정답 | ③

| 해설 | 3의 배수는 3, 6, 9, 12, 15, 18, …이지만, 큰 주사위는 1~6, 작은 주사위는 4~9의 눈이므로 합이 3의 배수가 되는 것은 6, 9, 12, 15의 경우가 있다. 큰 주사위 눈의 수, 작은 주사위 눈의 수를 순서쌍으로 나타내면 다음과 같다.
• 합이 6일 때 : (1, 5), (2, 4)
• 합이 9일 때 : (1, 8), (2, 7), (3, 6), (4, 5), (5, 4)
• 합이 12일 때 : (3, 9), (4, 8), (5, 7), (6, 6)
• 합이 15일 때 : (6, 9)
따라서 모든 경우의 수는 12가지이다.

(빠른 풀이)

1~6 중에는 3의 배수, 3으로 나눠서 1이 남는 수, 2가 남는 수가 각각 2개씩 있고, 4~9 중에도 똑같이 2개씩 있다. 나온 눈의 합이 3의 배수가 되는 것은 (3의 배수, 3의 배수), (3으로 나눠서 1이 남는 수, 3으로 나눠서 2가 남는 수), (3으로 나눠서 2가 남는 수, 3으로 나눠서 1이 남는 수)일 때가 있다. 각각 $2 \times 2 = 4$(가지) 있으므로 모든 경우의 수는 $3 \times 4 = 12$(가지)이다.

03

| 정답 | ④

| 해설 | a4가 1~3일 때는 a1<a2<a3<a4 조건을 충족시킬 수 없다.

a4=4일 때는 a1<a2<a3<a4를 충족하려면 a1=1, a2=2, a3=3으로 결정된다. 하지만 a4>a5>a6을 충족하기 위해서는 a5, a6이 1~3의 숫자가 되고, a1~a3의 숫자와 중복되어 조건을 충족할 수 없다.

그리고 a4=5일 때는 a1<a2<a3<5, 5>a5>a6이 된다. 이때 (a1, a2, a3)=(1, 2, 3), (1, 2, 4), (1, 3, 4), (2, 3, 4) 4가지가 가능하다.

위 순서대로 조건을 충족하는 a5, a6을 도출하면
• (a1, a2, a3)=(1, 2, 3)일 때 a5, a6 중 하나는 4이므로 (a5, a6)=(4, 3), (4, 2), (4, 1)
• (a1, a2, a3)=(1, 2, 4)일 때 a5, a6 중 하나는 3이므로 (a5, a6)=(4, 3), (3, 2), (3, 1)
• (a1, a2, a3)=(1, 3, 4)일 때 a5, a6 중 하나는 2이므로 (a5, a6)=(4, 2), (3, 2), (2, 1)

테마 17 경우의 수 143

테마 17 경우의 수

• (a1, a2, a3)=(2, 3, 4)일 때 a5, a6 중 하나는 1이므로 (a5, a6)=(4, 1), (3, 1), (2, 1)
따라서 조건을 충족하는 경우의 수는 모두 12가지이다.

04

| 정답 | ④

| 해설 | 5자리의 정수를 ABCDE라 하면 역순으로 나열해 만든 정수는 EDCBA이다. 따라서 A+E=B+D=C+C =D+B=E+A=6이 되어 C=3임을 알 수 있다. 1, 2, 4, 5 중 두 개의 숫자를 사용하여 6을 만드는 방법은 (1, 5), (2, 4), (4, 2), (5, 1)이므로 가능한 5자리의 정수는 12345, 14325, 21354, 25314, 41352, 45312, 52341, 54321로 총 8개이다.

05

| 정답 | ④

| 해설 | 홀수가 나오는 경우의 수와 4의 배수가 나오는 경우의 수를 합하여 계산할 수 있다.

• 홀수가 나오는 경우의 수 : 1, 3, 5, 7, 9, 11, 13, 15, 17, 19 → 10가지
• 4의 배수가 나오는 경우의 수 : 4, 8, 12, 16, 20 → 5가지
따라서 15가지가 된다.

06

| 정답 | ④

| 해설 | 1개의 주사위와 1개의 동전을 동시에 던졌을 때 나오는 경우의 수를 구하면 다음과 같다.

• 1개의 주사위를 던졌을 때 나오는 경우의 수 : 6가지
• 1개의 동전을 던졌을 때 나오는 경우의 수 : 2가지
동시에 일어나는 일이므로 두 수를 곱하여 계산하면 12가지이다.

| 오답풀이 |

① 1개의 동전을 세 번 던졌을 때 생기는 경우의 수는 2×2×2=8(가지)이다.

② 주사위 1개를 던졌을 때 생기는 경우의 수는 6가지이다.

③ 1부터 10까지 숫자가 적힌 카드 중 한 장을 뽑을 때 홀수인 경우의 수는 5가지이다.

⑤ 2명의 학생이 가위바위보를 했을 때 나오는 경우의 수는 3×3=9(가지)이다.

07

| 정답 | ④

| 해설 | 카드에 적힌 숫자가 가장 큰 사람이 A가 되는 경우는 다음과 같다.

A	5	5	9	9	9	9	9	9	9	9	9
B	1	1	1	1	1	7	7	7	8	8	8
C	3	4	3	4	6	3	4	6	3	4	6

따라서 경우의 수는 모두 11가지이다.

08

| 정답 | ②

| 해설 | 타일의 중심을 연결한 육각형으로 나타낼 때 7개의 타일 중 4개에 색을 칠하는 방법은 다음과 같이 7가지가 있다.

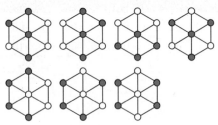

09

| 정답 | ①

| 해설 | 흰색 공 이외에 빨간 공, 노란 공, 파란 공을 붙이는 방법은 다음 그림과 같이 3가지가 있다.

만약 중심부분에 빨간 공을 붙이면 노란 공, 파란 공을 붙이는 방법은 1개씩밖에 없다. 따라서 중심부분에 빨간 공, 노란 공, 파란 공 어느 것을 배치하는가에 따라서 3가지의 방법씩, 경우의 수는 모두 3×3=9(가지)이다.

10

| 정답 | ③

| 해설 | 다음의 두 가지 경우로 나누어 볼 수 있다.

• 도서관과 영화관 사이를 같은 경로로 이동
도서관과 영화관을 오가는 경로가 같다면 집과 도서관 사이를 다른 경로로 이동해야 하므로, (집에서 도서관을 갈 때 이용할 수 있는 경로의 수)×(도서관에서 영화관을 갈 때 이용할 수 있는 경로의 수)×(영화관에서 도서관으로 올 때 이용할 수 있는 경로의 수)×(도서관에서 집으로 올 때 이용할 수 있는 경로의 수)=3×4×1×2=24(가지)이다.

• 도서관과 영화관 사이를 다른 경로로 이동
도서관과 영화관을 오가는 경로가 다르다면 집과 도서관 사이를 같은 경로로 이동해야 하므로, (집에서 도서관을 갈 때 이용할 수 있는 경로의 수)×(도서관에서 영화관을 갈 때 이용할 수 있는 경로의 수)×(영화관에서 도서관으로 올 때 이용할 수 있는 경로의 수)×(도서관에서 집으로 올 때 이용할 수 있는 경로의 수)=3×4×3×1=36(가지)이다.

따라서 가능한 경로의 수는 총 24+36=60(가지)이다.

테마 18 순열과 조합

유형 1 순열 공략

										문제 500쪽
01	③	02	③	03	④	04	③	05	④	
06	①									

01

| 정답 | ③

| 해설 | 일단 남자와 여자로 나누어 가장 왼쪽에 남자가 서며, 남자끼리는 서로 인접해 서지 않는 경우를 구하면 다음과 같다.

경우 1	남자	여자	남자	여자	여자	남자
경우 2	남자	여자	여자	남자	여자	남자
경우 3	남자	여자	남자	여자	남자	여자

남자가 설 수 있는 자리는 3개 중 하나를 고르는 것이므로 $_3P_3$=3×2×1=6(가지), 여자가 설 수 있는 자리는 3개 중 하나를 고르는 것이므로 $_3P_3$=3×2×1=6(가지)로 총 6×6=36(가지)이다.

따라서 가능한 경우의 수는 3×36=108(가지)이다.

02

| 정답 | ③

| 해설 | • 첫 번째 숫자가 1인 자연수의 개수 : 4!=4×3×2=24(개)

• 첫 번째 숫자가 2인 자연수의 개수 : 4!=4×3×2=24(개)

• 첫 번째 숫자가 3인 자연수의 개수 : 4!=4×3×2=24(개)

즉 24×3=72(번째) 숫자까지는 첫 번째 수가 3이다. 따라서 73번째 수는 첫 번째 숫자가 4인 자연수 중 가장 작은 41235이다.

03

| 정답 | ④

| 해설 | 부모님이 같은 줄에 이웃해야 하므로 부모님이 앉은 경우와 서는 경우로 나누어 계산한다.

i) 부모님이 앉는 경우 : 앉는 자리에서 부모님이 서로 자리를 바꾸는 경우의 수(2!)와 서는 자리에서 형제들이 자리를 바꾸는 경우의 수(4!)를 고려한다.

∴ 2!×4!=48(가지)

ii) 부모님이 서는 경우 : 선 자리에서 부모님이 서로 나란히 서는 경우의 수(3×2!)와 형제들이 자리를 바꾸는 경우의 수(4!)를 고려한다.

∴ 3×2!×4!=144(가지)

따라서 가능한 경우의 수는 48+144=192(가지)이다.

04

| 정답 | ③

| 해설 | A와 B가 반드시 이웃하여 앉으므로 두 사람을 한 사람으로 묶어 생각하면 4명의 사람이 일렬로 앉는 경우의 수는 4!=4×3×2=24(가지)이다. 이때 A와 B가 서로 자리를 바꾸는 경우가 두 가지이므로 가능한 경우의 수는 총 24×2=48(가지)이다.

A와 C가 서로 이웃하여 앉지 않는 경우의 수는 가능한 전체의 경우의 수에서 두 사람이 서로 이웃하여 앉는 경우의 수를 제외한다. A와 C가 서로 이웃하여 앉는 방법은 B, A, C 순으로 앉는 경우와 C, A, B 순으로 앉는 경우로 나누어 생각해 볼 수 있다.

i) B, A, C 순으로 앉는 경우

B, A, C를 한 사람으로 묶어 생각하면 3명의 사람이 일렬로 앉는 경우의 수는 3!=3×2×1=6(가지)이다.

ii) C, A, B 순으로 앉는 경우

C, A, B를 한 사람으로 묶어 생각하면 3명의 사람이 일렬로 앉는 경우의 수는 3!=3×2×1=6(가지)이다.

즉 A와 C가 서로 이웃하여 앉지 않는 경우의 수는 6+6=12(가지)이다.

따라서 가능한 경우의 수는 모든 경우의 수에서 이를 뺀 48−12=36(가지)이다.

05

| 정답 | ④

| 해설 | 봉사 모임의 회원 17명 중 지난해 임원진이었던 3명을 제외하면 14명이다. 14명 중 회장, 부회장, 총무를 각 1명씩 선출해야 하므로 총 $_{14}P_3=14×13×12=2,184$ (가지)의 조합으로 구성할 수 있다.

06

| 정답 | ①

| 해설 | A가 1~6번 사물함을 사용하는 경우를 나누어 생각하면 다음과 같다.

• A가 1번 사물함을 사용하는 경우

B는 맞은편인 4번 사물함을 사용한다. 남은 4개의 사물함 중 3개를 C, D, E가 사용하며 한 개의 사물함은 아무도 사용하지 않는다. 따라서 가능한 경우의 수는 $_4P_4−4×3×2×1=24$(가지)이다.

2~6번 사물함을 사용하는 경우도 이와 동일하므로 가능한 경우의 수는 24×6=144(가지)이다.

유형 2 같은 것이 있는 순열 , 원순열 공략

문제 506쪽

| 01 | ③ | 02 | ⑤ | 03 | ③ | 04 | ④ | 05 | ③ |
| 06 | ② | | | | | | | | |

01

| 정답 | ③

| 해설 | 세 부서를 P, Q, R 부서라고 할 때, 같은 부서의 직원끼리 이웃하게 앉으므로 원형 테이블에 각 부서가 배치되는 경우는 시계방향으로 P, Q, R 또는 P, R, Q의 두 가지이다.

같은 부서의 직원끼리 서로 자리를 바꿀 수 있으므로 가능한 경우의 수는 (세 부서를 배치하는 경우의 수)×(같

은 부서 직원끼리 자리를 바꾸는 경우의 수)$=2\times 2^3=$ 16(가지)이다.

02

|정답| ⑤

|해설| 7문자 중 J가 2개, I가 3개, N이 2개 있으므로 나열 가능한 경우의 수는 $\dfrac{7!}{2!3!2!}=\dfrac{7\times 6\times 5\times 4\times 3\times 2\times 1}{2\times 1\times 3\times 2\times 1\times 2\times 1}$

$=\dfrac{7\times 6\times 5}{1}=210$(가지)이다.

2개의 J의 사이에 다른 문자가 1개 이상 들어가는 경우의 수는 전체에서 J와 J 사이에 아무 문자도 들어가지 않는 경우의 수를 제외한 것과 같다.

J와 J 사이에 아무 문자도 들어가지 않는 경우의 수를 구하기 위해 JJ를 1개의 문자로 생각하여 JJ, I, I, I, N, N 을 나열하면 그 경우의 수는 $\dfrac{6!}{3!2!}=\dfrac{6\times 5\times 4\times 3\times 2\times 1}{3\times 2\times 1\times 2\times 1}$

$=60$(가지)이다.

따라서 가능한 경우의 수는 $210-60=150$(가지)이다.

03

|정답| ③

|해설| 6명이 직사각형 모양의 탁자에 둘러앉는 경우의 수는 $5!\times 3=5\times 4\times 3\times 2\times 3=360$(가지)이다. 경희와 경민이가 2개의 의자가 놓인 변에 나란히 앉지 않는 경우의 수는 모든 경우의 수에서 경희와 경민이가 나란히 앉는 경우의 수를 뺀다. 경희와 경민이 나란히 앉는 경우의 수는 $4!\times 2=4\times 3\times 2\times 2=48$(가지)이다.

따라서 가능한 경우의 수는 $360-48=312$(가지)이다.

04

|정답| ④

|해설| 6가지 색을 한 번씩만 사용해야 하므로, 밑면의 정오각형을 칠할 색을 먼저 정해야 한다. 밑면에 들어갈 수 있는 색은 총 6가지이며, 다섯 개의 옆면을 칠할 수 있는 경우의 수는 $(5-1)!=4\times 3\times 2=24$(가지)이다. 따라서 가능한 경우의 수는 $6\times 24=144$(가지)이다.

05

|정답| ③

|해설| 300,000보다 큰 자연수가 나오는 경우는 첫 번째 숫자가 4인 경우와 5인 경우로 나누어 생각할 수 있다.

ⅰ) 첫 번째 숫자가 4인 경우
   1, 2, 2, 5, 5를 일렬로 배열하는 경우의 수이므로
   $\dfrac{5!}{2!2!}=\dfrac{5\times 4\times 3\times 2}{2\times 2}=30$(가지)이다.

ⅱ) 첫 번째 숫자가 5인 경우
   1, 2, 2, 4, 5를 일렬로 배열하는 경우의 수이므로
   $\dfrac{5!}{2!}=\dfrac{5\times 4\times 3\times 2}{2}=60$(가지)이다.

따라서 300,000보다 큰 자연수는 $30+60=90$(개)이다.

06

|정답| ②

|해설| 2, 4를 a, a로, 1, 3, 5를 b, b, b로 치환하여 생각한다. a, a, b, b, b, 6을 일렬로 배열한 경우의 수는 $\dfrac{6!}{2!3!}=\dfrac{6\times 5\times 4\times 3\times 2}{2\times 3\times 2}=60$(가지)이다.

유형 3 **조합 공략**

문제 514쪽

01	④	02	②	03	③	04	④	05	④
06	①	07	②	08	②	09	④	10	③
11	①

01

|정답| ④

|해설| 88대의 동일한 TV를 10개의 창고에 나누어 보관하는 방법은 다음과 같다.

• 10개의 창고 중 9개의 창고에 9대씩, 1개의 창고에 7대를 보관하는 경우 : $_{10}C_1=10$(가지)

- 10개의 창고 중 8개의 창고에 9대씩, 2개의 창고에 8대씩 보관하는 경우 : $_{10}C_2 = \dfrac{10 \times 9}{2 \times 1} = 45$(가지)

따라서 $10 + 45 = 55$(가지)이다.

02

| 정답 | ②

| 해설 | 총 인원 수가 n명일 때 서로 한 번씩 악수를 하는 횟수는 $_nC_2$회이다.

$$\therefore \ \frac{n(n-1)}{2} = 6, \ n = 4 \ \text{또는} \ n = -3$$

n은 양수이므로 4명이다.

03

| 정답 | ③

| 해설 | n명에서 한 명을 뺀 $(n-1)$명 중에서 악수할 2명을 뽑는 것이므로 다음 식이 성립한다.

$$_{n-1}C_2 = 15$$
$$\frac{(n-1)(n-2)}{2} = 15$$
$$(n-1)(n-2) = 30$$
$$n^2 - 3n - 28 = 0$$
$$(n+4)(n-7) = 0$$
$$n = 7 \ \text{또는} \ n = -4$$

n은 양수이므로 7명이다.

04

| 정답 | ④

| 해설 | 8회 던져서 앞면이 6회 이상 나오는 경우는 6회, 7회, 8회 나오는 경우로 나누어 생각한다.

- 앞면이 6회 → 뒷면이 2회 :
  $$_8C_2 = \frac{8 \times 7}{2 \times 1} = 28(\text{가지})$$

- 앞면이 7회 → 뒷면이 1회 :
  $$_8C_1 = 8(\text{가지})$$

- 앞면이 8회 :
  모두 앞면이 나오는 경우는 1가지

따라서 $28 + 8 + 1 = 37$(가지)이다.

05

| 정답 | ④

| 해설 | 4개의 평행선에서 2개를 택하는 경우의 수는 $_4C_2 = \dfrac{4 \times 3}{2 \times 1} = 6$(가지)이고, 5개의 평행선에서 2개를 택하는 경우의 수는 $_5C_2 = \dfrac{5 \times 4}{2 \times 1} = 10$(가지)이므로 구하는 평행사변형의 개수는 $6 \times 10 = 60$(개)이다.

06

| 정답 | ①

| 해설 | 두 수의 곱이 3의 배수가 되기 위해서는 두 수 중 적어도 하나가 3의 배수여야 한다.

따라서 두 수의 곱이 3의 배수가 되는 경우의 수는 서로 다른 두 수를 곱하는 경우의 수 전체에서 3의 배수가 아닌 두 수를 곱하는 경우의 수를 빼서 구한다.

$$\therefore \ _{10}C_2 - {_7}C_2 = \frac{10 \times 9}{2 \times 1} - \frac{7 \times 6}{2 \times 1} = 45 - 21 = 24(\text{가지})$$

07

| 정답 | ②

| 해설 | ○○○○○○○○○●●에서 ○는 사과를 나타내고 ●은 용기를 구분한다. ○이 9개, ●이 2개 있으므로, 11개 중에서 ● 2개의 위치를 고르는 경우의 수는 $_{11}C_2 = \dfrac{11 \times 10}{2 \times 1} = 55$(가지)이다.

08

| 정답 | ②

| 해설 | A, B가 2인용 방에 머무는 경우와 5인용 방에 머무는 경우를 나누어 생각한다.

i) A, B가 2인용 방에 머무는 경우

  나머지 5명은 모두 5인용 방에 머무르게 되므로 1가지이다.

ii) A, B가 5인용 방에 머무는 경우

  나머지 5명 중에서 2인용 방에 머물 사람을 2명 뽑으면 나머지 사람들은 5인용 방에 머무르게 되므로 $_5C_2 = \dfrac{5 \times 4}{2 \times 1} = 10$(가지)이다.

따라서 총 $1 + 10 = 11$(가지)이다.

09

| 정답 | ④

| 해설 | 부하 직원 6명 중 부장과 함께 이동할 3명의 직원을 택하는 경우의 수는 $_6C_3 = \dfrac{6 \times 5 \times 4}{3 \times 2 \times 1} = 20$(가지)이다. 부장과 함께 이동할 3명의 직원을 택하면 과장과 이동하는 직원이 자동적으로 정해지게 된다. 차량이 서로 다르다고 했으므로 B 부서 직원이 차량에 나누어 타는 경우의 수는 $20 \times 2 = 40$(가지)이다.

10

| 정답 | ③

| 해설 | n명 중 직책이 같은 2명을 뽑는 경우의 수는 $\dfrac{n \times (n-1)}{2}$로 구한다. 따라서 5명 중 대표 2명을 뽑는 경우의 수는 $\dfrac{5 \times 4}{2} = 10$(가지)이다.

11

| 정답 | ①

| 해설 | 남자 5명과 여자 3명 중에서 성별에 관계없이 4명을 선발하는 경우의 수는 $_8C_4 = \dfrac{8 \times 7 \times 6 \times 5}{4 \times 3 \times 2 \times 1} = 70$(가지)이다. 문제에서 여자와 남자로 이루어진 팀을 구성한다고 했으므로 여자로만 이루어진 팀과 남자로만 이루어진 팀의 경우의 수를 제외해야 한다. 여자는 3명이므로

여자로만 이루어진 팀은 없으며 남자는 5명이므로 남자로만 이루어진 팀은 $_5C_4 = {}_5C_1 = 5$(가지)이다.

따라서 $70 - 5 = 65$(가지)이다.

유형 4 경로의 수 공략

문제 522쪽
01 ③   02 ④   03 ④   04 ⑤

01

| 정답 | ③

| 해설 | A에서 B까지 가는 경로의 수는 $_2C_1 = 2$(가지)이고, B에서 C까지 가는 경로의 수는 $_4C_2 = \dfrac{4 \times 3}{2 \times 1} = 6$(가지)이다. 따라서 A에서 B를 거쳐 C로 가는 최단경로의 수는 $2 \times 6 = 12$(가지)이고, 다시 B를 거쳐 A로 되돌아오는 최단경로의 수는 $12 \times 12 = 144$(가지)이다.

02

| 정답 | ④

| 해설 | 가운데 지점을 C라고 정할 때, A에서 C까지 최단거리로 이동하려면 반드시 오른쪽 위로 향하는 대각선 방향으로 2번, 오른쪽 아래로 향하는 대각선 방향으로 2번 가야 한다. 이때 경우의 수는 $\dfrac{4!}{2!2!} = \dfrac{4 \times 3 \times 2}{2 \times 2} = 6$(가지)이다. C에서 B까지 가는 경우의 수도 이와 같다. 따라서 $6 \times 6 = 36$(가지)이다.

03

| 정답 | ④

| 해설 | 1. 공사를 하고 있지 않을 때의 최단경로 수

  A에서 아래로 4번, 오른쪽으로 4번 가야 하므로

$${}_8C_4 = \frac{8 \times 7 \times 6 \times 5}{4 \times 3 \times 2 \times 1} = 70(가지)이다.$$

2. 공사 중인 장소를 지나가는 최단경로 수

  (1) A에서 ×로 가는 최단경로는 ${}_5C_2 = \dfrac{5 \times 4}{2 \times 1} = 10$

    (가지)이다.

  (2) ×에서 B로 가는 최단경로는 ${}_3C_2 = \dfrac{3 \times 2}{2 \times 1} = 3$

    (가지)이다.

    총 $10 \times 3 = 30$(가지)이다.

따라서 ×를 지나지 않으면서 A에서 B까지 가는 최단경로는 $70 - 30 = 40$(가지)이다.

04

| 정답 | ⑤

| 해설 | 1. 처음에 오른쪽 위로 향하는 대각선으로 간다.

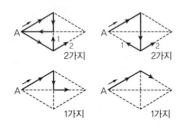

$2 + 2 + 1 + 1 = 6$(가지)

2. 처음에 오른쪽 아래로 향하는 대각선으로 간다.
1.과 동일하게 6가지이다.

3. 처음에 중간으로 향하는 직선으로 간다.

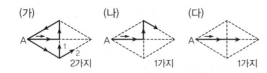

(가), (나)와 같이 중앙에서 위로 가는 방법 3가지와 아래로 가는 방법 3가지 그리고 (다)와 같이 직선으로 가는 방법 1가지로 총 $3 \times 2 + 1 = 7$(가지)이다.

따라서 $6 \times 2 + 7 = 19$(가지)이다.

문제 524쪽

01	③	02	③	03	⑤	04	④	05	①
06	①	07	③	08	④	09	⑤	10	③
11	①	12	③						

01

| 정답 | ③

| 해설 | 적색 공의 개수를 a개, 녹색 공의 개수를 b개라 하면 다음과 같이 나누어 볼 수 있다.

ⅰ) 백색 공의 개수가 1개인 경우

$$\frac{8!}{a!b!1!} = 10 \times \frac{8!}{7!1!}$$

$a!b! = 7 \times 6 \times 4 \times 3$을 만족하는 a, b가 없다.

ⅱ) 백색 공의 개수가 2개인 경우

$$\frac{8!}{a!b!2!} = 10 \times \frac{8!}{6!2!}$$

$a!b! = 6 \times 4 \times 3$을 만족하는 a, b가 없다.

ⅲ) 백색 공의 개수가 3개인 경우

$$\frac{8!}{a!b!3!} = 10 \times \frac{8!}{5!3!}$$

$a!b! = 4 \times 3$

따라서 $a = 3$, $b = 2$ 또는 $a = 2$, $b = 3$이다.

ⅳ) 백색 공의 개수가 4개인 경우

$$\frac{8!}{a!b!4!} = 10 \times \frac{8!}{4!4!}$$

$a!b! = \dfrac{4 \times 3}{5}$을 만족하는 a, b가 없다.

따라서 백색 공은 3개이다.

02

| 정답 | ③

| 해설 | • 6XXX, 5XXX, 4XXX, 3XXX
  $\Rightarrow 4 \times {}_5P_3 = 240$(가지)

• 26XX, 25XX, 24XX $\Rightarrow 3 \times {}_4P_2 = 36$(가지)

• 236X, 235X, 234X $\Rightarrow 3 \times 3 = 9$(가지)

- 2316, 2315 ⇒ 2가지

따라서 2,314보다 큰 수가 만들어지는 경우의 수는 240 +36+9+2=287(가지)이다.

03

| 정답 | ⑤

| 해설 | 같은 회사의 직원끼리 붙어 앉는다고 하였으므로 G 회사, A 회사, B 회사 직원들을 각각 하나의 회사로 묶어 생각한다. 3개의 회사가 원형 테이블에 둘러앉는 경우의 수는 (3-1)!=2(가지)이고 각 회사별로 순서를 생각하여 앉는 경우의 수는 G 회사가 4!가지, A 회사가 3!가지, B 회사가 3!가지이다. 또한, G 회사와 외국 회사 A, B 사이에 각각 통역사 1명씩을 배치해야 하므로 이들의 위치는 다음 그림과 같으며 이 둘이 서로 바꾸어 앉는 경우의 수는 2!가지가 된다.

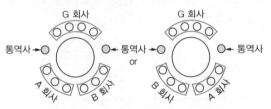

∴ 2×4!×3!×3!×2!=2×24×6×6×2=3,456(가지)

04

| 정답 | ④

| 해설 | 조를 이루어 출장을 갈 수 있는 경우의 수는 (A 지사에 출장을 갈 2명을 뽑는 경우의 수)×(B 지사에 출장을 갈 2명을 뽑는 경우의 수)×(C 지사에 출장을 갈 2명을 뽑는 경우의 수)로 구할 수 있다. 따라서 $_9C_2 \times _7C_2 \times _5C_2 = \frac{9\times 8}{2} \times \frac{7\times 6}{2} \times \frac{5\times 4}{2} = 7,560$(가지)이다.

05

| 정답 | ①

| 해설 | 5일간 전반야, 후반야 각각 1명씩 총 10번이므로 5명이 2회차씩 근무해야 한다. B와 C는 전반야에만 근무

가 가능하고, D와 E는 후반야에만 근무가 가능하므로 전반야의 근무자는 A, B, C, 후반야의 근무자는 A, D, E이다. A가 전반야와 후반야를 연달아 근무할 수 없으므로 A가 전반야 5일 중 하루를 선택하면, 후반야를 선택할 수 있는 날은 4일이 된다. B, C, D, E는 모두 A가 선택한 날을 제외한 4일 중 2일을 택해야 한다. 따라서 가능한 모든 경우의 수는 $5\times 4\times _4C_2 \times _4C_2 = 5\times 4\times \frac{4\times 3}{2\times 1} \times \frac{4\times 3}{2\times 1} = 720$(가지)이다.

06

| 정답 | ①

| 해설 | 지문이 찍힌 다섯 개의 숫자 중에서 한 개의 숫자가 빠지는 경우는 5가지이다. 맨 처음 숫자와 맨 마지막 숫자는 정해져 있으므로 가운데 두 숫자의 자리가 서로 바뀌는 경우는 2가지이다.

따라서 유추할 수 있는 비밀번호의 수는 5×2=10(개)이다.

07

| 정답 | ③

| 해설 | • A~F의 사원 중 세 명을 고르는 경우의 수 :

$$_6C_3 = \frac{6\times 5\times 4}{3\times 2} = 20(가지)$$

- 신입사원들로만 팀을 구성하는 경우의 수 : 1가지
- 기존 사원들로만 팀을 구성하는 경우의 수 : 1가지
- A, B 사원을 모두 제외하고 팀을 구성하는 경우의 수 : $_4C_3 = \frac{4\times 3\times 2}{3\times 2} = 4(가지)$

따라서 A~F 사원으로 팀을 구성하는 경우의 수는 20-1-1-4=14(가지)이다.

08

| 정답 | ④

| 해설 | 아이디에 포함된 숫자는 비밀번호로 사용할 수 없으므로 비밀번호로 사용할 수 있는 숫자는 0, 1, 2, 4, 5,

8, 9로 총 7개이다. 7개의 숫자로 만들 수 있는 비밀번호는 $7 \times 7 \times 7 = 343$(가지)이고, 이 중 주민등록번호 앞 6자리 배열에서 2개 이상 연속하는 수가 포함된 비밀번호를 제외하면 비밀번호로 설정 가능한 경우의 수가 나온다. 따라서 $343 - (95, 50, 02, 21, 14$가 포함된 비밀번호의 수$) + 4($비밀번호가 950, 502, 021, 214일 경우$) = 343 - (7 \times 2 \times 5) + 4 = 277$(가지)이다.

> 95가 포함된 비밀번호의 수
> 숫자 3개를 사용하여 비밀번호를 설정하므로 95□ 또는 □95인 비밀번호의 수를 구하면 된다. □에 들어갈 수 있는 수는 각각 7개씩이므로 7×2이다.

09

|정답| ⑤

|해설| 커튼은 유리에만 달 수 있고 콘크리트 벽에는 그림만 걸 수 있으므로 커튼과 그림의 경우의 수는 분리해서 생각한다. 커튼을 달 수 있는 장소는 유리면으로 1곳이고 커튼은 3종이므로 경우의 수는 3가지이다. 그림을 걸 수 있는 경우는 $7 \times 6 \times 5 = 210$(가지)이다. 따라서 가능한 인테리어는 $3 \times 210 = 630$(가지)이다.

10

|정답| ③

|해설| 영업부 1개 팀의 선수 2명을 각각 A, A′이라 하면 다음과 같이 배치할 수 있다(A와 A′이 같은 구역에 위치할 경우 결승전을 하기 전에 만날 수도 있으므로 서로 다른 구역에 위치해야 한다).

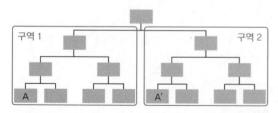

나머지 3팀의 선수들도 같은 팀끼리는 서로 다른 구역에 위치해야 하므로 각 구역에 한 명씩 있는 경우의 수는 $2 \times 2 \times 2 = 8$(가지)이다.

각 구역에서 2명씩 짝을 지어 경기를 하는 경우의 수는

$$_4C_2 \times _2C_2 \times \frac{1}{2} \times _4C_2 \times _2C_2 \times \frac{1}{2}$$

$$= \frac{4 \times 3}{2 \times 1} \times \frac{2 \times 1}{2 \times 1} \times \frac{1}{2} \times \frac{4 \times 3}{2 \times 1} \times \frac{2 \times 1}{2 \times 1} \times \frac{1}{2}$$

$$= 3 \times 3 = 9$$(가지)이다.

따라서 $8 \times 9 = 72$(가지)이다.

11

|정답| ①

|해설| P와 Q 지점의 조건이 없을 경우 A 지점에서 B 지점까지 가는 최단경로는 $\frac{8!}{5! \, 3!} = \frac{8 \times 7 \times 6}{3 \times 2 \times 1} = 56$(가지)가 된다. 이 중에서 교차로 P에서 좌회전을 하는 최단경로의 수는 1가지이고, 교차로 Q에서 좌회전을 하는 최단경로의 수는 A→R→Q→S→B로 가는 경로의 수이므로 $3 \times 3 = 9$(가지)이다.

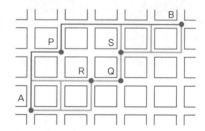

따라서 P, Q에서 좌회전을 하지 않고 A 지점에서 B 지점까지 가는 최단경로는 $56 - 1 - 9 = 46$(가지)가 된다.

12

|정답| ③

|해설| 사원 세 명이 서로 이웃하여 앉지 않는 자리 배치는 다음의 두 가지가 있다.

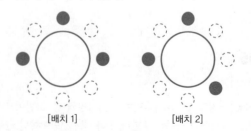

[배치 1]   [배치 2]

이때 각 배치에서 사원이 자리에 앉는 경우의 수는 3!=
3×2×1=6(가지)이다.

부장 옆에는 과장이 한 명 이상 앉아야 하므로 부장은 두
사원 사이에 앉을 수 없다. 각 배치에서 부장이 앉을 수
있는 자리에 빗금을 치면 다음과 같다.

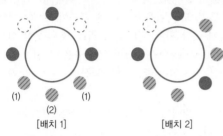

[배치 1]   [배치 2]

ⅰ) [배치 1]에서 부장이 (1)의 위치에 앉는 경우
   (1)이 두 개이므로 2가지이고, 이때 과장 2명 중 한
   명이 (2)의 위치에 앉아야 하므로 가능한 경우의 수
   는 2×2=4(가지)이다. 따라서 이 경우 사원의 자리
   를 제외한 나머지 자리를 배치하는 경우의 수는
   2×2×3!=24(가지)이다.

ⅱ) [배치 1]에서 부장이 (2)의 위치에 앉는 경우
   과장 2명이 모두 부장 옆에 앉지 않는 경우의 수, 즉
   과장 모두 (1)의 위치에 앉지 않는 경우의 수는 2×2
   =4(가지)이므로, 이 경우 사원의 자리를 제외한 나
   머지 자리를 배치하는 경우의 수는 4!-(2×2)=20
   (가지)이다.

따라서 [배치 1]에서 사원의 자리를 제외한 나머지 자리
를 배치하는 경우의 수는 24+20=44(가지), 전체 자리
를 배치하는 경우의 수는 3!×44=264(가지)이다.

[배치 2]에서 부장이 앉을 수 있는 경우의 수는 4가지이
고, 각 경우 부장 옆의 빈자리는 1자리뿐이므로 이 자리
에 과장 한 명이 앉는 경우의 수는 4×2=8(가지)이다.
따라서 사원의 자리를 제외한 나머지 자리를 배치하는
경우의 수는 4×2×3!=48(가지), 전체 자리를 배치하는
경우의 수는 3!×48=288(가지)이다.

따라서 자리를 배치할 수 있는 경우의 수는 264+288=
552(가지)이다.

www.gosinet.co.kr **gosi**net

테마 19 확률

유형 1 확률 공략

								문제 536쪽	
01	⑤	02	①	03	④	04	⑤	05	②
06	②	07	③	08	⑤	09	②	10	④
11	①	12	③	13	④	14	⑤	15	①
16	②	17	②	18	④	19	①	20	③

테마
19
확률

01

| 정답 | ⑤

| 해설 | 암에 걸린 사람이 암에 걸렸다고 진단받을 확률은
98%이기 때문에, 실제 암에 걸린 사람 400명 중에서 암
으로 진단받을 사람은 400×0.98=392(명)이다. 암에
걸리지 않은 사람이 암에 걸리지 않았다고 진단받을 확
률은 92%이기 때문에 실제 암에 걸리지 않은 600명 중
에서 암이 아니라고 진단받을 사람은 600×0.92=552
(명), 암에 걸렸다고 진단받을 사람은 600-552=48(명)
이다.

따라서 1,000명 중에서 임의로 선택한 사람이 암에 걸렸
다고 진단받은 사람일 확률은 $\frac{392+48}{1,000}×100=44.0(\%)$
이다.

02

| 정답 | ①

| 해설 | 1. 화요일에 눈이 올 경우 : 월요일에 눈이 왔으므
로 화요일에 눈이 올 확률은 $\frac{2}{5}$이며, 그 다음 날인

수요일에도 눈이 올 확률은 $\frac{2}{5}×\frac{2}{5}=\frac{4}{25}$ 이다.

2. 화요일에 눈이 오지 않을 경우 : 화요일에 눈이 오지
않을 확률은 $1-\frac{2}{5}=\frac{3}{5}$이며, 그 다음 날인 수요일에

눈이 올 확률은 $\frac{3}{5}×\frac{1}{6}=\frac{1}{10}$ 이 된다.

테마 19 확률   **153**

따라서 수요일에 눈이 올 확률은 $\dfrac{4}{25}+\dfrac{1}{10}=\dfrac{13}{50}$ 이다.

03

| 정답 | ④

| 해설 | • 긍정적인 반응을 보인 남자 : $100×0.5=50$(명)

• 긍정적인 반응을 보인 여자 : $150×0.5=75$(명)

따라서 선택한 사람이 긍정적인 반응을 나타낸 여자일 확률은 $\dfrac{75}{100+150}×100=\dfrac{75}{250}×100=30$(%)이다.

04

| 정답 | ⑤

| 해설 | 수요일에 매진되고 그 다음 날인 목요일에 또다시 매진될 확률은 $\dfrac{3}{5}$ 이고 목요일에 매진되고 그 다음 날인 금요일에 또다시 매진될 확률도 $\dfrac{3}{5}$ 이다.

따라서 수요일에 매진되었을 때 금요일까지 연속으로 매진될 확률은 $\dfrac{3}{5}×\dfrac{3}{5}=\dfrac{9}{25}$ 이다.

05

| 정답 | ②

| 해설 | 확률$=\dfrac{\text{사건 A가 일어나는 모든 경우의 수}}{\text{일어날 수 있는 모든 경우의 수}}$ 이므로 A 상자에서 당첨 복권이 나올 확률은 $\dfrac{2}{2+7}=\dfrac{2}{9}$ 이다.

A 상자에서 $\dfrac{2}{9}$ 의 확률로 꺼낸 당첨 복권을 B 상자에 넣으면 B 상자에는 당첨 복권 2장과 비당첨 복권 7장이 있게 된다. 이때 B 상자에서 당첨 복권을 꺼낼 확률은 $\dfrac{2}{2+7}=\dfrac{2}{9}$ 가 된다.

따라서 두 번 다 당첨 복권을 꺼낼 확률은 $\dfrac{2}{9}×\dfrac{2}{9}=\dfrac{4}{81}$ 가 된다.

06

| 정답 | ②

| 해설 | 두 팀이 승부차기를 하려면 경기가 끝났을 때 점수가 같아야 한다. 즉, 두 팀의 점수가 0 : 0이나 1 : 1이 될 확률이 승부차기까지 갈 확률이 된다. 0 : 0이 될 확률은 두 팀 모두 골을 넣지 못한 확률이므로 (A 팀이 골을 넣지 못할 확률)×(B 팀이 골을 넣지 못할 확률)$=0.3×0.6=0.18$이며, 1 : 1이 될 확률은 (A 팀이 골을 넣을 확률)×(B 팀이 골을 넣을 확률)$=0.7×0.4=0.28$이 된다.

따라서 두 팀이 승부차기까지 갈 확률은 $0.18+0.28=0.46$이다.

07

| 정답 | ③

| 해설 | 철수가 150원 이상의 동전을 가질 수 있는 확률은 전체 확률 1에서 150원 이상의 동전을 가질 수 없는 확률, 즉 뒷면이 나온 동전의 합이 150원 미만이 되는 확률을 빼면 된다. 이를 정리하면 다음 표와 같다.

500원	500원	50원	50원	50원
앞	앞	앞	앞	앞
앞	앞	뒤	앞	앞
앞	앞	앞	뒤	앞
앞	앞	앞	앞	뒤
앞	앞	뒤	뒤	앞
앞	앞	뒤	앞	뒤
앞	앞	앞	뒤	뒤

우선, 5개의 동전을 던져서 일어나는 모든 경우의 수는 $2^5=32$(가지)이고, 뒷면이 나온 동전의 합이 150원 미만인 경우는 0원이 되는 1가지 경우, 50원이 되는 3가지 경우, 100원이 되는 3가지 경우, 총 7가지 경우가 되어 $\dfrac{7}{32}$ 이 된다.

따라서 철수가 150원 이상의 동전을 가질 확률은 $1-\dfrac{7}{32}=\dfrac{25}{32}$ 이다.

08

| 정답 | ⑤

| 해설 | 가을 홍보를 진행했을 때의 예상 이익이 가을 홍보를 진행하지 않았을 때의 예상 이익 이상이면 가을 홍보를 진행하게 된다. 홍보에 성공할 확률을 $x\%$라고 하면 다음과 같은 식이 성립한다.

$$(150-10) \times \frac{x}{100} + (90-10) \times \frac{100-x}{100} \geq 90$$

$$14x + 8(100-x) \geq 900$$

$$6x \geq 100$$

$$x \geq 16.666\cdots$$

따라서 백화점 점주는 홍보에 성공할 확률이 최소 17%일 때 가을 홍보를 진행하게 된다.

09

| 정답 | ②

| 해설 | $\dfrac{\text{갑, 을이 인접한 자리에 앉는 경우의 수}}{\text{5명이 한 줄로 앉은 경우의 수}}$ 이므로

$$\frac{_4\mathrm{P}_4 \times 2}{_5\mathrm{P}_5} = \frac{(4 \times 3 \times 2 \times 1) \times 2}{5 \times 4 \times 3 \times 2 \times 1} = \frac{2}{5}$$ 이다.

10

| 정답 | ④

| 해설 | 윷놀이에서 4개의 윷짝을 던져 나올 수 있는 모든 경우의 수는 윷 하나에 2가지씩으로 총 $2 \times 2 \times 2 \times 2 = 16$(가지)이다.

• 개가 나올 확률 : 4개 중 순서에 상관없이 2개의 윷만 배가 나와야 하므로 $\dfrac{_4\mathrm{C}_2}{16} = \dfrac{6}{16} = \dfrac{3}{8}$

• 걸이 나올 확률 : 4개 중 순서에 상관없이 3개의 윷만 배가 나와야 하므로 $\dfrac{_4\mathrm{C}_3}{16} = \dfrac{4}{16} = \dfrac{1}{4}$

따라서 첫 번째는 개가 나오고 두 번째는 걸이 나올 확률은 $\dfrac{3}{8} \times \dfrac{1}{4} = \dfrac{3}{32}$ 이 된다.

11

| 정답 | ①

| 해설 | • 두 개의 주사위를 던져 나올 수 있는 전체 경우의 수 : $6 \times 6 = 36$(가지)

• 빨간색 주사위의 눈의 수가 파란색 주사위의 눈의 수보다 큰 경우의 수(빨간색, 파란색) : (2, 1), (3, 1), (3, 2), (4, 1), (4, 2), (4, 3), (5, 1), (5, 2), (5, 3), (5, 4), (6, 1), (6, 2), (6, 3), (6, 4), (6, 5)로 총 15가지

• 그중 두 눈의 수의 곱이 짝수인 경우의 수 : 두 눈의 수가 모두 홀수인 경우를 제외한 나머지를 구하면 되므로 총 15가지 중 (3, 1), (5, 1), (5, 3)의 3가지를 뺀 12가지

따라서 빨간색 주사위의 눈의 수가 파란색 주사위의 눈의 수보다 크면서 두 눈의 수의 곱이 짝수일 확률은 $\dfrac{12}{36} = \dfrac{1}{3}$ 이다.

12

| 정답 | ③

| 해설 | 가위바위보를 한 번 할 때 나올 수 있는 결과는 소희가 현욱이를 이기는 경우, 현욱이가 소희를 이기는 경우, 비기는 경우로 총 세 가지이고, 가위바위보는 총 세 판을 하므로 모든 경우의 수는 $3 \times 3 \times 3 = 27$(가지)이다. 가위바위보 세 판을 하고 난 뒤 현욱이가 딸기 4개, 배 2개를 가지고 있으므로 현욱이는 한 번 지고 두 번 이긴 것이 된다. 이긴 경우를 ○로, 진 경우를 ×로 표시하면 (○, ○, ×), (○, ×, ○), (×, ○, ○)로 세 가지가 나오므로 $\dfrac{3}{27} = \dfrac{1}{9}$ 이 된다.

13

| 정답 | ④

| 해설 | 적어도 1명의 대리가 포함되어 있을 확률은 전체 확률 1에서 2명 모두 대리가 아닐 확률을 뺀 것과 같다. 2개의 종이를 차례로 꺼냈을 때 2명 모두 대리가 아닐 확률은 $\dfrac{4}{7} \times \dfrac{3}{6} = \dfrac{2}{7}$ 이므로 적어도 1명의 대리가 포함되어

있을 확률은 $1 - \dfrac{2}{7} = \dfrac{5}{7}$ 가 된다.

14

|정답| ④

|해설| 순서를 생각하지 않고 뽑으므로 조합을 사용하면 된다.

$$\frac{_3\mathrm{C}_1 \times _5\mathrm{C}_1}{_8\mathrm{C}_2} = \frac{3 \times 5}{\dfrac{8 \times 7}{2 \times 1}} = \frac{15}{28}$$

따라서 파란 공과 빨간 공이 1개씩 나올 확률은 $\dfrac{15}{28}$ 이다.

15

|정답| ①

|해설| A가 10점 과녁을 명중시킬 확률이 $\dfrac{7}{8}$ 이므로 명중시키지 못할 확률은 $\dfrac{1}{8}$ 이고, B가 10점 과녁을 명중시킬 확률이 $\dfrac{8}{9}$ 이므로 명중시키지 못할 확률은 $\dfrac{1}{9}$ 이다. 따라서 A와 B 모두 10점 과녁에 명중시키지 못할 확률은 $\dfrac{1}{8} \times \dfrac{1}{9} = \dfrac{1}{72}$ 이다.

16

|정답| ②

|해설| 적어도 한 명이 합격하는 확률을 구하기 위해서는 전체 확률 1에서 모두 합격하지 못할 확률을 빼야 한다. 먼저 승아, 재연, 윤수가 합격하지 못할 확률은 각각 $\dfrac{2}{3}$, $\dfrac{3}{4}$, $\dfrac{5}{6}$ 이고, 전체 확률 1에서 모두 합격하지 못할 확률을 빼야 하므로 다음과 같이 계산한다.

$$1 - \left(\frac{2}{3} \times \frac{3}{4} \times \frac{5}{6} \right) = \frac{7}{12}$$

따라서 적어도 한 명이 신입사원에 합격할 확률은 $\dfrac{7}{12}$ 이다.

17

|정답| ②

|해설| 두 명이 순서대로 각각 과일을 한 개씩 꺼내는 여러 가지 경우 중 수지가 배를 꺼내게 될 때를 생각해 본다. 은솔이가 사과를 꺼내고 수지가 배를 꺼낼 확률은 $\dfrac{3}{10} \times \dfrac{7}{9} = \dfrac{7}{30}$ 이고, 은솔이가 배를 꺼내고 수지도 배를 꺼낼 확률은 $\dfrac{7}{10} \times \dfrac{6}{9} = \dfrac{7}{15}$ 이다. 수지가 배를 꺼낼 확률은 이 두 가지 경우 모두에 해당되므로 $\dfrac{7}{30} + \dfrac{7}{15} = \dfrac{21}{30} = \dfrac{7}{10}$ 이다.

18

|정답| ④

|해설| 정사면체를 두 번 던졌을 때 바닥에 깔리는 두 숫자의 합이 0이 될 수 있는 숫자 조합의 경우는 (1, -1), (-1, 1), (0, 0) 세 가지이다.

• (1, -1)이 될 확률 : $\dfrac{2}{4} \times \dfrac{1}{4} = \dfrac{1}{8}$

• (-1, 1)이 될 확률 : $\dfrac{1}{4} \times \dfrac{2}{4} = \dfrac{1}{8}$

• (0, 0)이 될 확률 : $\dfrac{1}{4} \times \dfrac{1}{4} = \dfrac{1}{16}$

따라서 바닥에 깔리는 두 숫자의 합이 0이 될 확률은 $\dfrac{1}{8} + \dfrac{1}{8} + \dfrac{1}{16} = \dfrac{5}{16}$ 이다.

19

|정답| ①

|해설| S 야구팀이 1차전에서 패배했을 경우 2차전에서 승리할 확률은 $\dfrac{3}{5}$ 이고, 패배할 확률은 $\dfrac{2}{5}$ 이다. 따라서

2차전에서 승리하고 3차전에서도 승리할 확률은 $\frac{3}{5} \times \frac{1}{5} = \frac{3}{25}$, 2차전에서 패배하고 3차전에서 승리할 확률은 $\frac{2}{5} \times \frac{3}{5} = \frac{6}{25}$ 이다. 이때 두 경우는 동시에 일어나지 않으므로 확률은 $\frac{3}{25} + \frac{6}{25} = \frac{9}{25}$ 가 된다.

20

| 정답 | ③

| 해설 | 오늘 비가 오지 않았는데 내일 비가 올 확률은 $\frac{2}{7}$ 이고, 내일 비가 왔을 때 모레 비가 오지 않을 확률은 $1 - \frac{3}{5} = \frac{2}{5}$ 이다. 따라서 오늘은 비가 오지 않았는데 내일 비가 오고, 모레 다시 비가 오지 않을 확률은 $\frac{2}{7} \times \frac{2}{5} = \frac{4}{35}$ 이다.

유형2 **조건부확률 공략**

문제 546쪽

| 01 | ⑤ | 02 | ③ | 03 | ① | 04 | ① | 05 | ① |
| 06 | ④ |

01

| 정답 | ⑤

| 해설 | • 여러 번 지원하여 합격한 신입사원 중 우수사원으로 선정된 사람 : $0.4 \times 0.2 = 0.08$
• 한 번에 합격한 신입사원 중 우수사원으로 선정된 사람 : $0.6 \times 0.3 = 0.18$

$\therefore \frac{0.18}{0.08 + 0.18} = \frac{0.18}{0.26} = \frac{9}{13}$

02

| 정답 | ③

| 해설 | • 화, 수요일 모두 지각할 확률 : 화요일 지각할 확률×화요일 지각 후 수요일 지각할 확률 $= \frac{1}{10} \times \frac{4}{15} = \frac{2}{75}$

• 수요일만 지각할 확률 : 화요일 정상출근할 확률×화요일 정상출근 후 수요일 지각할 확률 $= \frac{9}{10} \times \frac{1}{10} = \frac{9}{100}$

따라서 A 사원이 수요일에 지각했을 때, 화요일에도 지각했을 확률은 $\frac{2}{75} \div \left(\frac{2}{75} + \frac{9}{100} \right) = \frac{8}{35}$ 이다.

03

| 정답 | ①

| 해설 | 어떤 사람이 시약을 사용하여 A 질병의 양성 반응이 나왔을 때 실제 이 질병에 걸렸을 확률은 $\frac{(질병○, 양성)}{(질병○, 양성) + (질병×, 양성)}$ 으로 구할 수 있다.

• A 질병을 앓고 있는 사람이 양성 반응이 나올 확률 : $0.1 \times 0.9 = 0.09$
• A 질병을 앓고 있지 않은 사람이 양성 반응이 나올 확률 : $0.9 \times (1 - 0.9) = 0.09$

따라서 $\frac{0.09}{0.09 + 0.09} = \frac{1}{2}$, 즉 50%이다.

04

| 정답 | ①

| 해설 | A사의 제품 생산량은 전체의 $\frac{3}{10}$ 이고, B사의 제품 생산량은 전체의 $\frac{7}{10}$ 이므로 불량률을 계산하면 다음과 같다.

• A사의 제품 불량률 : $\frac{3}{10} \times \frac{2}{100} = \frac{6}{1,000}$
• B사의 제품 불량률 : $\frac{7}{10} \times \frac{3}{100} = \frac{21}{1,000}$

• 제품 전체의 불량률 : $\frac{6}{1,000}+\frac{21}{1,000}=\frac{27}{1,000}$

따라서 임의로 부품 하나를 선택하였을 때 그것이 불량품이었다면, B사의 불량품일 확률은 $\dfrac{\frac{21}{1,000}}{\frac{27}{1,000}}=\frac{21}{27}=\frac{7}{9}$ 이다.

05

|정답| ①

|해설| 갑 공장에서 불량품이 나올 확률은 $0.6\times0.01=0.006$, 을 공장에서 불량품이 나올 확률은 $0.4\times0.02=0.008$이다. 즉 전체 생산품 중 불량품이 나올 확률은 $0.006+0.008=0.014$이다.

따라서 임의로 선택한 한 개의 제품이 불량품일 때 갑 공장에서 생산된 불량품일 확률은 $\frac{0.006}{0.014}\times100=42.9(\%)$ 이다.

06

|정답| ④

|해설| 신입사원 중 여성의 집합을 A, 신입사원 중 경력자의 집합을 B라 하고 2021년 신입사원에 대한 정보를 정리하면 다음과 같다.

• $P(A)=0.6$
• $P(A\cap B)=0.2$
• $P(A\cup B)=0.8$

$P(B)=P(A\cup B)-P(A)+P(A\cap B)$이므로 $P(B)=0.4$가 된다. 따라서 $P(A\mid B)=\frac{P(A\cap B)}{P(B)}=\frac{0.2}{0.4}=0.5$로 50%이다.

심화문제

테마 19. 확률

문제 548쪽

01	③	02	⑤	03	⑤	04	②	05	③
06	⑤	07	②	08	③	09	③	10	②
11	②	12	①	13	③	14	⑤	15	③
16	③	17	①	18	②						

01

|정답| ③

|해설| • 처음에 둘 다 빨간 공을 꺼낸 후 나중에도 둘 다 빨간 공을 꺼내는 경우

$\frac{_4C_2}{_5C_2}\times\frac{_2C_2}{_3C_2}=\frac{\frac{4\times3}{2\times1}}{\frac{5\times4}{2\times1}}\times\frac{\frac{2\times1}{2\times1}}{\frac{3\times2}{2\times1}}=\frac{3}{5}\times\frac{1}{3}=\frac{1}{5}$

• 처음에 빨간 공 1개와 파란 공 1개를 꺼낸 후 나중에 둘 다 빨간 공을 꺼내는 경우

$\frac{_4C_1\times_1C_1}{_5C_2}\times\frac{_3C_2}{_3C_2}=\frac{4\times1}{\frac{5\times4}{2\times1}}\times\frac{\frac{3\times2}{2\times1}}{\frac{3\times2}{2\times1}}=\frac{2}{5}\times1=\frac{2}{5}$

두 사건은 동시에 일어날 수 없는 배반사건이므로 나중에 뽑은 두 공이 모두 빨간색일 확률은 $\frac{1}{5}+\frac{2}{5}=\frac{3}{5}$이다.

02

|정답| ⑤

|해설| 전단지 광고를 했을 때의 예상 이익이 전단지 광고를 하지 않았을 때의 예상 이익 이상이면 전단지 광고를 진행하게 된다. 홍보에 성공할 확률을 $x\%$라고 하면 다음과 같은 식이 성립한다.

$(800-50)\times\frac{x}{100}+(450-50)\times\frac{100-x}{100}\geq450$

$7.5x+4(100-x)\geq450$

$3.5x\geq50$　　　$x\geq14.285\cdots$

따라서 A는 홍보에 성공할 확률이 최소 15%일 때 전단지 광고를 진행하게 된다.

03

| 정답 | ⑤

| 해설 | • 주사위 2개를 던지는 모든 경우의 수는 $6 \times 6 = 36$(가지)이고, 주사위 2개를 던져서 나온 수의 합이 10 이상일 경우는 (4, 6) (5, 5) (6, 4) (5, 6) (6, 5) (6, 6)으로, 총 6가지이므로 확률은 $\frac{6}{36} = \frac{1}{6}$이다. 따라서 그 기댓값은 $\frac{1}{6} \times 300 = 50$(원)이며, 이를 20번 반복했을 때의 기댓값은 $50 \times 20 = 1,000$(원)이다.

• 두 사람이 가위바위보를 하는 모든 경우의 수는 $3 \times 3 = 9$(가지)이고, 두 사람이 가위바위보를 해서 이기거나 비길 확률은 (가위, 가위) (바위, 바위) (보, 보) (가위, 보) (바위, 가위) (보, 바위)로, 총 6가지이므로 확률은 $\frac{6}{9}$이다.

따라서 그 기댓값은 $\frac{2}{3} \times 120 = 80$(원)이며, 이를 20번 반복했을 때의 기댓값은 $80 \times 20 = 1,600$(원)이다.

따라서 두 기댓값의 차이는 $1,600 - 1,000 = 600$(원)이다.

04

| 정답 | ②

| 해설 | B 대리가 하루라도 휴일에 당직근무를 할 확률은 '1-휴일이 아닌 날 중 두 번 당직근무를 할 확률'로 구한다.

주말과 추석연휴를 합친 9월의 휴일은 총 11일이므로 $\frac{a}{b} = 1 - \frac{_{19}C_2}{_{30}C_2} = 1 - \frac{57}{145} = \frac{88}{145}$이다.

따라서 $b - a = 145 - 88 = 57$이다.

05

| 정답 | ③

| 해설 | 지방 출장은 대리 4명 중 1명이 가야하므로 출장을 가게 되는 확률은 $\frac{1}{4} \times 100 = 25$(%)이다.

06

| 정답 | ⑤

| 해설 | 전체 생산량을 100개라 가정하면 공장별 생산량과 불량품 수는 다음과 같다.

• (가) 공장 – 생산량 : 20개, 불량품 수 : $20 \times 0.05 = 1$(개)
• (나) 공장 – 생산량 : 50개, 불량품 수 : $50 \times 0.3 = 15$(개)
• (다) 공장 – 생산량 : 10개, 불량품 수 : $10 \times 0.2 = 2$(개)
• (라) 공장 – 생산량 : 20개, 불량품 수 : $20 \times 0.1 = 2$(개)

따라서 불량품 중 (나) 공장에서 생산한 불량품일 확률은 $\frac{15}{1+15+2+2} \times 100 = 75$(%)이다.

07

| 정답 | ②

| 해설 | 하얀 구슬을 뽑는 여부에 따라 아래의 세 경우로 나눌 수 있다.

(1) 하얀 구슬을 뽑지 않을 경우 : A가 처음에 빨간 구슬을 뽑을 확률은 $\frac{1}{3}$이고 A가 처음에 빨간 구슬을 뽑지 못하면 A가 빨간 구슬을 뽑을 수 있는 경우가 없으므로, 이 경우 A가 이길 확률은 $\frac{1}{3}$이다.

(2) 하얀 구슬을 처음에 뽑을 경우 : A가 처음에 하얀 구슬을 뽑을 확률은 $\frac{1}{3}$이다. 하얀 구슬을 뽑은 이후 주머니에는 파란 구슬과 빨간 구슬이 1개씩 있다. 다음 차례에 B가 빨간 구슬을 뽑지 않을 확률은 $\frac{1}{2}$이고 이때 남는 구슬은 빨간 구슬 1개뿐이므로 자동적으로 A가 이긴다. 따라서 이 경우 A가 이길 확률은 $\frac{1}{3} \times \frac{1}{2} = \frac{1}{6}$이다.

(3) 하얀 구슬을 두 번째에 뽑을 경우 : A가 처음에 빨간 구슬을 뽑거나 하얀 구슬을 뽑으면 안 되므로 이때의 확률(A가 처음에 파란 구슬을 뽑을 확률)은 $\frac{1}{3}$이다.

다음 차례에 B가 하얀 구슬을 뽑을 확률은 $\frac{1}{2}$이고 이후 주머니에는 빨간 구슬과 파란 구슬이 1개씩 들

테마
19
확률

어있게 된다. 다음 차례에 A가 빨간 구슬을 뽑을 확률은 $\frac{1}{2}$이고 A가 빨간 구슬을 뽑지 못하면 남은 구슬은 빨간 구슬 1개뿐이므로 자동적으로 B가 이긴다. 따라서 이 경우 A가 이길 확률은 $\frac{1}{3} \times \frac{1}{2} \times \frac{1}{2} = \frac{1}{12}$ 이다.

위의 세 경우의 확률을 더하면 A가 이길 확률은 $\frac{1}{3} + \frac{1}{6}$ $+ \frac{1}{12} = \frac{7}{12}$이다.

08

|정답| ③

|해설| 대전에서 이기고 지는 확률을 정리하면 다음과 같다.

승\패	A	B	C
A	–	0.6	0.3
B	0.4	–	0.4
C	0.7	0.6	–

표에 근거하여 A, B, C 각각 부전승으로 결승에 진출하는 경우로 나누어 계산해 본다.

1) A가 부전승으로 진출하는 경우
B와 C가 먼저 게임을 하여 B가 이길 확률은 0.4이고, B와 A가 결승에서 만나 A가 이길 확률은 0.6이므로 B가 먼저 이기고 A가 우승을 할 확률은 0.4×0.6= 0.24이다. 같은 방법으로 C가 먼저 이기고 A가 우승을 할 확률은 0.6×0.3=0.18이다.
따라서 A가 부전승으로 진출했을 때 우승할 확률은 0.24+0.18=0.42이다.

2) B가 부전승으로 진출하는 경우
A가 C와 먼저 만나 이길 확률은 0.3이고, 결승에서 B와 만나 이길 확률은 0.6이므로 A가 우승할 확률은 0.3×0.6=0.18이다.

3) C가 부전승으로 진출하는 경우
A가 B와 먼저 만나 이길 확률은 0.6이고, 결승에서 C와 만나 이길 확률은 0.3이므로 A가 우승할 확률은 0.6×0.3=0.18이다.

위의 세 경우는 각각 $\frac{1}{3}$의 확률로 발생되므로 A가 우승할 확률은 $\frac{1}{3} \times (0.42 + 0.18 + 0.18) = 0.26$이다.

09

|정답| ③

|해설| A : 주머니 A에서 공을 꺼내는 사건
B : 주머니 B에서 공을 꺼내는 사건
C : 주머니 C에서 공을 꺼내는 사건
r : 붉은색 공을 꺼내는 사건
w : 흰색 공을 꺼내는 사건
b : 검정색 공을 꺼내는 사건이라고 할 때

$$P(B|r) = \frac{P(B \cap r)}{P(r)}$$

$$= \frac{\frac{1}{3} \times \frac{1}{6}}{\frac{1}{3} \times \frac{3}{8} + \frac{1}{3} \times \frac{1}{6} + \frac{1}{3} \times \frac{4}{9}} = \frac{12}{71}$$

그러므로 붉은색 공이 B 주머니에서 꺼내졌을 확률은 $\frac{12}{71}$이다.

10

|정답| ②

|해설| 먼저 A가 2번째로 방을 확인했을 때 빈방이 나올 확률을 계산해 보면

• A가 빈방을 확인하고, 2번째에도 빈방이 나올 확률 : $\frac{1}{3} \times \frac{1}{4} = \frac{1}{12}$

• A가 물건이 가득 찬 방을 확인하고, 2번째에 빈방이 나올 확률 : $\left(1 - \frac{1}{3}\right) \times \frac{1}{5} = \frac{2}{3} \times \frac{1}{5} = \frac{2}{15}$

즉, $\frac{1}{12} + \frac{2}{15} = \frac{13}{60}$이 된다.

B가 2번째로 방을 확인했을 때 빈방이 아닐 확률을 계산해 보면

- B가 빈방을 확인하고, 2번째에 빈방이 아닐 확률 :

$$\frac{1}{3} \times \left(1 - \frac{1}{5}\right) = \frac{1}{3} \times \frac{4}{5} = \frac{4}{15}$$

- 물건이 가득 찬 방을 확인하고, 2번째에 빈방이 아닐

확률 : $\left(1 - \frac{1}{3}\right) \times \left(1 - \frac{1}{5}\right) = \frac{2}{3} \times \frac{4}{5} = \frac{8}{15}$

즉, $\frac{4}{15} + \frac{8}{15} = \frac{12}{15}$ 가 된다.

따라서 B가 방을 확인했을 때 2번째가 빈방이 아닐 확률에서 A가 방을 확인했을 때 2번째가 빈방일 확률을 뺀 값은 $\frac{12}{15} - \frac{13}{60} = \frac{48}{60} - \frac{13}{60} = \frac{35}{60} = \frac{7}{12}$ 이다.

11

| 정답 | ②

| 해설 | 방역을 맡겼을 때의 예상 이익이 방역을 맡기지 않았을 때의 예상 이익 이상이면 방역을 맡기게 된다. 열병이 유행할 확률을 x%라고 하면 다음과 같은 식이 성립한다.

$$(4,500 - 500) \times \frac{x}{100} + (3,000 - 500) \times \frac{100 - x}{100} \geq$$

$$2,000 \times \frac{x}{100} + 3,000 \times \frac{100 - x}{100}$$

$$40x + 2,500 - 25x \geq 20x + 3,000 - 30x$$

$$25x \geq 500$$

$$x \geq 20$$

따라서 농부는 열병이 유행할 확률이 최소 20% 이상일 때 방역을 맡기게 된다.

12

| 정답 | ①

| 해설 | 그림에서 이용할 수 있는 경로는 총 4가지로, 이 중 버스를 두 번 이용하는 경로는 한 가지뿐이다. 따라서 버스를 두 번 이용할 확률은 $\frac{1}{4}$ 이다.

13

| 정답 | ③

| 해설 | A가 1표라도 더 얻는 경우 4표가 되므로 A는 1등이 확정된다. 따라서 A가 표를 받지 않는 경우를 확인한다. C가 추가로 2표를 얻는다면 야유회는 C 장소로 결정이 된다. 또, B와 C가 추가로 1표씩을 얻거나 B만 추가로 2표를 얻는다면 3표를 받은 장소가 2개 이상이 되므로 재투표를 진행해야 한다.

따라서 이 네 가지 경우를 제외하고 나머지 $3^2 - 4 = 5$(가지) 경우에는 야유회 장소는 한 번에 A로 결정된다. 이때의 확률은 $\frac{5}{9}$ 이다.

14

| 정답 | ⑤

| 해설 | 최 대리와 강 사원 중 어느 한 명이라도 식사 당번에 포함될 확률은 전체 확률에서 두 명 모두 식사 당번이 아닐 확률을 빼면 구할 수 있다.

두 명 모두 식사 당번이 아닐 확률은 첫 번째와 두 번째 모두 식사 당번이 아닌 종이를 꺼낼 확률이 되므로 $\frac{7}{11} \times \frac{6}{10} = \frac{21}{55}$ 이 된다. 따라서 최 대리와 강 사원 중 어느 한 명이라도 식사 당번에 포함될 확률은 $1 - \frac{21}{55} = \frac{34}{55}$ 이다.

15

| 정답 | ③

| 해설 | $\dfrac{\text{영화상품권 2장을 뽑거나 외식상품권 2장을 뽑는 경우의 수}}{\text{상자에서 2장을 뽑는 경우의 수}}$

$$= \frac{{}_4C_2 + {}_5C_2}{{}_{4+5}C_2} = \frac{\dfrac{4 \times 3}{2} + \dfrac{5 \times 4}{2}}{\dfrac{9 \times 8}{2}} = \frac{16}{36} = \frac{4}{9}$$

16

| 정답 | ③

| 해설 | 총 11명의 팀장 중 2명의 본부장을 뽑는 경우의 수는 $_{11}P_2 = \dfrac{11!}{(11-2)!} = 11 \times 10 = 110$(가지)이다.

이 중에서 자산관리본부 또는 주택기금본부에서 일자리 창출본부장 1명, 주택기금본부에서 전략사업본부장 1명을 뽑아야 하므로 주택기금본부가 겹치는 점에 주의해야 한다. 먼저 주택기금본부에서 전략사업본부장을 한 명 뽑는 경우의 수는 2가지이고, 전략사업본부장을 뽑은 후에 자산관리본부 또는 주택기금본부의 남은 팀장 중에서 일자리창출본부장을 뽑는 경우의 수는 3가지이다. 따라서 2×3=6(가지)이므로 구하는 확률은 $\dfrac{6}{110} = \dfrac{3}{55}$이다.

17

| 정답 | ①

| 해설 | 윷의 무게중심을 고려하여 도, 개, 걸이 나올 확률을 구하면 다음과 같다.

- 도 : $_4C_1 \times 0.6^1 \times (1-0.6)^3 = 0.1536$
- 개 : $_4C_2 \times 0.6^2 \times (1-0.6)^2 = 0.3456$
- 걸 : $_4C_3 \times 0.6^3 \times (1-0.6)^1 = 0.3456$

따라서 나올 확률이 높은 순서대로 나열하면 걸=개>도이다.

18

| 정답 | ②

| 해설 | B : 윷의 무게중심 등을 고려할 때 윷이 나올 확률은 $_4C_4 \times 0.6^4 = 0.1296$, 모가 나올 확률은 $_4C_4 \times (1-0.6)^4 = 0.0256$이므로 윷이 나올 확률보다 모가 나올 확률이 더 낮다.

| 오답풀이 |

C : 도, 개, 걸, 윷, 모는 동물의 속도를 고려한 것으로 동물의 크기와는 관련이 없다.

테마 20 통계

유형 1 평균 공략

문제 558쪽

01	②	02	②	03	③	04	④	05	④
06	①	07	②	08	④	09	②	10	③
11	③	12	⑤	13	④	14	④	15	③
16	①								

01

| 정답 | ②

| 해설 | B 제품의 평균 중량은 다음과 같다.

$$\frac{(584 \times 680) + (730 \times 690) + (511 \times 670)}{584 + 730 + 511} = 681.2(g)$$

02

| 정답 | ②

| 해설 | A, B, C의 체중을 각각 $a$kg, $b$kg, $c$kg이라 하면 다음과 같은 식이 성립한다.

$(a+b+c) \div 3 = 69$ ······ ㉠
$c = b+2$ ······ ㉡
$a = b-5$ ······ ㉢

㉡, ㉢을 ㉠에 대입하면
$(b-5+b+b+2) \div 3 = 69$
$(3b-3) \div 3 = 69$
$b-1 = 69$
$b = 70$

따라서 A의 체중은 70-5=65(kg), B의 체중은 70kg, C의 체중은 70+2=72(kg)이다.

03

| 정답 | ③

| 해설 | X와 Y의 평균값이 Z와 $2Y$의 평균값보다 크기 때문에 다음과 같은 부등식이 성립한다.

$$\frac{X+Y}{2} > \frac{Z+2Y}{2}$$

양변에 2를 곱하면, $X+Y > Z+2Y$

양변에 $(-Y)$를 더하면, $X > Y+Z$

따라서 반드시 참인 것은 ③이다.

04

| 정답 | ④

| 해설 | 민원팀 직원이 총 20명이므로 ⓐ+ⓑ=3임을 알 수 있다. 따라서 '친절 영역'의 평균 점수는

$$\frac{100 \times 6 + 90 \times 7 + 80 \times 5 + 70 \times 2}{20} = 88.5(점)이다.$$

05

| 정답 | ④

| 해설 | 4월의 점수가 7점 이하인 직원의 수는 3+2+8+7+5+4+9+4=42(명)이다. 이들의 3월 점수 평균은 다음과 같다.

$$\frac{6 \times (3+7) + 7 \times (2+5) + 8 \times (8+4) + 9 \times 9 + 10 \times 4}{42}$$

$\approx 7.76(점)$

4월의 점수가 8점인 직원의 수는 4+4+5+10+4=27(명)이다. 이들의 3월 점수 평균은 다음과 같다.

$$\frac{6 \times 4 + 7 \times 4 + 8 \times 5 + 9 \times 10 + 10 \times 4}{27} \approx 8.22(점)$$

따라서 점수 평균의 차이는 약 0.46점이다.

06

| 정답 | ①

| 해설 | 4년차 하반기 평가점수를 x점이라 하면 다음과 같은 식이 성립한다.

$$\frac{6.8 + 7.1 + 8.2 + \frac{7.6+x}{2}}{4} \geq 7.5$$

$x \geq 8.2$

따라서 하 대리는 4년차 하반기에 최소 8.2점을 받아야 한다.

07

| 정답 | ②

| 해설 | 89점을 받은 모의고사의 횟수를 x회, 94점을 받은 모의고사의 횟수를 y회라 하면 다음 식이 성립한다.

$$x + y = 10 \qquad \cdots\cdots \text{㉠}$$

$$\frac{(89 \times x) + (94 \times y)}{10} = 91 \qquad \cdots\cdots \text{㉡}$$

㉡을 정리하면 $89x + 94y = 910$ $\cdots\cdots$ ㉢

㉠을 정리하면 $y = 10-x$이고 이 식을 ㉢에 대입하면

$89x + 94(10-x) = 910$

$5x = 30$

$\therefore x = 6(회), \ y = 4(회)$

따라서 A는 94점을 4회 받았다.

08

| 정답 | ④

| 해설 | 짜장면, 짬뽕, 볶음밥의 가격을 각각 x원, y원, z원이라 하면 다음 식이 성립한다.

$$\frac{x+y}{2} = 5,550 \qquad \cdots\cdots \text{㉠}$$

$$\frac{y+z}{2} = 6,200 \qquad \cdots\cdots \text{㉡}$$

$$\frac{x+z}{2} = 5,950 \qquad \cdots\cdots \text{㉢}$$

㉠+㉡+㉢을 하면

$$\frac{x+y}{2} + \frac{y+z}{2} + \frac{x+z}{2} = 17,700$$

$x + y + z = 17,700$

즉 세 메뉴 가격의 합이 17,700원이므로 세 메뉴 가격의 평균은 $\frac{17,700}{3} = 5,900(원)이다.$

09

|정답| ②

|해설| 나머지 한 명의 점수를 x점이라 하면 다음 식이 성립한다.

$$x = \frac{630 + 84 \times 2 + x}{12} + 16$$

$12(x-16) = 798 + x$

$12x - 192 = 798 + x$

$11x = 990$

$x = 90(점)$

따라서 학생 12명의 평균 점수는 $\frac{630 + 168 + 90}{12} = 74$ (점)이다.

10

|정답| ③

|해설| 문제를 표로 정리하면 다음과 같다.

구분	응시생 전체	남자 응시생	여자 응시생
평균(점)	32	30	x (구하는 점수)
인원(명)	100	?	?

합격자 수는 총 40명이고, 그중 여자 합격자 수는 40%이므로 $40 \times 0.4 = 16$(명)이며, 남자 합격자 수는 총 합격자 수에서 여자 합격자 수를 제외한 $40 - 16 = 24$(명)이다. 남자의 합격률이 40%이므로 남자 응시생의 인원은 $24 \div 0.4 = 60$(명)이다. 여기에서 총 응시생이 100명이므로 여자 응시생은 $100 - 60 = 40$(명)이 된다.

구분	응시생 전체	남자 응시생	여자 응시생
평균(점)	32	30	x (구하는 점수)
인원(명)	100	60	40

'응시생 전체의 점수=남자 응시생 전체의 점수+여자 응시생 전체의 점수'이므로 다음 식이 성립한다.

$30 \times 60 + 40x = 32 \times 100$

$1,800 + 40x = 3,200$

$40x = 1,400$

$x = 35(점)$

따라서 여자 응시생의 평균 점수는 35점이다.

11

|정답| ③

|해설| 합격자를 x명이라고 하면 불합격자는 $(450-x)$명이다. '응시생 전체의 점수 합계=합격자 점수 합계+불합격자 점수 합계'이므로 다음 식이 성립한다.

$68x + 53(450-x) = 59 \times 450$

$68x + 23,850 - 53x = 26,550$

$15x = 2,700$

$\therefore x = 180(명)$

따라서 합격자는 총 180명이다.

12

|정답| ⑤

|해설| 최종 합격자 전체의 평균 점수가 83.35점이므로 총점수는 $83.35 \times 40 = 3,334$(점)이다. 남자 합격자 수를 x명, 여자 합격자 수를 y명이라 하면 다음 식이 성립한다.

$$\begin{cases} x + y = 40 \\ 82x + 85y = 3,334 \end{cases}$$

이를 연립하면 $x = 22$(명), $y = 18$(명)이다.

따라서 남자와 여자의 합격자 수는 각각 22명, 18명이다.

13

|정답| ④

|해설| 기준 점수를 x점, 전체 응시생들의 평균 점수를 y점이라 하면 합격한 응시생들의 평균 점수는 $(x+5)$점, 불합격한 응시생들의 평균 점수는 $\frac{x}{2}$점이므로 다음과 같은 식이 성립한다.

$x = y + 4$ ······ ㉠

$$y = \frac{(x+5) \times 80 + \frac{x}{2} \times 20}{100}$$

$9x - 10y = -40$ ······ ㉡

㉠을 ㉡에 대입하면

$9(y+4) - 10y = -40$

$y = 76, \ x = 80$

따라서 기준 점수는 80점이다.

14

| 정답 | ④

| 해설 | 합격한 사람의 평균 점수를 x점, 불합격한 사람의 평균 점수를 y점이라 하면 응시자 전체의 평균 점수는 $\dfrac{10x+20y}{30}$ 점이다. 따라서 다음과 같은 식이 성립한다.

$$\begin{cases} x=2y-33 \\ y=\dfrac{10x+20y}{30}-9 \end{cases}$$

이를 연립하면 $x=87$, $y=60$이다. 따라서 합격자의 평균 점수는 87점이다. 이때 만점자가 10명 중 3명이므로 나머지 합격자 7명의 점수의 합은 $87\times10-100\times3=570$(점)이다. 이 7명의 점수 평균은 약 81.4점이므로 합격 기준 점수는 82점 이상이 될 수 없다. 따라서 가능한 합격 기준 점수는 최대 81점이다.

15

| 정답 | ③

| 해설 | 상위 30%가 합격하는 필기시험에 200명이 응시하였다면 합격자는 60명, 불합격자는 140명이다. 불합격자의 평균 점수를 x점이라 하면 다음 식이 성립한다.

$60(x+28)+140x=200\times58.4$

$60x+1,680+140x=11,680$

$200x=10,000$

$x=50$

따라서 불합격자의 평균 점수는 50점이다.

16

| 정답 | ①

| 해설 | 40분간의 우량은 $3+5+2+6+8+7+3+2=36$(mm)이므로 시간당 평균 강수량은 $\dfrac{36}{\frac{40}{60}}=54$(mm/h)이다.

유형 2 분산 · 표준편차 공략

문제 | 566쪽

| 01 | ④ | 02 | ⑤ | 03 | ④ | 04 | ④ | 05 | ① |

01

| 정답 | ④

| 해설 | 분산은 (편차)^{2}의 평균이므로 다음과 같이 계산할 수 있다.

- A 팀

$$\frac{(120-100)^2+(90-100)^2+(90-100)^2+(100-100)^2+(100-100)^2}{5}$$

$=120$

- B 팀

$$\frac{(97-100)^2+(104-100)^2+(96-100)^2+(100-100)^2+(103-100)^2}{5}$$

$=10$

따라서 A 팀의 분산은 120, B 팀의 분산은 10이다.

02

| 정답 | ⑤

| 해설 | 편차는 변량에서 평균을 뺀 값이므로 편차의 총합은 항상 0이 된다는 사실을 이용하여 x를 계산할 수 있다. 편차를 모두 더하면 $3-1+x+2+0-3=0$이 되므로 $x=-1$임을 알 수 있다. 분산은 편차를 제곱한 값들의 합을 변량의 개수로 나눈 값이므로 $(9+1+1+4+0+9)\div6=4$이고, 표준편차는 분산의 양의 제곱근이므로 2이다.

03

| 정답 | ④

| 해설 | 모표준편차를 구하는 공식은 다음과 같다.

$$\sigma=\sqrt{\frac{1}{N}\sum_{i=1}^{N}(x_i-\mu)^2} \quad (\sigma\text{는 모집단의 모표준편차, }\mu\text{는 모평균})$$

보험회사 A의 영업팀은 6팀이고, 평균이 9, 표준편차가 8이므로

$$8 = \sqrt{\frac{1}{6}\sum_{i=1}^{6}(x_i - 9)^2}$$

$$\sum_{i=1}^{6}(x_i - 9)^2 = 64 \times 6 = 384$$

보험회사 B의 영업팀은 4팀이고, 평균이 9, 표준편차가 3이므로

$$3 = \sqrt{\frac{1}{4}\sum_{j=1}^{4}(x_j - 9)^2}$$

$$\sum_{j=1}^{4}(x_j - 9)^2 = 9 \times 4 = 36$$

따라서 보험회사 A와 B의 전체 10개 팀의 한 영업팀당 팀원수의 표준편차는

$$\sqrt{\frac{1}{10}\sum_{i=1}^{10}(x_i - 9)^2}$$

$$= \sqrt{\frac{1}{10}\left(\sum_{i=1}^{6}(x_i - 9)^2 + \sum_{j=1}^{4}(x_j - 9)^2\right)}$$

$$= \sqrt{\frac{1}{10}(384 + 36)} = \sqrt{42} \text{ (명)}$$

04

|정답| ④

|해설| • 평균(m) : $\frac{70+80+60+90}{4} = 75$

• 분산(V) : $\frac{(70-75)^2 + (80-75)^2 + (60-75)^2 + (90-75)^2}{4}$

$= 125$

따라서 $\frac{V}{m} = \frac{125}{75} ≒ 1.7$이다.

05

|정답| ①

|해설| ㄱ. 모든 학생들의 점수가 3점씩 올랐으므로 해당 반의 평균 점수 역시 3점이 오르게 된다.

|오답풀이|

ㄴ, ㄷ. 분산이란 변량이 평균으로부터 떨어져있는 정도를 나타낸 값이며, 표준편차는 분산의 제곱근이다. 따라서 만일 모든 변량이 동일한 간격으로 상승하였다면 분산은 변하지 않으며, 표준편차 역시 변하지 않는다.

유형 3 [도수분포표] 통계 공략

				문제 572쪽

01	③	02	④	03	①	04	④	05	⑤
06	③	07	④	08	①	09	②		

01

|정답| ③

|해설| 정확한 변량을 알 수 없으므로 계급값으로 평균을 구한다. 하루 평균 걸려온 고객 문의전화 건수는

$\frac{(계급값 \times 도수)의 합}{도수의 합}$ 으로 구할 수 있으므로

$$\frac{(15 \times 4) + (25 \times 13) + (35 \times 10) + (45 \times 3)}{30} = 29(건)$$이다.

02

|정답| ④

|해설| 각 구간의 계급값을 활용하여 평균을 구한다. 빈칸에 들어갈 인원수를 x명이라 하면 평균을 구하는 식은 다음과 같다.

$$\frac{(1.5 \times 9) + (5 \times 13) + (9 \times x) + (14.5 \times 14) + (18.5 \times 11)}{9 + 13 + x + 14 + 11} = 10$$

따라서 이것을 정리하면

$$\frac{485 + 9x}{47 + x} = 10$$

$$485 + 9x = 470 + 10x$$

$$\therefore x = 15(명)$$

03

| 정답 | ①

| 해설 | 평균 응답시간은 $\dfrac{(계급값 \times 도수)의\ 합}{도수의\ 합}$ 으로 구할 수 있으므로 다음 식이 성립한다.

$$\frac{10\times26+30\times58+50\times89+70\times33+90\times A+110\times B}{240}=50$$

$90A+110B=3{,}240 \qquad \cdots\cdots \ ㉠$

이때 도수의 합이 240이므로

$26+58+89+33+A+B=240$

$A+B=34 \qquad \cdots\cdots \ ㉡$

㉠$-$㉡$\times90$을 하면

$20B=180$

$B=9, \ A=34-9=25$

따라서 A는 25건, B는 9건이다.

04

| 정답 | ④

| 해설 | 총 조사인원이 40명이므로

$3+9+A+8+B+1=40$

$A+B=19 \qquad \cdots\cdots \ ㉠$

또한 변량이 고정되어 있지 않고 계급이 제시되어 있으므로 계급의 중앙값인 계급값을 변량으로 보고 평균을 계산해야 한다. 따라서 다음과 같이 평균을 구한다.

$$\frac{(4.5\times3)+(5.5\times9)+(6.5\times A)+(7.5\times8)+(8.5\times B)+(9.5\times1)}{40}=6.55$$

$6.5A+8.5B=129.5$

$13A+17B=259 \qquad \cdots\cdots \ ㉡$

㉠과 ㉡을 연립하면 $A=16, \ B=3$이다.

따라서 $3A+4B=(3\times16)+(4\times3)=48+12=60$이다.

05

| 정답 | ⑤

| 해설 | 80점 초과 90점 이하의 사원 수를 x명, 90점 초과 100점 이하의 사원 수를 y명이라고 하면 평균을 구하는 식은 다음과 같다.

$$\frac{55\times3+65\times5+75\times9+85x+95y}{30}=77$$

$17x+19y=229 \qquad \cdots\cdots \ ㉠$

또 전체 사원 수는 30명이므로

$3+5+9+x+y=30$

$x+y=13 \qquad \cdots\cdots \ ㉡$

㉠과 ㉡을 연립하면 $x=9, \ y=4$이다.

따라서 분산은

$$\frac{(55-77)^2\times3+(65-77)^2\times5+(75-77)^2\times9+(85-77)^2\times9+(95-77)^2\times4}{30}$$

$=136$이다.

06

| 정답 | ③

| 해설 | 전체 인원수는 24명이므로 평균(m)은

$$\frac{3\times3+9\times7+15\times10+21\times3+27\times1}{24}=13$$이고,

편차의 제곱값에 대한 평균인 분산(V)은

$$\frac{3\times(-10)^2+7\times(-4)^2+10\times2^2+3\times8^2+1\times14^2}{24}=35$$이다.

따라서 $V-m=35-13=22$이다.

07

| 정답 | ④

| 해설 | • 총점 : 계급값$\times$인원수의 합$=50\times2+60\times9+70\times27+80\times11+90\times1=3{,}500$(점)

• 평균 : $\dfrac{총점(점)}{인원(명)}=\dfrac{3{,}500}{50}=70$(점)

• 분산 : $(50-70)^2\times\dfrac{2}{50}+(60-70)^2\times\dfrac{9}{50}+(70-70)^2\times\dfrac{27}{50}+(80-70)^2\times\dfrac{11}{50}+(90-70)^2\times\dfrac{1}{50}=64$

• 표준편차 : $\sqrt{분산}=\sqrt{64}=8$

따라서 평균은 70점, 표준편차는 8이다.

테마 20 통계

08

| 정답 | ①

| 해설 | • 평균 : $\dfrac{12\times2+14\times3+16\times9+18\times5+20\times1}{20}=16$

• 분산 : $\dfrac{(-4)^2\times2+(-2)^2\times3+2^2\times5+4^2\times1}{20}=4$

• 표준편차 $=\sqrt{분산}=\sqrt{4}=2$

따라서 평균은 16, 분산은 4, 표준편차는 2이다.

09

| 정답 | ②

| 해설 | • 평균 : $\dfrac{15\times1+19\times2+21\times4+23\times1}{8}=20$

• 분산 : $\dfrac{5^2\times1+1^2\times2+1^2\times4+3^2\times1}{8}=5$

• 표준편차 $=\sqrt{분산}=\sqrt{5}$

따라서 평균은 20, 분산은 5, 표준편차는 $\sqrt{5}$ 이다.

유형 4 최빈값·중앙값 공략

문제 578쪽

| 01 | ③ | 02 | ③ | 03 | ② | 04 | ④ |

01

| 정답 | ③

| 해설 | 최빈값 a는 변량 중 가장 많이 나타나는 것을 의미하므로 8이 된다. 중앙값 b는 변량을 크기순으로 나열했을 경우 변량의 중앙에 오는 값을 의미하므로 1, 3, 4, 6, 7, 8, 8, 17, 18의 중앙값은 7이 된다. 따라서 $a+b=8+7=15$이다.

02

| 정답 | ③

| 해설 | 중앙값은 자료를 크기순으로 나열했을 때 한가운데에 위치하는 자료 값으로, 총수 n이 홀수일 때는 $\dfrac{n+1}{2}$ 번째의 변량, 총수 n이 짝수일 때는 $\dfrac{n}{2}$ 번째와 $\dfrac{n+2}{2}$ 번째 변량의 산술평균으로 구할 수 있다.

지진 발생 건수를 크기순으로 나열하면 2, 5, 5, 7, 7, 8, 9, 10, 11, 15이므로 중앙값은 $\dfrac{10}{2}$ 번째와 $\dfrac{12}{2}$ 번째 변량의 산술평균인 $\dfrac{7+8}{2}=7.5$이다.

03

| 정답 | ②

| 해설 | 각 학생들의 컴퓨터 이용시간을 크기 순서대로 나열하면 0, 0, 0, 0, 0, 1, 1, 1, 2, 2, 2, 3, 3, 3, 3, 12가 된다. 가장 많이 나온 값이 5회인 0이므로 최빈값 a는 0이 된다. 중앙값 b는 중앙에 있는 $\dfrac{16}{2}$ 번째와 $\dfrac{18}{2}$ 번째 변량인 1과 2의 산술평균인 $\dfrac{1+2}{2}=1.5$가 된다.

따라서 $a+b=1.5$이다.

04

| 정답 | ④

| 해설 | 각 변량에 해당하는 인원수를 정리하면 다음과 같다(단, 결시의 경우 무효가 되므로 고려하지 않는다).

(단위 : 명)

| 60 | 2 | 65 | 4 | 70 | 4 | 75 | 6 |
| 80 | 2 | 85 | 7 | 90 | 3 | 95 | 1 |

• 최빈값 : 자료의 변량 중에서 가장 많이 나타나는 것을 의미하므로 85이다.

• 중앙값 : 변량을 크기순으로 나열할 때 중앙에 놓이는 수를 말한다. 따라서 $\dfrac{29+1}{2}$ 번째 변량인 75이다.

심화문제

								문제 580쪽	
01	②	02	③	03	②	04	⑤	05	④
06	③	07	①	08	③	09	④	10	③
11	④	12	①						

01

| 정답 | ②

| 해설 | 먼저 서로 다른 세 자연수가 아닌 ③과 세 자연수의 평균이 그 자연수 중 두 번째로 큰 자연수보다 크지 않은 ⑤는 제외한다. 남은 선택지에서 가장 큰 자연수와 가장 작은 자연수의 곱과, 두 번째로 큰 자연수의 제곱을 3으로 나눈 값을 차례대로 구하면 아래와 같다.

① 9, 3
② 27, 27
④ 81, 27

이 중 두 값이 같은 것은 ②이다.

02

| 정답 | ③

| 해설 | A 반과 B 반 각각의 인원을 a명, b명으로 가정하면 A 반의 전체 점수는 $(73 \times a)$점, B 반의 전체 점수는 $(69 \times b)$점이 된다. 또한, 두 반 인원의 합은 $(a+b)$명이므로 두 반의 전체 점수는 $70.2 \times (a+b)$점이다.

'두 반의 전체 점수=A 반의 전체 점수+B 반의 전체 점수'이므로

$73a+69b=70.2(a+b)$
$73a+69b=70.2a+70.2b$
$2.8a=1.2b$
$7a=3b$
$\therefore a : b = 3 : 7$

따라서 A 반과 B 반의 인원의 비는 3 : 7이다.

03

| 정답 | ②

| 해설 | 국어, 사회, 과학, 수학, 영어의 점수를 각각 a, b, c, d, e점이라 하면,

$a+b=142$ ······ ㉠
$b+c+d=165$ ······ ㉡
$d+e=150$ ······ ㉢
$a+b+c+d+e=5c$ ······ ㉣

이를 다음과 같이 조합하고 정리하면

㉠+㉢ : $a+b+d+e=292$ ······ ㉤
㉣-㉤ : $c=5c-292$ $4c=292$ $c=73$
㉣-㉡ : $a+e=5c-165$ $a+e=5 \times 73-165$
         $a+e=200$

이와 같이 국어, 영어 점수의 합이 200점인 것을 알 수 있다. 각 과목의 만점이 100점이므로 국어 점수와 영어 점수는 모두 100점이다. 국어 점수와 영어 점수를 주어진 식에 대입하면 $d=50$, $b=42$가 나온다.

따라서 국어가 100점, 수학이 50점이므로 평균은 75점이다.

04

| 정답 | ⑤

| 해설 | '평균 점수$=\dfrac{총점}{학생수}$'이므로 잘못 계산했던 평균 점수는 $\dfrac{A \times B}{A}$ 점이다. 그런데 여기에서 한 학생의 점수는 8점 높게, 한 학생의 점수는 5점 낮게 계산했으므로 높게 계산한 점수는 빼주고 낮게 계산한 점수는 더해주어야 한다.

따라서 $\dfrac{A \times B-8+5}{A}$ 점이 되므로 $\dfrac{A \times B-3}{A}$ 점이 다시 계산한 평균 점수이다.

05

| 정답 | ④

| 해설 | 사원 Y명의 월급 총합은 XY원이며, 이 회사에 다니는 모든 사람의 수는 $(Y+1)$명이다.

따라서 $\dfrac{\text{모든 사람의 월급 총합}}{\text{모든 사람의 수}} = \dfrac{XY + 3X}{Y+1}$ 이므로

이를 정리하면 $\dfrac{X(Y+3)}{Y+1}$ 원이다.

06

| 정답 | ③

| 해설 | 수원의 점수를 x점, 지은의 점수를 y점이라고 하면 다음의 식을 세울 수 있다.

- 평균 점수 : $\dfrac{115 + x + y}{3} = 108$

  $\qquad\qquad x + y = 209$

- 분산 : $\dfrac{(115-108)^2 + (x-108)^2 + (y-108)^2}{3} = 26$

  $\qquad (x-108)^2 + (y-108)^2 = 29$

더했을 때 29가 되는 제곱수는 4와 25뿐인데, 문제에서 수원의 점수가 지은의 점수보다 높으며 $x + y = 209$이므로 $x = 106$, $y = 103$이다.

따라서 지은의 점수는 103점이다.

07

| 정답 | ①

| 해설 | 응시자들의 점수를 a, b, c, d, ⋯ 점이라 하고 모두 n명이라고 하면

$(a + b + c + d + \cdots) \div n = 300$

$a + b + c + \cdots = 300n$

점수를 25점씩 올려 준다면 점수가 $a+25$, $b+25$, $c+25$, ⋯ 이므로 평균은

$(a+25 + b+25 + c+25 + d+25 + \cdots) \div n$

$= (a + b + c + d + \cdots + 25n) \div n$

$= (a + b + c + \cdots) \div n + 25$

$= 300 + 25 = 325(\text{점})$이 된다.

표준편차를 구하기 위해 편차를 구하면

$a - 300$, $b - 300$, $c - 300$, ⋯ 이다.

25점을 올린 후의 편차를 구하면

$a+25-325$, $b+25-325$, $c+25-325$, ⋯로 결국 25점을 올려 주기 이전의 편차와 동일하므로 표준편차는 50이 된다.

08

| 정답 | ③

| 해설 | 평균은 $\dfrac{(1\times4) + (2\times5) + (3\times4) + (4\times6) + (5\times5) + (6\times6)}{30}$

$= 3.7$, 중앙값(크기 순으로 나열했을 때 중앙에 위치하는 값)은 15번째와 16번째 변량의 산술평균인 $\dfrac{4+4}{2} = 4$ 이다.

따라서 평균값과 중앙값의 차는 $4 - 3.7 = 0.3$이다.

09

| 정답 | ④

| 해설 | 선수가 총 10명이기 때문에 중앙값은 모든 값을 크기 순으로 나열했을 때, 다섯 번째와 여섯 번째 값의 평균이 된다. 따라서 여섯 번째 최다 득점자가 3골을 넣었다면 중앙값으로 2점이 나올 수 없다.

| 오답풀이 |

① 10명의 평균값이 7점이므로 총 득점은 $7 \times 10 = 70(\text{점})$ 이다.

② 최빈값인 1점과 2점을 최소한으로 배치했을 때, 1골을 넣은 선수와 2골을 넣은 선수는 모두 3명씩이다. 최다 득점자인 30골을 넣은 선수를 제외하고 남은 선수는 총 3명이고 총 득점인 70점이므로 3명에서 31점을 득점했다. 따라서 두 번째 최다 득점자는 11골 이상을 넣었다.

③ 최빈값이 1점과 2점이기 때문에 한 골을 넣은 선수의 수와 두 골을 넣은 선수의 수는 같다.

⑤ 다섯 번째 최다 득점자와 여섯 번째 최다 득점자의 점수 평균은 중앙값을 의미하므로 2점이다.

10

| 정답 | ③

| 해설 | C 반 점수를 크기 순서대로 배열하면 4, 6, 6, 7, 10, 11, 15, 15, 17, 19이다.

따라서 중앙값은 $\dfrac{10+11}{2} = 10.5$이다.

| 오답풀이 |

①, ④ A ~ C 반의 수행 평가 점수 평균을 구하면 다음과 같다.

- A 반 : $\dfrac{12+8+5+9+9+11+3+20+18+15}{10}=11$

- B 반 : $\dfrac{10+11+8+13+10+10+9+12+7+7}{10}=9.7$

- C 반 : $\dfrac{4+6+6+11+19+7+10+15+17+15}{10}=11$

따라서 B 반의 평균이 가장 낮고, A 반과 C 반의 평균은 같다.

② B 반 점수를 보면 7이 두 번, 10이 세 번, 나머지 점수들은 한 번씩 관찰되었으므로 최빈값은 10이다.

⑤ A 반의 최저 점수는 3점, B 반의 최저 점수는 7점으로 그 차이는 4점이다.

11

| 정답 | ④

| 해설 | 표준편차는 자료가 평균을 중심으로 얼마나 퍼져 있는지를 나타내는 수치이다. 따라서 A 본부와 B 본부의 직원 성과급의 최솟값과 최댓값은 알 수 없다.

12

| 정답 | ①

| 해설 | T-점수는 원점수 분포를 평균 50, 표준편차 10으로 하는 점수분포로 변환시켜 놓은 환산점수이다.

직업기초능력의 점수를 X_1, X_2, $\cdots$, X_n이라 하면 평균이 52, 표준편차가 20이므로 다음과 같은 식이 성립한다.

$$\dfrac{X_1+X_2+\cdots+X_n}{n}=52$$

$$X_1+X_2+\cdots+X_n-52n=0$$

$$\dfrac{(X_1-52)^2+(X_2-52)^2+\cdots+(X_n-52)^2}{n}=20^2$$

원점수를 표준화하면

$$\dfrac{X_1-52}{20}, \dfrac{X_2-52}{20}, \cdots, \dfrac{X_n-52}{20}$$

상대점수(T-점수)를 구하면

$$50+\dfrac{X_1-52}{2}, 50+\dfrac{X_2-52}{2}, \cdots, 50+\dfrac{X_n-52}{2}$$

따라서 상대점수의 평균과 표준편차는 다음과 같이 구할 수 있다.

- 평균 :

$$\dfrac{\left(50+\dfrac{X_1-52}{2}\right)+\left(50+\dfrac{X_2-52}{2}\right)+\cdots+\left(50+\dfrac{X_n-52}{2}\right)}{n}$$

$$=\dfrac{50n+\dfrac{(X_1+X_2+\cdots+X_n)-52n}{2}}{n}$$

$$=\dfrac{50n+\dfrac{0}{2}}{n}=50$$

- 표준편차 :

$$\sqrt{\dfrac{\left(50+\dfrac{X_1-52}{2}-50\right)^2+\cdots+\left(50+\dfrac{X_n-52}{2}-50\right)^2}{n}}$$

$$=\sqrt{\dfrac{\left(\dfrac{X_1-52}{2}\right)^2+\cdots+\left(\dfrac{X_n-52}{2}\right)^2}{n}}$$

$$=\sqrt{\dfrac{\dfrac{(X_1-52)^2+\cdots+(X_n-52)^2}{4}}{n}}$$

$$=\sqrt{\dfrac{\dfrac{400n}{4}}{n}}=\sqrt{100}=10$$

한국사와 영어도 이와 같은 방식으로 계산되므로 3개 과목 모두 평균 50, 표준편차 10이 된다.

<table><tr><td>테마
21</td><td>평면도형</td></tr></table>

유형1 대각선 개수 공략

문제 586쪽

01	②	02	③	03	④	04	④	05	⑤

01

|정답| ②

|해설| 대각선의 개수가 14개이므로 n각형이라 하면 다음 식이 성립한다.

$$\frac{n(n-3)}{2}=14$$

$$n(n-3)=28$$

$$\therefore n=7$$

모든 변의 길이가 같고, 모든 내각의 크기가 같다고 했으므로 정칠각형이 된다.

02

|정답| ③

|해설| 팔각형의 한 꼭짓점에서 그을 수 있는 대각선의 개수는 $8-3=5$(개)이고, 이때 생기는 삼각형의 개수는 $8-2=6$(개)이며, 대각선의 총 개수는 $\frac{8\times(8-3)}{2}=$ 20(개)이다. 따라서 $a+b+c=5+6+20=31$이다.

03

|정답| ④

|해설| 정오각형의 대각선 개수는 $\frac{5\times2}{2}=5$(개)이다. 한 대각선의 길이는 $2\sqrt{2}$ cm이고 모든 대각선의 길이가 같으므로 길이의 총합은 $2\sqrt{2}\times5=10\sqrt{2}$ (cm)이다.

04

|정답| ④

|해설| 점 C, D, E, F와 연결되는 대각선은 $\overline{CF}$와 무조건 한 점에서 만나게 되므로 이들 대각선의 개수를 세면 된다.

ⅰ) 점 D와 점 E를 출발점으로 하는 대각선은 $(8-3)\times2$ $=10$(개)이다.

ⅱ) $\overline{CF}$를 제외하고 점 C와 점 F를 출발점으로 하는 8개의 대각선도 점 C 또는 점 F에서 $\overline{CF}$와 무조건 만나는데 이 중 $\overline{CE}$와 $\overline{DF}$는 ⅰ)과 중복되므로 이를 제외한 개수는 6개이다.

따라서 $\overline{CF}$와 한 점에서 만나는 대각선의 개수는 $10+6$ $=16$(개)이다.

05

|정답| ⑤

|해설| 육각형의 대각선 개수를 구하면 된다.

따라서 $\frac{6(6-3)}{2}=9$(개)의 길을 더 뚫어야 한다.

유형2 각도 공략

문제 592쪽

01	③	02	②	03	④	04	⑤	05	③

01

|정답| ③

|해설| □ADFE에서 $\angle ADF=180°-102°=78°$이며, $\angle DFE$ $=\angle BFC=y$이므로 다음과 같은 식이 성립한다.

$$x+60°+y+78°=360°$$

$$x+y=360°-60°-78°=222°$$

02

| 정답 | ②

| 해설 | 삼각형의 세 각 중 가장 작은 각의 크기를 $x°$라 하면 가장 큰 각은 $2x°$가 되고, 남은 한 각의 크기는 60°이므로 $x+2x=120$가 성립한다. 따라서 $x=40°$가 되며, 가장 큰 각의 크기는 80°가 된다.

03

| 정답 | ④

| 해설 | 삼각형의 세 내각의 크기의 합은 180°이므로 다음과 같은 식이 성립한다.

$3x-5+2x+10+x+25=180$
$6x=180+5-10-25 \qquad 6x=150$
$\therefore \ x=25$

04

| 정답 | ⑤

| 해설 |

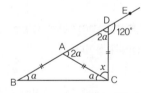

$\angle ABC=a$라고 하면 △ABC는 $\overline{AB}=\overline{AC}$인 이등변삼각형이므로 $\angle ACB=a$이고, $\angle CAD=a+a=2a$가 된다.
△CAD는 $\overline{CA}=\overline{CD}$인 이등변삼각형이므로 $\angle CDA=\angle CAD=2a$이다. 이때 $\angle CDE=120°$이므로 $2a=60°$이다.
따라서 $\angle x=180°-60°-60°=60°$이다.

05

| 정답 | ③

| 해설 |

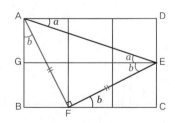

그림과 같이 $\overline{AB}$의 중점을 G라 하면,
$\angle CFE=\angle FEG=b$
$\angle DAE=\angle AEG=a$
$\therefore \ a+b=\angle AEF \qquad \cdots\cdots \ \bigcirc$
△ABF와 △FCE에서 $\overline{AB}=\overline{FC}$, $\overline{BF}=\overline{CE}$, $\angle B=\angle C=90°$이므로
△ABF ≡ △FCE
$\therefore \ \overline{AF}=\overline{FE} \qquad \cdots\cdots \ \bigcirc\!\bigcirc$
$\angle AFB+\angle FAB=\angle AFB+\angle EFC=90°$이므로,
$\angle AFE=90° \qquad \cdots\cdots \ \bigcirc\!\bigcirc\!\bigcirc$
ⓛ과 ⓒ에 의하면 △AFE는 직각이등변삼각형이므로
$\angle AEF=45°$이다.
따라서 ⊙에 의해 $a+b=45°$이다.

유형 3 길이 공략

문제 604쪽

01	①	02	④	03	④	04	④	05	④
06	①	07	④	08	③	09	③	10	④
11	③	12	②

테마

21

평면도형

01

| 정답 | ①

| 해설 | 삼각형의 각이 특수각으로 제시되어 있으므로 직각삼각형의 비를 활용하여 푼다.
△ABH는 30°, 60°, 90°의 각으로 이루어져 있으므로
$\overline{AB}:\overline{BH}:\overline{AH}=2:1:\sqrt{3}$ 이다.

이때 $\overline{AB}=1(\text{cm})$이므로 $\overline{AH}=\dfrac{\sqrt{3}}{2}(\text{cm})$이다.

또한 △ACH는 45°, 45°, 90°의 각으로 이루어져 있으므로
$\overline{AH}:\overline{HC}:\overline{AC}=1:1:\sqrt{2}$ 이다.

이때 $\overline{AH}=\dfrac{\sqrt{3}}{2}(\text{cm})$이므로 $\overline{AC}=\dfrac{\sqrt{6}}{2}(\text{cm})$이다.

02

| 정답 | ④

| 해설 |

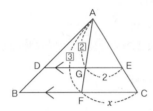

△AFC∽△AGE이므로, $\overline{GE} : \overline{FC} = \overline{AG} : \overline{AF}$이다.

점 G는 무게중심이므로 $\overline{AG} : \overline{GF} = 2 : 1$이다. 따라서 $\overline{AG} : \overline{AF} = 2 : 3$이다.

$\overline{GE} : \overline{FC} = \overline{AG} : \overline{AF} = 2 : 3$

$\overline{FC} = x$(cm)라 하면 $\overline{GE} = 2$(cm)이므로 다음 비례식이 성립한다.

$2 : x = 2 : 3$

$\therefore x = 3$(cm)

03

| 정답 | ④

| 해설 | 원 바깥의 한 점에서 원을 향해 그은 두 접선의 길이는 같다.

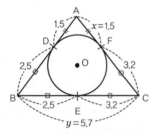

이에 따라 $\overline{AD} = \overline{AF}$, $\overline{BD} = \overline{BE}$, $\overline{CF} = \overline{CE}$이므로

$x = \overline{AF} = \overline{AD} = 1.5$(cm)

$y = \overline{BE} + \overline{CE} = \overline{BD} + \overline{CF} = 2.5 + 3.2 = 5.7$(cm)

$\therefore x + y = 1.5 + 5.7 = 7.2$(cm)

04

| 정답 | ④

| 해설 |

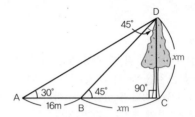

나무높이 $\overline{CD} = x$(m)라 하면 $\overline{CD} = \overline{BC}$이므로,

$\overline{BC} = x$(m), $\overline{AC} = 16 + x$(m)

$\angle DAC = 30°$, $\angle ACD = 90°$이므로

$\overline{AC} : \overline{CD} = \sqrt{3} : 1$

$(16 + x) : x = \sqrt{3} : 1$

$\sqrt{3}\,x = 16 + x$

$(\sqrt{3} - 1)x = 16$

$\therefore x = \dfrac{16}{\sqrt{3} - 1} = \dfrac{16(\sqrt{3} + 1)}{(\sqrt{3} - 1)(\sqrt{3} + 1)} = \dfrac{16(\sqrt{3} + 1)}{2}$

$= 8(\sqrt{3} + 1)$ (m)

05

| 정답 | ④

| 해설 | 산책로 둘레의 길이는 바깥 산책로 둘레의 길이와 호수 둘레의 길이의 합이다.

산책로 둘레의 길이 $= (2 \times \pi \times 2r) + (2 \times \pi \times r)$

$= 4\pi r + 2\pi r = 6\pi r$(km)

06

| 정답 | ①

| 해설 | △ABC, △DBA, △DAC는 서로 닮은꼴 삼각형이다.

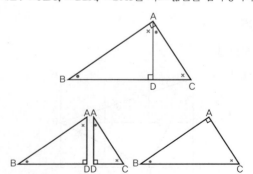

$\overline{BQ}$는 ∠B의 이등분선이므로 각의 이등분선의 성질에 따라 $\overline{AQ}:\overline{QD}=\overline{BA}:\overline{BD}=3:2$이다.

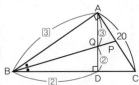

△ABD와 △CBA는 서로 닮은꼴이고, $\overline{BD}:\overline{BA}=2:3$이므로 $\overline{AB}:\overline{CB}=2:3$이다.

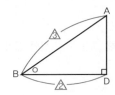 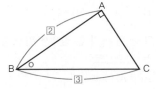

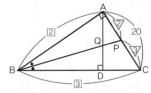

$\overline{AB}:\overline{CB}=2:3$이므로 $\overline{AP}:\overline{PC}=2:3$이다. P는 $\overline{AC}$를 2 : 3으로 내분하는 점이므로 $\overline{AP}=20\times\dfrac{2}{5}=8$이다.

07

| 정답 | ④

| 해설 |

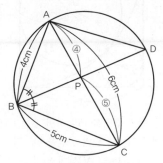

$\overline{BP}$는 ∠B의 이등분선이므로 삼각형의 각의 이등분선 성질에 따라 $\overline{AP}:\overline{CP}=4:5$이다.

$\overline{AC}=6$(cm)이므로

$$\overline{AP}=6\times\dfrac{4}{4+5}=\dfrac{8}{3}\text{(cm)}$$

$$\overline{CP}=6\times\dfrac{5}{4+5}=\dfrac{10}{3}\text{(cm)}$$

다음으로 ∠DAC와 ∠CBD는 같은 호 CD에 대한 원주각이므로 ∠DAC=∠CBD이고 맞꼭지각의 크기는 같으므로 ∠DPA=∠CPB이다. 두 각이 같으므로 △APD와 △BPC는 닮은꼴이다. 따라서 $\overline{AD}:\overline{BC}=\overline{AP}:\overline{BP}$이다.

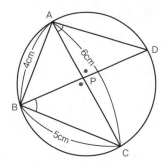

$\overline{AP}:\overline{BP}=\dfrac{8}{3}:\dfrac{10}{3}=8:10=4:5$이므로 $\overline{AD}:\overline{BC}=4:5$

가 되며 $\overline{BC}=5$(cm)이므로 $\overline{AD}=4$(cm)이다.

08

| 정답 | ③

| 해설 | 점 B와 점 O를 연결하면 △BOH와 △BHA가 만들어진다.

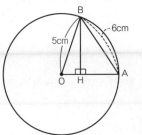 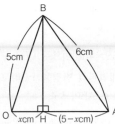

$\overline{BO}$는 원의 반지름이므로 5cm이고 $\overline{OH}=x$(cm)라고 하면 $\overline{AH}=5-x$(cm)가 된다. △BOH와 △BHA를 피타고라스의 정리에 대입한다.

먼저 △BOH는 $\overline{BO}^2=\overline{BH}^2+\overline{OH}^2$이므로

$$5^2=\overline{BH}^2+x^2$$

$$\overline{BH}^2=5^2-x^2 \qquad \cdots\cdots \text{㉠}$$

△BHA는 $\overline{AB}^2=\overline{BH}^2+\overline{AH}^2$이므로

$$6^2=\overline{BH}^2+(5-x)^2$$

$$\overline{BH}^2=6^2-(5-x)^2 \qquad \cdots\cdots \text{㉡}$$

㉠, ㉡을 연립하면,

$6^2 - (5-x)^2 = 5^2 - x^2$

$36 - 25 + 10x - x^2 = 25 - x^2$

$10x = 14$

$\therefore x = \dfrac{7}{5}$

x의 값을 ㉠에 대입하면,

$\overline{BH}^2 = 5^2 - \left(\dfrac{7}{5}\right)^2 = \dfrac{576}{25}$

$\therefore \overline{BH} = \sqrt{\dfrac{576}{25}} = \dfrac{24}{5} = 4.8(\text{cm})$

09

| 정답 | ③

| 해설 |

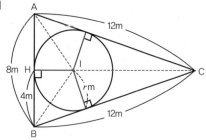

△ABC는 이등변삼각형이므로, 내접원의 중심을 I라 하면, $\overline{CH}$는 일직선이며, $\overline{AB}$를 밑변으로 했을 때의 높이가 된다.

$\overline{BH} = 4(\text{m})$이므로 $\overline{CH} = \sqrt{12^2 - 4^2} = 8\sqrt{2}\,(\text{m})$

내접원의 반경을 rm라고 하면 $\triangle ABC = \triangle IBC + \triangle ICA + \triangle IAB$이므로,

$\dfrac{1}{2} \times 8 \times 8\sqrt{2} = \dfrac{1}{2}r(12 + 12 + 8)$

$\therefore r = 2\sqrt{2}\,(\text{m})$

따라서 구하는 직경은 $4\sqrt{2}$ m이다.

10

| 정답 | ④

| 해설 | 다음 그림과 같이 원과 $\overline{AE}$, $\overline{BC}$, $\overline{AD}$와의 접점을 각각 F, G, H라 하고, $\overline{AD} = x$라 한다.

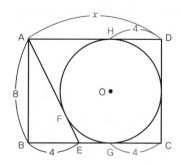

$\overline{HD}$와 $\overline{GC}$는 원의 반경과 같으므로

$\overline{HD} = \overline{GC} = \dfrac{1}{2}\overline{AB} = 4$

또한 원 밖의 한 점에서 원을 향해 그은 두 접선의 길이는 같으므로

$\overline{AF} = \overline{AH} = x - 4$

$\overline{FE} = \overline{EG} = x - 4 - 4 = x - 8$

$\overline{AE} = \overline{AF} + \overline{FE}$이므로

$(x - 4) + (x - 8) = \sqrt{8^2 + 4^2}$

$2x - 12 = 4\sqrt{5}$

$\therefore x = 6 + 2\sqrt{5}$

11

| 정답 | ③

| 해설 |

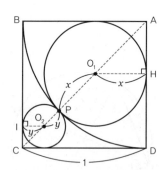

큰 원과 작은 원의 접점을 P라 하면, P는 □ABCD의 대각선 $\overline{AC}$상에 있다. 큰 원의 중심을 O_1, 작은 원의 중심을 O_2라 하면, O_1, O_2도 $\overline{AC}$상에 있다.

$\triangle AO_1H$는 직각이등변삼각형이므로,

$\overline{AO_1} = \sqrt{2}\ \overline{O_1H} = \sqrt{2}x$

$\overline{AP} = \overline{AO_1} + \overline{O_1P}$이므로,

$1 = \sqrt{2}x + x = (\sqrt{2} + 1)x$

$$x = \frac{1}{\sqrt{2}+1} = \sqrt{2}-1 \quad \cdots\cdots \ominus$$

마찬가지로 $\triangle O_2IC$도 직각이등변삼각형이므로,

$\overline{CO_2} = \sqrt{2}\,\overline{O_2I} = \sqrt{2}\,y$

$\overline{CP} = \overline{CO_2} + \overline{O_2P},\ \overline{CP} = \overline{AC} - \overline{AP}$이므로,

$\sqrt{2}-1 = \sqrt{2}\,y + y = (\sqrt{2}+1)y$

$y = \dfrac{\sqrt{2}-1}{\sqrt{2}+1} = (\sqrt{2}-1)^2 \quad \cdots\cdots \ominus\ominus$

$\ominus$, $\ominus\ominus$을 정리하면,

$\dfrac{x}{y} = \dfrac{\sqrt{2}-1}{(\sqrt{2}-1)^2} = \dfrac{1}{\sqrt{2}-1} = \sqrt{2}+1 \fallingdotseq 2.414$

$\therefore x : y = 2.414 : 1$

따라서 선택지 중에서 가장 근접한 것은 $5:2$이다.

12

| 정답 | ②

| 해설 |

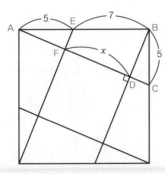

위 그림과 같이 점 A ~ F를 설정한다. 먼저 $\overline{EF}/\!/\overline{BD}$로부터,

$\overline{AB} : \overline{AD} = \overline{EB} : \overline{FD} = 7 : x \quad \cdots\cdots \ominus$

한편, $\triangle ABC \backsim \triangle ADB$이므로,

$\overline{AB} : \overline{AD} = \overline{AC} : \overline{AB} = 13 : 12 \quad \cdots\cdots \ominus\ominus$

$(\because \overline{AC} = \sqrt{12^2 + 5^2} = 13)$

$\ominus$, $\ominus\ominus$에 의해,

$7 : x = 13 : 12$

$\therefore x = \dfrac{84}{13}$

유형 4 넓이 공략

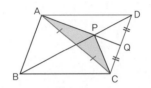

01	①	02	①	03	③	04	⑤	05	③
06	③	07	③	08	③	09	③	10	②
11	①	12	③	13	③	14	③	15	⑤

문제 618쪽

01

| 정답 | ①

| 해설 |

점 P는 $\triangle ACD$의 무게중심이므로 $\triangle ACP$의 넓이는 $\triangle ACD$ 넓이의 $\dfrac{1}{3}$이다. 또한, 평행사변형은 평행한 2쌍의 대변의 길이가 같고 두 대각선이 다른 것을 이등분하여 대각선에 의해 넓이가 $\dfrac{1}{2}$로 나뉘므로 $\triangle ACD$는 $\square ABCD$ 넓이의 $\dfrac{1}{2}$에 해당한다. 그러므로 $\triangle ACP$의 넓이는 $\square ABCD$ 넓이의 $\dfrac{1}{2} \times \dfrac{1}{3} = \dfrac{1}{6}$이 된다.

따라서 $\triangle ACP = \dfrac{1}{3}\triangle ACD = \dfrac{1}{3} \times \dfrac{1}{2} \times \square ABCD$

$= \dfrac{1}{6} \times 48 = 8(\text{cm}^2)$이다.

빠른 풀이

삼각형의 무게중심$\left(\text{넓이 } \dfrac{1}{3}\right)$과 평행사변형의 성질$\left(\text{대각선에 의해 넓이 } \dfrac{1}{2}\right)$을 알면 $\triangle ACP$가 $\square ABCD$의 $\dfrac{1}{3} \times \dfrac{1}{2} = \dfrac{1}{6}$임을 쉽게 알 수 있어 그 넓이를 단순 암산으로 빠르게 풀 수 있다.

02

|정답| ①

|해설|

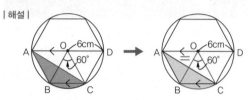

그림에서 $\overline{AD}$와 $\overline{BC}$가 평행하므로, △ABC와 △OBC의 밑변과 높이가 같아 넓이도 같다. 즉 색칠된 부분의 넓이는 부채꼴 OBC의 넓이와 같음을 알 수 있다.

따라서 색칠된 부분의 넓이는 $\pi \times 6^2 \times \dfrac{60}{360} = 6\pi (\text{cm}^2)$ 이다.

03

|정답| ③

|해설| 1. 지름이 8cm인 햄버거

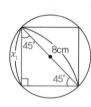

- 치즈 한 변의 길이

$$\sqrt{2} : 1 = 8 : x_1$$

$$x_1 = 8 \times \dfrac{1}{\sqrt{2}} = \dfrac{8}{\sqrt{2}} (\text{cm})$$

- 치즈의 넓이

$$S_1 = \dfrac{8}{\sqrt{2}} \times \dfrac{8}{\sqrt{2}} = 32 (\text{cm}^2)$$

2. 지름이 12cm인 햄버거

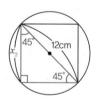

- 치즈 한 변의 길이

$$\sqrt{2} : 1 = 12 : x_2$$

$$x_2 = 12 \times \dfrac{1}{\sqrt{2}} = \dfrac{12}{\sqrt{2}} (\text{cm})$$

- 치즈의 넓이

$$S_2 = \dfrac{12}{\sqrt{2}} \times \dfrac{12}{\sqrt{2}} = 72 (\text{cm}^2)$$

따라서 두 치즈의 넓이 차이는 $72 - 32 = 40 (\text{cm}^2)$이다.

04

|정답| ⑤

|해설| 〈그림 1〉에서 빗금 친 부분의 넓이는 색칠된 부분의 넓이와 같으므로 문제의 색칠된 부분은 〈그림 2〉의 색칠된 사각형의 넓이와 같다.

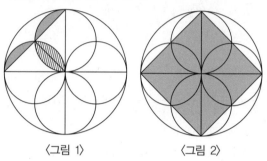

〈그림 1〉   〈그림 2〉

따라서 $\dfrac{1}{2} \times 28 \times 28 = 392 (\text{cm}^2)$이다.

05

|정답| ③

|해설|

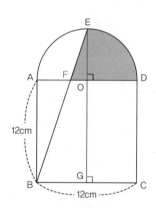

위 그림과 같이 색칠된 부분의 넓이는 △EFO 넓이와 부채꼴 EOD 넓이의 합이다. △EFO는 △EBG와 닮음이고 $\overline{EO} = 6(\text{cm})$, $\overline{EG} = 18(\text{cm})$이므로 닮음비는 6 : 18, 즉 1 : 3, 넓이의 비는 1 : 9이다. △EBG의 넓이가 $6 \times 18 \times \dfrac{1}{2} = 54 (\text{cm}^2)$이므로 색칠된 부분의 넓이는 $\left(54 \times \dfrac{1}{9}\right) + \left(6^2 \pi \times \dfrac{1}{4}\right) = 6 + 9\pi (\text{cm}^2)$이다.

06

| 정답 | ③

| 해설 | 우선 피타고라스의 정리에 의해 $\overline{BC}$의 길이는 $\sqrt{x^2+y^2}$ 이며, 색칠된 부분의 넓이는 다음과 같이 계산할 수 있다.

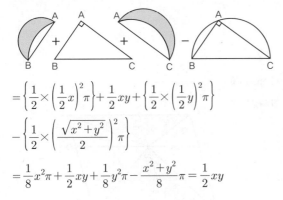

$$= \left\{ \frac{1}{2} \times \left(\frac{1}{2}x \right)^2 \pi \right\} + \frac{1}{2}xy + \left\{ \frac{1}{2} \times \left(\frac{1}{2}y \right)^2 \pi \right\}$$
$$- \left\{ \frac{1}{2} \times \left(\frac{\sqrt{x^2+y^2}}{2} \right)^2 \pi \right\}$$
$$= \frac{1}{8}x^2\pi + \frac{1}{2}xy + \frac{1}{8}y^2\pi - \frac{x^2+y^2}{8}\pi = \frac{1}{2}xy$$

07

| 정답 | ③

| 해설 | 부채꼴의 넓이 $= \frac{1}{2} \times$반지름$\times$호의 길이이므로 지방 영업소 건축 부지의 넓이는 $\frac{1}{2} \times 30 \times 20 = 300(\text{m}^2)$이다.

08

| 정답 | ③

| 해설 |

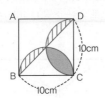

빗금 친 부분의 넓이와 색칠된 부분의 넓이가 같으므로 다음과 같은 직각삼각형의 넓이를 구하면 된다.

따라서 넓이는 $10 \times 10 \times \frac{1}{2} = 50(\text{cm}^2)$이다.

09

| 정답 | ③

| 해설 | 사다리꼴의 넓이를 구하면 된다. 따라서 $(6+3) \times \frac{h}{3} \div 2 = 9 \times \frac{h}{3} \times \frac{1}{2} = 1.5h$이다.

10

| 정답 | ②

| 해설 |

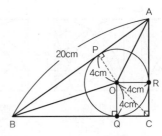

$\triangle AOB$의 넓이는 $20 \times 4 \div 2 = 40(\text{cm}^3)$이다.

$\triangle AOC$, $\triangle BOC$는 높이가 4cm인 삼각형이므로 $\overline{AC} + \overline{BC}$를 구하면 총 넓이를 구할 수 있다.

원 밖의 한 점에서 그은 2개 접선의 길이는 같으므로 $\overline{AP} = \overline{AR}$, $\overline{BP} = \overline{BQ}$이고, $\square OQCR$은 정사각형이므로 $\overline{CR}$과 $\overline{CQ}$의 길이는 4cm이다.

따라서 $\overline{AC} + \overline{BC} = (\overline{AR} + \overline{CR}) + (\overline{BQ} + \overline{CQ})$
$\quad\quad\quad\quad\quad\quad = (\overline{AR} + 4) + (\overline{BQ} + 4) = (\overline{AP} + 4) + (\overline{BP} + 4)$
$\quad\quad\quad\quad\quad\quad = 20 + 8 = 28(\text{cm})$

$\triangle AOC$와 $\triangle BOC$의 넓이의 합은 $28 \times 4 \div 2 = 56(\text{cm}^2)$이므로 $\triangle ABC$의 넓이는 $40 + 56 = 96(\text{cm}^2)$이다.

[빠른 풀이]

$\overline{AC} + \overline{BC}$를 구하지 않아도 같은 넓이임을 이용하여 풀 수 있다. $\triangle APO$와 $\triangle ARO$는 밑변이 $\overline{AP} = \overline{AR}$이고, 높이가 원의 반지름인 4cm이므로 넓이는 같다.

또한 $\triangle BPO$와 $\triangle BQO$도 밑변이 $\overline{BP} = \overline{BQ}$로 모두 높이가 원의 반지름 4cm이므로 넓이가 같다.

$\triangle ABC = \triangle ABO + \triangle ARO + \triangle BQO + \square OQCR$
$\quad\quad\quad = \triangle ABO + (\triangle ARO + \triangle BQO) + \square OQCR$

$= \triangle ABO + \triangle ABO + \square OQCR$
$= 40 \times 2 + 4 \times 4 = 96(cm^2)$

11

|정답| ①

|해설| 색칠된 넓이를 구하기 위해 정사각형의 넓이에서
P~S의 넓이를 빼야 한다.

P~S의 넓이는 동일하므로 먼저 P의 넓이를 구한다.

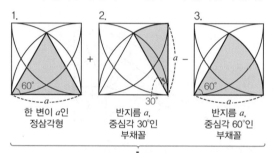

한 변이 a인   반지름 a,   반지름 a,
정삼각형   중심각 30°인   중심각 60°인
                 부채꼴   부채꼴

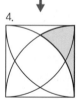

4.

1.~4.의 넓이를 구하면 다음과 같다.

1. 한 변이 a인 정삼각형의 넓이
$$a \times \frac{\sqrt{3}}{2} a \div 2 = \frac{\sqrt{3}}{4} a^2$$

2. 반지름 a, 중심각 30°인 부채꼴의 넓이
$$a \times a \times \pi \times \frac{30}{360} = \pi a^2 \times \frac{1}{12} = \frac{1}{12} \pi a^2$$

3. 반지름 a, 중심각 60°인 부채꼴의 넓이
$$\pi a^2 \times \frac{60}{360} = \frac{1}{6} \pi a^2$$

4. P의 넓이
$$\frac{\sqrt{3}}{4} a^2 + \frac{1}{12} \pi a^2 - \frac{1}{6} \pi a^2 = \frac{\sqrt{3}}{4} a^2 - \frac{1}{12} \pi a^2$$

색칠된 부분의 넓이는 정사각형 넓이에서 P의 넓이의
4배를 빼서 구한다.

$$a^2 - \left(\frac{\sqrt{3}}{4} a^2 - \frac{1}{12} \pi a^2 \right) \times 4 = a^2 - \sqrt{3} a^2 + \frac{\pi}{3} a^2$$
$$= \left(1 - \sqrt{3} + \frac{\pi}{3} \right) a^2$$

12

|정답| ③

|해설|

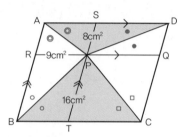

점 P를 지나고 $\overline{AB}$, $\overline{AD}$에 평행한 직선을 그었을 때, $\overline{PQ}$
를 연장하여 $\overline{AB}$와의 교점을 R로 하고, P를 지나 $\overline{AB}$에
평행한 선을 그었을 때 $\overline{AD}$, $\overline{BC}$와의 교점을 각각 S, T로
한다. △PBT의 넓이를 ○, △PTC의 넓이를 □, △ASP
의 넓이를 ◎, △SDP의 넓이를 ●로 하면

△APD와 △BPC의 합 $= ○ + ◎ + □ + ●$
$\qquad\qquad\qquad\qquad = 8 + 16 = 24(cm^2)$

$\square ABCD = ○ + ◎ + □ + ● + ○ + ◎ + □ + ●$
$\qquad\qquad = (○ + ◎ + □ + ●) \times 2$

따라서 $\square ABCD$의 넓이는 $24 \times 2 = 48(cm^2)$이다.
△CDP의 넓이는 $\square ABCD$에서 △ADP, △ABP, △BCP의
넓이를 빼면 되므로 $48 - (8 + 9 + 16) = 48 - 33 = 15(cm^2)$
이다.

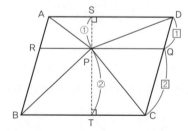

이때 $\square ABCD$는 평행사변형이므로 $\overline{AD} = \overline{BC}$이다. 즉,
△APD와 △BCP는 밑변이 같으므로 넓이의 비는 높이의
비가 된다.

따라서 △APD와 △BCP의 높이의 비는 8 : 16=1 : 2이고 $\overline{AD}$ ∥ $\overline{PQ}$이므로 $\overline{DQ}$: $\overline{QC}$=1 : 2이다.

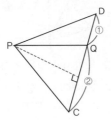

△PCQ와 △DPQ의 넓이의 비는 2 : 1이므로 △CDP와 △DPQ의 넓이의 비는 (2+1) : 1=3 : 1이다.

따라서 △DPQ의 넓이는 15 : △DPQ=3 : 1

∴ △DPQ=15×1÷3=5(cm²)이다.

13

| 정답 | ③

| 해설 | △DEF의 넓이를 구하기 위해 $\overline{DF}$: $\overline{FB}$의 비를 구해야 하므로 닮은꼴 삼각형을 이용한다.

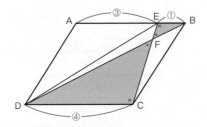

△FDC와 △FBE가 닮은꼴이므로 다음 식이 성립한다.

$\overline{DC}$: $\overline{EB}$=(3+1) : 1=4 : 1

$\overline{DF}$: $\overline{FB}$=4 : 1

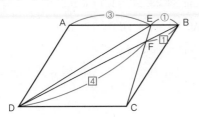

△ABD의 넓이는 □ABCD의 넓이의 반이므로 240÷2=120(cm²)이다. △BDE는 △ADE와 높이가 같고 밑변의 비가 $\overline{AE}$: $\overline{BE}$=3 : 1이므로 △ADE와 △BDE의 넓이의 비도 3 : 1이다.

따라서 △BDE의 넓이는 120 : △BDE=4 : 1

△BDE=120×1÷4=30(cm²)이다.

또한 △EDF와 △BDE도 높이가 같고 밑변의 비는 $\overline{DF}$: $\overline{DB}$=4 : (4+1)=4 : 5이므로 △DEF와 △BDE의 넓이의 비도 4 : 5이다.

따라서 △DEF의 넓이는 △DEF : 30=4 : 5

△DEF=30×5÷4=24(cm²)이다.

14

| 정답 | ③

| 해설 | △ADE와 △CBE의 넓이의 비는 64 : 144=4 : 9 =2² : 3²이므로 $\overline{AE}$: $\overline{CE}$=2 : 3이다.

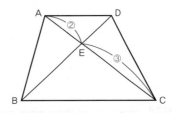

△BEC와 △ABC는 밑변이 같은 삼각형으로, $\overline{CE}$: $\overline{CA}$=3 : (3+2)=3 : 5이므로 넓이의 비도 3 : 5가 된다.

즉 △BEC : △ABC=3 : 5이고, △BEC=144이므로 △ABC의 넓이는 144 : △ABC=3 : 5

따라서 △ABC=144×5÷3=720÷3=240이다.

15

| 정답 | ⑤

| 해설 | 점 D를 지나는 $\overline{BC}$에 평행하는 직선을 긋고, 이것과 $\overline{AE}$와의 교점을 F라 한다.

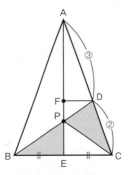

$\overline{FD}$ ∥ $\overline{EC}$이므로 △ADF∞△ACE에서

$\overline{FD}$: $\overline{EC}$=$\overline{AD}$: $\overline{AC}$ ......㉠

테마

21

평면도형

이때 $\overline{AD} : \overline{DC}=3 : 2$이므로

$\overline{AD} : \overline{AC}=3 : 5$ ...... ②

㉠, ㉡으로부터

$\overline{FD} : \overline{EC}=3 : 5$ ...... ㉢

또한 $\overline{FD} /\!/ \overline{BE}$이므로 $\triangle PDF \backsim \triangle PBE$에서

$\overline{PD} : \overline{PB}=\overline{FD} : \overline{EB}$ ...... ㉣

㉢, ㉣로부터

$\overline{PD} : \overline{PB}=3 : 5$

$\triangle CPD : \triangle CPB=\overline{PD} : \overline{PB}=3 : 5$

따라서 $\triangle BEP$와 $\triangle CPD$의 비는

$\triangle BEP : \triangle CPD=\dfrac{1}{2}\triangle CPB : \triangle CPD=5 : 6$이다.

심화문제

테마 21. 평면도형

문제 626쪽

01	⑤	02	①	03	①	04	⑤	05	①
06	③	07	②	08	①	09	③	10	③
11	②	12	③	13	③	14	①	15	⑤
16	②	17	③	18	②	19	④	20	②
21	②	22	④	23	⑤	24	④	25	③
26	⑤	27	⑤	28	③				

01

|정답| ⑤

|해설| $\overline{BD}$와 $\overline{EC}$의 교차점을 F로 하고 $\triangle ACD$에 주목한 후 • 표시가 있는 $\angle EBD$와 $\angle BEC$를 외각의 성질을 이용해 푼다.

$\angle EBD + \angle BEC = \angle BFC$,

$\angle DCE + \angle CDB = \angle BFC$이므로

$\angle EBD + \angle BEC = \angle DCE + \angle CDB$가 된다.

즉, • 표시가 있는 부분의 합은 $\triangle ACD$의 내각의 합이라 할 수 있다.

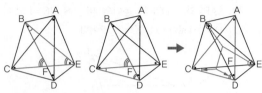

따라서 오각형 중 • 표시가 있는 각의 합은 180°이다.

[별해] $\angle BFE = \angle CFD$이고 삼각형의 내각의 합은 180°로 같으므로 $\angle EBF + \angle BEF = \angle FCD + \angle CDF$이다.

따라서 • 표시된 부분의 합은 $\triangle ACD$의 내각의 합이므로 180°가 된다.

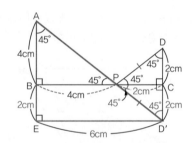

02

|정답| ①

|해설|

점 A → P → D가 최단거리이므로 $\overline{AP}+\overline{PD}$의 길이를 구한다. 이 길이는 $\overline{BC}$에 대하여 그림과 같이 선대칭으로 D를 이동시킨 $\overline{AD}$의 길이와 같다.

$\triangle AED'$는 직각이등변삼각형이며, $\overline{CD}=\overline{CD'}=2(cm)$로 $\overline{BE}=2(cm)$이므로 $\overline{AE}=\overline{ED'}=6(cm)$이다.

$\overline{ED'} : \overline{AD'}=1 : \sqrt{2}=6 : x$

∴ $x=\overline{AD'}=6\sqrt{2}$ (cm)

따라서 A에서 D까지의 최단거리는 $6\sqrt{2}$ cm이다.

03

|정답| ①

|해설| 정n각형의 한 내각의 크기는 $\dfrac{180° \times (n-2)}{n}$이 므로 정팔각형의 한 내각의 크기는 $\dfrac{180° \times (8-2)}{8}=$

135°이다. 따라서 잘린 모서리는 한변의 길이가 a인 직각이등변삼각형이다.

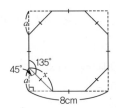

위 그림의 삼각형 부분을 통해 a와 x의 길이를 구한다. 정사각형 한 변의 길이가 8cm이므로

$$2a + x = 8 \qquad\qquad a = \frac{8-x}{2}$$

각 예각의 크기가 45°인 직각이등변삼각형 세 변의 길이의 비는 $1 : 1 : \sqrt{2}$ 이므로

$$1 : \sqrt{2} = \frac{8-x}{2} : x$$

$$x = \frac{\sqrt{2}\,(8-x)}{2}$$

$$2x = \sqrt{2}\,(8-x)$$

$$2x = 8\sqrt{2} - \sqrt{2}\,x$$

$$(2 + \sqrt{2})x = 8\sqrt{2}$$

$$\therefore x = \frac{8\sqrt{2}}{2+\sqrt{2}} = \frac{8\sqrt{2}\,(2-\sqrt{2})}{(2+\sqrt{2})(2-\sqrt{2})}$$

$$= \frac{8\sqrt{2}\,(2-\sqrt{2})}{2^2 - (\sqrt{2})^2} = \frac{8\sqrt{2}\,(2-\sqrt{2})}{2}$$

$$= 8\sqrt{2} - 8$$

04

| 정답 | ⑤

| 해설 | △APD와 △QPC는 닮은꼴이며 넓이는 각각 450 cm², 800cm²이므로 넓이의 비는 450 : 800 = 9 : 16 = 3² : 4²이다. 따라서 길이의 비는 $\overline{DP} : \overline{PC} = 3 : 4$이다.

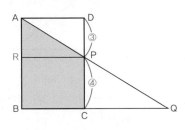

P에서 $\overline{BC}$로 평행한 선과 $\overline{AB}$와의 교점을 R이라고 할 때 △ARP의 넓이는 △APD의 넓이와 같으므로 450cm²이며 직사각형 ARPD의 넓이는 $450 \times 2 = 900(\text{cm}^2)$이다.

또한 $\overline{DP} : \overline{PC} = 3 : 4$이므로 직사각형 ARPD의 넓이와 직사각형 RBCP의 넓이의 비는 3 : 4이다. 따라서 직사각형 RBCP의 넓이는 900 : RBCP = 3 : 4이므로 RBCP = $900 \times 4 \div 3 = 1,200(\text{cm}^2)$이다.

따라서 사각형 ABCP의 넓이는 △ARP의 넓이+직사각형 RBCP의 넓이이므로 $450 + 1200 = 1,650(\text{cm}^2)$이다.

05

| 정답 | ①

| 해설 |

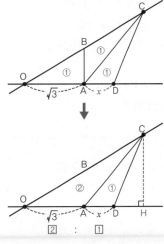

원 안의 숫자는 넓이의 비, 네모 안의 숫자는 길이의 비를 나타낸다.

$$\triangle OAB = \triangle ABC = \triangle ACD \qquad \cdots\cdots \, \text{㉠}$$

$$\triangle OAC = \triangle OAB + \triangle ABC \qquad \cdots\cdots \, \text{㉡}$$

㉠, ㉡에서

$$\triangle OAC : \triangle ACD = 2 : 1 \qquad \cdots\cdots \, \text{㉢}$$

또, △OAC와 △ACD의 높이는 $\overline{CH}$로 같으므로

$$\triangle OAC : \triangle ACD = \overline{OA} : \overline{AD} \qquad \cdots\cdots \, \text{㉣}$$

㉢, ㉣에서 $\overline{OA} : \overline{AD} = 2 : 1 = \sqrt{3} : x$

$$\therefore x = \frac{\sqrt{3}}{2}$$

테마

21

평면도형

06

| 정답 | ③

| 해설 | 사다리꼴의 넓이 $= \dfrac{(윗변+아랫변) \times 높이}{2}$ 에서 A, B, C의 높이는 동일하므로 (윗변+아랫변)의 길이가 같으면 넓이가 같다.

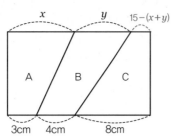

가로 총 길이가 $3+4+8=15$(cm)이므로 윗변을 위 그림과 같이 두고 식을 세우면 다음과 같다.

$3+x=4+y=15-(x+y)+8$

두 개씩 묶어 연립방정식을 세우면,

$\begin{cases} 3+x=4+y & x=y+1 \quad \cdots\cdots ㉠ \\ 4+y=15-(x+y)+8 & x+2y=19 \cdots\cdots ㉡ \end{cases}$

㉠을 ㉡에 대입하면,

$y+1+2y=19 \qquad 3y=18$

$\therefore y=6$(cm), $x=7$(cm)

따라서 $(x+y)^2=(7+6)^2=169$이다.

07

| 정답 | ②

| 해설 |

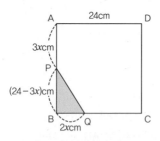

x초 후 $\triangle PBQ$의 넓이는 $\dfrac{1}{2} \times 2x \times (24-3x) = -3(x^2 -8x) = -3(x-4)^2+48$이므로 $\triangle PBQ$의 넓이는 4초 후에 최대가 됨을 알 수 있다. 따라서 4초 후 $\triangle PBQ$의 둘레의 길이는 $(24-12)+(2\times4)+\sqrt{(24-12)^2+(2\times4)^2} = 20+4\sqrt{13}$ (cm)이다.

08

| 정답 | ①

| 해설 | 산책로의 폭을 xm라 하면 다음과 같은 식이 성립한다.

$(18\times10)-18x-10x+x^2=153$

$x^2-28x+27=0$

$(x-27)(x-1)=0$

$\therefore x=1$ 또는 $x=27$

산책로의 폭은 10m 미만이어야 하므로 1m이다.

09

| 정답 | ③

| 해설 | 아래 그림과 같이 점 P에서 $\overline{BC}$, $\overline{AB}$, $\overline{AD}$, $\overline{DC}$로 수직인 선을 그어 $\overline{BC}$와의 교점을 E, $\overline{AB}$와의 교점을 F, $\overline{AD}$와의 교점을 G, $\overline{DC}$와이 교점을 H로 한다.

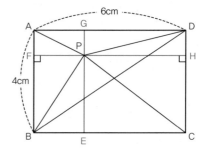

$\triangle ABP$와 $\triangle CDP$의 넓이의 비는 1 : 2이며 밑변이 $\overline{AB}=\overline{CD}$로 같으므로 높이의 비도 1 : 2가 되어 $\overline{BE}:\overline{EC}=\overline{FP}:\overline{HP}=1:2$이다.

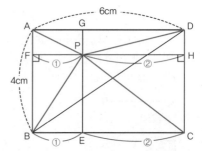

$\triangle ADP$와 $\triangle BCP$의 넓이의 비는 1 : 3이며 밑변의 길이가 $\overline{AD}=\overline{BC}$로 같으므로 높이의 비도 1 : 3이 되어 $\overline{GP}:\overline{EP}=\triangle ADP:\triangle BPC=1:3$이다.

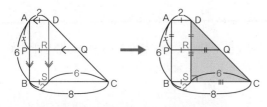

$\overline{BE}:\overline{EC}=1:2$이고 $\overline{AD}=6$cm이므로 $\overline{BE}=2$cm, $\overline{AF}:\overline{FB}=1:3$이고 $\overline{AB}=4$cm이므로 $\overline{AF}=1$cm이다. $\triangle BPD=\triangle ABD-(\triangle APB+\triangle APD)$이므로 $\triangle ABD=12$cm^2, $\triangle APB=4$cm^2, $\triangle APD=3$cm^2, $\triangle BPD=12-(4+3)=5(cm^2)$이다.

10

| 정답 | ③

| 해설 | 아래 그림과 같이 사다리꼴의 점 D에서 $\overline{BC}$까지 $\overline{AB}$에 평행이 되는 보조선을 긋고, $\overline{PQ}$와의 교차점을 R, $\overline{BC}$와의 교차점을 S라 한다.

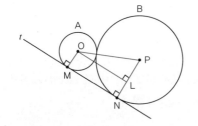

$\triangle DSC$는 $\overline{DS}=\overline{CS}$인 직각이등변삼각형이므로, $\overline{AP}=\overline{DR}=\overline{RQ}=x$가 된다.

따라서 $\overline{PQ}=\overline{PR}+\overline{RQ}=x+2$이다.

11

| 정답 | ②

| 해설 |

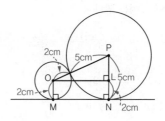

그림과 같이 원의 중심과 접점, 중심과 중심을 연결한 뒤 O에서 $\overline{PN}$으로 수직인 선을 긋고, 교점을 L로 둔다.

위의 그림에 따라
$\overline{PO}=5+2=7($cm$)$
$\overline{PL}=5-2=3($cm$)$

한편 $\triangle OLP$에서 $\overline{OL}^2+\overline{PL}^2=\overline{PO}^2$이므로
$\overline{OL}^2=\overline{PO}^2-\overline{PL}^2=7^2-3^2=49-9=40$
$\overline{OL}=\sqrt{40}($cm$)$

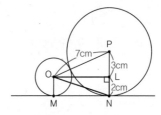

또한 $\triangle ONL$에서 $\overline{ON}^2=\overline{OL}^2+\overline{LN}^2$이므로
$\overline{ON}^2=40+2^2=44$
$\overline{ON}=\sqrt{44}=2\sqrt{11}(cm)$

12

| 정답 | ③

| 해설 |

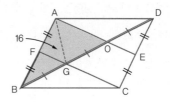

$\overline{AB}$의 이등분점을 F라 하고 $\overline{CF}$와 $\overline{BD}$의 교차점을 G라 한다.

• $\overline{AE}/\!/\overline{FC}$, $\overline{DE}=\overline{CE}$에 의하여 $\overline{DO}=\overline{OG}$
• $\overline{AE}/\!/\overline{FC}$, $\overline{BF}=\overline{FA}$에 의하여 $\overline{BG}=\overline{GO}$
  → $\overline{BG}=\overline{GO}=\overline{OD}$

테마
21
평면도형

△ABD에서 $\overline{BG}$, $\overline{GO}$, $\overline{OD}$의 길이가 같고 각 3개의 삼각형(△ABG, △AGO, △AOD)의 높이도 같으므로 이들 3개 삼각형의 넓이는 같다.

즉, $\triangle ABG = \triangle ABD \times \frac{1}{3}$이므로 $\triangle ABO = \frac{2}{3} \triangle ABD$

$\rightarrow \triangle ABD = \frac{3}{2} \triangle ABO = \frac{3}{2} \times 16 = 24(\text{cm}^2)$

(or $\triangle ABD = \frac{1}{2} \triangle ABO \times 3$)

따라서 $\square ABCD = 2 \times \triangle ABD = 2 \times 24 = 48(\text{cm}^2)$이다.

[빠른 풀이]

$\overline{BG} = \overline{GO} = \overline{OD}$에 따라 $\triangle ABG = \frac{1}{3} \triangle ABD$이고

$\triangle ABD = \frac{1}{2} \square ABCD$이므로

$\square ABCD = \left(\frac{1}{2} \triangle ABO \times 3 \right) \times 2$

$= \triangle ABO \times 3 = 16 \times 3 = 48(\text{cm}^2)$

13

| 정답 | ③

| 해설 |

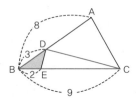

1. 보조선 $\overline{DC}$를 긋는다.

2. $\overline{AB}$를 밑변이라 생각하면 △ABC와 △DBC의 높이는 동일하므로 이 둘의 넓이는 밑변 길이의 비에 의하여,

$\triangle ABC : \triangle DBC = 8 : 3 \Rightarrow \triangle DBC = \frac{3}{8} \triangle ABC$

3. △DBC는 △DBE와 높이가 같으므로 마찬가지로 밑변 길이의 비에 의하여,

$\triangle DBC : \triangle DBE = 9 : 2 \Rightarrow \triangle DBE = \frac{2}{9} \triangle DBC$

$\therefore \triangle DBE = \frac{2}{9} \triangle DBC = \frac{2}{9} \times \frac{3}{8} \triangle ABC$

$= \frac{2}{9} \times \frac{3}{8} \times 84 = 7(\text{m}^2)$

14

| 정답 | ①

| 해설 | 말이 움직일 수 있는 범위를 그림으로 나타내면 다음과 같다. 그림의 X 부분에서는 반지름 7m 범위로 자유롭게 움직일 수 있지만, 그 외의 부분은 건물의 모서리에 끈이 걸리게 된다.

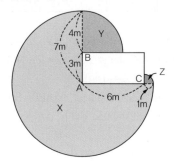

X 부분은 중심이 A, 반지름이 7m, 중심각이 270°인 부채꼴이므로 넓이는

$7 \times 7 \times \pi \times \frac{270}{360} = 49\pi \times \frac{3}{4} = \frac{147}{4} \pi(\text{m}^2)$

Y 부분은 중심이 B, 반지름 $7 - 3 = 4(\text{m})$, 중심각이 90°인 부채꼴이므로 넓이는

$4 \times 4 \times \pi \times \frac{90}{360} = 16\pi \times \frac{1}{4} = 4\pi(\text{m}^2)$

Z 부분은 중심이 C, 반지름이 $7 - 6 = 1(\text{m})$, 중심각이 90°인 부채꼴이므로 넓이는

$1 \times 1 \times \pi \times \frac{90}{360} = \frac{1}{4} \pi(\text{m}^2)$

따라서 구하는 넓이의 합은

$X + Y + Z = \frac{147}{4} \pi + 4\pi + \frac{1}{4} \pi = \left(\frac{147}{4} + \frac{1}{4} + 4 \right) \pi$

$= \left(\frac{148}{4} + 4 \right) \pi = (37 + 4)\pi = 41\pi(\text{m}^2)$

$\pi = 3.14$이므로 $41 \times 3.14 = 128.74(\text{m}^2)$이다.

15

| 정답 | ⑤

| 해설 | $\angle EBF = \angle BEF = 60°$이므로 △EBF는 정삼각형이다. $\square ABCD$에서 $\overline{EF} /\!/ \overline{GH}$이므로 △GHD도 정삼각형이다.

$\overline{EB} = \overline{BF} = x$라고 하면

$\overline{AE} : \overline{CF} = (8-x) : (10-x) = 2 : 3$

$2(10-x) = 3(8-x)$

$x = \overline{BE} = 4$

$\overline{CD} = 8$, $\overline{CH} = 3$이므로, $\overline{HD} = 8 - 3 = 5$이다. △EBF와 △GHD는 둘 다 정삼각형이고 닮은꼴이므로 넓이의 비는 한 변의 길이의 제곱 비와 같다.

따라서 $S_1 : S_2 = 4^2 : 5^2 = 16 : 25$이다.

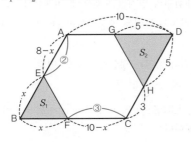

이므로 두 각이 같은 닮은꼴이다. 닮은꼴 삼각형에서는 대응하는 변의 길이 비가 모두 같으므로 $\overline{AD} : \overline{AC} = \overline{FD} : \overline{BC} = \overline{AF} : \overline{AB} = 5 : 13$이다. $\overline{AC} = 12(cm)$이므로

$5 : 13 = \overline{AD} : 12$

$\overline{AD} = 5 \times 12 \div 13 = \dfrac{60}{13}$

△CBE와 △CHG도 닮은꼴이므로

$\overline{CB} : \overline{CH} = \overline{BE} : \overline{HG} : \overline{CE} : \overline{CG} = 5 : 13$

따라서 $\overline{HG} = 5(cm)$이므로

$5 : 13 = \overline{BE} : 5$

$\overline{BE} = 5 \times 5 \div 13 = \dfrac{25}{13}$

따라서 $\overline{DE} = \overline{AB} - \overline{AD} - \overline{EB}$이므로

$\overline{DE} = 13 - \dfrac{60}{13} - \dfrac{25}{13} = \dfrac{84}{13}(cm)$이다.

16

| 정답 | ②

| 해설 |

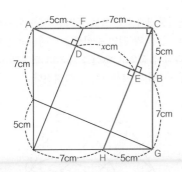

$\overline{AC} = 12(cm)$, $\overline{BC} = 5(cm)$이므로

$\overline{AC}^2 + \overline{BC}^2 = \overline{AB}^2$에 의해

$\overline{AB}^2 = 12^2 + 5^2 = 169$

$\overline{AB} = 13(cm)$

△CHG에서도 $\overline{CG}^2 + \overline{HG}^2 = \overline{CH}^2$이므로

$\overline{CH}^2 = 12^2 + 5^2$

$\overline{CH} = 13(cm)$

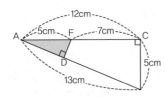

△ADF와 △ACB는 ∠ADF = ∠ACB = 90°, ∠FAD = ∠BAC

17

| 정답 | ③

| 해설 | $\overline{AC}$와 $\overline{BD}$의 교차점을 G라 하고 점 G에서 $\overline{BC}$에 내린 수직선과의 교차점을 H, 점 D에서 $\overline{BC}$에 내린 수직선과의 교차점을 F라 한다.

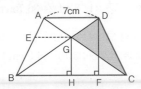

먼저 주어진 조건에 따라 각 변의 길이를 구한다.

$\overline{AD} : \overline{BC} : \overline{DC} = 1 : 2.5 : 1.25$

$\overline{AD} = 7(cm)$이므로 $7 : \overline{BC} : \overline{DC} = 1 : 2.5 : 1.25$

$\overline{BC} = 7 \times 2.5 = 17.5$

$\overline{DC} = 7 \times 1.25 = 8.75$

두 밑각이 서로 같은 정사다리꼴이므로

$\overline{FC} = (17.5 - 7) \times \dfrac{1}{2} = 10.5 \times \dfrac{1}{2} = 5.25(cm)$

피타고라스의 정리에 의해 $\overline{DF}$의 길이를 구할 수 있다.

$8.75^2 = 2.25^2 + \overline{DF}^2$

$\overline{DF} = \sqrt{8.75^2 - 5.25^2} = \sqrt{76.5625 - 27.5625}$

$= \sqrt{49} = 7(cm)$

따라서 $\triangle$DBC의 넓이 $=\frac{1}{2}\times17.5\times7=61.25(\text{cm}^2)$이다.

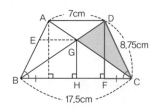

다음 $\triangle$BGC의 넓이를 구하기 위해 $\overline{AE}$와 $\overline{EB}$의 비율을 이용하여 $\overline{GH}$의 길이를 구한다. 삼각형이 닮은꼴일 때는 세 쌍의 대응하는 변의 길이의 비가 일정하고, 대응하는 세 쌍의 각의 크기가 같다.

즉 $3\overline{AE}=2\overline{EB}\rightarrow\overline{AE}:\overline{EB}=2:3$이므로 $\overline{DC}$도 같은 비율로 나눌 수 있다.

$\overline{DF}:\overline{GH}=5:3=7:\overline{GH}$

$\overline{GH}=3\times7\div5=4.2(\text{cm})$

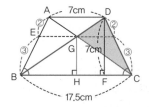

$\triangle$BGC의 넓이는 $\frac{1}{2}\times17.5\times4.2=36.75(\text{cm}^2)$이다.

따라서 $\triangle$DGC의 넓이 $=\triangle$DBC의 넓이 $-\triangle$BGC의 넓이이므로 $\triangle$DGC $=61.25-36.75=24.5(\text{cm}^2)$

빠른 풀이

1. $\overline{DF}$를 구할 때 소수점이 있어 제곱을 계산하기 힘드므로 '$a^2-b^2=(a+b)(a-b)$' 공식을 이용한다.

   $\overline{DF}=\sqrt{a^2-b^2}=\sqrt{(a+b)(a-b)}$
   $=\sqrt{(8.75+5.25)(8.75-5.25)}$
   $=\sqrt{14\times3.5}=\sqrt{49}=7(\text{cm})$

2. $\triangle$DBC와 $\triangle$DGC의 밑변이 같으므로 각 넓이를 따로 구하지 않고 $\overline{GH}$를 구한 후 한 번에 풀면 계산 소요시간을 단축할 수 있다.

   $\triangle$DGC의 넓이 $=\triangle$BDC의 넓이 $-\triangle$BGC의 넓이
   $=\frac{1}{2}\times\overline{BC}\times(\overline{DF}-\overline{GH})$
   $=\frac{1}{2}\times17.5\times(7-4.2)=24.5(\text{cm}^2)$

18

| 정답 | ②

| 해설 | 넓이비는 길이비의 제곱에 비례한다는 것을 이용한다.

(i) 정삼각형의 내심은 무게중심과 일치하고, 무게중심은 높이를 꼭짓점 쪽으로부터 $2:1$로 내분한 점이므로 내접원의 반지름은 높이에 비례한다.

(ii) 정삼각형의 높이는 정삼각형의 한 변의 길이에 비례한다.

즉 내접원의 넓이는 정삼각형의 한 변의 길이에 비례하므로 $S_a:S_b:S_c=a^2:b^2:c^2$이다.

한편, 피타고라스의 정리에 따라 $a^2+b^2=c^2$이므로 $S_a+S_b=S_c$이다.

19

| 정답 | ④

| 해설 | 원기둥 3개를 끈으로 둘러싼 것을 위에서 바라보면 다음과 같다. 각 원의 중심점을 연결하고 원의 중심점에서 끈과의 접점으로 수선을 내리면 가운데 하나의 정삼각형과 세 개의 직사각형이 그려진다.

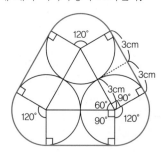

도형의 내각의 합을 이용하면 부채꼴의 중심각이 $120°$가 되고, 부채꼴 3개를 합하면 $120°\times3=360°$가 되므로 끈과 원기둥이 닿아 있는 부분이 원 하나의 둘레가 된다는 것을 알 수 있다.

따라서 $120°$ 부채꼴의 호 길이 $\times3=1$개의 원주(원둘레) 길이 $=2\pi r=2\pi\times3=6\pi(\text{cm})$이다.

한편 원기둥 사이의 끈의 각 부분의 길이는 모두 원의 중심끼리 연결된 원의 반지름 2개를 더한 길이와 같으므로 총 $(3+3)\times3=18(\text{cm})$이다.

따라서 필요한 끈의 총 길이는 $(6\pi+18)\text{cm}$이다.

두 도형의 넓이가 같으므로 $\pi r^2 \times \dfrac{1}{2} = 4\pi r^2 \times \dfrac{x}{360}$

따라서 $x = 45°$이다.

21

| 정답 | ②

| 해설 | $\overline{OD}$와 $\overline{OB}$는 모두 반원 AB의 반지름이므로 △OBD 는 이등변삼각형이다. 따라서 ∠ODB=30°, ∠DOB= 120°이다.

반원 AB의 반지름 $\overline{OB}=r$이라고 하면

$2\pi r \times \dfrac{120}{360} = 10\pi$ $\dfrac{2}{3}r = 10$ $r = 15$이다.

한편 ∠DOA=60°이며 $\overline{BD}$와 $\overline{OC}$가 평행이므로 ∠DOC =∠ODB=30°, ∠AOC=30°이다.

$\overline{AO}=\overline{OB}$이므로 부채꼴 AOC의 넓이는

$15^2 \times \dfrac{30}{360} \times \pi = \dfrac{225}{12}\pi = 18.75\pi$이다.

22

| 정답 | ④

| 해설 | 색칠한 부분은 $\overline{AC}$를 지름으로 하는 반원 안의 색 칠한 부분과 부채꼴 EBF 두 부분으로 구성되어 있다.

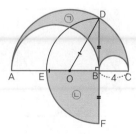

㉠ 우선 $\overline{AC}$를 지름으로 하는 반원 안의 색칠한 부분은 $\overline{AC}$를 지름으로 하는 반원의 넓이에서 $\overline{AB}$를 지름으로 하는 반원과 $\overline{BC}$를 지름으로 하는 반원의 넓이를 뺀 부분이다.

점 B가 $\overline{AC}$를 3 : 1로 나누는 지점이고 $\overline{BC}=4$이므로 $\overline{AB}=12$, $\overline{AC}=16$이므로 $\overline{AC}$를 지름으로 하는 반원의 넓이는

$8^2 \times \dfrac{1}{2} \times \pi = 32\pi$

부채꼴의 호의 길이 · 넓이

반지름 r, 중심각 $x°$인 부채꼴의 호의 길이를 l, 넓이를 S라 하면 다음과 같다.

- $l = 2\pi r \times \dfrac{x}{360}$

- $S = \pi^2 \times \dfrac{x}{360} = \dfrac{1}{2}rl$

20

| 정답 | ②

| 해설 | 중앙의 색칠되지 않은 부분을 T라고 할 때 $P+Q=R+S$이므로 $P+Q+T=R+S+T$이다.

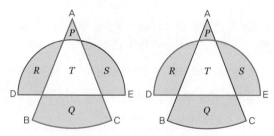

따라서 부채꼴 ABC와 반원 DE의 넓이는 같다.

반원의 반지름을 2라고 하면 $\overline{DE}$는 4이다. 따라서 넓이 는 $2 \times 2 \times \pi \div 2 = 2\pi$이다.

부채꼴 ABC에서 ∠BAC=x라고 할 때 $\overline{AB}=\overline{DE}$이므로 $\overline{AB}=4$이다.

따라서 부채꼴의 넓이는 $4 \times 4 \times \pi \times \dfrac{x}{360} = 16\pi \times \dfrac{x}{360}$

$16\pi \times \dfrac{x}{360} = 2\pi$

$16x = 720$

$x = 45$

따라서 ∠BAC=45°이다.

빠른 풀이

반원의 반지름을 r로 하면 $\overline{DE}=2r$이므로 넓이는 $\pi r^2 \times \dfrac{1}{2}$이다. 다음 부채꼴 ABC에 대해 ∠BAC=$x$라고 할 때

반지름 $\overline{AB}=\overline{DE}=2r$이므로 넓이는 $\pi(2r)^2 \times \dfrac{x}{360} = 4\pi r^2 \times \dfrac{x}{360}$이다.

$\overline{AB}$를 지름으로 하는 반원의 넓이는

$6^2 \times \dfrac{1}{2} \times \pi = 18\pi$

$\overline{BC}$를 지름으로 하는 반원의 넓이는

$2^2 \times \dfrac{1}{2} \times \pi = 2\pi$

따라서 $\overline{AC}$를 지름으로 하는 반원 안의 색칠한 부분의 넓이는 $32\pi - (18\pi + 2\pi) = 12\pi$이다.

ⓒ $\overline{AC}$를 지름으로 하는 반원의 중점을 O라고 할 때, $\overline{OD}$는 반원의 반지름이므로 $\overline{OD} = 8$, $\overline{OB}$는 $\overline{AB}$에서 반지름 $\overline{AO}$를 뺀 길이이므로 $\overline{OB} = 12 - 8 = 4$이다.

이때 $\overline{OD}^2 = \overline{OB}^2 + \overline{BD}^2$이 성립하므로

$8^2 = 4^2 + \overline{BD}^2 \qquad \overline{BD}^2 = 8^2 - 4^2 = 48$이 된다.

부채꼴 EBF은 $\overline{BD}$를 반지름으로 하므로, 부채꼴 EBF의 넓이는 $\overline{BD}^2 \times \pi \times \dfrac{1}{4} = \dfrac{48}{4}\pi = 12\pi$이다.

따라서 색칠한 부분의 합은 $12\pi + 12\pi = 24\pi$이다.

23

| 정답 | ⑤

| 해설 | 정사각형 B의 한 변의 길이를 b로 두고, 그림과 같이 점 P, Q, R, S, T를 둔다.

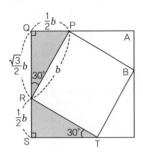

$\triangle PQR$은 $30°$, $60°$, $90°$의 직각삼각형이며, 또 $\triangle RST$와 $\triangle PQR$이 합동이므로, 위 그림과 같이 각각 길이가 정해진다. $\overline{QR} + \overline{RS} = 1$이므로,

$\dfrac{\sqrt{3}}{2}b + \dfrac{1}{2}b = 1$

$b = \dfrac{2}{\sqrt{3}+1} = \sqrt{3} - 1$

따라서 정사각형 B의 한 변의 길이는 정사각형 A 한 변의 길이의 $(\sqrt{3}-1)$배다. 마찬가지로, 정사각형 C의 한 변의 길이는 정사각형 B 한 변의 길이의 $(\sqrt{3}-1)$배가 된다. 따라서 정사각형 C의 한 변의 길이는 $(\sqrt{3}-1)(\sqrt{3}-1) = 3 - 2\sqrt{3} + 1 = 4 - 2\sqrt{3}$이다.

24

| 정답 | ④

| 해설 |

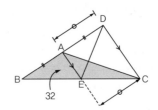

$\triangle ABC$와 $\triangle DBE$ 중 $\triangle ABE$는 공통된 부분으로 속해 있다. $\triangle ACE$와 $\triangle ADE$는 밑변이 같고, $\overline{AE}$와 $\overline{DC}$가 평행하므로 높이도 같으므로 '삼각형의 넓이 $= \dfrac{1}{2} \times$밑변의 길이 $\times$높이'에 의해 두 삼각형의 넓이 또한 같다.

따라서 $\triangle DBE$의 넓이는 $32\mathrm{m}^2$이다.

25

| 정답 | ③

| 해설 |

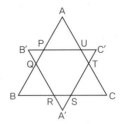

위 그림과 같이 점 P, Q, R, S, T, U를 정하면, $\triangle APU$, $\triangle BRQ$, $\triangle CTS$는 합동인 정삼각형이며 $\triangle B'PQ$, $\triangle A'RS$, $\triangle C'TU$도 합동인 정삼각형이다(위 그림은 $\overline{AA'}$에 관하여 대칭이므로, $\triangle BRQ \equiv \triangle CTS$, $\triangle B'PQ \equiv \triangle C'TU$라고 할 수 있으며 다른 정삼각형에 대해서도 같다). 조건에 따라 $\triangle APU : \triangle B'PQ = 9 : 4$이므로 한 변의 길이의 비가 3 : 2이다.

$\overline{AP}=3$, $\overline{B'P}=2$라고 설정하면, 각 변의 길이는 다음 그림과 같다.

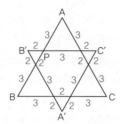

△A'B'C'의 한 변의 길이는 7, △ABC의 한 변의 길이는 8이 된다.

따라서 두 정삼각형 넓이의 비는 $7^2:8^2=49:64$이다.

26

| 정답 | ⑤

| 해설 |

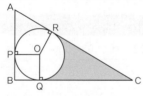

원과 각 변의 접점을 위 그림과 같이 P, Q, R이라 한다. 원의 중심을 O, 원의 반경을 r이라 하면, $\angle OAP = \angle RAO = 30°$이므로,

$\overline{AP}+\overline{PB}=\sqrt{3}\,r+r=(\sqrt{3}+1)r$

$\overline{AB}=1+\sqrt{3}$이므로,

$(\sqrt{3}+1)r=1+\sqrt{3}$

$r=1$

또, $\angle C=30°$이므로, $\angle QOR=180°-30°=150°$

따라서 부채꼴 ORQ의 넓이는 $\pi \times 1^2 \times \dfrac{150}{360}=\dfrac{5}{12}\pi$이다.

다음으로 $\overline{BC}=\sqrt{3}\,\overline{AB}=\sqrt{3}\,(1+\sqrt{3})=3+\sqrt{3}$, $\overline{BQ}=1$, $\overline{QC}=2+\sqrt{3}$이므로,

$\square OQCR=2\triangle OQC=2 \times \dfrac{(2+\sqrt{3}) \times 1}{2}=2+\sqrt{3}$

따라서 색칠된 부분의 넓이는 $\square OQCR$에서 부채꼴 ORQ를 뺀 $2+\sqrt{3}-\dfrac{5}{12}\pi$이다.

27

| 정답 | ⑤

| 해설 |

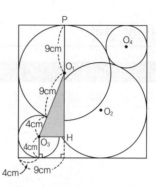

위 그림과 같이 점 P, H를 정했을 때, $\overline{O_1H}$의 길이를 알면 정사각형 한 변의 길이를 구할 수 있다.

$\overline{O_1O_3}$의 길이는 원 O_1과 원 O_3의 반지름의 합이므로 $4+9=13(cm)$이다. 또한 $\overline{O_3H}$의 길이는 원 O_1과 원 O_3의 반지름의 차이므로 $9-4=5(cm)$이다.

피타고라스 정리에 따라 $\overline{O_1H}^2+\overline{O_3H}^2=\overline{O_1O_3}^2$이므로

$\overline{O_1H}^2=13^2-5^2=144$

$\overline{O_1H}=12(cm)$이다.

따라서 정사각형 한 변의 길이는 $9+\overline{O_1H}+4=9+12+4=25(cm)$이다.

28

| 정답 | ③

| 해설 |

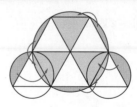

색칠된 부분들을 위와 같이 이동시켜보면 반지름이 6cm이고 중심각의 크기가 60°인 부채꼴 3개가 된다. 부채꼴의 넓이는 $6 \times 6 \times \dfrac{60}{360}\pi=6\pi(cm^2)$이고, 부채꼴이 3개가 있으므로 색칠된 부분의 넓이는 $18\pi\,cm^2$이다.

테마 22 입체도형

유형 1 겉넓이 공략

							문제 638쪽
01	⑤	02	④	03	①	04	③

01

|정답| ⑤

|해설| 정육면체의 모서리는 12개이므로 모든 모서리 길이의 합이 144cm인 정육면체의 한 모서리의 길이는 12cm이다. 따라서 이 정육면체의 겉넓이는 $6 \times 12^2 = 864(\text{cm}^2)$이다.

02

|정답| ④

|해설| 직육면체의 모습은 아래와 같다.

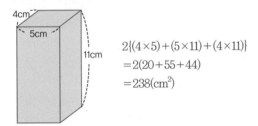

$$2\{(4 \times 5) + (5 \times 11) + (4 \times 11)\}$$
$$= 2(20 + 55 + 44)$$
$$= 238(\text{cm}^2)$$

따라서 겉넓이는 238cm²이다.

03

|정답| ①

|해설| 잘라낸 부분을 다시 붙였다고 가정하면, 본래의 직육면체와 일부를 잘라낸 입체도형의 겉넓이가 동일하다는 것을 알 수 있다.

$$2\{(4 \times 5) + (4 \times 4) + (4 \times 5)\}$$
$$= 2(20 + 16 + 20)$$
$$= 112(\text{cm}^2)$$

따라서 겉넓이는 112cm²이다.

04

|정답| ③

|해설| 한 번 자를 때 두 개의 면이 새로 생기므로 다음과 같은 순서로 해결할 수 있다.

자르기 전 정육면체 한 모서리의 길이가 9cm이므로 한 번 잘랐을 때 $9 \times 9 = 81(\text{cm}^2)$의 2배인 162cm²만큼 겉넓이가 늘어난다.

ㄴ과 같이 네 조각으로 자르면 한 번 더 잘라야 하므로 겉넓이는 $162 \times 2 = 324(\text{cm}^2)$만큼 늘어난다.

유형 2 부피 공략

							문제 644쪽
01	④	02	①	03	③	04	③

01

|정답| ④

|해설| 부피는 '밑면의 넓이×높이'이므로 먼저 밑면의 넓이를 계산한다.

$$\text{밑면의 넓이} = \frac{1}{2} \times (3 + 6) \times 4 = 18(\text{cm}^2)$$

따라서 부피는 $18 \times 8 = 144(\text{cm}^3)$이다.

02

|정답| ①

|해설| 전개도를 접으면 다음과 같은 입체도형이 된다.

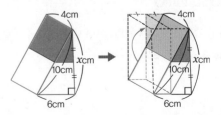

1. x는 피타고라스의 정리에 따라,

$$10^2 = 6^2 + x^2$$

$$x = \sqrt{10^2 - 6^2} = \sqrt{64} = 8(\text{cm})$$

2. 색칠된 입체도형 2개를 겹쳐 놓게 되면 직육면체가 만들어지므로 직육면체의 부피를 구하여 반으로 나누면 색칠된 입체도형의 부피를 구할 수 있다.

3. 색칠된 도형을 겹쳐 놓은 부분은 전체의 $\frac{1}{4}$에 해당 되므로

$$V = \frac{\text{가로} \times \text{세로} \times \text{높이}}{2} \times \frac{1}{4} = \frac{6 \times 4 \times 8}{8}$$

$$= 24(\text{cm}^3)$$

따라서 색칠된 부분의 부피는 24cm³이다.

[별해] 입체도형의 전체 부피를 구하지 않고 작은 직육면 체의 부피만 구해도 된다.

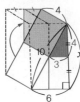

색칠된 부분의 부피는 작은 직육면 체의 $\frac{1}{2}$에 해당되므로 $V = (3 \times 4 \times 4) \times \frac{1}{2} = 24(\text{cm}^3)$이다.

03

| 정답 | ③

| 해설 |

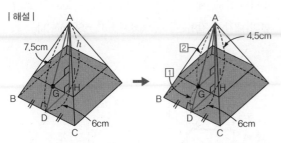

이 전개도로 만들어지는 것은 정사각뿔이며, 색칠된 부분의 부피는 전체 정사각뿔의 부피에서 작은 정사각뿔의 부피를 빼면 된다. 정사각뿔의 부피(V) $= \frac{1}{3} \times$ (밑넓이) $\times$ (높이)이며, 높이는 피타고라스의 정리를 이용하여 구한다.

1. 전체 정사각뿔의 높이($\overline{AH} = h$)

$$7.5^2 = 6^2 + h^2$$

$$h = \sqrt{7.5^2 - 6^2} = \sqrt{56.25 - 36} = \sqrt{20.25}$$

$$= 4.5(\text{cm})$$

$\Rightarrow$ 부피 $V_1 = \frac{1}{3} \times 12^2 \times 4.5 = 216(\text{cm}^3)$

2. 작은 정사각뿔의 높이($\overline{AI}$)

점 G가 $\triangle$ABC의 무게중심이므로

$\overline{AG} : \overline{GD} = 2 : 1$이 되고 $\overline{AD} : \overline{AG} = 3 : 2$

이에 따라

$$\overline{AH} : \overline{AI} = 3 : 2 = 4.5 : \overline{AI}$$

$$\overline{AI} = 3(\text{cm})$$

$$\overline{DH} : \overline{GI} = 3 : 2 = 6 : \overline{GI}$$

$$\overline{GI} = 4(\text{cm})$$

$\Rightarrow$ 부피 $V_2 = \frac{1}{3} \times 8^2 \times 3 = 64(\text{cm}^3)$

$\therefore$ 색칠된 부분의 부피 $= V_1 - V_2 = 216 - 64 = 152(\text{cm}^3)$

04

| 정답 | ③

| 해설 | 속이 뚫린 원기둥의 부피는 '(큰 기둥의 밑넓이 − 작은 기둥의 밑넓이)×높이'이다. 밑넓이는 $36\pi - 9\pi = 27\pi$이고 높이는 8cm이므로 속이 뚫린 원기둥의 부피는 $27\pi \times 8 = 216\pi(\text{cm}^3)$이다.

심화문제

테마 22. 입체도형

									문제 646쪽
01	②	02	④	03	③	04	②	05	②
06	②	07	①	08	④	09	③	10	③

01

| 정답 | ②

| 해설 | 정면에서 본 모양이 삼각형, 위에서 본 모양이 원 이므로 입체도형은 반지름이 3cm인 원을 밑면으로 하는 원뿔이다.

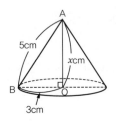

높이를 x cm라 하고,
피타고라스의 정리에 따르면
$$5^2 = 3^2 + x^2$$
$$25 = 9 + x^2$$
$$x^2 = 16$$
$$\therefore \ x = 4 \text{(cm)}$$

따라서 원뿔의 높이는 4cm이다.

02

| 정답 | ④

| 해설 | 이 원뿔의 전개도를 그리면 밑면은
반지름 1인 원이 되고, 옆면은 반지름 12인
부채꼴이 된다. 또한, 부채꼴 호의 길이는
밑면 원의 원주와 같다.

반지름 1인 원과 반지름 12인 원의 원주 비
는 1 : 12이므로 부채꼴은 반지름 12인 원의 $\dfrac{1}{12}$이다. 따

라서 부채꼴의 중심각은 $360 \times \dfrac{1}{12} = 30°$이다.

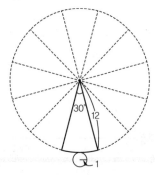

끈을 2바퀴 감으므로 측면의 전개도를 2개 연결한 것과
같다. 최단거리는 전개도 상에서 일직선이 될 때이므로
끈의 최소 길이는 아래 그림의 $\overline{AM}$의 길이이다.

아래 그림에서 $\angle AOB = 30° \times 2 = 60°$, $\triangle OAB$는 $\overline{OA} = \overline{OB}$
$= 12$인 이등변삼각형이므로 $\angle OAB = \angle OBA = (180° - 60°)$
$\div 2 = 60°$이다. 즉, $\triangle OAB$는 정삼각형이다.

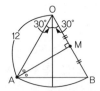

또한 점 M은 $\overline{OB}$의 중점이므로 $\triangle OAM$은 직각삼각형이
다. 따라서 세 변의 비는 $\overline{OM} : \overline{OA} : \overline{AM} = 1 : 2 : \sqrt{3}$ 이다.
$\overline{OA} = 12$이므로 $\overline{OM} = 6$, $\overline{AM} = 6\sqrt{3}$ 이다.
따라서 끈의 최소 길이는 $6\sqrt{3}$ 이다.

03

| 정답 | ③

| 해설 | 다음 그림과 같이 막대를 넣었을 때 막대의 길이
가 최대가 된다.

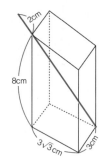

밑면의 가로, 세로 길이가 각각 $3\sqrt{3}$ cm, 3cm이므로 밑
면의 대각선 길이는 $\sqrt{(3\sqrt{3})^2 + 3^2} = 6 \text{(cm)}$이다.

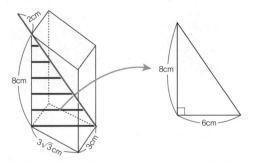

따라서 구매할 막대는 적어도 $\sqrt{6^2 + 8^2} + 2 = 12 \text{(cm)}$ 이
상이어야 한다.

04

| 정답 | ②

| 해설 | 원기둥의 측면을 3회전해서 로프를 두르고 있으므로 점 P에서 점 Q까지 로프로 둘렀다고 하면 아래의 그림과 같이 최단거리를 나타내는 선은 세 부분으로 나눠진다.

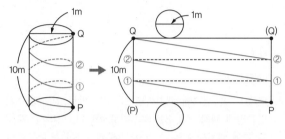

이것을 하나의 직선으로 나타내기 위해 측면 전개도를 옆으로 3개 나열한다.

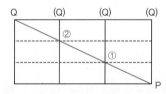

그러면 $\overline{PQ}$는 직각삼각형의 빗변이므로 피타고라스의 정리를 사용해서 길이를 계산할 수 있다. 아래 그림에서 a는 원기둥의 길이이므로 10m, b는 원주의 3배이므로 $3\pi = 9$(m)이다.

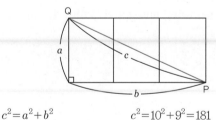

$c^2 = a^2 + b^2$ $\qquad$ $c^2 = 10^2 + 9^2 = 181$

$\therefore c ≒ 13.5$(m)

05

| 정답 | ②

| 해설 | △ABC를 밑면으로 할 때 $\overline{CD}$는 밑면에 직각이므로 삼각뿔 ABCD의 높이는 18cm이다. 그러므로 삼각뿔 ABCD의 부피는 $9 \times 9 \times \dfrac{1}{2} \times 18 \times \dfrac{1}{3} = 243$(cm³)이다.

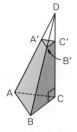
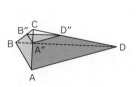

위 그림에서 삼각뿔 ABCD와 삼각뿔 A′B′C′D는 닮음비가 3 : 1이므로 부피비는 $3^3 : 1^3 = 27 : 1$이 된다.

한편 △ABD를 밑면으로 할 때도 물의 양은 바뀌지 않으므로, 오른쪽 그림에서 삼각뿔 ABDC와 삼각뿔 A″B″D″C의 닮음비는 3 : 1이 되고, 이 경우에도 $\dfrac{2}{3}$의 높이까지 물이 들어있다고 말할 수 있다.

삼각뿔 ABDC의 높이를 $x$cm라 하면 다음 식이 성립한다.

$$\left\{ 18^2 - \left(18 \times 9 + 9 \times 9 \times \dfrac{1}{2} \right) \right\} \times x \times \dfrac{1}{3} = 243$$

$\therefore x = 6$(cm)

따라서 삼각뿔 ABDC의 물의 높이는 $6 \times \dfrac{2}{3} = 4$(cm)이다.

06

| 정답 | ②

| 해설 |

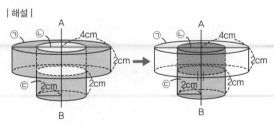

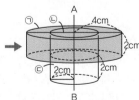

문제의 도형을 회전시킨 그림과 같은 입체도형에서 ⓒ의 부피와 ⓒ의 부피가 같으므로 결국 반지름이 4cm이고, 높이가 2cm인 원기둥의 부피를 구하는 것과 같다.

$\therefore (\pi \times 4^2) \times 2 = 32\pi$(cm³)

07

|정답| ①

|해설| 〈그림 1〉과 같은 평행사변형의 종이를 말아서 원통으로 만들면, $\overline{AD}$와 $\overline{BC}$가 겹쳐, 〈그림 2〉의 정사각형의 종이를 만 원통과 같아진다.

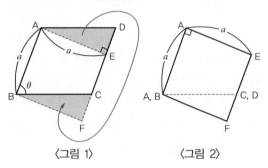

〈그림 1〉　　　〈그림 2〉

즉, θ의 크기와는 상관없이 모두 밑면의 원주가 a, 높이가 a인 원통이 만들어지므로 $V_I = V_{II} = V_{III}$이다.

08

|정답| ④

|해설| 나무토막의 점 P가 용기의 점 A에 접했을 때, 나무토막의 점 Q는 용기의 중심 G와 일치한다.

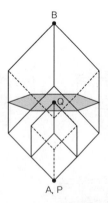

이 용기를 대각선 AB가 수직이 되도록 기울이고, 점 Q까지, 즉 중심 G가 수면에 닿을 때까지 물을 부으면 수면은 중심 G를 지나는 대각선 AB에 수직인 면이 된다. 이 면에서 정육면체(용기)를 절단하면, 두 입체의 부피는 같으므로 다음 식이 성립한다.

(물의 양)＝(용기의 부피)$\times \dfrac{1}{2}$－(나무토막의 부피)

$$= \frac{8 \times 8 \times 8}{2} - 4 \times 4 \times 4 = 192(\text{cm}^3)$$

따라서 나무토막을 제거한 후 밑면에서 수면까지의 높이는 $\dfrac{192}{8 \times 8} = 3(\text{cm})$이다.

09

|정답| ③

|해설| 3을 정면에 배치하면 1은 3의 바로 옆, 5는 3의 맞은편에 위치하고, 8은 3의 위로 향한다. 따라서 7은 3의 옆에 배치되고 9는 3의 아래에 위치하며 점 P와 만나게 된다. 따라서 3+7+9=19이다.

10

|정답| ③

|해설| 물의 부피와 병을 거꾸로 뒤집었을 때 물이 없는 부분의 부피를 더하면 병의 부피를 알 수 있다.

먼저, 병이 똑바로 있을 때 물의 부피는 $\pi r^2 h$이므로 $\pi \times 5^2 \times 15 = 375\pi(\text{cm}^3)$이다.

병을 거꾸로 뒤집었을 때 물이 없는 부분의 부피는 $\pi \times 5^2 \times 7 = 175\pi(\text{cm}^3)$이다. 따라서 병의 부피는 $550\pi\,\text{cm}^3$이다.

<table>
<tr><td>테마
23</td><td>사물(사람)의 이동</td></tr>
</table>

유형 1 | 진로와 방향 공략

문제 | 654쪽

01	⑤	02	④	03	②	04	②	05	③
06	①

01

| 정답 | ⑤

| 해설 | A가 B의 남서쪽에 있으므로 B는 A의 북동쪽에 서 있다.

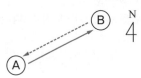

02

| 정답 | ④

| 해설 | 출발지점인 현수네 집을 기준으로 현수가 이동한 경로를 그림으로 그리면 다음과 같다.

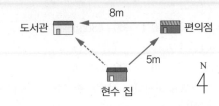

따라서 현수네 집에서 도서관은 북서쪽에 있다.

03

| 정답 | ②

| 해설 | 출발지점인 슬기네 집을 기준으로 슬기가 이동한 경로를 그림으로 그리면 다음과 같다.

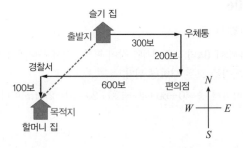

따라서 슬기네 집에서 보았을 때 남서쪽에 할머니 집이 있다.

04

| 정답 | ②

| 해설 | 출발지점인 은희네 집을 기준으로 은희가 이동한 경로를 그림으로 그리면 다음과 같다.

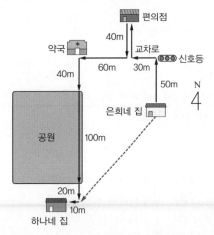

편의점에 들렀던 $40 \times 2 = 80(m)$를 제외하면 이동거리는 $50 + 30 + 60 + 40 + 100 + 20 + 10 = 310(m)$이다.

05

| 정답 | ③

| 해설 | 04의 그림과 같이 거리를 정확한 축척으로 쓰면 방향을 쉽게 파악할 수 있다. 은희는 전체적으로 서쪽을 향해 이동하고 있고, 공원의 길이만큼 크게 남쪽으로 향한다. 공원의 100m의 벽을 지나가면 남쪽으로 향하는 길이의 합계가 은희네 집에서보다 남쪽에 위치한다. 따라서 은희네 집에서 보았을 때 남서쪽에 하나네 집이 있다.

06

| 정답 | ①

| 해설 | **04**의 그림에서와 같이 편의점에서 하나의 집까지 거리를 모두 더하면 된다.

따라서 총 $40+60+40+100+20+10=270\text{(m)}$이다.

유형2 흐름과 비율 공략

									문제 658쪽
01	①	02	⑤	03	③	04	⑤	05	④
06	②	07	④	08	④				

01

| 정답 | ①

| 해설 | 먼저 X를 사용하여 W를 나타내고, Z 지점을 W와 Y를 사용하여 나타낸다.

$W=c\text{X}$ …… ㉠

$Z=d\text{W}+e\text{Y}$ …… ㉡

㉠을 ㉡에 대입하면 $Z=dc\text{X}+e\text{Y}$가 된다.

따라서 그림을 옳게 나타낸 식은 가이다.

02

| 정답 | ⑤

| 해설 | 도착점 Z에서 시작점 W까지의 순서로 거슬러 올라가며 식을 전개한다.

$Z=g\text{Y}+f\text{X}$ …… ㉠

$Y=d\text{W}$ …… ㉡

$X=c\text{W}+e\text{Y}$ …… ㉢

㉡을 ㉠에 대입하면 $Z=dg\text{W}+f\text{X}$ …… ㉣

㉡을 ㉢에 대입하면 $X=c\text{W}+de\text{W}$ …… ㉤

㉤을 ㉣에 대입하면 $Z=dg\text{W}+f(c\text{W}+de\text{W})$

$Z=dg\text{W}+cf\text{W}+def\text{W}$

$\therefore\ Z=(dg+cf+def)\text{W}$

따라서 그림을 옳게 나타낸 식은 나와 다이다.

03

| 정답 | ③

| 해설 | 도착점 D에 대한 사람의 흐름을 나타내는 식을 묻고 있다. 먼저 C와 z를 사용하여 D를 나타내고, C 지점의 유동인구를 x와 y를 사용하여 나타낸다.

$D=z\text{C}$ …… ㉠

$C=x\text{A}+y\text{B}$ …… ㉡

㉡을 ㉠에 대입하면 $D=z(x\text{A}+y\text{B})$

$\therefore\ D=xz\text{A}+yz\text{B}$

따라서 그림을 옳게 나타낸 식은 (다)이다.

04

| 정답 | ⑤

| 해설 | Z에 이르는 경로는 4가지가 있다.

1. $W \to X \to Z$

   $Z=ab\text{W}=0.6\times0.3\times400=72\text{(kg)}$

2. $S \to Z$

   $Z=c\text{S}=0.8\times600=480\text{(kg)}$

3. $S \to U \to Z$

   $Z=df\text{S}=0.2\times0.4\times600=48\text{(kg)}$

4. $T \to U \to Z$

   $Z=ef\text{T}=0.5\times0.4\times300=60\text{(kg)}$

따라서 Z 참고에 도착하는 석탄은 총 $72+480+48+60=660\text{(kg)}$이다.

05

| 정답 | ④

| 해설 | 도착점 Z에서 시작점 V까지의 순서로 거슬러 올라가며 식을 전개한다. 먼저 X와 Y를 사용하여 Z를 나타내고, X와 Y, W도 각각 나타낸다.

$Z=dX+fY$ ...... ㉠

$X=bV+cW$ ...... ㉡

$W=aV$ ...... ㉢

㉢을 ㉡에 대입하면

$X=bV+acV$ ...... ㉣

또한, $Y=eW$ ...... ㉤

㉢을 ㉤에 대입하면 $Y=aeV$ ...... ㉥

㉣과 ㉥을 ㉠에 대입하면

$Z=d(bV+acV)+f(aeV)$

$Z=bdV+acdV+aefV$

$\therefore Z=(bd+acd+aef)V$

따라서 그림을 옳게 나타낸 식은 (가), (나)이다.

06

| 정답 | ②

| 해설 | 05의 (나)가 V에서 출발한 학생이 Z에 도착하는 경우를 나타낸 것이므로 여기에 수를 대입하여 계산한다.

$bd+acd+aef$

$=0.4\times0.6+0.5\times0.35\times0.6+0.5\times0.6\times0.35$

$=0.24+0.105+0.105=0.45$

따라서 V에서 Z로 도착하는 학생의 비율은 45%이다.

07

| 정답 | ④

| 해설 | 도착점 N에서 시작점 A, B, C까지의 순서로 거슬러 올라가며 식을 전개한다. 먼저 K와 M을 사용하여 N을 나타내고, K와 M도 각각 나타낸다.

$N=sK+wM$ ...... ㉠

$K=rA+tB$ ...... ㉡

$M=vL$ ...... ㉢

$L=uC$ ...... ㉣

㉣을 ㉢에 대입하면 $M=uvC$ ...... ㉤

㉡을 ㉠에 대입하면 $N=s(rA+tB)+wM$ ...... ㉥

㉢을 ㉥에 대입하면 $N=s(rA+tB)+vwL$ ...... ㉦

㉣을 ㉦에 대입하면 $N=s(rA+tB)+uvwC$

$\therefore N=srA+rtB+uvwC$

따라서 그림을 옳게 나타난 식은 (가). (다)이다.

08

| 정답 | ④

| 해설 | M을 C까지 거슬러 올라가 식으로 나타내면 M= uvC이다.

$u=0.8,\ v=0.5$이므로, M=$0.8\times0.5\times C=0.4C$

따라서 C에서 L을 경유하여 M에 도착하는 비율은 40% 이다.

심화문제
테마 23. 사물(사람)의 이동

문제662쪽

| 01 | ④ | 02 | ② | 03 | ④ | 04 | ② | 05 | ③ |
| 06 | ② | 07 | ⑤ | 08 | ① | 09 | ③ | 10 | ③ |

01

| 정답 | ④

| 해설 | 출발지점인 개찰구를 기준으로 동민이가 이동한 경로에 따라 그림을 그리면 다음과 같다.

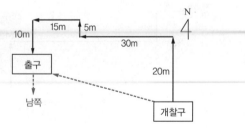

따라서 동민이가 출구에 도착했을 때 바라보고 있는 방향은 남쪽이 된다.

02

| 정답 | ②

| 해설 | 01의 그림과 같은 경로로 이동하게 되므로 개찰구에서 보았을 때 출구는 북서쪽에 있다.

03

| 정답 | ④

| 해설 | 동민이가 걸은 거리는 20+30+5+15+10=80 (m)이다. 매초 2.5m 걷는다면 출구에 도착하는 데 걸린 시간은 80÷2.5=32(초)이다.

04

| 정답 | ②

| 해설 | 출발지점인 x지점을 기준으로 남준이가 이동한 경로를 그림으로 그리면 다음과 같다.

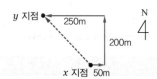

따라서 y지점은 x지점에서 볼 때 북서쪽에 있다.

05

| 정답 | ③

| 해설 | 출발지점은 학교를 기준으로 라희가 이동한 경로에 따라 그림을 그리면 다음과 같다.

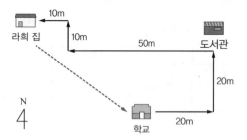

따라서 라희의 집에서 보았을 때 학교는 남동쪽이다.

06

| 정답 | ②

| 해설 | 05 해설에 따르면 라희가 이동한 거리는 총 20+20+50+10+10=110(m)이다.

07

| 정답 | ⑤

| 해설 | 도착점 K에서 A, B, C로 거슬러 올라가며 식을 전개한다.

$K=y\mathrm{B}+z\mathrm{C}$ ...... ㉠

$\mathrm{B}=w\mathrm{A}$ ...... ㉡

$\mathrm{C}=x\mathrm{B}$ ...... ㉢

(가) K를 C와 B로 정리한 식이므로 ㉠에 수치를 대입하면 K=0.6B+0.9C로 옳다.

(나) K를 B로 정리한 식이므로 ㉢을 ㉠에 대입하면

$K=y\mathrm{B}+zx\mathrm{B}$

수치를 대입하면

$K=0.6\mathrm{B}+0.9\times0.4\mathrm{B}$

K=0.6B+0.36B이므로 옳지 않다.

(다) K를 A로 정리한 식이므로 ㉢을 ㉠에 대입하면

$K=y\mathrm{B}+zx\mathrm{B}$

㉡을 ㉠에 대입하면

$K=yw\mathrm{A}+zxw\mathrm{A}$

수치를 대입하면

$K=0.6\times0.8\mathrm{A}+0.9\times0.4\times0.8\mathrm{A}$

K=0.48A+0.288A이므로 옳다.

따라서 그림을 옳게 나타낸 식은 (가), (다)이다.

> **보충 플러스+**
>
> (가), (나), (다)에 주어진 식이 각각 C+B, B, A로 이루어진 것이므로 해당하는 회사만 포함하는 부분인 B와 C만 합쳐지는 경로, B로만 이루어진 경로, A로만 이루어진 경로만 살핀다.

08

| 정답 | ①

| 해설 | 07의 해설에 따르면 K를 A로 정리한 식은 K=0.48A+0.288A, 즉 K=0.768A이다. 따라서 K=9,984를 대입하면

9,984=0.768A

∴ A=13,000(개)

09

|정답| ③

|해설| 도착점 Z에서 X, Y, V로 거슬러 올라가면서 식을 전개한다.

$$Z = eX + fY + cV \quad\quad \cdots\cdots \ ㉠$$

$$X = dY \quad\quad\quad\quad\quad \cdots\cdots \ ㉡$$

$$V = aX + bY \quad\quad\quad \cdots\cdots \ ㉢$$

㉡을 ㉢에 대입하면

$$V = adY + bY \quad\quad\quad \cdots\cdots \ ㉣$$

㉡과 ㉣을 ㉠에 대입하면

$$Z = edY + fY + c(adY + bY)$$

$$\therefore \ Z = edY + fY + acdY + bcY$$

10

|정답| ③

|해설| 09에서 $Z = edY + fY + acdY + bcY$임을 구하였다. 이 중 dY가 있는 항이 X를 경유했을 때이므로 비율은 다음과 같이 구할 수 있다.

$$\frac{edY + acdY}{edY + fY + acdY + bcY} = \frac{(0.15 + 0.15)Y}{(0.15 + 0.5 + 0.15 + 0.2)Y}$$
$$= 0.3$$

따라서 X부스를 경유한 비율은 30%이다.

 응용수리 **실전모의고사**

1회 실전모의고사

문제 666쪽

01	④	02	①	03	①	04	②	05	③
06	④	07	①	08	④	09	⑤	10	⑤
11	②	12	①	13	⑤	14	①	15	③
16	①	17	⑤	18	③	19	④	20	②
21	②	22	③	23	③	24	④	25	④
26	③	27	①	28	①	29	②	30	③

01

|정답| ④

|해설| $31.415 + 12.469 - 24.941 = 43.884 - 24.941$
$= 18.943$

02

|정답| ①

|해설| $19.1 \times 2.9 = 55.39$

03

|정답| ①

|해설| 두 번째 수와 세 번째 수를 더하고 4를 곱한 값이 첫 번째 숫자가 된다.

- $\underline{36}\ 3\ 6 \rightarrow (3+6) \times 4 = 36$
- $\underline{44}\ 7\ 4 \rightarrow (7+4) \times 4 = 44$
- $\underline{32}\ 5\ (?) \rightarrow (5+?) \times 4 = 32$

따라서 '?'에 들어갈 숫자는 $32 \div 4 - 5 = 3$이다.

04

| 정답 | ②

| 해설 |

$$1 \quad 6 \quad -7 \quad 18 \quad -23 \quad 38 \quad (\ ?\ )$$

$$+(1^2+2^2) \quad -(2^2+3^2) \quad +(3^2+4^2) \quad -(4^2+5^2) \quad +(5^2+6^2) \quad -(6^2+7^2)$$

따라서 '?'에 들어갈 숫자는 $38-(6^2+7^2)=-47$이다.

05

| 정답 | ③

| 해설 | '(첫 번째 숫자의 제곱)−(두 번째 숫자의 세제곱근)=(세 번째 숫자)'의 규칙이 있다.

- $5^2-\sqrt[3]{27}=25-3=22$
- $4^2-\sqrt[3]{8}=16-2=14$
- $3^2-\sqrt[3]{1}=9-1=8$
- $7^2-\sqrt[3]{125}=49-5=(\ ?\ )$

따라서 '?'에 들어갈 숫자는 $49-5=44$이다.

06

| 정답 | ④

| 해설 | 학급의 수학 총점은 $72\times30=2,160$(점), 여학생의 수학 총점은 $78\times10=780$(점)이므로 남학생의 수학 총점은 $2,160-780=1,380$(점)이다.

따라서 남학생의 수학 평균은 $\dfrac{1,380}{20}=69$(점)이다.

07

| 정답 | ①

| 해설 | 총 상자 수를 x개라고 하면 다음과 같은 식이 성립한다.

$5(x-1)+3=6(x-2)$

$5x-5+3=6x-12$

$\therefore x=10$(개)

08

| 정답 | ④

| 해설 | 8월의 매출액은 $5,000\times1.1=5,500$(만 원), 9월의 매출액은 $5,500\times1.2=6,600$(만 원)이다. 매출액의 일부는 해당 달에, 일부는 다음 달에 회수되므로 8월 매출액 중 9월에 회수되는 금액과 9월 매출액 중 9월에 회수되는 금액을 계산하면 다음과 같다.

- 8월 : $5,500\times0.2\times0.5=550$(만 원)
- 9월 : $6,600\times0.8+6,600\times0.2\times0.5=5,280+660$ $=5,940$(만 원)

따라서 9월의 현금유입액은 $550+5,940=6,490$(만 원)이다.

09

| 정답 | ⑤

| 해설 | B가 출발할 때 A는 B보다 40m 앞에 위치하므로 B가 출발하고 x초 후 A의 이동거리는 $(4x+40)$m, B의 이동거리는 $10x$m이다. B가 이동한 거리가 A가 이동한 거리의 2배가 되는 시점이라 했으므로 다음과 같은 식이 성립한다.

$2\times(4x+40)=10x \qquad 2x=80$

$\therefore x=40$

따라서 B의 이동거리는 $10\times40=400$(m)이다.

10

| 정답 | ⑤

| 해설 | • 사원 5명을 한 줄로 세우는 경우의 수 : 5!가지
• 과장 5명을 한 줄로 세우는 경우의 수 : 5!가지

이들을 서로 번갈아가며 세게 하려면 맨 앞에 사원이 오는 경우와 과장이 오는 경우의 두 가지를 생각할 수 있으므로 모든 경우의 수는 $5!\times5!\times2=28,800$(가지)가 된다.

11

| 정답 | ②

| 해설 | 일반식의 가격은 2,500원, 특식의 가격은 5,000

원이다. 특식을 먹은 사람 수를 x명이라 하면 특식의 매출액은 $5,000x$원, 일반식의 매출액은 $2,500(100-x)$원이므로, 점심 총 매출액은 $(250,000+2,500x)$원이다. 점심 총 매출액이 특식 매출보다 45,000원 많으므로,

$250,000+2,500x-5,000x=45,000$

$2,500x=205,000$

$\therefore x=82$

따라서 특식 매출액은 $5,000\times82=410,000$(원)이다.

12

|정답| ①

|해설| 톱니바퀴 A, B, C는 각각 톱니 수의 최소공배수만큼 맞물리고 난 후에야 처음 맞물린 지점에서 다시 만날 수 있다. A, B, C의 톱니 수 6, 10, 15의 최소공배수는 30이고, B는 톱니가 10개이므로 B가 최소 $30\div10=3$(바퀴)를 회전해야 톱니바퀴 A, B, C 모두 처음 맞물린 지점으로 돌아간다.

13

|정답| ⑤

|해설| 비긴 경우는 없으므로 성진이 이긴 횟수와 성재가 이긴 횟수를 각각 x회, y회라 하면 성진이 진 횟수는 y회, 성재가 진 횟수는 x회가 된다.

이것을 통해 다음과 같은 연립방정식을 세울 수 있다.

• 성진이 올라간 계단 수 : $2x+y=31$
• 성재가 올라간 계단 수 : $2y+x=41$

이를 계산하면 $x=7$, $y=17$이므로 두 사람이 이긴 횟수의 합은 $7+17=24$(회)가 된다.

14

|정답| ①

|해설| • 입사하는 신입사원이 3명일 경우 : 각 팀에 1명씩 배정하면 되므로 1가지

• 입사하는 신입사원이 4명일 경우 : 각 팀에 1명씩 배정하고 남은 1명을 배정하는 경우의 수를 구하면 된다.
$_3H_1=_{3+1-1}C_1=_3C_1=3$(가지)

• 입사하는 신입사원이 5명일 경우 : 각 팀에 1명씩 배정하고 남은 2명을 배정하는 경우의 수를 구하면 된다.
$_3H_2=_{3+2-1}C_2=_4C_2=6$(가지)

이와 같은 방법으로 계산하면 $1+_3H_1+_3H_2+\cdots+_3H_7=1+_3C_1+_4C_2+\cdots+_9C_7=120$(가지)이다.

15

|정답| ③

|해설| $n(농구)=32$, $n(축구)=41$, $n(농구\cap축구)=28$이므로 어느 경기도 관람하지 않겠다고 답한 직원의 수는 다음과 같이 구할 수 있다.

$56-n(농구\cup축구)$
$=56-\{n(농구)+n(축구)-n(농구\cap축구)\}$
$=56-(32+41-28)=11$

따라서 어느 경기도 관람하지 않겠다고 답한 직원은 11명이다.

16

|정답| ①

|해설| Q 행성의 중력가속도를 G, 질량을 M이라 하고 Q 행성 주위를 공전하는 인공위성의 공전반지름의 길이를 r이라 하면 다음과 같이 계산할 수 있다.

$$k\sqrt{\frac{\left(\frac{5}{3}r\right)^3}{3G\times5M}}\div k\sqrt{\frac{r^3}{GM}}$$
$$=\sqrt{\frac{5^2}{3^4}\times\frac{r^3}{GM}}\div\sqrt{\frac{r^3}{GM}}$$
$$=\sqrt{\frac{5^2}{3^4}}=\frac{5}{9}(배)$$

17

|정답| ⑤

|해설| 표의 내용을 정리하면 다음과 같다.

$2A+B=34$ $\qquad\cdots\cdots$ ㉠

$A+C+D=34$ $\qquad\cdots\cdots$ ㉡

B+C+D=44   ······ ㉢
A+2C=36   ······ ㉣
A+2D=32   ······ ㉤
A+2B=44   ······ ㉥

(㉣+㉤+㉥)−㉢×2를 하면, 3A=24이므로 A=8이다. 따라서 A=8, B=18, C=14, D=12가 되어 A+B+C+D=8+18+14+12=52이다.

18

| 정답 | ③

| 해설 | 불만족한 고객을 x명이라 하면 만족한 고객은 $(100-x)$명이 되어 다음과 같은 부등식을 세울 수 있다.
$3(100-x)-4x \geq 80$
$300-3x-4x \geq 80$
$-7x \geq -220$
$x \leq 31.428\cdots$

따라서 고객 만족도 점수가 80점 이상이 되려면 불만족한 고객을 최대 31명 이하로 관리해야 한다.

19

| 정답 | ④

| 해설 | 전체 인원이 55명이므로 남성의 인원수를 x명, 여성의 인원수를 $(55-x)$명이라 하면 다음과 같이 계산할 수 있다.

• 스마트폰을 사용하는 사람 : 전체 인원의 $\frac{3}{11}$이므로,
$55 \times \frac{3}{11} = 15$(명)

• 스마트폰을 사용하는 남성+스마트폰을 사용하는 여성
$= \frac{1}{6}x + \frac{2}{5}(55-x) = 15$

양변에 30을 곱해 이를 정리하면,
$5x + 12(55-x) = 450$
$7x = 210$
$\therefore x = 30$

따라서 남성은 30명, 여성은 55−30=25(명)이므로 남녀 구성비는 30 : 25=6 : 5가 된다.

20

| 정답 | ②

| 해설 | 6개월 후 받는 이자액은 $100,000 \times 0.1 \times \frac{6}{12} =$ 5,000(원), 다시 6개월 후 받는 이자액은 $105,000 \times 0.1 \times \frac{6}{12} = 5,250$(원)이므로 1년 후 윤채원 씨가 받을 이자액은 5,000+5,250=10,250(원)이다.

21

| 정답 | ②

| 해설 | 22일 중 17일은 정상 출근, 5일은 휴가이므로 김으뜸 씨의 급여는 $(17 \times 100,000) + (5 \times 100,000 \times 0.7) =$ 1,700,000+350,000=2,050,000(원)이다.

22

| 정답 | ③

| 해설 | 첫 번째, 세 번째, 다섯 번째 조건을 그림에 표시하면 다음과 같다.

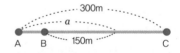

$\overline{AB} = a-150$, $\overline{BC} = 450-a$

네 번째 조건을 그림에 표시하면 다음과 같다.

$\overline{AB} = 450-2a$

따라서 다음과 같은 식이 성립한다.
$\overline{AB} = a-150 = 450-2a$
$3a = 600$
$\therefore a = 200$(m)

23

|정답| ③

|해설| 예산을 1이라 하면 A를 8대 구입하고 남은 금액은

$1-\left(\dfrac{1}{24}\times 8\right)=1-\dfrac{1}{3}=\dfrac{2}{3}$ 이다.

따라서 구입할 수 있는 B의 최대 개수는 $\dfrac{2}{3}\div\dfrac{1}{30}=\dfrac{2}{3}$

$\times 30=20$(대)이다.

24

|정답| ④

|해설| 첫째 날 방문 후 남은 매장 수 : $80\times 0.85=68$(개)

둘째 날 방문 후 남은 매장 수 : $68-12=56$(개)

셋째 날 방문 후 남은 매장 수 : $56\times 0.75=42$(개)

넷째 날 방문 후 남은 매장 수 : $42-14\times 1.5=21$(개)

따라서 마지막 날에 방문해야 할 매장 수는 전체의 $\dfrac{21}{80}$

$\times 100\fallingdotseq 26$(%)이다.

25

|정답| ④

|해설| 현재 총인원이 189명이고 남녀 비가 5 : 4이므로 남학생은 105명, 여학생은 84명임을 알 수 있다. 전학을 온 여학생의 수를 x명이라 하면 다음 식이 성립한다.

$105 : (84-x)=3 : 2$

$3(84-x)=210$

$\therefore x=14$(명)

26

|정답| ③

|해설| 1회, 2회, 3회에서 받은 점수를 순서대로 각각 x 점, y점, z점이라 하면 다음 식이 성립한다.

$y=x+10$ ...... ㉠

$z=y-4$ ...... ㉡

$y+z=162$ ...... ㉢

㉠, ㉡, ㉢을 연립하여 풀면 $x=73$(점), $y=83$(점), $z=79$(점)이다.

27

|정답| ①

|해설| 매출액과 비율이 모두 주어진 E 지점을 통해 A ~ E 지점의 총 매출액은 $1,350\times\dfrac{100}{9}=15,000$(만 원)임을 알 수 있다.

구분	A 지점	B 지점	C 지점	D 지점	E 지점	합계
매출액 (만 원)	㉠	4,350	㉡	1,500	1,350	15,000
비율 (%)	37	㉢	15	㉣	9	100

따라서 ㉠+㉡$=15,000-4,350-1,500-1,350=7,800$, ㉢+㉣$=100-37-15-9=39$가 되어 ㉠+㉡+㉢+㉣$=7,800+39=7,839$이다.

28

|정답| ①

|해설| 각 주머니에 들어가는 카드의 숫자는 다음과 같다.

첫 번째 주머니	두 번째 주머니	세 번째 주머니	네 번째 주머니	다섯 번째 주머니	...
1	2, 3	4, 5, 6	7, 8, 9, 10	11, 12, 13, 14, 15	...

각 주머니에 들어가는 카드의 숫자 중 가장 작은 숫자만 나열해 보면 계차수열을 이루고 있음을 알 수 있다.

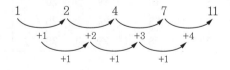

따라서 n번째 주머니에 들어가는 카드의 숫자 중 가장 작은 숫자를 a_n이라 하면 $a_n=1+\displaystyle\sum_{k=1}^{n-1}k=1+\dfrac{n(n-1)}{2}$ 이다. $a_{45}=1+\dfrac{45\times 44}{2}=991$이므로 1,000이 적힌 카드가 들어 있는 주머니에는 991부터 1,000까지 10장의 카드가 들어가게 된다.

29

| 정답 | ②

| 해설 | 두 물건의 닮음비가 $3:5$이므로 겉넓이의 비는 $3^2:5^2=9:25$이다. 따라서 높이가 5m인 물건의 겉넓이는 $90\times\dfrac{25}{9}=250(\text{m}^2)$이다.

30

| 정답 | ③

| 해설 | 그릇과 물이 채워진 부분은 닮은 도형이다. 물을 그릇 높이의 $\dfrac{1}{4}$만큼 부었으므로 닮음비는 $1:4$가 되어, 수면의 반지름의 길이를 $x\,$cm라 하면 다음과 같은 식이 성립한다.

$x:30=1:4$

$\therefore x=7.5$

따라서 수면의 넓이는 $7.5^2\times3=168.75(\text{cm}^2)$이다.

2회 실전모의고사

문제 672쪽

01	②	02	②	03	②	04	②	05	④
06	①	07	①	08	②	09	③	10	②
11	②	12	③	13	③	14	①	15	③
16	⑤	17	①	18	④	19	③	20	①
21	②	22	③	23	③	24	②	25	②
26	②	27	②	28	③	29	④	30	②

01

| 정답 | ②

| 해설 | $10\blacksquare7=(10-7)\times(10+7)=3\times17=51$

02

| 정답 | ②

| 해설 | $-2\blacksquare-6=\{-2-(-6)\}\times\{-2+(-6)\}=4\times(-8)$
$=-32$

03

| 정답 | ②

| 해설 | 정 사원의 집에서 직장 동료의 집까지 이동하는 데 걸리는 시간은 $\dfrac{10(\text{km})}{20(\text{km/h})}=\dfrac{1}{2}(\text{h})$, 직장 동료의 집에서 직장까지 이동하는 데 걸리는 시간은 $\dfrac{10(\text{km})}{60(\text{km/h})}=\dfrac{1}{6}(\text{h})$

이므로 정 사원이 출근할 때의 평균 속력은 $\dfrac{20(\text{km})}{\dfrac{1}{2}(\text{h})+\dfrac{1}{6}(\text{h})}$
$=30(\text{km/h})$이다.

04

| 정답 | ②

| 해설 | 미검수율이 45%이므로 불량 여부 검사가 끝난 제품은 $1,200\times(1-0.45)=660(개)$, 아직 검사를 하지 않은 제품은 540개이다. 따라서 1,200개의 제품 중 불량품의 개수는 $20+(540-500)=60(개)$가 되어 불량률은 $\dfrac{60}{1,200}\times100=5(\%)$이다.

05

| 정답 | ④

| 해설 | 45인승 버스 x대, 25인승 버스 y대를 대절하였다고 하면 다음과 같은 식이 성립한다.

$$\begin{cases} 44x+24y=268 & \cdots\cdots ㉠ \\ 45x+30y=285 & \cdots\cdots ㉡ \end{cases}$$

㉠÷4-㉡÷5를 하면 $2x=10$이 되어 $x=5$, $y=2$가 된다. 따라서 렌트한 45인승 버스는 5대이다.

06

| 정답 | ①

| 해설 | 6명의 사원이 4인승 승용차를 나누어 탈 수 있는 방법은 2명·4명, 3명·3명, 4명·2명이 있는데, 문제에서 2대의 승용차가 동일한 차종이라고 했으므로 2명·4명과 4명·2명은 같은 것으로 봐야 한다.

이때 좌석배치는 고려하지 않으므로 2명과 4명으로 나누는 방법은 6명 중 무작위로 2명을 뽑는 경우와 같고, 3명씩 나누는 방법 역시 6명 중 무작위로 3명을 뽑는 경우와 같다.

$$\therefore {}_6C_2 + {}_6C_3 \times \frac{1}{2} = \frac{6 \times 5}{2 \times 1} + \frac{6 \times 5 \times 4 \times 1}{3 \times 2 \times 1 \times 2}$$
$$= 15 + 10 = 25(\text{가지})$$

07

| 정답 | ①

| 해설 | 색칠된 부분의 넓이는 (⌐의 넓이)−(◗의 넓이×2)로 구할 수 있다. ◗의 넓이는 (△의 넓이)−(△의 넓이)이므로 $\left(12^2\pi \times \frac{60}{360}\right) - \left(\frac{\sqrt{3}}{4} \times 12^2\right) = 24\pi - 36\sqrt{3}$ 이고, ⌐의 넓이는 $12^2\pi \times \frac{1}{4} = 36\pi$ 이다. 따라서 색칠된 부분의 넓이는 $36\pi - (24\pi - 36\sqrt{3}) \times 2 = 72\sqrt{3} - 12\pi(\text{cm}^2)$ 이다.

08

| 정답 | ②

| 해설 | 전체 일의 양을 1이라고 할 때, 다솜이는 한 시간에 $\frac{1}{6}$, 은영이는 한 시간에 $\frac{1}{4}$씩 일할 수 있다.

따라서 다솜이와 은영이가 같이 일을 했을 때 걸리는 시간은 $1 \div \left(\frac{1}{6} + \frac{1}{4}\right) = 1 \div \frac{5}{12} = \frac{12}{5}$(시간)으로 즉, 2시간 24분이다.

09

| 정답 | ③

| 해설 | 작년은 과세표준이 $4,000 \times 0.95 = 3,800$(만 원)이므로 납부세액은 $72 + (3,800 - 1,200) \times 0.15 = 462$(만 원)이고, 올해는 과세표준이 $4,000 \times 0.9 = 3,600$(만 원)이므로 납부세액은 $72 + (3,600 - 1,200) \times 0.15 = 432$(만 원)이다. 따라서 올해의 납부세액은 작년보다 30만 원이 감소한다.

10

| 정답 | ②

| 해설 | 제시된 식에 수치를 대입하면 체감온도 $= 5 - (1,600 \div 100 \times 0.7) - (1.6 \times 5) = 5 - 11.2 - 8 = -14.2(℃)$이다.

11

| 정답 | ②

| 해설 | A와 B가 만나는 데 걸린 시간이 까마귀가 이동한 시간이므로, 만나는 데 걸린 시간을 t시간이라 하면 다음과 같은 식이 성립한다.

$4t + 7t = 6.6$

$11t = 6.6$

$\therefore t = 0.6$

따라서 까마귀가 이동한 거리는 $42(\text{km/h}) \times 0.6(\text{h}) = 25.2(\text{km})$이다.

12

| 정답 | ③

| 해설 | 연구직 30명 중 40%는 여성이므로 연구직 남성 직원 수는 $30 \times 0.6 = 18$(명)이다. 이 18명이 남성의 40%

에 해당하므로, 생산직 남성 직원 수를 x명이라 하면 다음과 같은 비례식이 성립한다.

$40:60=18:x$

비례식에서 외항의 곱과 내항의 곱은 항상 같으므로,

$40x=1,080$

$\therefore x=27$

생산직 남성 직원 수가 27명이므로 생산직 여성 직원 수는 $50-27=23$(명)이다.

따라서 연구직 남성 직원 수와 생산직 여성 직원 수의 합은 $18+23=41$(명)이다.

13

| 정답 | ③

| 해설 | 기본요금을 x원, 15분당 일정 금액을 y원이라 하면 A의 주차요금에서 $x+4y+4\times1.5y=26,000$(원), B의 주차요금에서 $x+2y=10,000$(원)이 됨을 알 수 있다.

$x+10y=26,000$ ...... ㉠

$x+2y=10,000$ ...... ㉡

두 식을 풀면 $x=6,000$(원), $y=2,000$(원)이 되므로, 기본요금은 6,000원이다.

14

| 정답 | ①

| 해설 | 세 번째 조건에서 $a+3$을 입력하였더니 5가 나왔다고 했으므로 $a+3$의 범위는 다음과 같다.

$4.5\leq a+3<5.5$

$1.5\leq a<2.5$

또한, $5-b$를 입력하였더니 1이 나왔다고 했으므로 $5-b$의 범위는 다음과 같다.

$0.5\leq5-b<1.5$

$-4.5\leq-b<-3.5$

$3.5<b\leq4.5$

$1.5\leq a<2.5$의 범위에서 a를 계산기에 입력하면 2가 나온다. $3.5<b\leq4.5$의 범위에서 b를 계산기에 입력하면 $3.5<b<4.5$의 범위에서는 4가 나오고, $b=4.5$에서는 5가 나온다. 따라서 두 번째 조건을 만족하기 위해서는 b

$=4.5$여야 한다. 그러므로 $4a+b$의 범위는 다음과 같이 구할 수 있다.

$1.5\leq a<2.5$

$6\leq4a<10$

$10.5\leq4a+b<14.5$

따라서 $4a+b$의 결과로 불가능한 것은 10이다.

15

| 정답 | ③

| 해설 | 전체 일의 양을 1이라 하면, 2명이 할 수 있는 일의 양은 '영수가 할 수 있는 일의 양+영희가 할 수 있는 일의 양'이 된다.

• 영수가 하루 동안 할 수 있는 일의 양 : $\dfrac{1}{4}$

• 영희가 하루 동안 할 수 있는 일의 양 : $\dfrac{1}{12}$

따라서 둘이 함께 창고를 정리할 때 걸리는 시간은 $1\div\left(\dfrac{1}{4}+\dfrac{1}{12}\right)=1\div\dfrac{1}{3}=3$(일)이다.

16

| 정답 | ⑤

| 해설 | 제시된 조건을 간략하게 정리하면 다음과 같다.

(1) [국화]=[튤립]×2

(2) [장미]=[국화]+1

(3) [장미]=[국화+튤립]

(4) [튤립]=[장미+튤립]−1

(5) [장미+국화+튤립]=[장미+국화]+1

(6) [튤립]=2, [국화]+[장미+국화]+[장미]=18

벤다이어그램을 그려 정리하면,

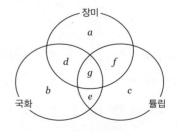

- c는 (6)에 의해 2이다.
- b는 (1)에 의해 4이다.
- a는 (2)에 의해 5이다.
- e는 (3)에 의해 5이다.
- f는 (4)에 의해 3이다.
- d는 (6)에 의해 9이다.
- g는 (5)에 의해 10이다.

따라서 장미, 국화, 튤립을 모두 섞어서 만든 꽃다발은 10개이다.

17

| 정답 | ①

| 해설 | A 기계로 1시간 동안 생산할 수 있는 현수막의 개수를 x개, B 기계로 1시간 동안 생산할 수 있는 현수막의 개수를 y개라 하면 다음과 같은 식이 성립한다.

$$\begin{cases} 3x + 2y = 300 & \cdots\cdots ⓐ \\ 2x + 3y = 250 & \cdots\cdots ⓑ \end{cases}$$

ⓐ×3−ⓑ×2를 하면,

$5x = 400$

$\therefore x = 80$(개)

18

| 정답 | ④

| 해설 | 합금에 들어 있는 A 금속의 무게를 xg, B 금속의 무게를 yg이라 하면 다음과 같은 식이 성립한다.

$x + y = 58$ $\cdots\cdots ㉠$

$\dfrac{4}{5}x + \dfrac{2}{3}y = 42$ $\cdots\cdots ㉡$

㉡을 정리하면,

$6x + 5y = 315$ $\cdots\cdots ㉢$

㉢−㉠×5를 하면 $x = 25$, $y = 33$이다. 따라서 이 합금에는 A 금속이 25g 들어있다.

19

| 정답 | ③

| 해설 | 불량률은 전체 생산 수량에 대한 불량품의 수량을 비율로 나타낸 것이다. 따라서 A가 1,500개를 생산할 때

의 불량품은 1,500×0.012=18(개)가 되며, B가 750개를 생산할 때의 불량품은 750×0.008=6(개)가 된다. 총 2,250개를 생산했을 때 18+6=24(개)의 불량품이 나온 것이므로 H사 생산품 전체의 불량률은 $\dfrac{24}{2,250}\times 100 ≒$ 1.07(%)가 된다.

20

| 정답 | ①

| 해설 | Z−값은 점수가 평균에서 얼마나 떨어져 있는지를 표준화하여 나타낸 것으로, $\dfrac{\text{원점수}-\text{평균}}{\text{표준편차}}$으로 구할 수 있다.

| 오답풀이 |

② 재현의 전공 점수의 Z−값은 $\dfrac{90-87}{10} = 0.3$이다.

③ 재현의 토익 점수의 Z−값은 $\dfrac{800-700}{20} = 5$이다.

④ 재현의 토익 점수 Z−값이 전공 점수 Z−값보다 높으므로 토익 성적이 전공 성적보다 우수하다고 할 수 있다.

⑤ Z−값과 같이 표준화를 통해 척도가 다른 관측치들의 크기를 비교할 수 있다.

21

| 정답 | ②

| 해설 | '거리=속력×시간'이고 회사 정문에서부터 후문까지의 거리는 일정하므로 6km/h로 이동한 시간을 x시간이라 하면 다음과 같은 식이 성립한다.

$4 \times (1.5 - x) + 6 \times x = 7$

$6 - 4x + 6x = 7$

$2x = 1$

$\therefore x = \dfrac{1}{2}$(시간)=30분

2회 실전모의고사

22

| 정답 | ③

| 해설 | x년 후에 아버지의 나이가 아들 나이의 3배가 된다고 하면 다음과 같은 식이 성립한다.

$39 + x = 3(11 + x)$

$39 + x = 33 + 3x$

$2x = 6$

$\therefore x = 3(년 후)$

23

| 정답 | ③

| 해설 | 현재 컵에 담긴 물의 양을 1이라 하면 1일 후 물의 양은 0.9, 2일 후 물의 양은 $(0.9)^2$이다. x일 후 물의 양은 $(0.9)^x$이므로 다음과 같은 식이 성립한다.

$$(0.9)^x \leq \frac{1}{2}$$

양변에 로그를 취하면,

$$\log(0.9)^x \leq \log\frac{1}{2}$$

$$x\log\frac{9}{10} \leq \log\frac{1}{2}$$

$$x(\log 3^2 - \log 10) \leq \log 1 - \log 2$$

$$x(2\log 3 - 1) \leq -\log 2$$

$$(2 \times 0.477 - 1)x \leq -0.301$$

$$-0.046x \leq -0.301$$

$$x \geq 6.54\cdots$$

따라서 7일 후부터이다.

24

| 정답 | ②

| 해설 | 건물 M의 연면적이 $a\text{m}^2$, 대지면적이 $b\text{m}^2$, 용적률이 120%이므로 다음과 같은 식이 성립한다.

$$\frac{a}{b} \times 100 = 120$$

$a = 1.2b$ ...... ㉠

또한, 두 건물 모두 용적률이 120%이므로 다음과 같은 비례식이 성립한다.

$a : b = 300 - a : b + 70$ ...... ㉡

㉠을 ㉡에 대입하면,

$1.2b : b = 300 - 1.2b : b + 70$

비례식에서 외항의 곱과 내항의 곱은 항상 같으므로,

$b(300 - 1.2b) = 1.2b(b + 70)$

$300 - 1.2b = 1.2b + 84$

$2.4b = 216$

$\therefore b = 90$, $a = 108$

따라서 건물 M의 연면적 a의 값은 108m²이다.

25

| 정답 | ②

| 해설 | 타일의 개수를 최소로 하려면 타일 한 변의 길이가 315와 180의 최대공약수여야 한다.

```
 5) 315  180
×9)  63   36
 ‖
45    7    4
```

따라서 한 변의 길이가 45cm인 타일 7×4=28(개)가 필요하다.

26

| 정답 | ②

| 해설 | 9와 12의 최소공배수는 36이므로, 전단지 두 장이 함께 붙어 있는 곳은 36m 간격으로 나타난다. 268÷36=7…16이므로 7+1=8(곳)에 전단지 두 장이 모두 붙어 있게 된다.

27

| 정답 | ②

| 해설 | 4월 2일부터 4월 13일까지 12일 동안은 매일 480개의 마스크를 나눠주고, 4월 14일부터는 480+50=530(개)의 마스크를 나눠주므로 530개 나눠주는 날을 x일이라고 하면 다음과 같은 식이 성립한다.

$480 \times 12 + 530x = 10,000$

$5,760 + 530x = 10,000$

$530x = 4,240$

$\therefore x = 8$

따라서 보유한 마스크를 모두 소진하는 날짜는 4월 21일이다.

28

| 정답 | ③

| 해설 | x개월 후 연우의 통장에는 $(3,700 + 230x)$만 원, 하영이의 통장에는 $(5,200 + 190x)$만 원이 들어 있으므로 다음과 같은 부등식이 성립한다.

$3,700 + 230x > 5,200 + 190x$

$40x > 1,500$

$\therefore x > 37.5$

따라서 연우의 통장에 들어 있는 액수가 하영이의 통장에 들어 있는 액수보다 커지는 것은 38개월 후, 즉 3년 2개월 후부터이다.

29

| 정답 | ④

| 해설 | A 기차의 길이를 xm라고 하면 (기차의 이동 거리)=(기차의 길이)+(터널의 길이)이므로 다음과 같은 식이 성립한다.

$\dfrac{x+690}{46} = \dfrac{x+115}{23}$

$x + 690 = 2(x + 115)$

$\therefore x = 460(\text{m})$

따라서 A 기차의 속력은 $\dfrac{460+690}{46} = 25(\text{m/s})$이다.

30

| 정답 | ②

| 해설 | 과정별로 소금물의 양과 소금의 양 변화는 다음과 같다.

• 과정 1

농도 : 12%

소금물의 양 : $(350 - A)$g

소금의 양 : $(350 - A) \times \dfrac{12}{100} = 42 - 0.12A(\text{g})$

• 과정 2

소금물의 양 : $350 - A + 3A = 350 + 2A(\text{g})$

소금의 양 : $(42 - 0.12A)$g

• 과정 3

농도가 4.5%인 소금물 200g에 들어 있는 소금의 양은

$200 \times \dfrac{4.5}{100} = 9(\text{g})$이므로

소금물의 양 : $350 + 2A + 200 = 550 + 2A(\text{g})$

소금의 양 : $42 - 0.12A + 9 = 51 - 0.12A(\text{g})$

과정 3까지 거친 후 8%의 소금물이 만들어졌으므로 다음과 같은 식이 성립한다.

$\dfrac{51 - 0.12A}{550 + 2A} \times 100 = 8$

$5,100 - 12A = 4,400 + 16A$

$28A = 700$

$\therefore A = 25$

따라서 A에 들어갈 값은 25이다.

3회 실전모의고사

문제 678쪽

01	②	02	④	03	③	04	②	05	②
06	③	07	①	08	④	09	④	10	③
11	②	12	②	13	①	14	①	15	④
16	④	17	②	18	①	19	③	20	⑤
21	①	22	②	23	①	24	②	25	③
26	③	27	③	28	③	29	③	30	④

01

| 정답 | ②

| 해설 | □을 좌변에 두고 나머지를 −1, ×7 순서로 우변으로 이항한다.

□ = (48+1)÷7

∴ □ = 49÷7 = 7

02

| 정답 | ④

| 해설 | $\frac{1}{8}$을 좌변으로 이항한다.

$$\frac{1}{2} + \frac{3}{8} - \frac{1}{8} = □$$

$$∴ □ = \frac{1}{2} + \frac{2}{8} = \frac{4}{8} + \frac{2}{8} = \frac{6}{8} = \frac{3}{4} = 0.75$$

03

| 정답 | ③

| 해설 | 일반 자음 순서를 이용하여 푼다.

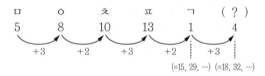

따라서 '?'에 들어갈 문자는 4에 해당하는 ㄹ이다.

04

| 정답 | ②

| 해설 | 알파벳 순서를 이용하여 푼다.

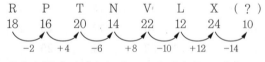

따라서 '?'에 들어갈 문자는 10에 해당하는 J이다.

05

| 정답 | ②

| 해설 | 나머지가 2개로 모두 같으므로 3명, 5명, 6명에게 나머지 없이 나누어줄 수 있는 물건의 최소 개수를 먼저 구한 후 그 수에 2개를 더하면 물건의 최소 개수가 나온다. 우선 나머지 없이 나누어줄 수 있는 최소 개수를 구하기 위해 최소공배수를 이용한다. 3, 5, 6의 최소공배수는 30이므로 3명에게는 10개씩, 5명에게는 6개씩, 6명에게는 5개씩 나머지 없이 나누어줄 수 있다.

따라서 물건의 최소 개수는 30+2=32(개)이다.

06

| 정답 | ③

| 해설 | 회사에서 A 대리점까지의 거리를 $x$km라고 하면, 회사에서 A 대리점까지 가는 데 걸린 시간은 $\frac{x}{70}$ 시간, A 대리점에서 회사로 돌아오는 데 걸린 시간은 $\frac{x}{80}$ 시간이므로 다음과 같은 식이 성립한다.

$$\frac{x}{70} + \frac{x}{80} = \frac{90}{60}$$

$$15x = 840$$

$$∴ x = 56$$

따라서 A 대리점까지의 거리는 56km이다.

07

| 정답 | ①

| 해설 | A가 응원하는 팀이 이길 확률은 (비가 올 확률×비가 올 경우 이길 확률)+(비가 오지 않을 확률×비가 오지 않을 경우 이길 확률)로 구할 수 있다.

따라서 $\frac{1}{4} × \frac{2}{5} + \frac{3}{4} × \frac{2}{3} = \frac{6}{10} = \frac{3}{5}$이다.

08

| 정답 | ④

| 해설 | 원가가 4,000원인 화장품에 25%의 이익을 붙인 정가는 4,000×1.25=5,000(원)이다. 이때 400원의 이익을 남기려면 할인 금액이 1,000−400=600(원)이어야 하므로 할인율을 x%라 하면 다음과 같은 식이 성립한다.

$$5,000 \times \frac{x}{100} = 600$$

$$50x = 600$$

$$\therefore x = 12(\%)$$

09

|정답| ④

|해설| 면접 점수를 x점이라 하면 다음과 같이 계산할 수 있다.

$$95 \times 1.4 + 86 \times 1.4 + x \times 1.2 = 367.40$$

$$133 + 120.4 + 1.2x = 367.40$$

$$1.2x = 114$$

$$\therefore x = 95(점)$$

10

|정답| ③

|해설| $\overline{OA}$를 지름으로 하는 반원의 넓이와 $\overline{OB}$를 지름으로 하는 반원의 넓이가 같으므로 색칠된 부분의 넓이는 반지름이 6cm인 반원의 넓이와 같다.

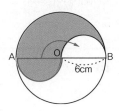

따라서 색칠된 부분의 넓이는 $\frac{1}{2} \times 36\pi = 18\pi(\text{cm}^2)$이다.

11

|정답| ②

|해설| • 8%의 소금물 600g에 포함된 소금의 양 :

$$\frac{8}{100} \times 600 = 48(g)$$

• 15%의 소금물 300g에 포함된 소금의 양 :

$$\frac{15}{100} \times 300 = 45(g)$$

따라서 두 소금물을 섞은 900g의 소금물에는 총 48+45 =93(g)의 소금이 들어 있다. 12%의 농도를 만들기 위해 증발시킬 물의 양을 xg이라 하면 다음 식이 성립한다.

$$\frac{93}{900-x} \times 100 = 12$$

$$\therefore x = 125(g)$$

12

|정답| ②

|해설| A 도시의 와인의 개수를 x개, B 도시의 와인의 개수를 y개라 하면 다음과 같은 식이 성립한다.

$$x + y = 20 \qquad \cdots\cdots \text{㉠}$$

$$\frac{10x + 13y}{20} = 11.5 \qquad \cdots\cdots \text{㉡}$$

㉡을 정리하면,

$$10x + 13y = 230 \qquad \cdots\cdots \text{㉢}$$

㉢−㉠×10을 하면 $y = 10$이므로 B 도시의 와인은 10병 이다.

13

|정답| ①

|해설| 필통에는 적어도 1자루의 연필을 넣어야 한다고 했으므로 연필 7자루 중 3자루는 필통에 한 자루씩 넣는다. 남은 4자루를 나누는 방법은 (4, 0, 0), (3, 1, 0), (2, 2, 0), (2, 1, 1)로 총 4가지이다. 필통의 종류가 같으므로 (4, 0, 0), (0, 4, 0), (0, 0, 4)는 같은 경우임에 유의한다.

14

|정답| ①

|해설| 제품을 x개 구입했다고 하면 다음 식이 성립한다.

• 처음 물건을 사는 데 지불한 금액 : $320x$ 원

• 물건을 팔아 얻은 금액 : $250 \times (1-0.68)x = 80x$(원)

따라서 팔아서 얻은 금액은 처음 제품을 사기 위해 지불한 금액의 $\frac{80x}{320x} \times 100 = 25(\%)$이다.

15

| 정답 | ④

| 해설 | 클라이밍 10회 이용권 요금을 x원, 1달 강습권 요금을 y원, 1달 정기 이용권 요금을 z원이라 하면 다음 식이 성립한다.

$x + y = 460,000$ ...... ㉠

$y + z = 300,000$ ...... ㉡

$x + z = 400,000$ ...... ㉢

㉠+㉡+㉢을 하면 $2(x+y+z)=1,160,000$이므로 $x+y+z=580,000$이 성립한다. 이를 다시 ㉠, ㉡, ㉢과 연립하면 $x=280,000$(원), $y=180,000$(원), $z=120,000$(원)임을 알 수 있다.

따라서 클라이밍 파크의 7월 매출액은 $(55 \times 28) + (40 \times 18) + (35 \times 12) = 2,680$(만 원)이다.

16

| 정답 | ④

| 해설 | 먼저 영역을 구분하는 데 필요한 최소 종류의 색의 개수를 구한다. 색의 종류를 알파벳을 이용해 표시할 때, 원에서 시작하여 구분하면 다음과 같다.

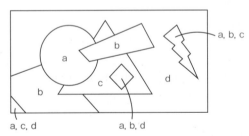

따라서 필요한 최소 종류의 색은 a, b, c, d 4개이다. 세 가지의 색으로 칠할 수 있는 세 구역에 대한 경우의 수를 구하면 $3 \times 3 \times 3 = 27$(가지)가 가능하다. 또한 a, b, c, d 각각의 색으로 그림을 칠할 수 있는 경우의 수는 $4! = 24$(가지)이므로 최소 종류의 색으로 그림을 칠할 수 있는 경우의 수는 $27 \times 24 = 648$(가지)이다.

17

| 정답 | ②

| 해설 | 직원들의 평가 점수의 합계가 596점이므로 7점을 받은 직원 수는 $\dfrac{596-(2 \times 8 + 3 \times 12 + 5 \times 18 + 8 \times 20 + 10 \times 14)}{7}=22$(명)이다.

문제마다 배점이 다르기 때문에 각각의 총점이 나올 수 있는 경우는 다음과 같다.

총점＼문제	1번(2점)	2번(3점)	3번(5점)
2점	○		
3점		○	
5점	○	○	
			○
7점	○		○
8점		○	○
10점	○	○	○

총점이 5점이 되는 경우는 i) 1, 2번 문제를 맞히거나, ii) 3번 문제를 맞힌 경우이다. 2번 문제의 정답을 맞힌 직원이 54명이므로 i)은 8명, ii)는 10명이다.

따라서 A는 $8+8+22+14=52$(명), B는 $10+22+20+14=66$(명)이 되어, 그 차이는 $66-52=14$(명)이 된다.

18

| 정답 | ①

| 해설 | 성인 입장료는 8,000원, 어린이 입장료는 $8,000 \times 0.8 = 6,400$(원)이다. 성인의 수를 x명이라 하면 어린이의 수는 $(50-x)$명이므로 다음 식이 성립한다.

$8,000x + 6,400(50-x) = 371,200$

$1,600x + 320,000 = 371,200$

$1,600x = 51,200$

$\therefore x = 32$(명)

따라서 성인은 32명, 어린이는 18명이므로 성인은 어린이보다 14명 더 많다.

19

| 정답 | ③

| 해설 | 80명 중에서 70%의 인원이 1차를 통과했으므로 2차 시험에 응시한 사람은 $80 \times 0.7 = 56$(명)이다. 이 중

$\dfrac{3}{4}$의 인원이 2차를 통과하여 3차 시험에 응시했으므로 $56 \times \dfrac{3}{4} = 42$(명)에서 18명을 제외한 24명이 최종 승진에 합격한 것이 된다. 따라서 승진한 사람은 처음 80명 중 $\dfrac{24}{80} \times 100 = 30(\%)$이다.

20

|정답| ⑤

|해설| 처음 두 자리 자연수의 일의 자리 숫자를 x라고 하면, 구하는 처음 수는 $3 \times 10 + x = 30 + x$이고, 각 자리 숫자를 서로 바꾼 수는 $10x + 3$이다. 이때, 십의 자리 숫자와 일의 자리 숫자를 서로 바꾼 수가 처음 수보다 27이 크므로 다음과 같은 식이 성립한다.

$10x + 3 = (30 + x) + 27$

$10x - x = 57 - 3$

$9x = 54$

$\therefore x = 6$

따라서 구하는 두 자리 자연수는 36이다.

21

|정답| ①

|해설| A는 거래처로 이동하는 데 예상보다 20% 시간이 단축되어서 60분 만에 도착하였다. 예상한 이동 시간을 x분이라 하면, $x \times (1 - 0.2) = 0.8x = 60$이다. 따라서 $x = 75$이므로 처음 도착 예상 시간은 오후 2시 15분이다.

22

|정답| ②

|해설| 올해 신입사원의 연봉을 x원이라 하면 김 대리의 연봉은 $2x$원이다. 이 금액은 작년 연봉보다 30% 인상된 것이므로 작년 연봉은 $\dfrac{2}{1.3}x ≒ 1.54x$(원)이다.

따라서 김 대리의 작년 연봉은 올해 신입사원 연봉의 약 1.54배이다.

23

|정답| ①

|해설| 1회, 2회, 3회에서 받은 점수를 각각 x점, y점, z점이라 하면 다음과 같은 식이 성립한다.

$y = x + A$ ⋯⋯ ㉠

$z = y - B$ ⋯⋯ ㉡

$x + z = 7(A + B)$ ⋯⋯ ㉢

㉡을 ㉢에 대입하면

$x + y - B = 7(A + B)$

$x + y = 7A + 8B$

이를 ㉠과 연립하여 풀면 $x = 3A + 4B$(점), $y = 4(A + B)$(점), $z = 4A + 3B$(점)이다.

24

|정답| ②

|해설| 신호등 A가 다시 켜지려면 40초, 신호등 B가 다시 켜지려면 25초가 걸리므로 두 신호등이 동시에 켜지려면 40, 25의 최소공배수인 200초만큼 지나야 한다.

25

|정답| ③

|해설| 사람의 수를 x명이라 하면 다음과 같은 식이 성립한다.

$(15 \times 3) + (x - 15) \times 4 < 103$ ⋯⋯ ㉠

$(10 \times 5) + (x - 10) \times 3 > 103$ ⋯⋯ ㉡

㉠을 정리하면

$4x < 118$ $x < 29.5$

㉡을 정리하면

$3x > 83'$ $x > 27.66\cdots$

따라서 $27.66\cdots < x < 29.5$이다. 이를 만족하는 자연수 x는 28, 29뿐이므로 사람들은 최대 29명이 있다.

26

|정답| ③

|해설| 물탱크의 용량을 90(10, 15, 9의 최소공배수)으로

응용수리만점

고시넷 NCS 위드 류준상

고시넷
공기업 통합전공
최신기출문제집

■ 836쪽　　■ 정가_30,000원